सुधीर विद्यार्थी

सुधीर विद्यार्थी का जन्म 1 अक्तूबर, 1953 को पीलीभीत, उत्तर प्रदेश में हुआ। उन्होंने इतिहास में एम.ए. किया।

उनकी प्रकाशित कृतियाँ हैं—'अशफ़ाक़उल्ला और उनका युग', 'शहीद रोशन सिंह', 'उत्सर्ग', 'हाशिया', 'मेरा राजहंस', 'शहीद अहमदउल्ला शाह', 'आमादेर विप्लवी', 'भगत सिंह की सुनें' (पंजाबी में भी अनूदित), 'शहीद भगतसिंह : इन्क़लाब का सफ़र', 'पहचान बीसलपुर', 'मेरे हिस्से का शहर', 'क्रान्तिकारी शहीद चन्द्रशेखर आज़ाद की जीवन-कथा', 'अमर शहीद चन्द्रशेखर आज़ाद' (सं.), 'शहीद भगत सिंह : क्रान्ति का साक्ष्य', 'काला पानी का ऐतिहासिक दस्तावेज़' (सं.), 'कर्मवीर पं. सुन्दरलाल : कुछ संस्मरण', 'शहीदों के हमसफ़र', 'अपराजेय योद्धा कुँवर भगवान सिंह', 'गदर पार्टी भगत सिंह तक' (सं.), 'जब ज्योति जगी' (सं.), 'बुन्देलखंड और आज़ाद', 'क्रान्तिकारी बटुकेश्वर दत्त', 'आज का भारत और भगत सिंह', 'क्रान्ति की इबारतें', 'जखीरे में शाहदत' (सं.) आदि।

1985 से साहित्य-विचार की पत्रिका 'संदर्श' का सम्पादन और प्रकाशन। आत्मकथात्मक संस्मरण 'मेरा राजहंस' की एनएसडी सहित देश-भर में 23 नाट्य-प्रस्तुतियाँ। 'अशफ़ाक़उल्ला और उनका युग' पुस्तक पर आधारित 'स्वराज्य' धारावाहिक का डीडी-1 पर दो बार प्रसारण।

उत्तर प्रदेश के कर्मचारी-मज़दूर आन्दोलन में 20 वर्ष तक सक्रिय भागीदारी व प्रदेशीय नेतृत्व। इसी के तहत दो बार जेल-यात्रा, कई मुक़दमे व यातनाएँ।

सम्प्रति : स्वतंत्र लेखन एवं संस्कृति-कर्म।

ई-मेल : vidyarthisandarsh@gmail.com

शहीद भगतसिंह : क्रान्ति का साक्ष्य

सुधीर विद्यार्थी
(सम्पादन)

राजकमल पेपरबैक्स

पहला पुस्तकालय संस्करण
राजकमल प्रकाशन प्राइवेट लिमिटेड द्वारा
2009 में प्रकाशित

राजकमल पेपरबैक्स में
पहला संस्करण : 2015
तीसरा संस्करण : 2023

राजकमल पेपरबैक्स : उत्कृष्ट साहित्य के ज़नसुलभ संस्करण

राजकमल प्रकाशन प्रा. लि.
1-बी, नेताजी सुभाष मार्ग, दरियागंज
नई दिल्ली-110 002
द्वारा प्रकाशित

शाखाएँ : अशोक राजपथ, साइंस कॉलेज के सामने, पटना-800 006
पहली मंजिल, दरबारी बिल्डिंग, महात्मा गांधी मार्ग, प्रयागराज-211 001
वेबसाइट : www.rajkamalprakashan.com
ई-मेल : info@rajkamalprakashan.com

बी.के. ऑफसेट
नवीन शाहदरा, दिल्ली-110 032
द्वारा मुद्रित

मूल्य : ₹399

SHAHEED BHAGAT SINGH : KRANTI KA SAKSHYA
Edited by Sudhir Vidyarthi

ISBN : 978-81-267-2510-6

सम्पादकीय

भगतसिंह के बुत

विगत कुछ वर्षों से शहीदे-आज़म भगतसिंह के बुत को अपनी-अपनी तरह तराशने की कोशिशें इतिहास, राजनीति और संस्कृति की दुनिया में हमें दिखाई पड़ीं। बुद्धिजीवियों और प्रगतिशीलों के मध्य भगतसिंह विमर्श का मुद्दा बने रहे। उनके अदालती बयान, आलेख, पत्र, निबन्ध, जेल नोटबुक उन्हें एक सचेत बौद्धिक क्रान्तिकारी बनाते हैं। वहीं दूसरी ओर उनका बेहद सक्रिय क्रान्तिकारी जीवन जिसकी शुरुआत उन्होंने 1925-26 से की थी और जिसका अन्त 23 मार्च 1931 को लाहौर जेल में उनकी फाँसी से हुआ। अर्थात कुल मिलाकर लगभग छह-सात वर्षों की तूफानी जिन्दगी जहाँ वे काकोरी केस के रामप्रसाद बिस्मिल को फाँसीघर से छुड़ाने की खतरनाक योजना में अपनी प्रारम्भिक जद्दोजहद करते दिखाई देते हैं। तब 'बलवन्त सिंह' नाम से उनकी इब्तदाई गतिविधियाँ जैसे भविष्य के गम्भीर क्रान्तिधर्मी की रिहर्सलें थीं। काकोरी की फाँसियों (1927) के पश्चात भगतसिंह विचार की दुनिया में अद्भुत छलाँग लगाते हैं—अपने पूर्ववर्ती क्रान्तिकारी आन्दोलन को बहुत पीछे छोड़ते हुए। भगतसिंह से पहले क्रान्तिकारी दल 'हिन्दुस्तान प्रजातन्त्र संघ' का 'पीला पर्चा' यानी संविधान रचा जा चुका था, जो आज भी क्रान्तिकारी इतिहास में मील का पत्थर है। इसमें भारतीय क्रान्तिकारियों ने एक ऐसे समाज के निर्माण का संकल्प लिया था जिसमें एक मनुष्य द्वारा दूसरे मनुष्य का तथा एक राष्ट्र द्वारा दूसरे राष्ट्र का शोषण सम्भव नहीं होगा। चन्द्रशेखर आज़ाद के नेतृत्व में भगतसिंह ने 1928 में जिस दल का पुनर्गठन किया उसका लक्ष्य उन्होंने 'समाजवाद' तय किया, फिर तो भगतसिंह ने जैसे पीछे मुड़कर देखा ही नहीं। देश की धड़कनों को पहचानने में उन्हें महारत हासिल थी। जब पूरा देश एक स्वर से काले झंडे थामकर 'साइमन वापस जाओ' के नारे लगा रहा था तब ऐसे ही एक विरोध प्रदर्शन का नेतृत्व करते हुए लाहौर में लाला लाजपतराय पर ब्रिटिश पुलिस की लाठियाँ पड़ीं जिससे वे बुरी तरह घायल हो गए और कुछ दिन बाद उनका देहान्त हो गया। सब ओर शोक की लहर दौड़ गई। लालाजी की छवि एक देशभक्त राष्ट्रीय नेता की थी और उन पर प्रहार देश की अस्मिता पर चोट थी। सब कोई चाह रहा था कि इस

राष्ट्रीय अपमान का बदला लिया जाए। भगतसिंह का हाथ देश की जनता की नब्ज पर था। वे समझ गए कि जनमानस क्या चाहता है। दल ने इन्हीं कठिन स्थितियों के मध्य ब्रिटिश पुलिस अफसर सांडर्स को मारने का फैसला कर लिया। आज़ाद के नेतृत्व में भगतसिंह, राजगुरु और दूसरे कुछ क्रान्तिकारियों ने आगे बढ़कर दोषी सांडर्स को मारकर लालाजी की मृत्यु का बदला ले लिया। देश की धरती तरंगित हो उठी। उन्होंने जगह-जगह दल की ओर से छपाए गए पोस्टर और परचे लगा दिए जिसमें कहा गया था कि उन्हें इस व्यक्ति की हत्या करने का अत्यन्त खेद है। वे मानव जीवन के परम हितैषी हैं परन्तु इस व्यक्ति की हत्या अत्याचारी ब्रिटिश सरकार के कारिन्दे के रूप में की गई है। इस घटना से यह समझ लिया जाना चाहिए कि भारतीय नौजवानों का खून ठंडा नहीं हो गया है।

सांडर्स को मारकर भगतसिंह सिर पर हैट लगाकर साहबी वेश में लाहौर से कलकत्ता निकल गए। अब वे जूड़ाधारी सिख नवयुवक नहीं थे। अपने केश उन्होंने कटवा दिए थे और इसके पीछे उनका धर्मनिरपेक्ष वैज्ञानिक चिन्तन था लेकिन कलकत्ता वे छिपकर बैठने के लिए नहीं गए थे। सांडर्स एक्शन के बाद भी उनके भीतर बहुत बेचैनी थी और वे कुछ कर गुजरना चाहते थे। वे अपने कलकत्ता प्रवास में इसी उधेड़बुन में लगे रहे। यतीन्द्रनाथ दास वहाँ मिले और उन्होंने बम बनाने की कला सिखाने के लिए उन्हें राजी कर लिया। यतीन्द्र ने आगरा पहुँचकर क्रान्तिकारी साथियों को इसका प्रशिक्षण दिया।

1928-29 में तेज राजनीतिक हलचलें थीं। चारों ओर असन्तोष था। हवा में गरमी थी। ब्रिटिश सरकार केन्द्रीय असेम्बली में दो अत्यधिक दमनकारी कानूनों को विशेषाधिकार के जरिए पास करने की तैयारी में लगी थी। ऐसे में क्रान्तिकारी दल ने इनके विरोध का निर्णय इस तरह लिया कि उसकी ध्वनि देश की सीमाओं को लाँघते हुए पूरी दुनिया में पहुँचे और लोग यह भी जानें कि भारत के क्रान्तिकारी क्या चाहते हैं और वे जिस आजादी के लिए संघर्ष कर रहे हैं वह आजादी क्या होगी और किसके लिए होगी। योजना बनी कि दिल्ली की केन्द्रीय असेम्बली में इन बिलों के पास होने के ठीक पूर्व बम का विस्फोट किया जाए और साथ ही अपनी नीतियों, आदर्शों और लक्ष्यों को स्पष्ट करनेवाले परचे भी फेंके जाएँ।

यह फैसला होने तक भगतसिंह का नाम उन दो क्रान्तिकारियों में नहीं था जिन्हें केन्द्रीय असेम्बली में जाकर बम फोड़ने की कार्यवाही करनी थी। तैयारी के मध्य एकाएक सुखदेव ने आकर भगतसिंह से पूछा कि असेम्बली में बम फेंकने का क्या रहा। भगतसिंह ने बताया कि सब कुछ ठीक-ठाक है, जयदेव डेवलपमेंट वाच कर रहा है...। भगतसिंह के उसमें न जाने की बात पर सुखदेव ने कहा कि बम फेंकने के बाद अदालत को मंच के रूप में इस्तेमाल करने का उद्देश्य तुम्हीं बेतहर ढंग से पूरा कर सकते हो। इसलिए तुम्हें ही इस काम के लिए जाना चाहिए लेकिन तुम

ऐसा नहीं कर रहे हो। क्या तुम चाहते हो कि तुम्हारे बारे में भी जज वही फैसला लिखे जो उसने भाई परमानन्द के लिए लिखा था कि यह व्यक्ति क्रान्तिकारी आन्दोलन का मस्तिष्क है लेकिन खुद इतना कायर है कि अपने जूनियर को फायरिंग लाइन में आगे भेज देता है और स्वयं पीछे रहता है। सुखदेव की यह बात भगतसिंह को चुभ गई। वह सोचने लगा कि जब उसका सबसे नजदीक का दोस्त इस तरह सोचता है तो जनता उसके बारे में क्या कहेगी। अब भगतसिंह ने जिद पकड़ ली कि बम फेंकने वही जाएगा। उसकी जिद पर दल को उसे इजाजत देनी पड़ी।

भगतसिंह और बटुकेश्वर दत्त ने 8 अप्रैल, 1929 को दिल्ली की केन्द्रीय असेम्बली में बम का विस्फोट किया और दल की ओर से छपे लाल रंग के घोषणापत्र हॉल में बिखरा दिए। उन्होंने नारे लगाए–

इन्कलाब जिन्दाबाद!
साम्राज्यवाद का नाश हो!
दुनिया के मजदूरो एक हो!

भगतसिंह और दत्त ने यह नहीं कहा था कि ब्रिटिश साम्राज्यवाद का नाश हो। वे तो पूरी दुनिया में जहाँ कहीं किसी कोने में साम्राज्यवाद का वर्चस्व हो, उसे समाप्त होता देखना चाहते थे। वे ऐसा कहकर अपने को विश्व क्रान्किारी आन्दोलन से जोड़ना चाहते थे और देश में सर्वहारा की सत्ता का सपना देख रहे थे। उन्हें मजदूरों और किसानों की शक्ति का अहसास हो गया था।

भगतसिंह और दत्त ने वहीं गिरफ्तारी दे दी।

अदालत में अपने इन्कलाब को परिभाषित करते हुए उन्होंने बताया था–"क्रान्ति संसार का नियम है, यह मानवीय प्रगति का रहस्य है। क्रान्ति के लिए खूनी लड़ाइयाँ अनिवार्य नहीं हैं और न ही इसमें व्यक्तिगत प्रतिहिंसा के लिए कोई स्थान है। वह बम या पिस्तौल का सम्प्रदाय नहीं है। क्रान्ति से हमारा अभिप्राय है–अन्याय पर आधारित मौजूदा व्यवस्था में आमूल परिवर्तन।"

उन्होंने यह भी कहा था–"क्रान्ति से हमारा मतलब अन्ततोगत्वा एक ऐसी समाज व्यवस्था की स्थापना से है जो हर प्रकार के संकटों से मुक्त होगी और जिसमें सर्वहारा वर्ग का आधिपत्य सर्वमान्य होगा और जिसके फलस्वरूप स्थापित होनेवाला विश्व-संघ पीड़ित मानवता को पूँजीवाद के बन्धनों और साम्राज्यवादी युद्ध की तबाही से छुटकारा दिलाने में समर्थ हो सकेगा लेकिन अगर हमारी इस चेतावनी पर ध्यान न दिया गया और वर्तमान शासन व्यवस्था उठती हुई जनशक्ति के मार्ग में रोड़े अटकाने से बाज न आई तो क्रान्ति के इस आदर्श की पूर्ति के लिए एक भयंकर युद्ध छिड़ना अनिवार्य है। सभी बाधाओं को रौंदकर आगे बढ़ते हुए उस युद्ध के फलस्वरूप सर्वहारा वर्ग के अधिनायक तन्त्र की स्थापना होगी। यह अधिनायक तन्त्र क्रान्ति के आदर्शों की पूर्ति के लिए मार्ग प्रशस्त करेगा। क्रान्ति मानव जाति

का जन्मसिद्ध अधिकार है जिसका अपहरण नहीं किया जा सकता। श्रमिक वर्ग ही समाज की वास्तविक स्थिति का पोषक है, जनता की सर्वोपरि सत्ता की स्थापना श्रमिक वर्ग का अन्तिम लक्ष्य है। इन आदर्शों के लिए और इस विश्वास के लिए हमें जो भी दंड दिया जाएगा, हम उसका सहर्ष स्वागत करेंगे। क्रान्ति की इस पूजा वेदी पर हम अपना जीवन नैवेद्य के रूप में लाए हैं क्योंकि ऐसे महान आदर्श के लिए बड़े से बड़ा त्याग भी कम है। हम सन्तुष्ट हैं और क्रान्ति के आगमन की उत्सुकतापूर्वक प्रतीक्षा कर रहे हैं।"

भगतसिंह नहीं मानते थे कि एक क्रान्तिकारी के गिरफ्तार हो जाने या जेल जाने के बाद संघर्ष समाप्त हो जाता है। उन्होंने कारागार की चहारदीवारी के भीतर पहुँचकर साम्राज्यवाद के विरुद्ध दूसरे हथियारों को लेकर लड़ना शुरू कर दिया। जेल में राजनीतिक बन्दियों की माँगों को लेकर लम्बी-लम्बी भूख हड़तालें शुरू कीं जिसमें 63 दिन बाद यतीन्द्रनाथ दास शहीद हो गए। अदालत में बयान, मुकदमे को राजनीतिक रूप से लड़ना, लेख और पत्र लिखना, लेनिन दिवस पर न्यायालय में गले में लाल रूमाल बाँधकर जाना, तीसरी कम्युनिस्ट इंटरनेशनल को अपना सन्देश भेजना जैसे गम्भीर क्रान्तिकारी कार्यभार उनके पास थे और जिन्हें वे पूरी सजगता के साथ निभा रहे थे। यही नहीं, काकोरी के सजायाफ्ता क्रान्तिकारियों ने बरेली के केन्द्रीय कारागार में राजनीतिक कैदियों के अधिकारों के लिए लम्बा संग्राम किया तो भगतसिंह ने जेल के भीतर से उन्हें भी अपना समर्थन दिया था। इन सब व्यस्तताओं के बीच भी वे जेल में अपने साथियों से हँसी-मजाक और खेलने कूदने का अवसर भी निकाल देते थे।

इस भारतीय उपमहाद्वीप में समाजवाद के लिए यदि किसी एक व्यक्ति ने सर्वाधिक संघर्ष किया तो वह अकेले भगतसिंह ही थे। अध्ययन में उनकी विशेष रुचि थी। उनके साथी कहा करते थे कि उन्होंने बिना पुस्तक और पिस्तौल के भगतसिंह को कभी नहीं देखा। उनकी कथनी और करनी में कोई अन्तर नहीं था। उन्होंने भारतीय क्रान्तिकारी आन्दोलन को अपने कृतित्व से विचार की सर्वोच्च ऊँचाई प्रदान की। भगतसिंह की जेल नोटबुक को पढ़ने से पता लगता है कि विश्व साहित्य और राजनीति की कितनी पुस्तकों का उन्होंने अध्ययन किया था। वह एक राजनीतिक योद्धा थे लेकिन उनके भीतर गजब की साहित्यिक और सांस्कृतिक दृष्टि थी। 'ड्रीमलैंड' की लिखी उनकी भूमिका तथा 'मैं नास्तिक क्यों हूँ' जैसे उनके आलेख उनके चिन्तक और दार्शनिक पक्ष को सामने लाते हैं। आश्चर्यजनक है कि भाषा और लिपि की समस्या से आज हम इतने उद्वेलित और रू-ब-रू नहीं होते जिस तरह भगतसिंह अपने समय में होते थे जबकि आज भी भाषा का मुद्दा छोटा नहीं है, बल्कि अंग्रेजी के वर्चस्व और उसकी साम्राज्यवादी नीति के चलते वह ज्यादा बड़ा और विकराल होकर हमारे सामने आ खड़ा हुआ है तथा क्षेत्रीय या आंचलिक

बोलियों के सामने तो अस्तित्व का संकट ही उत्पन्न हो गया है।

भगतसिंह से पहले भारतीय क्रान्तिकारी आन्दोलन धर्म और आस्था की भूलभुलैयों में भटक रहा था। वहाँ देश आराध्य था जिसकी उपासना या पूजा की जा सकती है। भगतसिंह के ठीक पहले काकोरी के क्रान्तिकारी फाँसी चढ़े तो उनके हाथों में गीता या कुरान की पवित्र पुस्तकें थीं। वे 'ओम्' या 'लब्बैक' कहते हुए फाँसी के फन्दों में झूल गए लेकिन 1931 तक आते-आते भगतसिंह के फाँसी पर जाते समय उनके हाथ में लेनिन की जीवनी थी और वे 'इन्कलाब जिन्दाबाद' का उद्घोष कर रहे थे।

भगतसिंह के हाथ में फाँसी से पहले किसी क्रान्तिकारी पुस्तक का होना क्रान्तिकारियों की वैज्ञानिक समझ और उनकी प्रगतिशील चेतना की ओर संकेत करता है। कहा जाता है कि जब उनके लिए फाँसी घर की ओर चलने का बुलावा आया तो वे उस पुस्तक का कोई पन्ना पढ़ रहे थे। उन्होंने उस पुस्तक को पढ़े जानेवाला पृष्ठ वहीं मोड़ा और शहादत का जाम पीने के लिए उठकर चल दिए।

वे शहीद हो गए लेकिन क्रान्ति की उस पुस्तक का वह पृष्ठ आज भी ठीक उसी जगह मुड़ा हुआ है जहाँ भगतसिंह उसे छोड़ गए थे। क्रान्ति अब भी हमारे एजेंडे पर है और हमें भगतसिंह द्वारा मोड़े गए पन्ने को सीधा करके क्रान्ति की उस पुस्तक को उसी जगह से पढ़ना शुरू करना है।

भगतसिंह ने दिल्ली की जिस केन्द्रीय असेम्बली में बम का विस्फोट किया था वह किसी को मारने या हानि पहुँचाने के लिए नहीं था। उन्होंने संसद में बम ऐसी जगह फेंका जिससे कोई हताहत न हो। वे बम जान-बूझकर हलके विस्फोटक डालकर बनाए गए थे। जो लोग भगतसिंह जैसे क्रान्तिकारियों पर हिंसक होने का आरोप लगाते हैं उन्हें यह जानना चाहिए कि भगतसिंह ने अपने जीवन में सिर्फ एक ही गोली चलाई थी जिससे सांडर्स मारा गया। बावजूद इसके भगतसिंह, राजगुरु और सुखदेव को अंग्रेज सरकार द्वारा मृत्युदंड दिए जाने का विरोध गांधी ने सिर्फ इसलिए नहीं किया कि क्रान्तिकारियों का रास्ता हिंसा का रास्ता मानते थे वे। आश्चर्य है कि विदेशी हुकूमत द्वारा इन तीनों क्रान्तिकारियों को फाँसी पर लटकाकर मार देना गांधी को हिंसा प्रतीत नहीं हो रही थी। क्या यह हमारे देश का दुर्भाग्य नहीं है कि इतिहासकार और राजनीति के लोग भी मुक्ति-संघर्ष को हिंसा और अहिंसा के खानों में विभाजित करके देखने का कुत्सित प्रयास करते रहे हैं? पर देश की जनता का नजरिया देखिए कि उसने बुद्धिजीवियों के इतिहास के इस बँटवारे को सिरे से नकार दिया। उसने महात्मा गांधी की जय बोली तो दूसरी ओर उसने उसी आस्था और सम्मान के साथ चन्द्रशेखर आज़ाद और भगतसिंह जिन्दाबाद का नारा भी लगाया। वह आज़ाद की शहादत के तुरन्त बाद अल्फ्रेड पार्क इलाहाबाद में उन्हें श्रद्धांजलि देने पहुँची और भगतसिंह, राजगुरु और सुखदेव की फाँसी के बाद उनके दाहस्थल

पर उनकी राख और हड्डियाँ बटोरने भी गई। देश की कम पढ़ी-लिखी और देहात की निरक्षर जनता ने भगतसिंह पर सर्वाधिक लोक गीत रचे और गाए। भगतसिंह पर नौटंकियाँ और ड्रामे खेले गए। भगतसिंह जनता की चेतना में दूर तक उतर गए। हमारे देश के प्रगतिशील और बुद्धिजीवी तो अब भगतसिंह को याद करने लगे हैं लेकिन जनता ने उन्हें अपने सीने से बहुत पहले लगाए रखा। मुझे याद है कि वर्षों पहले ट्रकों के दोनों दरवाजों पर भगतसिंह और चन्द्रशेखर आजाद की फोटो हुआ करती थीं और कस्बों-मेलों में पान की दुकानों पर लगे आईने के दोनों तरफ इन्हीं अमर शहीदों को स्थान दिया जाता था।

आज पूरे देश में 'गांधी भवनों' की भव्य सरकारी इमारतें हैं, पर एक भी 'भगतसिंह भवन' नहीं बनाया गया। दिल्ली में भी नहीं, जहाँ उन्होंने केन्द्रीय असेम्बली में बम का विस्फोट करके भारतीय क्रान्ति की हुंकार को पूरी दुनिया में फैलाया था। आज उसी संसद के भीतर और बाहर कहीं भी भगतसिंह की तस्वीर नहीं है। वर्तमान संसद को एक बार फिर 8 अप्रैल, 1983 को भगतसिंह की याद दिलाई थी उनकी बहन बीवी अमर कौर ने। उस दिन उन्होंने इन्कलाबी पर्चे फेंककर पुनः संसद की प्रासंगिकता और उसके चरित्र पर तीखा सवाल उठाया और उन्होंने उस सपने की याद दिलाई जिसे उनके भाई भगतसिंह ने इस देश की जनता की वास्तविक मुक्ति के लिए देखा था और जो 15 अगस्त 1947 की राजनीतिक आजादी के बाद भी पूरा नहीं हुआ। उस रोज किसी ने भी अमर कौर की आवाज में आवाज मिलाकर 'इन्कलाब जिन्दाबाद' नहीं कहा, न अमर कौर के कहे पर कान दिया। मुझे आज भी देश की इस चुप्पी पर हैरत होती है। याद आता है कि स्वतन्त्रता प्राप्त होने के तुरन्त बाद 1948 में 'हंस' में शंकर शैलेन्द्र का एक गीत 'भगतसिंह से' प्रकाशित हुआ था। तब इस पत्रिका के सम्पादक थे अमृतराय और नरोत्तम नागर। इस गीत में 1947 के सत्ता हस्तान्तरण की असली तस्वीर को सामने लाते हुए भगतसिंह की क्रान्ति का स्मरण किया गया था लेकिन तत्कालीन उत्तर प्रदेश सरकार ने इस गीत को यह कहकर जब्त कर लिया कि वह चुनी हुई लोकप्रिय सरकार के विरुद्ध जनता में घृणा पैदा करता है।

यह प्रमाण है कि सत्ता और व्यवस्था का चरित्र और चेहरा पूर्ववत ही बना रहा। कोई क्रान्तिकारी बदलाव नहीं हुआ। जिनके हाथों में देश की बागडोर पहुँची उनके द्वारा यह कठिन कार्य सम्पन्न भी नहीं हो सकता था। भगतसिंह की कल्पना के समाजवाद का युद्ध अधूरा रह गया जिसे पूरा करने की जिम्मेदारी इस देश की समस्त प्रगतिशील जनवादी वामपंथी पार्टियों की थी जिसे उन्होंने भुला दिया। सारे दल संसदवादी हो गए। भगतसिंह इस देश के किसी राजनीतिक दल के नायक नहीं बन पाए। हाँ, यह जरूर हुआ कि सब अपनी-अपनी तरह भगतसिंह की तस्वीरों और बुतों को बनाने-गढ़ने का कार्य अन्जाम देते रहे। कोई उन्हें सिर पर हैट लगाए

बहादुर क्रान्तिकारी के रूप में पेश करता रहा जो भारत माता का पुजारी है और हँसते-हँसते बलिदान हो जाता है। उनके चिन्तन से वहाँ कोई सरोकार नहीं। कोई कहता है कि भगतसिंह सिख थे इसलिए बहादुर थे और उन्हें पगड़ी पहनाने का बार-बार प्रयास किया जा रहा है लेकिन पगड़ी उनके सिर पर ठहरती नहीं क्योंकि वह सिर बहुत बड़ा हो गया है। कोई कहता है कि भगतसिंह आज होते तो नक्सलवादी होते। सबके अपने-अपने भगतसिंह। इस सबके बीच भगतसिंह की सच्ची तस्वीर कहीं खो जाने का खतरा पैदा हो गया है। भगतसिंह की राजनीतिक चेतना पर यदि कांग्रेस धूल डालती रही तो दूसरी ओर भी उनकी 'हत्या' और 'पूजा' का सिलसिला बराबर जारी रहा।

खतरा यह भी है कि भगतसिंह को मूर्ति में तबदील करके उन्हें देवत्व सौंपने की अवैज्ञानिक कार्यवाही हो रही है। उनके क्रान्तिकारित्व को नष्ट करने का बड़ा षड्यंत्र है यह। क्या यह किसी साजिश का हिस्सा नहीं लगता कि बाद में जेल में लिखी उनकी चार बड़ी पुस्तकें गायब कर दी गईं और उन्हें खोने का आज किसी को मलाल नहीं है। इसकी जाँच होनी चाहिए कि वे पुस्तकें आखिर कहाँ चली गईं। क्यों 1981 में उनकी बलिदान अर्धशताब्दी के अवसर पर भारत सरकार ने उन पर डाक टिकट जारी करने से मना कर दिया। क्या भगतसिंह स्वतन्त्र भारत की सरकारों के लिए खतरा हैं? अपनी सम्पूर्ण बौद्धिक चेतना के बाद भी उन्हें कब तक 'हिंसक' और 'फासिस्ट' कहा जाता रहेगा या फिर कब उन्हें 'आतंकवादी' छवि से मुक्ति मिलेगी।

आज बुद्धिजीवी भी भगतसिंह को उनके साथियों से पृथक करके उन्हें एकमात्र सर्वश्रेष्ठ क्रान्तिकारी के रूप में प्रस्तुत करने लगे हैं। क्या उनके साथ फाँसी चढ़नेवाले राजगुरु और सुखदेव को हमने उस तरह याद किया? जिस साझी शहादत को अपनी तमाम घिनौनी कोशिशों के बावजूद अंग्रेज जाति और धर्म के नाम पर बाँट नहीं पाए, उसे स्वतन्त्र भारत में पृथक-पृथक करके देखा जाने लगा है। भगतसिंह कोई व्यक्ति नहीं थे। उनके व्यक्तित्व में भारतीय क्रान्तिकारी आन्दोलन का सर्वोच्च विकास बोल रहा है। क्रान्तिकारी आन्दोलन कोई अकेला प्रयास नहीं था। वह एक संयुक्त, कठिन और गौरवपूर्ण कार्यवाही थी उन लोगों की जिन्होंने अपने लक्ष्य के लिए बलिदान का रास्ता चुना था। क्या भगतसिंह के साथी भगवतीचरण बोहरा को भुला दिया जाना चाहिए जिन्हें क्रान्तिकारी आन्दोलन का मस्तिष्क कहा जाता था? भगतसिंह के साथ संसद में बम फेंकनेवाले बटुकेश्वर को क्या हमने कभी वह सम्मान दिया जिसके वे हकदार थे? क्या हमने कभी इस बात का मूल्यांकन करने का प्रयास किया कि भगतसिंह का व्यक्तित्व निर्मित करने में सुखदेव का कितना योगदान था? मुझे शहीद भगतसिंह के उन सभी क्रान्तिकारी साथियों के निकट रहने और उन्हें जानने का अवसर मिला है जो स्वतन्त्र भारत में

जिन्दा रहे। डॉ. गयाप्रसाद, जयदेव कपूर, दुर्गा भाभी, शिव वर्मा, पंडित किशोरीलाल, जितेन्द्रनाथ सान्याल और सुरेन्द्र पांडे की स्मृतियाँ तथा उनके संघर्ष के दिनों की रोमांचकारी यात्रा कथाएँ मेरे भीतर कुलबुला रही हैं। उनका वह दर्द मैंने अनुभव किया है जो उस सपने के साकार न होने का था जिसे शोषणविहीन समाज के निर्माण के लिए उन्होंने भगतसिंह के साथ देखा था और जिसके लिए उन्होंने अपने प्राणों का दाँव लगा दिया था।

भगतसिंह ने बिछुड़ने के समय अपने साथी क्रान्तिकारियों से कहा था कि मैं तो कुछ ही दिनों में फाँसी पर चढ़कर फुर्सत पा जाऊँगा लेकिन तुम लोगों के सामने कठिन संघर्ष की जिन्दगी है। तुम्हें जेल के यातनाघरों में तिल-तिल-भर गलकर, मौत की ओर एक-एक इंच सरक कर यह दिखाना होगा कि यदि भारत के क्रान्तिकारी हँसते-हँसते फाँसी के फन्दे पर झूल सकते हैं तो कारागार की कठोरतम यातनाएँ भी उन्हें अपने पथ से विचलित नहीं कर सकतीं। मुझे विश्वास है कि इस लम्बे अभियान में तुम कहीं हारोगे नहीं, थकोगे नहीं और हार मानकर रास्ते में बैठ नहीं जाओगे। मैं यह दावे के साथ कह सकता हूँ कि भगतसिंह का कोई साथी जीवन-भर अपने रास्ते से डिगा नहीं, पीछे नहीं हटा और कमजोर होकर ठहर नहीं गया।

शहीदे-आज़म भगतसिंह की बिखरी स्मृतियों का खजाना उनके जीवित बचे साथियों के पास था पर बहुत कम लोगों ने उन्हें सँजोने या लिपिबद्ध करने का प्रयास किया। पं. बनारसीदास चतुर्वेदी ने प्रयत्न करके डॉ. भगवानदास माहौर से क्रान्तिकारियों के संस्मरण सुरक्षित करवाए। काशीराम जी ने उन्हीं दिनों 'क्रान्ति के वे दिन' में बहुत बिखरे रूप में भगतसिंह को याद किया। शिव वर्मा ने 'संस्मृतियाँ' में भगतसिंह का एक रेखाचित्र प्रस्तुत किया। विजय कुमार सिन्हा से भगतसिंह-युग पर एक पूरी कृति की हम आशा कर रहे थे लेकिन वे उस काम को कर नहीं पाए। उनके निधन के पश्चात उनकी पत्नी श्रीमती श्रीराजयम सिन्हा ने विजय दा पर एक बड़ी पुस्तक की रचना की। यशपाल ने 'सिंहावलोकन' में चन्द्रशेखर आज़ाद पर हेर-फेर करने के बाद भी भगतसिंह पर काफी तथ्यपूर्ण ढंग से लिखा है। इसी तरह जयचन्द्र विद्यालंकार ने अपने इतिहास ग्रंथ में भी कुछ उन घटनाओं पर प्रकाश डाला है जिनका सम्बन्ध भगतसिंह से है। इन सब ग्रंथों के अतिरिक्त भगतसिंह की यादों को एक जगह जोड़ पाने का कार्य प्रायः उनके साथियों ने नहीं किया। मेरे निजी संग्रहालय में अखबारों की कतरनों, पत्रिकाओं के विशेषांकों और अन्य कुछ जगहों पर वे बहुत बिखरे रूप में थीं जिन्हें छानने-बीनने की योजना निरन्तर टलती रही और भगतसिंह की जन्मशती आ गई। यहाँ हमने उन सभी फैले तन्तुओं को सूत्रबद्ध करने का प्रयास किया है जो शहीदे-आज़म के जीवन की छवियों को एक सार्थक और बड़ा आकार प्रदान करते हैं। इन संस्मरणों में कई ऐसी घटनाएँ हैं जिनके वर्णन में उनके साथियों के बीच विरोधाभास दिखाई पड़ता है। इसका एक कारण तो यह

हो सकता है कि गुप्त क्रान्तिकारी आन्दोलन और भूमिगत संगठन के नियम और कार्यशैली के चलते प्रत्येक पक्ष सभी के सामने स्पष्ट और एक जैसा नहीं हुआ करता था। दूसरे यह भी कि समय व्यतीत होने के साथ-साथ स्मृतियाँ भी धुँधली-मैली होकर गड्ड-मड्ड होने लगती हैं जो कई बार चाहने पर भी सूत्रबद्ध नहीं हो पातीं। लेखक की अपनी प्रतिबद्धता भी इसमें एक पक्ष होती है।

भगतसिंह के समस्त दस्तावेज़ों, अदालती बयानों, पत्रों, रेखाचित्रों, निबन्धों, जेल नोटबुक और उनके मूल्यांकन सम्बन्धी अभिलेखीय साक्ष्यों के बीच उनके साथियों के लिखे संस्मरणों की यह प्रथम कृति भगतसिंह से प्यार करनेवाले लोगों के हाथों में सौंपते हुए मुझे निश्चय ही बड़ी प्रसन्नता है। इन दुर्लभ स्मृतियों को सामने रखकर वे भगतसिंह के जीवन और उस युग के क्रान्तिकारी घटनाक्रम की एक स्पष्ट छवि निर्मित करने के साथ ही अपने समय के सवालों से टकराने के लिए आगे की अपनी क्रान्तिकारी भूमिका की भी खोजबीन कर सकेंगे, ऐसी आशा है।

28 सितम्बर, 2007

–सुधीर विद्यार्थी

अनुक्रम

परिशिष्ट

संस्मरण

मैं तो एक मुश्ते-गुबार हूँ...

बटुकेश्वर दत्त

सरदार की गुनगुनाहट आज भी मेरे कानों से टकरा रही है—मैं तो एक मुश्ते-गुबार हूँ...। धोकर निचोड़े गए कपड़ों को झटके दे-देकर जैसे वह धूप में फैला रहा हो और पूरी तन्मयता के साथ गुनगुना रहा हो।

कानपुर स्थित सुरेश दादा के मेस की दूसरी मंजिल की छत पर किशोर सरदार के कपड़े धोने का दृश्य अब भी उसी तरह अम्लान है—कन्धे सहित सिर पर लिपटा केश-गुच्छ, कमर में एक कच्छा छोड़कर पूरा नंगा बदन, जल की धार पर वह लगातार कपड़े पटक रहा है। साबुन के शुभ्र फेन उड़-उड़कर इधर-उधर फैल रहे हैं। मैं बगल में बैठा अन्य कपड़ों पर साबुन घिस रहा हूँ और सरदार बार-बार वही एक पंक्ति दुहराए जा रहा है—मैं तो...।

सन् 1924 के शुरू का कोई महीना। मैं उन दिनों कानपुर के बंगाली मिडिल स्कूल का विद्यार्थी और पारिवारिक अनुशासन की आँखें बचाकर क्रान्तिकारी दल की स्थानीय शाखा का एक सक्रिय कार्यकर्ता। श्री गणेशशंकर विद्यार्थी के समाचार पत्र 'प्रताप' से सम्बद्ध, दल के प्रमुख नेता श्री सुरेश चन्द्र के निर्देशानुसार एक शाम उनसे मिलने कम्पनी बाग गया। क्यों और किसलिए बुलाया गया था यह पूछना दलीय अनुशासन के विरुद्ध था और आदेश पर आँख मूँदकर चलना ही हमारे विप्लवी जीवन का प्रथम पाठ। इसलिए हर तरह की परिस्थिति के प्रति अपने को तैयार कर समय से वहाँ पहुँचा। सुरेश दादा नहीं थे। बाग के एक छोर से दूसरे छोर तक मेरी चंचल निगाहें ढूँढ़ गईं, पर कहीं भी वह नजर नहीं आए। मुझे आश्चर्य हुआ—क्रान्तिकारियों के कार्यक्रम में इस तरह की भूल पहले कभी देखने को नहीं मिली थी। घनघोर अँधेरी रात में भी मूसलाधार वर्षा सिर पर झेलते हुए, सी.आई.डी. की निगाहें बचाता निर्दिष्ट कार्य के लिए ठीक जगह निर्धारित समय पर हाजिरी बजाने में इसके पहले मुझसे कभी भूल नहीं हुई थी। फिर आज प्रमुख क्रान्तिकारी नेता के निर्देश और कार्य में यह अन्तर क्यों?

इसी उधड़ेबुन में पड़ा था कि मेरी आँखें एक घनी, काँटेदार झाड़ी से जाकर

उलझ गईं। क्या अजीब, रोंगटे खड़े कर देने के साथ-साथ हँसाने वाला दृश्य! झाड़ी के ऊपर एक सफेद पगड़ी का सिरा लगातार दाएँ से बाएँ और बाएँ से दाएँ मोर की पंखी की तरह डोल रहा था। मैं नजर गड़ाए उसे देखता रहा। बीच-बीच में वह स्थिर हो जाता और फिर घड़ी के पेंडुलम की तरह अपनी चाल पकड़ लेता। बाग के निस्तब्ध वातावरण में, जबकि संध्या का रक्तिम प्रकाश रात के अँधेरे में अपना मुँह छिपाने की तैयारी कर रहा हो, काँटेदार झाड़ी के ऊपर से सफेद पगड़ी का वह हिलता सिरा इशारे से जैसे मुझे अपने पास बुला रहा था।

मैं आगे बढ़ा। झाड़ी के समीप पहुँचते ही उस सफेद पगड़ी का अधिकारी साढ़े पाँच फुट से भी लम्बा एक सिख युवक मेरी आहट पर उछलकर खड़ा हो गया। उसकी काली चमकती आँखों में शंका की भावना और लम्बी मुखाकृति पर किसी भी परिस्थिति का मुकाबला करने की दृढ़ता मौजूद थी। लम्बी लटकती दोनों भुजाओं पर कमीज के चढ़े आस्तीन, दृढ़ मुट्ठियों में बन्द लम्बी उँगलियाँ, दोनों गालों पर दाढ़ी की हलकी रेखा, सिर पर पगड़ी में कैद केश-गुच्छ, जिसकी कुछ लटें बाहर झूल रही थीं। मेरे सामने वह सिख युवक चैलेन्ज का भाव चेहरे पर लिये खड़ा था और मैं उसकी तात्कालिक मुद्रा के प्रति उदासीन, कि तभी बगल में निश्चल गिरिराज की भाँति बैठे विप्लवी सुरेश दादा पर ध्यान गया। मुझे देखकर उनके चेहरे पर चिर-परिचित मुसकुराहट खेल गई और तब सरदार शान्त पड़ा। उसकी दृढ़ मुट्ठियों की उँगलियाँ सहज और शिथिल हुईं। मुझ नवागन्तुक को देखते ही जो चमक और खून उसकी आँखों में उतर पाया था, सुरेश दादा की मुसकुराहट से जैसे पूरे चेहरे पर लालिमा बन फैल गया और मुझे लगा अपनी अनावश्यक दृढ़ता के लिए वह कुछ झेंप-सा रहा है। सुरेश दादा ने हँसते हुए हम दोनों को आमने-सामने बैठाया और उस तरुण सरदार से मेरा परिचय कराया। नाम—बलवन्तसिंह। पंजाब के नेशनल कालेज में बी.ए. के छात्र हैं। प्रमुख क्रान्तिकारी नेता रासबिहारी बोस के निकटतम सहयोगी शचीन्द्रनाथ सान्याल ('बन्दी जीवन' के लेखक एवं बाद में काकोरी षड्यन्त्र के प्रमुख अभियुक्त) उस समय उत्तरी भारत में क्रान्तिकारी दल के प्रमुख संगठनकर्ता थे। पंजाब के नेशनल कालेज के अध्यापक श्री जयचन्द्र विद्यालंकार की मार्फत शचीन्द्र दादा से उस सिंह नवयुवक का परिचय हुआ और वह क्रमशः विप्लवी संगठन में खिंच आया। उसकी क्रान्तिकारी विचारधारा देखते हुए परिवार के लोग छात्रावस्था में ही उसका विवाह कर देने का निर्णय कर चुके थे लेकिन क्रान्तिपथ के पथिक उस तरुण को अपने विवाह का प्रस्ताव मंजूर नहीं था और उसी से मुक्ति पाने के लिए तमाम पारिवारिक आत्मीयता एवं परिवार के लोगों से सम्बन्ध विच्छेद कर वह लाहौर से सुरेश दादा के आश्रय में कानपुर भाग आया था। रूसी विप्लवियों का प्रभाव उसकी स्मृतियों में था और उन्हीं की तरह उसने भी शपथ ले रखी थी कि जीवन में न किसी से प्रेम करेगा, न किसी का

प्रेम-पात्र बनेगा। न विवाह करेगा, न किसी का विवाह रचाएगा। उससे सम्बन्धित ये तमाम बातें मुझे धीरे-धीरे बाद में तब मालूम हुईं जब अपने पहले परिचय के बाद प्रत्येक दिन, प्रत्येक घड़ी हम एक-दूसरे के करीब आते गए।

और उसी वर्ष–यानी सन् 1924 में ही।

जीवनदायिनी गंगा का प्रलयंकारी प्लावन। दोनों तटों पर बसे कानपुर शहर के साथ-साथ अनगिनत गाँव उस प्लावन के शिकार हुए थे। प्लावन के शिकार ग्रामवासियों ने वृक्ष की ऊँची डाल पर आश्रय लिया। बहते हुए लोगों को सहारा देने के लिए गंगा के पुल पर मोटी-मोटी रस्सियाँ बाँधकर लटकाई गई थीं ताकि धारा के साथ बहते हुए लोग इन रस्सियों को पकड़कर अपने प्राण बचा सकें। शहर में बाढ़ पीड़ितों की सेवा के लिए कैम्प डाले गए। 'तरुण संघ' नाम की एक संस्था काम कर रही थी और हमें भी सेवा दल में काम करने की पुकार मिली। बाढ़ से क्षतिग्रस्त लोगों की सेवा में मैं जुट गया। बलवन्त सिंह साथ था। घर के अनुशासन की उपेक्षा कर किसी सार्वजनिक कार्य के लिए घर छोड़ दिन-रात काम करने का मेरा वह पहला मौका था। बलवन्त का नाता घर से पहले ही टूट चुका था इसलिए उसे किसी तरह के पारिवारिक अनुशासन की चिन्ता थी नहीं। सेवा कार्य में जुट जाना उसके लिए अनायास था जबकि उसी काम के लिए मेरे किशोर मन ने घर के विरुद्ध पहली दफा विद्रोह का रास्ता अपनाया।

हम दोनों की ड्यूटी प्रायः एक साथ ही पड़ती। रात में हम दोनों गंगा के अँधेरे तट पर खड़े होकर हाथों में जलती लालटेन लिये शून्य में अविराम हिलाया करते ताकि प्लावन की तीक्ष्ण धारा में बहते हुए मनुष्य-मवेशी अँधेरी रात में किनारे का संकेत पा सकें और जब कभी मवेशियों का कोई झुंड उस रोशनी के सहारे हमारे पैरों के पास पहुँच जाता, हम उसे बाहर निकालते, फिर उसे रखने की व्यवस्था की जाती थी।

दिन के समय हम दोनों मल्लाहों के साथ निकलते और बाढ़ग्रस्त निराश्रित परिवारों को उनकी बची हुई सामग्री के साथ नाव पर लादकर गंगा तट के कैम्पों में पहुँचाते। किशोर सरदार का हृदय यह सब देख-देखकर पसीजता रहता और उसकी आँखों में उस वक्त एक अव्यक्त-सी करुणा समाई होती थी। शहर के पास ही कल्याणपुर के बाढ़ पीड़ित कैम्प का वह दृश्य आज भी मेरी आँखों में सुरक्षित है। बाढ़ की प्रलयंकारी लीला में सबकुछ गँवाकर हताश, भूखे-असहाय लोगों का वह हुजूम। उसकी हृदयवेधी चीख-पुकार से पूरा इलाका गूँज रहा था। भोजन की प्रतीक्षा करते स्त्री-पुरुष अलग-अलग कतारों में पत्तल के सामने बैठे थे कि तभी गर्म पूड़ियों की टोकरी दोनों हाथों से ऊपर उठाए तरुण सरदार दिखाई पड़ा। सिर पर

सफेद रेशमी पगड़ी, बदन में साधारण कपड़े की कमीज जिसकी दोनों आस्तीनें ऊपर चढ़ी थीं। मुझसे आँखें मिलते ही उसके होंठों पर स्वतः स्फूर्त मुसकान एवं आँखों में चमक कौंध उठी लेकिन बातचीत का समय कहाँ। वह उत्साह एवं उमंग के साथ भूख से बेचैन लोगों की कतार की तरफ बढ़ गया।

बाढ़ पीड़ितों की सहायता-सेवा के उस दौर ने हम दोनों को एक-दूसरे के करीब लाने में काफी मदद की। उस दिन क्षुधित, सर्वहारा जनों के बीच पूड़ियाँ बाँटने का सरदार का अन्दाज, काम के प्रति उसकी लगन एवं निष्ठा आज भी मैं नहीं भूल पा रहा हूँ। पूड़ियाँ परोसनेवाले उसके हाथों ने बाद के क्रान्तिकारी जीवन में उसी निष्ठा के साथ पिस्तौल या बम भी चलाए। उस रोज किसे मालूम था कि परवर्ती क्रान्तिकारी जीवन में हमें अति साधारण भोजन भी नियमित रूप से नसीब न होगा या यह कि पूड़ियाँ परोसनेवाले उन हाथों पर सूखी रोटी और नमक ही शेष जीवन के आधार होंगे।

उन दिनों हम दोनों के किशोर जीवन में एक-दूसरे के प्रति आकर्षण भाव के साथ-साथ जो सबसे बड़ा आकर्षण था, वह शहर (कानपुर) के पास कनालफाल के समीप गंगा के तट पर बैठ उसकी सुषमा को अनवरत निरखते रहना और बीच-बीच में किसी विषय, किसी बात या योजना पर परस्पर विचार-विमर्श करना। इसी सिलसिले में अक्सर हम क्रान्तिकारी जीवन के आनेवाले दिनों की कल्पना में तल्लीन हो जाया करते। प्रसिद्ध क्रान्तिकारी जीवनियों या क्रान्ति से सम्बन्धित साहित्य का पाठ हम यहीं बैठकर किया करते। एक ओर गंगा की अश्वेत जलधारा गरज के साथ लगातार आगे की ओर बढ़ती और दूसरी ओर क्रान्तिकारी साहित्य का प्रभाव हमारी किशोर रगों में खून की रफ्तार बढ़ा जाता। पानी का प्रचंड वेग एवं उसकी अथक गतिशीलता की छाप हमारे ऊपर सर्वाधिक पड़ी और शायद इसीलिए गंगा के तट का आकर्षण हम दोनों के मन में सदैव बना रहा।

एक शाम हम गंगा के तट पर बैठे अपनी क्रान्ति सम्बन्धी कल्पनाओं को अमली जामा पहनाने के तरीकों पर विचार-विमर्श कर रहे थे कि अचानक ही आकाश काले बादलों से पटने लगा। गंगा पार की बस्तियाँ धुँधली पड़ने लगीं, हवा का वेग बढ़ गया और थोड़ी ही देर में बादलों की भीषण गड़गड़ाहट से लगा आसमान फट जाएगा। क्षण-भर में ही प्रकृति ने भयंकर रूप धारण कर लिया था। इससे पहले कि हम उठकर वहाँ से शहर की ओर चल देते, बूँदाबाँदी शुरू हो गई थी और शहर के फूलबाग स्थित 'एडवर्ड मेमोरियल हॉल' पहुँचते-पहुँचते जमकर वर्षा होने लगी थी। यहाँ आकर हमें मालूम हुआ कि साथ ही बहुमूल्य पुस्तक 'हीरो एंड हीरोइन ऑफ रशिया' तो हम जल्दबाजी में गंगा किनारे ही छोड़ आए हैं। रूस पर जारतन्त्र के निरंकुश अत्याचार और निर्वासन के विरुद्ध रूसी युवक-युवतियों के सशस्त्र संग्राम की वह इतिहास-पुस्तक दुर्लभ होने के कारण हमारे लिए बहुत ज्यादा

मूल्यवान थी लेकिन उस घने अंधकार में वर्षा के साथ प्रचंड वायु का वेग सँभालता हुआ दो मील का रास्ता तय करके उसे लाए कौन! मेरे जाने की बात सरदार को नागवार-सी लगी। शरीर में वह मुझसे निश्चित रूप से तगड़ा था और अपने उसी तगड़ेपन की दलील देकर उस वक़्त उसने मुझे जाने से रोक दिया और खुद लम्बी डग भरता हुआ अँधेरे में गुम हो गया। उसे जाते हुए कुछ ही क्षण गुजरे होंगे कि मेरी भावुकता ने मुझे झिंझोड़ा और मैं भी उस बीहड़ अंधकार में सरदार के पीछे हो गया। घने अंधकार में बेतहाशा भागते मेरे पैरों को अपने भागने का अहसास तब हुआ जब वे बीच सड़क पर बैठे सरदार से टकराए। सिर की रेशमी पगड़ी आधी खुलकर कीचड़ में सनी थी। एक हाथ से पुस्तक एवं दूसरे से अपने पैर का अँगूठा थामे वह लथपथ पड़ा था। पैर के अँगूठे का नाखून उखड़ गया था। पगड़ी चीरकर मैंने पट्टी बाँधी और उसे सहारा देकर सुरेश दा के मेस भीगते हुए वापस आया। उससे अलग अपने घर लौटकर मेरा मन सरदार के दुख से बेचैन था। मैं वहाँ से रूई-पट्टी, जैम्बक की डिबिया लेकर उसी मूसलाधार वर्षा में सरदार के पास पहुँचा, उसके अँगूठे का खून साफ कर उस पर मरहम-पट्टी की और रात भर उसके पास बैठा रहा। सुबह होते ही घर के अनुशासन की सुधि आई। उस दिन परिवार से मिलनेवाली तमाम यंत्रणाएँ मैं धैर्यपूर्वक सह गया, सिर्फ इस तसल्ली पर कि अपने प्रिय मित्र के प्रति मैंने अपना छोटा-सा कर्त्तव्य निभाया।

और सरदार का वह स्नेहयुक्त आदेश—"पीओ, देर न करो। तुम्हें पीना ही पड़ेगा।" दूधवाले की दुकान के सामने गर्म दूध से भरा गिलास लिये वह मुझे आदेश दे रहा है। दूध से उन दिनों अरुचि नहीं थी लेकिन भरपेट भोजन के बाद पक्का आधा सेर दूध चढ़ा जाना मेरे पेट के लिए मुश्किल था। आज भी दिल्ली और आगरा स्थित दूध की दुकानों के दृश्य मेरी आँखों के सामने आ जाते हैं। उन्हीं दुकानों के मालिक बाद में हमारी उपस्थिति दिल्ली और आगरा में सिद्ध करने के लिए हमारे मुकदमों में आए थे।

दरअसल, भोजन के बाद गर्मागर्म दूध का गिलास चढ़ा जाने का पाठ मुझे सरदार ने ही दिया। जब कभी पैसा पास होता, वह दूध पीने के विलास से नहीं चूकता था। जहाँ रोटी का लुकमा भी निश्चित न हो वहाँ दुग्धपान विलास की ही श्रेणी में आएगा न? और उसे सिर्फ तीन पाव गर्मागर्म दूध से ही सन्तोष नहीं था, बल्कि गिलास के दूध पर कम-से-कम डेढ़ छटाँक मोटी मलाई का टुकड़ा भी अलग से पड़ना चाहिए। मलाई न रहने पर घी का तड़का छौंक वह गर्म दूध में दे लेता था। शरीर में खून बढ़ाने का उसका यही उपयुक्त नुस्खा था। दूध के प्रति एक असीम आसक्ति उसके मन में थी। स्वास्थ्य के प्रति वह कभी उदासीन न रहा हालाँकि बाद के पार्टी जीवन में नियमित रूप से हमें भोजन भी नसीब नहीं हुआ। विप्लवी जीवन की अनिश्चित परिस्थिति एवं जीवन-धारण के लिए सीमित साधन

और व्यवस्था के अभाव में भी वह शरीर और स्वास्थ्य के प्रति हमेशा सचेत रहा। यद्यपि जीवन के प्रति उसके मन में जबरदस्त आसक्ति थी तथापि उसका कहना था कि जीवन जब अधिक सुन्दर और प्रिय मालूम पड़ने लगे, तभी अपने आदर्श के लिए उसे बलिदान करना चाहिए।

संस्मरण की इस कड़ी के रूप में एक और दृश्य मेरी आँखों के सामने अब भी कौंध जाता है...

कानपुर स्टेशन का जन-प्लावित प्लेटफार्म। "जो बोले सो निहाल...सत्‌श्री... अ...का...ल..." के गगनभेदी नारे से दिग्‌दिगन्त गूँज उठा है। गुरु के बाग के सत्याग्रही सिख मोर्चा डालने के लिए पंजाब जा रहे हैं। उन दिनों हर स्टेशन पर, जहाँ ट्रेन रुकती थी, अधीर जनता सत्याग्रहियों के दर्शनार्थ टूट पड़ती थी। प्रत्येक स्टेशन पर वीर सत्याग्रहियों को भोजन कराने के लिए लंगर खोले गए थे। कानपुर स्टेशन पर भी ऐसी ही व्यवस्था थी और सत्याग्रहियों की एक झलक लेने के लिए जनता उमड़ पड़ी थी। फूलों और फूल-मालाओं की वर्षा। मैं भी स्टेशन गया था। अपार जनसमूह के वेग को ठेलकर सत्याग्रहियों के डिब्बों तक न पहुँच पाने की मजबूरी में ओवर-ब्रिज पर जाकर खड़ा हो गया और असंख्य सिरों से पटे प्लेटफार्म का दृश्य वहीं से देखने में तल्लीन था कि भीड़ को चीरती मेरी दृष्टि अपने सरदार मित्र पर पड़ी। वही रेशमी पगड़ी और सफेद कमीज। दोनों आस्तीनें बाँह पर चढ़ी हुईं। एक हाथ में शरबत की बाल्टी और दूसरे में लम्बा-सा गिलास। अपने दोनों कन्धों से भीड़ को ठेलता हुआ वह सत्याग्रहियों के हाथ में शरबत के गिलास पकड़ा रहा था। भीड़ की खींचातानी में पगड़ी सिर से खिसककर कन्धे पर लटक आई थी जिसकी चिन्ता उसे नहीं थी। कम-से-कम समय में ज्यादा-से-ज्यादा सत्याग्रहियों की प्यास बुझा पाने की व्यग्रता उसके चेहरे, आँख और चाल में स्पष्ट देखी जा सकती थी। ट्रेन के एक सिरे से दूसरे सिरे तक उसकी विश्रामहीन भागदौड़। मेरे प्रिय साथी सरदार का यह एक और रूप था।

थोड़ी देर ठहरने के बाद ट्रेन चल पड़ी। फिर एक बार सत्‌श्री अकाल के नारे से आकाश गूँजा और कोलाहल मुखरित स्टेशन का प्लेटफार्म खाली होना शुरू हो गया। भीड़ पिघलने लगी। जो सत्याग्रहियों को देखने, उनसे मिलने-मिलाने आए थे, बाहर की ओर खिसकने लगे और बच गया हाथों में गिलास-बाल्टी लिये मेरा वह सरदार मित्र! मैं ओवर-ब्रिज से उतर उसकी बगल में खड़ा हुआ पर उसे जैसे किसी बात की सुधि नहीं थी। ट्रेन जाने की दिशा में मंत्रमुग्ध आँखों में उदासी लिये अब भी वह खाली पटरी देखे जा रहा था। अपने कन्धे पर मेरे हाथ का दबाव महसूस कर मुड़ा और मुसकुराकर एक हाथ से मेरे पंजे को दबाया—बोटू...! उसकी आँखों में कोई अदृश्य निर्णय कौंध उठा था उस घड़ी।

उस दिन लगभग गुमसुम और उदास वह जनशून्य स्टेशन से मेरे साथ बाहर

हुआ था और फिर वह दिन भी आया जब दल के आदेशों पर उसे कानपुर, 'प्रताप', सुरेश दादा और मुझे छोड़कर एक छोटे स्कूल का हेडमास्टर बनकर अन्यत्र जाना पड़ा। विप्लव दल के नियमानुसार कुतूहलवश जरूरत से ज्यादा किसी का परिचय प्राप्त करना हमारे लिए मना था और सरदार शायद सब दिन ऐसा अनुभव करता रहा था कि कोई रहस्य वह अपने एकमात्र अनन्य साथी—मुझसे—छिपाता रहा है, वरना कानपुर से विदाई लेने के दिन ही क्या खुलता! शिक्षक का पद ग्रहण करने जाते वक्त मुझसे मिलने आया था और हमारी आत्मीय घनिष्ठता के बावजूद दल की मर्यादा रखने के लिए अब तक वह जिस रहस्य को छिपाए हुए था, विदाई के क्षण उसे व्यक्त किए बगैर न रह सका। जिस तरुण बलवन्त सिंह के स्नेहपाश में मैं अब तक बँधा था, वही सरदार भगतसिंह के रूप में मुझसे विदा ले गया।

यही उसका असली परिचय था। लोगों ने उसे बाद में विप्लवी सरदार भगतसिंह के रूप में जाना लेकिन मेरे लिए तो वह सब दिन मानवीय गुण-सम्पन्न, भाव में गम्भीर भावुकता से ओत-प्रोत बलवन्त सिंह बना रहा। बाद की हमारी मैत्री, परवर्ती क्रान्तिकाल में एक-दूसरे के साथ सहयोगी की भूमिका, उसकी फाँसी से लेकर मेरे जलावतन तक का प्रसंग इस कड़ी की अगली कहानी है।

सन् 1927-28 का समय हमारे राष्ट्रीय जीवन में क्रान्ति के साथ-साथ संकट का काल भी कहा जा सकता है क्योंकि उन्हीं दिनों हमारी आजादी की लड़ाई का स्रोत एक नए रास्ते की ओर प्रवाहित हुआ। उस वक्त तक देशवासी क्रान्तिकारी आन्दोलन और उसकी विचारधाराओं से ज्यादा परिचित नहीं थे और अंग्रेज सरकार क्रान्तिकारियों को साधारण खूनियों तथा डकैतों की श्रेणी में डालकर देश की जनता को सब दिन गुमराह करने का प्रयत्न करती रही थी। ब्रिटिश सरकार का यह कहना था कि विप्लवी देश में त्रास एवं अराजकता फैलाना चाहते हैं जबकि विप्लवी देश में परिवर्तन के प्रति आग्रही थे। जनसाधारण को विप्लव के प्रति जागरूक बनाकर आर्थिक परिवर्तनों द्वारा शोषणविहीन समाज की स्थापना ही उनका लक्ष्य था। इस लक्ष्य की पूर्ति के लिए यह जरूरी था कि क्रान्तिकारियों की ओर से देशवासियों के सम्मुख एक निश्चित कार्यक्रम पेश किया जाए और देश के नेताओं को असेम्बली भवन के भीतरी वैधानिक कार्यक्रमों के दाँव-पेंच से मुक्तकर जनान्दोलन के प्रति उत्साहित किया जाए। दिल्ली की केन्द्रीय असेम्बली में अंग्रेज सरकार की ओर से भारत के लिए स्वायत्त शासन की माँग बार-बार ठुकरा दी गई थी। जन नेताओं के लाख विरोध के बावजूद यहाँ की जनता के मानवीय अधिकारों को विलुप्त करने के लिए केन्द्रीय धारा सभा से 'ट्रेड डिस्प्यूट बिल' स्वीकृत करा लिया गया था। कानून स्वीकृत हो जाने के फलस्वरूप देश के करोड़ों भूखे-मेहनतकश लोग अपनी

आर्थिक दशा सुधारने के प्रारम्भिक स्वत्व एवं एकमात्र उपाय हड़ताल से वंचित कर दिए गए थे। केन्द्रीय विधानसभा में हमारे जन-प्रतिनिधियों के उस अपमान और उस अमानुषिक बर्बरतापूर्ण कानून द्वारा देश की करोड़ों जनता पर जो हमला हुआ था, उसी के विरोध में भारतीय क्रान्तिकारी संस्था 'हिन्दुस्तान सोशलिस्ट रिपब्लिकेशन आर्मी' द्वारा केन्द्रीय असेम्बली के सभाकक्ष में बम डालकर गोरी हुकूमत को एक चेतावनी देने के सुझाव पर आगरा हेडक्वार्टर में आलोचना-गोष्ठी की बैठक चल रही थी। असेम्बली में बम डालकर आत्मसमर्पण करना एवं बाद में मुकदमे के दौरान अभियुक्त के कटघरे में खड़े होकर भारतीय क्रान्तिकारी दल की ओर से विप्लवियों के विचारों, आदर्शों एवं उद्देश्यों का दिग्दर्शन कराने के लिए एक विशद राजनीतिक वक्तव्य देने की सूझ सरदार भगतसिंह के मस्तिष्क की ही उपज थी लेकिन इसे निभाए कौन? यानी केन्द्रीय असेम्बली में बम फेंकने जैसा जोखिम भरा कार्य कौन करे? इसे पूरा करने का सीधा एवं साफ अर्थ था—मृत्यु! लाख सावधानी के बावजूद असेम्बली भवन के फर्श पर बम फटने के साथ किसी की मृत्यु की सम्भावना स्पष्ट थी और उसके बाद वहाँ नियुक्त सुरक्षा पुलिस या सार्जेंट द्वारा बम फेंकनेवाले को तुरन्त गोली के घाट उतार देना भी लगभग निश्चित ही था। बावजूद इसके कि हम सभी क्रान्तिकारी देश को स्वतन्त्र कराने की बलिदानी भावना से प्रेरित हो, प्रियजनों से नाता तोड़, किसी भी क्षण मृत्यु का आलिंगन करने का संकल्प ले, सिर पर कफन बाँध गृह-त्यागी बनकर निकल पड़े थे, फिर भी विचार गोष्ठी में बैठकर अपनी-अपनी सुरक्षा पर नजर गड़ाए दूसरे साथी को निश्चित मौत का फरमान सुनाना किसी के लिए भी सम्भव न था। ऐसा कोई व्यवहार किसी के भी मन को संदिग्ध बना सकता था। सरदार ने सहर्ष आगे बढ़कर निश्चित मौत से खेलने का बीड़ा उठाया, साथ-साथ मैंने भी। वर्षों पहले कानपुर में गंगा के किनारे बैठे-बैठे जिन अनागत दिनों की कल्पनाएँ हम बार-बार किया करते थे, कि एक साथ ही दोनों देश की स्वतन्त्रता के लिए आत्माहुति देंगे, उसे साकार करने का समय आ गया था...

हम दोनों—सरदार और मैं—बम के साथ आगरे से दिल्ली पहुँचे। लगभग महीने-भर तक दिल्ली ही में टिके रहे। मैं हाफ पैंट, कमीज और जूता पहनता था और सरदार फैल्ट हैट लगाने लगे थे। प्रत्येक संध्या बम को अखबार में ढककर कोट की नीचेवाली जेब में रखे हम साथ-साथ असेम्बली भवन जाते, वहाँ का वातावरण परखते, पहरे पर संतरियों की गतिविधि देखते और अनुमान लगाते—कैसे अपने उद्देश्यों में सफल हो सकेंगे।

इसी बीच एक दिन सरदार ने साथ-साथ फोटो खिंचवाने की बात रखी। कुछ देर तो मैं टालता रहा लेकिन सरदार जब जिद पर उतर आए तब मुझे भी झुकना पड़ा और वही एकमात्र तस्वीर हम दोनों की आखिरी यादगार बनकर रह गई।

फिर आया वह दिन जिसके लिए हम आगरे से चलकर दिल्ली आए थे और लगातार महीने-भर तक बिना नागा असेम्बली भवन के अगल-बगल चक्कर लगाते रहे थे। यानी 8 अप्रैल, 1928।

वह जोर का धमाका

दिन के ग्यारह बजे। स्थान केन्द्रीय असेम्बली हॉल जिसे अब संसद कहा जाता है। 'ट्रेड डिस्प्यूट बिल' और 'पब्लिक सेफ्टी बिल' पर जनमत जानने के लिए प्रस्ताव स्वीकृत हो गया था। अध्यक्ष की कुर्सी पर सरदार बल्लभ भाई पटेल विराजमान थे। ट्रेजरी बेंचों पर सर जेम्स क्रेरर एवं सर जार्ज शुस्टर। विशिष्ट व्यक्ति के रूप में वाइसराय की सीट पर, दर्शक दीर्घा में, सर जान साइमन। सरकारी बेंचों के सामने विरोधी सीट पर पंडित मोतीलाल नेहरू, पंडित मदनमोहन मालवीय एवं डॉक्टर मुंजे आदि। बम हम दोनों ही की जेब में थे। ऊपर से पीछे की खाली बेंचों को लक्ष्य करके हमने बम फेंके। जोरों का धमाका हुआ लेकिन चूँकि किसी को मारने का इरादा तो था नहीं इसीलिए कमजोर बम बनाए गए थे ताकि धमाके पैदा करने के अलावा और किसी तरह का भयंकर, घातक या मारक प्रभाव उससे पैदा न हो सके। 'इन्कलाब जिन्दाबाद' एवं ''साम्राज्यवादी शासकों के बहरे (राष्ट्रीय माँगों के प्रति) कानों को खोलने के लिए जोरदार आवाज की जरूरत है'' के नारों एवं फटे बम के धुएँ से हॉल भर गया और भगदड़ मच गई। डर के मारे सर जेम्स क्रेरर बेंचों के नीचे जा छिपे। बम के साथ फेंके गए लाल रंग के छपे पर्चे धुएँ की सतह पर हॉल में इधर-उधर तैर रहे थे। उस पर्चे में गोरी हुकूमत की आँखें खोलने के लिए भारतीय क्रान्तिकारी दल के उद्देश्यों का स्पष्ट हवाला दिया गया था—''दो नगण्य इकाइयों (सरदार भगतसिंह एवं बटुकेश्वर दत्त) को कुचलने से राष्ट्र नहीं दबेगा।... सरकार इस बात को समझे कि पब्लिक सेफ्टी तथा ट्रेड डिस्प्यूट बिल एवं लाला लाजपतराय की निर्मम हत्या के विरुद्ध जनमानस का विरोध प्रदर्शित करने के अतिरिक्त हम इतिहास को भी यह साक्ष्य देना चाहते हैं कि व्यक्तियों का दमन करना आसान है लेकिन विचारधाराओं का दमन नहीं किया जा सकता। विशाल साम्राज्य नष्ट हो जाते हैं लेकिन विचारधाराएँ नष्ट नहीं होतीं। बोरबोन और जार का पतन हो गया किन्तु क्रान्तिकारी आगे बढ़ते गए।...हमें, जिनको मनुष्य जीवन से प्रेम है और जो एक बड़े ही गौरवमय भविष्य की कल्पना करते हैं, व्यक्ति की पूर्ण स्वतन्त्रता के लिए बाध्य होकर मानव-रक्त बहाना पड़ रहा है। यह आवश्यक है क्योंकि जो मनुष्यता के लिए शहीद होते हैं, उनके त्याग से क्रान्ति की यह वेदी बनती है जहाँ से मानव द्वारा मानव के शोषण का अन्त हो सकेगा—इन्कलाब जिन्दाबाद!''

बमों का प्रहार : अंग्रेजी शासन पर

अपनी पूर्व योजनाओं के अनुसार एवं मार्शल लॉ जारी न हो या बम फेंकने के अपराध में निर्दोष व्यक्ति न पकड़ लिए जाएँ, हम दोनों ही ने आत्म-समर्पण कर दिया। तत्कालीन वाइसराय लार्ड इरविन ने उस घटना का तात्पर्य अच्छी तरह समझा और बम विस्फोट के बाद ही व्यवस्थापिका सभाओं के संयुक्त अधिवेशन में भाषण के समय चर्चा करते हुए बताया कि बमों का प्रहार किसी एक व्यक्ति पर नहीं बल्कि एक संस्था (अंग्रेजी शासन) पर किया गया है।

हम दोनों को दिल्ली के दो अलग-अलग थानों में रखा गया। मुकदमे शुरू हुए। फिर हमारा स्थानान्तरण दिल्ली जेल में हुआ जहाँ एक साथ सटी दो अलग-अलग कोठरियों में हमें रखा गया। बीच में खड़ी अभेद्य दीवार। नियाज अली हमारा जेल वार्डन था जिसे एक अरसे तक हम हाड़-मांस का न होकर पत्थर का बना समझते रहे। नियाज अली ने कभी मुझे और सरदार को एक साथ न होने दिया। स्पर्शानुभूति की बात तो दूर रही, उसने कभी हम दोनों को एक-दूसरे का चेहरा तक नहीं देखने दिया, उन दो-चार दिनों को छोड़कर जबकि इकट्ठे हमें अदालत ले जाया जाता था। दिल्ली की उस विशेष अदालत में न्यायाधीश के सामने प्रविष्ट होते समय अपने-अपने हाथ-पाँवों में बड़ी बेड़ियों की झंकार के साथ 'क्रान्ति चिरजीवी हो' का नारा लगाते। पूरा न्यायालय गूँज उठता था और तभी से यह नारा राष्ट्रीय जीवन में व्याप्त हो गया। बम विस्फोट के साथ पहले-पहल सरदार के मुँह से निकली 'इन्कलाब जिन्दाबाद' की घोषणा जैसे पूरे राष्ट्रीय जनजीवन में व्याप गई।

मुकदमे के दौरान न्यायाधीश महोदय ने सरदार से 'क्रान्ति' शब्द की व्याख्या करने को कहा तो सरदार ने बताया—"क्रान्ति या विप्लव खून-खच्चर ही का रास्ता नहीं और न ही उसमें व्यक्तिगत प्रतिशोध का कोई स्थान है। बम और पिस्तौल ही क्रान्ति का धर्म हो, ऐसा भी नहीं है। क्रान्ति से हमारा मतलब है कि वर्तमान समाज और शासन व्यवस्था, जो स्पष्टतः अन्याय एवं अत्याचार पर आधारित है, परिवर्तित हो। आप पूर्ण परिवर्तन के द्वारा ऐसी व्यवस्था की स्थापना करें जिसमें सर्वसाधारण की सत्ता कायम हो सके।"

सरदार का वह पत्र

आसिफ अली साहब ने हमारी ओर से वकालत की थी और हमारे गवाह बने थे डॉ. मुंजे एवं पंडित मदनमोहन मालवीय। न्यायालय ने हम दोनों को आजीवन काले पानी की सजा दी। 1930 में 'लाहौर षड्यंत्र केस' के अन्त में जब मैं सदा के लिए सरदार से बिछुड़कर मुलतान जेल भेज दिया गया, तब सरदार ने मेरी बहन को एक

पत्र लिखा था जो आज भी मेरे जीवन की अमूल्य निधि है। 17 जुलाई 1930 को लाहौर सेंट्रल जेल से लिखा गया वह पत्र सरदार के व्यथातुर हृदय की अभिव्यक्ति है–"बटुक की जुदाई आज मेरे लिए असह्य हो रही है। इस बिछोह से मैं एकदम स्तब्ध-सा हो गया हूँ।...एक-एक पल मेरे लिए असह्य भार बन गया है। सचमुच, अपने सगे भाई एवं परिजनों से भी ज्यादा प्रिय उस मित्र से अलग हो जाना आज मेरे लिए अत्यन्त ही कठिन गुजर रहा है।...हमें सब कुछ धैर्यपूर्वक सहन करना है और आपसे भी हिम्मत के साथ परिस्थिति का सामना करने का अनुरोध करूँगा।"

'लाहौर षड्यंत्र केस' में जब सरदार को फाँसी की सजा का फैसला सुनाया गया तब अपने एक पत्र में उसने मुझे लिखा–

"प्रिय बटुक,

दीर्घकाल तक हम लोगों का विचार-प्रहसन चलने के बाद अब उस पर यवनिका पात हुआ। न्यायाधीशों ने सजाएँ घोषित कर दी हैं और उन सजाओं की इत्तला हमें भेज दी गई है। मुझे फाँसी की सजा मिली है।

तुम्हें मालूम है कि मैं लाहौर जेल की उन्हीं फाँसी की कोठरियों में हूँ, जहाँ चन्द रोज पहले तुम मेरे साथ थे। इन फाँसी की कोठरियों में कुल पैंतालीस मृत्युदंड प्राप्त बन्दी हैं जो प्रतिक्षण अपनी अन्तिम घड़ी की प्रतीक्षा कर रहे हैं। वे अभागे बन्दी फाँसी के फंदे से छूट पाने के लिए दिन-रात भगवान से प्रार्थना कर रहे हैं। उनमें से अधिकांश अपने कृत्यकर्म के लिए अत्यन्त ही अनुलप्त हैं और इन अभागे बन्दियों के बीच मैं ही एक ऐसा व्यक्ति हूँ, भगवान के बदले अपने आदर्शों में ही जिसकी अविचल आस्था है एवं जिस आस्था के लिए मैं मृत्यु का आलिंगन करने जा रहा हूँ। मैं इसके लिए सन्तुष्ट हूँ। तुमसे मेरा बिछोह अत्यन्त ही पीड़ादायक है लेकिन इससे कुछ विशेष उद्देश्यों की पूर्ति होगी। मैं फाँसी के तख्ते पर अपना प्राण विसर्जित कर दुनिया को दिखाऊँगा कि क्रान्तिकारी उद्देश्यों की पूर्ति के लिए खुशी-खुशी आत्म-बलिदान कर सकता है। मैं तो मर जाऊँगा लेकिन तुम आजीवन कारावास की सजा भुगतने के लिए जीवित रहोगे और मेरा दृढ़-विश्वास है कि तुम यह सिद्ध कर सकोगे कि विप्लवी अपने उद्देश्यों के लिए आजीवन तिल-तिलकर यन्त्रणाएँ सहन कर सकता है। मृत्युदंड पाने से तुम बचे हो और मिलनेवाली यन्त्रणाएँ को सहन करते हुए दिखा सकोगे कि फाँसी का फन्दा, जिसके आलिंगन के लिए मैं तैयार बैठा हूँ, यन्त्रणाओं से बच निकलने का एक उपाय नहीं है। जीवित रहकर विप्लवी जीवनभर मुसीबतें झेलने की दृढ़ता रखते हैं।

तुम्हारा

–भगतसिंह"

ध्येय के लिए जीवन की आहुति

सरदार अपने विचारों या व्यवहारों में कट्टरपंथी कभी नहीं रहे। मस्तक पर सिख धर्म के द्योतक लम्बे बाल, कंघा, कच्छा और कड़ा लेकर वह कानपुर आए थे लेकिन बाद के दिनों में परिस्थिति के अनुसार उन्होंने खुद को दूसरे रूप में ढाल दिया। लम्बे-लम्बे बाल कटवाकर नीचे से ऊपर तक सूट एवं हैट से लैस उन्होंने अंग्रेज साहबों का रूप धारण किया। हिंसा एवं अहिंसा की उधेड़बुन में उनके विचार उलझे हुए नहीं थे, न ही उनके मन में कभी किसी के प्रति हिंसा या द्वेष पनपा। राजनीतिक बन्दियों को युद्धबन्दी (प्रिजनर ऑफ वार) की स्वीकृति दिलाने एवं तद्नुसार उनसे सम्मानपूर्वक व्यवहार की माँग पर बन्दियों द्वारा सामूहिक अनशन का संग्राम आरम्भ करना तथा उसी संग्राम के द्वारा देश की मुरझाई हुई चेतना में फिर से स्पन्दन जगाने की कल्पना सरदार ने ही की थी और उसी संग्राम के फलस्वरूप पूरे देश में एक अभूतपूर्व परिस्थिति उत्पन्न हुई एवं बाद में 1930 का जनान्दोलन जिससे प्रेरित हुआ। खुद सरदार ने जेल के भीतर 14 जून, 1929 से प्रारम्भ करके लगातार 127 दिनों तक भूख की अनन्त ज्वाला में घुलते हुए मौत की प्रतीक्षा की थी...

गम्भीर मननशीलता, राजनीतिक दूरदर्शिता एवं आत्मबल पर अटूट विश्वास सरदार के अन्य गुण थे। दूसरे देशों के क्रान्तिकारी आन्दोलनों के साथ पराधीन भारतवर्ष की राजनीतिक परिस्थिति का तुलनात्मक विचार सरदार के चिन्तन का एक विशिष्ट पक्ष था। बलिष्ठ हाथों में पिस्तौल लेकर जिस प्रकार लक्ष्य-भेद करने में वह माहिर थे, उसी प्रकार उनकी सुन्दर अँगुलियाँ लेखनी चलाने में भी माहिर थीं। 'प्रताप' में काम करते समय डैन ब्रीन लिखित 'माई फाइट फार आइरिश फ्रीडम' का बड़ा ही सुन्दर अनुवाद उन्होंने किया था। दिल्ली के साप्ताहिक 'अर्जुन' के सम्पादकीय में भी वह लेखनी चलाते रहे। उन्हीं दिनों पंजाब के विद्रोही किसान आन्दोलन, कूका विद्रोह और बब्बर अकाली आन्दोलन पर लिखी उनकी पांडुलिपियाँ मैंने पढ़ी थीं। फाँसी के पहले पंजाब के तत्कालीन गवर्नर के पास उन्होंने अपने साथ फाँसी की सजा से दंडित अन्य साथियों को फाँसी के फन्दे से लटकाने के बजाए युद्धबन्दियों की भाँति गोली से उड़ा दिए जाने के लिए जो आवेदनपत्र भेजा था, उसकी शैली एवं दलील दोनों ही अपने ढंग की अकेली चीज थी यानी सरदार न सिर्फ एक क्रान्तिकारी भर ही थे बल्कि इसके साथ-साथ एक दूरदर्शी राजनेता, सफल अनुवादक, पत्रकार एवं चिन्तक का अद्भुत सम्मिश्रण उनके व्यक्तित्व में मौजूद था। अपने ध्येय के लिए जीवन की आहुति चढ़ा देने की प्रबल प्रेरणा एवं आकांक्षा से ही वह सब दिन प्रेरित हुए और निश्चित मृत्यु की ओर बढ़ते गए। अनासक्त हृदय का कोई व्यक्ति ही इस प्रकार संसार की स्थूल वासनाओं से मुक्त होकर मृत्यु को सहर्ष गले लगा सकता है। स्वामी विवेकानन्द की वाणी, सरदार के

सन्दर्भ में, मुझे हमेशा याद आती रहती है—"यदि तुम्हारा मन अनासक्त है तो तुम्हारी भक्ति भी अपरिसीम है। संसार की कोई भी ताकत तुम्हारी गति का प्रतिरोध नहीं कर सकती।"

और इसमें सन्देह नहीं कि अंग्रेज शासकों की विशाल राक्षसी शक्ति भी सरदार की जीवन गति का प्रतिरोध कर पाने में सब दिन असमर्थ रही। 7 अक्टूबर, 1930 को उन्हें फाँसी की सजा सुनाई गई थी और 23 मार्च, 1931 की शाम उन्हें फ़ाँसी दे दी गई। वह सब दिन कहा करते थे—"मातृभूमि की बलिवेदी पर कौन पहले जाएगा, कौन पीछे, नहीं मालूम लेकिन जो कोई पहले जाए उसके लिए हम आँसू नहीं बहाएँगे बल्कि उसके अधूरे कार्यों को पूरा करने की कोशिश करेंगे। हमारा बलिदान यों ही नहीं जाएगा बटुक! यह और बात है कि आनेवाले परिणामों को देखने के लिए हम संसार में रही रहें..."

सरदार सचमुच आज़ादी देखने के लिए नहीं रहे लेकिन उनका बलिदान भी यों ही नहीं गया। आज सोचता हूँ तो लगता है जैसे उनकी दृष्टि में आनेवाला समय बिलकुल ही स्पष्ट और साफ होकर कैद था—शहादत के बाद चाहे जितना समय लगे, देश आजाद होगा और जरूर होगा!

वे सूरतें इलाही किस देश बसतियाँ हैं

भगवानदास माहौर

भगतसिंह और चन्द्रशेखर आज़ाद का नाम समस्त उत्तर भारत में सशस्त्र क्रान्ति की प्रवृत्तियों का प्रतीक बन गया है। भारत में सशस्त्र क्रान्ति की चेष्टा का एक अपना विकास-क्रम रहा है। झाँसी की रानी लक्ष्मीबाई और उनके साथियों के नेतृत्व में सन् 1857 के स्वातन्त्र्य-युद्ध के बाद उन्नीसवीं सदी के अन्त और बीसवीं सदी के आरम्भ काल में सशस्त्र क्रान्ति का दरवाजा स्वामी विवेकानन्द ने खटखटाया। माता काली के नृत्य का आह्वान धार्मिक रस्म में भारतीय क्रान्ति का ही आह्वान था। महाराष्ट्र में लोकमान्य तिलक की प्रेरणा से चापेकर बन्धु और सावरकर बन्धुओं का क्रान्तिकारी कार्यकलाप भी धार्मिक धरातल पर ही था। उस समय से लेकर पं. रामप्रसाद बिस्मिल आदि के नेतृत्व में उत्तर भारत के कार्यकलापों में भी धार्मिक भावना का सूत्र बराबर चला आया था। काकोरी के शहीद पं. रामप्रसाद बिस्मिल वेदमंत्रों का उच्चारण करते हुए फाँसी पर झूले थे, तो श्री अशफाकउल्ला खाँ की बगल में कुरान पाक था। सशस्त्र क्रान्ति प्रयास का बीज धार्मिक क्षेत्र में ही अंकुरित हुआ था परन्तु उसे धार्मिक क्षेत्र से ऊपर उठकर क्रमशः राष्ट्रीय और समाजवादी आकाश में अपनी प्रगति शोधते बढ़ना था। क्रान्ति प्रयास के इस विकास कार्य में भगतसिंह एक ऐसे व्यक्ति थे जिसे अंग्रेजी में Corner Stone (मोड़सूचक पाषण चिह्न) कहा जाता है। समय और समाज की आवश्यकताओं ने भगतसिंह को ही माध्यम बनाकर उत्तर भारत में संगठित गुप्त सशस्त्र क्रान्तिकारियों को समाजवाद की ओर उन्मुख कर दिया तथा क्रान्तिकारी कार्यकलाप को धार्मिक मनोभूमि से ऊपर उठाया। उत्तर भारत का गुप्त क्रान्ति प्रयास अभी तक इटली के मैजिनी, गैरीबाल्डी और आयरलैंड के सिनफिन के मध्यमवर्गीय नेताओं के आदर्श से अनुप्राणित था। अब भगतसिंह के माध्यम से ही अपने रूसी क्रान्ति और मार्क्स-लेनिन के समाजवादी आदर्शों के प्रभाव को ग्रहण किया। भगतसिंह के ही माध्यम से 'भारत माता की जय' और 'वन्देमातरम्' मन्त्रों के स्थान पर भारतीय गुप्त सशस्त्र क्रान्ति प्रयास ने "Long Live Revolution" (क्रान्ति चिरजीवी हो),

'इन्कलाब जिन्दाबाद', "Down with Imperialism" (साम्राज्यवाद का नाश हो) आदि नारे लगाए और जहाँ क्रान्तिकारी लोग पुलिस की यन्त्रणाओं और मृत्यु के भय से मुक्त होने के लिए शरीर की नश्वरता और आत्मा के नित्यत्व का निदिध्यासन, पद्मासन लगाए गीता का पाठ करते हुए नजर आते थे, वहाँ से अब मार्क्स की 'कैपिटल' का स्वाध्याय करते नजर आए।

दिल्ली में लेजिस्लेटिव असेम्बली में बहरे कानों को समय का गुरु-गम्भीर गर्जन सुनाने के लिए भगतसिंह ने जो बम फेंका या भारतीय राष्ट्रवाद के अपमान का प्रतिकार करने के लिए पंजाब केसरी लाला लाजपतराय को लाठियों से पीटनेवाले सांडर्स का जो वध किया और इसी प्रकार के साहस और आत्मबलिदान के जो अनेक कार्य भगतसिंह ने किए उनका महत्त्व उनके अपने व्यक्तित्व के विकास के लिए महान है तथा उनके ये कार्य सशस्त्र क्रान्ति प्रयास के विशाल-आकाश के चमकते हुए नक्षत्र हैं परन्तु भगतसिंह की विशेष क्रान्तिकारी देन यही है कि उनके समय से क्रान्तिकारियों का आदर्श समाजवादोन्मुख हो गया तथा उनका मानसिक धरातल भी परलोकापेक्षी धार्मिक होने के स्थान पर अब इहलोकापेक्षी सामाजिक ही विशेषतः हो गया। काकोरी युग के पं. श्री रामप्रसाद बिस्मिल, श्री शचीन्द्रनाथ सान्याल, श्री जोगेशचन्द्र चटर्जी आदि का The Hindustan Republican Association (भारतीय प्रजातन्त्र संघ) भगतसिंह और उनके साथियों के प्रभाव से The Hindustan Socialist Republican Army (हिन्दुस्तानी समाजवादी प्रजातन्त्र सेना) के रूप में विकसित हुआ। यहाँ तुरन्त ही यह बात स्पष्टतया कह देनी चाहिए कि कहने का तात्पर्य यह नहीं है कि भगतसिंह समाजवाद के अच्छे पंडित थे। कहने का अभिप्राय इतना ही है कि भगतसिंह और उनके साथी श्री शिव वर्मा, विजय कुमार सिन्हा आदि के द्वारा हम लोगों के क्रान्तिकारी दल ने समाजवाद की ओर अपना मार्ग टटोलकर बढ़ना शुरू किया था...

भगतसिंह का परिचय होने से पूर्व मैं श्री शचीन्द्रनाथ बख्शी और श्री चन्द्रशेखर आज़ाद के परिचय में आ चुका था। भगतसिंह से मिलने से पूर्व लगभग दो वर्ष से मैं आज़ाद के निकट सम्पर्क में रहता आ रहा था। आज़ाद उस समय काकोरी दल के ही एक अवशेष थे। सिद्धान्त और आदर्श की दृष्टि से वे पुराने 'हिन्दुस्तान रिपब्लिकन एसोसिएशन' के ही एक सदस्य थे और उनका ही प्रभाव झाँसी के श्री सदाशिवराव मलकापुरकर, विश्वनाथ गंगाधर वैशम्पायन आदि हम सभी नवयुवकों पर था। हम सभी उस समय तक गीता पाठ करके स्फूर्ति ग्रहण करते थे तथा श्री शचीन्द्रनाथ सान्याल के 'बन्दी जीवन', श्री उपेन्द्रनाथ बंद्योपाध्याय के 'राजनीतिक षड्यन्त्र', बंकिम बाबू के 'आनन्दमठ' आदि को पढ़कर क्रान्ति-व्रत में दीक्षित हुए

15-16 वर्ष के नौजवान थे। अपने अन्य साथियों की क्रान्ति-भावना के सदृश्य मेरी क्रान्ति-भावना में भी धार्मिक सूत्र अनुस्यूत चला आता था। इस सूत्र को सर्वप्रथम सबसे प्रबल झटका भगतसिंह के द्वारा ही उनके सर्वप्रथम साक्षात्कार में लगा, जब उन्होंने सन् 1928 के अक्टूबर में आगरे में एकत्र हुए दल के सभी साथियों से बातचीत की। मैं उस समय बी.ए. का विद्यार्थी था परन्तु सैद्धान्तिक दृष्टि से भगतसिंह ने मुझे एकदम कोरा ही पाया और हैरानी प्रकट की। मेरे मन को झकझोर डालने के लिए भगतसिंह ने मुझे अराजकतावादी बाकुनिन की पुस्तक "The God and the State" (ईश्वर और राज) बड़े आग्रह से पढ़ने को दी। उक्त पुस्तक के मुखपृष्ठ पर ही लिखा था : "If God really existed, it would be necessary to abolish him" (यदि ईश्वर का अस्तित्व वास्तव में होता तो उसे मिटा देना आवश्यक होता)। भगतसिंह की इन नास्तिकतावादी बातों से उस समय मेरे मन पर बड़ी ठेस लगी। उन्होंने मार्क्स की 'कैपिटल' भी मुझे पढ़ने को दी मगर वह मेरी समझ में खाक भी नहीं आई। मैंने उसे बिना पूरा पढ़े ही वापस कर दिया और अपने मन में गाँठ-सी बाँध ली कि क्रान्तिकारी भले ही हूँ परन्तु नास्तिकतावादी मैं कभी नहीं बनूँगा। भगतसिंह आदि साथियों ने और भी कई पुस्तकें मुझे पढ़ने को दीं मगर अपनी तबियत उनमें काहे को लगनेवाली थी। अतएव भगतसिंह आदि की दृष्टि में मैं सदा ही एक ऐसा उजड्ड 'पहलवान' ही रहा जिसे बुद्धि और सिद्धान्त-व्यवस्था से कोई सरोकार नहीं। भगतसिंह की नास्तिकतावादी बातें यद्यपि उस समय मुझे बहुत अंट-शंट लगीं परन्तु अन्य भाँति उनके आकर्षक व्यक्तित्व ने मुझे अपनी ओर आकृष्ट भी बहुत किया। उनके सुन्दर व्यक्तित्व, सहानुभूतिपूर्ण बातचीत, जिन्दादिली, सभी ने मुझे प्रभावित किया। इसके लगभग चार-पाँच साल बाद साबरमती सेंट्रल जेल की अँधेरी कोठरी में ही बहुत दिनों गीता पाठ, प्राणायाम आदि करने के बाद राजनीति और अर्थशास्त्र की भी बहुत-सी पुस्तकें पढ़ने के बाद जब मार्क्स की 'कैपिटल' और एंगिल्स की भी कुछ पुस्तकें पढ़ीं तभी वह बीज अंकुरित हुआ जो उस समय भगतसिंह ने बोया था। अतएव व्यक्तिगत रूप में भगतसिंह की स्मृति में जो बात मेरे मन में सर्वोपरि है वह यही है कि वे समाजवाद की ओर मुझे उन्मुख करनेवाले मेरे सबसे पहले गुरु थे।

सन् 1928 में मैं ग्वालियर में विक्टोरिया कालेज में बी.ए. का विद्यार्थी का और वहीं होस्टल में रहता था। काकोरी षड्यन्त्र केस के बाद पुनः संगठित क्रान्तिकारी संगठन के प्रमुख सदस्यों में से उस समय तक मेरा परिचय केवल श्री चन्द्रशेखर आज़ाद, श्री कुन्दनलाल, श्री विजयकुमार सिन्हा और श्री सुरेन्द्रनाथ पांडेय से ही था। एक रोज अचानक भाई विश्वनाथ गंगाधर वैशम्पायन मेरे पास होस्टल में आए और मुझे अपने साथ आगरा ले गए। यहीं मुहल्ला नूरी दरवाजे में एक मकान के दुमंजिले के एक कमरे में क्रान्तिकारी दल की 'छावनी' पड़ी हुई थी। भाई विश्वनाथ

के साथ मैं उक्त कमरे के द्वार पर पहुँचा तो निश्चित संकेत करने के बाद किसी ने भीतर से टार्च जलाकर हम दोनों को सिर से पैर तक देखा और फिर साँकल खोलकर हम लोगों को भीतर आने दिया। कमरे में घुसते हुए सबसे पहले मेरा सामना एक अच्छे बड़े रिवाल्वर की नली से हुआ। उससे नजरें हटाकर जो आगे देखा तो एक अच्छे बलिष्ठ और सुन्दर नौजवान की सावधान और सतेज आँखों को अपनी ओर घूरता पाया। यह नौजवान ही भगतसिंह थे जो इस समय रात के लगभग ग्यारह बजे शिविर के पहरे पर अपनी ड्यूटी दे रहे थे। मिट्टी के तेल की कुप्पी के मंद प्रकाश में भगतसिंह को, जिनको साथी विश्वनाथ ने 'रणजीत' नाम से सम्बोधित किया, मैं सरसरी तौर पर ही देख पाया। कमरे में कुछ नौजवान जो देखने में विद्यार्थी जैसे ही लगते थे, फर्श पर धोती और अखबार बिछाए एक कतार में पड़े सो रहे थे। हमारे आने से जो आहट हुई उससे दो-एक की आँख खुल गई। एक ने ऐंठकर कुप्पी के मंद प्रकाश में हमें घूरा और इससे पहले ही कि मैं उसे पहचान पाऊँ उसने मुझे पहचान कर होस्टल के विद्यार्थियों की तरह निहायत बेतकल्लुफाना ढंग से पाद प्रहार करके और अपनी भावी पत्नी का एक निकट सम्बन्धी घोषित करते हुए मेरा स्वागत किया। इससे मुझे भाई विजयकुमार सिन्हा को पहचानने में आसानी हुई और फिर मैंने भी उत्तर में उनके सत्कार का समुचित उत्तर दिया। यह बात भगतसिंह को अच्छी नहीं लगी और उन्होंने नए साथियों के साथ ऐसा व्यवहार करने के लिए विजयकुमार को झिड़का। उत्तर में विजय ने भगतसिंह से कहा, "अरे यह वही है, वही पंडितजी का वह, यह कहाँ का नया है।" फिर मेरी ओर मुड़कर बोले, "कुछ बिस्तर-उस्तर लाए हो। काहे को लाए होगे। बिछाओ अखबार और धोती ओढ़कर सो जाओ।" और खुद जाकर सो गए। रास्ते में पानी बरसने से भाई विश्वनाथ और मैं काफी भीग गए थे। अपने कपड़े उतारकर मैं हाथ में लिये था और सोच ही रहा था कि इनका क्या करूँ कि भगतसिंह ने कपड़े मेरे हाथ से ले लिए और उन्हें निचोड़कर अरगनी पर सूखने के लिए डाल दिया। ठंड बहुत लग रही थी। भगतसिंह ने पूछा, "भूखे तो नहीं हो।" मेरे कुछ उत्तर देने से पहले ही विश्वनाथ ने कहा, "ऐसे कुछ खास भूखे नहीं हैं, होंगे भी तो यहाँ धरा ही क्या होगा। सबेरे देखा जाएगा। कोयले पड़े हैं उन्हें जलाकर कुछ तापता हूँ और कपड़े सुखाता हूँ।" विश्वनाथ अपने काम में लग गए। भगतसिंह अपने पहरे पर खड़े हो गए। मैं विजय की ही बगल में अखबारों पर सिकुड़कर लेटा रहा। न ठंड के मारे नींद आ रही थी, न इस जिज्ञासा के मारे कि यहाँ किसलिए बुलाया गया है। किस जोखिम के काम के लिए ये सब लोग यहाँ इस तरह पड़े हुए हैं। कौन-कौन लोग हैं। कैसे लोग हैं।

क्रान्तिकारी दल का प्रथम सन्देश मैंने श्री शचीन्द्रनाथ बख्शी से झाँसी में ही सुना था। उसके बाद श्री चन्द्रशेखर आज़ाद के दर्शन मैंने प्रथम बार किए तो उनके

बलवान शरीर और निर्भीक मुद्रा का मुझ पर गहरा प्रभाव पड़ा। अब जब भगतसिंह को पहली बार देखा तो इतनी ही बातचीत और रंग-ढंग से मुझे इनकी और इनके द्वारा क्रान्तिकारियों की विद्या-बुद्धि पर एक अच्छी आस्था हो गई।

सबेरे उठे तो शिविर में इकट्ठे सभी लोगों के दर्शन हुए। श्री आज़ाद और श्री विजयकुमार सिन्हा तो पूर्व परिचित थे ही। भगतसिंह को रात में ही देख चुका था। बाकी श्री बटुकेश्वर दत्त, श्री सुखदेव, श्री राजगुरु, श्री शिव वर्मा, श्री जयदेव के भी यहाँ सर्वप्रथम दर्शन किए और सबसे मिला। थोड़ी ही बातचीत से साथियों का उनके प्रति स्वाभाविक सम्मान से मेरी समझ में तुरन्त आ गया कि भगतसिंह हमारे दल के एक उच्च बौद्धिक नेता हैं। भगतसिंह का सुन्दर बलवान शरीर, उनका बातचीत करने का सहानुभूतिपूर्ण ढंग और गम्भीरता के साथ ही साथ हास-परिहास करते रहने का ढंग किसी को भी अपने प्रति आकृष्ट किए बिना न रहता था।

सबेरे एक कोने में भगतसिंह, विजयकुमार सिन्हा और शायद सुखदेव धीरे-धीरे बातचीत करने बैठे थे। इनकी आँखें मेरी ओर कभी-कभी उठती थीं जिससे मुझे लगा कि मेरे ही विषय में ये लोग बातें कर रहे हैं। यह स्वाभाविक ही था क्योंकि मैं आज इन सबके लिए नवागन्तुक था। दल के नियम के अनुसार इनकी बातों में शरीक होना या सुनने का प्रयत्न करना मेरे लिए निषिद्ध था। अतएव एक दूसरे कोने में बैठा मैं विश्वनाथ से बात करता रहा। मैंने देखा कि ये लोग मेरी ओर देखकर कुछ मुस्करा रहे हैं। अतएव मेरे कान उस ओर गए और मैंने भगतसिंह को कहते सुना : "(मालूम होता है डार्विन का कहना ठीक है। बन्दर और आदमी के बीच की खोई हुई कड़ी ये महाशय हो सकते हैं) यह सुनकर विजयकुमार खिलखिलाकर हँस पड़े। मैं ठगा-सा उनकी ओर देखता रह गया और फिर मेरी समझ में आया कि ये लोग मेरी शक्ल-सूरत की विवेचना कर रहे थे। विजय को इस प्रकार जोर से हँसता देखकर भगतसिंह ने गम्भीर बनने की चेष्टा की और तुरन्त इशारा करके मुझे अपने पास बुलाया। मैं गया तो आपने बड़ी सद्भावना और भाईचारे से बातचीत की। दल में मेरा नामकरण होना था। दल में सभी सदस्यों के अलग-अलग नाम रख दिए जाते थे जैसे यहाँ आज़ाद को ' पंडित जी' कहा जाता था, भगतसिंह को 'रणजीत', विजय को 'बच्चू' आदि। आज मेरा भी नामकरण संस्कार हो रहा था। विजयकुमार ने महावीर या हनुमान जी जैसा ही कोई नाम परिहास के रूप में सूचित किया। भगतसिंह ने अपनी मुस्कराहट दबाकर कहा, "नहीं, यह ठीक न रहेगा। नाम ऐसा होना चाहिए जिससे यह पहचाने न जाएँ।" भगतसिंह के गम्भीर हास्य से मैं बहुत प्रभावित हुआ। अन्त में मेरा नाम 'कैलाश' रखा गया और यह शायद भगतसिंह द्वारा सूचित किया गया था।

इसके बाद नहाने का कार्यक्रम शुरू हुआ। नहाने के पहले भगतसिंह ने आज़ाद की पीठ में तेल मला और आज़ाद ने भगतसिंह की। धीरे-धीरे दोनों एक-दूसरे के

हाथ मलने लगे। फिर जोर होने लगा तो आपस में हूँ-हाँ भी होने लगी। धीरे-धीरे यह नौबत आई कि दोनों भिड़ गए और भगतसिंह ने आज़ाद को अपने दोनों हाथों में उठाकर फर्श पर धर पटका। आज़ाद के घुटने छिल गए। मैं तो आज़ाद की ताकत का लोहा मानता था और मैं यह भी समझता था कि आज़ाद अपनी पूरी ताकत अभी लगा नहीं रहे हैं। वरना आज़ाद को हाथों में उठाकर पटक देना साधारण शारीरिक बल का द्योतक न था। भगतसिंह के बल की धाक मेरे मन पर जम गई। दल में भाई सदाशिव राव और मैं कलाई-पंजा लड़ाने में 'उस्ताद' गिने जाते थे। भगतसिंह से भी कलाई में जोर आजमाईश हुई। भगतसिंह के लिए यह बिलकुल नई बात थी। वे न सदाशिव से कलाई में जीत सके और न मुझसे। ज्यादा परिचय और बेतकल्लुफी बढ़ जाने पर कभी-कभी भगतसिंह से हाथापाई भी हो जाती थी, मगर उनसे खुलकर भिड़ जाने का मुझे कभी साहस नहीं हुआ। उनके बल की धाक मेरे मन पर बड़ी अच्छी तरह जम चुकी थी।

भगतसिंह और विजयकुमार सिन्हा को गाने का शौक था। इस मामले में उनसे मेरी अच्छी पटने लगी। संगीत-शास्त्र के ज्ञान के नाम से इन सभी अन्धों में काना मैं ही था। कंठ भगतसिंह का भी मधुर था और विजयकुमार का गाना तो बड़े चाव से प्रायः सुना ही जाता था। अपने गाने से मैं भगतसिंह के कुछ और निकट हो गया, यद्यपि क्रान्तिकारी बुद्धिवाद और सिद्धान्त व्यवस्था सम्बन्धी बातें करके मुझे कोरा पाकर वे निराश हुए थे।

भगतसिंह एक अच्छे-खासे खाते-पीते सुखी परिवार से आए हैं, यह बात उन्हें देखकर किसी के भी मन पर अनायास ही जम जाती थी। गन्दे कपड़े पहन सकना आदतन उनके लिए कठिन ही था और अंट-शंट खाना भी, यद्यपि वे आवश्यक होने पर बड़ी तत्परता से खाने में प्रवृत्त होते थे फिर भी वह उनके गले के नीचे बड़ी मुश्किल से ही उतरता था। जिस स्वाभाविकता से मेरे जैसे लोग जो गरीब परिवारों से ही आए थे, गन्दे कपड़े पहने रह सकते थे और रूखा-सूखा खा-पी सकते थे, उसी स्वाभाविकता से भगतसिंह वैसा न कर पाते थे। वह उनके लिए कर्त्तव्य-भावना से साध्य होता था, स्वाभाविक नहीं। यह बात मैं प्रथम परिचय के इन दो-तीन दिनों में ही देख सका। दल के पास पैसे की कमी तो प्रायः रहती ही थी, इधर कुछ विशेष गरीबी आ गई थी। अतएव साथियों को अब बाजार से पूड़ियाँ खरीदकर खाने के लिए पैसा देना बन्द कर दिया गया था और आटा खरीदकर घर पर ही सिगड़ी पर रोटी-दाल बनाई जा रही थी। बर्तनों की भी कमी थी, अतएव दाल एक टूटे मटके का ऊपर का धड़ अलग करके उसकी पेंदी में पकाई जाती थी जिसमें पाकशास्त्र के ज्ञान से हम लोग नमक और मिर्च तो डाल लेते थे—कभी कम, कभी ज्यादा—परन्तु दाल में हल्दी भी पड़ती है इसका हमको कोई ज्ञान न था। अतएव हम लोगों की पकाई दाल शक्ल-सूरत में ऐसी होती थी कि साधारण भूख तो उसको देखकर

ही भाग जाती थी और फिर कैसी भी भूख क्यों न हो, आँखों से उसे देखकर खाते जाना कोई साधारण सिद्धि की बात न थी। फिर बर्तनों की कमी के कारण दाल उसी एक खप्पर में रखी जाती थी और हम लोग उसके चारों ओर अपने जले, पके-अधपके टिक्कड़ लेकर बैठ जाते थे। अघोरियों की घिनौनी साधनाओं की बात सुनी थी परन्तु हम क्रान्तिकारियों का यह 'भक्षण-चक्र' भी कोई साधारण बात न थी। दो-एक ही दिन के अभ्यास से आज़ाद सरीखे हम लोगों में से कुछ तो इसमें पूरे 'अवधूत' पद को पहुँच गए परन्तु बेचारे भगतसिंह को इस साधना में कभी सिद्धि न मिली। परन्तु जिस खूबी से भगतसिंह ने इस दीक्षा से अपना पिंड छुड़ाया, यह भी उनकी ही प्रतिभा का काम था। आप चक्र में खाने बैठे तो मुस्कराते हुए बोले—"देखो, मैं तुम्हें बताऊँ अमीर लोग, लखनऊ के नवाब जैसे लोग, किस नजाकत से, किस अन्दाज से खाना खाते हैं।" आपने एक टिक्कड़ में से एक बहुत ही छोटा-सा टुकड़ा बड़ी नजाकत से ऐसे तोड़ा कि कहीं टिक्कड़ को ठेस न लग जाए या उनकी उँगलियों में मोच न आ जाए। उनके इस टुकड़े तोड़ने में इतना समय लगा जितने में हम दो-चार बड़े-बड़े निवाले गले के नीचे उतार चुके। फिर बड़ी नजाकत से आपने उसे खप्पर की दाल को दूर से दिखाया, इस प्रकार कि दाल से उसका स्पर्श न हो जाए। फिर बड़ी नज़ाकत और नफ़ासत और लताफ़त से उसे उठाकर मुँह में रखा और बड़ी मुश्किल से दो-चार बार मुँह चलाकर अपने कुल्हड़ से पानी पी कर उसे गले के नीचे उतार दिया और उठते हुए बोले, "अल्लाह, क्या लज़ीज़ खाना है, सुब्हान अल्लाह!" और रूमाल से मुँह पोंछते हुए इस प्रकार उठ खड़े हुए मानो भर पेट खाकर उठे हों और उन्हें तृप्ति की डकार आ रही हो।... अस्तु, उसी रोज भगतसिंह कहीं गए और कहीं से कुछ रुपया ले आए ताकि साथियों को कम-से-कम खाना तो ढंग का मिले। खाना पकाने और खाने के बर्तन भी खरीद लिए गए।

आगरा में हम लोग इसलिए बुलाए गए थे कि श्री जोगेशचन्द्र चटर्जी को जेल से छुड़ाना था। श्री जोगेश का आगरा जेल से तबादला होने वाला था। योजना यह थी कि जब जोगेश बाबू को जेल से बाहर पुलिस के पहरे में निकाला जाए तो दूसरे जेल तक पहुँचने के बीच में उन्हें पुलिस के हाथों से छुड़ा लिया जाए परन्तु किसी कारणवश श्री जोगेशचन्द्र चटर्जी का तबादला कुछ महीनों के लिए रुक गया और हम लोगों की योजना सफल न हो सकी। अतएव हम लोग अपने-अपने स्थान को वापस भेज दिए गए। दो-चार साथी ही आगरा में पड़ाव डाले पड़े रहे।

आगरा निवास के इन दिनों में ही भगतसिंह ने सभी साथियों से क्रान्तिकारी दल के उद्देश्य और क्रान्तिकारी सिद्धान्त व्यवस्था पर बातचीत की। इसमें मुझे विशेष मजा न आया। मेरे लिए उस समय इतना ही काफी था कि हम लोग अंग्रेजों से अपने देश को आजाद करने के लिए लड़ रहे हैं और हमारा मार्ग आयरलैंड के

सिनफिन वालों की भाँति सरकार से छापामार युद्ध करने का है। इतनी-सी सीधी बात के लिए लम्बी-चौड़ी सिद्धान्त-व्यवस्था की बात मेरी समझ में उस समय बिलकुल न आती थी परन्तु क्योंकि विद्याबुद्धि में मैं भगतसिंह को अपने से कहीं अधिक श्रेष्ठ मानता था, अतएव उनकी बातों पर अनिच्छा से रह-रहकर विचार करता ही था।

इसके बाद भगतसिंह के साथ फिर कुछ दिनों रहने का अवसर मुझे तब मिला जब वे ग्वालियर में आकर मेरे यहाँ ही रहे। उनके वहाँ आने के कुछ दिनों पहले ही आज़ाद ने मुझे होस्टल छोड़कर कहीं और अलग किराए पर मकान लेकर रहने को कह दिया था और मैं मुख्य शहर के बाहरी भाग के एक कोने पर नाका चन्द्रवदनी में एक मकान किराए पर लेकर रहने लगा था। उनके आने के पहले ही भाई विजयकुमार सिन्हा, सुखदेव और दत्त वहाँ आकर मेरे साथ रहने लगे थे। एक रात को भाई सदाशिवराव मलकापुरकर भगतसिंह को ले आए। रात का समय था। शायद रात भी चाँदनी थी। मेरे मकान के पास ही पहाड़ी थी। वहाँ से वह पहाड़ी अपने ऊबड़-खाबड़ रूप में बड़ी भली लगती थी। भगतसिंह को खुली हुई छत पर पहाड़ी को देखते हुए बैठा रहना ऐसा अच्छा लगा कि वे सोए नहीं और तमाम रात बैठे सुखदेव से पंजाबी में बातें करते रहे। बाकी हम सब लोग भीतर कमरे में सो रहे थे। अपनी बातों के धुन में उन्हें यह बिलकुल ध्यान नहीं रहा कि वे लाहौर में नहीं बैठे हैं, यह लश्कर है और यहाँ रात के तीसरे पहर में इस प्रकार छत पर बातें करते लोग नहीं बैठे रहते। अतएव उनका ऐसा करना लोगों का ध्यान आकर्षित कर सकता है। हुआ भी यही। एक गश्त करने वाला सिपाही वहाँ से निकला। उसने इनको टोका, "कौन हो तुम? रात को क्यों इस तरह बैठे जोर-जोर से बातें कर रहे हो।" इस तरह टोके जाने के ये लोग आदी नहीं थे और उधर वह सिपाही भी इस बात का आदी नहीं था कि उसके सरकारी रौब की कोई अवगणना करे। अतएव दोनों में कहा-सुनी होने लगी। मगर ये न माने और बैठे बातें करते ही रहे। वह सिपाही झुँझलाता हुआ चला गया और कुछ देर बाद अपने दो-तीन साथियों को लेकर आया और इन्हें इसी प्रकार बैठे बातचीत करते पाया। अतएव उन्हें यह तो विश्वास हो ही गया होगा कि ये लोग कोई अक्खड़ विद्यार्थी हैं, फिर भी पुलिस का रौब उन्हें जमाना ही था और उन्होंने देखा तो इन्हें भी लगा कि मामला कुछ गड़बड़ मालूम होता है। फिर तो ये विनय के अवतार बन गए मगर इस प्रकार कि इनका उद्धत विद्यार्थी होना भी बीच-बीच में लक्षित होता रहे। अन्त में जब बातचीत के दौरान उन्होंने इनसे कहा, "तुम्हारी सब कान्सपरेसी हम समझते हैं, जानते हो यह ग्वालियर राज है। कल सबेरे जब थाने पर आओगे तब देखा जाएगा।" तो इन्होंने मुझे और अन्य दूसरे लोगों को जगाया और सारा हाल बताया। "यार अजीब जगह ले आए हो, यहाँ कोई भलामानस बैठकर बातें भी नहीं कर सकता। इस पर भी

पुलिस की धौंस! खैर, वह तो जो भी हो मगर वह कह रहा था कि तुम्हारी सब कान्परेसी समझता हूँ और अब सबेरे थाने ले चलने को कह गया है।''

सुरक्षा के लिए यह किया गया कि मकान में जो कुछ गुप्त साहित्य और बम-पिस्तौल आदि थे इन्हें लेकर सब लोग तो सबेरा होने से पहले ही पहाड़ी पर चले गए, बाकी मैं और दो-एक साथी विद्यार्थी ही घर पर रह गए। सबेरे फिर वह सिपाही आया तो उसे हम लोगों ने वहीं कुछ नम्रता और खातिरबाजी से समझा दिया कि रात को ही दो-एक मित्र आगरा से आए थे, आगरा कालेज के विद्यार्थी थे, उन्हें यहाँ का हाल मालूम नहीं था अतएव व्यर्थ ही आपसे उलझ पड़े। कोई बात नहीं है। उन्हें सबेरे ही जाना था और वे चले गए हैं। हममें से वह एक साथी को, जो ग्वालियर कालेज का पुराना छात्र था, अपने साथ थाने ले गया और वह वहाँ थानेदार को भी यही सब समझा आया। भगतसिंह आदि सारा सामान लेकर पहाड़ी से वापस आ गए।

इन्हीं दिनों कालेज की छमाही परीक्षा हुई। फिलासफी की परीक्षा में मैं सर्वप्रथम आया और मुझे एक पुस्तक पुरस्कार में मिली। जब भगतसिंह को यह मालूम हुआ तो बड़ी देर तक आप मुझे घूरते रहे। फिर अविश्वास से सिर हिलाकर बोले, ''जनाब को यह इनाम फिलाफसी में मिला है या दंड-बैठक मारने में।'' उनके हास्य को मैं तो समझ रहा था परन्तु जब मेरे एक सहपाठी साथी ने जो उस समय मेरे साथ था और मेरे सम्बन्ध से ही क्रान्तिकारी दल में भी सम्मिलित हो चुका था, बड़ी प्रशंसापूर्वक और जोर देकर कहा, ''नहीं, यह पुरस्कार कक्षा में फिलासफी में सबसे अधिक अंक प्राप्त करने के उपलक्ष्य में मिला है।'' तो आप बड़ी सूचकता से मुस्कराए और बोले, ''यदि ये कक्षा में नीचे से सर्वप्रथम होते तो मैं अधिक प्रसन्न होता।''

इन्हीं दिनों कालेज के विद्यार्थियों ने एक ड्रामा खेला जिसमें मुझे प्रतिनायक (Villain) का पार्ट दिया गया था। निरीक्षकों ने मुझे ही अभिनय के लिए सर्वप्रथम पुरस्कार देना घोषित किया। भगतसिंह उस ड्रामे को नहीं देख पाए थे, विजयकुमार सिन्हा और बटुकेश्वर दत्त ने ही देखा था। जब अभिनय के लिए मुझे प्रथम पुरस्कार दिए जाने की बात भगतसिंह ने सुनी तो उन्हें फिर हैरानी हुई और बोले, ''धन्य हो, पूरे हनुमानजी हो! आप और अभिनय!! बस अब कोई आकर ब्यूटी कम्पटीशन में भी आपको फर्स्ट प्राइज मिली है यह और सुना दे।'' इसके बाद भगतसिंह अपने विनोद में मुझे भी लगभग उसी प्रकार चिढ़ाने और बनाने लगे, जैसे वे राजगुरु को चिढ़ाते और बनाते रहते थे।

जितने दिनों के लिए श्री जोगेशचन्द्र चटर्जी का जेल तबादला रोक दिया गया था वह समय पूरा हुआ और अब उनका तबादला आगरा जेल से होनेवाला था। अतएव हम सबको पुनः आगरा बुलाया गया।

किसी मित्र ने मुझसे कह दिया था कि जाड़े में यदि जॉन एक्शा नं. 1 (John Exshaw No. 1) प्रतिदिन एक तोला पी लिया जाए तो शरीर बड़ा बलवान और स्वस्थ हो जाता है। मैंने आज़ाद से कहा कि शक्तिवर्द्धक एक दवा के लिए चार रुपए दे दीजिए। उस समय न तो मुझे ही यह मालूम था, न आज़ाद को ही कि यह जॉन एक्शा नं. 1 (John Exshaw No. 1) कोई दवा होती है या शुद्ध शराब। अतएव आज़ाद ने मुझे इसके लिए चार रुपए दे दिए और मैं एक प्वाइंट की बोतल ले आया और नियमतः प्रतिदिन एक-एक तोला पीने लगा। इसी बीच में आगरा जाने का बुलावा आ गया तो अपने साथ अपनी वह ताकत की दवा भी लेता गया। वहाँ शिविर में नियमतः मेरे सामान की तलाशी ली गई तो उसमें वह बोतल निकली। साथियों ने बोतल देखकर आश्चर्य प्रकट किया—"यह क्या!" मैंने कहा, "कुछ नहीं, ताकत की दवा है, हम कोई नशे के लिए थोड़े ही पीते हैं। पंडितजी से पूछकर उन्हीं से चार रुपए लेकर ले आया हूँ।" मैंने यह बात बिलकुल ऐसे कही जैसे मेरे मन में किसी प्रकार की बुराई या अपराध की कोई भावना नहीं है और उस समय तक थी भी नहीं। कभी-कभी बोतल पर लिखा ब्रांडी शब्द अवश्य अखर जाता था, मगर आगरा में साथियों की सन्देह-भरी दृष्टि ने मन में एक बुराई और अपराध की भावना जाग्रत कर दी और मेरी प्रवृत्ति भी उस समय कुछ-कुछ कोढ़ी मरे संगाती चाहे जैसी हो गई। अतएव जब एक साथी डॉ. गयाप्रसाद ने यह प्रस्ताव किया कि देखें तो यह कैसी है तो मैंने कोई आपत्ति नहीं की। फलतः गयाप्रसाद, सदाशिवराव, राजगुरु और बटुकेश्वर दत्त और मैं स्वयं इस ताकत की दवा को एक-एक तोला पीने बैठे और सब तो पी गए मगर साथी बटुकेश्वर दत्त को बीच में ऐसा करना अनुचित प्रतीत हुआ और उन्होंने अपना प्याला आधा छोड़ दिया। डॉ. गयाप्रसाद उसे भी चढ़ा गए। इतने में विजयकुमार सिन्हा आ गए और मैंने बोतल को काग लगाकर उसे उठा लिया, यह कहकर कि "बस, अब किसी को नहीं देंगे।" विजयकुमार सिन्हा ने जो बोतल देखी तो बहुत बिगड़े और बोले, "अभी जाकर पंडितजी से कहता हूँ, यह सुसंस्कृत चरित्रवान क्रान्तिकारियों का अड्डा है या शराबखोरों का। कहीं अभी तलाशी हो जाए और हम लोग पकड़े जाएँ तो देश-भर में कितनी बदनामी होगी।" मगर मैंने विजय की बातों की जरा भी परवाह नहीं की और हँसी-खुशी गाता-बजाता रहा। विजय ने जाकर दूसरे मकान में जहाँ भगतसिंह, आज़ाद आदि लोग थे, यह सब हाल कहा। भगतसिंह को कुछ तो सैद्धान्तिक रूप में ही वास्तव में बहुत बुरा लगा और कुछ पंडितजी को चिढ़ाने के लिए विनोद का सामान हाथ लगा क्योंकि भाई सदाशिव, विश्वनाथ वैशम्पायन और मुझे आज़ाद के 'अपने आदमी' समझा जाता था। विजय ने शिकायत की, "पंडितजी, कैलाश (मेरा दल का नाम) शराब पीकर रात-भर लँगोट बाँधकर नाचता रहा, न खुद सोया न किसी को सोने दिया।" भगतसिंह ने इसमें नमक-मिर्च लगाया और क्रान्तिकारियों द्वारा

शराब पीने की भयंकरता पर एक लम्बा-चौड़ा भाषण दे डाला।

पंडितजी और भगतसिंह दोनों साथ-साथ उस मकान से आए और आते ही आज़ाद मुझ पर बरस पड़े और मुझे दल से निष्कासित कर देने की घोषणा करने लगे। जब मैंने कहा कि "पंडितजी, यह वही जॉन एक्शा नं. 1 है जिसके लिए आपने चार रुपए दिए थे।" तो भगतसिंह बोले, "वाह पंडितजी। आप खुद ही तो रुपए देते हैं और फिर नाराज होते हैं!" पंडितजी रुआँसे होकर बोले, "तो मैंने क्या कहा कि शराब ले आओ।" मैं भी बहुत अचंभित हुआ। भगतसिंह बड़ी सद्भावना से मुझे अलग ले गए और समझाने लगे—"कैलाश! इसमें मजाक नहीं है, तुम्हारा शराब ले आना अच्छा नहीं हुआ। पंडितजी को इतना ज्यादा ताव तो मैंने ही नमक-मिर्च लगाकर दिला दिया है। वे अभी शान्त हुए जाते हैं। मगर हम लोगों को ध्यान रखना चाहिए कि हमारे जरा-जरा से काम की कड़ी-से-कड़ी आलोचना होगी। हम सब यहाँ मरने के लिए इकट्ठे हुए हैं सो इस आशा से नहीं कि कल हम ही अपने हाथों से ब्रिटिश शासन को उखाड़ फेंकेंगे। अपने जैसे न जाने कितने उसके पहले मर-खप जाएँगे। हमें ध्यान रखना चाहिए कि हमारा कोई काम ऐसा न हो जिससे लोग हमें बदनाम कर सकें। अपनी निजी बदनामी की बात होती तो कोई बात नहीं थी परन्तु यह क्रान्तिकारियों की बदनामी होगी, क्रान्ति प्रयास की बदनामी होगी।" मैं बहुत ही हतप्रभ हुआ तो भगतसिंह ने मुझे तरह-तरह से मजाक करके हँसाया और प्रकृतिस्थ किया।

बोतल मेरे बक्स से निकाली गई। पंडितजी ने उसे पटककर फोड़ डालने की आज्ञा दी। बम बनाने आदि की रासायनिक चीजों, हथियारों आदि को व्यवस्थित रीति से रखने का काम डॉ. गयाप्रसाद का था। वे बोतल को हाथ में थामे रह गए। पंडितजी का पारा बहुत गर्म था। किसी और का साहस न था कि इस समय उनकी किसी बात का जरा भी प्रतिवाद करे। भगतसिंह ने कहा, "पंडितजी, चीज बुरी नहीं है, उसका उपयोग बुरा होता है। हम लोग एक्शन पर चल रहे हैं। ऐसी किसी उत्तेजक चीज का रखना भी आवश्यक है। न मालूम हममें से कौन कब घायल हो जाए, इसके प्रभाव से मुर्दा भी दो-चार मील चल सकता है। इसे फेंकिए मत, रख लीजिए।" पंडितजी की समझ में आ गया और जॉन एक्शा नं. 1 की बोतल रासायनिक वस्तुओं की कोठरी में डॉ. गयाप्रसाद के अधिकार में रख दी गई।

उसी रात को जेल से श्री जोगेश का तबादला होनेवाला था। खबर यह थी कि रात के दस बजे की गाड़ी से वे ले जाए जाएँगे और तद्नुसार ही हम लोगों की सारी योजना बना थी परन्तु सूचना के प्रतिकूल जोगेश दादा को शाम की ही गाड़ी से ले जाया गया। स्टेशन पर उस समय खबर रखनेवाले का काम श्री दत्त कर रहे थे। उन्होंने तुरन्त आकर खबर दी कि दादा को इसी शाम की सात बजे वाली गाड़ी से ले जाया जा रहा है। मगर हम लोगों की सारी योजना तो दस बजे रात के लिए

ही थी, अतएव उस समय कुछ नहीं हो सकता था। तुरन्त ही भाई राजगुरु को दादा के साथ उस गाड़ी से जाने के लिए विजय कुमार ने भेज दिया, इस आशा से कि कानपुर से लखनऊ के लिए गाड़ी सबेरे ही मिलेगी और दादा को कानपुर में ही कहीं रखा जाएगा। राजगुरु उस स्थान को देख लें और कानपुर के साथियों से मिलकर मकान आदि का प्रबन्ध कर लें और तो कानपुर से लखनऊ जाते हुए ही जोगेश दादा को पुलिस के हाथों से छीना जा सकता है। दस बजे की गाड़ी से हम—आज़ाद, भगतसिंह, विजय, दत्त, शिव वर्मा, सदाशिव और मैं भी—सभी कानपुर के लिए सब सामान लेकर रवाना हो गए। परन्तु कानपुर में मकान का इन्तजाम न हो सका। इधर कानपुर स्टेशन पर एक जेबकट ने आज़ाद की जेब से बटुआ उड़ा दिया जिसमें बहुत-से रुपए रखे थे तथा उनका मोटर चलाने का लाइसेंस भी रखा था। सारी योजना इस प्रकार विफल हो गई। भाई सदाशिव और मैं बेड़ी काटने का सामान बक्स में लिये प्लेटफार्म पर टहल रहे थे। भगतसिंह ने बड़े उदास मन से आकर हम लोगों से कहा कि "चलो वापस, आगरे का टिकट ले आओ। राजगुरु को भी वापस बुला लो।" हम लोग वैसे ही रह गए। इतने में देखा कि जोगेश दादा पुलिस वालों से घिरे हुए बेड़ियाँ खड़काते चले आ रहे हैं। बड़े उदास मन से हम लोग उन्हें खड़े-खड़े देखते रहे। हमारी आगरा जानेवाली गाड़ी भी शीघ्र ही छूटनेवाली थी। आज़ाद ने हम लोगों को शीघ्र वापस लौटने का इशारा किया। भाई सदाशिव राजगुरु को भी लौटा लाए।

आगरा में जब हम लोग लौटकर आए तो घर में घुसते ही भगतसिंह जो रास्ते-भर अपने आपको बहुत संयत बनाए हुए थे और जिन्हें देखकर कोई भी नहीं कह सकता था कि उनके मन में कितना प्रबल उद्वेग है, फूट-फूटकर रो पड़े।...इस असफलता के लिए उन्हें बड़ी ग्लानि थी। दल के सभी साथियों में भगतसिंह और दत्त में बड़ी ही गहरी भावुकता थी।

दिसम्बर, 1928 में एक रोज विजय कुमार सिन्हा आकर ग्वालियर के होस्टल से मुझे लाहौर ले गए। आगरे में परिचित सभी साथी यहाँ भी उपस्थित थे। कुछ और नए साथी भी थे। लाहौर के भी कुछ साथी यहाँ मिले। हंसराज वोहरा और जयगोपालजी यहाँ प्रथम बार मिले। (ये दोनों ही बाद में सरकार से माफी लेकर इकबाली गवाह बने थे। इनमें से एक जयगोपाल को ही जलगाँव सेशन अदालत में गोली मारने के लिए मुझे आजन्म काले पानी की सजा मिली थी) हंसराज वोहरा से भगतसिंह का विशेष स्नेह था। हंसराज वोहरा कालेज का एक सुन्दर नौजवान विद्यार्थी था। हमारे क्रान्तिकारी दल में अवश्य ही उसकी स्थिति अच्छी रही होगी। एक रोज हंसराज वोहरा हम लोगों के अड्डे पर आया। उस समय वह शायद कालेज के लिए सज-धजकर ही आया था। उसने नीचे से आवाज दी। भगतसिंह ने ऊपर बरामदे से झाँककर उसे देखा और मुझसे कहा, "कैलाश, जरा जाकर नीचे से

साइकिल ऊपर चढ़ा लाओ।'' न मालूम मैं किस धुन में था। मैंने अनसुनी कर दी। शायद मेरे मन में यह भाव था कि ऐसा कौन लाट साहब का बच्चा आया है जो अपनी साइकिल स्वयं ऊपर उठाकर नहीं ला सकता। भगतसिंह मेरे मनोभाव को ताड़ गए और बोले, ''अच्छा रहने दो।'' फिर शायद राजगुरु से उन्होंने कहा और वह जाकर साइकिल नीचे से उठा लाए। इस बीच भगतसिंह बोले, ''हनुमान जी! बुद्धि भी आपने वैसी ही पाई है, मैं खुद साइकिल उठा लाता मगर लोग मुझे इधर जानते हैं इसलिए मैं नहीं गया।'' हंसराज वोहरा ऊपर चढ़ आया। वह मेरे लिए नया व्यक्ति था अतएव मैं उसकी ओर देखता रहा। खूबसूरत कुछ वह था ही। भगतसिंह मुझे इस प्रकार देखते हुए देखकर बोले, ''अब जनाब सोच रहे होंगे कि अच्छा होता कि साइकिल ऊपर चढ़ा लाते। क्यों है न।'' मैंने कहा, ''बात तो ठीक कहते हो।'' भगतसिंह परिहास से बोले, ''इस वक्त हम आपका गाना न भी सुनना चाहें तो भी आप गाएँगे अवश्य क्योंकि आप इसी प्रकार अपनी इस सुन्दर सूरत के प्रभाव को परिमार्जित करेंगे। अच्छी बात है, सुना दीजिए। जल्दी कीजिए, फिर हमें काम की बातें करनी हैं।'' हंसराज वोहरा ने भी कहा, ''हाँ भाई सुनाओ, सुना है बहुत अच्छा गाते हो।'' भगतसिंह मनोभाव ताड़ने में बड़े कुशल थे। मैं गाना अवश्य चाहता था मगर इस प्रकार कहीं किसी से गाने को कहा जाता है। मैंने कहा, ''नहीं, अभी मूड नहीं है।'' भगतसिंह बोले, ''अब गवैयों जैसे नखरे न कीजिए, सुना डालिए झटपट।'' मगर अब मैं कैसे गाता। हास-परिहस में भगतसिंह ने बहुत खिझाया और मैंने एक घूँसा उनके लगा दिया। परिणामतः हम दोनों में घूँसेबाजी होने लगी। ''कम कुव्वत, गुस्सा ज्यादा, मार खाने का डौल।'' यह कहावत मेरे ऊपर पूरी तरह चरितार्थ हुई। भगतसिंह ने मेरी खूब धुनाई की। जब मैं अच्छी तरह पिट चुका तब लोगों ने बीच-बचाव किया। भगतसिंह ने कहा, ''Aggression कैलाश ने किया है, मैं तो Self Defence में लड़ा हूँ, संधि का प्रस्ताव मुझे स्वीकार है परन्तु सन्धि की शर्तें मैं डिक्टेट करूँगा।'' और साथियों ने कहा कि ''हाँ, बात तो ठीक है।'' भगतसिंह बोले, ''सन्धि इसी बात पर होगी कि कैलाश अपना वही गाना सुनाए—''कुठे गुन्तला।'' यह एक मराठी गाना था जिसे मैं अक्सर गाया करता था। अस्तु, और लोगों ने भी जोर दिया और मैं ठुक-पिटकर गाने बैठा। झेंप मिटाने का इससे अच्छा साधन भी कोई दूसरा न था। मैंने गाना शुरू किया। सब लोग सुनने बैठ गए। हंसराज वोहरा ठीक मेरे सामने था। भगतसिंह बीच में मेरी तरफ पीठ करके लेट गए। मैंने आपत्ति की, ''इन्हें गाना सुनने की तमीज तो है नहीं, जरा देखिए! इधर मुँह करके बैठाइए इन्हें।'' भगतसिंह तुरन्त बोले, ''माफ कीजिए, अपनी सन्धि की शर्त वापस लेता हूँ। यदि आपका गाना सुनने के साथ आपकी शक्ल मुबारक भी देखनी पड़े तो ऐसा गाना मैंने छोड़ा।'' सब लोग हँस पड़े। हंसराज वोहरा ने मेरे गाने की सराहना की। उस रोज से लाहौर में मेरा नाम ही 'कुठे गुन्तला'

पड़ गया। पकड़े जाने पर हंसराज वोहरा और जयगोपाल अप्रूवर बने तो उन्होंने मेरा यही नाम पुलिस को बताया और उस समय फरार लोगों की सूची में मेरा यही नाम छपा। प्रसंगवश यहाँ यह भी कह दूँ कि हंसराज वोहरा अपनी किन्हीं कमजोरियों के कारण अप्रूवर तो बना परन्तु अपने क्रान्तिकारी साथियों के प्रति किसी प्रकार की शत्रुता या दुर्भावना सम्भवतः उसके मन में नहीं आई। मेरे पकड़े जाने के बाद गवाहों द्वारा पहचानने की परेड में मेरे सामने जब हंसराज वोहरा लाया गया तो वह मुझसे आँख न मिला सका, उसने मुझे पहचानते हुए भी नहीं पहचाना। अपने बयान में उसने साथियों की लगन, त्याग और तपस्या की प्रशंसा भी बहुत की और अपनी कमजोरी को भी स्वीकार किया। शायद कोर्ट में वह भगतसिंह के सामने रोने भी लगा।

शाम को लाहौर के ब्रेडला हॉल में पुराने क्रान्तिकारियों को श्रद्धांजलि देने के लिए एक सभा होनेवाली थी और उसमें मैजिक लैनटर्न से शहीदों के चित्र दिखाए जानेवाले थे। भगतसिंह, विजय कुमार सिन्हा और मैं एक ग्रुप में वहाँ गए। पर्दे पर मैजिक लैनटर्न का फोकस ठीक नहीं पड़ रहा था। चित्र साफ और बड़े नहीं आ रहे थे, अतएव सभा में बड़ी गड़बड़ी मच रही थी। भगतसिंह ने मुझसे कहा, ''सभा मंच पर जाकर जरा प्रोजेक्टर को आगे खींच दें, अभी सब ठीक हो जाएगा।'' मगर मैजिक लैनटर्न के विषय में मैं कुछ भी नहीं जानता था, अतएव वहाँ जाने का साहस न हुआ। भगतसिंह झुँझलाए, ''तुम्हारे अन्दर इतना भी पुश (Push) नहीं है तो क्या करोगे।'' मगर मैं टस से मस न हुआ। मैंने कहा, ''न उनकी पंजाबी भाषा की कोई बात मेरी समझ में आएगी, न मेरी बात उनकी समझ में। कोई मुझे प्रोजेक्टर छूने भी क्यों देगा।'' भगतसिंह स्वयं वहाँ इसलिए नहीं जा सकते थे कि उनको पहचानने वाले वहाँ बहुत से थे। उनके पिता सरदार किशनसिंह जी स्वयं वहाँ थे। राजगुरु से भी भगतसिंह ने वहाँ जाकर प्रोजेक्टर को जरा आगे खींच देने के लिए कहा। पंजाबियों की उस भीड़ में जाने का साहस राजगुरु को भी नहीं हुआ। वे दूर से चिल्लाते रहे—''प्रोजेक्टर को आगे खींच दीजिए।'' भगतसिंह झुँझलाकर उठ आए, उनके साथ विजय और मैं भी।

हॉल से निकले तो सड़क पर लगे पोस्टरों से मालूम हुआ कि एक सिनेमा में अंग्रेजी का चलचित्र "Uncle Tom's Cabin" आया हुआ है। भगतसिंह ने प्रस्ताव किया कि अमरीका में हब्शी गुलामों पर होनेवाले अत्याचार और उनकी स्वतन्त्रता की लड़ाई के इस क्रान्तिकारी चलचित्र को अवश्य देखना चाहिए। मगर पैसे कहाँ से आएँ? साथियों को यहाँ खाने के लिए फी खुराक एक चवन्नी मिलती थी जिससे वे किसी दुकान से दो आने की रोटी-दाल-सब्जी और छह पैसे का घी पा जाते थे और बाकी दो पैसे की मूँगफलियाँ या चिलगोजे जेब में डाले रहते थे। शाम के खाने के लिए और दूसरे दिन सबेरे के खाने के लिए तीन साथियों का डेढ़ रुपया मुझे

दे दिया गया था। वह मेरे पास पड़ा था। भगतसिंह ने ये पैसे मुझसे माँगे। मगर ये खाने के पैसे मैं कैसे दे देता क्योंकि आज़ाद ने ताकीदन मुझे ये पैसे दे रखे थे। भगतसिंह फिर बहुत झुँझलाए। कला की उपयोगिता पर एक अच्छा-खासा भाषण उन्होंने दे डाला। मैंने अनुशासन की बात कही तो अन्धे अनुशासन से हानि पर भी एक लेक्चर मुझे सुनना पड़ा। ये सब बातें होती जा रही थीं और हम तीनों सिनेमा हॉल की ओर बढ़े जा रहे थे। अन्त में भगतसिंह ने कहा, "अब अगर तुम नहीं मानोगे और सीधे से पैसे नहीं दोगे तो मैं तुमसे जबरदस्ती पैसे छिना लूँगा।" सिनेमा देखने की तबियत मेरी भी थी अतएव मैंने कहा, "अच्छा, यहाँ सड़क पर हुड़दंग मत करो, पैसे ले लो मगर ये पैसे मैं तुम्हें नहीं दे रहा हूँ, तुम मुझसे जबरन छीन रहे हो।" भगतसिंह ने कहा, "यही सही, और अब मैं तुम्हें ही जबरदस्ती पीट-पाटकर टिकट खरीदने भेज रहा हूँ, जाकर चवन्नी वाले तीन टिकट ले आइए।" मैं गया मगर टिकट की खिड़की पर लाहौरी मुस्टंडों की इतनी भीड़ और धींगामस्ती थी कि मैं खिड़की पर किसी प्रकार भी न पहुँच सका। भगतसिंह दूर खड़े एक उस्ताद की तरह दाँव-पेंच बताकर मुझे बार-बार भेजते और मैं बार-बार लौट आता। भगतसिंह बहुत झुँझला रहे थे। अब मैं भी झुँझलाया और मैंने कहा, "मैं अब नहीं जाता, तुम्हीं जाओ।" भगतसिंह ताव खाकर कोट उतारकर, आस्तीन चढ़ाकर भीड़ में घुस गए। चवन्नीवाले टिकट तो वे नहीं पा सके, अठन्नीवाले तीन टिकट वे ले ही आए। सबेरे के खाने के पैसे भी समाप्त। खैर, चित्र देखा गया। बहुत अच्छा चलचित्र था। बीच-बीच में भगतसिंह मुझे चिढ़ाते रहे, "चल, उठ चलें, चलता है? बड़े डिसिपलिन वाले की दुम बने हैं।" अड्डे पर जाकर चित्र की तारीफ करके और क्रान्तिकारियों के लिए उसकी उपयोगिता पर एक लेक्चर-सा झाड़कर भगतसिंह ने आज़ाद को इस प्रकार पटा लिया कि पैसों की बात ही नहीं उठी और हम लोगों को दूसरे दिन सबेरे भी बाकायदा खाने को पैसे मिले। भगतसिंह मेरी ओर आँख मारकर मुस्कराए।

सबेरे आज़ाद ने अपने खाने के लिए कुछ नान, रोटियाँ और शायद एक आने का गुड़ मँगवाया। आज़ाद गुड़ और रोटियाँ खाकर रहें, भगतसिंह को यह अच्छा न लग रहा था। अतएव मजाक करते हुए भगतसिंह ने गुड़ में से एक डली उठा ली और हम लोगों को इशारा किया कि एक-एक हम भी उठा लें। आज़ाद ने जो यह देखा तो मुझसे कहा, "देखो हैरान न करो, और भी बहुत काम करना है। मैं जो कुछ खाता हूँ, जैसे खाता हूँ, खाने दो।" मगर भगतसिंह ने गुड़ की डली न रखी। आज़ाद ने झुँझलाकर सारा गुड़ फेंक दिया। वह नाबदान के पास जा गिरा। अस्तु, लोगों ने मनाया। आज़ाद मान गए। गुड़ उठाकर ले आया गया। आज़ाद खुश्क नान गुड़ के साथ खाने बैठे। भगतसिंह ने कहा, "गुड़ नाबदान के पास जा पड़ा था, अब जिद ही किए हो तो कम से कम धो तो लीजिए ही।" गुड़ धोया गया और आज़ाद

उसके साथ नान खाकर डकार लेकर उठ बैठे और बोले, "हूँ, लो" और काम में लग गए।

लाला लाजपतराय पर लाठी प्रहार करके ब्रिटिश सरकार ने राष्ट्र का जो अपमान किया था, शाम को उसका प्रतिकार किया गया। लाठी प्रहार करनेवाले असिस्टेंट सुपरिंटेंडेंट सांडर्स को गोली से मार डाला गया। आज़ाद, भगतसिंह और राजगुरु ही इस कार्य के लिए गए थे। सुखदेव, विजय और मैं एक अलग टुकड़ी में आवश्यक सहायता करने के लिए घटनास्थल के पास ही थे। सांडर्स को मारने के बाद राजगुरु, विजय और मैं एक अलग मकान में रहे। एक रोज विजय से मिलने के लिए भगतसिंह उसी मकान में आए। उनकी वह आकृति हमेशा आँखों में झूला करती है। एक ऐसी भावना उनके प्रशस्त ललाट पर आलोकित थी, जिसका वर्णन मैं कर ही नहीं सकता। भगतसिंह दो व्यक्तियों के वध में भाग लेकर आए थे। कितना उद्वेलित था उनका मानस! उनके संयत कंठ से उनका उद्वेग उभर पड़ता था। बात करते-करते वे रुक जाते थे, देर तक चुप रहकर और फिर बात का सूत्र प्रकट कर मुस्कराने का प्रयत्न करते आगे बढ़ते थे। मानव जीवन का मूल्य और उसकी महत्ता और सर्वोपरि उसका सौन्दर्य उनके हृदय में असीम था। लाला लाजपतराय पर सरकार द्वारा घातक लाठी प्रहार किए जाने से राष्ट्र का जो अपमान हुआ था उसका प्रतिशोध अवश्य लिया जाए और क्रान्तिकारियों के अस्तित्व का सक्रिय परिचय दिया जाए। यह भगतसिंह का ही प्रस्ताव था और वही आज कार्यान्वित हो चुका था। सांडर्स वध के बाद पुलिस की दौड़-धूप का जो आतंक लाहौर में छाया था उसे हम लोग लाहौर की गलियों में आम नर-नारियों के चेहरों पर देख चुके थे परन्तु आतंक की काली छाया में से भी राष्ट्र के अपमान का बदला लिए जाने की प्रसन्नता फूट पड़ती थी। इसे देखकर हम सभी का चित्त प्रसन्न होता था। भावप्रवण भगतसिंह का चेहरा इस समय उनकी भावशबलता का दर्पण बना हुआ था। मानवता के उस पुजारी की उस दिन की छवि को देखकर हृदय अपने आप ही श्रद्धावान होकर उसकी चरण-रज मस्तक पर लगा लेने को लालायित हो उठा था।

भगतसिंह विजय से अलग एक कोने में देर तक बातें करते रहे। वे दोनों केन्द्रीय समिति के सदस्य थे। अतएव मैं उनसे दूर एक कोने में अलग बैठा रहा। मैं समझ रहा था, दोनों के हृदय बहुत भरे हुए थे। भगतसिंह की संयत भावुकता अपनी अधिकतम गहराई पर थी। दोनों बातें करके उठे और मुझसे भी साधारण बातचीत उन्होंने की, तो मैंने भावुकता को दबाकर कठोर बनकर काम-काज की बातें करना ही उस समय अपने योग्य क्रान्तिकारी होने के अनुरूप समझा। मुझे आज भी इस बात की ग्लानि है कि उस बातचीत में मैंने भगतसिंह को इस बात की भी याद दिलाई कि जब मैं लाहौर आया था तो होस्टल में अपने खर्च के बीस-तीस रुपए

भी अपने साथ लेता आया था जो मुझसे यहाँ ले लिये गए थे। अतएव वहाँ से जाने से पहले वे रुपए मुझे वापस मिल जाने चाहिए अन्यथा मैं वहाँ होस्टल में कैसे रह सकूँगा। इस पर भगतसिंह ने कोई उत्तर नहीं दिया, रुपए थे ही कहाँ जो वे दे देते। जाते हुए इतना ही बोले, "क्यों कैलाश, कभी-कभी जो तुम कविता लिखने बैठ जाते हो, तो तुम्हारे दिल में कोई छटपटाहट भी होती है या यों ही कोश देखकर शब्द जोड़ते चले जाते हो?" मेरे उत्तर की प्रतीक्षा किए बिना ही वे यह कहकर चले गए, "सरस्वती की सबसे बड़ी सेवा आपके लिये यही होगी कि आप कभी कवि बनने की चेष्टा न करें।"

इसके बाद भगतसिंह से मुलाकात न हो सकी और वे असेम्बली में बम फेंककर गिरफ्तार हो गए। उस समय मैं अपने घर पर झाँसी में ही था और आज़ाद भी हमारे साथ वहीं पर थे। असेम्बली में बम फेंके जाने और दो नौजवानों के गिरफ्तार होने का समाचार जब अखबारों में पढ़ा तभी मुझे आज़ाद ने बताया कि ये दोनों नौजवान "रणजीत' और 'मोहन' हैं। इसके पहले भगतसिंह और बटुकेश्वर दत्त को मैं इन्हीं दो नामों से जानता था। जब आज़ाद ने मुझसे यह भी कहा कि "भगतसिंह तुम्हें अपने साथ बम फेंकने ले जाना चाहते थे परन्तु इस खयाल से कि तुम्हारे जाने से सदाशिव और विश्वनाथ को भी तुरन्त फरार होना पड़ेगा, नहीं तो वे भी पकड़े जाएँगे, मैंने तुम्हें नहीं भेजा" तो मुझे बड़ा क्षोभ हुआ...

गुप्त दल में गोपनीयता का नियम बहुत ही आवश्यक था। सदस्यगण यथासम्भव एक-दूसरे का नाम भी न जान पाते थे। जिसका जिस काम से जितना सम्बन्ध होता था, उतना ही उसे बताया जाता था। ऐसी हालत में अविश्वास की भावना और उससे चिढ़ और ईर्ष्या उत्पन्न होने के अवसरों का आना स्वाभाविक ही था। दल में 'दादागीरी' चलने का सन्देह कभी भी हो सकता था। नेता और सिपाही का भेद भी अपरिहार्य रूप में था ही। भगतसिंह नेताओं में से तो एक थे ही; वास्तव में क्रियात्मक रूप में वे दल के सबसे बड़े नेता थे परन्तु वे अपने व्यवहार में सदैव इस बात का ध्यान रखते थे कि उनके किसी काम से नेतागीरी की गन्ध न आए। नेता और सिपाही के बीच की खाई वे अपने हास-परिहास से सदा पाटते रहते थे। साधारण रहन-सहन में वे इस बात का सदैव ध्यान रखते ही थे। नेता तकिया लगाए बैठा रहे और सिपाही झाड़ू लगाए, ऐसी हालत वे कभी नहीं आने देते थे। आवश्यकता के अनुसार यदि कभी उनके कपड़ों को मैंने धो डाला तो कभी आवश्यकता न होने पर भी मेरे कपड़ों में वे ही साबुन लगाने बैठ जाते थे, सो भी इस प्रकार नहीं कि उनका वह बड़प्पन प्रकट न हो कि वे नेता होकर एक सिपाही के कपड़ों में साबुन लगा रहे हैं बल्कि आपस में बराबरी से तू-तड़ाक करके और ऐसा कुछ कहकर, "अब सब साबुन घोल डालेगा तो फिर मैं क्या लगाऊँगा, इधर ला।"

संकट के काम में तो वे आगे रहने की जिद ही कर जाया करते थे। किसी सिपाही को संकट का काम करने भेज दिया जाए और नेता सुरक्षित बैठा हुक्म करता रहे, यह उन्हें कभी पसन्द नहीं था और यही कारण था कि असेम्बली में बम फेंकने के लिए स्वयं ही जाने की और फिर वहाँ खड़े रहने की उन्होंने जिद की। जबकि दल का और कोई भी सदस्य भगतसिंह के इस प्रकार जाने को ठीक नहीं समझता था। आज़ाद भी हर काम में आगे रहते थे। उसका कारण यह था कि उन्हें लगता था कि वे काम को जितनी अच्छी तरह कर सकते हैं उतनी अच्छी तरह और कोई न कर सकेगा और यह ठीक भी था। भगतसिंह जो हर बड़े काम में आगे रहते थे उसका कारण यह था कि नेता के रूप में उन्हें अपने-आपको सबसे अधिक खतरे में डालना चाहिए, नहीं तो एक गुप्त दल में 'दादागीरी' अपने बुरे अर्थ में आने से न रुकेगी और सिपाहियों का नेताओं में विश्वास न रहेगा। भगतसिंह के असेम्बली में बम फेंककर गिरफ्तार हो जाने के बाद जब मैंने आज़ाद से कहा, "पंडित जी! यह क्या किया आपने? रणजीत को इस प्रकार पकड़े जाने को भेज दिया!" तो बड़ी गहरी साँस लेकर उन्होंने उत्तर दिया, "कैलाश! मैंने बहुत मना किया मगर भगतसिंह किसी प्रकार भी नहीं माना। सच तो यह है कि वहाँ खड़े रहकर पकड़े जाने की बात मेरी समझ में कभी नहीं आई और न मैं आज भी उसे समझ पा रहा हूँ। अपनी पार्टी की सैद्धान्तिक स्थिति को स्पष्ट करने के लिए खुद-ब-खुद पकड़े जाने की क्या आवश्यकता है? जब कभी पकड़ लिए जाओ, तब अपनी सैद्धान्तिक स्थिति स्पष्ट करो और शान से फाँसी पर लटक जाओ। मगर जान-बूझकर अपने हाथ से फाँसी का फन्दा अपने गले में डालने का तर्क मेरी समझ में नहीं आया। फिर भी केन्द्रीय समिति ने जो निश्चय भगतसिंह की जिद मानकर लिया, उसे मैंने मंजूर कर लिया। भाई, सिद्धान्त-विद्धान्त ये लोग ज्यादा समझते हैं, हमें तो कुछ करना ही आता है।"

असेम्बली में बम फेंकने या सांडर्स को मारने में तो कुछ यश भी था परन्तु ऐसे कामों में भी जिनमें खतरा पूरा-पूरा हो और यश का तनिक भी स्थान न हो, भगतसिंह आगे रहते थे। उदाहरण के लिए बम के नए खोल और मसाला तैयार हो जाने पर उसे कहीं चलाकर देखने की बात थी। आज़ाद ने इसके लिए झाँसी के पास का जंगल चुना जहाँ ठाकुरों के शिकार खेलने के धमाके अक्सर होते रहते हैं। आज़ाद, भगतसिंह और भाई सदाशिवराव इस कार्य के लिए गए। जब बम पर टोपी चढ़ाकर उसे फेंकने का समय आया तो भगतसिंह ने स्वयं बम को हाथ में लिया और आज़ाद और सदाशिव को बहुत पीछे सुरक्षित खड़ा कर दिया और फिर बम फेंका। यहाँ यह स्मरण कर लेना चाहिए कि भाई भगवतीचरण की मृत्यु इस प्रकार एक बम को आजमाने में बम के हाथ में फट जाने से ही हुई थी।

भगतसिंह के असेम्बली में बम फेंककर गिरफ्तार होने के कुछ ही महीनों के बाद जब भाई सदाशिव के साथ मैं भुसावल स्टेशन पर गिरफ्तार हो गया तो मेरी

सबसे प्रबल लालसा यही हुई कि जल्द से जल्द भगतसिंह आदि के साथ हमको मिला दिया जाए। इसके लिए हमने यह बात कि "हम भगतसिंह के साथी हैं" पुलिस से कह भी दी। लाहौर की पुलिस हमें देखने को आई और हमको लाहौर ले जाया भी गया। वहाँ हमारी शिनाख्त की कार्यवाही हुई। मगर हमारे दुर्भाग्य से पुलिस ने हम पर जलगाँव में अलग ही मुकदमा चलाना उचित समझा और हमको लाहौर से जलगाँव वापस लाया गया और वहीं पर हम पर केस चलाकर लम्बी सजा सुना दी गई।

भगतसिंह से मिलने की साध पूरी न हो सकी। आज भी भगतसिंह से ही सुना हुआ यह शेर सीने से उभरकर गले में काँप उठता है—

"वे सूरतें इलाही किस देश बसतियाँ हैं,
अब जिनके देखने को आँखें तरसतियाँ हैं।"

अच्छा योद्धा, अच्छा प्रचारक

शिव वर्मा

दिल्ली से एक मित्र ने लिखा कि कोई पंजाबी महाशय मुझसे और जयदेव से मिलने कानपुर आ रहे हैं। क्रान्तिकारी पार्टी में आए अभी हमें थोड़े ही दिन हुए थे और कानपुर से बाहर हमें बहुत कम लोग जानते थे। लखनऊ-इलाहाबाद का कोई होता तो सोचा भी जा सकता था लेकिन यह पंजाबी महाशय कौन हैं! उन्होंने लिखा था, ''यमुना घाट पर जहाँ मैं रहता हूँ, इनका मुझसे परिचय हुआ। यह तुम लोगों के नजदीक हैं। एक काम से कानपुर आना चाहते थे, मैंने तुम दोनों का पता दे दिया है। बाकी अपना परिचय वे स्वयं दे लेंगे।''

पत्र पाकर हम लोग बहुत झुँझलाए। पता नहीं कैसे आदमी को सारा राज बताकर भेज दिया है, हमने सोचा, लेकिन अब वे दिल्ली से चल ही दिए हैं तो आते भी होंगे। अस्तु, सबसे पहले हम लोगों ने अपने-अपने कमरे की तलाशी ली और कोर्स की किताबों को छोड़कर बाकी सब पुस्तकें और कागज-पत्र हटा दिए। उस समय हम लोग डी.ए.वी. कालेज छात्रावास के लाल बँगले में रहते थे। जयदेव ने अपने कमरे में गांधी बाबा का एक चरखा रख छोड़ा था। हमने उसे भी हटा दिया। राष्ट्रीय भावनाओं का परिचायक तो वह था ही। हमने यह भी निश्चय किया कि पंजाबी महाशय यदि पहले जयदेव के पास पहुँचे तो उनका मुझसे परिचय न कराया जाए और यदि वे पहले मेरे पास आएँ तो मैं उन्हें जयदेव से दूर रखूँगा।

और फिर एक दिन प्रातः जब मैं अपने कमरे में बैठा कालेज का काम पूरा कर रहा था तो सुना बाहर पड़ोसी से कोई मेरा पता पूछ रहा है। अपना नाम सुनकर मैं बाहर निकल आया। देखा, मैली शलवार-कमीज पहने कम्बल ओढ़े एक सिख नौजवान सामने खड़ा है। लम्बा कद, खूब गोरा रंग, छोटी-छोटी चुभती हुई पैनी निगाह। खूबसूरत चेहरे पर हल्की-हल्की छोटी-सी दाढ़ी, केश और पगड़ी।

''यह रहे शिव वर्मा'' मुझे देखकर पड़ोसी ने कहा।

आगन्तुक दोनों हाथ फैलाकर मेरे से ऐसे लिपट गया मानो कोई बहुत पुराना दोस्त हो। फिर मेरा हाथ खींचते हुए उसने कमरे में ऐसे प्रवेश किया जैसे कमरा

मेरा नहीं उसी का था। छोटे कमरे में जगह की तंगी के कारण मैंने चारपाई निकालकर जमीन पर ही बिस्तरा लगा रखा था। उसने बगैर तकल्लुफ के निस्संकोच जाकर बिस्तरे पर आसन लगा दिया और मेरा हाथ खींचकर पास बिठलाते हुए बोला, "मेरा नाम रंजीत है। मैं दो-चार दिन यहीं रहूँगा। दिल्ली के तुम्हारे दोस्त से मैं तुम्हारे और जयदेव के बारे में सुन चुका हूँ। मैं भी तुम्हारी ही डगर का राहगीर हूँ।" फिर कुछ सोचकर पूछा, "विजय और सुरेन्द्र पांडे को जानते हो?"

रंजीत के सहज व्यवहार, निष्कपट हँसी और मुस्कराती हुई आँखों ने पहली ही मुलाकात में मेरे सब हथियार छीन लिये थे और अब मेरे लिए उस पर अविश्वास करना असम्भव था। रोकथाम के सारे बाँध टूट गए और मैंने भी उसी सहज भाव से कह दिया, "हाँ, जानता हूँ।'

"तो इन दोनों को कहला दो कि आज रात यहीं आकर मुझसे मिल लें," उसने कहा। फिर कुछ रुककर पूछा, "जयदेव कहाँ है?"

इस बार मैं झूठ बोल गया। साहस बटोरकर कह दिया, "कहीं बाहर गया है, यहाँ नहीं है।"

मैं बात टाल गया हूँ, इसे रंजीत ने भाँप लिया। इस विचार ने कि मैं अभी तक उस पर विश्वास नहीं कर पाया हूँ, कुछ देर के लिए उसे उदास-सा कर दिया। वह अपने साथ विक्टर ह्यूगो का प्रसिद्ध उपन्यास 'ला मिजरेबुल' लाया था। उसने चुपचाप उसे पढ़ना आरम्भ कर दिया—मानो किसी ने उसकी हँसी, उसकी बातचीत, उसके बेतकल्लुफाना व्यवहार आदि पर अचानक ब्रेक लगा दिया हो।

मैं झूठ बोल तो गया पर दिल में बात खटकती-सी रही। रंजीत की उदासी के सामने मेरे लिए कमरे में ठहरना कठिन हो गया और विजय को खबर भिजवाने के बहाने मैं कालेज चला गया। सुरेन्द्र को रंजीत का पैगाम दिया तो उन्होंने बतलाया कि वह पार्टी का पुराना आदमी है।

कालेज से वापस आते-आते दोपहर के खाने का समय हो गया था। जयदेव और मैं प्रायः मेस में खाना खाने एक ही साथ जाते थे। रंजीत के लिए कमरे में खाना मँगवाने के बजाय मैं उसे भी साथ लेता गया। मेस में उस समय हम तीन ही खानेवाले थे। रंजीत बीच में जयदेव के पास ही बैठा था लेकिन मेस का कोई अन्य सदस्य समझकर उसने उधर ध्यान नहीं दिया। फिर जब जयदेव ने चुपचाप उसकी दाल में कसकर गरम घी छोड़ दिया तो उसने पहले जयदेव की ओर देखा और फिर प्रश्नभरी निगाह से मेरी ओर देखने लगा। उसकी उलझन पर हम दोनों को हँसी आ गई। उसके मुँह से निकल गया 'जयदेव!' हम लोग और जोर से हँस पड़े। रंजीत ने मेरी पीठ पर जोर का घूँसा जमाते हुए कहा, "चोर कहीं के।" फिर व्यंग कसते हुए बोला, "लगता है अपनों को बहुत सहेजकर रखने की आदत है।"

"फिलहाल तो तुम्हारे घूँसे की चोट ने अपना-पराया सब बराबर कर दिया

है।'' मैंने कहा।

उसने बायाँ हाथ मेरी पीठ पर फेरते हुए कहा, ''लो पीठ सहलाए देता हूँ। अब चुपचाप खाना खा लो।''

रंजीत मेरे कमरे में जितने दिन रहा प्रायः रोज ही विजय और सुरेन्द्र पांडे आते रहे। वह काकोरी के अभियुक्त पंडित रामप्रसाद बिस्मिल को जेल से छुड़ाने की योजना पर विचार-विमर्श करने आया था। तीन-चार दिन रहने के बाद बिस्मिल से सम्पर्क स्थापित कर योजना पक्की कर रखने का भार विजय पर छोड़ वह पंजाब वापस चला गया।

रंजीत के चले जाने के बाद मुझे पता चला कि उसका असली नाम भगतसिंह है और वह पहले भी कानपुर में श्री गणेशशंकर विद्यार्थी के पास 'प्रताप' में काम कर चुका है। कानपुर में 'प्रताप' में काम शुरू करने से पहले कुछ दिन उसने अखबार बेचकर भी निर्वाह किया था। यह भी पता चला कि बिस्मिल को जेल से छुड़ाने का एक प्रयास पहले भी हो चुका था जिसे किन्हीं कारणोंवश बीच में ही छोड़ देना पड़ा था। उसमें भाग लेने के लिए भगतसिंह और सुखदेव के साथ पंजाब के कई और साथी भी आए थे। उसी दिशा में अब यह उसका दूसरा प्रयास था।

लगभग दो महीने बाद भगतसिंह फिर वापस आया। इस बार वह काफी दिन ठहरा। रामप्रसाद बिस्मिल के साथ विजय का सम्पर्क पहले तो खूब अच्छा रहा। बिस्मिल ने योजना की स्वीकृति भी दे दी थी लेकिन दिन और समय अभी निश्चित नहीं हो पाया था। उधर केस के फैसले का दिन नजदीक आता जा रहा था। इसी बीच कुछ ऐसा हुआ कि बिस्मिल से पत्र व्यवहार और मुलाकातें आदि एकदम बन्द हो गईं और उन पर सख्त पहरा लगा दिया गया। यह सब क्यों और कैसे हुआ, यह तो नहीं जानता लेकिन इससे हमारी योजना को गहरा धक्का लगा, फिर भी विजय ने अपना प्रयास जारी रखा।

भगतसिंह मेरे कमरे में अधिकतर अपना समय पढ़ने में व्यतीत करता था। विक्टर ह्यूगो, हालकेन, टालस्टॉय, डेस्टोवस्की, गोर्की, बर्नाड शॉ, डिकेन्स आदि उसके प्रिय लेखक थे। पढ़ने से जब उसकी तबीयत ऊबती तो वह छात्रावास के पीछे गंगा के किनारे जाकर बैठ जाता या जब मुझे और जयदेव को कालेज से फुरसत होती तो इन लोगों से गप्प करता। उसकी बातचीत का विषय अधिकतर उसकी पढ़ी हुई पुस्तकें होतीं। वह उनके बारे में बतलाता और फिर जोर देता कि हम भी उन्हें पढ़ें। कभी-कभी पुराने क्रान्तिकारियों की कहानियाँ भी सुनाता—कूका विद्रोह, गदर पार्टी का इतिहास, करतार सिंह, सूफी अम्बाप्रसाद आदि की जीवनियाँ तथा बब्बर अकाली की बहादुरी की कहानियाँ बतलाते-बतलाते वह प्रायः ही भावुक हो उठता। उसकी वर्णन शैली में एक अजीब आकर्षण था जिससे खिंचकर प्रायः रोज ही हम दोनों घंटों पहले कालेज से भाग आते थे।

जयदेव आरम्भ से ही मुझसे तगड़ा था। जोखिम से भिड़ने की उसकी आदत थी और मारपीट में उसका हाथ हमेशा से खुला था। उसके इन्हीं सब गुणों से प्रभावित होकर भगतसिंह ने उसे बिस्मिल वाले एक्शन में ले जाने का फैसला कर लिया। एक दिन दोपहर के समय जब उसने अपना उक्त निर्णय मुझसे बतलाया तो मुझे अपने दुबले-पतले शरीर पर बड़ी झुँझलाहट महसूस हुई। मैं पार्टी के काम के योग्य नहीं समझा गया, इस विचार से मुझे गहरा आघात लगा और कुछ देर बैठे रहने के बाद नींद का बहाना लेकर मैं एक तरफ लेट गया। भगतसिंह जानता था कि मैं सो नहीं रहा हूँ। वह कुछ देर तक पास पड़ी एक पुस्तक के पन्ने पलटता रहा, फिर मेरा कन्धा हिलाते हुए उसने धीरे-से पुकारा, "शिव।"

"क्या है?" उसकी ओर करवट बदलते हुए मैंने कहा।

"एक बात पूछूँ?"

"कहो।"

"व्यक्ति का नाम बड़ा है या पार्टी का काम?"

"पार्टी का काम" मैंने उत्तर दिया।

"और पार्टी का काम अविराम गति से चलता रहे, हमारे एक्शन्स सफल होते रहे, हमारी बात देशवासियों तक नियमित रूप से पहुँचती रहे, आज़ादी की अपनी इस लड़ाई में हर मंजिल पर हम कामयाब होते रहे, इसके लिए पहली शर्त क्या है।"

"एक मजबूत और व्यापक संगठन।" मैंने उत्तर दिया।

"संगठन और प्रचार।" उसने कहा, "देश की जनता हमारे साहस और हमारे कामों की सराहना करती है लेकिन हमसे अपना सीधा सम्पर्क जोड़ पाने में वह असमर्थ है। अभी तक हमने खुले शब्दों में उसे यह भी नहीं बतलाया कि जिस आज़ादी की हम बात करते हैं उसकी रूपरेखा क्या होगी, अंग्रेजों के चले जाने के बाद जो सरकार बनेगी वह कैसी होगी और किसकी होगी। अपने आन्दोलन को जनाधार देने के लिए हमें अपना ध्येय जनता के बीच ले जाना होगा क्योंकि जनता का समर्थन प्राप्त किए बगैर हम अब पुराने ढंग के इक्के-दुक्के अंग्रेज अधिकारियों को या सरकारी मुखबिरों को मारकर नहीं चल सकते। हम अभी तक संगठन तथा प्रचार की ओर से उदासीन रहकर प्रायः एक्शन्स पर ही जोर देते आए हैं। काम का यह तरीका हमें छोड़ना पड़ेगा। मैं तुम्हें और विजय को संगठन तथा प्रचार के कामों के लिए पीछे छोड़ना चाहता हूँ।" कुछ देर तक चुप रहकर उसने कहा, "हम सब लोग सिपाही हैं। और सिपाही को सबसे अधिक मोह होता है रणक्षेत्र से इसीलिए एक्शन पर चलने की बात उठते ही सब लोग उछल पड़ते हैं। फिर भी आन्दोलन का ध्यान रखकर किसी न किसी को तो एक्शन्स का यह मोह छोड़ना ही पड़ेगा। यह सही है कि आमतौर पर शहादत का सेहरा एक्शन्स में जूझनेवालों या फाँसी पर झूल जानेवालों के सर पर ही बँधता है लेकिन इसके बावजूद उनकी

स्थिति इमारत के मुख्य द्वार पर जड़े उस हीरे के समान ही रहती है जिसका मूल्य जहाँ तक इमारत का सवाल है, नींव के नीचे दबे एक साधारण पत्थर के मुकाबले कुछ भी नहीं होता।"

मैं लेटे-लेटे भगतसिंह की बातें सुनता रहा। वह मेरे सर के पास दीवार का सहारा लिए बैठा था और ऐसे बात कर रहा था मानो जोर-जोर से सोचने का प्रयास कर रहा हो। बीच-बीच में उसके दाहिने हाथ की उँगलियाँ मेरे सर के बालों में घूम जातीं और वह फिर धीरे-धीरे रुक-रुककर उसी लहजे में बोलना शुरू कर देता :

"हीरे इमारत की खूबसूरती बढ़ा सकते हैं, देखनेवालों को चकाचौंध कर सकते हैं, लेकिन वे इमारत की बुनियाद नहीं बन सकते, उसे लम्बी उम्र नहीं दे सकते, सदियों तक अपने मजबूत कन्धों पर उसके बोझ को उठाकर उसे सीधा खड़ा नहीं रख सकते। अभी तक हमारे आन्दोलन ने हीरे कमाए हैं, बुनियाद के पत्थर नहीं बटोरे। इसीलिए इतनी कुर्बानी देने के बाद भी हम अभी तक इमारत क्या उसका ढाँचा भी खड़ा नहीं कर पाए। आज हमें बुनियाद के पत्थरों की जरूरत है।" फिर कुछ रुककर बोला, "और त्याग तथा कुर्बानी के भी दो रूप हैं। एक है गोली खाकर या फाँसी पर लटककर मरना। इसमें चमक अधिक है लेकिन तकलीफ कम। दूसरा है पीछे रहकर सारी जिन्दगी इमारत का बोझ ढोते फिरना। आन्दोलन के उतार-चढ़ाव के बीच प्रतिकूल वातावरण में कभी ऐसे भी क्षण आते हैं जब एक-एक कर सभी हमराही छूट जाते हैं। उस समय मनुष्य सान्त्वना के दो शब्दों के लिए भी तरस उठता है। ऐसे क्षणों में भी विचलित न होकर जो लोग अपनी राह नहीं छोड़ते, इमारत के बोझ से जिनके पैर नहीं लड़खड़ाते, कन्धे नहीं झुकते, जो तिल-तिलकर अपने-आपको इसलिए गलाते रहते हैं, इसलिए जलाते रहते हैं कि दिए की जोत मद्धिम न पड़ जाए, सुनसान डगर पर अँधेरा न छा जाए, ऐसे लोगों की कुर्बानी और त्याग पहले वालों के मुकाबले क्या अधिक नहीं है?"

मैंने आँख उठाकर भगतसिंह की ओर देखा। वह मुस्करा दिया। बोला, "तुमने मुझे गलत समझा। इसीलिए यह सब कहना पड़ा। अभी तो हम लोगों के सफर की शुरुआत है और अगर अभी से हम लोग गलतफहमी के शिकार होकर एक-दूसरे को शक की निगाह से देखने लगे तो मंजिलें कैसे पार लग सकेंगी।"

तभी जयदेव ने कमरे में प्रवेश किया। "क्या हो रहा है?" अन्दर आते ही उसने पूछा।

"तुम्हारे दोस्त को शक हो गया था कि मैंने चोरी की है, उसी की सफाई दे रहा था।" यह कहकर उसने हाथ पकड़कर मुझे बिठा दिया। अब वह अपने पुराने रूप में आ गया था। प्रातः गंगा के किनारे वह कालेज की नाव देख आया था। "क्यों न आज रात को गंगा में बोटिंग की जाए?" उसने प्रस्ताव किया। बात तय हो गई और विजय, सुरेन्द्र तथा ब्रह्मदत्त को भी सूचना भेज दी गई।

पूर्व निश्चय के अनुसार रात के लगभग दस बजे हमारी पूरी टोली नाव पर पहुँच गई। भगतसिंह को तैरने और नाव खेने का बड़ा शौक था। उसने नाव खोल दी और और पतवारें उठा लीं। अब हम गंगा की बीच धार में थे। पतवार की हर थपेड़ रात की सर्द हवा के सन्नाटे को छेड़ रही थी और भगतसिंह की मजबूत बाँहें नाव को नदी के प्रवाह के विपरीत खींचे लिये जा रही थीं। काफी दूर निकल जाने के बाद उसने पतवार रख दिए। नाव मन्द गति से धार के साथ कालेज की ओर वापस बह चली। अब सिर्फ नाव को इधर-उधर भटकने न देने भर का काम था। भगतसिंह और विजय ने गाना आरम्भ किया। उनके गानों के स्वर हवा में तैरने लगे। इसी बीच कब नाव गलत दिशा की ओर मुड़ गई, यह हम समझ नहीं पाए और वह छिछले पानी में रेत पर जाकर रुक गई। चाँद आसमान छोड़कर चला गया था और उसके रुपहले प्रकाश के स्थान पर घने अन्धकार की काली चादर ने दिशाओं को ढक लिया था। हमने इधर-उधर देखा, नाव गंगा के दूसरे किनारे से कुछ दूर पर थी।

एक-एक कर सभी लोग पानी में उतरे, धक्के लगाए, नाव को हिलाया, घुमाया पर वह रेत में फँसती ही गई। एक घंटे से अधिक परिश्रम के बाद घड़ी देखी तो रात के तीन बज चुके थे। नाव वहीं छोड़कर पतवार से पानी की थाह लेते हम लोग शहर से दूसरी ओर के बाएँ किनारे पर निकल आए। इतनी देर तक पानी में रहने के कारण ठंड से हाथ-पैर बेजान-से हो रहे थे। उस समय तक गंगा का बायाँ किनारा आबाद नहीं हो पाया था और दूर तक खेतों, झाड़ियों और कछारों के अतिरिक्त और कुछ न था। किनारे से थोड़ी दूर पर किसी ने काफी मात्रा में सूखी पतवार जमा कर रखी थी। उसी में से थोड़ी लेकर आग जलाई गई। अब सबेरा होने तक के लिए यह आग ही हमारा सहारा थी।

उषा की लाली के साथ-साथ मुझे और जयदेव को जल्द-से-जल्द छात्रावास पहुँचने की चिन्ता होने लगी। दस बजे से हम लोगों की साइंस प्रैक्टीकल की परीक्षा थी। अस्तु, बाकी साथियों को नाव निकलवाकर वापस लाने के लिए वहीं छोड़ हम लोग चले आए। पुल तक पहुँचने के लिए लगभग एक मील का फासला तय करना था। हमने एक पगडंडी पकड़ ली। कुछ दूर जाकर पगडंडी उलटी दिशा को मुड़ गई। सामने की जमीन नम थी लेकिन उस पर पानी न था। फिर भी लगभग नौ-दस फुट का वह थोड़ा-सा फासला सीधा न पार कर पगडंडी करीब सौ गज का चक्कर खाकर दूसरी तरफ पहुँची थी। जयदेव ने उतना चक्कर खाने के बजाय छलाँग मारकर उस नम जमीन को पार करना चाहा और पूर्व इसके कि मैं उसे रोक सकूँ, उसने छलाँग ले ली। दूसरी ओर गिरते ही उसके पैर फँस गए और उसका शरीर नीचे धँसने लगा। वह एक दलदल में फँस गया था। उसे पेट के बल हो जाने के लिए कहकर मैं पगडंडी के सहारे दूसरी ओर पहुँचा। मेरे पास एक गर्म चादर थी। काँस की जड़

में पैर अड़ाकर मैंने उसकी ओर चादर फेंकी। वह कमर तक धँस चुका था। चादर के सहारे बड़ी कठिनाई से उसने अपने-आपको दलदल से निकाला। फिर एक सुरक्षित स्थान पर बैठकर कीचड़ धोया। कितना मनहूस था वह दलदल! लेकिन उस सबके बाद भी वह रात हमें काफी दिनों तक याद रही। आज भी उसकी याद में एक अजीब आकर्षण है। काश वह मस्ती, वह बेफिक्री फिर से वापस मिल सकती—दो दिन के लिए ही सही!

दो-तीन दिन बाद विजय ने आकर जेल से बिस्मिल पर होनेवाली सख्ती और अधिकारियों की सतर्कता का समाचार दिया और बतलाया कि फिलहाल उन्हें छुड़ाने के अपने मंसूबे हमें त्यागने पड़ेंगे। इस समाचार ने भगतसिंह की सारी योजनाएँ चौपट कर दीं, उसके सारे ख्वाब तोड़ दिए। बहुत कोशिशों के बाद बिस्मिल की लिखी एक ग़ज़ल ही विजय के हाथ लग पाई थी। वह ग़ज़ल हमारी योजनाओं को कार्यान्वित होने में देरी होते देख उन्होंने शायद उलाहने के तौर पर लिखी थी जिसे अधिकारियों ने सम्भवतः प्रेम की एक साधारण कविता समझकर पास कर दिया था। इस समय ग़ज़ल की कुछ ही पंक्तियाँ मुझे याद हैं जो इस प्रकार थीं :

मिट गया जब मिटने वाला फिर सलाम आया तो क्या
दिल की बरबादी के बाद उनका पयाम आया तो क्या
मिट गई जब सब उम्मीदें मिट गए सारे खयाल,
उस घड़ी गर नामावर लेकर पयाम आया तो क्या।
ऐ दिले नादान मिट जा अब तू कूए यार में,
फिर मेरी नाकामियों के बाद काम आया तो क्या।
काश अपनी जिन्दगी में हम वो मंजर देखते,
बरसरेतुरबत कोई महशरखराम आया तो क्या।
आखिरी शब दीद के काबिल थी बिस्मिल की तड़प,
सुबहेदम कोई अगर बालायेबाम आया तो क्या।

भगतसिंह ने विजय के हाथ से लेकर पर्चा पढ़ा। बिस्मिल का इशारा साफ था—कुछ करना है तो जल्दी करो, बाद में रस्से से लटकती मेरी लाश को तुमने अगर छुड़ा भी लिया तो वह तुम्हारे किस काम आएगी। कागज का वह टुकड़ा उसके हाथ से छूटकर जमीन पर गिर पड़ा और वह माथे पर हाथ रखकर पत्थर की निर्जीव मूर्ति की भाँति दीवार के सहारे लुढ़क गया। अब और अधिक बातचीत उस दिन किसी के लिए सम्भव न थी। विजय और सुरेन्द्र चले गए और भगतसिंह बगैर कुछ बोले चुपचाप उठकर गंगा की ओर चला गया।

काफी रात बीत जाने पर जब मैं और जयदेव उसकी तलाश में गंगा के किनारे पहुँचे तो उस समय भी वह माथे पर हाथ रखे ठंडी रेत पर उसी तरह पत्थर की मूर्ति बना बैठा था। हमने पास जाकर उसके कन्धे पर हाथ रखा और कमरे में चलने

के लिए कहा। वह उठा और परछाई की भाँति हमारे पीछे हो लिया, बोला फिर भी नहीं।

कई महीने के परिश्रम से उसने जहाँ कुछ भी न था वहाँ संगठन का एक ढाँचा खड़ा किया, योजना बनाई, हथियार जमा किए, साथी जुटाए और जब मंजिल नजदीक आने लगी और उसे लगा कि वह कुछ कर सकने में समर्थ हो सकेगा तो अचानक सब कुछ उलट गया--रह गया केवल बिस्मिल का उलाहना। भगतसिंह को इससे गहरा आघात लगा लेकिन एक ही दिन में उसने अपने पर काबू पा लिया।

दूसरे दिन वह स्वयं ही बोला, "असफलताओं के सामने सर झुकाकर बैठ जाने से तो मार्ग ही अवरुद्ध हो जाएगा और तब रास्ते के रोड़े हटाकर आगे बढ़ने के बजाए हम स्वयं ही दूसरों के लिए रोड़ा बन जाएँगे।" उसने सब साथियों को एकत्र कर संगठन तथा प्रचार की समस्याओं पर बातचीत की, आगे का कार्यक्रम बनाया और जल्द वापस आने का वादा कर पंजाब चला गया। यह 1927 के शुरू के दिनों की बात है।

1926 में भगतसिंह, सुखदेव, भगवतीचरण, यशपाल आदि ने लाहौर में 'नौजवान भारत सभा' की स्थापना की थी। यह क्रान्तिकारी आन्दोलन का एक प्रकार का खुला मंच था जिसका काम था आम सभाओं, बयानों, पर्चों आदि के माध्यम से क्रान्तिकारियों के उद्‌देश्य और उनके विचारों का प्रचार करना। शोषण, दरिद्रता, असमानता आदि की संसार व्यापी समस्या पर अध्ययन एवं विचार कर वे लोग इस परिणाम पर पहुँचे थे कि भारत की पूर्ण स्वाधीनता के लिए केवल राजनीतिक ही नहीं बल्कि आर्थिक स्वाधीनता भी आवश्यक है। मैजिक लैन्टर्न द्वारा क्रान्तिकारी शहीदों के चित्रों का प्रदर्शन और उसके साथ-साथ कमेंटरी के रूप में क्रान्तिकारी आन्दोलन के संक्षिप्त इतिहास से जनता को अवगत कराना भी उसका एक काम था। प्रचार का वह एक सशक्त माध्यम था।

'नौजवान भारत सभा' की स्थापना गुप्त संगठन के कार्य का क्षेत्र तैयार करने और जनता में साम्राज्यवाद विरोधी उग्र राष्ट्रीय भावना जगाने के लिए की गई थी। भगतसिंह और भगवतीचरण वोहरा उसके मुख्य सूत्रधार थे। भगतसिंह उसके प्रथम महामंत्री (जनरल सेक्रेटरी) और भगवतीचरण प्रथम प्रचार मंत्री चुने गए थे। सुखदेव, धन्वन्तरि, यशपाल और एहसान इलाही भी सभा के प्रमुख एवं सक्रिय सदस्यों में से थे। उस समय समाजवाद की ओर रुझान रखनेवाले कांग्रेस के प्रायः सभी नौजवान खिंचकर सभा में आ गए थे।

सभा के कार्यकर्ताओं के राजनीतिक एवं सामाजिक दृष्टिकोण को परिमार्जित करने और उन्हें वैज्ञानिक भौतिकवाद से परिचित कराने में 'सर्वेंट्स ऑफ पीपल्स सोसाइटी' के प्रिंसिपल छबीलदास का विशेष हाथ था। उनकी एक छोटी-सी पुस्तिका 'क्या पढ़ें' ने उस समय अध्ययन के लिए पुस्तकें चुनने में हमारी काफी

सहायता की थी। इनके अलावा कुछ कांग्रेसी तथा गैरकांग्रेसी नेताओं का सहयोग भी सभा को मिलता रहता था। इसमें डॉ. सत्यपाल, डॉ. किचलू, केदारनाथ सहगल और सोहन सिंह जोश के नाम उल्लेखनीय हैं।

भगतसिंह जब भी कानपुर आता तो अन्य पुस्तकों के साथ नौजवान भारत सभा का कुछ-न-कुछ साहित्य अपने साथ अवश्य लाता था। राधामोहन गोकुल जी और सत्यभक्त के सम्पर्क ने कानपुर के हम सभी साथियों में समाजवाद की ओर रुझान पैदा कर दिया था। शचीन्द्रनाथ सान्याल के माध्यम से श्री राधामोहन गोकुल जी और सत्यभक्त से भगतसिंह का सम्पर्क काकोरी से पहले ही स्थापित हो चुका था और यह चारों समाजवाद तथा कम्युनिज्म पर काफी विचार-विनियम कर चुके थे। स्वर्गीय गणेश शंकर विद्यार्थी के नेतृत्व में हम लोगों ने कानपुर में मजदूर सभा में भी दिलचस्पी लेनी आरम्भ कर दी थी। आगे चलकर भगतसिंह ने हमारे रुझान को बल दिया और समाजवाद का अध्ययन तथा उस पर बहस आदि करने की प्रेरणा प्रदान की।

उसका कहना था कि अंग्रेजी दासता के विरुद्ध संघर्ष तो हमारे युद्ध का पहला मोर्चा है। अन्तिम लड़ाई तो हमें शोषण के विरुद्ध ही लड़नी पड़ेगी। चाहे वह शोषण मनुष्य द्वारा मनुष्य का हो या एक राष्ट्र द्वारा एक राष्ट्र का हो। यह लड़ाई जनता के सहयोग के बगैर नहीं लड़ी जा सकती। इसलिए हमें हरसम्भव उपायों से जनता के अधिक से अधिक निकट पहुँचने का प्रयास करते रहना चाहिए। भगतसिंह से पहले प्रचार तथा जनसम्पर्क की दिशा में इतना बड़ा तथा संगठित कदम क्रान्तिकारियों ने नहीं उठाया था। यहाँ तक कि पकड़े जाने के बाद अदालत तक का उसने मुख्यतया अपने विचारों के प्रचार के साधन के रूप में ही इस्तेमाल किया। वह अच्छा योद्धा ही नहीं, अच्छा प्रचारक भी था।

प्रचार के दो मुख्य साधन हैं—वाणी और लेखनी। भगतसिंह का दोनों पर समान अधिकार था। आमने-सामने की बातचीत में कुशल होने के साथ ही वह अच्छा वक्ता भी था। नौजवानों तथा विद्यार्थियों के बीच मैजिक लैन्टर्न पर उसके भाषण तो विशेष रूप से लोकप्रिय थे।

और कलम का धनी तो वह था ही। हिन्दी, उर्दू, पंजाबी और अंग्रेजी पर उसका समान अधिकार था। उन दिनों कामरेड सोहन सिंह जोश अमृतसर में 'किर्ती' नाम से गुरुमुखी तथा उर्दू में एक मासिक पत्रिका निकालते थे। भगतसिंह उनमें नियमित रूप से लिखता था। विभिन्न नामों से 'किर्ती' में क्रान्तिकारी शहीदों की जो जीवनियाँ प्रकाशित हुई थीं उनमें से अधिकांश भगतसिंह की ही कलम की देन थीं। हिन्दी में उसने अधिकतर 'प्रताप' तथा 'प्रभा' (कानपुर), 'महारथी' (दिल्ली) और 'चाँद' (इलाहाबाद) में ही लिखा।

अंग्रेजी में लिखे हुए उसके लेख, अदालती वक्तव्य, पत्र, पर्चे आदि उसकी

सशक्त शैली के प्रमाण हैं। 'नौजवान भारत सभा' के घोषणापत्र का अंग्रेजी मसविदा भगवतीचरण ने भगतसिंह के साथ मिलकर 1928 में तैयार किया था। भाषा, शैली तथा देश के उस समय के राजनीतिक स्तर को देखते हुए विचारों की परिपक्वता की दृष्टि से उस घोषणापत्र का आज भी एक ऐतिहासिक महत्त्व है। असेम्बली में बम फेंकने के बाद पकड़े जाने पर अदालत में उसने जो बयान दिया था वह तो उसी समय एक अन्तर्राष्ट्रीय ख्याति का दस्तावेज बन गया था।

उस पढ़ने-लिखने का बेहद शौक था। वह जब भी कानपुर आता तो अपने साथ दो-चार पुस्तकें अवश्य लाता। बाद में फरार जीवन में उसके साथ रहने का अवसर मिला तो देखा कि पिस्तौल और पुस्तक का उसका चौबीस घंटे का साथ था। मुझे एक भी अवसर याद नहीं पड़ता जब मैंने उसके पास कोई-न-कोई पुस्तक न देखी हो।

1923-24 में भगतसिंह के पिता उसका विवाह करने पर तुल गए थे। पिता की जिद से बचने के लिए वह भागकर कानपुर चला आया। कुछ दिन दिल्ली भी रहा। यहाँ उसने बड़ी मुसीबतों में दिन बिताए। दिल्ली, कानपुर से जब वह लाहौर वापस आया तो उसकी पगड़ी का स्थान एक छोटे अँगोछे ने ले लिया था। उसकी कमीज उसके शरीर का साथ छोड़ गई थी और अब उसका बन्द गले का खद्दर का कोट कमीज का काम दे रहा था। कोट की आस्तीनें फट जाने पर उसने पायजामे की टाँगें आस्तीन की जगह जोड़ ली थीं और पायजामे का स्थान उसकी चादर ने ले लिया था जिसे वह लुंगी की तरह इस्तेमाल करने लगा था लेकिन इस हालत में भी उसके कोट की जेब में कोई न कोई पुस्तक अवश्य रहती थी।

भगतसिंह को सौन्दर्य, संगीत तथा कला से भी बेहद प्यार था। आगरा केन्द्र पर जब कभी पंजाब से सुखदेव आ जाता तो दोनों एक-दूसरे में ऐसे खो जाते मानो और कोई हो ही नहीं। उस समय पंजाब कांग्रेस की गतिविधि, उसके नेताओं की आपसी पैंतरेबाजियाँ, 'नौजवान भारत सभा' का काम, बुद्धिजीवियों का मानसिक चढ़ाव-उतार, क्रान्तिकारी आन्दोलन की समस्याएँ, मजदूरों के संघर्ष आदि विषयों को लेकर किसने क्या पढ़ा है, पठित पुस्तकों के लेखकों की शैली और उनके विचार, नई पिक्चर्स, अभिनेताओं की एक्टिंग आदि तक सभी बातों पर बहस होती।

एक बार विक्टर ह्यूगो के सुप्रसिद्ध उपन्यास 'नाइनटी थ्री' के एक प्रसंग पर भगतसिंह और सुखदेव में मतभेद हो गया। फ्रांस में राजा की समर्थक सेनाओं और क्रान्तिकारी सेनाओं में संघर्ष होता है। क्रान्तिकारी सेनाओं की विजय होती है और विरोधी सेनाओं का नेता लान्तनक गिरफ्तार हो जाता है। क्रान्तिकारी सेनाओं का नेता गावेन लान्तनक परिवार का ही एक नौजवान है, लान्तनक के सगे भाई का प्रपौत्र और उसकी रियासत का उत्तराधिकारी फाँसी से पहली रात गावेन जेल की कोठरी में अपने बाबा से मुलाकात करता है। लान्तनक राजघराने के साथ गद्दारी

करके प्रजातन्त्रवासियों का साथ देने के लिए गावेन को धिक्कारता है। साथ ही वह गावेन के हृदय के कोमल तन्तुओं पर भी आघात करता है। अन्त में गावेन को बूढ़े लान्तनक पर तरस आ जाता है। वह लान्तनक को सेनापति के अपने कपड़े पहनाकर रात के अन्धकार में जेल से बाहर कर देता है और उसके स्थान पर स्वयं फाँसी की कोठरी में बन्द हो जाता है। दूसरे दिन प्रायः जब मौत की सजा को कार्यान्वित करने के लिए बन्दी को बाहर लाया जाता है तो लान्तनक के स्थान पर गावेन को देखकर लोगों के आश्चर्य की सीमा नहीं रहती। क्रान्तिकारी सेनाओं के बीच जन सुरक्षा परिषद के प्रतिनिधि के रूप में सिमरडिन नाम का एक पादरी है जिसने गावेन को बचपन में शिक्षा ही नहीं वरन पिता का स्नेह भी दिया था। सिमरडिन कर्त्तव्य के बारे में जितना कठोर है ममता की मानव सुलभ कोमल भावनाओं के प्रति उतना ही दुर्बल है। गावेन उसके सामने अपना अपराध स्वीकार कर लेता है। सिमरडिन की अध्यक्षता में क्रान्तिकारी अदालत गावेन को क्रान्ति के साथ विश्वासघात के अपराध में मौत की सजा देती है।

अन्तिम रात सिमरडिन जेल की कोठरी में गावेन से मुलाकात करता है। सिमरडिन को देखकर गावेन खड़ा हो जाता है। दोनों की आँखों से आँसुओं की धार बह चलती है।

दूसरे दिन प्रातः गावेन वधस्थल पर खड़ा है। सैनिक आदेश की प्रतीक्षा में हैं। सामने एक बुर्ज पर सिमरडिन खड़ा है। उसके हाथ के एक इशारे के साथ गावेन का शरीर जमीन पर लुढ़कने लगता है। तभी एक पिस्तौल के छूटने की आवाज आती है और उसके साथ ही सिमरडिन का शरीर भी बुर्ज के नीचे आ गिरता है। वह आत्महत्या कर लेता है।

सुखदेव का कहना था कि आत्महत्या करके सिमरडिन ने क्रान्तिकारियों के सामने कोई अच्छी मिसाल नहीं पेश की। क्रान्ति को जब उसकी सबसे अधिक आवश्यकता थी ठीक उसी समय एक युवक के प्रति अपने मोह को क्रान्ति के हितों से ऊपर स्थान देकर उसने अपने आदर्शों को ठोकर मार दी। उसका मत था कि सिमरडिन ने अपना जीवन क्रान्ति के लिए अर्पित कर दिया था और जो जीवन एक बार वेदी पर चढ़ा दिया गया उस पर फिर क्रान्तिकारी ध्येय और लक्ष्य को छोड़कर और किसी का अधिकार नहीं रह जाता। क्रान्तिकारी सैनिक के निकट भावुकता अथवा व्यक्तिगत ममता या मोह का भी कोई स्थान हो सकता है इसे मानने के लिए वह तैयार न था।

इसके विपरीत भगतसिंह के पास सिमरडिन के लिए गहरी सहानुभूति थी। वह कहता था कि सिमरडिन ने गावेन को मृत्युदंड देकर अपना क्रान्तिकारी कर्त्तव्य पूरा किया लेकिन मनुष्य होने के नाते सिमरडिन के पास एक हृदय भी था जिसने आरम्भ से ही गावेन को पुत्र के रूप में सहेजा था। अस्तु, उसकी मृत्यु पर सिमरडिन का

अपने आपको न सँभाल पाना स्वाभाविक था। भगतसिंह का कहना था कि ममता के जो सूत्र अनन्त काल से मनुष्य को एक साथ बाँधकर रखते आए हैं उनका आदर करके ही हम क्रान्तिकारी धर्म का भी सही रूप में पालन कर सकेंगे। हम मनुष्य रहकर ही क्रान्तिकारी बने रह सकते हैं, देवता बनकर नहीं। देवत्व में न गति है, न प्रगति, न अक्षय प्रवाह।

जहाँ तक मुझे याद है कि काफी बहस के बाद भी उस दिन दोनों में कोई समझौता नहीं हो पाया और सुखदेव यह कह उठ खड़ा हुआ था, "यार, देवता वाली बात से सहमत होते हुए भी तेरा यह कवियों जैसा उपन्यासी तर्क मेरी समझ में नहीं आता।"

समाजवाद उस युग की आवाज थी। क्रान्तिकारियों में भगतसिंह ने सबसे पहले उस आवाज को सुना और पहचाना। यहीं पर वह अपने दूसरे साथियों से बड़ा था।

भगतसिंह से पहले क्रान्तिकारियों का कोई देशव्यापी संगठन न था। बंगाल में 'युगान्त', 'अनुशीलन' आदि संस्थाएँ थीं। पंजाब में 'गदर' पार्टी का काम था। उत्तर प्रदेश और बिहार में 'हिन्दुस्तान प्रजातन्त्र संघ' काम करता था। भगतसिंह सबको मिलाकर एक बड़ा देशव्यापी संगठन कायम करना चाहता था। इसी उद्देश्य से उसने सितम्बर 1928 में दिल्ली में सभी प्रान्तों के प्रतिनिधि क्रान्तिकारियों की एक मीटिंग का आयोजन किया। इसका नेतृत्व भगतसिंह ने ही किया था और उसके सुझाव पर ही दल का लक्ष्य समाजवाद स्वीकार कर उसका नाम 'हिन्दुस्तान समाजवादी प्रजातन्त्र संघ' कर दिया गया। इसका मतलब यह नहीं कि हमने मार्क्सवाद या समाजवाद के वैज्ञानिक सिद्धान्त के सभी पक्षों को भली प्रकार समझ लिया था। समाजवाद की ओर आगे बढ़ने का वह हमारा पहला कदम था। हमने समाज के श्रेणी आधार को समझ लिया था और किसानों-मजदूरों का राज्य हमारा लक्ष्य बन चुका था लेकिन किसानों-मजदूरों की संगठित शक्ति के सहारे इस लक्ष्य की प्राप्ति कैसे हो सकेगी इसे हम भली प्रकार समझ नहीं पाए थे।

मीटिंग का दूसरा महत्त्वपूर्ण फैसला था संगठन का जनवादीकरण। भगतसिंह किसी एक व्यक्ति को आन्दोलन का सर्वेसर्वा मानकर उसकी अच्छाइयों या बुराइयों की दया पर सबकुछ छोड़ देने का विरोधी था। उसके सुझाव पर आन्दोलन के संचालन के लिए एक केन्द्रीय कमेटी का गठन किया गया और नीति के प्रश्नों पर इस कमेटी को ही सर्वोपरि माना गया। इस मीटिंग में सुखदेव, फणीन्द्र घोष, कुन्दनलाल और शिव वर्मा क्रमशः पंजाब, बिहार, राजस्थान और उत्तर प्रदेश (उस समय संयुक्त प्रान्त) के संगठनकर्ता चुने गए और भगतसिंह तथा विजय कुमार सिन्हा को प्रचार तथा अन्तर्राष्ट्रीय सम्पर्कों का भार सौंपा गया था। इन छह तथा आज़ाद को लेकर केन्द्रीय कमेटी का गठन किया गया था। मीटिंग में जयदेव कपूर, सुरेन्द्रनाथ पांडे, ब्रह्मदत्त मिश्र और बिहार के मनमोहन बनर्जी भी सम्मिलित हुए थे।

दल के सेनापति को चुनने की भी परम्परा अपनाई गई और आज़ाद हमारे प्रथम निर्वाचित सेनापति बने। मीटिंग में आज़ाद सम्मिलित नहीं हो पाए थे लेकिन भगतसिंह और विजय कुमार सिन्हा ने पहले ही उनसे मिलकर सब बातों पर विचार विमर्श कर लिया था और उन्होंने सभी सुझावों पर अपनी स्वीकृति दे दी थी।

इससे पूर्व क्रान्तिकारियों की शक्ति का एक अच्छा खासा भाग सरकारी गवाहों, मुखबिरों और गुप्तचर विभाग के अधिकारियों को मारने तथा धन जुटाने के लिए डकैतियाँ करने में समाप्त हो जाता था। इन कामों से जितना लाभ होता था उसके अनुपात से कहीं अधिक मूल्य हम दे आते थे। दिल्ली में इस सम्बन्ध में भी एक निश्चित नीति अपनाई गई। हमने तय किया कि पैसे के लिए जहाँ तक सम्भव होगा हम सरकारी रुपए पर ही हाथ डालेंगे। एक्शन्स भी ऐसे ही चुने जाएँगे जिनका जनता तथा देश की राजनीतिक समस्याओं से सीधा सम्पर्क हो। इन फैसलों के पीछे भी मुख्यतया भगतसिंह का ही हाथ था।

1928 का वर्ष राजनीतिक हलचलों की दृष्टि से एक महत्त्वपूर्ण वर्ष था। बड़े पैमाने पर मजदूरों की देशव्यापी हड़तालें चल रही थीं। पूँजीवाद के अन्तर्राष्ट्रीय आर्थिक संकट की काली छाया भारत पर भी पड़ चुकी थी जिसके कारण किसान, मध्यम वर्ग तथा राष्ट्रीय पूँजीपति वर्ग भी परेशान थे। इंग्लैंड के संकटग्रस्त पूँजीपतियों को कुछ राहत देने के विचार से भारत की अंग्रेज सरकार ने एक ओर रुपए की दर एक शिलिंग चार पेंस की जगह एक शिलिंग छह पेंस निर्धारित की और इस प्रकार अंग्रेज व्यापारियों तथा उद्योगपतियों को रातोंरात लाखों का मुनाफा कमाने का इन्तजाम कर दिया। दूसरी ओर भारतीय इस्पात उद्योग को प्राप्त संरक्षण हटाकर विलायती इस्पात के लिए रास्ता खोल दिया। इससे भारत का पूँजीपति वर्ग भी असन्तुष्ट था। इस देशव्यापी असन्तोष के विरुद्ध मरहम-पट्टी के रूप में कुछ सुधारों का आश्वासन देकर अंग्रेजों ने एक साइमन कमीशन की घोषणा की। देश ने उसका बहिष्कार किया।

हमने उत्तर भारत में साइमन कमीशन का पीछा करने का निश्चय किया। इसके लिए सबसे पहले आवश्यकता थी पर्याप्त धन की। तय हुआ कि लाहौर की पंजाब नेशनल बैंक की मुख्य शाखा पर हमला किया जाए। योजना बन गई, साथी लाहौर पहुँच गए। एक दिन बैंक के फाटक तक गए भी लेकिन ऐन मौके पर पता चला कि जो कार इस काम के लिए ली गई थी उस पर पूरा भरोसा नहीं किया जा सकता। अस्तु, दूसरी कार लेकर दुबारा प्रयास करने का निर्णय लेकर उस दिन सब साथी वापस चले आए।

इस बीच 30 अक्टूबर को साइमन कमीशन लाहौर पहुँचा। एक विशाल जनसमुदाय ने काले झंडों से उसका स्वागत किया। अधिकारी पागल हो उठे। अन्धाधुन्ध लाठीचार्ज के फलस्वरूप लाला लाजपत राय बुरी तरह घायल हो गए

और कुछ ही दिनों बाद 19 नवम्बर को उनका निधन हो गया। सारे देश में क्रोध की लहर दौड़ गई। चारों ओर क्षोभ का वातावरण था। सबकी जुबान पर एक ही प्रश्न था...क्या हम इतने असहाय हो गए हैं कि राष्ट्र के सम्मान की रक्षा भी नहीं कर सकते।

अपने राजनीतिक जीवन के अन्तिम वर्षों में लालाजी क्रान्तिकारियों से चिढ़ने-से लगे थे। भगतसिंह और सुखदेव के लिए तो उन्होंने अपने बँगले के फाटक हमेशा के लिए बन्द करवा दिए थे। कांग्रेस के अन्दर भी मोतीलाल नेहरू से उनका बड़ा मतभेद था और उन्होंने कांग्रेस की स्वस्थ परम्पराओं के खिलाफ साम्प्रदायिकता का साथ देना आरम्भ कर दिया था लेकिन यह हमारे देश के अन्दर की बात थी। देश के बाहर लोग उन्हें राष्ट्रीय आन्दोलन के प्रथम पंक्ति के नेता के रूप में ही जानते थे। इस नाते लालाजी पर प्रहार समस्त राष्ट्र पर प्रहार था।

बैंक डकैती का प्रस्ताव स्थगित कर दिया गया और लालाजी की मृत्यु का बदला लेने के लिए ठीक एक महीने बाद भगतसिंह और राजगुरु ने लाहौर पुलिस के केन्द्रीय दफ्तर से निकलते समय डिप्टी सुपरिंटेंडेंट पुलिस सांडर्स को गोली से मार दिया जिसके हाथों से लाठियाँ खाकर लालाजी आहत हुए थे।

राष्ट्र के अपमान का प्रतिशोध लेने के लिए लालाजी के हत्यारे को मारना आवश्यक है, यह प्रस्ताव भगतसिंह का ही था। फिर भी सांडर्स की हत्या के बाद कई दिनों तक उसका मन बड़ा उद्वेलित-सा रहा। वह क्रान्तिकारी था किन्तु रक्त का प्यासा न था। उसका उद्‌देश्य तो समस्त मानवता को सुखी बनाना था और इस नाते मनुष्य मात्र के प्राणों से मोह भी स्वाभाविक था।

सांडर्स की हत्या के बाद भगतसिंह दुर्गा भाभी और उनके बेटे शची के साथ कलकत्ता चले गए। राजगुरु भी उनके साथ थे।

भगतसिंह के प्रस्ताव पर केन्द्रीय समिति ने असेम्बली में ट्रेड डिस्प्यूट बिल पर मतदान हो जाने के बाद उसका परिणाम घोषित होने के ठीक पहले सरकारी पक्ष की ओर दर्शक दीर्घा से बम फेंकने का निश्चय किया। इन बमों का उद्‌देश्य प्रस्तावित बिलों के विरुद्ध भारतीय जनता में कितना गहरा असन्तोष है, इसका प्रदर्शन मात्र था। समिति ने यह भी निश्चय किया कि बम फेंकने के बाद वहीं पर दीर्घा से पर्चे फेंककर अपने उद्‌देश्य का स्पष्टीकरण भी कर दिया जाए।

असेम्बली में बम फेंकने के काम को भी भगतसिंह स्वयं ही करना चाहता था। उसका अनुमान था कि उक्त काम के राजनीतिक महत्त्व को अदालत के मंच से जितनी भी स्पष्टता के साथ देश के सामने वह स्वयं रख सकेगा उतनी स्पष्टता से दूसरा कोई साथी नहीं रख सकेगा। लेकिन हम जानते थे कि पकड़े जाने पर भगतसिंह को निश्चित रूप से मौत की सजा दी जाएगी। अस्तु, उसके अनुमान से सहमत होते हुए भी जब वह केन्द्रीय समिति से अपनी बात न मनवा सका तो उसने

बहुमत के सामने सर झुका दिया और समिति ने दो अन्य साथियों के नाम तय कर दिए।

इस फैसले के दो-तीन दिन बाद ही पंजाब से सुखदेव आ गया। उसे जब हमारे फैसले का पता चला तो वह बहुत बिगड़ा। उसका कहना था कि जिस उद्देश्य से हम यह काम करने जा रहे हैं उसे भगतसिंह के अतिरिक्त और कोई साथी पूरा नहीं कर सकेगा। व्यर्थ ही दो साथियों की कुर्बानी भी दी जाए और काम भी न बने, इसके वह पक्ष में न था। इस सम्बन्ध में उसकी और भगतसिंह की विस्तार के साथ पहले ही बात हो चुकी थी और वे दोनों सौ फीसदी एकमत थे। उसकी माँग पर केन्द्रीय समिति की बैठक दुबारा बुलाई गई। इस बार भगतसिंह ने जिद पकड़ ली और अन्त में बाध्य होकर हमें उसकी बात मान लेनी पड़ी। समिति ने भगतसिंह और बटुकेश्वर दत्त के नामों की अनुमति दे दी। इस एक्शन के बाद हम भगतसिंह को हमेशा के लिए खो देंगे, इस एक विचार ने हमारे बीच एक उदासी का वातावरण पैदा कर दिया।

बम कहाँ फेंके जाएँगे और किस स्थान से फेंके जाएँगे, इसका निर्णय करने के लिए जयदेव ने असेम्बली भवन के नक्शा का अध्ययन पहले ही कर लिया था। पाँच-छह दिन लगातार दर्शक दीर्घा में बैठकर उसने मौके की जाँच भी कर ली थी। मतदान से एक दिन पूर्व भगतसिंह को साथ ले जाकर उसने सारी स्थिति उसे समझा दी। दूसरे दिन उसने तीन पासों की व्यवस्था की और दोनों साथियों को दर्शक दीर्घा तक पहुँचाकर उनके पास वापस ले लिए। यह पास एक कांग्रेस एम.एल.ए. के हस्ताक्षर से प्राप्त हुए थे। अस्तु, बाहर आकर जयदेव ने उन्हें जला दिया।

भगतसिंह और बटुकेश्वर दत्त ने वहाँ बम के विस्फोट किए और 'इन्कलाब जिन्दाबाद', 'साम्राज्यवाद का नाश हो' तथा 'दुनिया के मजदूरो एक हो' के नारे लगाए और अपनी गिरफ्तारी दे दी। उन्होंने लाल रंग के घोषणा पत्र भी संसद में फेंके।

दिल्ली में अब मैं और जयदेव ही रह गए थे। हमने पहले से ही अलग एक कमरा ले लिया था। उन दोनों साथियों की गिरफ्तारी के साथ-साथ हम पुराना मकान छोड़कर नए कमरे में आ गए। दिनभर के काम के बाद काफी रात गए जब हम सोये तो हम दोनों के दिल भारी थे। ऐसा लगा रहा था मानो हम अभी-अभी अपने दो सम्बन्धियों की बलि चढ़ाकर लौटे हों। एक-दूसरे से बिना कुछ बोले ही हमने आँखें बन्द कर लीं। आँखें बन्द करते ही मेरे सामने जेल का नक्शा घूमने लगा। उस समय तक मैंने जेल देखा न था, केवल उसकी दिल दहलाने वाली कहानियाँ ही सुनी थीं। एक रात पहले हम चारों एक साथ सोए थे और अब उनमें से दो हमेशा के लिए हमसे छिन चुके थे। जीवन में उनसे अब हम कभी भी न मिल सकेंगे, इस विचार से मुझे रुलाई-सी आने लगी। आँसू बहाना कमजोरी है,

अस्तु, अपने पर काबू पाने और अपने भावों को दबाने के विचार से मैं चुपचाप उठा और रात के सन्नाटे में सुनसान सड़क की ओर खुलती एक खिड़की के पास जाकर बैठ गया।

जयदेव भी शायद मेरी ही तरह केवल आँख बन्द किए पड़ा था। कुछ देर बाद जब उसने आँख खोली तो देखा, शिव अपने बिस्तर पर नहीं है। मुझे ढूँढ़ निकालने में उसे कठिनाई नहीं हुई। मुझे खिड़की पर चुपचाप बैठा देख वह मेरे पास आ गया। 'शिव' पास बैठते हुए उसने पुकारा।

प्रकृति ने शरीर में दो ऐसे भेदिए लगा दिए हैं जो लाख छिपाने पर भी हृदय का सारा राज दूसरों से कह डालते हैं। बहुत कुछ सँभालने पर भी मेरी आँखों से आँसू की दो बूँदें लुढ़क ही गईं। उसी समय दो और भेदिए भी अपनी कहानी कह डालने के लिए उतावले हो पड़े। जयदेव की आँखें भी नम हो गईं। जब हमसफर बिछुड़ जाते हैं तो शायद सब जगह ऐसा ही होता है। उस रात हम लोग काफी देर तक खिड़की के पास चुपचाप बैठे रहे और भेदिए रुक-रुककर अपनी-अपनी कहानियाँ कहते रहे...

दल ने इन दोनों साथियों को जिस काम के लिए बलिदान किया था उसे उन्होंने पूरे उत्तरदायित्व के साथ निबाहा। अदालत के सामने भगतसिंह और दत्त ने दल के सिद्धान्तों एवं विचारों को स्पष्ट करते हुए जो बयान दिया था उसे एक प्रकार से उस समय के क्रान्तिकारी आन्दोलन का घोषणा-पत्र कहा जा सकता है।

दिल्ली बम केस में भगतसिंह और दत्त को आजन्म कारावास की सजा हो गई। इस सजा के विरुद्ध लाहौर हाईकोर्ट में अपनी अपील की सुनवाई के समय उन्होंने असेम्बली में बम फेंकने से इनकार नहीं किया लेकिन वह बम किसी को मारने के उद्देश्य से फेंके गए थे इसका विरोध अवश्य किया और कहा कि बम फेंकने के उनके काम को उद्देश्यों से पृथक करके नहीं समझा जा सकता। हाईकोर्ट के सामने क्रान्ति की परिभाषा देते हुए उसने कहा, "क्रान्ति संसार का नियम है, यह मानवीय प्रगति का रहस्य है लेकिन उसमें रक्तरंजित संघर्ष अनिवार्य नहीं है और न उसमें व्यक्तिगत प्रतिहिंसा की ही कोई जगह है। वह बम और पिस्तौल का सम्प्रदाय नहीं है।...क्रान्ति का विरोध करनेवाले लोग केवल पिस्तौल, बम, तलवार और रक्तपात को ही क्रान्ति का नाम दे देते हैं परन्तु क्रान्ति इन चीजों में ही सीमित नहीं है। यह चीजें क्रान्ति का उपकरण हो सकती हैं परन्तु इन उपकरणों के उपयोग के पीछे क्रान्ति की वास्तविक शक्ति जनता द्वारा समाज को आर्थिक और राजनीतिक व्यवस्था में परिवर्तन करने की इच्छा ही होती है। हमारी आधुनिक परिस्थितियों में क्रान्ति का उद्देश्य कुछ व्यक्तियों का रक्तपात करना नहीं, मनुष्य द्वारा मनुष्य के शोषण की प्रथा को समाप्त कर इस देश के लिए आत्मनिर्णय का अधिकार प्राप्त करना है।"

भगतसिंह साम्राज्यवाद और शोषण का विरोधी होने के साथ-साथ ईश्वर तथा धर्म का भी विरोधी था। वह हमेशा अपने-आपको नास्तिक ही कहता था। जेल जीवन के उनके गहरे अध्ययन ने भगवान के अस्तित्व के खिलाफ उसकी धारणा को और भी पुष्ट कर दिया था।

1928 की दिल्ली मीटिंग के बाद फणीन्द्रनाथ घोष कुछ दिनों के लिए मेरे साथ पंजाब चला गया था। वह अपने-आपको ईश्वरभक्त, धर्मपरायण तथा आदर्शवादी कहता था। उस समय मैं अमृतसर में एक मकान लेकर रह रहा था। एक दिन लाहौर से भगतसिंह भी आ गया। प्रसंग का आरम्भ कहाँ से हुआ यह तो याद नहीं लेकिन अन्त में घूम-फिरकर बात ईश्वर और धर्म पर आ गई। भगतसिंह की किसी बात के उत्तर में फणीन्द्र ने ज्ञान का एक अच्छा-खासा उपदेश दे डाला। बात-बात पर ज्ञान बघारना उसकी आदत थी। "इस मिथ्या जगत के मायाजाल से दूर रहकर हम क्रान्तिकारियों को निष्काम भाव से अपना कर्त्तव्य करते रहना है। सफलता और असफलता तो उस सर्वशक्तिमान परमपिता के ही हाथ है। यदि उसे अभी भारत को कुछ दिन और गुलाम रखना है तो दुनिया की कोई भी शक्ति उसे आजाद नहीं कर सकती। सब कुछ उसकी इच्छा से ही होता है और हम सब उसी के हाथ की कठपुतलियाँ हैं।" उसने यह और इसी प्रकार की और भी बहुत-सी घिसी-पिटी बातें कीं, जिनका सारांश था कि यह दासता भारतवासियों को धर्म से विमुख हो जाने पर सजा के रूप में मिली है और जब तक वे धर्म का रास्ता नहीं अपनाते और जब तक भगवान भारतवासियों को उनके पुराने पापों के लिए क्षमा नहीं कर देते तब तक सब कुछ ऐसा ही चलेगा।

भगतसिंह प्रायः ही साथियों से विभिन्न समस्याओं पर वाद-विवाद करता रहता था। उन वाद-विवादों में मैंने कभी उसे उत्तेजित होते नहीं देखा था। उस दिन भी उसने साधारण लहजे में ही बात की लेकिन उसका हर शब्द संगत और नपा-तुला था। उसने कहा, "आपका रास्ता अकर्मण्यता का रास्ता है, सब कुछ भगवान के सहारे छोड़ हाथ पर हाथ रखकर बैठ जाने का रास्ता है, निष्काम कर्म की आड़ में भाग्यवाद की घुट्टी पिलाकर देश के नौजवानों को सुलाने का रास्ता। वह कभी भी मेरा रास्ता नहीं बन सकता। जो लोग इस जगत को मिथ्या समझते हैं, इस देश को और इसके रहनेवालों को परछाईं या मायाजाल बताते हैं वे कभी दुनिया की भलाई या इस देश की आज़ादी के लिए ईमानदारी से नहीं लड़ सकते। जो मिथ्या है, परछाईं है उसके लिए संघर्ष कैसा।" फिर कुछ भावावेश में आते हुए उसने कहा, "मैं इस जगत को मिथ्या नहीं मानता। मेरा देश न परछाईं है न मायाजाल, वह एक जीवित वास्तविकता है, हसीन हकीकत है और मैं उसे प्यार करता हूँ। मेरे लिए इस धरती को छोड़कर न कोई दूसरी दुनिया है, न स्वर्ग। यह सही है कि आज थोड़े से व्यक्तियों ने अपने स्वार्थ में इस धरती को नर्क बना डाला है। लेकिन इतने से

ही इसे मिथ्या घोषित कर भागने से काम नहीं चलेगा। शोषकों तथा दूसरों को गुलाम रखनेवालों को समाप्त कर हमें इसी पवित्र भूमि पर फिर से स्वर्ग की स्थापना करनी पड़ेगी।''

अपनी बात को और स्पष्ट करते हुए उसने कहा, ''आप सर्वशक्तिमान ईश्वर की बात करते हैं। मैं पूछता हूँ, सर्वशक्तिमान होकर भी आपका भगवान अन्याय, अत्याचार, भूख, गरीबी, शोषण, असमानता, दासता, महामारी, हिंसा और युद्ध आदि का अन्त क्यों नहीं करता? इन सबको समाप्त करने की शक्ति रखकर भी यदि वह मानवता को इन अभिशापों से मुक्त नहीं करता तो निश्चय ही उसे अच्छा भगवान नहीं कहा जा सकता और अगर उसमें इन सबको समाप्त करने की शक्ति नहीं है तो वह सर्वशक्तिमान नहीं रहा। यदि वह यह सब कुछ खेल के तौर पर अपनी लीला दिखाने के लिए करता है तब तो यही कहना पड़ेगा कि वह असहाय व्यक्तियों को तड़पाकर मजा लेनेवाली एक निर्दय क्रूर सत्ता है और जनहित में उसका जल्द समाप्त हो जाना ही बेहतर है। मायावाद, भाग्यवाद, ईश्वरवाद आदि को मैं चन्द सत्ताधारी शोषकों द्वारा जनसाधारण को भुलावे में डालने के लिए ईजाद की गई ज़हरीली घुट्टी से अधिक कुछ नहीं मानता।''

''तो क्या आप धर्म और अधर्म में भेद नहीं करते?'' फणीन्द्र ने पूछा।

''आप धर्म की बात करते हैं लेकिन उससे आपका क्या अभिप्राय है इसे स्पष्ट क्यों नहीं करते।'' भगतसिंह ने कहा, ''मेरा विश्वास है कि जिन अर्थों में अभी तक यह शब्द इस्तेमाल होता आया है उन अर्थों में अब इसकी बाजारी नहीं रही। अभी तक के प्रायः सभी धर्मों ने मनुष्यों को एक-दूसरे से अलग किया है, आपस में लड़ाया है। दुनिया में अभी तक जितना रक्तपात धर्म के नाम पर धर्म के ठेकेदारों ने किया है उतना शायद ही किसी ने किया हो। सच बात तो यह है कि इस धरती का स्वर्ग धर्म की आड़ में ही उजाड़ा गया है। और जो धर्म इनसान को इनसान से जुदा करे, मुहब्बत की जगह उन्हें एक-दूसरे से घृणा करना सिखलाए, अन्ध-विश्वासों को प्रोत्साहन देकर लोगों के बौद्धिक विकास में बाधक हो, दिमागों को कुन्द करे, वह कभी भी मेरा धर्म नहीं बन सकता। मेरे निकट हर कदम जो इनसान को सुखी बना सके, समता, समृद्धि और भाईचारे के मार्ग पर उसे एक कदम आगे ले जा सके, वही धर्म है। दो शब्दों में कहें तो इस धरती और इस धरती पर भी भारत की यह पवित्र भूमि मेरा स्वर्ग है, उस पर विचरण करनेवाला हर व्यक्ति, हर इनसान मेरा देवता है, भगवान है। और भगवान को भगवान से लड़ाकर मेरे स्वर्ग को नर्क बनानेवाली शक्तियों को समाप्त कर इनसान को वर्गहीन समाज की ओर आगे बढ़ाने वाला हर प्रयास, हर कदम मेरा धर्म है।''

फणीन्द्र दल का पुराना सदस्य होने के साथ-साथ भगतसिंह से उम्र में काफी बड़ा था। वह आन्दोलन के उस युग की उपज था जब दल में 'दादा वाक्यम्

प्रमाणम्' का बोलवाला था और फणीन्द्र अपने-आपको 'दादा' ही मानता था। राजनीतिक सूझ-बूझ में शून्य होने के कारण वह ज्ञान बघारकर ही अपनी दादागीरी को तसल्ली दे लेता था। भगतसिंह के सामने जब उसका यह अहंकार ढहने लगा तो उसने व्यंग्य के स्वर में कहा, "इस धरती को स्वर्ग बनाने न जाने कितने मसीहा आए और मुँह की खाकर चले गए। अब तुम आए हो सो दो-चार दिन में तुम्हारे हौसलों का भी पता चल जाएगा। अन्त में होई है सोइ जो राम रचि राखा।"

फणीन्द्र के व्यंग्य से भगतसिंह तिलमिला गया लेकिन उसने संयम नहीं खोया। मुस्कराते हुए उसने कहा, "फनी दा, हो सकता है मेरी जिन्दगी चार ही दिन की हो लेकिन मेरे हौसले आखिरी साँस तक मेरा साथ नहीं छोड़ेंगे इसका मुझे विश्वास है और कल यदि मैं न भी रहा तो भी मेरे हौसले देश के हौसले बनकर साम्राज्यवादी शोषकों का अन्त तक पीछा करते रहेंगे। मुझे अपने देश के भविष्य पर यकीन है। मैं विश्व की मानवता को करवटें बदलते देख रहा हूँ, आप नहीं देख पा रहे हैं। मुझे मनुष्य के पराक्रम और उसके बाहुबल पर विश्वास है, इसीलिए मैं आशावादी हूँ। आप हर बात के लिए भगवान की ओर ताकते हैं, इसलिए आप भाग्यवादी है, निराशावादी है। भाग्यवाद कर्म से भागने का एक रास्ता है, निर्बल, कायर एवं पलायनवादी व्यक्तियों का अन्तिम पनाह है। रही बात मसीहों, की सो उन्होंने अगर धरती को स्वर्ग बनाने की कोशिश की होती तो शायद दुनिया की वह तस्वीर न होती जो हम देख रहे हैं। मसीहाओं ने धरती के बजाए आकाश में स्वर्ग बसाया, इसीलिए वे कारगर नहीं हो सके। आज का नया इनसान हवा में महल खड़े करना नहीं चाहता। उसने अपने स्वर्ग की बुनियाद इसी धरती की ठोस जमीन पर खोदनी शुरू कर दी है। आज का हर इनसान मसीहा है और इसीलिए मुझे उस पर विश्वास है।"

भगतसिंह शायद कुछ और कहता लेकिन इस बीच सुखदेव आ गया। वह अपने साथ बहुत-से मकई के भुने हुए भुट्टे लाया था। भुट्टों को सामने पटकते हुए उसने कहा, "यह ठंडे हो जाएँगे। पहले इनसे निपट लो। दादा से तो बाद में भी निपट सकते हो।" सुखदेव के मुँहफटपने से फणीन्द्र बहुत घबराता था। वह उसकी ज्ञानचर्चा की प्रायः मज़ाक उड़ाता रहता था। उसने सुखदेव की बात का समर्थन कर एक भुट्टा उठा लिया। गर्मागर्म यथार्थ के सामने कल्पना का स्वर्ग फीका पड़ गया। ज्ञानचर्चा समाप्त हो गई।

दिल्ली के बाद हम लोग लाहौर षड्यन्त्र केस में अभियुक्त की हैसियत से अदालत में फिर मिले...

10 जुलाई, 1929 को जब हमारा केस आरम्भ हुआ तो भगतसिंह भूख हड़ताल पर था। उसे असेम्बली बम केस में आजीवन कारावास की सजा हो चुकी थी और राजा के विरुद्ध लड़ाई छेड़ने के अभियोग में हमारे साथ उस पर दुबारा केस

चलना था।

खाना छोड़े उसे एक महीने से ऊपर हो चुका था फिर भी वह अदालत आया। जिस समय स्ट्रेचर पर डालकर उसे अदालत लाया गया तो उसे देखकर हम सबकी आँखों में आँसू आ गए। वह हमारा पहले वाला भगतसिंह नहीं था जिसका खूबसूरत, स्वस्थ एवं बलिष्ठ शरीर हमारे बीच चर्चा का विषय बना रहता था। अदालत में जिस भगतसिंह से हमारी मुलाकात हुई वह पहलेवाले भगतसिंह की परछाईं मात्र रह गया था—पीला और कमजोर। कई महीनों की निरन्तर जेल यातनाओं और लम्बी भूख हड़ताल ने उसके बलिष्ठ शरीर को काँटा बना दिया था।

एक साथ मिलने पर लगभग तीन दिनों तक हम लोग इस बात पर बहस करते रहे कि अदालत के सामने हमारी सफाई की नीति क्या होनी चाहिए। भगतसिंह इतना कमजोर था कि बातचीत के दौरान थोड़ी-थोड़ी देर के बाद उसे आरामकुर्सी पर लेटकर सुस्ताना पड़ जाता था। उस सबके बाद भी उसने बहस में भाग लिया और निर्णायक भूमिका अदा की।

उसका कहना था कि गिरफ्तारी के बाद सब कुछ समाप्त नहीं हो गया है और यह सोचना कि अब हमें कुछ नहीं करना है गलत होगा। उसने कहा, "जो लोग छूट सकते हैं उन्हें छुड़ाने का पूरा प्रयास करते हुए हमें अपने केस को एक राजनीतिक उद्‍देश्य से राजनीतिक ढंग से ही लड़ना चाहिए। शत्रु की अदालत से किसी प्रकार का भ्रम या आशा रखना हम क्रान्तिकारियों के लिए मूर्खता ही कही जाएगी। और इसलिए हमें विदेशी सरकार के इस अदालती नाटक और न्याय के ढकोसले की बखिया उधेड़कर क्रान्तिकारियों की अजेय मानसिक शक्ति का प्रदर्शन करना चाहिए।" वह अदालत को क्रान्तिकारी आदर्श के प्रचार के साधन के रूप में इस्तेमाल करने का पक्षपाती था। साथ ही वह यह भी चाहता था कि हम लोग अदालत में तथा जेलों में राजनीतिक बन्दियों के अधिकारों के लिए अनवरत संघर्ष करें। सरकार, उसकी अदालत तथा उसकी नीतियों के प्रति अपने घृणाभाव को अपने कामों द्वारा हर उपयुक्त अवसर पर प्रदर्शित करें और अन्त में यदि वक्तव्य देने का अवसर मिले तो एक राजनीतिक वक्तव्य द्वारा पूरी व्यवस्था पर गहरा प्रहार करें।

सरदार की इन बातों का सभी साथियों ने समर्थन किया। इस योजना के अनुसार सभी अभियुक्तों को तीन श्रेणियों में विभाजित किया गया। पहली श्रेणी उन लोगों की थी जिनका केस वकील द्वारा लड़ा जाना था। इसमें पाँच साथी थे—देशराज भारती, प्रेमदत्त, मास्टर आज्ञाराम, अजय घोष और किशोरीलाल। दूसरी श्रेणी थी—शत्रु की अदालत को मान्यता न देनेवालों की। इनका काम था हर उपयुक्त अवसर पर अदालती अभिनय के ढकोसले पर सैद्धान्तिक प्रहार करना। इन साथियों ने ट्रिब्यूनल के सामने पहले ही दिन जो बयान दिया उसके बारे में अदालत

के जजों ने लिखा था, "वह ब्रिटिश सरकार पर हिंसात्मक राजनीतिक हमला था। चूँकि खुली अदालत में इस भाषण का, जोकि राजद्रोहात्मक प्रचार के अतिरिक्त और कुछ भी न था, पढ़ा जाना बहुत ही अनुचित था...इसलिए ट्रिब्यूनल ने उसका पढ़ा जाना रोक दिया।" बयान के अन्त में कहा गया था, "इन कारणों से हम इस हास्यास्पद अभिनय का अंग बनने से इनकार करते हैं और आगे से हम इस अदालत की कार्यवाही में किसी प्रकार का हिस्सा नहीं लेंगे।" इनमें थे—महावीर सिंह, बी.के. दत्त, डॉ. गयाप्रसाद, कुन्दनलाल और जतीन्द्रनाथ सान्याल और तीसरी श्रेणी उन लोगों की थी जो अपना केस स्वयं लड़ रहे थे। इनका काम था सरकारी गवाहों से जिरह करना, मुखबिरों तथा गवाहों के मुँह से अपनी बात कहलवाना। उनकी हर बात का उद्‌देश्य होता था प्रचार। इस ग्रुप के साथियों के नाम थे भगतसिंह, सुखदेव, राजगुरु, शिव वर्मा, जयदेव कपूर, विजय कुमार सिन्हा, कमलनाथ तिवारी और सुरेन्द्रनाथ पांडे।

अदालत के मंच को प्रचार के साधन के रूप में इस्तेमाल करने की हमारी यह योजना बहुत सफल रही।

10 जुलाई को जब हमारा केस आरम्भ हुआ तो भगतसिंह और दत्त भूख हड़ताल पर थे। 13 जुलाई, 1929 को बाकी साथियों ने भी भगतसिंह और दत्त द्वारा उठाई गई माँगों के लिए भूख हड़ताल आरम्भ करने का निश्चय किया। जेलों में राजनीतिक बन्दियों के साथ जो अमानवीय एवं अपमानजनक व्यवहार होता था, पकड़े जाने पर हमें उसके खिलाफ भी संघर्ष करना होगा। यह फैसला केन्द्रीय कमेटी ने बाहर रहते ही कर लिया था। उपर्युक्त निर्णय के अनुसार 14 जुलाई, 1929 को भगतसिंह ने होम मेम्बर को जो पत्र लिखा, उसमें निम्नलिखित माँगें थीं—

1. राजनीतिक बन्दी होने के नाते हमें अच्छा खाना दिया जाए और हमारे भोजन का स्तर यूरोपियन कैदियों के स्तर का हो।

2. काम के नाम पर राजनीतिक बन्दियों को जेलों में सम्मानहीन काम करने के लिए बाध्य न किया जाए।

3. पुस्तकें तथा लिखने का सामान बगैर किसी रोक-टोक के प्राप्त करने की सुविधा दी जाए।

4. हर राजनीतिक बन्दी को कम-से-कम एक दैनिक समाचार पत्र सरकारी खर्च से दिया जाए।

5. राजनीतिक बन्दियों की एक अलग राजनीतिक श्रेणी बनाई जाए। हर जेल में राजनीतिक बन्दियों का एक विशेष वार्ड हो जिसमें उस सभी आवश्यकताओं की पूर्ति हो, जो यूरोपियन बन्दियों को उपलब्ध हैं और एक जेल में बन्द सभी राजनीतिक बन्दियों को उसी वार्ड में रखा जाए।

6. स्नान के लिए सुविधाएँ हों और पहनने के लिए अच्छे कपड़े दिए जाएँ।

7. यू.पी. जेल सुधार कमेटी में श्री जगतनारायण और खानबहादुर हाफिज हिदायत हुसैन की यह सिफारिश कि राजनीतिक कैदियों के साथ अच्छे क्लास के कैदियों जैसा व्यवहार होना चाहिए, हम पर भी लागू की जाए।

यह भूख हड़ताल 63 दिन चली। भगतसिंह और दत्त ने तीन महीने से ऊपर पार किए। इन तीन महीनों में भगतसिंह अपना सारा काम--लिखना, पढ़ना, नहाना, अदालत जाना, मसविदे तैयार करना, सरकार से पत्र व्यवहार करना, अदालत में बयान देना, हँसना, गुनगुनाना नियमित रूप से करता रहा। केस के दौरान भगतसिंह और दत्त को लाहौर सेंट्रल जेल में रखा गया था और शेष अभियुक्तों को बोर्स्टल जेल में। डिफेन्स (सफाई) के लिए आपसी परामर्श के बहाने वे दोनों प्रत्येक रविवार के दिन बोर्स्टल जेल आ जाते थे। भगतसिंह कई बार भूख हड़ताल के बावजूद बोर्स्टल जेल आया।

जेल में किताबों की सुविधा थी और आरम्भ से ही पढ़ने-लिखने का वातावरण बन गया था। आपस में सैद्धान्तिक एवं राजनीतिक समस्याओं पर बहस आदि भी होती थी लेकिन भगतसिंह के आ जाने पर उस सब में एक नई जान-सी आ जाती। उस दिन शायद ही कोई विषय अछूता रहता हो—सप्ताह भर की पढ़ी पुस्तकें, मार्क्सवाद, सोवियत संघ की उन्नति, अफगानिस्तान के उलट-फेर, चीन और जापान की तनातनी, लीग ऑफ नेशन्स का निकम्मापन, मेरठ केस, मजदूरों में संघर्ष, भारतीय पूँजीपति वर्ग की भूमिका, कांग्रेस की गतिविधि, लाहौर कांग्रेस में ध्येय परिवर्तन का प्रश्न आदि सभी विषयों पर चर्चा रहती।

यों हमारे केस के प्रायः सभी साथियों को पढ़ने-लिखने में अच्छी रुचि थी लेकिन भगतसिंह इस क्षेत्र में सबसे आगे था। उसका प्रिय विषय साम्यवाद होते हुए भी उपन्यासों में उसकी अच्छी रुचि थी, विशेषतया राजनीतिक तथा आर्थिक समस्याओं पर प्रकाश डालनेवाले उपन्यास। डिकेन्स, अप्टन सिंक्लेयर, हालकेन, विक्टर ह्यूगो, गोर्की, स्टेपनियेक, आस्कर वाइल्ड, लियांनाइड एंड्रीव आदि उसके प्रिय लेखक थे। लियांनाइड एंड्रीव की सुप्रसिद्ध पुस्तक 'सेवन दैट वेयर हैंग्ड' उसने अदालत में हमें पढ़कर सुनाई। पुस्तक का एक पात्र जिसे मौत की सजा हुई थी लगातार यही दोहराता रहता था कि "मुझे फाँसी नहीं लगनी चाहिए।" जब उसे फाँसी पर लटकाने के लिए ले जाया जाने लगा तब भी वह बार-बार कातर स्वर में यही चिल्लाता रहा, "मुझे फाँसी नहीं लगनी चाहिए।"

भगतसिंह जब कहानी के इस प्रसंग पर पहुँचा तो उसकी आँखों में आँसू छलक आए। उस समय मृत्यु पर विजय पानेवाले अपने साथी को मृत्यु भय से कातर एक औपन्यासिक पात्र की सहानुभूति में आँसू बहाते देख सबके दिल भर आए थे।

जिन दिनों हमारा केस चल रहा था उन दिनों प्रायः हर दूसरे-तीसरे दिन पुलिसवालों से या जेल अधिकारियों से झगड़ा और मारपीट चलती रहती थी। उन

झगड़ों में मुझ जैसे दुबले-पतले लोग थोड़ी मार खाकर ही बच जाते थे। लात-घूसों और डंडों की अधिकांश चोट बेचारे पाँच-छह व्यक्तियों के हिस्से में ही पड़ती थी। देखने में मोटे-तगड़े उन साथियों को जैसे अधिकारियों ने इसी काम के लिए चुन-सा लिया था। राजनीतिक समस्याओं पर वाद-विवाद में ही नहीं वरन मार खानेवाले साथियों की उस लिस्ट (भगतसिंह, जयदेव कपूर, महावीर सिंह, किशोरीलाल, गयाप्रसाद आदि) में भी भगतसिंह सबसे आगे था।

अन्त में फैसले का दिन आ ही गया। भगतसिंह को फाँसी की संजा होगी, इसके लिए हम पहले से तैयार थे। फिर भी उसे सुनकर मेरे सर में चक्कर-सा आ गया। कल तक जो अनुमान था वह अब यथार्थ बनकर सामने आ रहा था।

सजा के बाद हमें भी बोर्स्टल जेल से हटाकर केन्द्रीय कारागार में कर दिया गया। वहाँ के नए और पुराने दोनों फाँसी के अहाते एक-दूसरे से सटे हुए थे। भगतसिंह, सुखदेव और राजगुरु नए अहाते में थे और हम लोग पुराने में। एक रात अचानक हमारी कोठरियों के ताले खुले और हमसे चलने के लिए कहा गया। हमारे साथियों को फाँसी देने से पहले ही सरकार हमें किसी जगह भेज देना चाहती थी।

जेल का बड़ा दरोगा अपने पूरे दलबल के साथ हमें फाटक की ओर लेकर चला। कुछ दूर चलकर उसने पूछा, "अपने साथियों से मिलोगे?" उदारता के लिए धन्यवाद पाकर उसने नए अहाते का फाटक खुलवाया और हमें भगतसिंह, सुखदेव और राजगुरु की कोठरियों के सामने ले जाकर खड़ा कर दिया।

जिन्दगी में दुबारा यह साथी देखने को नहीं मिलेंगे, इस विचार से सबके चेहरे उदास थे। उनसे अन्तिम विदाई लेकर जब हम लोग चलने लगे तो हममें से एक (जयदेव कपूर) ने भगतसिंह से पूछा, "सरदार, तुम मरने जा रहे हो, मैं जानता चाहता हूँ कि तुम्हें इसका अफसोस तो नहीं है?'

प्रश्न सुनकर पहले तो सरदार ठहाका मारकर हँसा फिर गम्भीर होकर बोला, "क्रान्ति के मार्ग पर कदम रखते समय मैंने सोचा था कि यदि मैं अपना जीवन देकर देश के कोने-कोने तक इन्कलाब जिन्दाबाद का नारा पहुँचा सका तो मैं समझूँगा कि मुझे अपने जीवन का मूल्य मिल गया। आज फाँसी की इस कोठरी में लोहे के सींखचों के पीछे बैठकर भी मैं करोड़ों देशवासियों के कंठों से उठती हुई उस नारे की हुंकार सुन सकता हूँ। मुझे विश्वास है कि मेरा यह नारा स्वाधीनता संग्राम की चालक शक्ति के रूप में साम्राज्यवादियों पर अन्त तक प्रहार करता रहेगा।" फिर कुछ रुककर अपनी स्वाभाविक मुस्कराहट के बीच उसने आहिस्ता से कहा, "और इतनी छोटी जिन्दगी का इससे अधिक मूल्य हो भी क्या सकता है?"

मैं सबसे पीछे था। विदाई लेते समय मेरी आँखों में आँसू आ गए। मुझे रोते देखकर उसने कहा, "भावुक बनने का समय अभी नहीं आया है प्रभात। मैं तो कुछ ही दिनों में सारे झंझटों से छुटकारा पा जाऊँगा लेकिन तुम लोगों को लम्बा सफर

पार करना पड़ेगा। मुझे विश्वास है कि उत्तरदायित्व के भारी बोझ के बावजूद इस लम्बे अभियान में तुम थकोगे नहीं, पस्त नहीं होगे और हार मानकर रास्ते में बैठ नहीं जाओगे।" यह कहकर उसने सीखचों के अन्दर से हाथ बढ़ाकर मेरा हाथ पकड़ लिया।

जेल के दरोगा ने पास आकर आहिस्ता से कहा, "चलिए।"

सरदार से वह हमारी आखिरी मुलाकात थी...

और फिर 23 मार्च, 1931 को सन्ध्या समय सरकार ने उनसे साँस लेने का अधिकर छीनकर अपनी प्रतिहिंसा की प्यास भी बुझा ली। अन्याय और शोषण के विरुद्ध विद्रोह करनेवाले तीन और तरुणों की जिन्दगियाँ जल्लाद के फन्दे ने समाप्त कर दीं।...जिस समय भगतसिंह, सुखदेव और राजगुरु को फाँसी दी गई उस समय मैं आन्ध्रप्रदेश (अब मद्रास प्रान्त के अन्तर्गत) की राजमहेन्द्री जेल में था। मुझे ऐसा लगा कि हम सब शायद बिछुड़ने के लिए ही मिले थे। यतीन्द्रनाथ दास, भगतवीचरण और आज़ाद तो जा ही चुके थे, अब जल्लाद ने मेरे तीन और साथी मुझसे छीन लिए।

मेरे हमजोलियों की कतार से अलग होकर वे शहीदों की टोली में जा मिले। तब से उन पर सारे देश का अधिकार है। उनके नामों के जय-जयकार के बीच जब भी कभी उनके चित्रों पर फूल चढ़ते देखता हूँ या किसी अजनबी को उन पर रचे सैकड़ों गीतों में से किसी एक गीत की पंक्तियाँ गुनगुनाते सुनता हूँ तो गर्व से मस्तक ऊँचा हो जाता है। फिर भी हमराहियों के बिछुड़ जाने से जीवन में जो एक अभाव-सा पैदा हो जाता है उससे कुछ तकलीफ तो होती ही है।

ख़त पर उसके आँसुओं के निशान

दुर्गा भाभी

भगतसिंह ठीक ही कहता था...

जब जेल में मुलाकात के लिए जाती थी। कहता था—क्या मुँह बना रखा है, यह उदासी किसलिए। अरे, इस तरह क्यों न सोचो कि बुढ़ापे में मरेंगे तो यों-यों (सिर हिलाकर) सिर हिलता रहेगा, अभी जाएँगे तो वाह क्या ठाठ हैं...

उन दिनों उसकी बात सुनकर दिलासा मिलती थी। जेल में मिलाई के समय जब खाना देने जाती थी, तब वह इसी तरह की बातें करता था और शायद सही कहता था। आज भी सोचती हूँ कि भैया (आज़ाद) का जो अन्त हुआ, अच्छा हुआ। जिन्दा होते तो ज्यादा निराशा होती। आज जैसा जमाना है, वे तो आत्महत्या कर लेते। जो चला गया, अच्छा हुआ। 28 मई, 1930 को जब मेरे पति भगतवीचरण रावी तट पर बम परीक्षण में शहीद हो गए तब भैया ने कहा था, "भाभी, तुमने देश के लिए और हमारे दल के लिए अपना सर्वस्व न्यौछावर कर दिया है। तुम्हारे प्रति हम सबका जो कर्त्तव्य है, उसे कभी नहीं भूलेंगे।"

मेरा एकमात्र पुत्र शची अभी बहुत छोटा था। वह भैया आज़ाद को 'मोटे चाचा' कहा करता था। भगतसिंह को 'लम्बे चाचा' कहता था। पैसों की कमी के बावजूद मोटे चाचा सबेरे-सबेरे उसके लिए एक इकन्नी खर्च कर डालते थे। शची के लिए उस इकन्नी की जलेबी मँगा दी जाती थी। जब भैया के पास पैसे न होते तो किसी अन्य से लेकर जलेबी मँगा दिया करते। उन दिनों इकन्नी की बड़ी कीमत थी। जब पैसों की तंगी न रहती तब भगतसिंह, राजगुरु, सुखदेव, शिव वर्मा, जयदेव कपूर आदि सभी साथियों को भी एक-एक इकन्नी सुबह नाश्ते के लिए मिल जाती थी और भाई लोग बड़ी उमंग से कभी उस एक आने में कचौड़ी खाते तो कोई चाय बनाता। पैसे न रहने पर नाश्ते का नियम नहीं चल पाता था। दोनों समय भोजन के लिए चार आने काफी समझे जाते और कभी-कभी तो दो पैसे ही हर एक को मिल पाते। उसी में दाल-चावल खाकर काम चला दिया जाता। यों यह बात मालूम हो चुकी है कि इतने कम खर्चे के लिए भी दिल्ली और ग्वालियर सरीखी जगहों पर

इन क्रान्तिकारियों को उधार खाते से काम चलाना पड़ता था।

आज़ाद, शची को रात में अपने साथ लिटाते। कभी उसकी चिन्ता में उन्हें रात भर नींद न आती। बच्चे को छाती से चिपटाकर आज़ाद मर्म-वेदना से कहते, "बेटे, तू हम सबके लिए अमूल्य निधि है। क्या करूँ तेरे लिए?"

जैसा कि नियम था, दल के नेता (आज़ाद) के समक्ष सभी सदस्य जब अपनी-अपनी पिस्तौलें जमा कर देते और उनकी सफाई आदि का काम शुरू होता तो आज़ाद शची के सामने पिस्तौलों को एक पंक्ति में सजा देते और कहते, "बेटे, कौन-सी तुझे पसन्द है, उठाना तो।" आज़ाद अपनी पिस्तौल भी उसे खेलने के लिए दे दिया करते।...शची, भैया (आज़ाद) के लिए मन बहलाव था। जिन दिनों कानपुर में मुसद्दी लाल के यहाँ रहते थे, घर में अँधेरा गाढ़ा हो जाता तब भैया (आज़ाद) शची से एकाएक कहते, "बेटे जाओ, दरवाजा बन्द कर आओ।" ऐसा इसलिए कहते थे ताकि शची का साहस बढ़े।

...मेरे श्वसुर जी नहीं रहे थे। घर में बँटवारा हो गया। मुझे और उन्हें (भगवतीचरण) और अधिक आजादी मिल गई। हर समय घर साथियों से भरा रहने लगा। सक्रियता बढ़ गई। खद्दर की धोती पहने मैं भी खूब भाग-दौड़ करने लगी। उन दिनों खद्दरवाली धोतियों में किनारी नहीं रहती थी। मैं बीच में पट्टी जोड़कर वही धोतियाँ हमेशा पहना करती थी। विदेशी वस्त्रों की होली जल चुकी थी। वे (भगवतीचरण) कांग्रेस में सक्रिय थे ही। उनके साथियों में भगतसिंह, धन्वन्तरि, सुखदेव और यशपाल भी थे। यशपाल के साथ ही 'प्रभाकर' की परीक्षा दी थी। सन् 1921 में कांग्रेस आन्दोलन, स्वदेशी-प्रचार, विदेशी वस्तु बहिष्कार की धूम थी। घर का वातावरण स्वदेशी आन्दोलन से आपूर्ण था किन्तु मैं अभी अपने पुराने संस्कारों से छुटकारा नहीं पा सकी थी। एक बार उन्हें (पति) स्वदेशी आन्दोलन के सम्बन्ध में देहरादून जाना पड़ा। चन्दे के लिए 'राजा भोज' नाटक खेला गया था। मैं जब सबके साथ दाल-भात खाने बैठी तो एक कौर गले से नहीं उतर पा रहा था। सहभोज की आदत जो नहीं थी। मुझे याद है, उस ड्रामे में यशपाल 'राजा भोज' बने थे। बलदेव ने रुक्मिणी का अभिनय किया था। वह ब्लाउज पहने था। लाडो रानी जुत्शी का ही ब्लाउज था। अचानक वह फट गया। लाडो आगे ही बैठी नाटक देख रही थी। बिन कुछ भी सोचे वह बोल उठी, "हाय मेरा ब्लाउज।" लोग हँसने लगे थे।

उन दिनों लाहौर में लाला लाजपत राय का नेशनल कालेज विख्यात था। वे (भगवतीचरण) इसी कालेज में आ गए। यहीं एक टोली बनी, जिसमें भगतसिंह, सुखदेव, धन्वन्तरि, यशपाल शामिल हुए। और भी कई लोग थे। सन् 1923 में ये सब लोग क्रान्तिकारी दल में आ गए। मैं उन दिनों लाहौर में महिला विद्यालय में हिन्दी विभाग में प्रमुख थी। नौकरी का उद्देश्य था, पुलिस के सन्देह से बचे रहना।

पुलिस उन (पति) पर क्रान्तिकारी होने का शक करती थी, इसलिए भी मेरे लिए नौकरी करना जरूरी हो गया था। बाकी समय मैं दल के लिए धन इकट्ठा करती। 'रिवोल्यूशनरी' (क्रान्तिकारी) नाम का प्रसिद्ध पर्चा बाँटती, दूसरे पर्चे भी रातोंरात पेड़ों पर चस्पाँ कर आती। सन् 1927 में वे (भगवतीचरण) फरार हो गए। 'मेरठ षड्यन्त्र' में उनकी गिरफ्तारी के दो वारंट आए। घर की तलाशी हुई। पुलिस की निगरानी सख्त हो गई। मैं स्कूल कम जा पाती। स्कूल के मैनेजर थे हंसराज। धन्वन्तरि उनके सहयोगी थे और मित्र भी। स्कूल की एक अपनी बस थी। उसके ड्राइवर को पुलिस ने रिश्वत देकर अपना भेदिया बना लिया था। वह मेरी गतिविधियों पर निगरानी रखने लगा। छद्म वेश में दो आदमी और भी उसके साथ रहने लगे। ये भी पुलिस के ही थे। खुफिया पुलिस का एक आदमी मेरे मकान में किरायेदार बनकर भी रहनें लगा।

सांडर्स-वध के दिन मैं विद्यालय में ही थी। शाम के लगभग सवा चार बजे मुझे सांडर्स के मारे जाने की खबर मिली। एक्शन (सांडर्स) का निश्चित समय भी यही था। मैं स्कूल से चली। उसी सड़क से निकली, जहाँ सांडर्स की लाश पड़ी थी। भीड़ बहुत थी। तमाम पुलिस-ही-पुलिस। उनका घेरा पड़ा था। अतः गाड़ी ऊपर से निकालकर ले जाई गई। मुझ पर निगरानी अब और सख्त हो गई। गाड़ी चलते समय पुलिसवाले रोशनदानों से झाँक-झाँककर चौकसी रखते।

क्रान्तिकारी साथियों का आना-जाना घर में रहता ही था। अतः मैंने संस्कृत सीखने के लिए एक अध्यापक लगा लिया ताकि पुलिस के शक से बचा जा सके।

उसी रात, मैं संस्कृत पढ़ रही थी कि सुखदेव आए। उस समय करीब नौ बजे का समय रहा होगा। और भी कुछ लोग बैठे थे। सुखदेव का बर्ताव मुझे रोज जैसा सामान्य नहीं लगा। वे कहने लगे, "क्या पढ़ती हो यह सब?"

"संस्कृत पढ़ रही हूँ", मैंने कहा।

"पढ़ना छोड़ो, यह बताओ कि क्या किसी को लेकर बाहर जा सकोगी?" सुखदेव ने उसी असामान्य मनःस्थिति में पूछा था।

मैं बोली, "छुट्टियाँ होने में अभी तीन-चार दिन बाकी है।"

"छुट्टी ले सकोगी?" सुखदेव एक-पर-एक प्रश्न करता गया था।

और मैंने उसी रात छुट्टी की लिए प्रार्थना पत्र लिखा। धन्वन्तरि को दे दिया। शची वहीं था। उसकी उम्र अब तीन साल की थी। बताया गया कि जिसको लेकर जाना है, मैं उसके साथ शची को भी ले जाऊँगी।

मैंने यह भी नहीं पूछा कि कहाँ और किसके साथ जाना है। पूछने का नियम भी नहीं था। सुखदेव को मैं एकदम तत्पर ही मिली। मेरी तत्परता देखकर सुखदेव बोले, भाभी, यह सोच लो कि अगर रास्ते में कुछ हो गया तो सब-के-सब (यानी शची भी) खत्म हो जाओगे।"

मैंने कहा, "ठीक है।"

सुखदेव उस वक्त मुझसे पाँच सौ रुपए लेकर चले गए थे। वे (भगवतीचरण) जाते समय शायद इसी मंतव्य से एक हजार रुपए मेरे पास छोड़ गए थे।

मुझको तैयारी के लिए चौबीस घंटे का समय मिल गया। दूसरे दिन, दिन के 10 या 11 बजे होंगे, सुखदेव आए। साथ में और भी दो लोग थे। मैं खाना बनाकर बैठी थी। शची कुछ खटपट करता खेल रहा था। सुखदेव के साथ आए लम्बे व्यक्ति की ओर संकेत करके पूछा, "भाभी, पहचाना?'

मैं उसे नहीं पहचान सकी, यद्यपि वे भगतसिंह ही थे। एकदम नया वेश। सिर पर हैट। चमचमाते हुए काले जूते। चेस्टर (लम्बा ऊनी कोट) पहने थे।

भगतसिंह हँस पड़े। सुखदेव से कहने लगे—"अब तो मैं पास हो गया। इन्होंने नहीं पहचाना तो पुलिस मुझे क्या पहचानेगी।"

अब कहीं मैं पहचान सकी। सुखदेव ने कहा, "पूरा जाट है।'

साथ में उनके दूसरा आदमी था। देखने में एकदम नौकर जैसा। उसे मैं फिर भी नहीं पहचान सकी। परिचय भी नहीं था। मैं नहीं जान सकी कि वही राजगुरु है। एकदम नौकर ही लगते थे। उन्हें नौकर का ही वेश बनाना पड़ा था—सिर मुँड़ाए हुए। फटी दरी साथ में। आज भी मुझे इस बात का दुख होता है कि पहचानने के बाद भी कि यह पार्टी का ही कोई आदमी है, उसके साथ नौकर जैसा ही सलूक किया था।

घर में गुसलखाने के बाहर जो तख्त पड़ा था, राजगुरु सबसे अलग-थलग वहीं अपना फटा बिस्तर रखे बैठे रहे। भोजन के समय भगतसिंह ने उनसे कहा भी कि अन्दर चलकर खाना खा लो लेकिन राजगुरु हटे नहीं। वहीं तख्त के पास बैठकर बाहर ही भोजन किया, ठीक नौकर की तरह।...कभी कुछ नहीं कह सका। बिलकुल खामोश आदमी था वह।

भगतसिंह ने मेरे पास बैठे शची को देखा। कहने लगे, "भाभी, मुझे फिक्र होती है कि अगर तुम्हारा बेटा मारा गया तो..."

"भैया, यह बेवक्त की 'तो' कैसी? तुम भी तो किसी के बेटे हो। अगर एक बेटा (भगतसिंह) मारा जाएगा तो इसे (शची) भी क्यों नहीं मरना चाहिए।" मैंने उस दिन भगतसिंह को बीच में ही टोक कर कहा था।

उस रात भगतसिंह और राजगुरु मेरे ही यहाँ रहे। तीसरे दिन, अभी ठीक से भोर भी नहीं हुई थी। मैं, भगतसिंह और राजगुरु लाहौर स्टेशन पहुँच गए। खुफिया पुलिस की भरमार थी। दो टिकट प्रथम श्रेणी के और राजगुरु के लिए तृतीय श्रेणी का टिकट लिया गया। आखिर नौकर जो बने थे। शची भगतसिंह की गोद में था। प्लेटफार्म पर चलते-चलते भगतसिंह ने शची को ठीक अपने चेहरे के सामने (ताकि मुँह ढँक जाए) कर लिया। उसकी आड़ में चेहरा कुछ छिप-सा गया। ठंडक के बहाने

कोट का कॉलर भी ऊपर चढ़ा था। फेल्ट कैप थोड़ी एक तरफ झुकी हुई थी। शची बाएँ हाथ में। भरी हुई पिस्तौल भगतसिंह के दाएँ हाथ में चेस्टर की जेब में। उँगलियाँ उसके घोड़े पर जमी थीं। भरी हुई एक पिस्तौल मेरे पास भी थी। एकदम सतर्क कि कहीं कुछ रोक-टोक हुई नहीं कि "धायँ-धायँ।"

गाड़ी चली। किसी ने पहचाना नहीं।

भैया चन्द्रशेखर आज़ाद रामनामी ओढ़े, रुद्राक्ष की माला पहने, छापा-तिलक लगाकर लाहौर से उसी ट्रेन से चले थे पर वे राह में ही उतर गए। बाद में पता चला कि मथुरा उतरकर आगरा पहुँच गए। राजगुरु भी बीच में कहाँ उतर गए, मैं नहीं जान सकी।

मैं और भगतसिंह लखनऊ पहुँच गए। भगतसिंह ने वहीं प्लेटफार्म से सुशीला दीदी को कलकत्ता तार किया ताकि वे स्टेशन आ सकें। तार में मेरे नाम की जगह भगतसिंह ने 'दुर्गावती' लिख दिया जिससे कि खुफिया पुलिस को पता न चले।

सुशीला देवी सोचती रहीं कि ये दुर्गावती कौन है। यद्यपि यही सुशीला दीदी थी जिन्होंने मुझे पहले-पहल 'भाभी' कहना शुरू किया था।

दीदी ठीक समय पर हावड़ा स्टेशन पहुँचीं। वे (भगवतीचरण) भी आए। जब मैं भगतसिंह को लेकर स्टेशन पर उतरी तो वे भाव-विभोर हो उठे। मुझे वहीं प्लेटफार्म पर ही शाबाशी देने लग गए। पीठ थपथपाकर कहा, "मैं समझता हूँ कि हमारी-तुम्हारी शादी तो सच पूछो आज हुई है। इसके पहले तो मेरा खयाल था कि हमारे-तुम्हारे पिता की थैलियों में शादी हुई थी।"

...मैं ग्यारह साल की उम्र में ही ब्याहता बन गई थी। पति से तीन साल छोटी थी। मेरी माँ पाँच बहनें थीं। नाम थे—गंगा, यमुना, सरस्वती, त्रिवेणी और गोदावरी। मेरी माँ यमुना थीं। माँ की मृत्यु, जब मैं कुल दस महीने की थी, तभी हो चुकी थी। मैं तब माँ को 'माँ' भी नहीं कह पाती थी। 'पम' कहती थी। लोग हँस पड़ते थे। भाई एक ढाई-तीन साल का था, पर वह बारह-तेरह का होकर गुजर गया। भाई के न रहने पर पिता पं. बाँकेबिहारी भट्ट ने दूसरा विवाह किया। मैं विमाता की छाया में पलने लगी। एक दिन किसी ने रास्ते में कान की चीज (कोई आभूषण) उतार ली तो विमाता ने आसमान सिर पर उठा लिया। मार-पीटकर तीसरी कक्षा से ही पढ़ाई छुड़वा दी। मेरे पिता मुझे 'जय दुर्गा' कहते थे क्योंकि इलाहाबाद के कटरेवाले मकान के पास ही दुर्गा का मन्दिर था। वे दुर्गा के भक्त थे। दूसरी शादी के बाद पिताजी को वैराग्य की धुन लगी। यों भी वे बड़े ईमानदार थे—जहाँ तक कि डाक से एक लिफाफे में दो लोगों को पत्र भेजना भी बेईमानी समझते थे। कहते थे कि एक लिफाफे में एक ही पत्र जाना चाहिए। मैं अब बुआ के नियन्त्रण में रहने लगी। उन्होंने भी नहीं पढ़ाया। वे स्वभाव से सख्त थीं। एक दिन किसी ने ब्राह्मण

के नाते सीधे (दाल-चावल-आटे) की बड़ी-सी परात भेज दी तो नाराज हो गईं। परात को लात मार दी। बुआ का बड़ा लड़का लाहौर में नौकरी करता था। एक बार वे उसके पास गई तो उन्होंने वहाँ बोहरा परिवार देखा। घर देखा, उन्हें भाया। कहने लगीं कि पंजाब के लोग अच्छे हैं, इधर के भ्रष्ट हैं। मेरे मायके व ससुराल वाले आगरा के ही थे। बोहरा परिवार भी आगरा का ही था लेकिन लाहौर में जा बसा था। विवाह तय हो गया। उनकी (भगवतीचरण की) उम्र तब पन्द्रह-सोलह की रही होगी। यह सन् 1917-18 की बात है। विवाह के बाद मैं लाहौर आई। यहाँ पढ़ना शुरू किया।

वे नागर ब्राह्मण थे। घर में लेन-देन का काम होता था इसलिए 'बोहरा' नाम पड़ गया। उन्होंने एमएससी किया। जर्मनी जाने का विचार था कि तभी पिता को अंग्रेजों ने रायबहादुरी का खिताब देना चाहा और जिस दिन इस काम के लिए घर में पानी का छिड़काव तथा रोशनी आदि की तैयारियाँ हो रही थीं, रायबहादुरी के विरोध में उन्होंने (पति भगवतीचरण ने) घर छोड़ दिया। उधर मेरे पिता ने संन्यास ले लिया। सो, उक्त बाल-विवाह के ही कारण वे अपने विवाह को उभयपक्ष के पिताओं की थैलियों का ब्याह ही मानते थे। दोनों घराने सम्पन्न थे। उस जमाने में मुझे अपने श्वसुर से चालीस हजार रुपए मिले थे। संन्यासी होने के बाद पिता श्री भट्ट ने भी मेरे लिए पाँच हजार रुपए श्री बटुकनाथ अग्रवाल के घर रख दिए थे ताकि जरूरत के समय उनकी बेटी को दिए जा सकें। पति के तीन मकान लाहौर में थे, दो इलाहाबाद में। पिता मेरी क्रान्तिकारिता तो पसन्द नहीं करते थे पर उन्होंने कभी रास्ता भी नहीं रोका।

सांडर्स-वध के पहले की बात है। भगतसिंह शहीद करतार सिंह के बड़े भक्त थे। करतार सिंह के चित्र का अनावरण होना था। मेरे पति ने कहा, "खद्दर खरीद लाओ।" खद्दर लाया गया। फिर मुझसे बोले, "इसे लाल रंग से रँग डालो।" मैं कह उठी, "उससे नहीं, इसको खून से रँग देती हूँ।" तत्काल मैंने ब्लेड से अपनी उँगलियाँ चीर डालीं। कपड़ा रक्तस्नात हो उठा। सबसे ज्यादा खून सुखदेव ने छिड़का। उसका स्वभाव ही ऐसा था। मेरे सामने ही एक बार सुखदेव ने अपने हाथ पर गुदा हुआ नाम मोमबत्ती से जला डाला था ताकि कभी पहचान न की जा सके। हाथ कई महीने पका रहा।

मैं इन्हें 'बड़े सुखदेव' कहती थी। एक रात ये मेरे यहाँ आए। साथ में एक भारी अटैची लिये थे। उसमें बम थे। बम निकाले गए और अन्दर कमरे में रख दिए गए। मैंने सोचा, सुखदेव इन्हें कल उठा ले जाएँगे लेकिन पुलिस रात में ही आ गई। सुखदेव वहीं सो गए थे। जगे तो कहने लगे, "तलाशी तो स्टेशन पर ही हुई थी।

शेविंग (दाढ़ी बनाने) का सामान अटैची में ऊपर था, उसी को दिखाकर पिंड छुड़ाया था। यों पुलिस को सूचना थी मेरे बारे में कि कोकीन आदि का काम करनेवाला कोई आदमी है। खैर, मैं उपाय सोचते-सोचते उठी। पुलिस दरवाजा भड़भड़ा रही थी। पुलिस बहुत थी। मैंने दरवाजा खोलने से इनकार कर दिया। कहा, "मैं यहाँ अकेली हूँ। कोई आदमी नहीं है।" साथ ही तुरन्त सब बम अपने जेठ के घर भूसे में दबा दिए। उसमें बड़ा-सा ताला बन्द कर दिया। दूसरी तरफ विलायतीराम की तरफ से दरवाजा खोलकर सुखदेव को निकाल दिया। छतों-छतों चलकर घुप्प अँधेरे में वे नौ-दो-ग्यारह हो गए। फिर मैंने दरवाजा खोल दिया। खूब तलाशी हुई। इतनी पुलिस कभी नहीं आई थी लेकिन वहाँ क्या रखा था। पुलिस अपना-सा मुँह लेकर वापस गई।

एक दिन मुझे मुलतान भेजा गया। वहाँ से बम लाने थे। वहाँ एक जंगल में कच्ची-सी कोठरी थी। छप्पर पड़ा था। उसी छप्पर के नीचे ठहरना पड़ा था। वापसी की बात है बम साथ में थे। मुझसे बमों का बोझ उठाए उठता नहीं था। उठाने पर आवाज होती थी। स्टेशन पहुँची तो वहाँ पुलिस का डर। किसी तरह लाहौर लौटी जहाँ अमृतधारा की कोठी थी। उसी कोठी के पास ताँगा रोक दिया। सामान (बम) भी वहीं रहने दिया। घर आई। वहाँ से लीला को भेजा। इस तरह बम सुरिक्षत रूप से ठिकाने तक ले आए गए। वे बम लम्बे किस्म के थे। बमों कुछ खोल भी लाई थी। मुझे अब यह याद नहीं है कि इनका इस्तेमाल असेम्बली में होना था या वाइसराय की ट्रेन उड़ाने में।

मैं शस्त्रास्त्र लाने के लिए राजस्थान भी भेजी गई थी। वहाँ जयपुर के वैद्य मुक्तिनारायण शुक्ल के पास से कई माउजर व पिस्तौलें लानी थीं। मेरे साथ श्री रामचन्द्र भी भेज गए थे। वापस आई थी श्री विश्वनाथ वैशम्पायन के साथ। मैंने वे माउजर छाती से अड़ा लिए थे। पिस्तौल पेट पर बाँधी थी। कुछ रिवाल्वर भी थे और कारतूस भी। गनीमत यह थी कि उन दिनों सामान की ही तलाशी होती थी, आदमी की नहीं।

...और हाँ, राजगुरु। मुझे दुख है और रहेगा कि काश, मैं उसकी सूरत तो ठीक से देख लेती। वह भैया (आज़ाद) का पूना स्थित 'एक्सपर्ट मार्क्समैन' (प्रवीण निशानेबाज) माना जाता था।

अरे, एक दिन राजगुरु आए। आते ही सवाल किया, "भगवती हैं?"

"नहीं हैं।" मैंने कहा दिया।

राजगुरु 'अच्छा' कहकर वहीं खड़े हो रहे। न मुझसे कुछ कहा, न मैंने उनसे कुछ पूछा। राजगुरु ने अपनी जेबों में सन्तरे ठूँस रखे थे। इत्मीनान से वहीं छील-छीलकर खाते रहे। एक-एक कर सब खा गए। वहाँ एक तख्त पड़ा था। शायद उस पर कुछ देर बैठे भी। मैं घर के कामों में व्यस्त हो गई थी।

और फिर एक दिन आया, जब राजगुरु फरार थे। सांडर्स-वध के पुरस्कार में फाँसी का फन्दा उनके गले में झूलनेवाला था। एक दिन मैं सुशीला दीदी के साथ दिल्ली के कुदसिया बाग में उनसे मिलने गई। साथ में कुछ सन्तरे ले गई। वहाँ वे मिले।

मैं राजगुरु को सन्तरे खिलाने बैठी। शिकायत करते हुए वे बोले, "आज जब मैं मरने जा रहा हूँ, तब सन्तरे खिला रही हैं जबकि उस दिन तो मैं खड़े-खड़े ही सन्तरे खाकर दिल मजबूत करता रहा, भाभी ने बैठने को भी नहीं कहा।"

...जिस दिन दिल्ली की असेम्बली में बम फेंका गया, भगतसिंह ने पर्चा लिखकर मुझे बुलाया था। सुशीला दीदी को भी। पर्चा पाकर मैं व दीदी गई थीं। शची भी साथ था। उसे सुखदेव ताँगे पर बिठाकर चल रहा था। उधर साइमन कमीशन के विरोध में उस दिन असेम्बली धुएँ से भर उठी थी।

जब पुलिस भगतसिंह और बटुकेश्वर दत्त को गिरफ्तार करके ले जा रही थी, शची भगतसिंह को देखते ही चिल्लाया—"लम्बे चाचा जा रहे हैं।"

एक दिन जेल में छिपाकर एक चिट्ठी मेरे नाम लिखी भगतसिंह ने। वह मुझे मिल गई थी। भगतसिंह चिट्ठी लिखते-लिखते जरूर रोया होगा क्योंकि कई जगह अक्षर बिगड़ गए थे। मिट गए थे भगतसिंह के आँसुओं से। चिट्ठी में लिखा था— "भाभी, भगवती भाई के साथ हम लोगों ने बड़ा अन्याय किया है..."

उन्हीं दिनों दिल्ली में मेरी भेंट चन्द्रशेखर आज़ाद से हुई। मैं उन दिनों सुशीला दीदी के साथ रात-दिन दौड़ती-फिरती थी लाहौर षड्यन्त्र केस का जो मुकदमा चल रहा था, उसके लिए धन की जरूरत थी। अच्छे वकील चाहिए थे। डिफेन्स कमेटी बनी। उसमें डॉ. सत्यपाल, किचलू और गोपीचन्द भार्गव आदि शामिल थे। पहले जमाने में और अब यह परिवर्तन दिखा कि लोग खुल्लमखुल्ला ऐसे मुकदमे में चन्दा देते थे। शाम को एक जुलूस निकाला जाता था जिसमें मेरे साथ कई महिलाएँ रहती थीं। उसमें पाँच-छह महिलाएँ एक दुपट्टा फैलाकर चलती थीं। दुपट्टे में नोट पड़े रहते थे। सख्त ताकीद थी कि ये पैसे कोई खाने-पीने में खर्च न करे। फिर 'हिन्दी भवन' में ये पैसे गिने जाते थे। इन्हीं पैसे से भगतसिंह तथा लाहौर षड्यन्त्र केस के साथियों के लिए सामान आदि भी खरीदा जाता था। उधर मेरे घर पुलिस तलाशियों की धूम मचाए हुए थी।

मैं लाहौर लौटी लेकिन चुप नहीं बैठी। उस जेल में जहाँ भगतसिंह सहित सोलह साथी कैद थे, बराबर सम्पर्क बनाए रखा। उनके सन्देश रातोंरात दल के अड्डों तक पहुँचाती रही। मेरा गिरफ्तारी वारन्ट निकल गया और फिर मैंने रात के ग्यारह बजे घर छोड़ दिया, शायद हमेशा के लिए।

इन दिनों दिल्ली में सक्रिय सदस्य सर्वश्री काशीराम, विमल प्रसाद जैन, सच्चिदानन्द हीरानन्द वात्स्यायन 'अज्ञेय', भवानी सहाय, प्रो. नन्दकिशोर निगम,

मास्टर हरकेश, भवानी सिंह, भगीरथ, विश्वम्भर, डॉ. बाबूराम, मास्टर छैलबिहारीलाल, कैलाशपति, ख्याली राम गुप्ता, कपूरचन्द तथा हरद्वारीलाल मौजूद थे।

दिल्ली में एक बम फैक्टरी भी चलाई गई। इसके इन्चार्ज थे विमल प्रसाद जैन। यह फैक्टरी 'हिमालियन टायलेट्स' नाम के कारखाने से काम करती थी, झंडेवालान मुहल्ले में। साबुन का काम तो महज बहाना था। बनती थी बमों के लिए पिकरिक एसिड, पोटेशियम सायनाइड, गनकाटन, नाइट्रोगिलसरीन तथा प्लिकोरीन गैस। वात्स्यायन तथा यशपाल पिकरिक बनाते थे। प्रकाशवती और गिरवर सिंह यहीं रहते थे। विमल प्रसाद जैन की पत्नी भी इसी कारखाने में रहती थीं।

आज़ाद और उन्होंने (भगवतीचरण) मिलकर भगतसिंह और बटुकेश्वर दत्त को जेल से छुड़ाने की योजना बनाई। उसके लिए बहावलपुर कोठी में क्रान्तिकारियों का पड़ाव पड़ा। दल के एक सदस्य छैलबिहारी बैरा बने ताकि लोग समझें कि कोई सम्भ्रान्त परिवार है। पुलिस के सन्देह से बचने के लिए मुझे और दीदी को भी वहाँ रखा गया। आज़ाद, धन्वन्तरि, यशपाल, सुखदेव और वैशम्पायन वहाँ थे। मैं दिनभर मुकदमे की दौड़-धूप में व्यस्त रहती। रात को ग्यारह-बारह बजे धन्वन्तरि के साथ बाहर जाती। पुलिस की नजरों से बचते हुए दल के लोगों से भेंट करती। रुपए-पैसे और सन्देश इधर से उधर पहुँचाती। लौटते-लौटते रात को दो बज जाते। कभी लौट पाती, कभी नहीं।

...उस दिन बहावलुपर कोठी में खिचड़ी बनी थी। उन्होंने (भगवतीचरण) खिचड़ी खाई। विश्वनाथ वैशम्पायन बड़े खुश थे। बारात का बहाना था। काँटी-छुरा पटक रहे थे ताकि पड़ोस के लोग समझें कि कोठी में लोग खाना खा रहे हैं। (यद्यपि बमों में मसाला भरा जा रहा था।) बैरा (छैलबिहारी) को खूब ऊँची आवाज देकर बुला रहे थे। जमादारिन को कूड़ा उठा ले जाने के लिए कहा जा रहा था, जबकि जमादारिन कोई थी नहीं। बहावलपुर कोठी में कुछ ऐसा ही समाँ बँधा था।

एक बजे दिन तक उस रोज बम भरे जाते रहे थे। यद्यपि तीन लोग बम परीक्षण के लिए पहले ही बाहर जा चुके थे। भगतसिंह और बटुकेश्वर दत्त को छुड़ाने के लिए जो बम बने थे, उनमें से एक का परीक्षण करके देखना था। दोपहर थी। तेज धूप और तपन। रावी तट पर वे (भगवतीचरण), सुखदेवराज और विश्वनाथ वैशम्पायन बढ़ते जा रहे थे। परीक्षण के लिए जब घने जंगल में एक स्थान पर रुके तो सर्वप्रथम सुखदेवराज ने बम फेंककर देखना चाहा। बम हाथ में लेने पर पता चला कि उसकी पिन ठीक नहीं बैठी है। फिर वैशम्पायन ने उसको स्वयं फेंकने का आग्रह किया लेकिन वे (भगवतीचरण) किसी तरह नहीं माने। कहने लगे—"तुम

लोग पीछे हट जाओ, मैं फेंकता हूँ," और जैसे ही अपने दोनों साथियों को पीछे कर उन्होंने बम फेंकना चाहा, अभी वे पिन निकाल पाए थे कि बम फट गया।

भयंकर आवाज और चतुर्दिक धुएँ के बादल। वे (भगवतीचरण) क्षत-विक्षत हो वहीं गिर गए और फिर नहीं उठे। उनका एक हाथ कलाई से कट गया था और दूसरे के हाथ की उँगलियाँ भी उड़ गई थीं। पेट में भारी जख्म हो गया था। आँतें बाहर लटक रही थीं। यह विवरण मुझे वैशम्पायन ने बताया था। वे प्रत्यक्ष साक्षी थे।

उस दिन चार बजे शाम को सुखदेवराज लौटे थे। ताँगे से उतरते समय लँगड़ाकर चल रहे थे। उनका पैर आगे से जख्मी था। जूता कट गया था। सुखदेवराज को लिटा दिया गया। उजाला होने से पहले ही आज़ाद, धन्वन्तरि आदि रावी तट पर गए। नदी में इतना पानी न था कि शव-प्रवाह हो पाए। इसलिए वहीं जंगल में गड्ढा खोदकर शहीद (भगवतीचरण) का शव दबा दिया गया। बाद में पुलिस ने वह जगह खोदी और अस्थियाँ बीनकर अदालत भेजीं।

आज़ाद रो रहे थे। सभी शोक विह्वल थे। मैंने कहा, पति नहीं रहे, लेकिन दल का काम चलेगा, रुकेगा नहीं। मैं करूँगी...

"भाभी, तुम हमारी माँ-बहन के बराबर हो।" आज़ाद ने कहा, "तुम्हारा बच्चा हमारा बच्चा है।"

जब तक जिए, आज़ाद भैया ने ऐसा ही निभाया। मैंने अपना संकल्प व्यक्त किया—"भैया, भगतसिंह और दत्त को छुड़ाने की योजना रद्द नहीं होगी।"

मैंने बहुत आग्रह किया—"संघर्ष में मुझे भी साथ चलने दीजिए और यह हक सर्वप्रथम मेरा है।"

पर आज़ाद ने स्वीकृति नहीं दी।

भगतसिंह और दत्त को जेल से छुड़ाने की योजना कामयाब नहीं हो पाई। एक दिन मैं जेल में भगतसिंह से मिलने गई तो सरदार ने कहा, "भाभी, चलो देखो। मैंने क्या बनाया है। आओ खिलाऊँ..."

मैं बैरक में पहुँची। जेलर भी साथ गया। सहानुभूति रखता था। भगतसिंह ने एक छोटा-सा स्टोव दिखाया। किसी का होगा। उस पर खोया बनाकर रख छोड़ा है। शक्कर भी उसमें मिला ली है।

"लो भाभी, देखो कैसा बना है।" खाया और खाते-खाते सोचती रही...दिनभर बैठकर बनाया होगा। किसी से स्टोव माँगा होगा...फाँसी पर चढ़ने जा रहे थे, फिर भी कैसी मस्ती थी, कैसा अलबेलापन, कैसी निर्वेद और निस्पृह जो योगियों को भी दुर्लभ है।

पता चला कि यद्यपि आज़ाद के प्रयास भगतसिंह को जेल से बचा लाने के जारी थे किन्तु भगतसिंह ने स्वयं इनकार कर दिया था।

उस दिन भगतसिंह की रिहाई का प्रश्न लेकर मैं गांधी जी के पास पहुँची थी। रात साढ़े ग्यारह का समय था। नेहरू जी वहीं घूम रहे थे। देखा तो ले जाकर बिठाया। गांधीजी को फुरसत मिली तो नेहरू जी अपने साथ ही मुझे और सुशीला देवी को अन्दर ले गए। गांधी जी ने मुझे देखा तो कहा, "तुम आ गई हो। अपने को पुलिस में दे दो। मैं छुड़ा लूँगा।"

गांधीजी ने सोचा होगा कि शायद मैं अपना दुख दूर करने आई हूँ। मैंने उनसे कहा, "मैं इसलिए नहीं आई, बल्कि इसलिए कि जहाँ आप और कैदियों को छुड़ाने की बात कर रहे हैं वहाँ भगतसिंह, सुखदेव और राजगुरु को भी छुड़ाने की शर्त वाइसराय के सामने रखें।"

गांधी जी के लिए यह कहाँ सम्भव था। मैंने उन्हें नमस्कार किया और चल दी।

इसके बाद आज़ाद भैया ने मुझे, वैशम्पायन और सुखदेवराज को बम्बई भेजा। पृथ्वीसिंह वहीं थे। चलते समय आज़ाद ने बहुत समझाकर कहा, "कोई बचपना न करना।"

वहाँ हमने पृथ्वीसिंह के साथ लेमिंग्टन रोड पर गवर्नर पर गोलियाँ चलाईं। सुखदेवराज साथ थे।

मैं कानपुर आई। आज़ाद वहीं थे। वे बहुत क्रुद्ध थे। मैंने उन्हें समझाने की कोशिश की पर वे अनुशासन के विरुद्ध कुछ भी सुनना नहीं चाहते थे। मुझे और सुखदेवराज को उन्होंने बम्बई में संगठन कार्य के लिए भेजा था न कि किसी 'एक्शन' (गोलीकांड) के लिए। मैं बार-बार कहती,"भैया, सुनो तो।"

"कुछ नहीं, मैं कुछ नहीं सुनना चाहता।

लेकिन बाद में सब ठीक हो गया। आज़ाद का क्रोध ऐसा था कि उबाल आया और गया। बाद में दिल एकदम साफ।

जब रावी तट पर बम विस्फोट में मेरे पति की अचानक बम से जख्मी होकर मृत्यु हो गई और उस समय मुझे रात-दिन भैया (आज़ाद) के ही साथ रहने का और उन्हें और भी निकट से देखने का अवसर मिला तो मैंने उन्हें दो विरोधी शक्तियों का एक ही स्रोत समझा। उनमें कठोरता और कोमलता, दोनों ही भावनाएँ असीम थीं और 27 फरवरी, 1931 के दिन जब भैया की अन्तिम विदाई के मेरे आँसू सूखे तो मैंने भैया को अपने सपनों में डूबा हुआ एक 'कलाकार' कहा, ऐसा कलाकार जिसका अन्दर-बाहर सभी पवित्र था, जिसका हृदय कोमल था किन्तु कर्त्तव्यभावना उतनी ही कठोर। भैया का कलाकार जिस चित्र की रचना में रमा था, वह पूर्ण न होती देखकर उसका मन बुझ रहा था और उसी समय मानो आँधी के किसी झोंके ने उसके चित्र को गिराकर चकनाचूर कर दिया और साथ ही उसकी हृदयगति को भी ठंडा कर दिया सदा के लिए।

और भगतसिंह। वह एक कुशल वक्ता था। उसकी आवाज में गर्जना थी। वह जो कुछ भी कहता था वह सबके हृदय को छू लेता था। वह मौत की ओर बढ़ा और बढ़ता ही गया। यद्यपि उसे भी जीवन प्यारा था। वह सौन्दर्य का उपासक था, कला का प्रेमी था और जीवन के प्रति उसे आसक्ति थी। जिस वस्तु का अत्यधिक मूल्य है; उसी को तो वह माँ के चरणों पर सुगन्धित पुष्पों के रूप में चढ़ाना चाहता था।

अंततः 23 मार्च, 1931 आया। भगतसिंह, राजगुरु और सुखदेव फाँसी के तख्ते पर झूल गए—शहीद हो गए। वह अभिनय समाप्त हो गया। पर्दा गिर गया। उनका पार्थिव रूप लुप्त हो गया किन्तु भावना के संसार में वे देश की आत्मा में प्रवेश पा गए।

द्वारकाप्रसाद लाइब्रेरी और भगतसिंह

राजाराम शास्त्री

1926 में काशी विद्यापीठ से 'शास्त्री' की उपाधि प्राप्त कर मैं बनारस से सीधे लाहौर चला गया था। वहाँ सर्वप्रथम मुझे द्वारकाप्रसाद पुस्तकालय में काम करने को कहा गया और मैं वहाँ काम करने लगा। मैंने 1926 से 1931 तक द्वारकाप्रसाद पुस्तकालय में काम किया।

इस पुस्तकालय में काम करने का मुझे जो सुअवसर मिला, उसका मेरे भावी जीवन पर बहुत गहरा प्रभाव पड़ा। काशी विद्यापीठ से अध्ययन के समय मुझ पर फ्रांस की राज्यक्रान्ति का बहुत असर हुआ था। 'शास्त्री' उपाधि प्राप्त करने के लिए मैंने 'फ्रांस की राज्यक्रान्ति' विषय पर ही अपना थीसिस लिखा था। उस समय राष्ट्रीयता और देशभक्ति की भावना से मेरा मानस ओतप्रोत था। तब तक रूस की राज्यक्रान्ति तथा समाजवादी विचारों से चूँकि परिचित न हो पाया था, इसलिए उनसे प्रभावित होने का कोई सवाल ही नहीं था।

जब मैं लाहौर पहुँचा और वहाँ द्वारकादास पुस्तकालय में कार्यरत हो गया, तब वहाँ मुझे अध्ययन करने का जो अवसर प्राप्त हुआ उसका परिणाम यह हुआ कि मैं रूस की राज्यक्रान्ति, कार्ल मार्क्स और लेनिन के विचारों से बहुत ज्यादा प्रभावित हो गया और मैं पक्का समाजवादी बन गया। द्वारकादास पुस्तकालय में लाला लाजपतराय की तमाम बहुमूल्य पुस्तकें थीं। इसके अतिरिक्त 'लोक सेवक मंडल' के आजीवन सदस्य लाला जगन्नाथ जी और फीरोजचन्दजी के परामर्श से मैं लाहौर के प्रमुख पुस्तक विक्रेता रामकृष्ण एंड सन्स तथा अन्य दुकानों से क्रान्तिकारी एवं समाजवादी साहित्य इकट्ठा करने लगा।

इस पुस्तकालय के चारों तरफ कालेज थे, फलतः नवयुवक छात्र इस पुस्तकालय वाचनालय में प्रतिदिन बहुत बड़ी संख्या में आया करते थे। मैं सदैव यह प्रयत्न किया करता था कि नवयुवकों को अधिक से अधिक समाजवादी साहित्य पढ़ने को दिया जाए। कुछ दिनों के पश्चात मुझे पता चला कि इस पुस्तकालय में क्रान्तिकारी पार्टी और खुफिया पुलिस के बहुत से लोग आया करते थे। अतएव मैं यह जानने की

बराबर चेष्टा करने लगा कि कौन-से छात्र और युवक उग्र विचारों के हैं या जिन्हें नई-नई पुस्तकें देकर क्रान्तिकारी एवं समाजवादी बनाया जा सकता है। इसी प्रयास में सरदार भगतसिंह, सुखदेव, यशपाल, भगवतीचरण वोहरा, हंसराज वोहरा, धन्वन्तरि, रामकिशन, एहसान इलाही, दुर्गादास खन्ना प्रभृति पंजाब के क्रान्तिकारियों से मेरा परिचय हो गया। इन सबमें भगतसिंह, सुखदेव, यशपाल और भगवतीचरण वोहरा से मेरी घनिष्ठ मैत्री हो गई थी।

पुस्तकालय के बिलकुल निकट स्थित 'लोक सेवक मंडल' के भवन के एक बहुत ही छोटे कमरे में मैं रहा करता था और बाजार में जाकर किसी ढाबे में भोजन कर लिया करता था। मैं आमतौर पर रामकृष्ण जी के ढाबे में ही भोजन कर लिया करता था। भगतसिंह और सुखदेव दोनों से ही मेरी इतनी ज्यादा घनिष्ठता बढ़ गई थी कि वह जब लाहौर में होते थे, तब बहुधा पुस्तकालय में अवश्य आया करते थे। ऐसे मौके पर कभी-कभी क्रान्ति और समाजवाद पर लम्बी बहस छिड़ जाती थी और उसमें हम इतने अधिक उलझ जाते थे कि समय का होश ही न रहता था और जब थक जाते थे तब रात को एक या दो बजे जाकर सो पाते थे।

भगतसिंह क्या पढ़ते थे, उनके विचारों का विकास कैसे हुआ, असेम्बली में बम फेंकने के साथ उन्होंने जो पर्चा फेंका था, वह विचार उन्हें कहाँ से प्राप्त हुआ, रूस के गुप्त क्रान्तिकारियों से उन्हें क्या शिक्षा मिली, उन्होंने गुप्त साहित्य का प्रकाशन और वितरण कैसे किया—आदि विषयों पर तो मैं बाद में प्रकाश डालूँगा। मैं सर्वप्रथम भगतसिंह और अपनी मैत्री के सम्बन्ध में लिखना चाहता हूँ ताकि यह जाना जा सके कि वह कैसे विनोदी स्वभाव के थे और आम युवकों की तरह वे किस प्रकार की शरारतें किया करते थे।

...रात का समय है। मैं गहरी नींद में सो रहा हूँ। मेरे दरवाजे पर तीन बार थपथपाने की आवाज होती है। दरवाजा खुलते ही भगतसिंह और सुखदेव मेरे कमरे में प्रवेश करते हैं। मैं खाट पर लेट जाता हूँ और वे दोनों अपने कपड़े उतारने लगते थे। मेरा कमरा काफी छोटा था, उसमें केवल एक ही खाट पड़ सकती थी। पर उस समय हम तीन थे। कौन कहाँ, कैसे सोए, यह सवाल था। होता यह है कि मैं तो सोने का बहाना करके अपनी खाट पर लेट जाता हूँ और वे दोनों पहले हलकी आवाज में और फिर जोर से खासतौर पर मुझे सुनाने के लिए बातें करने लगते हैं। भगतसिंह सुखदेव से कहते हैं, "राजाराम को सोने दो, हम दोनों धीरे-धीरे कुछ बातें करेंगे।" यह कहते-कहते दोनों खाट की दोनों तरफ बैठ जाते हैं और बातें करने लगते हैं। बातें होने लगती है और वे दोनों तरफ से मुझे दबाना शुरू कर देते हैं। कुछ देर बाद दोनों मुझे बीच में करके अलग-बगल लेट जाते हैं। बातों का तो बहाना था, खास उद्देश्य मुझे परेशान करना था। होता यह है कि वे दोनों एक-दूसरे के निकट होते जाते हैं और मैं बीच में करीब-करीब पिस जाता हूँ। अन्त में परेशान

होकर मैं खाट से उठ जाता हूँ और जमीन पर लेट जाता हूँ। इस प्रकार खाट से मेरे उठते ही वे दोनों पैर पसार कर चारपाई में खूब आराम से लेट जाते हैं।

यह ड्रामा यहीं पर समाप्त नहीं हो जाता। भगतसिंह सुखदेव से कहते हैं, "सुखदेव भाई, इतना तो मानना ही पड़ेगा कि राजाराम है बहुत नेक साथी। उससे हम दोनों का कष्ट देखा नहीं गया, इसलिए बेचारा खुद जमीन पर लेट गया और हमारे लिए अपनी बिछी बिछाई खाट छोड़ दी।" सुखदेव कहते हैं, "भगतसिंह, राजाराम बहुत पक्का साथी है जो अपने मित्रों का बहुत खयाल रखता है। बेचारे ने एक शब्द भी नहीं कहा और चुपचाप जमीन पर लेट गया।" मैं एकदम गुस्से से तमतमा उठता हूँ और कहने लगता हूँ, "बन्द करो यह बकवास! एक तो हमारी खाट छीन ली और जमीन पर लेटने को मजबूर कर दिया, उस पर हमारा मजाक उड़ा रहे हो। बस, अब चुपचाप सो जाओ, वरना मैं डंडा उठाकर मार दूँगा और शोर मचा दूँगा। तब दोनों को बाहर जाना पड़ेगा।" इस पर भगतसिंह कहते हैं, "राजाराम का गुस्सा करना तो मुझे ठीक जँचता है। समाजवाद तो यही कहता है कि हम दोनों भी खाट को खड़ा करके जमीन पर ही लेट जाएँ, तब सबकी तकलीफ बराबर हो जाएगी।" फिर क्या था, खाट उन्होंने खड़ी कर दी और तीनों जमीन पर लेट गए। इस प्रकार हँसते और मजाक करते सबके सब गहरी निद्रा में डूब गए। जब कभी वे दोनों रात के समय आ जाते थे तब यही ड्रामा आमतौर पर दोहराया जाता था।

भगतसिंह विनोदी स्वभाव के थे ही। जब भी मौका हाथ लगता था वह हँसी-मजाक किए बिना चूकते न थे। दोपहर या शाम को रामकृष्ण जी के होटल में वह बहुधा मेरे साथ छेड़खानी करने के लिए आ जाते थे। मुझे वहाँ खाना खाते देखकर मेरे पास आए बिना वह कभी चूकते न थे। उनका तरीका ही यह था। मेरे सामने की कुर्सी पर आकर बैठ जाते थे और आते ही कोई न कोई मनोरंजक बात शुरू कर देते थे। इस तरह बात करते-करते वे धीरे से हाथ बढ़ाकर मेरी थाली से रोटी का कौर तोड़ने लगते थे। मैं कहता था, "भले आदमी, हाथ तो धो लो, तब थाली में हाथ लगाओ। इस प्रकार मुझसे बिना पूछे क्यों खाने लगते हो। मुझे यह तरीका बिलकुल पसन्द नहीं। यदि खाना खाने की इच्छा हो तो कहो, मैं तुम्हारे लिए दूसरी थाली मँगवा दूँ।" भगतसिंह बहुत ही भोले-भाले ढंग से कहते, "खाने की कोई खास इच्छा तो नहीं है फिर भी यदि तुम नहीं मानते हो तो मँगा लो दूसरी थाली।" और जब दूसरी थाली आ जाती तो कहते, "जरा घी भी मँगा लो।" कुछ देर बाद कहते, "खाने के बाद कुछ मीठी चीज खाने का रिवाज अच्छा है। इससे भोजन का स्वाद बढ़ जाता है।" इतना कहकर वह दो कटोरी खीर का भी आर्डर दे देते। जब खूब डटकर भोजन कर लेते तब कहते, "राजाराम, क्या तुम रोज यहाँ आते हो। किस समय आया करते हो। यदि बुरा न मानो तो बता दो।" मैं कहता,

"जी हाँ, तुम्हें बता दूँ ताकि तुम उसी समय आ धमको और मेरा भोजन जूठा कर दो। अगर बातें ही करनी है तो घर पर आकर बातें क्यों नहीं करते। सड़क पर, वह भी होटल में ही बैठकर, गप्पें करने में क्या खास बात है।" इस प्रकार हम दोनों खाना भी खाते जाते और छेड़छाड़ भी करते जाते।

यदि किसी दिन भगतसिंह और सुखदेव दोनों साथ-साथ आ जाते तब फिर कहना ही क्या! मुझे बीच में करके एक दाईं और दूसरा बाईं तरफ बैठ जाता। फिर दोनों आर्डर पर आर्डर देते जाते और यह भी बीच-बीच में कहते जाते, "राजाराम को यह चीज बहुत पसन्द है, यह चीज भी पसन्द है। इसमें सोचना क्या है—आर्डर दे दो। राजाराम मना थोड़े ही करेंगे।" इस मौज के साथ दोनों डटकर भोजन करते। कभी-कभी मैं नाराज होकर कहने लगता, "तुम्हें जो खाना हो खा लो, मेरा नाम बीच में क्यों घसीटते हो।" भगतसिंह को रसगुल्ला खाने का बहुत शौक था। वे रसगुल्लों का धड़ाधड़ आर्डर देते और बेधड़क खाते चले जाते। भोजन के समय की इस छेड़छाड़ की याद आज भी मुझे उसी बीते काल में पहुँचा देती है। काश, वे दिन फिर लौट सकते!

एक दिन अकस्मात् मेरे मन में आया कि इन दोनों को भी मजा क्यों न चखाया जाए। बस, कुछ सोच-समझकर मैं एक अन्य होटल में खाना खाने पहुँच गया। दोपहर का समय था। भगतसिंह और सुखदेव जाने कहाँ से वहाँ पहले की तरह अचानक आ धमके तथा मुझे बीच में करके दोनों इधर-उधर घेरकर बैठ गए। उन्होंने यथावत् खाना शुरू किया। बहुत मजे से उन्होंने खीर के आर्डर दिए। आमतौर पर होता यह था कि वे दोनों चालाकी से मुझसे जल्दी खा लेते थे पर यदि कभी मैं जल्दी खाकर उठने लगता था तो वे मुझे उठने न देते थे, बैठकर बातें करने या सुनने को मुझे मजबूर कर दिया करते थे। जैसा मैंने ऊपर इंगित किया है, उस दिन सहसा मेरे मन में एक शरारत सूझी। मैंने खाना जल्दी खा लिया और यह कहकर चल दिया कि तुम लोग खूब आनन्द से खाना खाओ, कोई जल्दी नहीं है। मैं पान खाकर अभी पाँच मिनट में आता हूँ। दोनों ने मेरी बात पर यकीन कर लिया। वे दोनों सानन्द भोजन करते रहे और मैं वहाँ से रफूचक्कर हो गया। बाहर आकर मैं एक बड़ी दुकान के पीछे जाकर छिप गया और यह देखने लगा कि देखें ये दोनों अब क्या करते हैं। दोनों ने मेरा बहुत इन्तजार किया, पर मेरा कहीं पता नहीं। अन्त में लाचार हो, वह भोजन के बाद उठ खड़े हुए। दुकानदार ने पैसे माँगे तो उन्होंने जवाब दिया हमारे मित्र बाहर गए हैं, आते ही होंगे। वही पैसे देंगे। पर दुकानदार ने इनकी एक न मानी। वह पैसों के लिए जिद करने लगा। थोड़ी देर तक तो झक-झक होती रही। ये दोनों गुस्से में आ गए। इस पर दुकानदार भी लड़ने पर उतारू हो गया। बात-बात में बड़ी गम्भीर समस्या उत्पन्न हो गई। इनके पास पैसे न थे और दुकानदार बिना पैसे लिए इन्हें जाने नहीं दे रहा था। आखिर ये दोनों क्या करते। ये दो ही लोग

थे और दुकानदार मय नौकर-चाकरों के उन्हें घेरे हुए थे। थोड़ी ही देर में दोनों तरफ से हाथापाई की नौबत आ गई। ये दोनों बारम्बार सड़क की तरफ देखते थे। उधर मैं एक दुकान के पीछे छिपकर यह तमाशा देखकर खूब मजा ले रहा था। जब मैंने देखा कि मार-पीट होने ही वाली है और काफी मजाक हो चुका है, तब मैं धीरे-धीरे बाहर से टहलता हुआ वहाँ पहुँचा और बहुत ही भोले-भाले ढंग से मैंने जानना चाहा कि आखिर मामला क्या है। दोनों मिलकर मुझे डाँटने लगे कि तुम कहाँ चले गए थे। इतनी देरी क्यों कर दी। यह दुकानदार हमसे लड़ने को तैयार है, आदि-आदि। खैर, मैंने पैसे दे दिए और वहाँ से तीनों चुपचाप चल दिए। वे दोनों रास्ते में मुझसे कहने लगे कि अगर मैं थोड़ी देर वहाँ न पहुँचा तो मारपीट हो जाती और हमें शर्मिन्दा होना पड़ता। मैंने कहा कि जब तुम दोनों मुझे रोज छेड़ते रहते हो, तब तो कोई बात नहीं होती और आज मैंने जरा-सी छेड़खानी कर दी तो तुम इतना हो-हल्ला मचा रहे हो। इसका एक ही इलाज है कि तुम दोनों मेरे साथ शरारत न किया करो। इसी तरह एक-दूसरे से बातें करते-करते हम द्वारकादास लाइब्रेरी पहुँचे और अपने-अपने अखबारों को पढ़ने में लग गए। आज भी जब मुझे उन दिनों की इन मधुर घटनाओं की याद आती है तो मुझे भगतसिंह और सुखदेव की स्मृति कचोटने लगती है और मेरा मन शब्दातीतलोक में पहुँचकर व्यथित हो उठता है।

भगतसिंह में वह सब नटखटपन और शरारतें थीं जो आमतौर पर उस उम्र के नवयुवकों में हुआ करती हैं। एक दिन भगतसिंह हँसते हुए मेरे पास आकर कहने लगे, "राजाराम, तुम मेरे पक्के दोस्त हो तो मेरा एक बहुत जरूरी काम कर दो, मैं तुम्हारा बहुत एहसान मानूँगा।" मैंने कहा, "यदि काम करने योग्य होगा तो अवश्य कर दूँगा।" उसने जेब से एक तसवीर निकाली। वह पुस्तक या मासिक पत्रिका से फाड़ी हुई जान पड़ती थी। एक बहुत सुन्दर वनमानुष की तसवीर थी वह। हम सबके एक बहुत गहरे मित्र थे जिनकी शक्त बहुत कुछ वनमानुष के समान थी। भगतसिंह उन्हें बातचीत के दौरान इसी नाम से याद किया करते थे। भगतसिंह ने कहा मुझसे कि किसी तरह यह तसवीर उन तक पहुँचा दो और फिर आकर बताओ कि उन पर इसकी क्या प्रतिक्रिया हुई।

वह तसवीर देखकर मुझे बहुत हँसी आई। मैंने कहा, "भगतसिंह, तुम बहुत शरारती हो। ऐसा मजाक ठीक नहीं। यदि उन्हें मालूम हो गया कि यह तसवीर तुमने ही उनके पास भिजवाई है तो वह तुम्हारी बुरी तरह खबर लेंगे और सम्भव है कि नाराज भी हो जाएँ। नहीं भाई, ऐसा काम नहीं करना चाहिए।" भगतसिंह कहने लगे, "भाई, मुझसे रहा नहीं जाता। अगर तुम नहीं ले जाओगे तो और किसी तरह मैं भिजवा दूँगा, पर भेजूँगा अवश्य। रही नाराज होने की बात तो इसमें नाराज होने की क्या बात है। वह तो मेरा लँगोटिया यार है। यदि नाराज भी हो जाएँगे तो बाद में हम सब लोग उन्हें मना लेंगे। यदि ज्यादा नाराज हो जाएँगे तो सब लोग मिलकर

मुझे खूब डाँट लगाना, बस उनका गुस्सा शान्त हो जाएगा।'' पर भगतसिंह के हजार कहने पर भी जब मैं तैयार नहीं हुआ तब उन्होंने कहा कि मैं इसे डाक से भेज दूँगा और नीचे तुम्हारा नाम लिख दूँगा। मैंने कहा कि यदि तुमने ऐसा किया तो मैं सीधे उनके पास जाकर तुम्हारा नाम ले दूँगा और उन्हें विश्वास दिला दूँगा कि यह शरारत तुम्हीं ने की है। थोड़ी देर तक हम दोनों में हँसी-मजाक होता रहा और अन्त में भगतसिंह चले गए। मुझे याद नहीं कि भगतसिंह ने यह तसवीर उनके पास भेजी या नहीं। हाँ, इतनी शरारत उन्होंने फिर भी की कि उस चित्र के नीचे हमारे उन मित्र का नाम उन्होंने लिख दिया।

इतना अरसा हो गया है फिर भी मुझे भगतसिंह का वह हँसता हुआ पर शरारत से भरा हुआ चेहरा साफ-साफ दिखाई देता है। वस्तुतः वह बहुत ही भोले-भाले, दिल के सच्चे और भरोसे के मित्र थे।

भगतसिंह के साथ छोटी-से-छोटी बात पर भी मेरी बहुधा नोंक-झोंक हो जाया करती थी। एक दिन मैं बाजार से कुछ सामान ले आया। उसमें तेल की छोटी-सी शीशी भी थी। थोड़ी देर बाद भगतसिंह आ गए। इधर-उधर की कुछ बातें होने के बाद भगतसिंह ने अपना सिर खुजलाते हुए कहा, ''भाई, इस शीशी में से थोड़ी तेल मुझे दे दो। कई दिनों से मैं तेल नहीं डाल पाया हूँ और सिर खुजला रहा है।''

बाजार से मैं अभी आया ही था और थका-माँदा भी था। शीशी भी मैंने खोली नहीं थी पर उन्होंने उसे देखते ही तेल की फरमाइश कर दी। इस पर मैं कुछ चिढ़ गया। मैंने कहा, ''भाई, तुम्हारे स्वभाव को समझना बहुत कठिन है। जब मैं खाना खाने बैठता हूँ तो तुम आकर थाली में से रोटी तोड़कर खाने लगते हो और मैं तेल खरीदकर लाया हूँ तो उसे देखते ही तुम्हारा सिर खुजलाने लगा है। तुम्हें इसकी आवश्यकता है या मुझे चिढ़ाने का मजा लेना चाहते हो। कुछ भी हो, मैं अभी तुम्हें तेल नहीं दूँगा।'' इसके बावजूद भगतसिंह अड़ गए और कहने लगे, ''जब तुम्हारे पास तेल है और मुझे उसकी जरूरत है, तब मैं उसे लिये बिना मानूँगा नहीं। खुशी से दो तो अच्छी बात है, वरना मैं जबरदस्ती ले लूँगा और हो सकता है कि छीना-झपटी में शीशी ही टूट जाए और हम दोनों ही तेल से वंचित हो जाएँ। अगर ऐसा हुआ तो हम दोनों ही हाथ मलकर रह जाएँगे।'' मैंने कहा, ''तुम धमकाकर मेरी चीज मुझसे छीनकर ले लेना चाहते हो। यह डकैती नहीं तो और क्या है।'' उन्होंने कहा, ''तुम इसे दोस्ती समझो या डकैती, मैं तो लेकर ही रहूँगा।'' इसके बाद हम दोनों में शीशी के लिए छीना-झपटी और जोर आजमाइश होने लगी। कुछ देर तक हम दोनों में शक्ति प्रदर्शन होता रहा। अन्त में भगतसिंह ने मेरी कलाई मरोड़कर शीशी मेरे हाथ से छीन ली और उसकी डाट खोलकर उसे अपने सिर पर उड़ेल लिया। वह तेल डालता जाता था और अपना जूड़ा खोलकर बालों को फैलाता जाता था। मुझे यह देखकर बहुत आश्चर्य हुआ कि उसने पूरी की पूरी शीशी सिर

में उड़ेल ली और अपने बालों को सहलाता रहा। वह देखने लायक दृश्य था। तेल से सनकर बाल चिकने ही नहीं हो गए थे बल्कि ऐसा लगने लगा था कि बालों में से तेल टपकने ही वाला है। भगतसिंह बड़े मजे में कहने लगे कि अब केशों की तेल की भूख शान्त हो जाएगी और एक हफ्ते तक तेल की जरूरत नहीं पड़ेगी। सारा तेल उड़ेल लेने के बाद उसने तेल की शीशी मेरे हाथ में देने के लिए अपना हाथ बढ़ाया। मैंने लेने से इनकार कर दिया। तब उसने खाली शीशी मेज पर रख दी।

इस घटना के बाद हम दोनों में उस दिन जो बहस हुई वह बहुत ही मनोरंजक और शिक्षाप्रद थी। भगतसिंह ने कहा, "देखो भाई, जो कुछ होना था वह तो हो ही लिया, अब इससे सबक हासिल करना चाहिए। यदि थोड़ा तेल तुम हँसी-खुशी से दे देते तो तुम्हें सारी शीशी से हाथ न धोना पड़ता। समझदारी इसी में है कि थोड़ा देकर यदि ज्यादा को बचाया जा सकता है तो अवश्य बचा लेना चाहिए।" मैंने कहा, "यह सिद्धान्त कायरता का है। अगर डाकू सामने आ जाए और हमसे हमारी चीज जबरदस्ती माँगने लगे तो क्या बिना किसी विरोध के उसे दे देना चाहिए। नहीं, जब तक शक्ति रहे तब तक बराबर उससे लड़ना चाहिए चाहे सब कुछ ही क्यों न छिन जाए। अन्याय करनेवाले के सामने हरगिज झुकना नहीं चाहिए। बिना विरोध किए आततायी के सामने झुक जाने से उसका हौसला और बढ़ जाएगा।"

होते-होते हम दोनों में क्रान्ति के विषय पर बहस छिड़ गई। भगतसिंह का कहना था, "जब कमजोर राष्ट्र को अपने से शक्तिशाली राष्ट्र से जूझना पड़ता है तब कभी-कभी यही समझदारी होती है कि अवसर हाथ आने पर समझौता कर लिया जाए और जो समय मिले उसमें अपनी शक्ति संचित करते रहा जाए। यह कायरता नहीं, समझदारी है।" मैंने कहा, "इतिहास इस बात का साक्षी है कि यदि अपना पक्ष न्यायपूर्ण है तो पराजय और सर्वनाश को सामने देखकर भी मुट्ठी-भर स्वतन्त्रता प्रेमी अपने से कई गुना ज्यादा आततताइयों की सेना से जूझ पड़ें और अन्त तक बिना सिर झुकाए मौत के मुँह में चले जाएँ।" मैंने इतिहास से हल्दीघाटी, कर्बला आदि की घटनाओं का उदाहरण देकर अपने पक्ष का प्रतिपादन किया। दूसरी तरफ भगतसिंह ने रूसी राज्यक्रान्ति के समय ब्रेस्ट लिटोवस्क की जर्मन-रूस सन्धि का जिक्र करते हुए लेनिन की समझदारी की प्रशंसा की। उस दिन न मालूम हम दोनों किस मूड में आ गए थे कि दो में से कोई हार मानने को तैयार नहीं था और क्रान्ति की मीमांसा करते-करते हम दोनों थक गए। बाद में भगतसिंह ने हँसते हुए कहा, "भाई, क्रान्ति की बहस तो काफी हो चुकी। यदि उचित समझो तो फलाँ दुकान पर चलकर लस्सी पी जाए।" बस, हम दोनों लस्सी पीने चले गए।

उस दिन की बात मुझे कभी नहीं भूलती। झगड़ा शुरू हुआ तेल की छोटी शीशी

से और क्रान्ति विषय पर लम्बी-चौड़ी बहस करते-करते उसका अन्त हुआ लस्सी की दुकान पर। बाद में इस घटना का स्मरण कर हम दोनों खूब हँसा करते थे। कैसी थीं वे घड़ियाँ! क्रान्ति के तूफान का पालन-पोषण कैसे आनन्द, कैसे आमोद तथा कैसे अपूर्व कौतुक के साथ किया जा रहा था। यह सब याद कर आज एक हूक-सी उठती है, एक करुण भावना जगकर सारे अस्तित्व को झकझोर जाती है और उस समय का वह अनोखा आनन्द आज विषाद बनकर आँखों से टपकने लगता है।

हम नवयुवक दोस्तों में कभी-कभी प्रेम सम्बन्धी विषय पर भी दिलचस्प बातें हुआ करती थीं, खासतौर पर तब जब यशपाल आया करते थे। भगतसिंह का यह स्वभाव था कि अपनी तरफ से वह प्रेम सम्बन्धी विषय को कभी छेड़ते नहीं थे, पर जब मित्रों में यह विषय छिड़ ही जाता था तभी वह उसमें अवश्य हिस्सा लेते थे अपने ही ढंग से। कभी-कभी सुखदेव आकर बताया करते थे कि, "यशपाल आजकल खूब व्यायाम करते हैं। किसी गुरु से गदा, पनेठी और छुरेबाजी की कला सीखा करते हैं, पर अखाड़े या मैदान में नहीं एक छत पर।" वह यह भी बताते थे कि, "यशपाल कभी-कभी अपनी सुगठित भुजाओं तथा शरीर की मांसपेशियों का प्रदर्शन भी किया करते हैं।" भगतसिंह मजाक में कहते, "यशपाल, सच बताओ कि तुम व्यायाम करते हो या किसी लड़की को अपनी ओर आकर्षित करते हो।" इस पर यशपाल हँसकर उत्तर देते, "मैं तो कसरत करता हूँ। यदि कोई मेरी तरफ देख ही ले तो मैं क्या कर सकता हूँ।" फिर तो बाकायदा प्रेम-विज्ञान पर हलकी-फुलकी बहस ही छिड़ जाती थी।

एक दिन मैंने भगतसिंह से पूछा, "क्रान्ति ही करते रहोगे या कभी शादी करने की बात भी सोचोगे।" भगतसिंह कहने लगे, "भाई, उच्चकोटि के प्रेम को करने के लिए समाज में स्वतन्त्रता का वातावरण चाहिए जहाँ युवक-युवतियाँ प्रेममय जीवन बिता सकें और कोई उनकी ओर अँगुली न उठा सके। हम गुलामों के वातावरण में पैदा हुए हैं। हमारा समाज ऐसा नहीं है जहाँ युवक-युवती वास्तविक प्रेम करने के लिए स्वतन्त्र हों। सच्चा प्रेम इनसान को बहुत ऊँचा उठाता है, मुसीबत में ढाँढस बँधाता है, एक-दूसरे पर उत्सर्ग हो जाने की भावना को जाग्रत करता है लेकिन तब जब प्रेम-प्रेम हो, केवल विलासिता न हो।"

एक बार इसी प्रकार की बहुत-सी बातें करते-करते वे कुछ गम्भीर-से हो गए। मैंने पूछा, "भाई, क्या हो गया। तुम चुप क्यों हो गए।" भगतसिंह कहने लगे, "हम गुलाम मुल्क के युवक हैं। हमारे सामने सबसे बड़ा और सबसे प्रमुख सवाल तो मातृभूमि की बेड़ियाँ काटने के उत्तरदायित्व का है। इस जन्म में तो हमें देश के लिए अपना बलिदान करना ही है। फाँसी का फन्दा भी चूमना पड़ सकता है। इस वातावरण और मनःस्थिति में हम प्रेम की ओर कैसे जा सकते हैं? इस जन्म में तो

हमें फाँसी पर झूलना है। देश के आजाद होने पर जब मैं दूसरा जन्म लूँगा तब किसी प्रेमिका की गोद में खेलूँगा और जीवन की सम्पूर्ण शक्ति और प्राणों से उसके प्रेम में सराबोर हो जाऊँगा। भाई, इस जन्म में तो मैं शादी नहीं करूँगा। वैसे में भी नौजवान हूँ। मेरी रगों में भी गर्म खून बहता है। मेरे मन में भी प्रेम की भावनाएँ जोर मारा करती हैं। पर वे इतनी बलवती नहीं कि मुझे कर्त्तव्य विमुख कर सकें।'' उस दिन खूब देर तक हम दोनों में इस विषय पर विचार-विमर्श होता रहा।

इस सम्बन्ध में एक बहुत ही दिलचस्प संस्मरण मुझे याद आ रहा है। द्वारकाप्रसाद पुस्तकालय में तो अनेक मासिक पत्र-पत्रिकाएँ आया करती थीं। एक दिन किसी पत्रिका का बहुत ही सुन्दर वार्षिक अंक आया। मैं शुरू से अन्त तक उसके पन्ने उलट गया। एक पृष्ठ पर इतना सुन्दर चित्र देखा कि मैं देखते ही रह गया। बेहद आकर्षक चित्र था वह—वह रात का समय है। चन्द्रमा का प्रकाश चारों तरफ फैला हुआ है। किसी नदी या झरने के किनारे दो युवक-युवती आपस में प्रेम-विभोर होकर बातें कर रहे हैं। युवक युवती की जाँघ पर सिर रखे लेटा है। युवती उसके बालों पर हाथ फेर रही है। बहुत ही प्रेममयी दृष्टि से वे एक-दूसरे को देख रहे हैं। उस समय उस प्राकृतिक वातावरण में इन युगल प्रेमियों के प्रेमालाप का आकर्षण मन को विमुग्ध बना रहा था। वह चित्र मुझे बहुत आकर्षक लगा। मेरे मन में यह खयाल आया कि जो कोई भी युवक इसे देखेगा, वह अवश्य इससे प्रभावित हुए बिना न रहेगा।

दूसरे दिन जब भगतसिंह आए तो मैंने उन्हें कई पत्र-पत्रिकाओं के साथ उन्हें वह पत्रिका भी दे दी। मैंने उन्हें एक टेबल की तरफ इशारा कर दिया कि जाकर वहाँ पढ़ो। भगतसिंह वहाँ एकान्त में जाकर उन पत्रिकाओं पर सरसरी नजर दौड़ाने लगे। मैं अपनी टेबल पर बैठे-बैठे उन्हें देखता रहा। मैंने देखा कि उस पत्रिका में जब भगतसिंह की नजर उस चित्र पर पड़ी तब वह रुक गए। इधर-उधर देखकर और सबकी नजर बचाकर वे फिर उसी चित्र को देखने लगे। बहुत देर तक यह आँख-मिचौनी होती रही। बाद में वहाँ से जाते हुए उन्होंने मुझसे कहा, ''इन पत्रों को सँभालकर रखिए, मैं इन्हें कल आकर पढ़ूँगा।'' भगतसिंह को यह नहीं मालूम हो सका कि मैंने उनकी इस गतिविधि को देख लिया है।

दूसरे दिन भगतसिंह फिर आए। उन्होंने वही पत्र मुझसे फिर माँगे। मैंने उन्हें सब पत्र दे दिए। वह एकान्त में जाकर एक मेज पर अकेले ही उनका अध्ययन करने लगे। भगतसिंह उस चित्र से इतने अधिक प्रभावित हुए कि उनसे रहा नहीं गया और उन्होंने एक आलपिन की मदद से उस चित्र को उसमें से फाड़ लिया और अपनी पुस्तक में उसे छिपा लिया। इसके बाद सारी पत्रिकाएँ मुझे देकर वे पुस्तकालय के बाहर चले गए। मैं सारे दृश्य को गौर से देख रहा था और मन-ही-मन मुसकरा रहा था। पर भगतसिंह को इस बात का भान नहीं था कि उनकी इस हरकत

को किसी ने चुपचाप देख लिया है और यह जान गया है कि वे चित्र को फाड़कर अपने साथ ले गए हैं।

दूसरे दिन भगतसिंह पुस्तकालय में जाने से पूर्व मेरे कमरे में आए। हम दोनों में कुछ देर तक पढ़ने-लिखने के बारे में बातचीत होती रही। मैंने कहा, "भगतसिंह, यह कालेज के छात्र बहुत नटखट है। देखो, यह कितना सुन्दर विशेषांक है। इसमें एक बहुत ही सुन्दर चित्र था। मैंने सोचा था कि वह तुम्हें अवश्य दिखाऊँगा और तुम उसे बहुत पसन्द करोगे। पर लड़कों की शरारत देखो कि किसी ने इससे इस चित्र को फाड़ लिया है। गुस्सा तो मुझे बहुत आ रहा है, पर क्या करूँ कुछ समझ में नहीं आ रहा है।

भगतसिंह बहुत सहजभाव से कहने लगे, "यह तो बहुत खराब बात है। इस चित्र को नहीं फाड़ना चाहिए था। यह किसी शरारती लड़के का काम है लेकिन जब किसी ने उसे देखा ही नहीं है तो किसे डाँटा-फटकारा जाए।" इस पर मैंने कहा, "अब बात बढ़ाने से क्या लाभ है। वैसे मैंने चोर को देख तो लिया है। अगर तुम मेरा साथ दो तो मैं उसे अवश्य सजा दूँ।" यह सब मैं कहता जाता था और उनके चेहरे की ओर घूरता भी जाता था। भगतसिंह ने यह सोचकर कि किसी लड़के का यह नाम लेंगे और वह बच जाएँगे, मुझसे कहा, "तुम उस लड़के को अवश्य पकड़ो और जो चाहे सजा दो। यदि वह जरा भी तुमरो लड़ा तो मैं उसे जरूर मारूँगा और तुम्हारा साथ दूँगा।" मैंने कई बार उनसे कहला लिया और उन्होंने मेरा ही साथ देने का वचन हर बार दिया। तब मैंने बहुत प्यार से और धीरे-से भगतसिंह के दाएँ गाल पर एक चपत जड़ दी। वह सकपकाकर कहने लगे, "यह क्या, यह क्या।" मैंने कहा, "अपने मित्र भगतसिंह को नहीं, उस शरारती लड़के को चपत मारी है जिसने उस चित्र को फाड़ लिया है।" वह चुप हो गए और बाद में कहने लगे, "भाई, मैं क्या करूँ। तुम्हीं को दिखाने के लिए मैंने उसे फाड़ लिया था। तुम चित्र को देखोगे तो खुश हो जाओगे।" फिर मैंने कहा, "भाई, तुमने मेरी खातिर यह अपराध किया है और हँसते-हँसते सजा भी काट ली। खैर, जो हुआ सो हुआ। अब भविष्य में ऐसा मत करना।" मैंने चुटकी लेते हुए कहा, "तुम्हें तो प्रेम कभी सताता ही नहीं, फिर यह चित्र इतना ज्यादा क्यों पसन्द आ गया कि तुमने उसे फाड़ ही लिया।" उन्होंने कहा, "भाई, किसी के प्रेमजाल में फँसना एक बात है और कलाकार की कला को पसन्द करना दूसरी बात है।" इस घटना का जिक्र हम लोगों ने फिर किसी से नहीं किया। हाँ, कभी-कभी भगतसिंह के साथ छेड़खानी करने के लिए मैं एकान्त में हँसी-मजाक के समय इसका जिक्र कर दिया करता था।

भगतसिंह के उपर्युक्त कुछ संस्मरणों का उल्लेख मैंने इस विचार से किया है ताकि यह जाना जा सके कि भगतसिंह बम और पिस्तौल चलानेवाले कोई खूँखार व्यक्ति न होकर सबके समान एक सामान्य नवयुवक थे जो हँसी-मजाक खूब दिल

खोलकर करते थे और उनमें वे सब शरारतें और नटखटपन की बातें थीं जो आमतौर पर युवकों में हुआ करती है लेकिन उन्होंने तो देश की स्वतन्त्रता और क्रान्ति की वेदी पर अपना सर्वस्व बलिदान करने की प्रतिज्ञा कर ली थी। वह क्रान्तिकारी पार्टी के सक्रिय सदस्य थे। वह हमेशा इसी का प्रयत्न करते रहते थे कि क्रान्तिकारी दल को किसी प्रकार शक्तिशाली बनाया जाए और उसके क्रान्तिकारी सन्देश को आम जनता तक कैसे पहुँचाया जाए।

जब भगतसिंह से मेरी मैत्री ज्यादा बढ़ी और हमने एक-दूसरे को भली प्रकार जान लिया तब द्वारकाप्रसाद पुस्तकालय में और मेरे निवास स्थान पर उनका आना-जाना बहुत बढ़ गया। किसी को किसी प्रकार का सन्देह न हो, इससे बचने के लिए मैंने उन्हें पुस्तकालय का सदस्य बना लिया था। मेरा तो काम ही था कि पुस्तकालय में रखी हुई क्रान्तिकारी पुस्तकों की जानकारी करूँ। हम दोनों ने यह निश्चय किया कि इस पुस्तकालय का अधिक-से-अधिक उपयोग किया जाए और प्रतिदिन वहाँ आने-जानेवाले युवकों एवं छात्रों को क्रान्तिकारी विचारों से प्रभावित किया जाए।

भगतसिंह ने मुझे यह काम सौंपा था कि पहले मैं अच्छी-अच्छी पुस्तकों का अध्ययन किया करूँ और जो अच्छी जचें उन्हें भगतसिंह और सुखदेव को पढ़ने को दूँ। इसके बाद धीरे-धीरे सावधानी के साथ उन पुस्तकों को कालेजों के छात्रावासों तक पहुँचाने की व्यवस्था की जाए। सिर्फ इतना ही नहीं, कुछ छोटे-छोटे पम्पलेट भी प्रकाशित किए जाएँ। इन छोटी-छोटी पुस्तिकाओं के लिखने में प्रिंसिपल श्री छबीलदास, जो 'लोक सेवक मंडल' के आजीवन सदस्य भी थे, से बहुत सहायता मिलती थी। मुझे याद है कि उन्होंने एक पुस्तिका 'भारत माता' के नाम से और एक पुस्तक 'सोशलिज्म क्या है' शीर्षक से लिखी थी। उन्हें प्रकाशित भी किया गया था। प्रिंस क्रोपाटकिन का लेख 'नवयुवकों से अपील' (एन अपील टु दि यंग) भी प्रकाशित किया गया था और बहुत बड़ी संख्या में इसे युवकों एवं छात्रों में वितरित किया गया था।

वीर सावरकर लिखित 'भारत का प्रथम स्वातन्त्र्य-युद्ध' (फर्स्ट वार ऑफ इंडियन इंडिपेंडेंस) पुस्तक ने भगतसिंह को बहुत अधिक प्रभावित किया था। यह पुस्तक सरकार द्वारा जब्त कर ली गई थी। मैंने इस पुस्तक की बहुत प्रशंसा सुनी थी और उसे पढ़ने का बहुत ही इच्छुक था। पता नहीं कहाँ से भगतसिंह को यह पुस्तक प्राप्त हो गई थी। एक दिन उसे वह मेरे पास ले आए। जिससे ली होगी उसे जल्द वापस करना होगा, इसलिए वह मुझे बहुत कहने पर भी देने को तैयार नहीं हो रहे थे। पर जब मैंने जल्द-से-जल्द पढ़कर उसे अवश्य लौटा देने का पक्का वायदा किया तब उन्होंने वह पुस्तक मुझे केवल 36 घंटों के लिए पढ़ने को दी। उसको मैं कभी भूल नहीं सकता। मैंने एक वक्त खाना नहीं खाया और दिन-रात

उसे पढ़ता ही रहा। पुस्तक ने मुझे बहुत ज्यादा प्रभावित किया। भगतसिंह के आने पर मैंने पुस्तक की बहुत प्रशंसा की। कुछ समय बाद भगतसिंह ने एक दिन मुझसे कहा कि यदि तुम कुछ परिश्रम करो और मदद करने के लिए तैयार हो जाओ तो गुप्त रूप से इसे प्रकाशित करने का उपाय सोचा जाए। मैं पूर्ण रूप से सहायता करने को तैयार हो गया।

भगतसिंह ने किसी प्रेस में प्रबन्ध कर लिया। वह प्रतिदिन रात के समय कुछ मैटर मुझे प्रूफ देखने को दे जाते थे। मैं रात में उसे देखकर प्रूफ ठीक करके रख छोड़ता था। दूसरे दिन भगतसिंह उसे ले जाते थे। कुछ दिनों तक बराबर यह सिलसिला चलता रहा। इस पुस्तक को दो खंडों में प्रकाशित किया गया। प्रत्येक खंड की कीमत आठ आना रखी गई। फिर गुप्त रूप से इसे बेचने का प्रबन्ध हुआ। मुझे याद है कि मैंने इस पुस्तक को सर्वप्रथम राजर्षि श्री पुरुषोत्तमदास टंडन के हाथ बेचा। इसके प्रकाशन से टंडन जी बहुत प्रसन्न हुए थे। इसे बेचने में सुखदेव ने बहुत अधिक परिश्रम किया था।

भगतसिंह चाहते थे कि जिन लोगों ने देश की स्वतन्त्रता के लिए अपने जीवन को न्यौछावर कर शहादत प्राप्त की है, उनकी ओर युवकों को आकर्षित किया जाए। भगतसिंह ने इस देश के बलिदानी वीरों के चित्र इकट्ठा किए और छोटे-छोटे उनके जीवन चरित्र तैयार किए। विभिन्न नामों से उन्हें इलाहाबाद से प्रकाशित होनेवाले 'चाँद' के फाँसी अंक में प्रकाशित कराया गया। बाद में उन्होंने मैजिक लैन्टर्न से दिखाने के लिए इन शहीदों के चित्र तैयार कराए। उनको दिखाकर क्रान्तिकारी विचारों का, युवकों और छात्रों के बीच सर्वत्र प्रचार किया जाता था। मुझे याद है एक बार उन्होंने ब्रेडला हॉल में या उसके बाहर मैजिक लैन्टर्न द्वारा इस प्रकार का प्रचार कार्य किया था। वहाँ युवक काफी संख्या में एकत्र हुए थे।

वैसे तो भगतसिंह सभी शहीदों का आदर और सम्मान किया करते थे, पर वह अमर शहीद करतार सिंह सराबा के जीवन और फिर फाँसी पर हँसते हुए झूल जाने से बहुत अधिक प्रभावित हुए थे। करतार सिंह सराबा के बारे में उन्होंने मुझे कई बार बताया कि इस देशभक्त युवक की आयु केवल 18-19 वर्ष की ही थी, जब उसे अंग्रेजी सरकार ने फाँसी दी थी। अदालत में उसने अपना बिलकुल बचाव नहीं किया था और उसने बड़ी बहादुरी से परिस्थिति का मुकाबला किया था। इस युवक ने अपने उत्सर्ग से भगतसिंह को अपना सर्वस्व बलिदान करने की प्रबल प्रेरणा प्रदान की थी। करतार सिंह के बारे में उन्होंने काफी मैटर इकट्ठा किया था। उसका फोटो भी उन्होंने कहीं से प्राप्त कर लिया था। कितने ही शहीदों के उन्होंने चित्र इकट्ठे किए थे, उनके जीवन चरित्र लिखे थे और युवकों और छात्रों में उनका खूब प्रचार किया था। भगतसिंह ने वास्तव में यह बहुत ही सराहनीय कार्य किया था।

कुछ समय तक तो उग्र और गुप्त साहित्य द्वारा नवयुवकों में क्रान्तिकारी

विचारों का प्रचार होता रहा। फिर यह महसूस किया गया कि क्रान्तिकारी पार्टी को चाहिए कि अब वह खुलकर आम जनता के सामने आए और अपने विचारों से सबको अवगत कराए। इसी उद्देश्य को सामने रखकर 'नौजवान भारत सभा' की स्थापना 1926 में की गई। वास्तव में यह क्रान्तिकारी पार्टी का खुला मंच था। 'नौजवान भारत सभा' की रीति-नीति और विचारों को जो मानते थे अथवा उससे सहानुभूति रखते थे, उन सबके लिए इसका दरवाजा खुला हुआ था। यद्यपि सभा कांग्रेस की आलोचक थी, फिर भी कांग्रेस के अन्दर के उन लोगों की, जो अपने को उग्रवादी कहते थे, सहानुभूति इस सभा के साथ थी और वे यथाशक्ति सभा की सहायता भी किया करते थे। सभा की एक विशेषता यह भी थी कि इसके नेताओं और कार्यकर्त्ताओं में कोई भेद नहीं था। सब मिलकर छोटे-बड़े सभी प्रकार के काम किया करते थे। दरियाँ बिछाने का काम, मंच बनाने और सजाने का काम, पर्चे बाँटने का काम और मंच से भाषण देने का काम सभी लोग मिलकर बिना किसी दबाव के प्रसन्नतापूर्वक किया करते थे।

मुझे वह दिन याद है जब 'नौजवान भारत सभा' में इस बात पर खूब बहस हुई थी कि सभा की सार्वजनिक सभाओं की रक्षा करने के लिए जो स्वयंसेवक दल तैयार किया जाए, उसकी निशानी क्या हो। तय हुआ कि स्वयंसेवक मीटिंगों का प्रबन्ध करते समय गले में एक रूमाल बाँधा करेंगे। प्रश्न यह था कि इस रूमाल का रंग क्या हो? सम्भवतः भगतसिंह का ही यह प्रस्ताव था कि रूमाल लाल रंग का हो। मैं भगतसिंह का समर्थक था। काफी बहस हुई थी और अन्य तरह के सुझाव भी सामने आए थे पर अन्त में यही निर्णय लिया गया था कि रूमाल का रंग लाल ही रखा जाए। लाहौर से कानपुर आ जाने के बहुत वर्षों तक भगतसिंह द्वारा दिया गया लाल रूमाल मेरे पास सुरक्षित रखा रहा, बाद में न मालूम कैसे कहाँ खो गया।

भगतसिंह कांग्रेस के कट्टर आलोचक थे। वह कहा करते थे कि एक न एक दिन कांग्रेस अंग्रेजी सरकार से प्रशासन सम्बन्धी कुछ सुधार मात्र लेकर अंग्रेजों से समझौता कर लेगी, इसलिए आवश्यक है कि आम जनता और विशेषकर नवयुवकों के सामने नया आदर्श और नया नेतृत्व सामने लाया जाए। 'नौजवान भारत सभा' की स्थापना के समय उसके लक्ष्य और उसकी प्राप्ति के मार्ग पर काफी बहस हुई थी। आमतौर पर इस बात पर सहमति हो गई थी कि पूर्ण स्वाधीनता और किसान-मजदूर राज्य कायम करना भारतीय जनता का लक्ष्य होना चाहिए और मजदूरों के सामने इसी लक्ष्य को सामने रखकर उन्हें संगठित किया जाए।

1921 के असहयोग आन्दोलन को गांधीजी ने चौरी-चौरा हत्याकांड के कारण रोक दिया था। बड़े-बड़े राष्ट्रीय नेताओं को गांधीजी का यह कार्य अच्छा नहीं लगा था। नवयुवकों पर तो इसका बहुत ही बुरा प्रभाव पड़ा था। बहुत से युवक यह सोचने के लिए बाध्य हो गए थे कि गांधीजी के अहिंसात्मक आन्दोलन से देश

स्वतन्त्र नहीं हो सकता। उन्हें दूसरा मार्ग खोजना ही पड़ेगा। बिखरा हुआ आतंकवादी आन्दोलन फिर सिर उठाने लगा था। 1925 में 'काकोरी ट्रेन डकैती कांड' द्वारा क्रान्तिकारी नौजवानों ने सारे देश का ध्यान अपनी ओर आकर्षित कर लिया था। असहयोग आन्दोलन की विफलता के बाद देश का ध्यान मजहबी झगड़ों (साम्प्रदायिकता) की ओर मुड़ा। देश के कई हिस्सों में साम्प्रदायिक मारकाट मची। 'नौजवान भारत सभा' का ध्यान इस समस्या की ओर आकृष्ट हुआ। उसने साम्प्रदायिक एकता के लिए आवाज उठाई। इस विषय पर उसने अपने मंच से व्याख्यान दिलाकर लोगों से अपील की कि वे एक-दूसरे के खून से अपने हाथ न रँगें। सभा की ओर से कभी-कभी सम्मिलित सार्वजनिक भोज भी होते थे ताकि लोग आपसी भेदभाव को भुलाकर सहयोग की ओर आगे बढ़ें।

साम्प्रदायिक दंगों से भगतसिंह बहुत दुखी और क्रुद्ध हो जाते थे। उनका कहना था कि ईश्वर के नाम पर ही ये दंगे होते हैं। भगतसिंह कभी-कभी यहाँ तक कह डालते थे, "जब तक ईश्वर का बोलबाला रहेगा तब तक इनसानों में कभी भाईचारा नहीं बढ़ेगा। यदि मनुष्य को एकता और भाईचारे के सूत्र में बाँधना है तो मानव समाज को पहले 'ईश्वर के अस्तित्व' से मुक्ति दिलानी होगी।" मैं आमतौर पर भगतसिंह के इन विचारों से सहमत नहीं हो पाता था। मैं कहा करता था, "यदि मनुष्य स्वार्थ के लिए ईश्वर का नाम लेकर लड़ता है तो इसमें मनुष्य की ही गलती और नासमझी है, ईश्वर को दोषी क्यों ठहराया जाए। यदि मनुष्य सद्बुद्धि से काम ले तो ईश्वर के नाम पर मनुष्य मात्र को एक किया जा सकता है क्योंकि ईश्वर का अंश तो सभी मनुष्यों के हृदय में होता है। इस नाते सब भाई-भाई हैं।"

उन दिनों भगतसिंह अराजकतावादी नेताओं की शिक्षा और तर्कों से बहुत प्रभावित हुआ करते थे। रूसी अराज़कतावादी नेता प्रिंस क्रोपाटकिन और बाकुनिन की पुस्तकें वह बहुत पढ़ते थे। बकुनिन की पुस्तक 'ईश्वर और राज्य' (गॉड एंड दि स्टेट) का भगतसिंह ने बहुत अच्छी तरह अध्ययन किया था। उसे वे युवकों को पढ़ने के लिए दिया करते थे। यह पुस्तक वे द्वारकाप्रसाद पुस्तकालय से प्राप्त कर लिया करते थे। जो हो, 'नौजवान भारत सभा' साम्प्रदायिकता का डटकर विरोध किया करती थी।

'नौजवान भारत सभा' का एक उद्देश्य युवकों में देशभक्ति की भावना जाग्रत करना भी था। सभा यह भी चाहती थी कि युवक हमेशा यह महसूस करें कि भारत एक अखंड राष्ट्र है और नवीन राष्ट्र के निर्माण का कार्य युवकों को ही करना है। भगतसिंह यह चाहते थे कि युवक क्रान्ति की बातों को भलीभाँति समझें और इस बात के लिए तैयार रहें कि अंग्रेजों के साथ कोई समझौता राष्ट्रीय नेता न करने पाएँ। वह पुस्तकालय से क्रान्तिकारी और उग्र विचारों की पुस्तकें ले जाकर युवकों को पढ़ने के लिए दिया करते थे।

1921 में असहयोग आन्दोलन से प्रभावित होकर भगतसिंह ने कक्षा 9 से पढ़ाई छोड़ दी थी। बाद में वह लाहौर के नेशनल कालेज में भर्ती हो गए थे। इस कालेज का सारा वातावरण देशभक्तिपूर्ण था। भगतसिंह के जीवन पर यहाँ का बहुत गहरा प्रभाव पड़ा था। उस जमाने में, अर्थात 1921 के बाद भारत के विभिन्न भागों में ऐसे कालेजों की स्थापना हुई थी जिसमें असहयोगी छात्र विद्याध्ययन किया करते थे। बनारस में काशी विद्यापीठ, गुजरात में गुजरात विद्यापीठ और पटना में बिहार विद्यापीठ की स्थापना की गई थी। उसी प्रकार लाहौर में लाला लाजपतराय तथा अन्य राष्ट्रीय नेताओं ने मिलकर नेशनल कालेज की स्थापना की थी। आचार्य युगल किशोर, प्रिंसिपल छबीलदास, भाई परमानन्द तथा जयचन्द्र विद्यालंकार आदि देशभक्त नेता और शिक्षाशास्त्री इसी कालेज में अध्यापन का कार्य किया करते थे। काशी विद्यापीठ में मैंने भी 1922 से 1926 तक शिक्षा पाई थी। वहाँ का वातावरण भी देशभक्तिपूर्ण था। डॉक्टर भगवानदास, सम्पूर्णानन्द, आचार्य नरेन्द्र देव, बाबू श्रीप्रकाश आदि नेतागण वहाँ के छात्रों में देशभक्ति और त्याग की भावना के बीज बोते रहते थे। ठीक वही बात लाहौर के नेशनल कालेज में भी थी।

भगतसिंह के साथी सुखदेव, यशपाल तथा अन्य क्रान्तिकारी इसी कालेज के छात्र थे। मेरे पास आने पर भगतसिंह अपने कालेज के साथियों के बारे में बहुधा बातचीत किया करते थे। वे अपने अध्यापकों के स्वभाव और पढ़ाने की विधि की भी अक्सर चर्चा किया करते थे। द्वारकाप्रसाद पुस्तकालय से वह बहुत-सी क्रान्तिकारी पुस्तकें ले जाकर नेशनल कालेज के अपने साथियों में वितरित किया करते थे। वह यह भी बताया करते थे कि किस पुस्तक के बारे में छात्रों की क्या राय है।

इतना समय बीत जाने के कारण मुझे उन सब पुस्तकों के नाम तो याद नहीं रह गए जिन्हें भगतसिंह पढ़ा करते थे और दूसरे साथियों को पढ़ने को दिया करते थे, पर कुछ के नाम मुझे अभी तक याद हैं। प्रारम्भ में भगतसिंह आमतौर पर उन पुस्तकों को ज्यादा पढ़ा करते थे जिनमें क्रान्तिकारियों ने लुक-छिपकर काम किया हो और जान हथेली में लेकर सत्ताधारियों और अत्याचारी शासकों का डटकर मुकाबला किया हो। आयरलैंड के क्रान्तिकारी नेता डैन ब्रीन की पुस्तक 'आयरिश स्वतन्त्रता के लिए मेरा संघर्ष' (माई फाइट फार आयरिश फ्रीडम) भगतसिंह की बहुत ही प्रिय पुस्तक थी। द्वारकाप्रसाद पुस्तकालय में वीर सावरकर की अंग्रेजी में एक छोटी-सी जीवनी आई थी। बहुत ही सरल पर प्रभावशाली ढंग से वह लिखी गई थी। खासतौर पर उनके जीवन की वह घटना अतिशय रोमांचकारी थी जिसमें सावरकर जी जहाज से कूदकर और समुद्र तैर कर फ्रांस के किनारे पहुँच गए थे। इस घटना से भगतसिंह बहुत प्रभावित हुए थे। इस पुस्तक को भी उन्होंने बहुत बार अपने नाम से पुस्तकालय से इश्यू कराया था और नौजवानों को पढ़ने को दिया था।

'इटली की क्रान्ति और मैजिनी तथा गेरीवाल्डी की जीवनियाँ और उनके विचार' शीर्षक पुस्तक उनको बहुत प्रिय थी। एक प्रिय पुस्तक उनकी और थी 'क्राई फार जस्टिस' (न्याय की पुकार)। लेखक का नाम मुझे याद नहीं है। प्रत्येक युग में जिन लोगों ने न्याय के लिए अपनी आवाज उठाई और कष्ट झेले एवं सहे, उनके विचारों का संग्रह इस पुस्तक में था। बहुत प्रभावशाली पुस्तक थी यह। भगतसिंह इसे बार-बार पुस्तकालय से ले जाया करते थे और युवकों से सिफारिश किया करते थे कि वे इसका अवश्य अध्ययन करें।

कुछ समय तक इस प्रकार की पुस्तकों का प्रचार होता रहा। मैं उन दिनों नया-नया समाजवादी हुआ था। समाजवाद के आदर्श और सिद्धान्त तथा रूसी राज्य-क्रान्ति ने मुझे बहुत प्रभावित किया था। मार्क्स, लेनिन तथा दूसरे समाजवादी नेताओं की पुस्तकों से मुझे उन दिनों ऐसा लगने लगा, मानो सत्य की कुंजी मेरे हाथ लग गई है। विश्व के इतिहास का उतार-चढ़ाव समझ में आने लगा था। लाहौर में रामकृष्ण एंड संस के यहाँ से मैं नवीन से नवीन समाजवादी पुस्तकें पुस्तकालय के लिए ले आया करता था। उन्हें पहले मैं पढ़ता था और फिर भगतसिंह और सुखदेव को पढ़ने को दिया करता था।

रूस की राज्य-क्रान्ति और रूसी युवकों के बलिदानों ने भगतसिंह को बहुत ज्यादा प्रभावित किया था। रूसी क्रान्तिकारियों में एक गुट ऐसा था जो आत्मबलिदान करके अपने विचारों का प्रचार करने में अधिक विश्वास करता था। अदालत में वे बहुत बहादुराना व्यवहार किया करते थे और जारशाही अदालत के मंच को वह अपने क्रान्तिकारी विचारों के फैलाने में इस्तेमाल किया करते थे। अदालत के कटघरे में खड़े होकर वह अपने बयान देते थे और कहते थे, "मैंने यह हिंसात्मक कार्य क्यों किया और यह कि मुझे अपने कार्य के लिए किंचित् पश्चात्ताप नहीं है। फलतः मुझे जो भी सख्त से सख्त सजा दी जाएगी, उसे मैं सहर्ष झेलूँगा। यदि मुझे फाँसी भी दी गई तो मैं हँसते-हँसते फाँसी के फन्दे को अपने गले में डाल लूँगा।" ऐसे बयान पढ़कर भगतसिंह उछल पड़ते थे। वह मुझे अक्सर सलाह दिया करते थे कि मैं पुस्तकालय में बैठकर अधिक-से-अधिक क्रान्तिकारी साहित्य पढ़ा करूँ और वहाँ आनेवाले युवकों को ऐसे साहित्य से परिचित कराया करूँ।

भगतसिंह क्या पढ़ते थे—इस पर और कुछ प्रकाश डालने के पूर्व मैं एक संस्मरण और लिख देना चाहता हूँ जिसका भगतसिंह पर बहुत अधिक प्रभाव पड़ा था। एक दिन मुझे एक पुस्तक पढ़ने को मिली जिसका नाम शायद था 'अराजकतावाद और अन्य निबन्ध' (एनारकिज्म एंड अदर एसेज)। इस पुस्तक में एक अध्याय था 'हिंसा का मनोविज्ञान' (सायकलोजी ऑफ वायलेन्स) इसमें फ्रांस के अराजकतावादी क्रान्तिकारी वेलां का वह बयान छपा था जिसे उसने अदालत के सामने दिया था। जब वेलां से यह प्रश्न पूछा गया कि "तुमने असेम्बली में बम क्यों

फेंका, विरोध प्रदर्शन का कोई अन्य तरीका क्यों नहीं अपनाया।" तो वेलां ने कहा कि "मैंने मजदूरों के प्रदर्शन किए, मीटिंगें कीं, व्याख्यान किए, पर सरकार पर कोई असर नहीं पड़ा। मैं देख रहा था कि फ्रांसीसी समाज एक ऐसे ज्वालामुखी के मुँह पर बैठा है जो फूट ही पड़ना चाहता है। इस पर मैंने यह सोचकर कि "इस बहरे समाज को जगाने के लिए ऊँची आवाज की आवश्यकता है, मैंने असेम्बली में बम का धड़ाका किया। मुझे अपने कृत्य पर कोई पश्चात्ताप नहीं है। अदालत मुझे जो भी सजा देगी, उसे मैं सहर्ष स्वीकार करूँगा।" वेलां का बयान काफी लम्बा था। वह पूरा का पूरा उक्त पुस्तक में छपा था। मैंने जब उसे पढ़ा तो मुझे बहुत जोश आया। दूसरे दिन जब भगतसिंह आए तो मैंने उन्हें बताया कि वेलां का बयान अवश्य पढ़ो और देखो कि उसने कितना अच्छा बयान दिया है। जो भी नौजवान उसे पढ़ेगा, उससे प्रभावित हुए बिना न रहेगा। मैंने वह पुस्तक भगतसिंह के नाम इश्यू कर दी। उस पुस्तक को पढ़ने और खासतौर पर वेलां का बयान पढ़ने के बाद भगतसिंह मेरे पास आए, तब उन्होंने मुझे अपनी छाती से लगा लिया और कहा, "भाई, तुमने बहुत बढ़िया चीज मुझे पढ़ने को दी है।" यह कहकर उन्होंने मेरे सिर पर और पीठ पर हाथ फेरा।

उसके बाद न मालूम कितनी बार भगतसिंह ने उस पुस्तक को लाइब्रेरी से लिया। वेलां के बयान को उन्होंने नोट कर लिया। न मालूम कितने युवकों को उसे पढ़ने को दिया। भगतसिंह उस बयान को फिर कभी भूले नहीं। उन्होंने उसे अपने हृदय में बिठा लिया। 8 अप्रैल, 1929 को जब भगतसिंह ने भारतीय केन्द्रीय असेम्बली में बम का धड़ाका किया था तो उन्होंने एक पर्चा भी फेंका था जिसके शुरू का वाक्य था..."बहरों को सुनाने के लिए ऊँची आवाज की आवश्यकता होती है।" प्रसिद्ध फ्रांसीसी अराजकतावादी शहीद वेलां के यह अमर शब्द हमारे काम के साक्षी हैं। इसी पर्चे में यह भी कहा गया था कि क्रान्तिकारी विचार अमर होते हैं। दुनिया को कोई शक्ति उन्हें नहीं मार सकती। उस गाढ़े समय में भी भगतसिंह वेलां को भूले नहीं थे। वेलां से उन्हें क्रान्तिकारी प्रेरणा मिली थी।

वैसे तो भगतसिंह आमतौर पर क्रान्तिकारियों की जीवनियाँ और समाजवादी सिद्धान्त की पुस्तकें पढ़ा करते थे, पर कभी-कभी आकर वह मुझसे कहते थे कि इतना बड़ा पुस्तकालय है और यहाँ क्रान्तिकारी उपन्यास नहीं है। मैं ढूँढ़कर उनके लिए उपन्यास रख छोड़ता था। उनमें से कुछ के नाम मुझे अभी भी याद हैं—गोर्की का 'मदर', विक्टर ह्यूगो का 'नाइनटी थ्री' और 'ला मिजरेबिल्स', 'टेल ऑफ टू सिटीज', 'इंटरनल सिटी', सिंकलेयर के उपन्यास 'जंगल', 'बोस्टन', 'किंग कोल' आदि। एक पुस्तक थी 'हीरोज एंड हीरोइंस ऑफ रशिया'।"

पहले उनका ध्यान क्रान्तिकारी गुप्त कार्यों की ओर गया था। वह आमतौर पर पर शुरू-शुरू में ऐसी ही पुस्तकें पढ़ा करते थे जिनमें क्रान्तिकारियों ने बहादुरी के

काम किए हों। वह कहा करते थे कि आतंकवाद क्रान्ति को नहीं समाप्त कर सकता, पर आतंकवाद के बिना क्रान्ति की रक्षा भी नहीं की जा सकती। एक दिन रात के समय आपसी बातचीत में मैंने भगतसिंह से कहा, ''भाई, तुम आतंकवाद की बहुत तारीफ किया करते हो, पर यह क्यों नहीं सोचते कि क्रान्ति की जननी तो 'जनता' हुआ करती है, क्रान्ति की रक्षा बहादुर किसान और मजदूर ही कर सकते हैं, मुट्ठी-भर युवक नहीं। ऐसा भी हो सकता है कि देश आजाद हो जाए और जनता गुलाम ही बनी रहे। फ्रांस में राज्य-क्रान्ति हुई, राज-सत्ता उलट दी गई पर अन्त में पूँजीपतियों ने सारी शक्ति हथिया ली। इसके विपरीत रूस में किसानों और मजदूरों ने क्रान्ति का नेतृत्व अपने हाथ में ले लिया और समाजवादी राज्य की स्थापना कर की। भारत के क्रान्तिकारियों को भी चाहिए कि विश्व की क्रान्तियों से सबक लें और अपने संकुचित दायरे से बाहर निकलकर किसानों और मजदूरों के संगठन में जुट जाएँ। तब जो क्रान्ति होगी वह वास्तविक क्रान्ति होगी।''

भगतसिंह के विचारों का विकास होता गया। उन्होंने रूस की राज्यक्रान्ति का तथा समाजवादी साहित्य का काफी अध्ययन किया तब उनका ध्यान किसानों और मजदूरों की क्रान्तिकारी शक्ति की ओर गया। तब वह चाहने लगे कि भारतीय राष्ट्र के सामने समाजवादी आदर्श की ओर ज्यादा जोर से रखा जाए और किसानों और मजदूरों को स्वतन्त्रता संग्राम में और आगे बढ़कर हिस्सा लेने के लिए प्रेरित किया जाए। उन्हें मजदूरों के वर्ग संघर्ष से आगे बहुत आशा थी। समाजवाद में ही उन्हें शोषित और पीड़ित मानव समाज की मुक्ति दिखाई पड़ने लगी। यह सब होते हुए भी मेरी राय में भगतसिंह के अन्दर से आतंकवादी भावना सर्वथा निर्मूल नहीं हो पा रही थी।

मुझे याद है कि जब कभी समाजवाद पर उनके साथ मेरी बहस होती थी, वह एक तरफ तो कार्ल मार्क्स के सिद्धान्तों और उनकी रीति-नीति का समर्थन करने लगते थे और दूसरी तरफ अराजकतावादी बाकुनिन की भी प्रशंसा करने लगते थे। उनका यह कथन होता था कि ''समाजवाद को लाने के लिए भी शोषक वर्गों में भय असुरक्षा की भावना पैदा करने की जरूरत हैं।'' उनका विश्वास था कि ''क्रान्ति के मार्ग में कुछ-न-कुछ रक्तपात का होना अनिवार्य है।'' वह इन विचारों की ओर युवकों को आकर्षित करना चाहते थे। उनका यह भी कहना था कि हमें निडर होकर अपने क्रान्तिकारी विचारों का प्रतिपादन करना चाहिए। दुश्मन की अदालत में खड़े होकर हमें उसे चुनौती देनी चाहिए और स्पष्ट शब्दों में अपने आदर्श की घोषणा करनी चाहिए। अपना बलिदान देकर हम जो बात कहेंगे, उसका आम जनता पर और युवकों पर बहुत अधिक प्रभाव पड़ेगा।'' पर भगतसिंह की कार्यपद्धति से मुझे कुछ-कुछ ऐसा आभास हुआ करता था कि भगतसिंह देश में क्रान्तिकारी वातावरण पैदा करने और क्रान्ति को निकट लाने के लिए कुछ विशेष उतावले हो गए थे।

एक दिन भगतसिंह ने मुझसे आकर कहा कि ''तुम तो पुस्तकालय की तमाम पुस्तकों से परिचित हो। यदि हो सके तो तुम परिश्रम करके किसी किताब से बम बनाने का नुस्खा निकालो। यदि तुम इस काम को सफलतापूर्वक कर सके तो मैं तुम्हें क्रान्तिकारी शाबाशी दूँगा।'' मैंने कहा कि ''यह मेरा विषय नहीं है। मैंने इस पर कोई साहित्य नहीं पढ़ा है। फिर भी यदि तुमने फरमाइश की है तो मैं पूरी कोशिश करूँगा।'' मैं तीन दिन तक द्वारकाप्रसाद पुस्तकालय में कोशिश करता रहा, पर मुझे सफलता नहीं मिली। मैं निराश होकर बहुत ज्यादा थक गया। मैं सोचता रहा कि अब क्या किया जाए। बड़े खेद की बात है कि मैं भगतसिंह की यह इच्छा पूरी न कर सका। निराश होते हुए भी मैंने पुस्तकालय की सभी अलमारियों की तमाम पुस्तकों को उलट डाला। आखिर चौथे दिन जाकर मुझे सफलता मिल गई।

और कोई पुस्तक रही हो तो मुझे याद नहीं, पर मेरे खयाल से काफी बड़ी पुस्तक थी वह। शायद वह 'इनसाइक्लोपीडिया ब्रिटानिका' था। उसमें बम बनाने का नुस्खा बहुत विस्तार से दिया हुआ था। उस समय मुझे जो खुशी हुई थी उसे शब्दों में व्यक्त नहीं कर सकता। मैं बहुत अधीर होकर भगतसिंह की प्रतीक्षा करने लगा। जब वह आए तो मैंने उन्हें सारा किस्सा सुनाया और अन्त में उस पुस्तक को सामने रखकर मैंने उनसे कहा कि लो यह नुस्खा पढ़ लो। एक अलग टेबल पर जाकर वह बैठ गए और बहुत ध्यान से उसे पढ़ डाला। बाद में उन्होंने मुझसे वह पुस्तक घर ले जाने को कहा। मैंने इनकार किया कि ऐसी पुस्तकों को पुस्तकालय से बाहर ले जाने की मनाही है। उस पर उन्होंने दूसरे दिन आकर उसे पूरा का पूरा सब कागज पर नकल कर लिया। उन्होंने मेरी पीठ पर हाथ फेरकर मुझे शाबाशी दी।

भगतसिंह और भगवतीचरण वोहरा आपस में दोनों ही गहरे मित्र थे। भगवतीचरण भी बहुधा द्वारकाप्रसाद पुस्तकालय आया करते थे। उन्हें क्रान्तिकारी साहित्य पढ़ने का बहुत शौक था। वह अच्छे विचारक थे। गुप्त संगठनों की यह एक बहुत बड़ी बीमारी होती है कि जरा भी किसी ने किसी के विरुद्ध कुछ कह दिया और सन्देह पैदा कर दिया तो एकाएक सारी स्थिति बदल जाती है। पक्के से पक्के मित्र भी एक-दूसरे को सन्देह की दृष्टि से देखने लगते हैं। इस विषय पर भी कई बार मेरी भगतसिंह से बातचीत हुई थी। उनका कहना था कि किया क्या जाए। भगतसिंह गुप्त संगठन पर जब कभी विचार करते थे तो दो बातों पर अक्सर जिक्र करते थे—एक तो जहाँ कोई बात किसी के खिलाफ उड़ी कि फौरन सन्देह पैदा हो जाता है। दूसरे पक्के से पक्का साथी डगमगा जाता है। वह इकबाली गवाह बन जाता है और अपने ही मुँह से सारी बातें कहकर अपने साथियों से विश्वासघात कर बैठता है। ये दोनों ही बातें ऐसी हैं जिनसे गुप्त आन्दोलन को धक्का लगता है।

पंजाब की क्रान्तिकारी पार्टी और भगतसिंह के साथियों के बीच किसी ने यह

खबर फैला दी कि भगवतीचरण वोहरा खुफिया पुलिस के एजेंट हैं जो क्रान्तिकारी पार्टी को गुप्त से गुप्त बात की खुफिया विभाग तक पहुँचा देते हैं। पहले तो लोगों में कानाफूसी होती रही और बाद में खुलकर बातें होने लगीं। सन्देह दिनोंदिन बढ़ता ही गया। इस खबर से भगतसिंह को बहुत ही गहरा सदमा पहुँचा क्योंकि भगतवतीचरण उनके बहुत ही गहरे मित्रों में से थे। काफी पढ़े-लिखे थे। वह क्रान्ति की बातों को खूब समझते भी थे और लिख भी सकते थे। भगतसिंह ने एक बार भगवतीचरण के बारे में बातचीत के दौरान यह कहा, "मेरी समझ में नहीं आ रहा है कि मैं क्या करूँ। बात मेरे गले के नीचे नहीं उतर रही है। वह मेरा पक्का और विश्वसनीय साथी है। वह पार्टी का अहित कभी नहीं सोच सकता और यदि इस खबर में कुछ भी सच्चाई का अंश है तो मैं सोचता हूँ कि पार्टी किस प्रकार जीवित रह सकती है। जब क्रान्तिकारी साथी अपनी जान की बाजी लगाकर पार्टी का काम करता है तब विश्वास तो एक-दूसरे का करना ही पड़ेगा।" उस दिन बातचीत के दौरान भगतसिंह बहुत ही ज्यादा दुखी और परेशान दिखलाई पड़ रहे थे। बाद में जब उन्होंने अपने साथियों के द्वारा छानबीन की और उनकी गतिविधियों का पता लगाया, तब उन्हें मालूम पड़ा कि यह खबर स्वार्थवश किसी दूसरे साथी ने ही उड़ाई थी। इससे उन्हें बहुत सन्तोष हुआ। भगवतीचरण पर उन्हें पूरा भरोसा हो गया।

क्रान्तिकारी पार्टी में एक व्यक्ति और था जो भगतसिंह का बहुत लाड़ला था। वह था हंसराज वोहरा। वह शायद कालेज का छात्र था। बहुत सुन्दर और स्वस्थ तथा अच्छे डीलडौल का खूबसूरत नवयुवक था वह। भगतसिंह उसे बहुत प्यार करते थे और वह भी भगतसिंह को बहुत आदर और सम्मान देता था। सांडर्स की हत्या में अपने अन्य साथियों की तरह हंसराज भी पकड़ा गया था। पुलिस ने उसे डराया-धमकाया भी था पर उसने पार्टी का कोई भी भेद पुलिस को नहीं बताया। चरित्र एवं साहस की काफी दृढ़ता दिखलाई थी उसने उस समय।

इसके बाद असेम्बली बम कांड के पश्चात क्रान्तिकारियों की गिरफ्तारियों के समय हंसराज को फिर गिरफ्तार किया गया। उन दिनों एक बार यह खबर जोरों से उड़ी कि भगसिंह के फलाँ साथी ने पुलिस के सामने अपना बयान दे दिया है और पार्टी का सारा भेद खुल गया है। सम्भव है कि इसी से प्रभावित होकर अथवा भय खाकर हंसराज ने भी अपना बयान पुलिस को दे दिया हो और पार्टी के साथियों के साथ विश्वासघात किया हो। बताते हैं कि उसके सरकारी गवाह बन जाने से भगतसिंह बेहद दुखी हुए थे। सिर्फ यही नहीं, हंसराज वोहरा भी कहते हैं कि अदालत में जब वह अपनी गवाही के लिए खड़ा किया गया और भगतसिंह से जब उसकी आँख मिली तो वह बहुत शर्मिन्दा हुआ और रो पड़ा था।

भगतसिंह पर लाहौर षड्यन्त्र केस में जब निचली अदालत में मुकदमा चल रहा था। अदालत के चारों तरफ सशस्त्र पुलिस तैनात रहती थी और किसी को अन्दर

जाने की आज्ञा नहीं दी जाती थी। पर मध्यांतर में अभियुक्तों के रिश्तेदारों आदि को थोड़े समय के लिए मिलने का अवसर दे दिया जाता था। इस अवसर का लाभ उठाकर एक बार दोपहर के समय मुझे भी भगतसिंह से मिलने का मौका मिल गया। इधर-उधर की बातें होने पर भगतसिंह ने दुखी होकर जो कहा था, वह मुझे आज तक भी याद है। अपने साथियों के बयान दे देने और मुखबिर बन जाने से वह बहुत दुखी थे। उन्होंने कहा, "जेब में पिस्तौल डालकर घूमना और यह समझना कि वह क्रान्तिकारी है—सर्वथा सत्य नहीं होता। वस्तुतः दुश्मन की गिरफ्त में पड़कर जुल्म और ज्यादती बर्दाश्त कर क्रान्तिपथ पर अडिग बने रहना ही सच्चे क्रान्तिकारी का लक्षण है।" उन्होंने यह भी कहा था, "एक क्रान्तिकारी के लिए निडर होना और दृढ़ चरित्रवान होना अत्यन्त आवश्यक है।"

यहाँ पर एक छोटी-सी बात का और जिक्र कर देना चाहता हूँ। जब लाहौर में भगतसिंह मेरे पास अक्सर आया-जाया करते थे, तब बहुधा मुझसे खाना छीनकर खाने लगते थे और जब मैं नाराज होने लगता था तो कहा करते थे कि मुझे इस तरह खाने में बहुत मजा आता है। क्रान्तिकारी पार्टी का तो यह हाल होता था कि कभी तो उसके सदस्यों के पास खूब पैसे हो जाते और कभी उनके पास खाने को भी पैसे नहीं होते। कभी-कभी निजी बातचीत में भगतसिंह इन बातों का जिक्र कर दिया करते थे।

एक दिन दोपहर के बाद का समय था। एक युवक भगतसिंह के पास से कागज का एक छोटा-सा पुर्जा लेकर मेरे पास आया जिस पर लिखा था कि "तुम इस पत्र को देखते ही पत्रवाहक के हाथ तुरन्त दस रुपए भेज दो। देखो, इनकार न करना। कई साथी घर पर आ गए हैं और खाने को कुछ भी नहीं है।" उसी युवक ने बतलाया कि वह भगतसिंह के पास से यह पर्चा लाया है। मैं बहुत असमंजस में पड़ गया कि क्या करूँ। मैं उस युवक को जानता नहीं था और न मैं यह चाहता था कि वह यह जाने कि भगतसिंह से मेरी मित्रता है। पर भगतसिंह के सामने जो आर्थिक परिस्थिति थी, वह भी मैं भलीभाँति जानता था। कुछ क्षणों तक मैं परेशान रहा पर अन्त में मैंने उस युवक से कहा कि "जाओ, भगतसिंह से कह देना कि मेरे पास कोई रुपए देने को नहीं हैं और आइन्दा मेरे पास इस तरह के पर्चे न भेजा करें। मुझे इस तरह की बातों से कोई सरोकार नहीं।" इस प्रकार मैंने डाँट-फटकार कर उस युवक को लौटा दिया।

मैंने उस युवक को लौटा तो दिया पर मुझे मन में यह परेशानी महसूस होने लगी कि भगतसिंह इस समय बहुत चिन्तित बैठे होंगे। मैं तुरन्त सारे काम छोड़कर उनके पास गया। सचमुच वह बहुत चिन्तित थे। एक तो उन्हें रुपए की जरूरत थी और उस पर मैंने ऐसा व्यवहार किया। मैंने उन्हें समझाते हुए कहा कि वह युवक अपरिचित था और मैं यह नहीं चाहता था कि वह मेरे और तुम्हारे सम्बन्ध के बीच

में आए इसलिए मैंने उसे लौटा दिया था। मैंने उन्हें रुपए दे दिए और फिर मैं कुछ बातें करके लौट आया।

मुकदमे के दौरान दोपहर के समय एक दिन भगतसिंह से मैं मिला। भूख हड़ताल के समय उन दिनों जबरदस्ती नाक में नली डालकर अभियुक्तों को दूध पिलाया जाता था और सभी अभियुक्तों की तरह कई लोग मिलकर उन्हें भी जबरदस्ती दूध पिलाया करते थे। इससे भगतसिंह पस्त भी हो जाते थे और घायल भी हो जाते थे। उन्हें स्ट्रेचर पर लिटाकर अदालत में लाया जाता था। उस दिन भी वह दोपहर के समय अदालत के बाहर बरामदे में स्ट्रेचर पर ही लेटे हुए थे। हम कुछ देर तक एक-दूसरे को देखते ही रहे, बोल न सके। कुछ देर की प्रतीक्षा के बाद भगतसिंह ने मुझसे कहा, "भाई राजाराम, मुझे माफ करना, उस दिन मैंने तुमसे जो दस रुपए लिए थे, उन्हें तुम्हें वापस कर ही न सका।" मैंने कहा, "भाई, ऐसी बात, ऐसे समय क्यों कर रहे हो। मैंने तुम्हें रुपए उधार नहीं दिए थे। आश्चर्य है कि अभी तक तुम्हें उन रुपयों की याद बनी हुई है।" यह कहते-कहते मेरा गला भर आया और आँखों में आँसू आ गए। भगतसिंह भी कुछ-कुछ भावुक हो उठे थे। उनके इशारा करने पर मैंने सिर झुका दिया और उन्होंने अपना हाथ मेरे कन्धे पर रख दिया। कुछ देर वह हाथ मेरे कन्धे पर रखे रहे। उस समय हम दोनों ही बहुत भावुक हो उठे थे। उस दिन की जब याद करता हूँ तब आज भी मेरी आँखें छलछला आती हैं।

मैंने अदालत में एक दिन ऐसा दृश्य देखा जिसे मैं कभी नहीं भुला सकता। उन दिनों की बात है जब अदालत में भी अभियुक्तों को हथकड़ियाँ डालकर बैठना होता था। एक दिन किसी बात पर भगतसिंह को अपने साथी के साथ बात करते हुए हँसी आ गई। मजिस्ट्रेट ने बड़े जोर से कहा, "भगतसिंह, क्यों हँस रहे हो। मुझे यह पसन्द नहीं।" उसका इतना कहना था कि भगतसिंह अपनी हथकड़ियाँ खनखनाकर खड़े हो गए और बहुत ही शान के साथ उन्होंने मजिस्ट्रेट से सिंह के समान गरजते हुए कहा, "मजिस्ट्रेट महोदय, इस समय आपको मेरा हँसना अच्छा नहीं लगता, पर उस दिन आप क्या करेंगे जिस दिन मैं फाँसी के तख्ते पर भी हँसूँगा और 'इन्क्लाब जिन्दाबाद' चिल्लाऊँगा।" भगतसिंह की इस सिंह-गर्जना के सामने मजिस्ट्रेट के चेहरे का रंग फीका पड़ गया और वह चुप हो गया। उस घटना को घटित हुए इतना जमाना व्यतीत हो चुका है फिर भी भगतसिंह का अदालत के सामने गरजते हुए उस मजिस्ट्रेट को फटकारना और हथकड़ियों को झनकारते हुए सीना तानकर खड़े होना मुझे आज भी भूला नहीं है।

1930 के नमक सत्याग्रह में राजद्रोहात्मक भाषण देने के अपराध में मुझे दो वर्ष की सख्त कैद की सजा हुई थी। मेरा मुकदमा शेखूपुरा जेल में चला था। सजा हो जाने पर कुछ दिनों के पश्चात मुझे लाहौर सेन्ट्रल जेल भेजा गया था। एक दिन

नए कैदियों को स्थान और काम बाँटा जा रहा था। नए कैदी एक जगह कतार में खड़े थे। मैंने देखा कि भगतसिंह एक जमादार के साथ जेल के फाटक की ओर जा रहे हैं। मैं लाइन में खड़ा था और चारों तरफ जमादार आदि हमें घेरे हुए खड़े थे। मेरी समझ में नहीं आ रहा था कि भगतसिंह को अपनी ओर कैसे आकर्षित करूँ। मैं छटपटाने लगा। मैंने सोचा कि यदि आज न मिल पाया तो फिर न जाने भविष्य में कभी एक-दूसरे से मिल भी पाएँगे या नहीं। साहस बटोरकर किसी काम का बहाना बनाकर मैं अपनी लाइन से चन्द कदम आगे बढ़कर हवलदार से कुछ कहने लगा। लाइन से बाहर होते ही अचानक भगतसिंह की निगाह मुझ पर पड़ी। मुझे देखते ही वह फाटक की ओर न जाकर मेरी ओर मुड़कर चलने लगे। इस पर उनके साथ के जमादार ने कुछ कहना चाहा, पर भगतसिंह ने उसे इतनी जोर से डाँट दिया कि आगे कुछ कहने का साहस उसे नहीं हुआ। वह भी धीरे-धीरे भगतसिंह के साथ ही चला आया। भगतसिंह को मुझसे मिलते देखकर जमादार तथा हवलदार आदि को भी हिम्मत न पड़ी कि वह भगतसिंह को मुझसे मिलने से रोक देते।

निकट आते ही पहले तो हम दोनों एक-दूसरे के गले मिले। भगतसिंह ने सर्वप्रथम यही पूछा कि "भाई, तुम यहाँ कैसे?" मैंने कहा कि "गांधीजी के आन्दोलन में मुझे दो वर्ष की सजा हुई है और शेखूपुरा जेल से यहाँ भेजा गया हूँ।" उन्होंने कहा कि गांधीजी के आन्दोलन में भी इतनी लम्बी सजा! मैंने उन्हें बताया कि शेखूपुरा जेल में पहले कई माह तक हवालाती कैदी के रूप में रहा हूँ और अब सजा हो जाने पर यहाँ लाया गया हूँ। लाहौर छोड़े मुझे काफी समय हो चुका है। इस पर उन्होंने कहा कि द्वारकाप्रसाद पुस्तकालय से मेरे पास पुस्तकें नहीं पहुँच रही हैं। मैं आश्चर्य में था कि राजाराम मुझे पुस्तकें भेजना क्यों भूल गए हैं। आज मालूम हुआ कि जब तुम स्वयं ही जेल काट रहे हो तो पुस्तकें मेरे पास और वह भी मेरी रुचि की कौन भेजता।

थोड़ी देर और इधर-उधर की बातें होती रहीं। मैंने उन्हें बताया कि जो क्रान्तिकारी समाजवादी साहित्य द्वारकाप्रसाद पुस्तकालय में तुमने पढ़ा था और जिस पर हम लोगों में रातभर बहसें हुआ करती थीं, उसको जीवन में उतारकर भगतसिंह तुमने सार्थक कर दिया और द्वारकाप्रसाद पुस्तकालय भी धन्य हो गया। तुम्हारे नाम के साथ यह भी सदैव याद किया जाएगा...

बिछुड़ते समय हम लोग एक-दूसरे से गले मिले। दोनों की ही आँखें छलछला आईं।

भगतसिंह से वह मेरा अन्तिम मिलन था।

भगतसिंह का पार्थिव रूप आज हमारे बीच में नहीं है, पर प्रत्येक देशभक्त और सुखी

संसार की चाह रखनेवाले प्रत्येक नर-नारी युवा और वृद्ध के हृदय में उनका स्थान है। भगतसिंह गरीबी को महापाप समझते थे और ऐसी समाज व्यवस्था कायम करना चाहते थे जिसमें मनुष्य द्वारा मनुष्य का शोषण खत्म हो जाए और एक आकाश के नीचे सभी लोग सुख और शान्ति के साथ अपना जीवन व्यतीत कर सकें। इसके लिए वह क्रान्ति का होना अनिवार्य समझते थे। उस क्रान्ति को लाने के लिए वे ऐसे युवकों, किसानों और मजदूरों का संगठन बनाना चाहते थे जो क्रान्ति की सफलता के लिए अपना सर्वस्व न्यौछावर करने को तैयार हों।

भगतसिंह समझते थे कि दूसरों को उपदेश देकर और स्वयं मौज की जिन्दगी बितानेवाले लोग क्रान्ति नहीं ला सकते। इसके लिए तो क्रान्तिकारी को स्वयं अपना बलिदान करके दूसरों को प्रेरित करना होगा। जब कभी कोई खास मौका आ जाता था, भगतसिंह अक्सर कह दिया करते थे कि भाई मैंने तो अपना जीवन ही देश की स्वतन्त्रता और क्रान्ति के लिए समर्पित कर दिया है।

वास्तव में भगतसिंह एक व्यक्ति न होकर जनभावनाओं के मूर्त रूप थे। उस समय देश की जो हालत थी और देश की जनता के दिलों में जो बातें हिलोरें ले रही थीं, भगतसिंह उन जनभावनाओं को व्यक्त करने के लिए एक निमित्त मात्र बन गए थे, प्रतीक हो गए थे। उन्होंने देश की धड़कन और नब्ज को ठीक तौर पर समझ लिया था और खूब सोच-समझकर उन्होंने अपना कदम उठाया था। इस अवसर पर एक प्रश्न मन में उठता है कि भगतसिंह इतने लोकप्रिय कैसे हो गए? उनका देश के लिए और खासतौर पर नवयुवकों के लिए क्या सन्देश था जिसने उन्हें इतना ऊँचा उठा दिया? 'भगतसिंह' एक ऐसा विषय है जिसका बहुत गम्भीरतापूर्वक अध्ययन किया जाना चाहिए।

'नौजवान भारत सभा' से शहादत तक

यशपाल

सशस्त्र क्रान्तिकारी आन्दोलन के जिस काल से मेरा व्यक्तिगत सम्बन्ध रहा है उसमें भगतसिंह का स्थान बहुत महत्त्वपूर्ण था। क्रान्ति की चेष्टा या राजनीतिक बातों के अलावा भी सहपाठी और मित्र के रूप में भगतसिंह की संगति में बहुत बड़ा आकर्षण था। वह स्वयं बहुत विनोदप्रिय होने के साथ-साथ दूसरों के लिए विनोद का अच्छा खासा साधन भी बन सकता था। भगतसिंह के उस समय के रूप और उसके वर्तमान ऐतिहासिक महत्त्व और स्थान में बहुत अन्तर है।

भगतसिंह के जो सुघड़ और चुस्त चित्र हैट पहने और मूँछों पर मुर्री दिए आज जगह-जगह दिखाई देते हैं, उनसे भगतसिंह के उस समय के रूप और व्यवहार की कल्पना नहीं की जा सकती। कद लम्बा और चेहरे का रंग साफ होने पर भी हलकी-हलकी दाढ़ी-मूँछ से घिरा चेहरा उभरी हुई परन्तु हलकी भवें और कुछ छोटी आँखें। सिर पर ढीले-ढीले बँधे केशों पर दोनों और लटकती छोटी-सी पगड़ी। खद्दर के मैले और प्रायः शरीर से बेनाप कपड़े। कमर में अक्सर पायजामे की जगह लुंगी पहनकर ही वह कालेज आ जाता। हम लोगों का सहपाठी झंडा सिंह (अब सरदार जसवन्त सिंह) उसकी आँखों की उपमा लड्डू से चिपके बादामों से और उसके कद की उपमा जवान अल्हड़ बोते (ऊँट) से दिया करता था।

दूसरी ओर समय आने पर भगतसिंह का रूप और करनी दोनों ही ऐसे निखरे कि उसे फाँसी दी जाने के समाचार की पहली चोट जब हलकी पड़ गई तो उस गहरी चोट को सह्य मजाक बना डालने के लिए पंजाब की एक प्रमुख कांग्रेसी महिला कह बैठी, "इस समाचार से न जाने देश की कितनी महत्त्वाकांक्षी कुमारियों के हृदय विधवा हो गए होंगे।" भगतसिंह देश के युवक-युवतियों के स्वप्नों का आदर्श बन गया तो लोग उसके रूप को भी उसकी कीर्ति की छाया में ही देखने लगे। कालेज के दिनों में भगतसिंह को बुद्धू बनाने में मजा आता था। मैं स्वयं भी काफी बुद्धू बनता रहा हूँ। हम सभी को किसी न किसी समय बुद्धू बनना ही पड़ता था। एक समय खिलवाड़ का साधन भगतसिंह अपनी कर्मठता और निष्ठा से आज गौरव का

प्रतीक बन गया है।

भगतसिंह का परिवार औसत खाते-पीते मध्यम श्रेणी का था जो आर्थिक कठिनाइयों के कारण सदा नए-नए उद्योगों और प्रयत्नों में लगा रहता था।

आरम्भ में भगतसिंह उग्र था। बाद में कुछ समय तक हम लोगों को पंजाब में सुखदेव से बढ़कर कोई न जँचता था। समय आने पर भगतवतीचरण ने जो किया शायद उसकी मिसाल न मिलेगी। मुझे आरम्भ के वे दिन भी याद हैं जब एक बार स्वयं खूब उग्र होकर बाद में साहित्यिक महात्त्वाकांक्षा के स्वप्न में डूब जाने से दल के कार्य के प्रति मैं शिथिल हो रहा था। भगतसिंह और सुखदेव 'साहित्यिक' कहकर मेरी खिल्ली उड़ाने लगे। सन् 1930 में जब सुखदेव और भगतसिंह गिरफ्तार हो चुके थे और मैं फरार होकर एक के बाद एक दुस्साहस के काम में हाथ डालता जा रहा था, उस समय भगतसिंह ने जेल से मेरे लिए यह सन्देश भेजा था, "...उसे कहो, कुछ दिन बैठकर पढ़े और कहानियाँ लिखे।"

भगतसिंह का परिवार सम्प्रदाय से सिख था परन्तु साम्प्रदायिकता के प्रति इस परिवार में कोई रूढ़िवादी कट्टर आस्था नहीं थी। भगतसिंह के पिता से मेरा घनिष्ठ परिचय रहा है। उसके दादा को भी जानता था। सिर पर केश होने के बावजूद यह लोग सिख की अपेक्षा आर्यसमाजी ही अधिक थे। भगतसिंह के पिता सरदार किशनसिंह तो सामाजिक प्रश्नों पर साम्प्रदायिकता की उपेक्षा कर उन्हें केवल राजनीतिक दृष्टि से देखते थे। कांग्रेस में वे रहे तो सदा ही परन्तु रहे असन्तुष्ट आलोचक के रूप में वामपक्ष की ओर। सरदार किशनसिंह आर्यसमाज के समाज सुधारक के कार्यक्रमों में बहुत दिलचस्पी लेते थे। लाहौर में आर्यसमाज का वार्षिक उत्सव होने पर वहाँ अवश्य दिखाई दे जाते। यह शायद इसलिए कि पुराने सहयोग के कारण आर्यसमाज के कार्यकर्त्ताओं से उनके व्यक्तिगत सम्पर्क भी थे। किसी साम्प्रदायिक अनुष्ठान, पूजा-पाठ, हवन-संध्या के प्रति उनमें रुचि नहीं देखी।

1925 के जाड़ों की बात है। सरदार किशनसिंह जी एक इंश्योरेंस कम्पनी की एजेन्सी कर रहे थे। उनका दफ्तर लाहौर में लुहारी दरवाजे के भीतर बाजार में दुमंजिले पर था। जब यह जगह मौजूद थी तो भगतसिंह के मित्रों को कोई दूसरा मकान किराये पर लेने की क्या जरूरत थी। उस समय जोरू-जाता किसी साथी के था ही नहीं। सरदार किशनसिंह जी एजेन्सी तो जरूर लिये थे परन्तु उन दिनों अधिक धन कमा सकने की आशा में उनकी रुचि खेती और दूध के विक्रय की ओर अधिक थी। वे प्रायः सांडा गाँव में रहते थे। एजेन्सी का दफ्तर हम लोगों के लिए डेरा बना हुआ था।

मैं उन दिनों लाहौर के नेशनल स्कूल में पढ़ रहा था। नेशनल कालेज समाप्त होकर केवल नेशनल हाईस्कूल ही रह गया था। भगतसिंह अनिच्छा से थोड़ा-बहुत समय घर के कारोबार में लगाता, शेष समय पढ़ता और गुप्त संगठन के लिए भूमि

तैयार करने में लगा रहता। सुखदेव कभी लायलपुर अपने घर चला जाता। वहाँ उसके परिवार ने उसके लिए आटे की एक चक्की लगवा दी थी। लाहौर आता तो भगतसिंह के साथ ही बना रहता। हमारे सहपाठी झंडा सिंह और जयदेव गुप्त भी वहीं रहते थे। झंडा सिंह गांधी खद्दर भंडार में काम कर रहा था और उसी में जुटा रहता था। जयदेव गुप्त सरदार जी के बीमे के काम में सहयोग दे रहा था। खाना हम लोग किसी तन्दूर पर खा लेते और दफ्तर में बिछी दरी पर बिस्तरा लगाकर काट देते। दफ्तर में मेज-कुर्सी मौजूद होने से पढ़ने-लिखने की भी सुविधा थी।

भगतसिंह के परिवार का पुराना स्थान पंजाब के होशियारपुर जिले में था। चिनाब नदी की नहर बन जाने पर लायलपुर के रेतीले जिले में नई बस्ती बसने लगी। यह लोग अपने पैतृक स्थान में खेती की भूमि का अभाव अनुभव कर लायलपुर के एक गाँव में आ बसे।

भगतसिंह से इस गाँव की एक बड़ी विचित्र घटना सुनी। दादा अर्जुनसिंह के गाँव की भूमि तम्बाकू की उपज के लिए बहुत अनुकूल थी परन्तु गाँव में पूरी आबादी सिक्खों की होने के कारण वहाँ तम्बाकू की खेती नहीं होती थी। सरदार अर्जुनसिंह इस रूढ़िवाद या कुसंस्कार को कब तक सहते जाते। उन्होंने अपने खेतों में तम्बाकू बो दिया। गाँव भर में पंचायतें हुईं पर वे डटे रहे। फसल तैयार हो जाने पर तम्बाकू घर में जमा कर लिया। तम्बाकू का खेतों तक रहना एक बात थी पर उसका एक सिक्ख के घर में रख लिया जाना सिक्ख बिरादरी किसी तरह न सह सकती थी। सरदार जी को बिरादरी से अलग कर दिया गया। सिक्ख बिरादरी में हुक्के का तो प्रश्न ही नहीं उठता, इसलिए सरदार अर्जुनसिंह जी का लोटा-पानी और उनसे व्यवहार बन्द हो गया। सरदार जी अपनी बिरादरी को तर्क द्वारा समझाने की विफल चेष्टा करते रहे।

एक दिन उस तम्बाकू का ग्राहक भी आ पहुँचा। तम्बाकू बिक गई। मुनाफा घर में आ गया। अब सरदार जी ने बिरादरी से कहा, "पंचों की राय सिर-माथे, मैं अपना अपराध स्वीकार करता हूँ कि मैंने अति अपवित्र वस्तु को छुआ और अपने घर में रखा परन्तु अब वह मेरे घर से निकल चुकी है। घृणित से घृणित वस्तु को छू कर भी सफाई कर लेने से मनुष्य पवित्र हो जाता है। गुरुओं की आज्ञा है कि कोई व्यक्ति, अछूत या मुसलमान भी अमृत छककर सिक्ख धर्म में दीक्षित हो सकता है। आप जिस तरह कहें, मैं अपने मकान की शुद्धि करने को तैयार हूँ।" ग्रंथ साहब का अखंड पाठ हुआ, भोग लगाकर प्रसाद बाँटा गया। सरदार अर्जुनसिंह फिर बिरादरी में शामिल हो गए। अपने मित्रों को उन्होंने समझाया, "जहाँ तर्क नहीं चलता वहाँ उदाहरण काम देता है। मेरी बिरादरी के सामने यह उदाहरण तो हो गया कि तम्बाकू जैसे निषिद्ध पदार्थ को छू लेनेवाला व्यक्ति भी गुरुओं के अनुसार फिर पवित्र हो सकता है। इतनी-सी बात पर मैं आयु भर के लिए बिरादरी से अलग बना

रहूँ, यही क्या तर्कसंगत है।"

उपरोक्त घटना से यह स्पष्ट है कि रूढ़िवाद से मुक्त पारिवारिक वातावरण में भगतसिंह ने तर्क, विद्रोह और साहस की दीक्षा पारिवारिक परम्परा से भी पाई थी। आर्यसमाज के प्रति भगतसिंह के परिवार का झुकाव विचार स्वतन्त्रता और क्रान्ति की ओर प्रवृत्ति के कारण ही था।

सन् 1922 में राष्ट्रीय आन्दोलन के स्थगित हो जाने पर भगतसिंह गुरुद्वारा आन्दोलन में भाग लेने लगा था। इस आन्दोलन में भाग ले सकने का अवसर पाने के लिए भगत ने भी सिर पर केश बढ़ा लिये थे। वह अकाली बनकर काली पगड़ी पहनने और कृपाण भी रखने लगा था परन्तु धार्मिक आस्था से नहीं, विदेशी सरकार विरोधी भावना और राजनीति के कारण। इन दिनों और भी अनेक हिन्दू युवक सिख और अकाली बन गए थे। काली पगड़ी युवकों में फैशन बन गई थी। कृपाण के प्रति भगतसिंह को आकर्षण इसलिए था कि कृपाण के आकार पर सरकार द्वारा लगाए हुए प्रतिबन्ध का विरोध करने के लिए सिक्खों ने 'कृपाण आन्दोलन' चलाया था और सिक्ख तीन फुट लम्बी तलवारें हाथ में लिये कानून भंग करते थे।

जब भगतसिंह नेशनल कालेज में पहुँचा तब भी वह काली पगड़ी ही बाँधता था। गुरुद्वारा आन्दोलन समाप्त हो चुका था। अब काली पगड़ी साम्प्रदायिकता का ही चिह्न रह गई थी। भगतसिंह का काली पगड़ी बाँधने और कृपाण रखने का नियम धीरे-धीरे शिथिल हो गया था। गुरुद्वारा आन्दोलन में सिक्खों को सफलता मिल जाने पर उनमें साम्प्रदायिक संकीर्णता का अहंकार और रूढ़िवाद जोर पकड़ने लगे थे। नवयुवकों और भगतसिंह को अकाली आन्दोलन से विरक्ति होने लगी थी। उन दिनों वह कभी भी गुरुद्वारे में नहीं जाता था।

भगतसिंह मैट्रिक पास किए बिना और कुछ समय गुरुद्वारा आन्दोलन वगैरह में लगाकर हमारा सहपाठी बना था। इस कारण वह पढ़ाई में, खासकर पाठ्यक्रम में, दूसरे साथियों से अपने-आपको कुछ पिछड़ा हुआ अनुभव कर रहा था। भगतसिंह के स्वभाव में सबसे बड़ी बात समय और परिस्थितियों के अनुकूल सट जाने की थी। पढ़ाई की अपनी कमी को पूरा करने के लिए वह विशेष यत्न कर रहा था परन्तु कक्षा में हम लोग यदि गुट बाँधकर कोई शरारत करते तो वह पीछे नहीं रहता था। यह शरारतें अधिकतर होती थीं हमें मुगल इतिहास पढ़ानेवाले प्रोफेसर सोंधी और प्रोफेसर मेहता की अंग्रेजी कक्षा में। प्रोफेसर जयचन्द्र जी विद्यालंकार की कक्षा में किसी शरारत के लिए अवसर नहीं रहता था। उनकी बात की उपेक्षा करने में अपना ही नुकसान था। प्रोफेसर सोंधी कुछ औंघाते-औंघाते अपना लेक्चर देते थे। कोई भी सवाल करने पर उलझ बैठते, "तुम लिंक ऑफ थाट को डिस्टर्ब कर देते हो।" उनका एक बार यह कहना था कि हम लोग अप्रासंगिक प्रश्नों की झड़ी लगा देते थे। परिणाम यह होता कि सोंधी साहब कक्षा छोड़ देते और हम लोग दंगे के लिए

बाहर निकल आते।

प्रोफेसर मेहता पढ़ाते बहुत लगन से थे परन्तु उनका हिन्दुस्तानी भाषा का ज्ञान बहुत परिमित था। हिन्दुस्तानी शब्दों का उच्चारण और भी विचित्र। किसी भी शब्द का हिन्दुस्तानी पर्यायवाची शब्द उनसे पूछ लेना मजाक आरम्भ करने के लिए काफी था और फिर ठेठ पंजाबी का कोई ऊटपटाँग शब्द उन्हें सुझा देना। दूसरे विद्यार्थियों के खिलखिला पड़ने पर मेहता साहब परेशान हो जाते और सबसे पहले झंडासिंह की ओर संकेत कर हुक्म देते, ''गेट आउट ऑफ द क्लास।'' उसके बाद मेरी बारी आती, फिर सुखदेव की, फिर भगतसिंह की और दूसरे दो-एक साथियों की।

इससे कुछ पहले की बात है। एक दिन मैं और भगतसिंह रावी नदी में नौका खेने का अभ्यास करने गए थे। हम दोनों ही थे, तीसरा कोई नहीं था। यह तो याद नहीं कि प्रसंग कैसे चला परन्तु एकान्त देखकर मैंने भगतसिंह से एक बात पूर्ण विश्वास से कह डाली, "Let us pledge our lives to our country" (आओ हम लोग अपना जीवन देश के लिए अर्पण करने की प्रतिज्ञा करें।)

भगतसिंह ने सहसा बहुत गम्भीर होकर अपना हाथ मेरी ओर बढ़ा दिया, "I do pledge" (मैं प्रतिज्ञा करता हूँ)।

हाथ मिलाने के बाद हम दोनों ही कुछ देर तक चप्पू चलाना छोड़ निश्चल बैठे रहे। उस समय सूर्यास्त हुआ ही था, आकाश पर लाली थी। अँधेरा होता देखकर हम लोगों ने नाव किनारे लगाकर माँझी को सौंप दी। लौटते समय भी हम लोग चुप ही रहे, बोले नहीं। यह बात इतनी भावुकता से हुई थी कि उसकी याद बनी है।

कालेज में डेढ़ वर्ष बीतते-बीतते भगतसिंह और सुखदेव निश्चित रूप से दूसरी ओर बह चुके थे परन्तु कभी कालेज में ही बने हुए थे। मैं अपने साथियों में इस समय कहानी और लेख लिखने की प्रवृत्ति के लिए जाना जाने लगा था। कभी-कभी वे मजाक में मुझे साहित्यिक सम्बोधन भी करने लगे थे। भगतसिंह में भी ऐसी प्रवृत्ति है, यह सन्देह किसी को नहीं हो पाया था। भगतसिंह ने एक-दो बार कोई चीज लिखकर मुझे सुनाई और परामर्श भी लिया था परन्तु उसे प्रकाशित होने के लिए कहीं भेजा नहीं था। सन् 1925 की एक घटना याद है। पंजाब में हिन्दी साहित्य सम्मेलन की नई-नई स्थापना हुई थी। इसके सर्वेसर्वा जयचन्द्र जी और उन दिनों लाहौर में मौजूद पुत्तूलाल जी विद्यार्थी थे। उर्दू प्रधान लाहौर में हिन्दी सम्मेलन की ओर बहुत कम लोगों की रुचि थी। नेशनल कालेज के कुछ विद्यार्थी और संस्थाओं के हिन्दी अध्यापक ही प्रायः उसमें योग देते थे। सम्मेलन ने किसी एक विषय पर सर्वोत्तम निबन्ध लिखने के लिए पचास रुपए के पुरस्कार की घोषणा की थी। मैंने भी निबन्ध लिखा था। कई महीने तक परिणाम की प्रतीक्षा करने पर पता चला कि पुरस्कार किसी व्यक्ति को नहीं दिया जा सकता क्योंकि निर्णायकों ने तीन निबन्धों

को एक ही कोटि का ठहराया था। यह भी मालूम हो गया कि उन तीनों में से एक निबन्ध मेरा था। दूसरे दो निबन्ध लेखकों के नाम जानने के लिए खोज की तो पता लगा कि दूसरा निबन्ध भगतसिंह का था और तीसरा जयचन्द्र जी की भांजी का था।

लिखने की ओर भगतसिंह की प्रबल रुचि थी। वह उर्दू में भी लिखता था। कुछ दिन बाद स्थानीय उर्दू पत्रों में उसकी लिखी छोटी-छोटी चीजें प्रकाशित भी होने लगी थीं। अपने विचारों के प्रचार के लिए अथवा 1924-1925 में प्रायः सो गई राष्ट्रीय भावना को जगाने के लिए नेशनल कालेज के विद्यार्थियों ने नाटकों का माध्यम भी अपनाया था। भगतसिंह भी 'भारत दुर्दशा' आदि कई नाटकों में अभिनय करता रहा।

नौजवान भारत सभा की स्थापना के लिए विचार और सूत्रपात से ही हम सबने सहयोग दिया। उसके मुख्य सूत्रधार भगतसिंह, भगवतीचरण और नेशनल कालेज के रामचन्द्र कपूर थे। भगतसिंह जनरल सेक्रेटरी और भगवतीचरण प्रोपेगंडा सेक्रेटरी थे। इनके साथ सार्वजनिक क्षेत्र में प्रमुख सहयोग देनेवाले लोग थे साथी धन्वन्तरि, एहसान इलाही, पिंडीदास सोढी आदि। कुछ ही दिनों में कांग्रेस में समाजवादी प्रवृत्ति रखनेवाले सभी नौजवान, 'नौजवान भारत सभा' के सहयोगी बन गए।

'नौजवान भारत सभा' का कार्यक्रम गांधीवादी कांग्रेस की समझौतावादी नीति की आलोचना करके जनता को क्रान्तिकारी राजनीतिक कार्यक्रम की प्रेरणा देना और जनता में उस आन्दोलन के लिए सहानुभूति उत्पन्न करना था। सभा को उस समय के पंजाब कांग्रेस के वामपक्षी नेताओं उदाहरणतः डॉ. सत्यपाल, डॉ. किचलू, केदारनाथ जी सहगल, पिंडीदास जी आदि का भी सहयोग मिल रहा था। लाला लाजपतराय जी इस समय पूर्ण रूप से हिन्दू महासभाई हो चुके थे और डॉ. गोपीचन्द भार्गव उनके अनन्य समर्थक बनकर राजनीतिक महत्त्व प्राप्त कर रहे थे। रामचन्द्र कपूर, भगवतीचरण, भगतसिंह, सुखदेव, धन्वन्तरि, एहसान इलाही, पिंडीदास सोढी और मैं सभा का कार्यक्रम निश्चित करने से लेकर जलसा करने के लिए दरियाँ ढोने और बिछाने तक का कार्य करते थे। हम लोगों के फरार हो जाने के बाद हमारे कालेज के विद्यार्थी रामचन्द्र कपूर, रामकृष्ण, धन्वन्तरि और एहसान इलाही सभा को चलाते रहे। बाद में रामकृष्ण और धन्वन्तरि के भी गुप्त कार्य के लिए फरार हो जाने पर भी सभा जाने किन लोगों के हाथ जा पड़ी परन्तु उसकी परम्परा बहुत कुछ वैसी ही बनी रही।

प्रकट आन्दोलन से क्रान्ति का जितना प्रचार सम्भव था, नौजवान भारत सभा कर रही थी। यह सभा की ही हिम्मत थी कि 1914 के लाहौर षड्यन्त्र केस के मुकदमे में हँसते-हँसते फाँसी पर चढ़ जानेवाले 18 वर्ष के नवयुवक करतार सिंह की बरसी, ब्रैडला हॉल में सार्वजनिक रूप से मनाकर उसके चित्र का उद्घाटन किया

गया था। यह उत्सव एक प्रकार से नौजवानों को सशस्त्र क्रान्ति की चेष्टा में सम्मिलित होने का निमन्त्रण ही था। उत्सव का अनुष्ठान भी बड़े हृदयस्पर्शी ढंग से किया गया। भगतसिंह ने शहीद करतार सिंह का एक छोटा-सा चित्र खोज निकाला था। उस चित्र के आधार पर करतार सिंह का एक बहुत बड़ा चित्र भगवती भाई ने अपने खर्चे पर बनवाया था। चित्र पर खूब श्वेत खद्दर का पर्दा लटका दिया गया था। दुर्गा भाभी और सुशीला दीदी ने अपनी उँगलियों से रक्त निकालकर इस पर्दे को छींटों से रँग दिया था। इस अवसर पर मुख्य भाषण भगवतीचरण ने ही दिया था।

नौजवान भारत सभा का क्रान्तिकारी रूप उसके सामाजिक प्रयत्नों से भी प्रकट था। उग्र राजनीतिक व्याख्यानों के अतिरिक्त हम लोग सामाजिक और साम्प्रदायिक एकता के लिए भोजों का भी आयोजन करते थे। इन भोजों की विशेषता बहुमूल्य और स्वादु व्यंजन नहीं थी। इन भोजों में टाट बिछा लिए जाते। पत्तलों और सकोरों में खिचड़ी या चने का पुलाव और मट्ठा ही परोसा जाता था। सभी सम्प्रदायों, वर्णों और जातियों के लोगों को इसमें सम्मिलित किया जाता था और सब एक साथ बैठकर एक-दूसरे के हाथ से परोसा हुआ भोजन करते थे। एक अवसर पर तो कुछ दुस्साहसी नवयुवकों ने हलाल (मुसलमानों की साम्प्रदायिक रूढ़ि के अनुसार काटे हुए पशु) और झटके (सिखों की साम्प्रदायिक रूढ़ि द्वारा काटे हुए पशु) का मांस एक ही देग में पकाकर गोश्त-रोटी का भोज कर डाला जिसमें मुसलमान, हिन्दू और सिख नौजवान काफी संख्या में सम्मिलित थे। यही गनीमत रही कि रूढ़िवाद से परेशान यह नवयुवक उस समय गाय और सुअर तक नहीं पहुँच गए।

नौजवान भारत सभा साम्प्रदायिक एकता को राजनीतिक कार्यक्रम का बहुत ही महत्त्वपूर्ण अंग समझती थी परन्तु इसकी दृष्टि में साम्प्रदायिक एकता का मार्ग कांग्रेस के कार्यक्रम की तरह सभी साम्प्रदायिक धारणाओं को फुसलाना नहीं था। अर्थात हम लोग 'अल्लाहो अकबर', 'सत श्री अकाल' और 'हर हर महादेव' के नारे एक साथ नहीं लगाते थे। हमारे केवल तीन नारे थे–'इन्कलाब जिन्दाबाद', 'वन्देमातरम्' और 'हिन्दुस्तान जिन्दाबाद'। इसके अतिरिक्त सभा रूढ़िवाद, साम्प्रदायिकता और अन्धविश्वास को दूर करना भी आवश्यक समझती थी। सभा की ओर से सार्वजनिक व्याख्यानों का भी प्रबन्ध किया जाता था। जिनमें अन्धविश्वास और शब्द प्रमाण (Dogmatism) के आधार पर साम्प्रदायिक आदर्शवाद का निराकरण करके वैज्ञानिक भौतिकवाद का परिचय लोगों को दिया जा सके। 'सर्वेंट्स ऑफ पीपुल्स सोसाइटी' के प्रिंसिपल छबीलदास जी का इस विषय में काफी सहयोग रहता था। अनेक मुसलमान साथी–फज़ल मंसूर और एहसान इलाही भी इनमें खूब सरगरमी से भाग लेते थे।

एक दिन ऐसे ही व्याख्यान में छबीलदास जी के बाद मंसूर या एहसान इलाही

इस्लाम की अन्धविश्वास की अतार्किक बातों का जिक्र कर रहे थे। हम उचित समझते थे कि प्रत्येक साम्प्रदायिक की आलोचना यथासम्भव उसी सम्प्रदाय के व्यक्ति से कराई जाए। उस समय श्रोताओं में से एक मुसलमान छुरा खींच बैठा कि वह वक्ता का कत्ल करेगा। इस धर्मान्ध भलेमानुस को पकड़कर एक ओर ले जाकर समझाया गया कि इससे पहले वक्ता ने भी तो यही सब कहा था, तब आप कैसे चुप बैठे थे। उसने आवेश में उत्तर दिया कि अगर कोई हिन्दू या ईसाई इस्लाम की आलोचना करता है तो मैं साम्प्रदायिक सहिष्णुता के नाते सहने के लिए तैयार हूँ परन्तु मुसलमान के मुख से इस्लाम की आलोचना सुनने के लिए तैयार नहीं हूँ। उस समय व्याख्यान को समाप्त कर देना उचित न जँचा। इसका अर्थ होता, भविष्य में हिन्दू धर्मान्ध लोगों को भी इस प्रकार का फसाद खड़ा करने के लिए प्रोत्साहन देना। खैर, जैसे-तैसे व्याख्यान पूरा हुआ। गड़बड़ी की रिपोर्ट पुलिस में करने का परिणाम हमारे जलसों पर रोक लग जाना होता। इसलिए उन्हें चुनौती दी, "तुम्हें जो करना है, कर लो। अगर तुम अपने विश्वास के लिए मरने-मारने के लिए तैयार हो तो हम लोगों के भी दो-दो हाथ हैं और हमारी रोटी कौआ छीनकर नहीं ले जाता।" सभा की चर्चा गुप्त क्रान्तिकारी आन्दोलन के प्रकट रूप की ओर ध्यान दिलाने के लिए की गई है। सभा के आन्दोलन का लक्ष्य गुप्त क्रान्तिकारी आन्दोलन की भूमि तैयार करना ही था। दल सभा द्वारा ही अपने ध्येय को एक सीमा तक जनता के सामने रख सकता था।

सन् 1926-27 की बात है। हम लोगों का जो कुछ थोड़ा-बहुत संगठन उस समय तक बन पाया था उसके सब सूत्र जयचन्द्र जी ही सँभाले हुए थे। दल नौजवान भारत सभा बनाने के अतिरिक्त और कुछ नहीं कर सका था। हम लोगों को उससे कोई सन्तोष नहीं था। भगवतीचरण कुछ समय सभा के काम में लगाते, कुछ समय हिन्दी साहित्य सम्मेलन में सहायता देते। इन कामों में सन्तोष न होता तो खीझ कर नौकरी की तलाश करने की चेष्टा भी करते। भगतसिंह, सुखदेव और भगवती भाई भी बेचैनी अनुभव कर रहे थे। यह लोग क्रियात्मक कदम उठाना चाहते थे परन्तु जयचन्द्र जी व्यापक भौगोलिक और ऐतिहासिक शिक्षा और संगठन बढ़ाने और उसे फिर से छाँट देने से आगे काम नहीं बढ़ा रहे थे।

भगतसिंह ने पंजाब से दिल्ली और कानपुर जाकर दूसरे प्रान्त के लोगों से सम्पर्क बनाने का निश्चय किया। भगतसिंह की लाहौर से बाहर जाने की इच्छा का एक कारण सदरार किशनसिंह जी की नाराजगी भी था। भगतसिंह घर के काम-काज की उपेक्षा कर केवल राजनीतिक कार्य में लगा रहता था। इस कारण उसके पिता उससे चिढ़े रहते और उस पर अपना अंकुश बढ़ा रहे थे।

पिता को कोई सूचना दिए बिना भगतसिंह लाहौर से दिल्ली पहुँच गया। दिल्ली से प्रकाशित पत्र 'अर्जुन' में पाँव जमाने के लिए वह जयचन्द्र जी का सिफारिश पत्र

लेता गया था। सिफारिश भी कैसी। कोई आदमी लगभग मुफ्त काम करने के लिए तैयार हो तो उसका स्वागत कौन नहीं करेगा? भगतसिंह कुछ दिन 'अर्जुन' अखबार में काम करता रहा। अपनी निष्ठा और कठिन परिश्रम से उसने पंडित इन्द्र जी विद्यावाचस्पति का विश्वास शीघ्र प्राप्त कर लिया था। 'अर्जुन' में काम करते समय एक रोज भगतसिंह को अनुवाद करने के लिए एक तार दिया गया। तार था—"चमनलाल, एडिटर डिफंक्ट नेशन, अराइव्ड एट लाहौर।" भगतसिंह ने उसका अनुवाद किया—"डिफंक्ट नेशन के सम्पादक मिस्टर चमनलाल लाहौर पहुँच गए।" यह अनुवाद 'अर्जुन' में छप भी गया।

इन्द्र जी ने अनुवाद की ओर भगतसिंह का ध्यान दिलाया परन्तु भगतसिंह को इसमें कोई भूल दिखाई न दी। उसका खयाल था कि चमनलाल 'डिफंक्ट नेशन' नामक पत्र के सम्पादक हैं। इन्द्र जी ने उसे 'डिफंक्ट' का अर्थ डिक्शनरी में देखने का सुझाव दिया और तब भगतसिंह को मालूम हुआ कि 'डिफंक्ट' का अर्थ 'बन्द हो चुका' पत्र है। ऐसी ही एक और मजेदार बात भगतसिंह के उस समय के अंग्रेजी ज्ञान के बारे में याद है। सिनेमा देखने का शौक भगतसिंह को काफी था परन्तु टिकट के लिए दामों की कठिनाई रहती थी। पिता से सिनेमा के लिए तो क्या, जूता तक खरीदने के लिए दाम माँगना उसे स्वीकार न था। घर के काम-काज के बारे में जब वह उनकी बात मानने को तैयार नहीं था तो खर्चा कैसे माँगता? समस्या का एक ही हल था कि जरूरतों की परवाह न करना और कभी साथियों की जेब से पैसा देख लेने पर उसका उपयोग कर लेना। एक दिन जयदेव गुप्त ने उसे सिनेमा देखने का वायदा कर लिया था। तब हम लोग सिनेमा चवन्नी के टिकट में ही देखते थे परन्तु चवन्नी का ही काफी मूल्य था। दो आने में तो घी चुपड़ी हुई तन्दूर की दो बड़ी-बड़ी रोटियाँ और मामूली छुंकी हुई दाल-तरकारी का भोजन हो जाता था।

भगतसिंह को घी-दूध का शौक भी कम न था। अनारकली में कालू दूध-दही वाले के यहाँ सरदार किशनसिंह जी का उधार हिसाब चलता था। भगतसिंह जब चाहता वहाँ से दही-दूध खा-पी सकता था और उसके साथ जो कोई हो, उसे भी खिला-पिला सकता था परन्तु किसी तन्दूर या तवे पर उधार नहीं था। भगतसिंह सांडा (घर) जाने से कतराता था। रामकृष्ण ने ग्रेजुएट होकर मोहनलाल रोड पर एक सुथरा सा होटल खोल लिया था। हम सब लोग खाने के लिए वहीं पहुँचने लगे थे। अपने लोगों में से कोई किसी भी समय खाना खा रहा हो और भगतसिंह पगड़ी के दोनों छोर दोनों कन्धों पर लटकाए सामने से गुजर जाए तो वह होटल में चला आता। बिना किसी भूमिका के एक कुर्सी उठाकर वह साथ बैठ जाता और चपाती के बड़े टुकड़े का दोना बनाकर दाल के ऊपर तैरता हुआ घी एक ही बार में समेटकर मुँह में रख लेता। अगर राजाराम शास्त्री होटल में दिखाई दे जाए तो भगतसिंह जरूरी काम छोड़कर, भूख न होने पर भी उसकी कटोरी में से सब घी जरूर पी

जाता। "देखो, अरे देखो, क्या कर रहा है। अरे देखो तो इस जाट को।" शास्त्री जी हाथ फैलाए सहायता के लिए दुहाई देते रह जाते।

पंजाब में घी कुछ अधिक मात्रा में खाने का चलन था। उन लोगों को वह पच भी जाता था। एक दिन भगतसिंह से कुछ आवश्यक बात करते-करते मैं उसके गाँव सांडा पहुँचा गया। भोजन का समय था। उसकी माँ ने कहा, "पहले खा लो।" एक बड़ी-सी कटोरी में लौकी की तरकारी और थाली में बहुत-सी बड़ी-बड़ी रोटियाँ उन्होंने हम दोनों के बीच रख दीं। तरकारी में घी इतना था कि भगतसिंह भी घबरा गया। वह झुँझला उठा, "माँ, इतना घी भी कोई खा सकता है? तुम तो तरकारी को बर्बाद कर देती हो।"

भगतसिंह की माँ ने गाल पर उँगली रख मुझे शिकायत की, "देख तो इस लड़के को, कुछ खाता ही नहीं। जरा-सा घी इसे नहीं भाता। तभी तो सूखकर काँटा हो रहा है।"

भगतसिंह के लमतडंग, हृष्ट-पुष्ट शरीर की ओर संकेत कर मैंने कहा, "अगर यह काँटा है तो फिर मैं हूँ ही नहीं।"

माँ को हँसी आई परन्तु स्नेह की गाली दे मुझे डाँट भी दिया, "धत् नालायक, बात कहनी भी नहीं आती। बच्चों को ऐसे नजर लग जाती है।"

मैं भगतसिंह के उस समय के अंग्रेजी ज्ञान का उदाहरण दे रहा था। जयदेव गुप्त ने संध्या समय भगतसिंह को साथ सिनेमा ले चलने का वायदा किया था। भगतसिंह जहाँ भी था, सिनेमा न चूकने के लिए भागा हुआ मकान पर लौट आया। देखा कि जयदेव निश्चिंत लेटा हुआ कोई उपन्यास पढ़ रहा है। भगतसिंह ने अपने पाँव से जयदेव के पाँव पर ठोकर देकर चेतावनी दी, "अबे उठ, सिनेमा का वायदा भूल गया?"

जयदेव ने लेटे ही लेटे चिढ़कर कड़े स्वर में डाँट दिया, "अजीब जाहिल आदमी है, मेरी तबियत खराब है इसे सिनेमा की पड़ी है। अभी डॉक्टर के यहाँ से लौट रहा हूँ। वह देख दवाई।" उसने मेज पर पड़ी बोतल की ओर संकेत कर दिया।

भगतसिंह ने नरमी से पूछा, "क्या हो गया तुझे?"

जयदेव ने गम्भीर मुद्रा में उत्तर दिया, "डॉक्टर ने डिस्पेप्सिया बताया है।"

अंग्रेजी का यह शब्द सुनकर भगतसिंह चुप रह गया। सिनेमा न जा सकने की कसक तो मन में थी ही। चुपचाप डिक्शनरी उठा एक कुर्सी पर बैठ गया और डिस्पेप्सिया शब्द का अर्थ ढूँढ़ने लगा। अर्थ देखकर उसने डिक्शनरी मेज पर पटक दी। उठकर एक लात और जयदेव की कमर पर जमाई और बाँह से खींच उसे खड़ा कर दिया, "बदमाश! खा-खाकर बदहजमी कर ली है। काहिल पड़ा सो रहा है और ऊपर से दवाई ठूँसेगा। डिस्पेप्सिया कहकर डराना चाहता है।"

जयदेव उलझता रहा कि उसका मन ठीक नहीं है परन्तु भगतसिंह की दलील

थी, "तुझे बदहजमी है। शाम को तुझे खाना नहीं चाहिए। इसलिए तेरे पास जो पैसे हैं वह मुझे सिनेमा देखने के लिए दे दे। तुझे न जाना हो, तो मत जा।"

भगतसिंह के तत्कालीन अंग्रेजी ज्ञान की चर्चा इसलिए की है कि अपने ही स्वाध्याय से उसने अंग्रेजी पर इतना अधिकार कर लिया था कि असेम्बली बम कांड के समय उसने जो पर्चे फेंके थे और ट्रिब्यूनल के सामने अंग्रेजी में जो लिखित बयान उसने दिए थे, उनकी भाषा की प्रशंसा प्रायः सभी लोगों ने की थी। कुछ लोगों ने कल्पना कर ली थी कि वे बयान भगतसिंह के नहीं, वकीलों के लिखे हुए थे। इस कल्पना में कोई तथ्य नहीं है। अध्ययन भगतसिंह का स्वभाव था। जब भी देखा, उसके लम्बे बेडौल कोट की जेब में कोई-न-कोई पुस्तक रखी ही रहती थी। सड़क पर चलता हो तो चलते-चलते भी पढ़ता रहता था।

दिल्ली और कानपुर में भगतसिंह ने कैसे दिन बिताए होंगे, यह अनुमान उसके लाहौर लौटने पर उसकी सूरत देखने से ही हो जाता था। सिर के केश पगड़ी की जगह एक मामूली-से अँगोछे में ही लिपटे हुए थे। शरीर पर केवल खद्दर का बन्द गले का कोट। वही कोट जो लाहौर से जाते समय वह कमीज के ऊपर पहने था। अब कमीज नदारद थी। पायजामे की जगह लुंगी थी। पायजामे का आसन और कोट की आस्तीनें फट जाने पर पायजामे की टाँगें आस्तीनों की जगह जोड़ ली थीं। किसी तरह शरीर ढका हुआ था परन्तु कोट की जेब में कोई पुस्तक जरूर थी। कानपुर में भगतसिंह ने पहले कुछ दिन अखबार बेचकर ही निर्वाह किया, फिर स्वर्गीय गणेश शंकर विद्यार्थी जी का विश्वास पाकर वह 'प्रताप' में काम करने लगा। कानपुर में रहते समय वह युक्त प्रान्त के तत्कालीन क्रान्तिकारी विद्यार्थियों--शिव वर्मा, जयदेव कपूर और विजय कुमार आदि के सम्पर्क में आ गया परन्तु क्रान्तिकारी नेताओं तक उसकी पहुँच न हो पाई थी।

कानपुर में भगतसिंह से सम्पर्क रखनेवाले लोगों ने उसे परामर्श दिया कि तुम संदिग्ध अवस्था में हो। पुलिस अन्धाधुन्ध गिरफ्तारियाँ कर रही है। इस लपेट में तुम्हारा भी आ जाना सम्भव है। तुम कानपुर से खिसक जाओ।

भगतसिंह कानपुर से दिल्ली लौट गया। कानपुर में पाए हुए सूत्रों के आधार पर वह दिल्ली में संगठन जमाने की चेष्टा करने लगा। पंजाब में दल पर जयचन्द्र जी अपना कब्जा जमाए हुए थे परन्तु हो कुछ न रहा था। भगतसिंह पंजाब से बाहर था। सुखदेव खिन्न होकर लायलपुर चला गया था। भगवतीचरण भारतवर्ष के क्रान्तिकारी आन्दोलनों का एक शृंखलाबद्ध इतिहास लिखने की चेष्टा करने लगे थे। भगवतीचरण के व्यक्तिगत आकर्षण के कारण हम लोग प्रायः ग्वालमंडी में उनके अपने मकान 'शिव निवास' में आते-जाते रहते थे। भगवतीचरण का मकान सुघड़ गृहस्थ का घर था। बेमतलब शोर-शराबा उन्हें पसन्द नहीं था। कभी कह देने पर या स्वयं उनके निमन्त्रण दे देने पर वहाँ बढ़िया खाना मिल जाता था परन्तु वहाँ

उस समय तक भगतसिंह के मकान की तरह धर्मशाला नहीं बन पाई थी।

भगवतीचरण और दुर्गा भाभी का विवाह कम उम्र में ही हो गया था। विवाह के समय भगवती भाई की उम्र तेरह-चौदह की और भाभी की दस-ग्यारह की रही होगी। दोनों ही परिवारों के बुजुर्ग पुरानी परिपाटी के थे। उन्होंने अपनी सन्तानों का विवाह करके अपना सन्तोष कर लिया था, जैसे छोटे लड़के-लड़कियाँ गुड्डे-गुड़िया का विवाह कर लेते हैं। यह भाग्य की बात थी कि दोनों ही ढंग के आदमी निकले। भाभी जब ससुराल आई तो शायद रामायण और प्रेमसागर बाँच लेती होंगी। भगवती भाई ने कभी स्वयं ही पढ़ाकर और कभी ट्यूटर रखकर उनकी पढ़ाई का क्रम सदा जारी रखा। उनके पुत्र शची का जन्म 1925 में हुआ था। इसके बाद भी भाभी किसी न किसी रूप में पढ़ाई-लिखाई में लगी ही रहीं।

भगतसिंह उन दिनों बहुत विक्षिप्त था। उसके क्षोभ के राजनीतिक और पारिवारिक दोनों ही कारण थे। राजनीतिक कारण था भगवती भाई के खुफिया घोषित कर दिए जाने के कारण बने-बनाए दल का शिथिल हो जाना। दल के लिए यह मामूली धक्का नहीं था। इस अफवाह से संगठन का तितर-बितर हो जाना स्वाभाविक ही था। भगवतीचरण जैसे महत्त्वपूर्ण आदमी को खुफिया पुलिस का आदमी मान लेने का अर्थ था कि हम सब लोग अब तक सरकार के खुफिया कारिन्दों की कठपुतली बनकर नाच रहे थे। ऐसी बात पर विश्वास कर लेना भी कोई बड़ी बात नहीं क्योंकि रूसी क्रान्ति के आतंकवादी काल के वर्णनों में हम ऐसे कई जिक्र पढ़ चुके थे जिनमें जार की पुलिस के आदमियों ने क्रान्तिकारियों को बीन-बीनकर पकड़ लेने के लिए स्वयं ही जार विरोधी क्रान्तिकारी षड्यन्त्र रचे थे।

भगतसिंह की परेशानी यह थी कि एक ओर तो उसे भगवती भाई पर पूरा विश्वास था, दूसरी ओर उन्हीं के कारण उसे दल के सब कामों में रुकावट मालूम हो रही थी। काम को बढ़ाने के लिए किसी भी व्यक्ति या योजना की चर्चा ही जयचन्द्र जी अपने होंठ पर उँगली फेरते हुए चेतावनी दे देते, "भगवती को मालूम हो जाएगा।" और बात रह जाती। भगतसिंह दल के हित में व्यक्तिगत मित्रता को रुकावट मानने के लिए तैयार नहीं था।

मैंने दुर्गा भाभी के साथ ही प्रभाकर की परीक्षा दी थी। इसलिए मेरा उनके वहाँ आना-जाना बढ़ चुका था। भगतसिंह खीझकर कहता, "तू वहाँ जाकर मजे में खा-पी आता है, हा-हा ही-ही कर आता है लेकिन उसका असली भेद नहीं पा सकता।" मानना पड़ता है कि कोशिश करने पर भी मुझे ऐसा कोई प्रमाण नहीं मिला। भगतसिंह मेरी आँखों में घूरकर पूछता, "तो वह सी.आई.डी. में नहीं है?"

मैं उलझन में उत्तर देता, "सभी लोग कहते हैं। मैं कैसे इनकार कर दूँ। शायद उनके पास कोई प्रमाण हो।" क्योंकि प्रमाण कोई नहीं था और कहते सब ही थे,

मैं स्वयं भगवती भाई को बहुत ही चालाक समझ रहा था।

एक दिन भगतसिंह का चेहरा बहुत ही गम्भीर था। उसने एक छोटा-सा रिवाल्वर मुझे दिखाकर कहा, "मैं उसे गोली मार दूँगा।"

झुँझलाहट में मैंने उत्तर दिया, "जिम्मेदारी तुम्हारी होगी।"

भगतसिंह एक दीर्घ श्वास ले चुप रह गया। इस घटना के एक-दो दिन के भीतर ही मैंने भगतसिंह को भगवती भाई के मकान के तख्त पर एक साथ एक ही तकिये का सहारा लगाए बैठे देखा। भगवती बिलकुल निशंक, बनियान से कसे अपने पेट पर हाथ फेर रहे थे और भगतसिंह का चेहरा अन्तर्द्वन्द्व से जलता-सा मालूम हो रहा था। वह भगवतीचरण पर अपने विश्वास, भगवतीचरण की निश्छलता, चतुरता और दल के हित में कोई सामंजस्य नहीं बना पा रहा था।

उन लोगों का कहना था कि मैं भगवती भाई से आन्तरिकता होने के कारण समय-असमय वहाँ जा सकता हूँ इसलिए उन्हें गोली मारने का निश्चय हो जाने पर यह काम मेरे ही जिम्मे होना चाहिए। मैं इससे इनकार न कर सकता था बल्कि कर्त्तव्य ही समझ रहा था।

कुछ दिन बाद सुखदेव मेरे यहाँ आया और बहुत ही गम्भीर मुद्रा में बोला, "भगवती के इस झगड़े का फैसला करना ही होगा।"

"क्या मतलब?" मैंने चिन्ता से पूछा।

उसका चेहरा बहुत विक्षिप्त था। मेरे मस्तिष्क में आशंका कौंध गई कि यह शायद कुछ करने के लिए तैयार है, रिवाल्वर लेकर आया है।

"भगतसिंह भगवतीचरण को सांडा ले गया है। तुम उसके घर जाओ। चाहे जैसे हो, उसके निजी कागजों की तलाशी लेकर जितना भी देख सकते हो देखो या जिस तरह भी पता लग सकता है, लगाओ। यह नहीं हो सकता कि रुपए में पैसा भर सन्देह के लिए कारण न मिले।" सुखदेव ने कहा।

लेकिन वहाँ जाकर मुझे कुछ नहीं मिला। ताला तक कहीं नहीं था। जगह-जगह बहुत से कागज मिले। कुछ लिखी हुई कापियाँ मिलीं। इसमें भारत के क्रान्तिकारी आन्दोलन के इतिहास की भूमिका के तौर पर लिखे कुछ पृष्ठ थे, जिसकी पहली लाइन थी...

कुछ पृष्ठ पंजाब की 'गदर पार्टी' के बारे में लिखे हुए मिले। यह पुराने आन्दोलन के प्रशंसात्मक वर्णन थे।

...भगतसिंह के विक्षिप्त रहने का दूसरा कारण सरदार किशनसिंह जी का व्यवहार था। वे भगतसिंह का विवाह करना चाहते थे। सरदार जी मच्छीहट्टा में मेरी जगह पर कभी नहीं आए थे। एक दिन पूछते-पाछते हाथ में लाठी लिये वे मेरे यहाँ आ पहुँचे। उनका चेहरा देखकर ही मैं भाँप गया कि वे बहुत ही नाराज और बिगड़े हुए थे। आते ही क्रोधभरी आत्मीयता से उन्होंने मुझे सम्बोधन किया, "तू

भगतसिंह को समझाता क्यों नहीं। आखिर वह शादी क्यों नहीं करता। अभी तो तुम लोग बड़े भारी क्रान्तिकारी ब्रह्मचारी बने फिरते हो, चार दिन बाद गलियों में लहँगे सूँघते फिरोगे।'' उन्होंने कुछ ऐसे विकट शब्दों और उपमाओं का प्रयोग किया कि उन्हें दोहराया नहीं जा सकता।

मैंने भगतसिंह की ओर से सफाई दी कि शादी करने से तो वह इनकार नहीं करता। उसे पढ़ने-लिखने का शौक है। वह चाहता है कि लड़की पढ़ी-लिखी हो।

सरदार जी उबल पड़े, ''पढ़ी-लिखी लड़की क्या ज्यादा काम देती है?... पढ़ी-लिखी औरत से क्या पढ़े-पढ़ाए बच्चे पैदा होते हैं?''

उनका क्रोध बढ़ता ही गया। वे साफ-साफ गालियाँ देने लगे, ''तू और जयचन्द्र दोनों बहुत कमीने हो।...अपने-आपको बहुत चालाक समझते हो। खुद तो तुम लोग नौकरी कर रहे हो, दूसरों को बिगाड़ते-फिरते हो...तू उसका यार बनता है, उसे समझा नहीं सकता।'

सरदार जी ने पैंतरा बदलकर पूछा, ''वह कहाँ गया है?' मेरे अज्ञात प्रकट करने पर वे और बिगड़ उठे।

काकोरी की फाँसियों के बाद भगतसिंह, सुखदेव, शिव वर्मा, विजय के प्रयत्नों से उत्तर भारत के प्रान्तों में क्रान्तिकारी गतिविधियों की एक बैठक 8 और 9 सितम्बर, 1928 को फिरोजशाह किले के खंडहरों में दिल्ली में की गई। इसमें सभी प्रान्तों के प्रतिनिधि लेकर एक केन्द्रीय समिति बनाई गई और दल का नाम 'हिन्दुस्तान समाजवादी प्रजातन्त्र संघ' रखा गया। 'समाजवादी' शब्द जोड़े जाने का सुझाव भगतसिंह और सुखदेव ने ही दिया था।

दिसम्बर के आरम्भ में एक दिन सुखदेव ने मुझे पंजाब नेशनल बैंक जाकर स्थिति देख आने के लिए कहा। देखना यह था कि बैंक में डकैती की जाए तो मेरी कल्पना के अनुसार उनकी क्या योजना होनी चाहिए और डकैती के समय किन-किन बातों से असफलता या संकट हो सकते हैं। मेरी रिपोर्ट थी कि बैंक में डकैती आसान नहीं क्योंकि खजाने और क्लर्कों की जगह प्रायः मिली-जुली है। ऐसी अवस्था में बहुत अधिक आदमियों को डकैती में ले जाना होगा और सभी के बैंक से लौटने का प्रबन्ध मोटरों पर होना चाहिए। बाद में मुझे पता लगा कि सुखदेव ने बैंक में डकैती की योजना के सम्बन्ध में भगवती भाई से भी राय ली थी। पंजाब नेशनल बैंक को लाहौर के लोग, खासकर आर्यसमाजी जगत नेशनल शब्द के कारण राष्ट्रीय संस्था मान बैठे थे। भगवती भाई का कहना था कि डकैती करनी है तो किसी दूसरे बैंक में की जानी चाहिए इस डकैती के लिए आज़ाद, कैलाशपति, भगतसिंह, महावीर, कुन्दनलाल और राजगुरु लाहौर से आए हुए थे। भगतसिंह ने इस समय

केशों से छुट्टी लेकर हैट-टोपी पहनना शुरू कर दिया था।

लेकिन यह डकैती नहीं हो पाई।

आज़ाद का एक यह विचार था कि जब लाहौर में इतना प्रबन्ध किया गया है तो कुछ न कुछ करके ही टलें। लाला लाजपत राय का देहान्त हुए महीना भी नहीं बीता था। भगतसिंह ने सुझाया कि लाला जी पर आघात किए जाने के राष्ट्रीय अपमान का बदला लिया जाए। दिसम्बर कि पहले सप्ताह में लाहौर के मजंग मोहल्ले के मकान में इस बात का फैसला केन्द्रीय समिति ने कर लिया। केन्द्रीय समिति के अधिकांश लोग लाहौर में मौजूद थे।

17 दिसम्बर, 1928 को भगतसिंह और राजगुरु ने पुलिस दफ्तर के सामने सांडर्स को गोली मार दी। आज़ाद मोर्चे पर थे ही। अंग्रेज पुलिस का डिप्टी सुपरिंटेंडेंट मारा गया। इससे लाहौर में सनसनी फैल गई। दूसरे दिन 'हिन्दुस्तान समाजवादी प्रजातन्त्र सेना' की ओर से लाल पर्चे जगह-जगह चिपकाए और बाँटे गए जिनमें लिखा था, "नौकरशाही सावधान। जे.पी. सांडर्स की मृत्यु से लाला लाजपतरायजी की हत्या का बदला ले लिया गया।"

सांडर्स की घटना के दूसरे दिन सुखदेव सुबह ही आकर मुझसे मिला।

सबसे कठिन समस्या भगतसिंह को लाहौर से बाहर निकालने की थी। उनका कलकत्ता जाना तय हुआ। भगतसिंह ओवरकोट का कॉलर उठाए, हैट माथे पर खींचे और अपना चोहरा गोद में लिये शची के सिर की आड़ किए रेलवे प्लेटफार्म पर पहुँचा। भगवती भाई का लड़का शचीन्द्र कुमार वोहरा, जो अब इंजीनियर है, उस समय तीन बरस का था। भाभी भी चेहरे पर पाउडर मले और अपने सबसे ऊँची एड़ी के जूते से खट-खटक करती साथ थीं। भगवतीसिंह की जेब में भरा हुआ पिस्तौल। राजगुरु नौकर के वेश में साथ था। उसकी कमर में भी भरा हुआ पिस्तौल था।

भगतसिंह कांग्रेस के अधिवेशन के समय ही कलकत्ता पहुँचा था।

"हि.स.प्र.स.' की केन्द्रीय समिति की जिस बैठक में विधानसभा में बम फेंकने के लिए भगतसिंह को न भेजकर दूसरे दो साथियों को भेजने का निश्चय किया गया था। उस बैठक में सुखदेव न पहुँच सका था। इस निश्चय की सूचना सुखदेव को भी तुरन्त भेज दी गई थी। सूचना मिलते ही सुखदेव सीधा दिल्ली पहुँचा। अगली बात कहने से पहले यह कह दूँ कि भगतसिंह और सुखदेव में बहुत गहरी घनिष्ठता थी। वे एक-दूसरे के लिए जान दे सकते थे। सुखदेव ने भगतसिंह को एकान्त में ले जाकर बात की—

"विधानसभा में बम फेंकने के लिए तो तुम्हें जाना था, दूसरे साथियों को भेजने

का निश्चय कैसे हो गया?''

सम्भवतः भगतसिंह ने उत्तर दिया कि समिति का निर्णय है कि संगठन के भविष्य के लिए उसे पीछे रखने की जरूरत है।

सुखदेव ने अपने रूखे और कड़े ढंग से विरोध किया, ''यह सब बकवास है। तुम्हारे व्यक्तिगत मित्र की स्थिति से मैं देख रहा हूँ कि तुम अपने पाँव पर कुल्हाड़ी मार रहे हो। यह देखकर मैं चुप नहीं रह सकता। जानते हो, तुम किस रास्ते पर चल रहे हो? तुम्हारा अहंकार बढ़ गया है। तुम अपने आपको दल का एकमात्र सहारा समझने लगे हो। तुम सान्याल दादा और जयचन्द्र बनते जा रहे हो। जानते हो, तुम्हारा क्या अन्त होगा? तुम एक रोज भाई परमानन्द बन जाओगे।''

सुखदेव ने 1914-15 के लाहौर षड्यन्त्र के मुकदमे में दिया गया हाईकोर्ट के जज का निर्णय बताया। जज ने भाई परमानन्द जी के लिए कहा था, ''भाई परमानन्द इस क्रान्तिकारी संगठन का मस्तिष्क और सूत्रधार है परन्तु व्यक्तिगत रूप से यह आदमी कायर है। यह संकट के काम में दूसरों को आगे झोंककर अपने प्राण बचाने की चेष्टा करता रहा है।''

सुखदेव ने कहा, ''तुम सदा तो यों बच नहीं सकते। एक दिन तुम्हें भी अदालत के सामने आना ही पड़ेगा। उस दिन तुम्हारे लिए भी वैसा फैसला लिखा जाएगा जैसा भाई परमानन्द के लिए लिखा गया था।''

भगतसिंह के स्वभाव में ओज या उत्तेजना की कमी न थी। वह चुपचाप सुखदेव की ओर देखता रहा। सुखदेव ने यहीं बस नहीं की। वह और आगे बढ़ा, ''तुम कहना चाहते हो कि तुम संगठन के हित के लिए शहीद बनने के सम्मान को बलिदान कर रहे हो। ईमानदारी से अपने गिरेबान में झाँककर, देखो, इस समय तुम मौत का सामना नहीं करना चाहते क्योंकि तुम्हें जिन्दगी इस समय बहुत लुभावनी लग रही है। तुम 'उस' औरत के स्नेह की आँच सेंकना चाहते हो और इसे दल के प्रति उत्तरदायित्व का बहाना बना रहे हो। तुम दूसरों से चाहे जो कहो लेकिन मैं तुमसे और तुम मुझसे नहीं छिप सकते। तुम फिसल रहे हो।''

भगतसिंह देर तक कुछ बोल न सका। केवल सुखदेव की ओर घूरता रह गया जैसे पिंजरे में बन्द शेर चोट करनेवाले की ओर देखता रह जाए। फिर बोला, ''असेम्बली में बम फेंकने मैं ही जाऊँगा। केन्द्रीय समिति को मेरी बात माननी पड़ेगी। तुमने मेरा जो अपमान किया है उसका उत्तर मैं न दूँगा। इसके बाद अब तुम मुझसे कभी बात न करना।''

सुखदेव ने रूखे स्वर में उत्तर दिया, ''मैंने अपने मित्र के प्रति अपना कर्त्तव्य पूरा कर दिया।''

सुखदेव जब दिल्ली से लाहौर पहुँचा तो उस समय भी उसकी आँखें सूजी हुई थीं। जान पड़ता था कि बहुत रोया है। वह किसी से बात न कर रहा था।

...8 अप्रैल, 1929 के दिन विधानसभा में भगतसिंह और बटुकेश्वर दत्त ने सार्वजनिक सुरक्षा और औद्योगिक विवाद बिलों के विरोध में बम के विस्फोट किए। 'इन्कलाब जिन्दाबाद', 'साम्राज्यवाद मुर्दाबाद' और 'दुनिया के मजदूरो एक हो' के नारे लगाते हुए उन्होंने 'हि.स.प्र.स.' के लाल रंग के घोषणापत्र हॉल में फेंक दिए और अपनी गिरफ्तारी दे दी।

जेल में बन्द भगतसिंह से हम लोग गुप्त रूप से पत्र व्यवहार भी करते रहते थे।

वाइसराय की गाड़ी के नीचे विस्फोट स्थगित करने के सम्बन्ध में आज़ाद ने एक तर्क भगतसिंह की राय के रूप में भी दिया था। विद्यार्थी जी कांग्रेसी दृष्टिकोण के कारण तुरन्त विस्फोट के विरुद्ध थे। भैया (आज़ाद) स्वयं विस्फोट स्थगित करना न चाहते थे। उन्होंने बच्चन को लाहौर भेजकर इस सम्बन्ध में भगतसिंह की राय ली थी।

भगतसिंह ने राय दी थी, "इस घटना से कांग्रेसी नेताओं की नाराजगी का भय है तो उसे स्थगित कर पहले हम लोगों को ही छुड़ाने का यत्न किया जाए। इससे कांग्रेसी नेता भी नाराज न होंगे और दल की प्रतिष्ठा और शक्ति भी बढ़ेगी।" उस समय भगवती भाई यह बात न माने थे परन्तु बाद में भगतसिंह को सन्देश भेजा गया था कि अब सब काम छोड़कर तुम्हें छुड़ाने का ही यत्न किया जाएगा। उसे यह भी बता दिया था कि यशपाल इसी प्रयोजन से लाहौर में व्यवस्था कर रहा है।

भगतसिंह इस आश्वासन में प्रतीक्षा कर रहा था और अपनी ओर से इस काम की एक योजना भी इस सम्बन्ध में हमें भेज चुका था। भगवती भाई उस वचन पर दृढ़ रहना चाहते थे। मैंने अपनी बात पर बहुत जिद की और कुछ कड़वी बातें भी कह गया। उदाहरणतः "तुम मोह में फँसे हो। भगतसिंह चल चुका कारतूस है। यह लड़ाई का समय है, मोह का नहीं। चल चुके कारतूस की गोली ढूँढ़ने के लिए अपने दूसरे कारतूसों (अर्थात साथियों) को नष्ट करने से क्या लाभ? किसी एक आदमी के लिए दल की शक्ति न्यौछावर करना मूर्खता है। बीसियों भगतसिंह दल में निकल आएँगे। पहले शेरदिल कांड करके अपनी शक्ति बढ़ानी चाहिए। उसके बाद यदि युक्ति-संगत बचे तो इस काम में हाथ डालना चाहिए।"

भगवती भाई को मेरी बात बहुत खल गई। उदास होकर गम्भीरता से बोले, "तुमसे ऐसी बात की आशा नहीं थी। मैं अब कुछ नहीं कहूँगा। आज़ाद को फैसला करने दो।"

मैं और भी चिढ़ गया, "आज़ाद क्या करेगा? जो तुम समझा दोगे, वह कह देगा। पूरी स्थिति भगतसिंह को ही लिखकर भेजी जाए। वह जो कहेगा मैं मान लूँगा।"

भगतसिंह की बहन के हाथ गुप्त पत्र जेल भेजा। तुरन्त उत्तर भी आ गया।

भगतसिंह को क्या मालूम था कि बाहर झगड़ा हो रहा है। उसने मजाक में मेरे प्रति संकेत कर उत्तर दिया, "उस...उस कलाकार से कहो नित्य नई कल्पना (अर्थात शेरदिल कांड) न गढ़ा करे। जो पहले सोचा है, वह पहले होना चाहिए। उसे समझाओ कि परिस्थिति और नीति निश्चित करने में मोटा (भगवतीचरण) ज्यादा योग्य है। एक्शन (सशस्त्र संघर्ष) में मोटे को बचाकर पंडित जी (आज़ाद) को आगे रखो। कलाकार से कहो वह मेनीफेसटो (घोषणापत्र) लिखे।"

भगतसिंह के पास (फिलॉसफी ऑफ द बम) की प्रति पहुँच गई थी। उसे पसन्द भी बहुत आई थी। उसका अनुमान था कि वह मेरी लिखी चीज थी परन्तु वास्तव में वह घोषणा रुपए में बारह आने भगवती भाई की ही लिखी थी। भगतसिंह ने मेरे विषय में कहा, "जब तक उसकी भावुकता पूरी नहीं होगी, वह हर बात में सिर निकालेगा। वह एक काम (अर्थात गाड़ी के नीचे विस्फोट) तो कर चुका है, कुछ दिन सन्तोष करे। फिलहाल एक्शन (घटना) से अधिक उपयोग लगातार घोषणाएँ निकालने का है।" उत्तर आ जाने पर मैं दाँत किटकिटा कर चुप रह गया।

हमने अपने साधनों के विचार से केवल भगतसिंह और दत्त को ही छुड़ाया जाना तय किया। जेल पर या जेल के फाटक पर आक्रमण उस समय करना था जब भगतसिंह और दत्त सेन्ट्रल जेल में अदालत से लौट रहे हों। जेल पर आक्रमण करने और भगतसिंह और दत्त को छुड़ाकर लाने के लिए एक मोटर की व्यवस्था तो की ही गई थी। धन्वन्तरि को सन्देश भेजा कि उस मोटर को यथासम्भव अधिक से अधिक समय के लिए ले लिया जाए। बँगले में दुर्गा भाभी, सुशीला जी, बच्चन, मैं और आक्रमण में भाग लेने के लिए भैया द्वारा भेजे गए एक साथी मिस्टर छैलबिहारी थे। भगतसिंह की योजना थी कि उनके बोर्स्टल जेल से लौटने के लिए निकलते समय आक्रमण होना चाहिए था। बोर्स्टल जेल का फाटक मुख्य सड़क के लगभग सौ कदम पर था। मेरी बनाई योजना के अनुसार आक्रमण भगतसिंह के बोर्स्टल जेल के लिए सेन्ट्रल जेल के फाटक से निकलते समय किया जाना चाहिए था। दोनों में से कौन-सी योजना काम में लाई जाए, यह बात आज़ाद पर छोड़ दी गई थी।

मुख्य प्रश्न भगवती भाई का था। वे इस काम में भाग लेने के लिए जिद कर रहे थे। मेरा आग्रह था कि जब आज़ाद और मैं दोनों भाग ले रहे हैं तो उन्हें पीछे रहना चाहिए।

भगवती भाई का विचार था कि मैं सेन्ट्रल और बोर्स्टल जेलों की स्थिति को देर से देखकर योजना बना रहा हूँ। भगतसिंह उस अवस्था में से प्रतिदिन गुजरता है इसलिए उसका विचार अधिक भरोसे के योग्य है। भगतसिंह की योजनानुसार चलना ही तय हुआ।

28 मई की सुबह ही भगवती भाई ने कहा, "बमों को भरकर तैयार कर दो ताकि एक को आजमा लिया जाए।"

भगतवती भाई इसी बम का परीक्षण करते हुए विस्फोट में रावी तट पर शहीद हो गए...

भगवती भाई के इस प्रकार असह्य पीड़ा में शहीद होने से मुझे ऐसा अनुभव हो रहा था जैसे इसके लिए अपराधी मैं ही हूँ। जब मैंने देख लिया था कि ट्रिगर ढीला है तो मुझे उसी समय ठीक कर देना चाहिए था।

एक जून को जेल पर आक्रमण करना ही था इसलिए हम लोग दिल पर पत्थर रखकर उस व्यवस्था में व्यस्त हो गए। उस दिन सुबह ही भैया ने कहा, "आज शाम पाँच बजे एक्शन करना है।"

बोर्स्टल जेल के फाटक पर पुलिस की बन्द बस के घूमने के लिए जगह तंग थी इसलिए गाड़ी फाटक से पन्द्रह-बीस कदम दूर खड़ी की जाती थी। भगतसिंह की योजना थी कि हम लोग ठीक ऐसे समय बोर्स्टल जेल के फाटक की ओर मोटर से आएँ। जब उन लोगों को बस में बैठाने के लिए फाटक से निकाला जा रहा हो। हमें देखकर और हमारा संकेत पाकर भगत और दत्त फाटक से निकलकर पुलिस की लारी की ओर बढ़ते हुए हम लोगों की ओर दौड़ पड़ेंगे। उस समय ही उनके साथ की गारद पर और बस पर आक्रमण करना होगा।

आज़ाद ने ड्यूटियाँ इस प्रकार बाँटी थीं। जगदीश और बच्चन एक बजे ही जेल के सामने सड़क पर घूमते हुए भगतसिंह और दत्त के बोर्स्टल जेल की ओर जाने की सूचना के लिए वहाँ चले गए। बच्चन ने ढाई बजे बँगले पर आकर खबर दी कि पुलिस की बस भगतसिंह और दत्त को सवा दो बजे बोर्स्टल जेल पहुँचाकर लौट गई है। भगतसिंह और दत्त के पाँच बजे सेन्ट्रल जेल वापस लौटने की आशा थी। चार बजे हम लोग जेल की ओर जाने के लिए कार में अपने-अपने निश्चित स्थान पर बैठे ही थे कि सुशीला जी ने पुकारा, "ठहरिए!" वे अपने कमरे से निकलीं। उनकी बाँह से कुछ खून बह रहा था। खून में उँगली भरकर उन्होंने सबके माथे पर टीके लगा दिए। भाभी पत्थर की मूर्ति की तरह बरामदे में सुन्न खड़ी देख रही थीं।

हम लोग बोर्स्टल जेल और सेन्ट्रल जेल के सामने सड़क पर कुछ दूर नहर की ओर चले गए। इस समय बच्चन हमारे साथ कार में आ गया था। अब जगदीश का काम था कि भगतसिंह और दत्त को वापस लाने के लिए लारी के बोर्स्टल जेल की ओर चलते ही हमें संकेत दे दे। हम कार का मुख जेल की ओर मोड़कर प्रतीक्षा कर रहे थे। इंजन चालू था। ड्राइवर सरदार पुलिस के सड़क पर अकारण रुकने पर ध्यान आकर्षित न होने देने के लिए इंजन का हुड उठाए भीतर देख रहा था। जगदीश का संकेत मिलते ही हम लोग चल पड़े। पुलिस की गाड़ी अभी बोर्स्टल जेल के फाटक पर पहुँच ही रही थी। हम बोर्स्टल जेल के सामने मुख्य सड़क से फाटक की ओर जानेवाली सड़क के मोड़ पर रुक गए। पुलिस बस आहिस्ता-आहिस्ता फाटक पर पहुँची। कुछ देर जेल के फाटक की ओर मुँह किए रुकी, जैसे सदा रुकती

होगी परन्तु जाने क्यों, फाटक को तुरन्त खुलता न देखकर मुड़ जाने के लिए लौट पड़ी। बस में कैदियों के भीतर जाने का रास्ता पीछे से था। बस अपनी पिछाड़ी जेल के फाटक से लगाकर खड़ी हो गई। बस के यों पहले ही मुड़कर फाटक से लग जाने अर्थ हुआ कि भगतसिंह और दत्त को फाटक से निकलते ही गाड़ी में बैठा दिया जाएगा। गाड़ी फाटक से सटकर खड़ी थी जैसे पक्षी को एक पिंजरे से दूसरे पिंजरे में डालने के लिए पिंजरों के मुँह सटा दिए जाएँ। भगतसिंह और दत्त को बस की ओर पन्द्रह-बीस कदम जाते समय भाग सकने का अवसर न रहा।

हमारी कार मोड़ पर खड़ी थी। गाड़ी का इंजन चालू था। भैया ने जेल के फाटक की ओर देखते हुए मुझे सम्बोधन किया, "सोहन, अब?"

"बढ़िए।"

"कैसे?" विस्मय से भैया ने पूछा।

"जो भी हो।"

"हूँ।"

भगतसिंह और दत्त जेल के बन्द फाटक की सीखचों के बीच से आते दिखाई दिए। योजना के अनुसार पिछली सीट पर मैं बाईं ओर, बीच में मदन गोपाल और बच्चन दाईं ओर बैठा था।

भैया ने धीमे से निर्देश दिया, "सिगनल।"

बच्चन ने बाँसुरी बजाना शुरू किया कि भगतसिंह और दत्त हमें देखकर सावधान हो जाएँ। यह सिगनल पूर्व निश्चित था। जेल के फाटक की खिड़की खुली। हमारी मोटर धीमी चाल से जेल की ओर बढ़ी।

भगतसिंह से इशारा मिलते ही हमें फाटक पर आक्रमण कर देना था। मेरा काम था कि फाटक के बाईं ओर बेंच पर सदा तैयार बैठे रहनेवाले जेल के छह सशस्त्र सिपाहियों पर पहले बम फेंक देना और उन पर गोली चलाकर उन्हें रोके रहना।

बच्चन को निर्देश था कि बस पर बम फेंककर उसमें बैठे पुलिस के सिपाहियों को रोके रहे। इस अवस्था में मदनगोपाल को दौड़कर अपनी ओर आते भगतसिंह और दत्त को एक-एक रिवाल्वर दे देना था। आज़ाद के पास बड़ा माउजर पिस्तौल, जिसे राइफल की तरह कंधे से टिकाकर गोली चलाई जा सकती थी, रखा था। वे जिस किसी को आगे बढ़ता देखते, गोली मार देते।

भगतसिंह और दत्त बाहर निकले। भगत ने माथा खुजाने का इशारा किया। भैया ने मुझसे कहा, "कहो!"

"बढ़ो!" मैंने भगतसिंह की ओर देखते हुए भैया को उत्तर दिया।

ड्राइवर ने इंजन तेज किया परन्तु भैया ने उसके हाथ पर हाथ रखकर रोक दिया, "ठहरो।"

भगतसिंह और दत्त ने हमारी ओर कदम न उठाकर बस के दरवाजे की ओर ही चले।

आज़ाद ने धीमे से कहा, ''बस को आने दो।'' उनका अभिप्राय था, हम आ तो गए ही हैं, ऐसे नहीं तो दूसरे ढंग से सही। इस समय तक हमारी मोटर पर सन्देह हो जाना चाहिए। बचकर बिना सन्देह पैदा किए लौट जाने की बात हमारे अनुमान से खत्म हो चुकी थी। भगतसिंह और दत्त को लिये पुलिस की बस हमारी बगल से गुजरी। उन दोनों ने हम लोगों की ओर देखा। आँखें मिलीं और बिछुड़ गईं। कोई संकेत न मिला। हम लोग निश्चल रहे।

भैया ने ड्राइवर को तुरन्त लौट चलने के लिए कहा। गाड़ी तेजी से लौट चली। हम लोगों ने दो-तीन सड़कों पर घूम-घूमकर पीछे देखा कि हमारा पीछा तो नहीं किया जा रहा है। एक सूनी जगह में फुर्ती से कार का नम्बर बदलकर बँगले पर लौट आए। गाड़ी की आहट पाकर भाभी और सुशीला जी बरामदे में निकल आईं। उन दोनों को देखकर मेरी आँखें झुक गईं। दूसरों पर क्या बीती, वे जानें। हम खून का टीका लगवाकर गए थे।

भैया ने मुझे सम्बोधन किया, ''बताओ, क्या कर सकते थे। खामुखा बढ़ो,... बढ़ो, कहे जा रहे थे तुम। आज नहीं तो कल सही।''

मैंने स्वीकार किया, ''तुमने बुद्धि से काम लिया। मैं भावुकता में बह गया था। उत्तरदायित्व तुम पर ही था।''

27 फरवरी, 1931 को आज़ाद इलाहाबाद के अल्फ्रेड पार्क में पुलिस से मुकाबला करते हुए शहीद हो गए...

23 मार्च, 1931 को लाहौर जेल में भगतसिंह, सुखदेव और राजगुरु को फाँसी पर लटका दिया गया...

सरदार बाजी मार ले गया

जयदेव कपूर

कितने वर्ष बीत गए। कितनी सर्दी, कितनी गरमी, कितनी बरसातें आईं और चली गईं। समय बदला, परिस्थितियाँ बदलीं, हम भी बदले लेकिन पुराने समय और साथियों की कुछ स्मृतियाँ ऐसी हैं जो मेरे मानस-पटल पर इतनी गहरी अंकित हैं कि वे कभी धुँधली नहीं होतीं, कभी सोती नहीं और कभी सोने नहीं देतीं। प्रतिवर्ष 23 मार्च पर वे स्मृतियाँ जागरूक हो उठती हैं। वे जागती हैं और मुझे जगाती हैं। उनके प्रकाश में मैं देखा करता हूँ उन बीते दिनों को, उन बिछुड़े साथियों को जो कभी अपने बहुत नजदीक थे...

सन् 1925 के जाड़ों की बात है। मैं डी.ए.वी. कालेज, कानपुर में पढ़ता था और होस्टल में रहता था। शिव (शिव वर्मा) भी वहीं था। अचानक एक लम्बा-दुबला, फटे पुराने कपड़े पहने, उससे भी अधिक फटी पगड़ी बाँधे, एक नौजवान मेरे कमरे में बिना झिझके घुसता चला आया। उसका चेहरा दुबला, गालों की हड्डियाँ उभरी हुईं। आँखें छोटी परन्तु निहायत चमकीली। उसने अपना नाम बताया बलवन्त, लेकिन मैं यह जान गया था कि यह उसका छद्म नाम था। वह मुझे जानता था और अधिक जानना चाहता था। मैं उसे नहीं जानता था इसलिए बातों में बहुधा कतरा जाता था। धीरे-धीरे हमारी जान-पहचान बढ़ी। हम दोनों एक-दूसरे के समीप पहुँचते गए।

कुछ लोग कहते हैं कि सामीप्य से कटुता या घृणा बढ़ने लगती है लेकिन इस नौजवान बलवन्त के सामीप्य से मुझे इसका उलटा ही सही मालूम हुआ।

अपने अब तक के लम्बे जीवन में मुझे बहुत से छोटे-बड़े व्यक्तियों से मिलने का अवसर मिला है किन्तु इक्के-दुक्के ही मुझ पर सदैव के लिए कोई अमिट छाप डाल पाए हैं। लेकिन इस एक व्यक्ति ने मुझ पर ऐसा प्रभाव डाला और पहली ही मुलाकात में कि मैं यावत् जीवन उसे याद करता रहूँगा। उसकी बातचीत, उसका पढ़ना-लिखना, उसका रहन-सहन, चरित्र, चिन्तनधारा। ऐसा मालूम होता था उसका सम्पूर्ण जीवन ओतप्रोत था असीम क्रोध और घृणा से ब्रिटिश साम्राज्यवादी शासन

के प्रति और अनन्य श्रद्धा और प्रेम था देश और देशवासियों के प्रति। उसके दिल में क्रान्ति की जलन थी। वह स्वयं बेहद बेचैन रहता था और जो कोई उसके सम्पर्क में आया, इस बेचैनी से अछूता न रह सका।

वह बहुत पढ़ता था। उसके अध्ययन के मुख्य विषय थे—फ्रांस की राज्यक्रान्ति, इटली के एकीकरण में मैजिनी, गैरीबाल्डी, कावूर के क्रान्तिकारी योगदान, आयरलैंड का स्वातन्त्र्य-युद्ध, रूस की समाजवादी क्रान्ति। उसने अपने देश की आज़ादी के आन्दोलन का भी गहरा मंथन किया था। जीवन के जाग्रत क्षणों में वह यही सोचा करता था कि इस सब अध्ययन और अनुभव के प्रकाश में कैसे हम आगे बढ़ें, कैसे अपना आन्दोलन आगे ले जाएँ? मननशील तो वह था ही लेकिन अदम्य साहसी और कर्मवीर भी था। इन दोनों गुणों का समन्वय किसी एक व्यक्ति में मैंने आज तक ऐसा सुन्दर कहीं नहीं पाया।

प्रथम असहयोग आन्दोलन समाप्त कर दिया गया था। चौरी-चौरा, रायबरेली में जब मैं जनता साम्राज्यशाही जुल्म के विरोध में हिंसा और अहिंसा की सीमाओं से अपने को मुक्त कर, सैलाब या आँधी की तरह दुश्मन से सीधी टक्कर लेने के लिए मैदान में आ गई तो गांधी जी ने कहा कि यह हिमालय जैसी बड़ी भूल है और बढ़ती हुई कतारों को पीछे जाने का हुक्म दिया। नेता हट गए। जनता इतनी शीघ्र, बिजली के बटन दबाने के साथ, हट न पाई लेकिन नेतृत्वविहीन हो गई। देश में व्यापक क्षोभ था, निराशा थी और उधर ब्रिटिश साम्राज्यशाही को अवसर मिला। उसके हमले बढ़ गए, उनमें कठोरता बढ़ी, क्रूरता बढ़ी। हम थोड़े से क्रान्तिकारी नौजवान तिलमिला उठे। प्रश्न था--क्या करें। सामने सुरसा जैसी दैत्याकार खड़ी थी इतनी बड़ी शक्तिशाली अंग्रेजी सरकार, उसकी फौज, उसकी पुलिस, उसकी जेलें और अदालतें, उसकी दमन की सम्पूर्ण मशीनरी और मुकाबले में खड़े थे हम मुट्ठी-भर नौजवान, सब प्रकार से साधनविहीन। राजनीति के पुराने पंडे कहते थे--यह सनकी आदर्शवाद है। दुनियादार कहते थे--यह पागलपन है। सब कहते थे—शान्त होकर बैठ जाओ।

लेकिन हम जो थे और हमारा सरदार—हम दुनिया के उत्तर में कवि नजरुल इस्लाम की यह पंक्तियाँ दुहरा देते थे :

आमि विद्रोही चिर अशान्त

सरदार को तैरने और नाव चलाने में बड़ी रुचि थी और मुझे भी। अक्सर अपने होस्टल के समीप बहनेवाली गंगा मैया के पास पहुँचते और रात-रात-भर नाव पर घूमते-गाते, बातें करते बिता देते। एक दिन मैंने पूछा, "सरदार, निश्चित है इतने बड़े दुश्मन के मुकाबले में हम लड़ेंगे, मारेंगे, मरेंगे। अपनी आँखों से देश को आज़ाद देख न पाएँगे। फिर जीवन के अन्तिम क्षण में कौन-सी भावना हमें सांत्वना देगी? कैसे हम कह सकेंगे कि हम सफल हुए या नहीं? सरदार ने उस समय केवल इतना

ही कहा था, "बस, इतने को ही जीवन का लक्ष्य समझकर हम मैदान में आए थे। चोट पर चोट खाकर हमारे देशवासी भयाकुल और आतंकित होकर कहीं निरुत्साहित बैठ न जाएँ, हमारे शहीदों ने अपनी जीवन समिधाएँ देकर आज़ादी की आग जलाई थी, उस पर कहीं राख न जम जाए, इस हेतु हमारी पार्टी ने निश्चय किया है कि जनता के आगे किन्तु जनता को साथ लेकर लड़ो, प्रदर्शन करो, जनान्दोलन को भयमुक्त करो, सीधे क्रान्ति का रास्ता दिखाओ।"

...सरदार को हम लोगों की सूचना दिल्ली में मिली थी। उसने हमारे सामने प्रस्ताव रखा कि हम लोग पंजाब चलें। हमने कहा, "हम तैयार हैं। जब पार्टी के लिए हम जीवन दान कर चुके हैं तो लाहौर और लखनऊ क्या?"

हम दोनों एक-दूसरे के बहुत करीब आ गए थे। मुझे उसमें विशेष आकर्षण मालूम हुआ। मैं नहीं कह सकता कि उसने मुझमें कौन-सा आकर्षण देखा। हाँ, हम दोनों हथछुट थे। उसका बौद्धिक स्तर ऊँचा था। उसमें लेखन कला भी थी और शैली भी।

तब सरदार लाहौर चला गया। यह कहकर कि हम लोग बाद में जाएँगे। वहाँ दशहरा बम केस में वह पकड़ लिया गया। जुलूस में एक धर्मान्ध मुसलमान ने दो बम फेंके थे। पुलिस ने यह समझकर कि रिवोल्यूशनरी ही ऐसा कर सकते हैं, उसे गिरफ्तार कर लिया। इसलिए कि वह एक ऐसे परिवार से आया था जहाँ देशभक्ति उसे विरासत में मिली थी। जेल से उसने सूचना भिजवाई—"यहाँ मत आना। हवा गरम है।"

फिर जाना रुक गया।

'काकोरी रेलवे डकैती' (1925) के बाद दल का बनारस केन्द्र ध्वस्त हो गया था। शचीन्द्रनाथ सान्याल, मन्मथ नाथ गुप्त, राजेन्द्र नाथ लाहिड़ी, राजकुमार सिन्हा आदि गिरफ्तार हो गए थे। पंडित जी (चन्द्रशेखर आज़ाद) फरार थे। किसी समय बनारस सेन्टर अच्छा था। पार्टी ने मेरा बनारस जाना तय किया। मैं इंटर में था। वहाँ जाकर मैं दल के संगठन कार्य में लग गया। राजगुरु से वहीं मुलाकात हुई। बनारस को इस बात का गर्व है कि इस केन्द्र से कभी कोई सरकारी गवाह नहीं मिला।

उसके बाद हम लोग दिल्ली गए।

सरदार दशहरा बम केस में चालीस हजार की जमानत पर छूटकर आ गया था। उसका खयाल दुरुस्त था। वह कहा करता था कि एक बागी की जिन्दगी दो साल से ज्यादा नहीं होती। हो हौसला हो निकाल लो। बिना कुछ किए-धरे जेल जाने पर पछताना पड़ेगा। आत्मतोष भी नहीं मिलेगा और मानसिक रूप से भी डिमारलाइज हो जाओगे।

उसका कहना था कि यदि ठोस काम करना है तो पढ़ाई-लिखाई, घर-बार

छोड़कर निकल पड़ो। क्रान्ति के हर पहलू पर तुमको अपनी नीति बनानी पड़ेगी। कहीं तुमसे भूलें भी हुई हैं जिससे क्रान्ति तेजी से आगे नहीं बढ़ पाई। वह कहा करता था कि हमें दूसरे देशों की क्रान्ति पर अध्ययन करना होगा। हमें जीवनव्रती क्रान्तिकारी की जरूरत है जो सर्वस्व अर्पित कर सके। हमें सब छोड़ना होगा, एक निशाने पर चलने के लिए। इसके लिए निष्काम भाव से काम करने की आवश्यकता है क्योंकि अंग्रेजों के पास फौज-पुलिस है, बड़ी-बड़ी जेलें हैं।

उसने यह भी कहा था कि फौज वही लड़ना जानती है जिसके सामने स्पष्ट लक्ष्य हो। इसलिए जरूरी है कि एक उद्‌देश्य, एक व्रत और एक संकल्प लेकर आगे आएँ। लोगों को यह बताना भी जरूरी है कि हमें किसके विरुद्ध लड़ना है और जिस आजादी के लिए संघर्ष कर रहे हैं वह आजादी क्या होगी। उसने अपनी निजी राय बताई थी कि हमारा उद्‌देश्य देश में समाजवादी व्यवस्था की स्थापना करना है। अन्त में यह तय हुआ कि एक देशव्यापी मजबूत क्रान्तिकारी संगठन के लिए कार्य किया जाए जिसके उद्‌देश्य घोषित हों। अतः दिल्ली में एक मीटिंग बुलाई गई जिसमें भगतसिंह मेरे साथ गया था या यों कहिए कि मैं उसके साथ गया था। वहाँ संगठन के दो विभाग बनाए गए—प्रचार-प्रसार तथा एक्शन। एक्शन के कमांडर बनाए गए चन्द्रशेखर आज़ाद और दूसरे के प्रमुख सरदार भगतसिंह। मुझे एक्शन में लिया गया था।

उसके बाद भगतसिंह कलकत्ता गया और बंगाल के पुराने क्रान्तिकारियों से मुलाकात की, लेकिन सफलता नहीं मिली। वहाँ विचारों का मतभेद था। बंगाली 'सोशलिस्ट' शब्द से भड़कते थे। पर हिम्मत कैसे हारते? दक्षिणेश्वर, चिटगाँव, मेमनसिंह के नौजवानों से बातचीत का सिलसिला जारी रखा। दरअसल चाहते यह थे कि कोई बम बनानेवाला मिल जाए, जिससे कोई बड़ा काम किया जा सके। एक नौजवान आगे आकर बोला, "मैं तुम्हारा साथ दूँगा।" ये थे यतीन्द्रनाथ दास, जिन्होंने आगे चलकर जेल में अनशन करके वीरगति प्राप्त की।

यतीन्द्र आगरा आए। वहाँ हींग की मंडी में एक भुतहा मकान था जो आसानी से किराए पर मिल गया। वहाँ सभी व्यवस्था की गई। यतीन्द्र हम लोगों को बम बनाने का प्रशिक्षण देने लगे।

केन्द्रीय असेम्बली में बम फेंकने का विचार बना तो मुझे आगरे से दिल्ली भेज दिया गया। चाँदनी चौक के पीछे सीताराम बाजार में मैंने एक छोटा-सा कमरा किराए पर ले लिया। वहाँ रहकर बम फेंकने आदि का बन्दोबस्त किया। हमने एक स्टेटमेंट तैयार किया। सरदार बीच-बीच में आकर मेरे तैयार किए स्टेटमेंट में संशोधन कर जाता था। इस मध्य हम लोग शहीदों के स्मृति-चित्र लिखा करते थे। सरदार इसमें विशेष रुचि लेता था।

एक दिन सरदार अमृतसर गया खर्चे के लिए पैसा लेने। शायद दूधवाले का

कुछ कर्ज हो गया गया था। सरदार के बहुत करीब था सुखदेव। सरदार के अमृतसर पहुँचने पर सुखदेव ने पूछा, "असेम्बली में बम मारने का क्या रहा?"

"सब ठीक है।" सरदार ने कहा, "जयदेव डेवलपमेंट वाच कर रहा है। उसने आने-जाने का रास्ता भी बना लिया है। स्टेटमेंट भी लिखा जा चुका है। हाँ, याद भी हो गया है और...और...बस अब किसी दिन भी हो सकता है।"

सुखदेव थोड़ी देर तक चुप रहा। फिर बोला, "भगतसिंह तुमसे ज्यादा मेरा कोई प्यारा दोस्त नहीं है लेकिन प्रश्न व्यक्तिगत नहीं है। मैं नहीं चाहता हूँ कि बाद को तेरे बारे में कहें कि तूने अपने जूनियर को फायरिंग लाइन में भेज दिया और खुद पीछे रहा।"

सुखदेव की बात सरदार को चुभ गई। उसने दिल्ली आकर जिद पकड़ ली कि बम फेंकने की अनुमति उसे दी जाए वरना वह पागल हो जाएगा या आत्महत्या कर लेगा। भरे हुए गले से बोला, "जब मेरा नजदीक का दोस्त (सुखदेव) यह कह सकता है तो जनता मेरे बारे में क्या कहेगी।"

उसकी जिद पर दल को इजाजत देनी पड़ी। सरदार बाजी मार ले गया। मैं कभी-कभी यह सोचता हूँ तो एक शेर याद आ जाता है—

मैंने ही बरसों सजाया मयकदा,
मेरी ही किस्मत में पैमाने नहीं।

8 अप्रैल, 1929 को सरदार भगतसिंह और बटुकेश्वरदत्त ने दिल्ली की केन्द्रीय असेम्बली में बम के धमाके किए और 'हि.स.प्र.स.' के लाल रंग के घोषणापत्र हॉल में फेंक दिए। सरदार और दत्त ने ऊँचे स्वर में नारे लगाए—

इन्कलाब जिन्दाबाद!
साम्राज्यवाद का नाश हो!
दुनिया के मजदूरो एक हो!

सरदार और दत्त ने वहीं गिरफ्तारी दे दी। इसके करीब दो महीने बाद सहारनपुर में मैं पकड़ लिया गया और फिर जेल में 1929 के जुलाई महीने में सरदार से मेरी मुलाकात हुई। करीब डेढ़ साल मुकदमा चलता रहा। सरदार, राजगुरु और सुखदेव को देशभक्ति का सर्वोच्च पुरस्कार दिया गया। मुझे इसके काबिल भी नहीं समझा गया। सरदार मुझे दूसरी बार भी मात दे गया। मुझे काला पानी की सजा दी गई।

अन्तिम मुलाकात सरदार से सन् 1930 में हुई। दिसम्बर का महीना था। आधी रात बीत चुकी थी। मैं अपनी कंडम सेल में था और सरदार दूसरी नई कंडम सेल में। हमारा दरवाजा खोला गया। हुक्म मिला, "बाहर आओ।' कहाँ जाना है यह नहीं बताया गया। हमारे साथ शिव वर्मा, डॉ. गयाप्रसाद, विजयकुमार सिन्हा, किशोरीलाल भी थे। उस समय भावनाएँ कुछ भारी जैसी हो गई थीं यह सोचकर कि जब इन लोगों से कब मिल सकूँगा। जेलर मो. अकबर प्रशासन के मामले में

बहुत सख्त थे। पता नहीं उस रोज क्यों कहने लगे, "जयदेव, तुमको उदास नहीं देखा कभी। आज परेशान नजर आ रहे हो।" हमने कहा कि हमको अपने साथियों से मिलने की इजाजत दे दीजिए। अब इनसे जीवन में दुबारा कब मिल पाऊँगा।"

उन्होंने इजाजत दे दी। हमने देखा वहाँ सरदार धीमी रोशनी में लेटा कुछ पढ़ रहा था। हमारी बेड़ियाँ की झनकार से वह चौकन्ना हो गया। अजीब-सा लग रहा था उस समय। कई क्षण बाद मैं सरदार से बोला, "मौत को इतना नजदीक पाकर कैसा लग रहा है तुम्हें?" वह बोला, "यह बात तो पहले भी हुई थी। अगर अपनी जिन्दगी देकर हम मुल्क में 'इन्कलाब जिन्दाबाद' का नारा बुलन्द कर पाए हैं तो इससे अच्छा और क्या है? मुझे खुशी है कि आज जेल की दीवारों के बाहर से, खेतों-खलिहानों से यह आवाज आ रही है तो मैं समझता हूँ कि मुझे अपनी जिन्दगी की कीमत मिल गई है और इससे अधिक इस छोटी-सी जिन्दगी का मूल्य हो भी क्या सकता है?"

फिर चलते समय उसने कहा था, "मैं तो थोड़े ही दिनों में दुनिया की झंझटों से छूट जाऊँगा...लेकिन तुम लोगों के सामने लम्बी और कड़े संघर्ष की जिन्दगी है। तुम्हें तो जीवन के प्रतिक्षण इसके लिए कुर्बानी देनी होगी। मैं तुमसे यही अपेक्षा करूँगा कि तुम कभी हारोगे नहीं, थकोगे नहीं और चलते ही रहोगे।"

23 मार्च, 1931 को सरदार, राजगुरु और सुखदेव 'इन्कलाब जिन्दबाद' का जयघोष करते हुए फाँसी पर झूल गए। सुदूर दक्षिण की त्रिचनापल्ली जेल की तंग बदबूदार कोठरी में मैं बन्द था। रात के अँधेरे में कोई कह गया, "तुम्हारे साथी फाँसी चढ़ गए..."

तब से चल रहा हूँ निरन्तर। सरदार ने अन्तिम भेंट में मुझसे यही तो कहा था, "चलते ही रहना।" सत्रह वर्ष के जेल जीवन में कभी डंडा-बेड़ी, कभी खड़ी हथकड़ी, कभी बीस बेंतों की सजा, कभी तन्हाई, लम्बी-लम्बी भूख हड़तालें...और अब मजदूरों में काम। मेरे सरदार भाई, मैं चलता ही रहा हूँ–

मेरी जिन्दगी एक मुसलसल सफर है,
जो मंजिल पे पहुँचा तो मंजिल बढ़ा दी।

मौत के सामने हँसता चेहरा

डॉ. गयाप्रसाद

घर पर पढ़ाई समाप्त कर मैं फर्रुखाबाद, बढ़पुर और फिर बिल्हौर में पढ़ता रहा। अंग्रेजी में हाईस्कूल ही पास कर पाया। उसके बाद समाज सेवा और राजनीति का भूत सवार हो गया। जिन दिनों मैं फर्रुखाबाद में पढ़ता था उन दिनों आर्यसमाज का बहुत जोर था। मैं नियमित रूप से उसकी बैठकों में जाने लगा। आर्यसमाज के सम्पर्क से मेरे अन्दर नया परिवर्तन आया। राजनीति और सामाजिक गतिविधियों में भाग लेने की प्रेरणा मुझे वहीं से प्राप्त हुई।

आर्यसमाज ने गुलामी के खिलाफ एक पृष्ठभूमि तो तैयार कर ही दी थी, इसलिए 1921 में गांधीजी ने जब असहयोग आन्दोलन छेड़ा तो पढ़ाई छोड़कर मैं उसमें कूद पड़ा। पिता सामन्ती विचारधारा के थे और अधिकारियों का उन पर काफी जोर था। इसलिए वहाँ काम करने में मुझे कदम-कदम पर रुकावटों का सामना करना पड़ रहा था। सो मैं गाँव छोड़कर घाटमपुर चला गया और वहाँ से सीधा कानपुर आ गया। कानपुर में डॉ. मुरारीलाल के घर पर ही कांग्रेस का दफ्तर था। वहीं रहकर मैंने सक्रिय रूप से कांग्रेस का काम करना आरम्भ कर दिया। चौरी-चौरा के आन्दोलन वापस हो जाने के बाद मुझे बड़ी विकट परिस्थिति का सामना करना पड़ा। पढ़ाई छूट चुकी थी। घर वापस आने का कोई प्रश्न ही नहीं था। कांग्रेस से ही मन उखड़ गया था।

कांग्रेस से अलग होने के बाद कुछ दिनों तक मैं मजदूर सभा में काम करता रहा। वहीं हरिहरनाथ शास्त्री और गणेशशंकर विद्यार्थी जी से मेरा सम्पर्क हुआ। इसी बीच बिल्हौर के श्री मुनेश्वर अवस्थी मिले। वे उन दिनों गोरखपुर से प्रकाशित होनेवाले हिन्दी साप्ताहिक 'स्वदेश' के सहसम्पादक थे। उनका सम्पर्क क्रान्तिकारी पार्टी से भी था और वे प्रायः कानपुर आते रहते थे। उनसे राजनीति पर काफी बातचीत के बाद मुझे लगा कि देश को आजाद कराने के लिए क्रान्तिकारी पार्टी का रास्ता ही एकमात्र सही रास्ता है। बस, मैं क्रान्तिकारी पार्टी का सदस्य बन गया।

क्रान्तिकारी दल में आने के बाद मेरा परिचय कानपुर के विजय कुमार सिन्हा,

शिव वर्मा, सुरेन्द्र पांडे, जयदेव कपूर, सद्गुरु दयाल अवस्थी और ब्रह्मदत्त मिश्र से हुआ फिर चन्द्रशेखर आज़ाद से भी मिलने का अवसर मिला।

कानपुर के जाजमऊ के पास एक मीटिंग होनी थी। उस मीटिंग में भाग लेने के लिए आज़ाद को झाँसी से आना था। इसके लिए भगवानदास माहौर का पता देकर मुझे झाँसी भेजा गया था। माहौर से मैं एक पुस्तकालय में मिला। वहाँ से जब वे मुझे लेकर अपने घर को जा रहे थे तो रास्ते में ही आज़ाद मिल गए और माहौर ने वहीं उनसे मेरा परिचय कराया। आज़ाद ने इसे पसन्द नहीं किया। फिर जब घर पहुँचे तो माहौर की माँ ने आज़ाद से उसकी शिकायत की कि यह कुछ पढ़ता-लिखता नहीं है, दिनभर इधर-उधर घूमता रहता है, घर का कोई भी काम नहीं करता है आदि। आज़ाद ने भी भगवानदास को खूब डाँट पिलाई। उस समय मैंने सोचा कि खुद ही तो माहौर को इधर-उधर भेजते रहते हैं और अब उसे डाँट रहे हैं। बाद में पता चला कि वह सब माहौर के साथ उनकी मिलीभगत थी।

आज़ाद मेरे साथ कानपुर के लिए रवाना तो हो गए लेकिन रास्ते-भर अपना भरा हुआ रिवाल्वर छुपाए चुपचाप मेरे सामने की सीट पर बैठे रहे। कानपुर पहुँचने पर जब और साथी मिले तब जाकर उन्हें यकीन हुआ कि मैं एक सही आदमी हूँ।

...भगतसिंह से मेरी पहली मुलाकात लाहौर में हुई थी। हुआ यह कि उन दिनों पार्टी योगेशचन्द्र चटर्जी को फतेहगढ़ जेल से छुड़ाने की योजना बना रही थी। उसी सिलसिले में विजय कुमार सिन्हा और शिव वर्मा जेल में उनसे मिलने गए। सीआईडी वालों को शक हो गया और उन्होंने उनका पीछा किया। उन दिनों में जलालाबाद में डॉक्टरी की प्रैक्टिस करता था। जलालाबाद स्टेशन से जब गाड़ी चली तो शिव वर्मा चलती गाड़ी से कूद कर मेरे यहाँ आ गए। उनके साथ गाड़ी के दूसरी तरफ से एक सीआईडी वाला भी कूदा लेकिन वह गिर गया और उसके चोट आ गई। वह मेरे ही दवाखाने में मरहम-पट्टी करवाने आया। उसने बतला दिया कि एक आदमी गाड़ी से कूदकर यहीं कहीं गायब हो गया है। मैंने उसकी मरहम-पट्टी की और दर्द कम करने के लिए मार्फिया की सुई लगा दी। वह बाहर पड़े तख्त पर लेट गया और सो गया। मैंने शिव वर्मा को रात के बारह बजे की गाड़ी से अगले स्टेशन पर बिठला दिया और एक पिस्तौल देकर उन्हें कानपुर रवाना कर दिया। सीआईडी वाले को मेरे ऊपर भी शक हुआ और दो-तीन दिनों के बाद वह मुझे गिरफ्तार करने आ गए। मैं मकान के पिछले दरवाजे से निकल आया। उस समय मेरी जेब में एक भी पैसा नहीं था। कुछ दर चलने के बाद खेत पर काम करता एक परिचित किसान मिला। मैंने अपने कपड़े उसे दिए और उसके कपड़े पहनकर पैदल ही कानपुर चल दिया। शिव वर्मा के पास जाकर सब हाल बताया और उन्होंने पता देकर मुझे लाहौर रवाना कर दिया।

कानपुर से मैं दिल्ली आया। वहाँ जामा मस्जिद के पास एक मकान में शौकत

उस्मानी रहते थे। उनसे मिला। उन्होंने लाहौर में केदारनाथ सहगल का पता दिया। सहगल ने मेरी मुलाकात भगतसिंह से करवाई।

भगतसिंह ने रावी नदी के पास एक छात्रावास था, वहाँ मेरे रहने की व्यवस्था कर दी। महावीर सिंह वहाँ पहले से मौजूद थे। कुछ दिन वहाँ रहने के बाद मैंने डॉ. बी.एस. निगम के नाम से फीरोजपुर में डॉक्टरी आरम्भ कर दी। जल्दी ही मेरी गिनती शहर के जाने-माने बुद्धिजीवियों में होने लगी। कायस्थ सभा ने मुझे मन्त्री भी चुन लिया। मेरा मकान क्रान्तिकारियों के छिपने का अड्डा बन गया। मेरे जरिए बम के रसायन आदि खरीदे जा सकते थे। दल का एक सदस्य जयगोपाल मेरे पास नौकर बनकर रहने लगा। फिर वहाँ सुखदेव और शिव वर्मा भी आने-जाने लगे।

फीरोजपुर में घर के अन्दर मैं और जयगोपाल एक ही परिवार के दो सदस्य थे लेकिन घर से बाहर वह नौकर था और मैं मालिक। नौकर होने के कारण जयगोपाल हमेशा मैले कपड़े ही पहनता था। हम लोग एक सस्ते ढाबे में खाना खाते थे। मैं गाँव का रहनेवाला था। पार्टी में आर्यसमाज से आया था। दिमाग पर उसकी छाप तो थी ही। सादगी और नैतिकता की भी अपनी धारणाएँ थीं। मैं पार्टी का पैसा बड़ी किफायत से खर्च करता था। ढाबे में बगैर घी के ही दाल-रोटी या सब्जी-रोटी खा लेते थे।

एक बार लाहौर से सुखदेव आया तो जयगोपाल ने उससे मेरी शिकायत की कि यह न तो खुद घी खाता है, न मुझे खाने देता है। मुझसे बगैर घी के दाल और रोटी नहीं चल पा रही है। सुखदेव विवेकशील आदमी था। उसने कहा, ''मरना तो है ही लेकिन जब तक जिन्दा है, स्वस्थ होकर जिएँ तो कुछ काम भी कर लेंगे।'' उसने कहा यह जयगोपाल घी का आदी है, इसे रोटी और दाल के साथ घी भी दिलवा दिया करें। मैंने उसको घी बँधवा दिया। अब मुश्किल यह हुई कि नौकर तो खाए घी की चुपड़ी और मालिक चबाए सूखी रोटियाँ। इसलिए मैं दूसरे ढाबे में चला गया।

इन्हीं दिनों भारत में कुछ राजनीतिक सुविधाएँ देने के नाम पर साइमन कमीशन आया। जिसका विरोध करते हुए एक जुलूस में लाला लाजपतराय पर पुलिस की लाठियाँ पड़ीं, जिससे वे घायल होकर कुछ दिनों के बाद मर गए। लाला जी की हत्या का बदला लेने की योजना बनाने हेतु महत्त्वपूर्ण क्रान्तिकारियों की एक बैठक लाहौर में हुई जिसमें भगतसिंह को खास जिम्मेदारी दी गई। अपना बचाव करने के लिए उन्हें भेष बदलना था जिसमें केश बाधक थे। भगतसिंह की धार्मिक आस्था समाप्त हो चुकी थी। तय हुआ कि उनके बाल कटवा दिए जाएँ। अगर किसी नाई से कटवाते हैं तो योजना का भेद खुल सकता है। इसलिए यह निश्चय हुआ कि मैं ही भगतसिंह के बाल काटूँ। मैंने यह ऐतिहासिक कार्य अपने क्लीनिक पर किया। बाद में पकड़े जाने पर जयगोपाल मुखबिर हो गया तो उसने पुलिस को बताया कि

भगतसिंह के सिर के केश व दाढ़ी क्लीनिक में डॉ. गयाप्रसाद ने अपने हाथों से काटी थी।

सांडर्स वध के बाद आगरा क्रान्तिकारी गतिविधियों का महत्त्वपूर्ण केन्द्र बन गया था। वहाँ हींग की मंडी में बम बनाने का कारखाना स्थापित किया गया। यतीन्द्रनाथ दास कलकत्ता कांग्रेस के समय भगतसिंह के निमन्त्रण पर आगरा आए और साथियों को बम बनाने का प्रशिक्षण देने लगे। आगरा में मुझे यह काम सौंपा गया कि मैं सहारनपुर जाकर कोई मकान किराये पर लेकर इस तरह से रहूँ ताकि महसूस हो कि कोई भला आदमी रहता है और प्रतीक्षा करूँ। आगरा केन्द्र से बम के कुछ खाली खोल भी सहारनपुर ले जाए गए, जो बाद में पकड़े गए थे। यह भी तय हुआ कि मैं, शिव वर्मा और जयदेव कपूर वहाँ जाएँगे।

सहारनपुर में मैंने होस्योपैथिक दवाखाना खोला। भीतर बम बनते थे और बाहर दवाई। 8 अप्रैल, 1929 को दिल्ली की केन्द्रीय असेम्बली में भगतसिंह और बटुकेश्वर दत्त के बम विस्फोट के समय आगरा केन्द्र पर कोई नहीं रह गया था। यह पहले तय हो चुका था कि बम विस्फोट के बाद सभी को सहारनपुर जाना पड़ेगा।

आगरा वाला हेडक्वार्टर अब सहारनपुर आ गया था। जयदेव के सहारनपुर पहुँचने से पहले ही लाहौर में सुखदेव गिरफ्तार हो गए थे और तभी एक दिन सीताराम बाजार में वह मकान जयदेव ने पुलिस से घिरा देखा जहाँ रहकर उन्होंने असेम्बली में बम फेंकने की भारी व्यवस्था की थी। वे और शिव वर्मा दोनों भागकर सहारनपुर चले गए।

मेरे सहारनपुर के क्लीनिक पर छापा पड़ चुका था। वहाँ जिस नाई से मैं बाल कटवाता था, उसने सहारनपुर में मुझे पहचान लिया। सहारनपुर केन्द्र पर शिव वर्मा को कुछ ऐसे संकेत मिल गए थे जिनसे खतरे का अन्दाजा लगाया जा सकता था। यदि वे उनकी ओर ध्यान देकर उस केन्द्र को छोड़ देते तो दुर्घटना बच सकती थी। अगले दिन शिव वर्मा और जयदेव जब वहाँ सो रहे थे तो दरवाजे पर दस्तक हुई। शिव ने यह समझकर कि शायद मैं कानपुर से लौटा होऊँगा, दरवाजा खोल दिया। शिव वर्मा स्वीकार करते हैं कि यह उनकी बहुत बड़ी भूल थी। पुलिस ने जोर आजमाइश करके इन दोनों क्रान्तिकारियों को पकड़ लिया। मकान की तलाशी ली गई और पुलिस के कुछ सिपाही मेरी गिरफ्तारी के लिए मकान के भीतर छिपकर बैठ गए। स्टेशन पर भी सीआईडी के आदमी लगा दिए गए।

मैं जब गाड़ी से उतरा तो झुटपुटा था। मैंने इधर-उधर नजर दौड़ाई तो खतरे जैसा वहाँ कुछ भी दिखाई नहीं दिया। मैंने अपना चश्मा उतारकर जेब में रख लिया और स्टेशन से बाहर निकल आए। अखबार आ चुके थे। उसमें जयदेव और शिव वर्मा की गिरफ्तारी का समाचार छप चुका था। पर मैंने पैसे बचाने की धुन में अखबार नहीं खरीदा, नहीं तो उसमें गिरफ्तारी का पता चल जाता। इक्का या ताँगा

करता तो भी मालूम हो जाता। पैदल ही घर की तरफ चल दिया। वहाँ पहुँचकर दरवाजा खटखटाया। आधा दरवाजा खुला और मैं अन्दर हो गया। अँधेरे में एक आदमी ने आगे बढ़कर जम्फी डाल दी। तभी वह चिल्लाया...दौड़ा, तीसरा भी आ गया। मामला अब समझ में आया। थोड़ी देर बाद कोतवाल भी आ गया। मैं पहचान लिया गया।

गिरफ्तारी के समय मेरे पास योगेश चटर्जी की एक चिट्ठी थी। उसमें लखनऊ सेन्ट्रल जेल से निकलने की पूरी योजना लिखी थी। मुझे कानपुर से झाँसी पहुँचकर आज़ाद से इसी मसले पर विचार करना था। पकड़े जाने के बाद भी मेरी तलाश नहीं हुई थी। पुलिसवाले दोनों हाथों में हथकड़ियाँ पहनाकर पैदल ही कोतवाली की ओर चल दिए थे। तभी मुझे एक उपाय सूझा। पेशाब के बहाने सिपाही से एक हाथ की हथकड़ी खुलवाकर मैं नाली के किनारे बैठ गया। मौका पाकर मैंने जेब से चिट्ठी निकालकर मुँह में रख ली और उसे धीरे-धीरे चबाना शुरू कर दिया। सूखा कागज गले के नीचे उतर नहीं रहा था। पुलिवालों ने जल्दी करने के लिए टोका तो मैंने कागज निगलने की कोशिश की लेकिन वह गले में अटक गया। मेरा दम घुटने लगा। आँखें टँग गईं। मैंने हाथ के इशारे से सिपाही से पानी लाने को कहा और इस तरह वह चिट्ठी मैंने गले के नीचे उतार ली।

लाहौर मुकदमे में अभियोग पक्ष एक भी ऐसा सबूत पेश नहीं कर सका कि मैं किसी सशस्त्र कार्यवाही के समय मौजूद था लेकिन मैं क्रान्तिकारी दल का सदस्य था जिसने हुकूमत के खिलाफ जंग का ऐलान किया था और मैं एक बम फैक्टरी के भीतर गिरफ्तार हुआ था।

भगतसिंह के निर्देश पर मैं अभियुक्तों की उस श्रेणी में शामिल था जो शत्रु की अदालत को मान्यता न देनेवालों की थी। मेरे साथ महावीर सिंह, बटुकेश्वर दत्त, कुन्दनलाल गुप्त और जितेन्द्रनाथ सान्याल थे। पहली श्रेणी का मामला वकीलों द्वारा लड़ा जानेवाला था और तीसरी श्रेणी अपना केस स्वयं लड़नेवालों की। भगतसिंह इसी में थे।

जेल के भीतर हम राजनीतिक समस्याओं पर वाद-विवाद करते। जेल अधिकारियों से हमारे झगड़े भी होते और हमें मार भी खानी पड़ती। भूख हड़तालें भी हमारे इसी संघर्ष का हिस्सा थीं।

हमारे मुकदमे में भगतसिंह, राजगुरु और सुखदेव को फाँसी तथा अन्य साथियों व मुझे आजीवन कारावास की सजा दी गई।

भगतसिंह से वह हमारी आखिरी मुलाकात थी जब हम दूसरी दूसरी जेलों में ले जाए जा रहे थे। कुछ अफसोस होना स्वाभाविक था। कुछ लोगों की आँखें डबडबा आई थीं। मेरे भी आँसू छलक आए थे। उस समय हमारे किसी साथी का नाम याद नहीं है। एक सवाल पूछा जो कुछ इस तरह का था कि भगतसिंह हम

जानना चाहते हैं कि इस वक्त तुम्हारे दिल में कोई गम, सदमा या कोई इच्छा तो नहीं है?' सवाल सुनकर वह ठहाका मारकर हँसने लगा और कहा कि यह तुम मुझसे पूछते हो! मैं तो इस दुनिया का कुछ दिन का ही मेहमान हूँ। गम और सदमा तो तुम्हें होना चाहिए क्योंकि तुम्हें लम्बा सफर पार करना पड़ेगा। हम लोग जिस आदर्श को लेकर चले थे वह अभी कोसों दूर है। तुम लोग नींव का पत्थर बनकर सारी जिन्दगी उत्तरदायित्व का बोझा ढोओगे। तुम्हारे कन्धे झुकें नहीं, तुम राह से भटको नहीं, यही मेरी इच्छा है।''

भगतसिंह और दो अन्य हमारे साथी 23 मार्च, 1931 को स्वतन्त्रता की बलिवेदी पर न्यौछावर हो गए। देश की राजनीतिक एवं आर्थिक गुलामी से मुक्त करके एक श्रेणीरहित, शोषणविहीन समाज की स्थापना जीवन का पहला एवं सर्वश्रेष्ठ उद्देश्य होना चाहिए और इस आदर्श की प्राप्ति के लिए हरसम्भव कुर्बानी के लिए हमें हमेशा तत्पर रहना चाहिए। भगतसिंह और आज़ाद के इसी महान आदर्श के लिए हमने परिवार, भाई-बहन, सम्पत्ति आदि का माया-मोह छोड़कर अपने आपको स्वतन्त्रता की दीपशिखा पर अर्पित कर दिया था...

भैया, भगवती और भगतसिंह

सुखदेव राज

भगवतीचरण के सम्पर्क में जिन लोगों से मेरी भेंट हुई उनमें भगतसिंह के व्यक्तित्व और आत्मीयता से मैं सबसे अधिक प्रभावित हुआ। सबसे पहले लाला लाजपतराय की सभा में Lost Leader पर्चे को बाँटते समय भगतसिंह को पिटते हुए मैंने देखा था। उसके बाद भगवतीचरण ने अपने घर पर उनसे मेरा परिचय कराया परन्तु कोई विशेष बातचीत हम दोनों के बीच नहीं हुई, अलबत्ता जान-पहचान अवश्य हो गई। उन दिनों मैं लाहौर के मोहल्ला चिड़ीमारा में रहता था। मोहल्ले के नुक्कड़ पर हलवाई की एक दुकान थी। भगतसिंह अपने गाँव सांडा से एक टमटम पर दूध का बटलोहा देने वहाँ आया करता था। मैं भी दूध-दही खरीदने उस दुकान पर जाया करता था और भगतसिंह से वहाँ मेरी भेंट हो जाया करती थी। मुझे उन दिनों अखाड़े में जाकर कुश्ती लड़ने का शौक था। कई बार गर्द में लिपटा-लिपटाया ही उस दुकान पर दूध के लिए मैं आ जाता था। ऐसी हालत में यदि भगतसिंह वहाँ मुझे मिल जाता तो देखते ही कह उठता था, "आओ पहलवान, दूध पियो।" बहुत दिनों तक वह मुझे पहलवान कहकर ही पुकारता रहा। ईमानदारी से परिचय अब आत्मीयता में तब्दील हो चुका था। जो दूध भगतसिंह मुझे पिलाता था उसका कोई पैसा कभी भी वह नहीं लेता था। अन्य साथियों को भी प्रायः वह मुफ्त दूध पिलाया करता था। कई बार मूड में आकर वह रबड़ी और मलाई की दावत भी हम लोगों की कर डालता था। जब हम लोग यह कहते कि तुम घर के पैसों का हिसाब किस प्रकार दोगे तो भगतसिंह कह दिया करता था, "वह सब मैं देख लूँगा, तुम चिन्ता मत करो।"

उसकी इस प्रवृत्ति को देखकर हम लोग प्रायः कहा करते थे कि जिस प्रकार गुरु नानक ने सच्चा सौदा किया था उसी प्रकार का सच्चा सौदा भगतसिंह भी कर रहा है।

मेरे घर के पास ही सूअर मंडी में 'शहनशाही कुटिया' के नाम से एक मकान था। उसमें भगतसिंह के पिता सरदार किशनसिंह ने बीमे का दफ्तर खोल रखा था।

वहाँ एक दरी, एक मेज और कुछ कुर्सियाँ बिछी रहती थीं। प्रायः मैं और भगतसिंह गपशप किया करते थे। भगतसिंह को कुश्ती लड़ने का भी बड़ा शौक था। कभी-कभी वहीं मुझे पकड़कर जोर आजमाना शुरू कर देता था। केवल दो बार में ही मैं यह भली-भाँति समझ गया था कि यद्यपि भगतसिंह आयु में मुझसे केवल दो माह ही बड़ा है परन्तु ताकत में मेरा और उसका कोई मुक़ाबला नहीं है और कम-से-कम मैं उससे जोर नहीं आजमा सकता। इसके बावजूद कई बार मुझे कुश्ती लड़ने को प्रोत्साहित करता रहता और कहता, "कुश्ती लड़ने में तुम्हारा कोई जवाब नहीं है, पहलवान!" और इस गरमी में आकर मैं उससे जोर आजमाने को तैयार हो जाता और गरमी ही गरमी में और अधिक मार खा जाता था।

भगतसिंह सिनेमा का भी बड़ा शौकीन था। उसका प्रयत्न होता था कि वह प्रत्येक पिक्चर का सबसे पहला शो देखे। क्लास कोई भी हो, इस बात की चिन्ता वह कभी नहीं करता था। वह तो केवल सिनेमा देखने में विश्वास रखता था। सिनेमा देखने के लिए कई बार वह मित्रों से भी पैसे माँग लेता था। एक नहीं, अनेक फिल्में मैंने भगतसिंह के साथ देखीं। 'बम्बई की बिल्ली' के नाम से एक फिल्म उन दिनों आई हुई थी। सुलोचना नाम की अभिनेत्री ने उसमें नायिका की भूमिका अभिनीत की थी। भगतसिंह को उसका अभिनय बहुत पसन्द आया था और वह प्रायः समय मिलने पर सुलोचना के अभिनय की प्रशंसा भी किया करता था। 'अंकिल टाइम्स केबिन' अंकिल टाइम्स की कुटिया नामक फिल्म भी मैंने भगतसिंह के साथ ही देखी थी। जो अन्तिम पिक्चर मैंने भगतसिंह के साथ देखी वह थी 'विंग्स'। यह पहली पिक्चर थी जिसमें केवल हवाई जहाज की ही आवाज आती थी—शेष सम्पूर्ण अभिनय पूर्णतः मौन ही था।

भगतसिंह का सम्बन्ध एक प्रसिद्ध क्रान्तिकारी परिवार से था। उसके चाचा सरदार अजीतसिंह क्रान्तिकारी गतिवधियों के कारण ही निर्वासित कर दिए गए थे। इसके बावजूद भगतसिंह के माता-पिता यह चाहते थे कि वे क्रान्ति के पथ पर न चलें, विवाह करें और घर बसाएँ परन्तु पैतृक संस्कार भगतसिंह में इतने प्रबल थे कि वह विवाह-शादी के मामले में माता-पिता के हाथ कभी नहीं आया।

कपड़ों के मामलों में भगतसिंह एकदम उदासीन था। जो मिल गया वही खुश होकर पहन लिया। अलबत्ता अच्छा खाना खाने और खिलाने का उसे बहुत शौक था।

पढ़ने-लिखने का बेहद चाव था भगतसिंह को। शायद ही कोई अवसर ऐसा रहा हो जब भगतसिंह की जेब में या हाथ में कोई पुस्तक न रहती हो। कई बार तो वे अपने साथियों में बैठकर कहा करते—"लो सुनो, इस पुस्तक में क्या लिखा है।"

इसके बाद 'नौजवान भारत सभा' में काम के दौरान जब भगतसिंह के साथ

कन्धे से कन्धा मिलाकर कार्य करने का मुझे अवसर मिला, तब तो हम दोनों अभिन्न हो गए। कई बार सभाओं के आयोजन के सिलसिले में मैं और भगतसिंह सभा के दफ्तर से मोरी दरवाजे के बाहर आकर ब्रेडला हॉल में या जहाँ भी सभा का आयोजन होता था, प्रायः साथ-साथ दरियाँ तथा अन्य सामान ढोया करते थे।

चिड़ीमारा मोहल्ले के दुकानदार के अतिरिक्त भगतसिंह को एक और हलवाई ने दूध देना शुरू कर दिया था। यह हलवाई आज भी दिल्ली में दुकान करता है। पिछले दिनों जब मेरी दिल्ली में उससे भेंट हुई तो वह बड़ी ही आत्मीयता से मिला। मैंने कहा, "कुछ दूध-वूध पिलाओगे या नहीं?"

"क्यों नहीं।" उसने जवाब दिया।

दूध पीने के बाद जब मैं उसे पैसे देने लगा तो उसने मना कर दिया। पैसे न लेने का कारण जब मैंने उससे पूछा तो वह अव्यक्त ढंग से बड़े ही भावनापूर्ण स्वर में बोला, "पैसा भगतसिंह ने मुझे काफी दे दिया है, अब उनके साथियों से मैं पैसा नहीं ले सकता।"

भगतसिंह का नाम सुनते ही पूर्व स्मृतियाँ मेरे मन और और मस्तिष्क पर उभर आईं। बोलते-बोलते उसका भी गला भर आया और आँखें डबडबा उठीं।

लाहौर स्टूडेन्ट्स यूनियन के नाम से एक छात्र संगठन बन तो गया था परन्तु अभी तक उसने ऐसा कोई काम नहीं किया था जिससे यह सिद्ध हो सके कि उसमें प्राण है। इसी बीच साइमन कमीशन भारत आया और जैसे ही उसने बम्बई में पदार्पण किया, देशव्यापी हड़ताल की घोषणा कर दी गई। इस घोषणा में देश की सभी राष्ट्रीय संस्थाएँ, संगठन और संस्थान शामिल थे। स्टूडेन्ट्स यूनियन ने भी हड़ताल का नारा दिया और सभी छात्र अपनी-अपनी कक्षाएँ छोड़कर बाजारों में आ गए। यूनियन के सक्रिय कार्यकर्त्ता बाजार की दुकानें बन्द कराने लगे। पुलिस ने जब छात्रों को दुकानें बन्द कराते हुए देखा तो पहले तो उसने उन्हें ऐसा करने से रोका परन्तु जब वे नहीं माने तो उसने चार छात्रों को धारा 144 का उल्लंघन करने के आरोप में गिरफ्तार कर लिया। गिरफ्तार होनेवाले छात्रों में मेरे तथा अविनाश चन्द्र के अतिरिक्त दो अन्य छात्र कार्यकर्ता शामिल थे। जैसे ही पुलिस ने हमें गिरफ्तार किया, लड़कों ने हल्ला मचाना शुरू कर दिया। धन्वन्तरि ने दौड़कर भगवतीचरण को सूचना दी। इस बीच पुलिस ने चारों गिरफ्तार छात्रों को ले जाकर अनारकली बाजार के थाने में बन्द कर दिया। उत्तेजित छात्रों की भीड़ ने थाने को घेरकर नारेबाजी शुरू कर दी। 'महात्मा गांधी की जय' और 'भारतमाता की जय' के गगनचुम्बी नारों से सम्पूर्ण वातावरण गूँज उठा। 'इन्कलाब जिन्दाबाद' के नारे का युग तब नहीं आया था। छात्रों का प्रदर्शन समाचार पाकर बड़े-बड़े नेता भी थाने पर जा पहुँचे और गिरफ्तार होनेवाले छात्रों को जमानत पर छुड़ा लिया। मेरी जमानत जफर अली खाँ ने दी और अविनाश चन्द्र की डॉक्टर सत्यपाल ने।

छात्रों की रिहाई के बाद शाम को मोरी दरवाजे पर एक सार्वजनिक सभा के आयोजन की घोषणा की गई। हम लोग भी उस सभा में जा पहुँचे। नेताओं ने गिरफ्तार हो जानेवाले छात्रों की मुक्त कंठ से प्रशंसा की, उनके साहस की सराहना की। इससे स्वाभाविक रूप से हमारा बड़ा उत्साह बढ़ा परन्तु बात चलते-चलते घर तक भी जा पहुँची। मेरे पिताजी मुझे खोजते हुए आ पहुँचे और अपनी गर्म तबीयत के अनुसार बिगड़ते हुए बोले, "तुम्हें पढ़ना है तो पढ़ो, वरना अपने घर चलो। इस प्रकार की हरकतें मुझे पसन्द नहीं।" उसी रोष तथा आवेश में उन्होंने यह भी कहा कि, "सरकार से टक्कर लेने का तुम्हारा खयाल सरासर बचकाना है। याद रखो, अकेला चना भाड़ नहीं फोड़ सकता।"

उत्तर में मैंने शान्तिपूर्वक निवेदन किया, "यह अकेले चने वाली बात नहीं है। इस अभियान में मैं अकेला नहीं हूँ, बल्कि हजारों लड़के शामिल हुए हैं और सत्य तो यह है कि अंग्रेजों के दिन अब जा चुके हैं।"

मेरे लाख समझाने पर भी पिताजी यथापूर्व गर्म होते रहे, परन्तु उनकी किसी बात का मुझ पर प्रभाव नहीं पड़ा क्योंकि पढ़ाई के मामले में अब मैं उनका आश्रित नहीं था, आत्मनिर्भर था, आर्थिक रूप से स्वतन्त्र था।

छात्रों की गिरफ्तारी की एक दिलचस्प प्रतिक्रिया यह हुई कि अंग्रेज़ कलक्टर ने हमारे प्रिंसिपल को एक पत्र लिखा, जिसमें कहा गया था कि जो छात्र गिरफ्तार हुए थे, उनसे भविष्य में राजनीति में भाग न लेने का लिखित आश्वासन लिया जाए अन्यथा कालेज को मिलनेवाली सरकारी सहायता बन्द कर दी जाएगी। परिणामस्वरूप प्रिंसिपल साहब ने मुझे अपने दफ्तर में बुलाया और बोले, "यह देखो अपने कारनामों का परिणाम! अब तुम्हें लिखकर देना पड़ेगा कि भविष्य में कभी भी राजनीति में भाग नहीं लोगे।"

मैंने अपने ढंग से बात को टालना चाहा परन्तु प्रिंसिपल साहब भी कच्ची गोलियाँ नहीं खेले थे। ज्यों-ज्यों मैं बचकर निकलने की कोशिश कर रहा था, त्यों-त्यों ही वह हठ पकड़ते जा रहे थे कि आश्वासन लिखकर दो। आखिर मैंने यह कहकर उस दिन पिंड छुड़ाया कि आपका कहना सिर-माथे पर, जो कुछ आप कहेंगे लिखकर दे दूँगा परन्तु कम से कम अपने पिताजी की सलाह तो मुझे ले लेने दीजिए।

जैसे-तैसे प्रिंसिपल से मुक्ति पाकर मैं सीधा भगवतीचरण के पास पहुँचा और जो कुछ मुझ पर बीती थी, अक्षरशः कह सुनाई। भगवतीचरण पूरी बात सुनकर बोले, "परेशान होने की कोई बात नहीं है। मैं देखूँगा कि प्रिंसिपल साहब किस प्रकार यह आश्वासन हमसे लेते हैं।" और फौरन ही उन्होंने 'हिन्दुस्तान टाइम्स' के संवाददाता श्री भसीन से इसके बारे में बातचीत की। श्री भसीन भगवतीचरण के अच्छे मित्र थे। फलस्वरूप अगले दिन ही यह समाचार 'हिन्दुस्तान टाइम्स' में छप गया कि अंग्रेज कलक्टर के निर्देश पर किस प्रकार लिखित आश्वासन माँगा जा रहा

है। समाचार के साथ एक टिप्पणी भी प्रकाशित की गई थी जिसमें सरकारी खेमे की निन्दा करते हुए यह भी लिखा गया था कि सम्बन्धित कालेज राष्ट्रीय शिक्षा संस्थान है और सरकारी सहायता से नहीं बल्कि जनता के चन्दे से चलता है। यदि वहाँ पर जनता के बालकों की राष्ट्रीय भावनाओं को कुचला जाता है तो फिर जनता उसको चलाने के लिए भारी-भरकम चन्दे किसलिए दे? स्पष्ट ही यह एक चेतावनी थी कि यदि कलक्टर के कहने पर प्रिंसिपल साहब ने किसी छात्र से कोई लिखित आश्वासन लेने का दुस्साहस किया तो जनता सतातन धर्म कालेज को चन्दा देना बन्द कर देगी। इस समाचार को देखकर प्रिंसिपल साहब के होश फाख्ता हो गए। फौरन उन्होंने अपने दफ्तर में मुझे बुलाया और बोले, "यह खबर तुमने अखबार में क्यों दे दी?"

"मैंने तो नहीं दी।" मैंने जवाब दिया।

"मगर मैंने कोई आश्वासन तुमसे माँगा ही कहाँ था?" प्रिंसिपल साहब बोले।

मैंने कहा, "आप भूल रहे हैं, आश्वासन आपने माँगा तो था।"

"गलत, बिलकुल गलत।" प्रिंसिपल साहब जाल से निकलने के लिए साफ मुकर गए, "मैंने तुमसे कोई आश्वासन नहीं माँगा था।"

अन्धे को क्या चाहिए? दो आँखें! प्रिंसिपल साहब की इस पराजय और अपनी अप्रत्याशित जीत पर मन-ही-मन मैं प्रसन्न हुआ। मैं बाहर आ गया परन्तु मैंने बाद में अनुभव किया कि इधर से कुछ न कहने के बावजूद भी प्रिंसिपल साहब मुझसे चिढ़-से गए हैं। अलबत्ता एक बात अवश्य अच्छी हुई कि ज्यों-ज्यों प्रिंसिपल साहब मुझसे खिंचते गए, ज्यों-त्यों अध्यापक वर्ग मेरे निकट आता गया। यहाँ तक कि गुरु-शिष्य का अन्तर प्रायः समाप्त-सा हो गया। मेरे अध्यापक मुझसे इस ढंग से बातचीत करने लगे थे जैसे मैं उनका एक मित्र हूँ, छात्र नहीं। निस्सन्देह, मेरी गिरफ्तारी ने मुझे कालेज भर में एक Political Figure (राजनीतिक व्यक्ति) बना दिया था।

...और चलते-चलते वह दिन भी आखिर आ ही पहुँचा जब 'साइमन कमीशन' को लाहौर आना था। पूर्व योजनानुसार कमीशन के विरुद्ध सभी राष्ट्रीय दलों ने अविस्मरणीय प्रदर्शन करने का फैसला किया। हमारे छात्र संगठन ने भी इसमें पूरे उत्साह से भाग लिया। छात्रों, नौजवान सभा के कार्यकर्त्ताओं, कांग्रेसी कार्यकर्त्ताओं और जनता की एक अपार और अथाह भीड़ 'साइमन कमीशन' के विरुद्ध रोष व्यक्त करने के लिए शहर से स्टेशन की ओर चल पड़ी। जुलूस का नेतृत्व लाला लाजपतराय कर रहे थे। गणमान्य नेता केदारनाथ सहगल, डॉ. गोपीचन्द भार्गव, मौलाना जफर अली खाँ और डॉ. सत्यपाल आदि भी जुलूस के साथ थे। प्रदर्शनकारियों का रोष और उत्साह देखते ही बनता था उस दिन। स्टेशन पर जबरदस्त नाकेबन्दी पुलिस ने कर रखी थी। सभी रास्तों पर बड़े-बड़े मजबूत बैरियर

लगाकर रास्ते रोक दिए गए थे। कमीशन के लोग ज्यों ही प्लेटफार्म पर उतरे, प्रदर्शनकारियों ने 'साइमन गो बैक' के नारे लगाने आरम्भ कर दिए। इससे भयभीत होकर कमीशन वाले तुरन्त ही कार में बैठकर गवर्नमेंट हाउस की ओर चल पड़े लेकिन भीड़ का उत्साह दुगुना हो गया। लोग इतने उतावले हो गए कि पुलिस के लिए स्थिति पर नियन्त्रण रखना असम्भव-सा हो गया। जब भीड़ का जोर किसी प्रकार भी कम होते न देखा तो पुलिस अधीक्षक ने लाठीचार्ज का हुक्म दे दिया। प्रदर्शनकारियों पर अन्धाधुन्ध लाठियाँ बरसने लगीं परन्तु देश के दीवानों को ये लाठियाँ भला कब रोक सकती थीं? उनका तो बस एक ही संकल्प था—"सिर रहे या जाए, बैरियर टूटने चाहिए।" लाठियाँ बरसती रहीं और प्रदर्शनकारी बढ़ते रहे। दमनचक्र को देखकर वे रुके नहीं, झुके नहीं। अलबत्ता एक दुखद बात अवश्य हुई और वह यह कि सांडर्स की एक लाठी लाला लाजपतराय पर भी पड़ी जिसे उनका वृद्ध शरीर सँभाल नहीं पाया। वे अचेत-से हो गए परन्तु तुरन्त ही नौजवान प्रदर्शनकारियों ने अपने प्रिय नेता को अपने संरक्षण में ले लिया। उन्होंने अपने सीने पर उन पर होनेवाले वार को लेना शुरू कर दिया।

लाला जी ने कहा कि हम पर किया गया हर प्रहार ब्रिटिश साम्राज्य के कफ़न की एक कील सिद्ध होगा...

17 नवम्बर, 1928 को लाला जी की मृत्यु हो गई। इस मृत्यु ने प्रतिशोध की आग को और भड़का दिया। जनता के क्रोध और क्षोभ का अनुमान इसी से लगाया जा सकता है कि लाला जी की मृत्यु की शोकसभा में स्वर्गीय चित्तरंजन दास की पत्नी श्रीमती वसंती देवी ने कहा था—"लालाजी की चिता की आग ठंडी होने से पूर्व देश का कोई युवक खून का बदला लेगा।" भरी सभा में अविनाशचन्द्र बाली ने भी यह घोषणा की कि खून का बदला खून से लिया जाएगा।

जिस समय 'ब्रिटिश शासन मुर्दाबाद', 'लाला जी जिन्दाबाद' और 'खून का बदला खून से' लेने के नारे लगाते हुए डेढ़ लाख की भीड़ के साथ 18 नवम्बर को लालाजी की अर्थी निकली, उस समय चन्द्रशेखर आज़ाद, भगतसिंह और उनके साथी लालाजी के हत्यारे को दंड देने के लिए एयर पिस्टल से निशानेबाजी का अभ्यास कर रहे थे।

क्रान्तिकारियों के संकल्प से भयभीत कप्तान स्कॉट पुलिस ट्रेनिंग स्कूल में चला गया जो किले के अन्दर था। वहाँ से वह बहुत कम बाहर निकलता था। इसलिए सांडर्स की निगरानी आरम्भ की गई क्योंकि वस्तुतः सांडर्स का लाठीप्रहार ही लाला जी की मृत्यु का कारण था।

यहाँ यह उल्लेखनीय है कि लाला जी की चिता ठंडी होने से पहले ही भगतसिंह गायब हो गया था। बाद में ज्ञात हुआ कि वह आगरा चला गया था परन्तु अपने इस कार्य में उसने भगवतीचरण से कोई परामर्श नहीं किया क्योंकि जयचन्द्र

विद्यालंकार और सुखदेव आदि का यह प्रचार उसके मन में घर कर गया था कि भगवतीचरण ऊपर से तो क्रान्तिकारी हैं परन्तु वास्तव में वह सीआईडी का आदमी है। ऐसी स्थिति में मुझसे तो कोई परामर्श करने का प्रश्न ही नहीं उठता था क्योंकि मुझे तो वह उनकी (भगवतीचरण) छाया ही मानता था।

खैर, सांडर्स-वध से कुछ दिन पूर्व भगतसिंह और सुखदेव मुझे नजर आए। मैं उस समय तैयार होकर साइकिल पर कालेज जा रहा था तभी पीछे से सुखदेव की आवाज सुनाई दी। मैंने मुड़कर उसे देखा और उसके पास आया। सुखदेव बोला, ''एक बड़ी जरूरी बात तुमसे कहनी है।''

''कहो।''

''भगवतीचरण से 500 रुपए ला दो, बड़ी सख्त जरूरत है।'' सुखदेव ने कहा।

मैंने पूछा, ''यह बात तुम मुझसे कह रहे हो। तुम क्यों नहीं भगवतीचरण के पास चले जाते।''

सुखदेव बोला, ''भगवतीचरण सीआईडी का आदमी है, हम उसके पास नहीं जाएँगे।''

उसकी यह बात मुझे अच्छी नहीं लगी। इस गलत प्रचार के लिए मैंने उसे फटकारा और साथ ही यह भी कहा कि यदि तुम भगवतीचरण से रुपया नहीं माँग सकते तो मैं भी उनसे रुपया लाकर तुम्हें नहीं दे सकता।

''रहने दो सुखदेव।'' मेरी बात सुनकर भगतसिंह ने कहा, ''पैसे-वैसे की बात इससे मत करो। तुम नहीं जानते यह तो सोलह आने भगवतीचरण का आदमी है।''

इस घटना की मेरे मन पर तीव्र प्रतिक्रिया हुई। यहाँ तक कि मैं कालेज न जाकर सीधे भगवतीचरण के घर जा पहुँचा और जो कुछ बीती थी, अक्षरशः उन्हें कह सुनाई। भगवतीचरण ने जब सारी बात सुनी तो वे एकदम गम्भीर हो गए और कहने लगे, ''रुपया पहुँचाने के लिए मना करके तुमने अच्छा नहीं किया। रुपए की व्यवस्था मैं किए देता हूँ। तुम उन्हें पहुँचा दो।''

भगवतीचरण की बात मेरी समझ में नहीं आई। मैंने कहा, ''वाह, यह भी कोई बात हुई कि तुम पर सीआईडी का आदमी होने का सन्देह करें और तुम्हीं से रुपया माँगे।''

भगवतीचरण बोले, ''तुम समझते नहीं, भगतसिंह को रुपया पहुँचाना आवश्यक है।''

''क्यों आवश्यक है?'' मैंने पूछा।

भगवतीचरण बोले, ''हो सकता है कि रुपया न पहुँचने पर भगतसिंह की हालत अशफाक जैसी हो जाए और हम छोटी-सी मूर्खता के कारण भगतसिंह जैसे साथी से हाथ धो बैठें।''

भगवतीचरण ने यह भी कहा कि राष्ट्रीय हित के मामलों में व्यक्तिगत मामलों

को हरगिज नहीं आने देना चाहिए। व्यक्ति राष्ट्र से ऊपर नहीं बल्कि राष्ट्र व्यक्ति से ऊपर होता है। प्रश्न यह नहीं है कि वह मेरे विषय में क्या सोचता है किन्तु प्रश्न यह है कि राष्ट्र के लिए वह क्या करने जा रहा है।

भगवतीचरण ने बताया कि, "फरार होने की स्थिति में अशफाकउल्ला मेरे पास आने की सोच रहा था ताकि कुछ रुपया आदि लेकर काबुल चला जाए परन्तु जब उसे बताया गया कि भगवतीचरण तो सीआईडी का आदमी है तो वह गरीब मेरे पास नहीं आया, न जाने भूखा-प्यासा कहाँ-कहाँ भटकता फिरा। अन्ततः दिल्ली जाकर पुलिस के जाल में फँस गया और सारी योजनाएँ धरी-धराई रह गईं। मैं नहीं चाहता कि किसी भी कीमत पर भगतसिंह का हाल भी अशफाक जैसा ही हो। रुपया मैं तुम्हें दिए देता हूँ। तुम जाओ और उसे भगतसिंह को दे आओ।"

भगवतीचरण के बार-बार समझाने पर भी उनकी बात मेरी समझ में नहीं आई और रुपया पहुँचाने से मैंने स्पष्ट इनकार कर दिया क्योंकि सुखदेव ने जिस ढंग से बात की थी वह रह-रहकर मेरे मन में अटक रही थी। भगवतीचरण को हृदय से मैं अपना गुरु मानता था और उनके विरुद्ध कोई भी बात सुनना और सहना कम-से-कम मेरे लिए सम्भव नहीं था। एक बात और—रुपया लाने की बात अगर सुखदेव के बजाए भगतसिंह मुझसे कहता तो भी शायद मैं अपने निश्चय पर इतनी बुरी तरह न अड़ता क्योंकि उनके साथ मेरा व्यक्तिगत स्नेह था। खैर, अपने निश्चय से न तो मुझे हटना ही था और मैं हटा भी नहीं। जब भगवतीचरण ने यह स्थिति देखी तो वे बड़े परेशान हुए। फिर भी उन्होंने एक हजार रुपए भाभी के पास रख दिए और यह कह दिया कि जब भी भगतसिंह या उसका भेजा हुआ कोई आदमी रुपया माँगने आए तो यह रकम उसे दे देना।

आज़ाद, भगतसिंह, राजगुरु, सुखदेव, जयगोपाल, हंसराज बोहरा, भगवानदास माहौर और सदाशिव आदि क्रान्तिकारी युवक राष्ट्रीय अपमान का प्रतिशोध चुकाने के लिए सिर पर कफ़न बाँधे लाहौर में जमा थे। आज़ाद का कहना था कि जब सारे प्रबन्ध कर ही लिए गए हैं तो कुछ न कुछ करके ही अब हम लोगों को यहाँ से हटना चाहिए। जब एक्शन की सारी योजना तैयार हो गई तो आज़ाद ने घटनास्थल का निरीक्षण किया और फैसला किया कि एक्शन किस जगह किया जाए। साथ ही यह भी विचार किया कि यदि किसी प्रारब्धवश संघर्ष न हुआ तो किधर से लौटना अधिक सुविधाजनक रहेगा।

एक्शन के दौरान व्यवस्था का काम सुखदेव को सौंपा गया और निगरानी का काम जयगोपाल को। हंसराज बोहरा, सदाशिव राव मलकापुरकर और भगवानदास माहौर सहचर के रूप में काम कर रहे थे। भगतसिंह और राजगुरु के जिम्मे सांडर्स पर गोली चलाने की ड्यूटी लगाई गई थी जबकि वह मोटर साइकिल पर पुलिस दफ्तर के अहाते से फाटक के बाहर निकले। आज़ाद की ड्यूटी एक्शन के समय

डीएवी कालेज के फाटक पर थी। उनका काम भागने के समय बचाव करना था। सांडर्स को पहचानने का काम जयगोपाल का था।

योजनानुसार 17 दिसम्बर, 1928 को शाम के चार बजे जिला पुलिस अधिकारी लाहौर के कार्यालय के बाहर सांडर्स गोली से मार दिया गया। बेचारी पुलिस को क्रान्तिकारियों का कोई पता न चला। दूसरे दिन लाहौर के लोगों ने शहर में इश्तहार लगे देखे जिन पर मोटे-मोटे अक्षरों में लिखा था, "सांडर्स मारा गया और लाला जी के अपमान का बदला ले लिया गया।" ये इश्तहार केवल दीवारों पर ही चिपकाए गए हों, यह बात नहीं थी बल्कि हैंडबिलों के रूप में भी उन्हें जनता के बीच बाँटा गया।

उधर भगतसिंह छद्मवेश में लाहौर से दुर्गा भाभी के साथ कलकत्ता निकल गए...

8 अप्रैल, 1928 को दिल्ली की केन्द्रीय असेम्बली में दल के निर्णयानुसार भगतसिंह और बटुकेश्वर दत्त ने बम का विस्फोट किया और दल की नीतियों और लक्ष्यों से सम्बन्धित लाल रंग के छपे हुए घोषणापत्र वहाँ फेंके तथा अपनी गिरफ्तारियाँ दे दीं।

सुखदेव की गिरफ्तारी के बाद देशभर में गिरफ्तारियों का ताँता-सा बँध गया था। जयगोपाल तो 15 अप्रैल को लाहौर बम फैक्टरी में ही पकड़ लिया गया था। धीरे-धीरे किशोरी, रतन, शिव वर्मा, गयाप्रसाद, जयदेव कपूर, यतीन्द्रनाथ दास, कमलनाथ तिवारी, जितेन्द्रनाथ सान्याल, आज्ञाराम, प्रेमदत्त, सुरेन्द्रनाथ पांडेय, महावीर सिंह, अजयकुमार घोष, हंसराज बोहरा, रामसरन दास, ललित कुमार मुखर्जी, ब्रह्मदत्त, फणीन्द्रनाथ घोष, मनमोहन बनर्जी को भी पुलिस ने धरदबोचा। भगवतीचरण, यशपाल, विजयकुमार सिंह, चन्द्रशेखर आज़ाद, रघुनाथ, कैलाश, सतगुरुदयाल अवस्थी, शिवराम, राजगुरु और कुन्दनलाल फरार हो गए। इसमें विजयकुमार सिंह, अवस्थी और राजगुरु बाद में गिरफ्तार कर लिए गए थे। कहने का अभिप्राय यह है कि सुखदेव के गिरफ्तार होते ही सारी पार्टी बिखर गई और जो लोग बाहर बचे रह गए, उनमें न तो आपस में ही कोई सम्पर्क रहा और न चन्द्रशेखर आज़ाद से ही। यह स्थिति अभी चल ही रही थी कि एक दिन मैं दुर्गा भाभी से मिला। उन्होंने मुझे बताया कि भगवतीचरण परामर्श के लिए तुमसे मिलना चाहते हैं और वे आजकल दिल्ली में हैं। यदि हो सके तो तुम दिल्ली चले जाओ।

इस बातचीत के पश्चात मैं दिल्ली चला गया और अपने बहनोई के पास आनन्द पर्वत स्थित उनके मकान में जा ठहरा। एकाएक एक रात किसी ने आकर खटखटाया। मेरे बहनोई ने जाकर दरवाजा खोला। आगन्तुक ने पूछा, "यहाँ कोई सुखदेवराज आए हुए हैं?"

ये भगवतीचरण ही थे परन्तु सूट-बूट में देखकर मैं उन्हें पहचान नहीं पाया।

इससे पहले मैंने उन्हें सदैव कुर्ता-पायजामे में ही देखा था। मई-जून का महीना था। काफी रात गए तक हम लोग घूमते रहे तथा दल की स्थिति और भावी कार्यक्रम के बारे में बातचीत करते रहे। बातचीत के मध्य भगवतीचरण मुझसे बोले कि दल की स्थिति अब एकदम बदल चुकी है। पैसे का कोई प्रबन्ध नहीं है। इसलिए कुछ ऐसा काम करना चाहिए जिससे बाहर रह गए बिखरे लोग भी इकट्ठे हो जाएँ और पैसे की भी कोई व्यवस्था हो सके। साथ ही भविष्य के लिए हम कोई कार्यक्रम भी बना सकें।

उनके सुझाव के अनुसार मैं कलकत्ता क्रान्तिकारियों से सम्पर्क स्थापित करने के लिए चला गया। पर वहाँ मुझे कोई सफलता न मिली। वहाँ से मैंने रंगून जाने का प्रयास किया। रंगून के आईजी कर्नल रेनल ने वहाँ शक के आधार पर पकड़े जाने पर मुझसे कहा, "लाहौर पुलिस ने जो सूचना हमें भेजी है उसमें कहा गया है कि आप लाहौर षड्यन्त्र के लोगों में से एक हैं।" इसके बाद उन्होंने मुझसे पूछा कि क्या भगतसिंह और भगवतीचरण को आप जानते हैं? मेरे 'हाँ' कहने पर अन्य लोगों के बारे में भी उन्होंने पूछा परन्तु मैंने स्पष्ट कह दिया कि मैं किसी और को नहीं जानता। कर्नल रेनल ने जब भगवतीचरण का अता-पता पूछा तो मैंने यह कहकर बात टाल दी कि यह सब मुझे नहीं मालूम।

मैं किसी तरह वहाँ पुलिस की निगरानी से निकला लेकिन कलकत्ता पहुँचते ही सीआईडी पीछे लग गई। मैंने कहा कि मैं तो शान्तिनिकेतन जाऊँगा। वहाँ प्रोफेसर पी.एन. मौलिक मिले। पर पुलिस मेरे पीछे लगी थी। फिर मैं लाहौर आया तब भी पुलिस मेरे साथ थी। वह मुझे साथ ले गई। एक दिन हवालात में रखने के बाद मुझे छोड़ दिया गया।

इस बीच में दुर्गा भाभी ने मुझे बुलाकर बताया कि भगवतीचरण का एक खत आया है। उसे लेकर तुम नाहन चले जाओ और वह खत चौधरी शेरजंग को देकर उनसे रुपया ले आओ। मैं बस से गया लेकिन वहाँ पकड़ लिया गया। पन्द्रह दिन हवालात में रहा फिर बाद में मुझे नाहन में ही छोड़ दिया गया। पुलिस को क्या पता था कि अहमदगढ़ की डकैती भगवतीचरण के निर्देश पर हुई थी और मैं भी भगवतीचरण का ही खत लेकर डकैती का रुपया लेने लाहौर से नाहन आया था। खत मैंने रास्ते में ही जला दिया था।

भगतसिंह और साथियों ने जेल के भीतर राजनीतिक बन्दियों के अधिकारों के लिए भूख हड़ताल की जिसमें यतीन्द्रनाथ दास शहीद हो गए।

यहाँ यह उल्लेखनीय है कि हंसराज भगतसिंह की गिरफ्तारी के बाद भी प्रायः कहा करता था कि भगतसिंह को छुड़ाना क्या मुश्किल है। एक गैस तैयार करके तुम्हें शीशी में बन्द करके दे दूँगा। अदालत में गवाह और वहाँ मौजूद रहे सारे लोग बेहोश हो जाएँगे। उस गैस की अवरोधक दवा भी मैं तुम्हें दे दूँगा, उसे तुम भगतसिंह

को सुँघा देना। उसे सूँघते ही वे होश में आ जाएँगे और तुम उन्हें साथ लेकर आ जाना। वह इस आत्मविश्वास के साथ बातें करता था।

एक दिन हंसराज ने कहा कि बम बनाने के लिए कोकीन की भी आवश्यकता है और वह एग्रीकल्चर कालेज, लायलपुर की लेबोरेटरी में मिल सकती है। अतः उसे लाने का काम मुझे सौंपा गया। आधी रात को लेबोरेटरी का दरवाजा तोड़कर मैं दाखिल हुआ, अलमारी तोड़ी और उसमें रखी हुई सारी की सारी शीशियाँ मैं ले आया परन्तु उन्हें देखकर हंसराज बोला, "कोकीन की सतवाली शीशी इसमें नहीं है।" यहाँ यह भी उल्लेखनीय है कि हंसराज ने कोकीन के सत का अंग्रेजी नाम पिमटा बताया था परन्तु बाद में डिक्शनरी देखी तो ऐसा कोई शब्द नहीं था। कुछ भी हो, बम निर्माण के कार्य में वह बराबर व्यस्त रहा। आखिर बम विस्फोट का दिन आ पहुँचा और विस्फोट हुआ भी, परन्तु यशपाल का कहना है कि धमाका उसने किया और हंसराज का कहना है कि विस्फोट उसने किया। दोनों ने ही धमाके का श्रेय लेने के लिए अपनी-अपनी पुस्तकों में घटना का उल्लेख अपने ढंग से किया है।

असेम्बली बम कांड में आजीवन कारावास का दंड देकर दत्त को तो लाहौर जेल में रखा गया लेकिन भगतसिंह को उस समय के पंजाब के कुख्यात जेल मियाँवाली भेज दिया गया। कहा जाता था कि जिसे कठोरतम दंड देना हो, उसे मियाँवाली जेल भेजा जाता था। लाहौर षड्यन्त्र केस में गिरफ्तार किए गए सभी क्रान्तिकारी लाहौर की जेलों में इकट्ठे हो गए। भगवतीचरण और आज़ाद फरार थे और इनका आपस में कोई सम्पर्क नहीं रह गया था।

सारे क्रान्तिकारियों के लाहौर की जेलों में इकट्ठा हो जाने से लाहौर को आन्दोलन का केन्द्र बन जाना स्वाभाविक था। इस कठिन समय में दुर्गा भाभी ने जो भूमिका निभाई उसे क्रान्तिकारी आन्दोलन के इतिहास में भुलाया नहीं जा सकता। गिरफ्तार क्रान्तिकारियों के जितने भी सम्बन्धी लाहौर में मिलने के लिए बाहर से आते थे वे सभी भगवतीचरण के मकान पर भाभी के पास ही ठहरते थे और वे यथासम्भव सभी के लिए समुचित प्रबन्ध करती थीं। उनके लिए रसोई का काम तो आमतौर पर रात के तीन बजे से ही शुरू कर देती थीं क्योंकि एक अच्छी-खासी बरात के भोजन कराने का प्रबन्ध नित्यप्रति उन्हें करना पड़ता था। इसके अतिरिक्त डिफेन्स कमेटी का दफ्तर भी स्थानान्तरित होकर भाभी के घर ही आ गया था। जेल में बन्द क्रान्तिकारियों और भगवतीचरण के बीच सम्पर्क का माध्यम भी भाभी ही बनी हुई थीं और वकीलों को भी मुकदमे के सम्बन्ध में जो परामर्श करना होता था वह सब भी वे भाभी से ही करते थे क्योंकि वस्तुस्थिति का

पुस्तक : 'हंसराज वायरलेस', लेखक हंसराज।

जितना व्यापक ज्ञान भाभी को था उस समय और किसी को नहीं था। सत्य तो यह है कि यह वह समय था जब भाभी के इर्द-गिर्द ही सम्पूर्ण क्रान्तिकारी आन्दोलन की गतिविधियाँ केन्द्रित थीं।

इस समय भाभी ने और जो कुछ किया सो तो किया ही परन्तु दो ऐसे काम भी उन्होंने कर डाले जिनके लिए इतिहास उनका सदैव ऋणी रहेगा। यह वह समय था जब अधिकांश क्रान्तिकारी जेल में थे, जो बाहर थे वे बिखरे हुए थे। पार्टी के दो स्तम्भ भगवतीचरण और चन्द्रशेखर आज़ाद एक-दूसरे से बिलकुल अलग थे। स्थिति यह थी कि चन्द्रशेखर आज़ाद भगवतीचरण की शक्ल भी देखना नहीं चाहते थे क्योंकि विरोधियों का यह प्रचार उनके मन में भी घर कर गया था कि भगवतीचरण सी.आई.डी. का आदमी है। इसलिए जब आज़ाद ने काशीराम और वैशम्पायन को भगतसिंह को जेल से छुड़ाने के प्रयत्न के सिलसिले में लाहौर भेजा तो उन्हें विशेष रूप से कह दिया कि वे भाभी से न मिलें अन्यथा खतरे में पड़ जाएँगे। पर यहाँ तो सब कुछ बदला हुआ था। भाभी ने आत्मीयता से उनका स्वागत किया। "क्या आप दिल्ली से आए हैं? उन्होंने (भगवतीचरण) ही तो आपको भेजा है!" भाभी ने कहा।

"नहीं, मुझे चन्द्रशेखर आज़ाद ने भेजा है।" वैशम्पायन का उत्तर था।

आज़ाद का नाम सुनकर वे अत्यन्त हर्षित हुईं। उन्होंने बताया कि भगवतीचरण बहुत दिनों से आज़ाद से मिलने के लिए उत्सुक हैं और अनेक बार उनसे मिलने का प्रयत्न भी कर चुके हैं। अच्छा हुआ आपसे भेंट हो गई। अब मैं उनके पास समाचार भेजती हूँ, तब तक आप रुकें।

उसके बाद जो रिपोर्ट वैशम्पायन ने आज़ाद को जाकर दी उससे भगवतीचरण के प्रति उनकी शंकाओं का निवारण हो गया और वे भगवतीचरण के साथ मिलकर काम करने को तैयार हो गए। वे उनसे मिले भी। इस प्रकार दो बिछुड़े हुए देशभक्तों को पुनः इकट्ठा कर देने में एक महत्त्वपूर्ण भूमिका भाभी ने निभाई।

इसके बाद दोनों ने भगतसिंह को छुड़ाने की योजना पर विचार-विनिमय किया। दोनों ही भगतसिंह को छुड़ा लाने के पक्ष में थे। उनका विचार था कि भगतसिंह को छुड़ा लाने से जहाँ एक लाभ यह होगा कि एक खोया हुआ हीरा पार्टी को फिर से मिल जाएगा, वहीं दूसरा लाभ यह भी होगा कि जनता एवं सरकार की यह धारणा भी निर्मूल सिद्ध हो जाएगी कि भगतसिंह जैसे लोगों के पकड़े जाने से पार्टी की शक्ति बिखर कर समाप्त हो गई है।

बातचीत के बाद भगतसिंह को जेल से छुड़ा लाने की योजना बना ली गई। भाभी ने लाहौर में दोनों के ठहरने की व्यवस्था कर दी और दोनों ही लाहौर में आ जमे। इस योजना को कार्यान्वित करने के लिए काफी तैयारी की जरूरत थी। काफी विस्फोटक सामान हमारे पास था। कुछ बम भी पड़े थे जो आगरे में बनाए गए थे।

अब केवल कुछ ऐसे आदमियों की आवश्यकता थी जो एक्शन के लिए जाएँ। इस काम के लिए अन्य लोगों के अतिरिक्त मुझे, यशपाल तथा ड्राइवर टहल सिंह और लेखराम को भी चुना गया। एक्शन के इंचार्ज थे आज़ाद और प्रबन्धक भगवतीचरण। इसके बाद मैं, यशपाल, टहलसिंह, लेखराम, धन्वन्तरि, छैलबिहारी, कैलाशपति और भवानीसिंह आदि भगवतीचरण के निर्देशानुसार शूटिंग के अभ्यास में व्यस्त हो गए।

भगवतीचरण और दत को छुड़ाने के लिए तारीख निश्चित हो जाने पर जहाँ एक्शन में भाग लेनेवाले क्रान्तिकारी साथी लाहौर की बहावलपुर वाली कोठी में इकट्ठे हो गए, वहाँ एक्शन के समय प्रयोग किए जानेवाले हथियार, गोला-बारूद और बम आदि भी वहीं इकट्ठे कर दिए गए। कानपुर में बनाए गए बमों के खोल और दिल्ली तथा रोहतक में तैयार किया हुआ बमों का मसाला हमारे पास मौजूद था। आवश्यकता इस बात की थी कि उस मसाले को बम के खोलों में भरकर प्रयोग के लिए तैयार किया जाए। अतः बमों में मसाला भरने का काम यशपाल को सौंपा गया। यह काम बड़ी सावधानी से किया जाना चाहिए था क्योंकि जरा-सी भी असावधानी बरतने से बम विस्फोट का खतरा बराबर बना रहता है। आखिर जब बम भरकर तैयार हो गए तो उन्हें टेस्ट करने का फैसला किया गया। 27 मई को भगवतीचरण ने मुझे बुलाया और बोले, "कल सुबह किश्ती आदि का प्रबन्ध कर लेना। बम टेस्ट करने के लिए जखीरों की तरफ चलना है।" जखीरा एक घना जंगल था जो उस जगह से आधा मील ऊपर जाकर स्थित था। वहीं लाहौर में कांग्रेस का ऐतिहासिक अधिवेशन हुआ था। मैं कालेज की बोट क्लब का सेक्रेटरी था इसलिए किश्ती का प्रबन्ध मैंने ही कर दिया।

28 मई, 1930 को दिन निकलते ही भैया और भगवतीचरण एक कमरे में चले गए। लगभग एक घंटे तक दोनों में बातचीत चलती रही। इस बातचीत में हममें से किसी को भी शामिल होने की अनुमति नहीं दी गई। एक सिरे से सभी को बाहर रखा गया। बातचीत खत्म हो जाने पर मैं, वैशम्पायन और भगवती भाई थैले में बम डालकर रावी की ओर रवाना हो गए। रास्ते में भगवती भाई बोले, "आज मेरा मन हलका हो गया है। यशपाल और प्रकाशो का सारा किस्सा विस्तार से मैंने भैया को बता दिया है।"

उन्होंने यह भी कहा कि मैं दरअसल चाहता तो यह था कि मामला किसी तरह से सुलझ जाए परन्तु वहाँ तो स्थिति दिन-प्रतिदिन बिगड़ती ही चली जा रही है। मैं नहीं चाहता था कि मामले की सारी जिम्मेदारी मुझ पर ही रहे क्योंकि यदि कल बदनामी वाली कोई बात हो गई तो भैया मुझसे जरूर पूछेंगे कि यदि ऐसा था तो तुमने मुझे बताया क्यों नहीं। बातों ही बातों में भैया ने यह भी बताया कि मुझसे पहले ये सब बातें भैया को कैलाशपति ने बता रखी थीं और वह यशपाल के आचरण

से क्षुब्ध होकर उसे गोली मार देने के मूड में थे लेकिन मैंने उनको समझाया कि यदि यशपाल के चक्कर में हम उलझ गए तो भगतसिंह और दत्त को छुड़ाने की हमारी योजना धरी-धराई रह जाएगी। इसलिए इस मामले को तो इस समय उठाना ही नहीं चाहिए।

आखिर बातचीत करते-करते हम रावी नदी पर जा पहुँचे। नाव वहाँ पर तैयार खड़ी थी। मल्लाह मुहम्मदीन ने उसे हमारे हवाले कर दिया। भगवती भाई और मैं दोनों ही नाव खेना जानते थे, इसलिए मुहम्मदीन को साथ लेना हमने उचित नहीं समझा। इसके अतिरिक्त कार्य की गोपनीयता की दृष्टि से भी यही ठीक था। नाव लेकर हम तीनों डेढ़-दो फर्लांग से अधिक चले गए, वहाँ से हम जंगल में हो लिए। जो तरबूज रास्ते में खाने के लिए हमने खरीदा था वह भी नाव में ही रह गया था। प्यास बुझाने के लिए केवल कुछ संतरे हमने रख लिए थे। गर्मियों के दिन। दोपहर के ग्यारह बजे का समय और निर्जन घना जंगल। कुल जमा हम तीन प्राणियों को छोड़कर दूर-दूर तक कोई पक्षी भी पर मारता हुआ वहाँ नजर नहीं आता था। जंगल में एक सुरक्षित स्थान देखकर हम लोग रुके और वहीं एक बड़े से गड्ढे में बम फेंककर उसकी प्रतिक्रिया देखने का निश्चय किया।

भगवती भाई ने बम निकाला। देखा तो बोले, "इसका तो ट्रिगर ढीला है।"

उसके बाद मैंने और वैशम्पायन ने भी बम को देखा। ट्रिगर वास्तव में ढीला था और ऐसी स्थिति में विस्फोट करना खतरे से खाली नहीं था। मैंने और वैशम्पायन ने कहा कि यह बम टेस्ट करने योग्य नहीं है। मुनासिब यही है कि वापस लौट चलें, कल दूसरा बम लाकर टेस्ट कर लेंगे।

परन्तु भगवती भाई ने हम लोगों की एक नहीं सुनी। वे बोले, "1 जून को एक्शन करना है और 28 मई आज हो गई है। यदि आज बम टेस्ट नहीं करेंगे तो फिर कब करेंगे...यह काम आज किसी भी कीमत पर टाला नहीं जा सकता। होशियारी के साथ मैं बम को चलाए देता हूँ, तुम लोग एक तरफ हट जाओ।"

जब हमने देखा कि भगवती भाई किसी भी हालत में परीक्षण स्थगित करने को तैयार नहीं हैं तो हम लोगों ने उनसे कहा, "यदि आज ही बम को टेस्ट करना अत्यन्त आवश्यक है तो आप यह खतरा मोल न लीजिए। हममें से किसी एक को यह काम करने दें। आपका जीवन पार्टी के लिए बहुमूल्य है।"

जवाब में भगवती भाई बोले, "बेफिक्र रहो, मुझे कुछ नहीं होगा और यदि हो भी जाए तो भी चिन्ता की कोई बात नहीं है। हाँ, तुम्हें कुछ नहीं होना चाहिए क्योंकि तुममें से किसी को कुछ हो गया तो मैं कहीं मुँह दिखाने लायक नहीं रहूँगा। मुझे तो लोग पहले ही से सी.आई.डी. का आदमी कहते हैं।"

हमारे सम्पूर्ण प्रयत्नों के बावजूद भगवती भाई ने नहीं माना। उनके आदेश पर मैं और वैशम्पायन अलग-अलग दो पेड़ों के पीछे जा खड़े हुए। भगवती भाई बम

फेंकने के लिए उस गड्ढे के पास ही बाउंड्री स्टोन पर खड़े हो गए। अभी बम का पिन निकालकर उसे फेंकने के लिए वे हाथ भी नहीं उठा पाए थे कि विनाशकारी विस्फोट उनके हाथ में ही हो गया। चारों ओर धुएँ के बादल छा गए। हम लोग भगवती भाई की ओर दौड़े। धुआँ कुछ कम हुआ तो देखा कि वह जमीन पर बुरी तरह घायल होकर पड़े हैं।

उनका एक हाथ कलाई से उड़ गया था। दूसरे हाथ की उँगलियाँ कट गई थीं। पेट में एक बहुत बड़ा घाव हो गया था। कुछ आँतें निकलकर बाहर आ गई थीं। उनके शरीर से प्रवाहित रक्त की असंख्य धाराएँ मातृभूमि का अभिषेक किए जा रही थीं। उस स्थिति में भी मन्द और मधुर मुस्कान उनके अधरों पर खेल रही थी। वैशम्पायन ने अपने शरीर के तमाम कपड़े फाड़कर भगवती भाई को पट्टियाँ बाँध दी थीं परन्तु रक्त की अविरल धारा उनके शरीर से बही जा रही थी। पास के गड्ढे का पानी हैट में भरकर वैशम्पायन ला रहा था और भैया के मुँह में रह-रहकर डाल रहा था लेकिन उनकी हालत प्रतिक्षण बिगड़ती ही जा रही थी। मैं स्वयं घायल ही था। बम का एक टुकड़ा मेरे बाएँ पैर में जा घुसा था। मैंने अपनी बनियान उतारकर उस लहूलुहान पैर पर बाँध ली थी। तत्काल डॉक्टर को बुलाने की समस्या हम लोगों के सामने थी। वैशम्पायन को नगर की पूरी जानकारी नहीं थी। इसलिए उसे भगवती भाई के पास छोड़कर मैंने शहर जाने का फैसला किया। नदी के रास्ते से लौटता तो बड़ी देर लगती। इसलिए खुश्की के रास्ते से ही लौटा। मेरे पैर की हड्डी टूट गई थी। दर्द रह-रहकर बढ़ा जा रहा था परन्तु मैं तो सिपाही था। मुझे अपनी नहीं, अपने सेनापति (भगवती भाई) की चिन्ता थी। जैसे-तैसे मैं सड़क पर आ पहुँचा, जहाँ एक प्याऊ थी। उस पर मैंने पानी पिया। इसी बीच शाहदरा की ओर से आ रहे एक ताँगे को रोका और ताँगेवाले से कहा, "मुझे शहर तक पहुँचा दो भाई।"

खून से लथपथ मेरे पाँव को देखकर ताँगेवाला घबरा गया। बोला, "यह क्या है।"

"कुछ नहीं।" मैंने कहा, पेड़ पर चढ़ रहा था, गिर गया। चोट लग गई।

चाहने पर भी मैं स्वयं ताँगे पर सवार नहीं हो सका। प्याऊवाले और ताँगे वाले के सहारे से मुझे ताँगे में बिठाया गया। बहावलपुर कोठी पर पहुँचा तो आहट पाते ही आज़ाद, यशपाल और मदनगोपाल बाहर निकले। मेरी हालत देखकर ही दुर्घटना का अहसास उन्हें हो गया। सहारा देकर उन्होंने मुझे उतारा और अन्दर ले गए और हाल-चाल पूछा। मुझे भगवती भाई के जीवित रहने की कोई आशा नहीं थी, फिर भी मैंने कहा कि भगवती भाई बम विस्फोट में घायल हो गए हैं। वैशम्पायन को वहीं छोड़कर आया हूँ। फौरन टैक्सी, स्ट्रेचर और डॉक्टर जखीरे में भेजने का प्रबन्ध करो।

भैया ने भगवती भाई को चिकित्सा सहायता पहुँचाने की ड्यूटी यशपाल को सौंपी क्योंकि वह स्थान उसको अच्छी तरह से मालूम था। भैया स्वयं कोठी में ही रुके क्योंकि उनका वहाँ रहना आवश्यक था। यशपाल अगर चाहता तो केवल एक घंटे में ही सबकुछ लेकर जखीरे तक पहुँच सकता था परन्तु उसने पूरे तीन घंटे लगा दिए और छैलबिहारी के साथ वहाँ पहुँचा तो भी डॉक्टरी सहायता और स्ट्रेचर साथ नहीं ले गया था।

इसलिए छैलबिहारी को वहीं छोड़कर डॉक्टरी सहायता के लिए यशपाल और वैशम्पायन फिर शहर आए। इन्द्रपाल के मकान पर जाकर एक चारपाई माँगी और कुछ आदमियों के साथ वहाँ जाने को कहा। उसके बाद दोनों मेडिकल कालेज में गए। वहाँ सच्चिदानन्द वात्स्यायन के भाई ब्रह्मानन्द पढ़ते थे। उनकी सहायता से कुछ और साथी तथा आवश्यक दवाइयाँ लेकर घटनास्थल की ओर गए परन्तु जब पुनः पहुँचे तो नक्शा कुछ और ही था।

भगवती भाई शहीद हो चुके थे। उन्हें ले जाने के लिए हम जो चादर लाए थे उसी में उनका पार्थिव शरीर लपेट दिया।

भगवती भाई के चिरबिछोह का समाचार जब हम लोगों को मिला तो हम कलेजा थामकर रह गए। आँसुओं का समुद्र सभी की आँखों से उमड़ पड़ा। भैया को सबसे पहली बार उस दिन रोते हुए मैंने देखा। भाभी की हालत सर्वाधिक विचित्र थी। उनकी दुनिया लुट गई लेकिन 'हाय' भी उन्होंने नहीं की। वे जानती थीं कि यदि जरा भी शोर हुआ और पुलिस को सन्देह हो गया तो उनके आराध्य के प्रिय मार्ग के जितने भी पथिक यहाँ मौजूद हैं उन सभी का जीवन संकट में पड़ जाएगा। इसके अतिरिक्त इतना जबरदस्त आघात भगवती भाई की शहादत का उन्हें लगा कि वे चेतना शून्य-सी हो गईं। हमारे चाहने के बावजूद कोई आँसू उनकी आँख से नहीं निकला। मुसीबत का पहाड़ सिर पर उठाए और आँसुओं के समुद्र को आँखों में समेटे हुए वे उठीं और हम सभी को धीरज बँधाने की चेष्टा करने लगीं परन्तु अधिक देर तक स्वयं को सँभाल न सकीं। आखिर भैया और वैशम्पायन ने सहारा देकर उन्हें पलँग पर लिटा दिया। दीदी और धन्वन्तरि सारी रात भाभी के पास बैठे रहे...

भगवती भाई की याद में सारी रात आँखों में ही बीत गई। जब दिन निकलने को आया तो भैया बोले, "अन्तिम संस्कार की तैयारी करो।"

भाभी और दीदी ने भगवती भाई के अन्तिम दर्शनार्थ साथ चलने की इच्छा प्रकट की परन्तु इतने तड़के दो स्त्रियों को जखीरे की तरफ ले जाना भैया को खतरे से खाली नहीं लगा। पौ फटने से पहले ही भैया, धन्वन्तरि और मदनगोपाल को साथ लेकर फावड़े और गैतियाँ लेकर जखीरे में जा पहुँचे। दाह-संस्कार करना खतरे को निमन्त्रण देना था इसलिए धरती के बेटे को धरती माँ की ही गोद में सर्वथा

के लिए सुलाकर हम लोग वापस लौट आए।

...अब सबसे बड़ी समस्या यह थी कि भगतसिंह और दत्त को छुड़ाने के लिए भगवती भाई के महाप्रयाण के बाद भी एक्शन किया जाए या नहीं क्योंकि जखीरे में हुए बम विस्फोट से दो साथी कम हो गए थे। भगवती भाई तो सदा के लिए ही हमसे विदा हो चुके थे और मैं भी ऑपरेशन के कारण काम करने की स्थिति में नहीं था। फिर भी यही तय हुआ कि एक्शन स्थगित नहीं किया जाए और पूर्व निश्चित योजना के अनुसार ही उन्हें रिहा कराया जाए क्योंकि भगवती भाई मरते समय यही कह गए थे कि एक्शन स्थगित नहीं होना चाहिए। जब तैयारी पूरी हो गई तो भाभी ने भैया से कहा, "मुझे भी साथ चलने की अनुमति दें।"

वे फिर बोली, "उनकी (भगवती भाई) जगह मुझे मिलनी चाहिए। सबसे पहले यह मेरा अधिकार है।"

पर भैया ने नहीं माना।

आखिर 1 जून को भैया के नेतृत्व में यशपाल, मदनगोपाल और टहलसिंह ड्राइवर कार में बैठकर एक्शन के लिए रवाना हुए और दीदी ने जाने से पूर्व अपनी उँगली काटकर सभी के माथे पर रक्त से टीका लगाया। जब भगतसिंह और दत्त जेल से बाहर निकले तो योजनानुसार वैशम्पायन ने सिग्नल के रूप में बाँसुरी बजाई और भैया की मोटर धीमी चाल से जेल की ओर बढ़ी परन्तु सिग्नल का कोई जवाब भगतसिंह और दत्त की ओर से नहीं मिला। बाँसुरी के उत्तर में उसने सिर नहीं खुजलाया। साथियों की ओर कदम न बढ़ाकर भगतसिंह और दत्त जेल की गाड़ी में ही जा बैठे। भैया निराश होकर साथियों सहित वापस लौट आए। एक्शन स्थगित करना पड़ा...

बाद में जब दत्त जेल से रिहा हुए तो एक दिन मैंने पूछा, "भगतसिंह ने सिग्नल का उत्तर क्यों नहीं दिया?"

"जवाब देने से क्या फायदा था?" दत्त ने जवाब दिया, "जैसे ही भगवती भाई की शहादत का समाचार हमें मिला, भगतसिंह ने उसी दम कह दिया था कि अकेले भैया हमें जेल से रिहा नहीं करा सकते और अब रिहाई में भी वह मजा नहीं है। भैया, मैं और भगवती भाई इकट्ठे होते तो अंग्रेजों से लोहा लेने में कुछ मजा भी आता।"

उस दिन निराश होकर लौटने के बाद भी भैया (आज़ाद) बड़ी देर तक विचार-विनियम करते रहे और बोले, "हमें एक बार फिर कोशिश करनी चाहिए। भगतसिंह और दत्त को छुड़ाना अत्यन्त आवश्यक है।...भगवती भाई और भगतसिंह के बिना मेरी स्थिति पर कटे पंछी जैसी होकर रह गई है।"

27 फरवरी, 1931 को मैं आज़ाद के साथ अल्फ्रेड पार्क इलाहाबाद में बैठा था कि पुलिस ने हमें घेर लिया। दोनों ओर से गोलियाँ चलीं। भैया आज़ाद गोलियों

से घायल हो चुके थे। मेरी भी भुजा पर चोट थी। आज़ाद ने मुझसे कहा कि तुम निकल जाओ। पर वह सेनापति वहीं अन्तिम गोली पिस्तौल में रहने तक ब्रिटिश साम्राज्य की पुलिस से मुकाबला करता रहा और अन्त में शहीद हो गया।

23 मार्च, 1931 को भगतसिंह, राजगुरु और सुखदेव के साथ लाहौर की जेल में फाँसी पर लटका दिए गए।

सारा देश इन फाँसियों पर बुरी तरह से रोया।

वह नेशनल कॉलेज में मेरा विद्यार्थी था

जयचन्द्र विद्यालंकार

मैंने 1920 में पंजाब प्रान्तीय हिन्दी साहित्य सम्मेलन का संगठन आरम्भ किया था। उसके सिलसिले में मुझे लगभग सारे पंजाब में दौरा करने का मौका मिला था और प्रान्त भर में सर्वत्र मेरे अच्छे सम्बन्ध बन रहे थे। पंजाब के सार्वजनिक जीवन में उस समय मेरा हाथ काफी महत्त्व रखता था। झंडावाला में पंजाब प्रान्तीय राजनीतिक सम्मेलन था, शायद 1923 के अन्त या 1924 के आरम्भ में। उसमें मैंने पूर्ण स्वाधीनता लक्ष्य का प्रस्ताव रखा था। लाला लाजपतराय से उसे It is sweety vague कहकर टालना चाहा था। उसके बाद 30 मई से 1 जून तक पंजाब प्रान्तीय हिन्दी साहित्य सम्मेलन का पहला अधिवेशन हुआ—शायद गुजराँवाला में। मुझे इस समय ठीक से याद नहीं। वहाँ से लौटकर लाहौर पहुँचा तो शचीन्द्र दा पहले से घर पर आए बैठे थे और अपने साथ एक लाल प्रूफ लाए थे जो उनके संगठन के नए प्रस्तावित नाम 'हिन्दुस्तान प्रजातन्त्र मंडल' (Hindustan Republican Association H.R.A.) के संविधान का मसविदा था। उसे उन्होंने लाहौर में मेरे साथ बैठकर ही अन्तिम रूप दिया।

इलाहाबाद से पंजाब लौटने के बाद मेरा विद्यार्थी जो मिला था, वह गुलावठी, जिला बुलन्दशहर का रहनेवाला चौधरी विजयपाल सिंह का भतीजा रामधन सिंह था। बड़ी हिम्मतवाला साहसी और धुन का पक्का। वह गिलगित होकर लौटा था। मैंने उससे पूछा, "क्या आज़ादी इस तरह (गांधी के असहयोग मार्ग से) मिल जाएगी?" उसने कहा, "नहीं।" "तो कुछ करने को तैयार हो?" "हाँ।" मैंने उसे सीमा प्रान्त के आर-पार जाने का रास्ता बनाने का काम सौंपा। वह होतीमर्दान में आर्यसमाज के स्कूल में एक अध्यापक की जगह खाली होने की खबर लेकर आया। पर उसके वहाँ पहुँचने पर वह जगह भर चुकी थी। एक चपरासी की जगह खाली थी। उसने वही स्वीकार कर ली। मैंने दा को इस अवसर पर यह सूचना दे दी।

दूसरी सूचना मैंने उन्हें अपने अकाली सम्पर्क की इसी अवसर पर दी कि उस आन्दोलन के पीछे गदर दल वालों का हाथ था। मैं पूरानसल के सरदार किशनसिंह

की मार्फत उनसे मिला था जो जब अमृतसर के सिंह दरबार में रह रहे थे।

तीसरे, सुखदेव और भगतसिंह आदि को, जो नेशनल कॉलेज में मेरे विद्यार्थी थे, मैं इस समय तक अपने समूह में भर्ती कर चुका था। पंजाब नेशनल कॉलेज की स्थापना लाला लाजपतराय द्वारा असहयोग आन्दोलन के राष्ट्रीय शिक्षा के नारे के सिलसिले में 9 अक्टूबर 1921 को हुई थी और उसमें तब पंजाब भर के सब कॉलेजों के विद्यार्थियों की भलाई सम्मिलित हो गई थी। मुझे अपने जीवन में विद्यार्थियों का वैसा अनुभावित (Spisited) और प्रतिभासम्पन्न (Intelligent) समूह फिर कभी नहीं मिला। पहले मैंने संगठन में बलदेव को भर्ती किया, फिर उसके कहने से भगतसिंह को भी दा के लाहौर आने के लगभग एक महीना पहले सदस्य बनाया था। तभी मोहनलाल को भी भर्ती किया था। इन सबकी सूचना मैंने दा को इस समय दे दी।

दिसम्बर 1924 तक दा ने मुझे खबर भेजी कि उन्होंने अपने आदमी जापान, जर्मनी और रूस रासबिहारी, वीरेन्द्र भट्टाचार्य और मानवेन्द्र राय के पास सम्पर्क साधने को भेजे थे। रूस शायद गोपाल चक्रवर्ती गए थे। रासबिहारी ने सन्देश भिजवाया था कि जितने जवान हम जापान उसके पास भेजेंगे, जापान सरकार उन सबकी शिक्षा का उत्तरदायित्व अपने खर्चे पर वहाँ लेने को तैयार है। उन्होंने यह भी कहलवाया था कि आज (1924) से चार साल बाद चीन में क्रान्ति आरम्भ होगी, तब हम अपने इन शिक्षार्थियों को रणक्षेत्र का व्यावहारिक अनुभव भी ठीक से करा सकेंगे। अतः इन शिक्षार्थियों को हो सके तो जल्दी-से-जल्दी भेज दिया जाए।

जर्मनी जो आदमी गया था, वीरेन्द्र भट्टाचार्य ने उससे इस विषय में अधिक बातचीत नहीं की। स्वयं जर्मनी की राजनीतिक स्थिति उस समय तक अस्त-व्यस्त होने से शायद वे इस सम्बन्ध की अपनी विवशता को समझते थे।

मानवेन्द्र राय से उनका सन्देशवाहक शायद फ्रांस में कहीं सम्पर्क साधने में समर्थ हुआ था। पर उन्होंने कहलवाया कि इस समय शायद सैनिक संगठन की बजाय मजदूरों के व्यवसायिक संघों (ट्रेड यूनियनों) की स्थापना की अधिक आवश्यकता है। मैंने इस सम्बन्ध में तब उनकी आलोचना की थी कि रूस और चीन में विदेशियों की कोई भाड़ैत सेना नहीं थी, भारत में वह है और हमारा देश उसी के बलबूते पर आज एक विदेशी शक्ति का गुलाम बना हुआ है। भाड़ैत सैनिक भी मजदूर हैं। हम पहले उन्हीं के संगठन के कार्य को आरम्भ क्यों न करें और उन्हीं में से देशभक्त सिपाहियों की ट्रेड यूनियनें बनाने का यत्न क्यों न करें?

समूहवादी विचारों का आरम्भ तब देश में हुआ ही था। उनसे चर्चा चलने पर हम लोग उनसे सदा यही कहते थे कि यदि दुनिया भर के मजदूरों के हित एक हैं तो तुम अंग्रेज गोरे सैनिक मजदूरों में इस बात का प्रचार करो कि वे हिन्दुस्तानी मजदूर के हित में उनसे मिलकर अपनी जातिवालों की इस साम्राज्वादी सरकार के

विरुद्ध विद्रोह में साथ दें और हम भारतीय सैनिक मजदूरों में संगठन कार्य करते रहें ताकि युद्ध के समय दोनों मजदूर परस्पर मिलकर दुनिया की इस सबसे बड़ी पूँजीवादी साम्राज्य सरकार का पासा पलट सकें।

योगेश बाद में इसी दृष्टिकोण को पेश करने के विचार से मैनपुरी षड्यन्त्र के मामले में भागे हुए अभियुक्त रामचरणलाल के पास पांडिचेरी गए थे जहाँ से लौटकर आते समय हावड़ा स्टेशन पर उनकी एकाएक गिरफ्तारी हो गई।

अकाली दल के सरदार गुरुदत्त सिंह और पृथ्वीसिंह से सम्पर्क साधने का आदेश मुझे इलाहाबाद में दिया गया था। मैं सूरानसी वाले सरदार किशनसिंह की मार्फत उनके सम्पर्क में आ गया था। मैंने पंजाब के दूसरे पुराने लोगों को भी इस समय तक खोज निकाला था। दा मुझे साथ लेकर उन सभी लोगों से मिलाने ले गए। पंजाब के लाला केदारनाथ सहगल, दुलीचन्द आदि से भी वे मुझे साथ लेकर मिलने और इस रूप में मेरा परिचय उनसे कराने गए। सभी लोग उनकी इस असाधारण संगठन शक्ति से चकित थे।

इस समय हमारे संगठन का कार्यक्रम था कि सब जगह अपनी शाखा समितियाँ खोलना। पंजाब में तद्नुसार दा के बाबा गुरुमुख सिंह को समिति का अध्यक्ष और मुझे उसका मन्त्री या सचिव नियुक्त किया। मैं जून से सितम्बर 1924 तक प्रति सप्ताह सुबह लाहौर से अमृतसर गाड़ी से उनसे मिलने जाता और दल की साप्ताहिक प्रगति रिपोर्ट उन्हें वहाँ देता था। वे तब वहाँ बड़े कड़े जतन से रह रहे थे, जरा भी सन्देह होने पर उनके चारों तरफ शस्त्रधारी अंगरक्षक तैयार रहते थे।

इसी समय हमारे बीच एक बात तय हुई। हर आदमी इस समय अपने पुराने सम्पर्क पुनः स्थापित करने को उत्सुक था। गदर दल वाले भी, अमेरिका में, जहाँ अंग्रेजों के कारिन्दों ने पहुँचकर वहाँ के सिक्खों में गलतफहमियाँ फैलाना जारी किया हुआ था, उसका प्रतिवाद करने को अपने आदमी वहाँ भेजने को चिन्तित थे। मेरे द्वारा स्थल और जल के गुप्त मार्गों की योजना सुन सरदार गुरुमुख सिंह ने मुझसे कहा कि पहले हमारे कुछ आदमियों को अपने इन मार्गों से भेजने का यत्न कर तुम उनकी परीक्षा कर लेना। दूसरा, उन्होंने सरकारी खुफिया विभाग में दाखिल कराने को हमसे अपना एक पक्का आदमी माँगा। मैंने सरदार जसवन्त सिंह को, जो उस समय झंडा सिंह नाम से नेशनल कॉलेज में मेरे विद्यार्थी और भगतसिंह और सुखदेव के एक ही कमरे के साथी थे और मेरे पूरे विश्वास में आ चुके थे, इसके लिए चुनना चाहा था पर ये शायद उसका महत्त्व तब ठीक से समझ नहीं सके। जसवन्त सिंह ने कहा, "पीछे मैं इसके लिए बहुत पछताया, पर उस समय हमें सी.आई.डी. के नाम से ऐसी चिढ़ थी कि मुझे उसमें जाने से बड़ी ग्लानि अनुभव होती थी।"

शचीन्द्र दा ने समुद्री रास्ते इस समय तक तैयार कर लिए थे। उनका संगठन दक्षिणी कलकत्ता में था। हमने जापान भेजने के लिए पहली खेप के युवकों की सूची

भी पूरी कर ली थी, उनमें भगतसिंह, सुखदेव, बलदेव (शेखपुरा वाला) और सुरेन्द्र पांडे (कानपुर), हमारी शाखा (पंजाब) और बटुकेश्वर दत्त आदि कुछ जोगेश के तथा जतीन्द्रनाथ दास आदि कुछ बंगाल के सुरेश बनर्जी दल के कुल मिलाकर एक दर्जन युवकों की सूची बनी थी। भगतसिंह को जापान में स्थल सेना के सेनापति की शिक्षा के लिए, बटुक को हवाई सेना के और जतीन्द्रनाथ दास को नौसेना के नेता की शिक्षा के लिए भेजने को विशेष रूप से चुना गया था। किन्तु बाबा गुरुदत्त सिंह पहले अपने दल के लोगों को बाहर भेजने को उत्सुक थे। वे उसके लिए मुझे साथ लेकर बंगाल के सब पुराने दादाओं (क्रान्तिकारी नेताओं को हम लोग आपस में इसी नाम से पुकारते थे) से मिलने की भी योजना बना रहे थे। उन्होंने पहले-पहल भेजने के लिए अपने दो आदमियों को छाँटकर मेरे पास भेजा जिन्हें मैंने दा के निर्देशानुसार कलकत्ते भिजवा दिया था।

मैं कानपुर में था तभी आर्डिनेन्स जारी हो गया और बंगाल में बड़े पैमाने पर क्रान्तिकारी समझे जानेवाले युवकों की गिरफ्तारी आरम्भ हो गई। आर्डिनेन्स जिस दिन लगा उसके अगले दिन ही वे दोनों सिक्ख अपने लक्ष्य के लिए समुद्री यात्रा पर प्रस्थान करनेवाले थे। उस दिन सुबह ही पुलिस विश्वनाथ मुखर्जी को पकड़ने उनके घर पहुँची। पुलिस को आता देख उन दोनों सिक्खों ने समझा कि शायद भेद प्रकट हो गया है, हालाँकि पुलिस को उनके वहाँ इस उद्देश्य से होने की कोई भनक भी न थी, उन्होंने अपने पासपोर्ट, वीजा आदि सब कागजात चबा डाले।

मैं कानपुर से लाहौर पहुँचा तो सुना कि वे दोनों सिक्ख कलकत्ता से वापस लौटे आ रहे हैं। उन्होंने अपनी दाढ़ियाँ, केश आदि सब वेश बदलने के लिए कटा लिए थे। अब उस रूप में उनका सिक्खों के सम्मुख जा सकना भी बड़ा कठिन हो गया था। दोनों में से एक सरदार बिशनसिंह पूरा महीना भर मेरे यहाँ मकान की एक कोठरी में छिप दाढ़ी, मूँछ और केश बढ़ाता रहा।

शचीन्द्र दा भी उसी समय फरार हो गए। मैं उनसे सम्पर्क स्थापित करने सितम्बर 1924 में प्रयाग होकर कलकत्ता गया।

भगतसिंह की शादी उस समय उसके पिता सरदार किशन सिंह करना चाहते थे। लड़की शायद महाराजा रणजीसिंह के खानदान में किसी बड़े धनी घर की और बहुत ही सुन्दर थी और लगभग 1 या 2 करोड़ का दहेज मिलनेवाला था। भगतसिंह मेरे पास आया और बोला, "मुझे कहीं भेज दीजिए।" मैंने कानपुर में गणेशशंकर विद्यार्थी के पास उसे भेजा, जहाँ वह 'प्रताप' कार्यालय में बलवन्तसिंह नाम से काम करता था। उसने वहाँ डैन ब्रीन की पुस्तक 'आयरिश स्ट्रगल' का हिन्दी अनुवाद किया था। मेरा विचार था कि दो-तीन महीने बाद तो वह बाहर चला ही जाएगा।

दिसम्बर 1924 में जब मैं दा से मिलने कलकत्ता गया तो भगतसिंह मुझे इलाहाबाद आकर मिला और मेरे साथ ही कलकत्ता गया। इलाहाबाद में दा का

परिवार रहता था। मैं माँ से मिलकर दा के लिए गरम कपड़ा, रजाई आदि लेकर कलकत्ता पहुँचा और आर्य समाज मन्दिर में जाकर ठहरा। दा उस समय दक्षिणी कलकत्ता में थे और रोज नया मकान बदल लेते। दिसम्बर की सर्दी से बचने के लिए गरम कपड़ों और बिस्तर के अभाव में अखबारी कागज को ओढ़ने-बिछाने के काम में लेते थे। मेरा उन्होंने 'अनुशीलन' के तीन-चार अन्य सदस्यों से इसी समय परिचय कराया। दा ने मुझे Revolutionary organ नाम का एक अंग्रेजी लीफलेट दिखलाया जिस पर क्रान्ति सेना के कमांडर-इन-चीफ के दस्तखत थे। उन्होंने मेरे द्वारा सन्देश भिजवाया कि योगेश पकड़े जा चुके थे। अतः बिस्मिल और जितेन्द्र सान्याल अब उनके बाद युक्त प्रान्त में दल का चार्ज ले लें। कलकत्ता से मैं सीधा दिल्ली आया और स्वामी श्रद्धानन्द जी से मिला और उन्हें भी अब तक की ये सारी बातें निवेदित कीं। वे बड़े खुश हुए तथा अगले समाचार देते रहने का आदेश उन्होंने मुझे दिया।

हमने 'स्वाधीन भारत संघ' (Free India League) की स्थापना प्रथम विश्व युद्ध के समय 1914 में की जिसके कागजात लाहौर में केदारनाथ सहगल के मकान पर पड़े थे, सो विभाजन के समय वहीं रह गए या क्या हुआ, मुझे अभी तक पता नहीं।

जोगेश की गिरफ्तारी के बाद एक आदमी (नाम इस समय मुझे याद नहीं) बम बनाना सिखाने के नाम पर 1924 के अन्त में बनारस आदि में सब जगह पूछता फिरा था। लोगों को शुरू से उस पर शक था फिर भी जाने किस तरह उस पर सब जगह विश्वास कर लिया गया था और उसे इस ग्रुप के पास भेजा जाता रहा था। यहाँ तक भी सन्देह किया जाता है कि काकोरी की डकैती का संगठन इसी की माँग को पूरा करने के लिए आयोजित किया गया था। लोग इतने बेपरवाह थे कि काकोरी के बाद 'प्रोविंशल' की जो बैठक मेरठ में हुई, सी.आई.डी. बरमा सिंह, जिसने बाद में सारे मामले को पकड़ने में मुख्य रूप से नाम कमाया, उस बैठक में किसी रूप में विद्यमान था।

काकोरी वालों के पकड़े जाने के बाद वही शख्स लाहौर भी आया। मेरठ अधिवेशन में मेरा भी निमन्त्रण था। मेरा नाम अपने लोगों में जैसे लाला लाजपतराय कांग्रेस में पंजाब के प्रतिनिधि माने जाते थे, उसी के मुकाबले में अपने संगठन में मुझे उनका स्थानीय नाम 'लालाजी' ही प्रसिद्ध था। इसकी कुछ भनक मेरठ में तथा काकोरी वालों की चिट्ठी-पत्री से सी.आई.डी. वालों को भी मिली थी। पर वे यह निश्चय नहीं कर सके थे कि यह 'लालाजी' कौन है। युक्त प्रान्त के मोहनलाल गौतम को, जो पंजाब की पीपुल्स सोसाइटी से सम्बद्ध था, पुलिस ने उसे 'लालाजी' होने के सन्देह में गिरफ्तार किया, पर कोई पक्का प्रमाण नहीं मिलने से उसे छोड़ना पड़ा था। अतः पुलिस पंजाब का यह नया 'लालाजी' कौन था, इसे खोज निकालने को तब बड़ी परेशान थी। भगतसिंह को हमारे यहाँ 'देशभक्तों' की बड़ी तलाश

रहती थी। वह एक दिन मेरे पास खबर लेकर आया और बोला कि इस तरह का एक बंगाली लाहौर आया है। मैंने पहले तो उसे इस मामले में खूब हतोत्साहित किया, पर पूरा हुलिया सुनने के बाद मैंने इस आदमी को समाप्त करवा देने का निश्चय किया। भगतसिंह को उसे फँसाकर किसी तरह रावी तट के एक निर्दिष्ट स्थान पर लाने का काम सौंपा गया। शेखपुरा का ब्रह्मदेव हमारे यहाँ निशाने में अचूक था, वही उसे वहाँ समाप्त कर देनेवाला था पर भगतसिंह उस दिन सबेरे ही आया कि कहीं बेगुनाह की हत्या न हो जाए! मैंने कहा कि निर्दोष हो तो भी हजारों देशवासी तब विदेशी आक्रान्ताओं के अत्याचार के नीचे पिस रहे थे, वे भी तो निर्दोष ही थे। उनकी मुक्ति के संघर्ष में एकाध संदिग्ध निर्दोष मारा भी जाए तो कोई चिन्ता की बात नहीं, पर यदि वह सदोष हुआ और बच गया तो अनेक देशभक्तों के अमूल्य जीवनों पर जो खतरा हो सकता है उसके मुकाबले में एक संदिग्ध निर्दोष व्यक्ति के जीवन की कीमत समाज के लिए कुछ भी नहीं, पर भगतसिंह को अपनी भावुकता पर विजय पाना उस समय शायद कठिन जान पड़ा और वह निर्धारित समय पर संकेतित स्थान पर उस व्यक्ति को लेकर नहीं पहुँच सका। 1925 के दिसम्बर में कानपुर कांग्रेस के अवसर पर शचीन्द्र बक्षी की गिरफ्तारी में जब उसी व्यक्ति का हाथ प्रकट हो गया तो भगतसिंह उसके लिए बहुत पछताता रहा। मुझसे आकर बोला, ''हमने उस समय उसे छोड़ दिया था, अब इसी ने बक्षी को यहाँ गिरफ्तार कराया।''

1926 में काकोरी वालों की गिरफ्तारी के बाद हमारे सामने अब यह प्रश्न था कि आगे क्या करें और कैसे करें। मैंने भगतसिंह को पंजाब से इस समय युक्त प्रान्त में जितेन्द्र सान्याल आदि से सम्पर्क स्थापित करने को भेजा कि उनकी योजनाएँ आगे क्या थीं। पीछे 1928 में जब मैं बिहार में था तो पुरूलिया में सुशील बनर्जी और अरुणचन्द्र गुहा, जो बंगाल से निष्कासित थे, मुझसे मिले थे। सुशील ने तब मुझे बताया कि जोगेश चटर्जी पहले कुछ दिन जेल में उनके साथ थे और वे तब कहते थे कि ''आतंकवर्धक कार्य कर हमने बड़ी गलती की। जयचन्द्र पहले ही इसके खिलाफ था।''

भगतसिंह युक्त प्रान्त से यह सन्देश लेकर आया कि शचीन्द्र दा का मेरे लिए भीतर से यह सन्देश आया है कि मैं तुरन्त भारत से बाहर निकल जाने का यत्न करूँ। जितेन्द्र आदि काकोरी वालों को छुड़ाने का यत्न करना चाहते थे। शचीन्द्र दा के लिए पीछे लोगों का यह कहना सही है कि इस समय (जेल) से ही उनकी पुरानी तेजस्विता नष्ट होने लगी थी। पर सच बात यह है कि उस बड़े काम (युवकों को विदेशों में भेज सैनिक शिक्षण प्राप्त कराने और भावी युद्ध के अवसर पर संगठित सैनिक विप्लव का संचालन कर क्रान्ति सफल करने की तैयारी वाली महत्त्वाकांक्षापूर्ण योजना) की अपने लोगों द्वारा की गई गलतियों और गैर जिम्मेदारियों—आतंककारी

मार्ग पर भटक जाने के कारण उनके दिल को गहरा धक्का लगा था।

मैंने तब सोचा कि मेरे अकेले का एकाएक बाहर जाना निरर्थक था जब तक कि देश के भीतर संगठन ठीक तौर पर चलते रहने की सुदृढ़ व्यवस्था न हो। अपने साथी काकोरी वालों को छुड़ाने के लिए यत्न करने की भावुकता ने मुझे भी इस समय ग्रस्त कर लिया था और उसके लिए अगले दो साल तक मैंने जो भी यत्न या चेष्टाएँ कीं, मैं आज अनुभव करता हूँ कि मेरे जीवन की वह सबसे बड़ी मूर्खताएँ थीं क्योंकि मैं अकेला भी यदि उस समय अपने सैनिक सम्पर्क के कार्यक्रम की दिशा में यत्न करता तो शायद सफल हो सकता था।

गदर दल के सन्तोख सिंह उन दिनों मुझसे मिल रहे थे। वे उस समय भी मेरे उन (आतंकवाद के सम्बन्ध के) कार्यों के विरोधी थे। बाद में सरदार भगतसिंह मुझे मिले तब मैं अपनी गलती पहचान चुका था और उस पर बहुत बड़ा पछता रहा था, जिस पर उन्होंने कहा, "कभी तो तुम इस रंग में पूरे डूब गए थे" इसका अर्थ है कि सन्तोख सिंह अपने गदर दल वाले दूसरे साथियों के पूरे सम्पर्क में थे और वे सब हमारे कार्यों के विरुद्ध थे।

लाहौर में उन दिनों एक राय बहादुर नाम पूरी तरह याद नहीं, शायद ठाकुरदत्त धवन बड़ा अंग्रेज भक्त बनता था, उसने क्रान्तिकारियों को कहीं बहुत बुरा-भला कहा था। भगतसिंह इससे बहुत दुखी हुआ और आकर बोला, "ऐसे आदमियों को तो शूट कर देना चाहिए।" मैंने उसे समझाया कि गोली ऐसे आदमियों पर खर्च करने के लिए नहीं है। उनके लिए तो उपयुक्त सजा है स्वयं उनके परिवार के किसी सदस्य को अपनी टोली में भरती कर लेना। सुखदेव ने तदनुसार सचमुच ही उस घर के एक लड़के जगदीश उर्फ सुखदेव राज को, जो राय साहब धवन का शायद दोहिता था, अपनी टोली में मिलाकर छोड़ा।

किन्तु काकोरी का अन्तिम निपटारा अप्रैल 1927 तक हो गया और हम कुछ भी नहीं कर सके तो हमें भारी पछतावा हुआ कि बेकार हम उस चीज के पीछे अपनी शक्ति और समय गँवाते रहे। हमने अब परिस्थिति का दुबारा नए सिरे से मुआयना किया और फिर इसी नतीजे पर पहुँचे कि आगे हम उस (आतंकवादी) मार्ग पर फिर कभी नहीं जाएँगे। हमने अपनी अब सारी शक्ति सार्वजनिक जीवन को संगठित करने और अपना वैकल्पिक स्वतन्त्र मंच बनाने में ही लगाने का निश्चय किया।

मेरी आर्थिक स्थिति इस बीच बहुत बिगड़ चुकी थी। इसी समय मुझे पीलिया हो गया और उसमें सुखदेव ने मेरी बड़ी सेवा-सुश्रूषा की। तिलक राष्ट्रीय विद्यालय, लाहौर में मेरा एक बिहार का विद्यार्थी बलदेव 'बिहारी' था। उसके मार्फत बिहार विद्यापीठ पटना के आचार्य बद्रीप्रसाद ने मुझे बिहार आने का निमन्त्रण दिया। मैंने तब पंजाब छोड़ बिहार जाने का निर्णय किया। इसी समय आते या जाते इलाहाबाद में मेरा परिचय वामनदास बसु से भी हुआ। जिनकी पुस्तक 'राइज ऑफ क्रिश्चियन

पावर इन इंडिया' की कीर्ति स्वाधीनता संघर्ष के इतिहास में अमर है। उनका अपना एक बड़ा पुस्तक संग्रह और पाणिनी आफिस नाम का प्रकाशन संस्थान था जिसे वे अपने अन्तिम दिनों में इस तरह का कार्य करनेवाली किसी राष्ट्रीय संस्था को ही अर्पित करना चाहते थे। उनकी इच्छा शायद यह थी कि मैं उनकी इस योजना का उत्तरदायित्व पूरी तरह अपने ऊपर ले लूँ। मेरे द्वारा उन्होंने अपनी इस योजना की सूचना बाबू राजेन्द्र प्रसाद तक भी पहुँचानी चाही थी।

...मिलखीराम रोड लाहौर में रहनेवाला मेरा एक विद्यार्थी भगवतीचरण भी था। वह काफी धनी माँ-बाप का बेटा था, यह मैं उस समय ठीक से नहीं जानता था। पर वह आतंकवाद की बातें अपने साथियों में बहुत बढ़-चढ़कर करता और काफी खुलकर खर्च करता था। इससे मुझे सन्देह होने लगा था कि कहीं वह खुफिया विभाग का कोई एजेंट प्रोवोकेटर तो नहीं। इसलिए मैंने भगतसिंह आदि को उससे सावधान रहने की सलाह इस समय देनी आरम्भ कर दी थी। लाहौर से चलते समय भी मैंने अपने इन साथियों को इसके लिए फिर अच्छी तरह सावधान कर दिया था कि भगवतीचरण चाहे सी.आई.डी. एजेंट प्रोवोकेटर हो या नहीं, आतंक कार्यों के रास्ते उन्हें नहीं जाना है, अतः उससे हर हालत में बचकर और सावधान रहकर ही चलना उचित होगा।

सार्वजनिक जीवन का कार्यक्रम बनाने पर फिर से जोर देने को कहने पर भगतसिंह ने मुझे हँसकर कहा, "आप अब तक यहाँ काफी भले आदमी मशहूर हो चुके हैं, अब आप पर यहाँ भरोसा करेगा कौन?" मैंने कहा कि तुम लोग अब मेरे विषय में जरा डिप्लिजिंग टॉक करना आरम्भ कर दो कि वे तो इतिहास में रुचि होने के कारण एक तरह की एकेडमिक जिज्ञासा लेकर हम लोगों के बीच आए थे। वास्तविक क्रान्तिकारी कार्यक्रमों में उनका विश्वास कभी भी नहीं था सो अब कुछ जानकारी मिलने पर उस जिज्ञासा की निवृत्ति हो जाने पर अपने इतिहास अध्ययन के रास्ते पर ही वे फिर चले गए हैं।

मेरी भानजी, बड़ी बहन जी की एकमात्र सन्तान विद्या उन दिनों जालंधर कन्या महाविद्यालय में पढ़ रही थी जहाँ उसकी एक सहेली सुशीला थी। वह भी उसके साथ उन दिनों हमारे यहाँ आती-जाती थी। भगवतीचरण की मेरे हिन्दी साहित्य सम्मेलन पंजाब के ऑफिस सेक्रेटरी के रूप में शायद वहीं उससे जान-पहचान हुई और वह तब से शायद उसके घर उसकी धर्मपत्नी दुर्गा के यहाँ भी आने-जाने लगी थी। उसकी शादी बाद में मेरे विद्यार्थी बलदेव से हो गई थी। काकोरी षड्यन्त्र वालों को छुड़ाने के लिए रुपए की आवश्यकता से चन्दे जुटाने के सिलसिले में भगवतीचरण की पत्नी दुर्गा ने शायद अपनी सोने की बंगड़ियाँ उस फंड के लिए देने का संकल्प प्रकट किया था। मेरी भानजी विद्या का सम्बन्ध उन्हीं दिनों 1915-16 वाले मैनपुरी षड्यन्त्र के पुराने अभियुक्त आगरा के श्री चन्द्रधर जौहरी,

जो पश्चिमी युक्त प्रान्त के जिलों में बहन जी के कांग्रेस संगठन कार्य के सिलसिले से हमारे यहाँ घर पर लाहौर आने-जाने लगे थे, स्थिर हो चुका था, जिसमें विद्या को दहेज के रूप में देने के लिए बहनजी की अब तक इसी कार्य के लिए बड़े यत्न से जोड़कर रखी गई कमाई की एक रकम खर्च हो रही थी। मैंने दुर्गा की बंगड़ियों की आफर चन्दे के रूप में आने पर भगवतीचरण से प्रस्ताव किया था कि बंगड़ियाँ बाजार में बेचने पर सुनार के यहाँ उनकी बनाई झालन आदि के रूप में काफी कटौती हो जाएगी। अतः यदि उसी मूल्य पर बहनजी की विद्या के दहेज के रूप में खर्च होनेवाली इस रकम से उनके मूल्य के बराबर रकम इस निधि में दे दी जाकर वे उन्हें विद्या को दी जानेवाली दहेज में दे दिया जाए तो उसे कोई आपत्ति तो नहीं होगी। मैंने सुना कि सुशीला द्वारा यह सुनकर भगवतीचरण के घर पर यह बात की गई कि "यदि बंगड़ियों के बिना जयचन्द्र की भानजी की शादी नहीं हो सकती तो दुर्गा भाभी ही क्यों सोने की इन बंगड़ियों से वंचित रहें। अतः जयचन्द्र से कहा जाए कि अपनी भानजी को दहेज में दी जानेवाली यह रकम पहले वह इस निधि में दे दें तो दुर्गा की सोने की बंगड़ियाँ भी इस निधि में दी जाएँगी।" और मेरे विषय में पीछे इधर भगवती के साथी कहे जानेवाले कुछ व्यक्तियों ने प्रचार के तौर पर फैलाने का जतन किया है कि भगवती द्वारा ऐसा कहा जाने पर ही विद्वेषवश भगवती के खिलाफ सी.आई.डी. होने का सन्देह कर अपने साथियों में प्रचार आरम्भ किया था। पर मुझे भगवती द्वारा उस समय ऐसा कोई उत्तर मिलने की घटना का भी स्मरण नहीं, न मैंने किसी व्यक्तिगत द्वेष के कारण वैसा कोई प्रचार उसके विरुद्ध करने का यत्न ही किया था। भगवती के खिलाफ सन्देह होने और अपने साथियों को उससे सावधान करने के यत्न के पीछे मेरा उद्‌देश्य पूरी तरह उसके आतंकवादी कार्यों के लिए अपने साथियों को उकसाने के प्रयत्नों और असाधारण रूप में खुलकर खर्चा करने से उत्पन्न सन्देह, उस धन के आगम स्रोतों के विरुद्ध उत्पन्न होनेवाले संशय के कारण अपने साथियों को उस आनेवाले सम्भावित खतरे से सावधान करना और उन्हें आतंकवाद के मार्ग के निरर्थक बात के आकर्षणों से बचाए रखकर उपयोगी क्रान्ति पर दृढ़ करने का प्रयत्न मात्र था।

मुझे आज दुख और पश्चाताप है कि भगवतीचरण की उस पथ से भटकाने वाली किन्तु विशुद्ध भावना के कारण उसके विरुद्ध उस रूप में प्रचार कर उसकी निष्कपट आत्मा को उतना मानसिक कष्ट पहुँचाया। पर जहाँ तक विद्या के दहेज का प्रश्न था, मैं आज भी यह अनुभव करता हूँ कि उसमें खर्च की जानेवाली एक विधवा बहन की सारे जीवन की संचित कमाई की रकम को एक ऐसे कार्य के लिए जिसके विषय में मैंने उन्हें कभी सूचित नहीं किया और उनकी सहानुभूति अर्जित करने का यत्न उस समय तक नहीं किया था, दे देने का मुझे कोई अधिकार नहीं था। दुर्गा की प्रस्तावित रकम को, जो हर हालत में उस कार्य के लिए जाने पर

बाजार में बिकती ही उसी कीमत में बहनजी के लिए खरीदे जाने का उस समय मेरा प्रस्ताव बिलकुल व्यापारिक प्रस्ताव था जिसमें मेरे एक क्रान्तिधर्मी होने के नाते का कोई सम्बन्ध नहीं था और न ही उस रूप में मुझे बहन जी की रकम को स्पर्श करने का किसी तरह का नैतिक या सामाजिक कोई अधिकार ही था। इतनी बात मैं यहाँ इसलिए कह रहा हूँ कि मेरे खिलाफ इस बात को लेकर कुछ लोग आजकल काफी प्रचार कर रहे हैं। मैं उनके खिलाफ अभी इससे अधिक कुछ नहीं कहना चाहता।

मैंने सांडर्स हत्या का समाचार उन्हीं दिनों अखबारों में पढ़ा था और वह जिस प्रकार घटा, उससे समझ गया कि हमारे ग्रीनले बैंक के खजाने को लूटने की ही योजना पर यह घटना घटी थी। अतः यह काम हमारे भगतसिंह आदि के गुटवालों के सिवाय किसी का नहीं। उसके एक या दो सप्ताह बाद शीघ्र ही एक दिन मैं जब सदाकत आश्रम, पटना के बरामदे में सो रहा था कि भगतसिंह ने आकर मुझे जगाया। मैंने उसे खींचकर अपने साथ ही तख्त पर लिटा लिया और तीन-चार घंटे उसी तरह लेटे-लेटे ही बातचीत कर सुबह दीवा घाट से जानेवाले स्टीमर से जाने को विदा कर दिया।

उसने सुनाया कि सांडर्स पर गोली कैसे चलाई गई। सांडर्स का जमादार चन्दनसिंह उसे पकड़ने को आगे बढ़ा, तो चन्द्रशेखर आज़ाद ने डाँटकर कहा, ''खबरदार'' और गोली चला दी। भागते समय भगतसिंह, मुक्तसर के एक सरदार अजमेरा सिंह से उसकी साइकिल यह कहकर जबरदस्ती छीन भागा कि ''तुझसे अधिक इसकी जरूरत इस समय हमको ज्यादा है।''

भगतसिंह इस समय असेम्बली में बम फेंकने की अपनी नई योजना लेकर आया था। मैंने वैसा करने से उसे बहुत मना किया और समझाया कि तुम्हारे लिए अब भी वहीं पुराना जापान आदि जाकर सैनिक शिक्षण ग्रहण कर क्रान्ति के समय सैनिक विप्लव के संगठन और संचालन की तैयारी वाला रास्ता तैयार है। अतः अब तुम तुरन्त बाहर चले जाओ। मैंने सारी व्यवस्था उसके लिए नए सिरे से जमा ली है। तुम जिस परिवार के लड़के हो, उसे बाहर सभी लोग जानते हैं। अतः वहाँ के लोगों के सम्पर्क में आना, सम्बन्ध ढूँढ़ निकालना तुम्हारे लिए वैसे भी कुछ कठिन नहीं होगा। तुम अपने आपको इतना सस्ता मत बनाओ, इतने सस्ते बनकर मत मरो। यह रास्ता क्रान्तिकारियों का नहीं। सिर्फ डिमोंस्ट्रेशन करके पकड़ा जाना तो गांधीवाद का मार्ग है। यदि टेरोरिज्म के रास्ते ही जाना है तो सांडर्स को मृत्युदंड देकर इस समय तुमने अपनी ऐसी धाक बना ली है कि तुम कुछ ऊँचे किस्म का कार्य उस रास्ते भी कर सकते हो। उदाहरणार्थ, हिन्दू-मुस्लिम झगड़ा कराने या इसी तरह प्रजा में असुरक्षा और आतंक पैदा कर हमारे सार्वजनिक जीवन को बरबाद करने के लिए जिम्मेदार 2-4 बड़े अंग्रेज अफसरों को उस अपराध में सार्वजनिक रूप

से आरोप प्रकाशित कर दंड ही दे डालो। उसके द्वारा कम-से-कम देश की एक ज्वलन्त समस्या का कुछ हल तो निकलेगा...

मुझे पीछे मालूम हुआ कि भगतसिंह ने तब कुछ छँटे-छँटे युवकों को संगठित कर देश भर में आतंकमार्गियों का एक बड़ा संगठन इस समय तक खड़ा कर लिया था। बिहार में योगेन्द्र शुक्ल जैसे पुराने लोगों से सम्पर्क करने आया था और वहीं सदाकत आश्रम का मेरा पता पूछकर उस रात मुझसे मिलने आया था। योगेन्द्र शुक्ल ने बाद में मुझे बताया कि उन्होंने उससे उस समय यह भी पूछा था कि वहाँ (सदाकत आश्रम में) कौन है।

1946 में मेरे नजरबन्दी जेल से छूटने पर भगतसिंह का भाई कुलबीर सिंह मुझसे मिलने दिल्ली आया था। उसने बताया कि भाई साहब की उस समय की चिट्ठी-पत्रियाँ उसने इस बीच देखी-छाँटी थीं जिनमें से एकाध चिट्ठियों में उन्होंने जिक्र किया था कि उनके लिए विदेश जाने का पूरा प्रबन्ध हो चुका था। पर वह मामला क्या था? उसे कुछ समझ नहीं पड़ा था।

पटना के बाद भगतसिंह कलकत्ता कांग्रेस (1928 के अन्त या 1929 के आरम्भ में) पर वहाँ भी पहुँचा था। वहाँ उस समय हमारे लोगों का अच्छा जमघट था। बहुत से क्रान्तिकारी कैदी 1928 में गोलमेज परिषद् आदि की तैयारी के सिलसिले में वातावरण तैयार करने को जेलों से छोड़ दिए गए थे। प्रतूल दा (प्रतूल गांगुली) जो उस समय कांग्रेस में स्वागताध्यक्ष थे, वहाँ सुभाष बसु के नीचे स्वयं सेवक संगठन के संचालक थे, ने मुझे उसके शीघ्र बाद ही उपालम्भ देते हुए बताया था कि Your singh is a great mualha मुझे बताया था कि मेरे बाद असेम्बली में बम फेंकने की योजना लेकर वह उनके पास भी गया था, पर उन्होंने जब उसे इसके लिए साफ मना कर दिया तो उसने उनके सहकारियों जतीन्द्रनाथ दास आदि जो संगठन में प्रतूल दा से नीचे थे, से भी इस बारे में सम्पर्क साधने का सीधा यत्न किया था। यह संगठन के विनय की दृष्टि से बड़ा अनुचित था। पीछे प्रतूल दा ने मुझे अभी बताया है कि बहुत अनुनय-विनय करने पर उन्होंने उसे उस समय कुछ हथियार आदि की सहायता भी दी थी।

कलकत्ता में 'स्वाधीन भारत संघ' की बैठक भी इसी अवसर पर थी जिसके अध्यक्ष, मुझे अब भी पूरी तरह याद नहीं, शायद प्रथम दिल्ली षड्यन्त्र के अभियुक्त और अमीरचन्द, हरदयाल आदि के साथी लाला हनुमन्त सहाय जी हुए थे।

इसके बाद 1929 में असेम्बली बम कांड हुआ।

...1929 में वर्ष भर भगतसिंह, सुखदेव आदि पर लाहौर षड्यन्त्र का मामला चलता रहा। हमने 'स्वाधीन भारत संघ' के जरिए देश में राजनीतिक पीड़ितों की एक पूरी परिवेक्षा (सर्वे) करने का भी इस समय यत्न किया।

भगतसिंह आदि उधर जेल में गए तो वहाँ उन्होंने राजनीतिक बन्दियों के प्रति

सरकारी दुर्व्यवहार के प्रश्न को लेकर भूख हड़ताल आरम्भ कर दी। पंजाब का कोई आदमी गोपीचन्द भार्गव, डॉ. सत्यपाल आदि उस समय उन लोगों के पक्ष में बोलने आने को तैयार न था। देश में पुलिस का आतंक-सा छाया हुआ था। बहन जी ने धन्वन्तरि (अब समूहवादी नेता) तथा भगतसिंह के पिता सरदार किशनसिंह को साथ लेकर लाहौर में बड़े-बड़े पोस्टर हाथ में ले उन लोगों के पक्ष में पहले-पहल एक जुलूस निकालना आरम्भ किया। फिर तो एक तरह की लहर-सी चल पड़ी और लोग एक से एक बढ़-बढ़कर उस कार्य के लिए आगे आने का साहस दिखाने लगे।

भूख हड़ताल आरम्भ होने और तब चलने पर उनके लोग उसे तुड़वाने के लिए राजबन्दियों से मिलने लाहौर आए। जतीन्द्रनाथ दास की हालत, हड़ताल दृढ़ता और सच्चाई के साथ जारी रखने के कारण बिगड़ने लगी। उनसे मिलने जतीन्द्र के राजनीतिक गुरु सुशील बनर्जी कलकत्ता से लाहौर गए और लौटकर पटना में मुझे उन्होंने बताया कि जतीन्द्र का कहना था कि "सस्ते में पकड़े गए।" उन्होंने उनसे कहा, "तब व्यर्थ मरते क्यों हो? तुम्हारे विरुद्ध तो कोई सबूत भी नहीं।" किन्तु वह न माना और वह बोला, "अब यह नहीं हो सकता।" सुशील ने मुझे उस समय यह भी बताया कि जतीन्द्र के विचार में 'भगतसिंह ने बचपना कर और सान्याल ने भी बचपना कर सारा मामला बिगाड़ा था।

जतीन्द्र अन्तिम समय तक मृत्यु को भी एक हास्य-विनोद का सामान समझते रहने के उदाहरण से उनकी मानसिक निष्कपटता और बच्चों की-सी सरलता का भी परिचय इस रूप में मिलता है। मेरा छोटा भाई इन्द्र उनके गहरे दोस्तों में था। पटना में जतीन्द्रनाथ दास की मृत्यु पर एक भारी शोकसभा हुई। राजेन्द्र बाबू ने भाषण में एक सवाल पूछा कि उन्हें समझ नहीं पड़ता कि जेलों में जाकर भी सुविधाओं की माँग क्यों की जाती है? इसका उत्तर मैंने उसी सभा में अपने भाषण में यह दिया था कि "मानव प्रतिष्ठा की रक्षा करना इसका अभिप्राय था।"

मैंने अब बिहार छोड़ने का निश्चय कर लिया और अपना सामान समेटकर काशी विद्यापीठ, बनारस में आचार्य नरेन्द्र देव के पास आ रहा था। अपनी पुस्तक 'भारत भूमि और उसके निवासी' जो मेरी पहली पुस्तक 'भारतीय इतिहास के भौगोलिक आधार' का ही परिवर्धित और उपबृहित रूप था, लिखने के कार्य में लगा रहा और फरवरी 1931 में उसको छपवाने हेतु आगरा और वहाँ से सीधा लाहौर होते हुए कराँची कांग्रेस में चला गया। मैं जब लाहौर में था तभी भगतसिंह आदि को फाँसी दी गई। मैं के. सन्तानम् के बंगले पर ठहरा था। जनता भगतसिंह आदि की लाश लेने उस दिन सुबह से जेल के दरवाजे को घेरे खड़ी थी। यद्यपि सरकार ने उस बात को जनता से छिपाने का भरसक प्रयत्न किया था। उन्हें चुपचाप साधारण नियम के प्रतिकूल सायंकाल फाँसी दी जानी कही जाती है और जनता की नजरों से बचाने के लिए उनकी लाशें दरवाजे से बाहर न निकाल जेल के एक

एकान्त कोने पर से दीवार का एक हिस्सा तोड़ उसी में से होकर पुलिस की लारियों में बाहर निकाली गईं। बहन जी ने एक मोटर में पुलिस की लारियों का पीछा किया। पर लारियाँ बड़ी तेजी से उनकी लाशों को लेकर फीरोजपुर की तरफ उड़ गईं और सतलुज तट पर ले गईं। बहन जी भी मोटर में उनके पीछे-पीछे पहुँची। वहाँ लोगों ने बताया कि पुलिस की लारी उन लाशों को लेकर झाड़ियों की तरफ चली गई थी। बहन जी ने वहाँ पहुँचने पर देखा कि उनके शरीरों के टुकड़े-टुकड़े कर पुलिस ने उन्हें पेट्रोल से जलाने का यत्न किया था। बहन जी वहाँ से उनके शरीर के टुकड़ों के बहुत से अधजले अंश, जो इधर-उधर बिखरे मिले, अपने साथ मोटर में लेकर लाहौर आई थीं।

मुड़कर देखना उन दिनों को

विजय कुमार सिन्हा

काकोरी षड्यन्त्र के उपरान्त पुलिस ने मुझे और मेरे कुछ साथियों की ओर, जो इधर-उधर छिप गए थे, अधिक ध्यान देना प्रारम्भ कर दिया। वह छाया की भाँति हमारे पीछे लग गई। मेरा निवास स्थान निरन्तर पुलिस के पहरे में रहता था तथा खुफिया विभाग का अधिकारी मेरे घर के बाहर हर समय बैठा रहता था। ऐसे ही एक अवसर पर जब वह अपना कोट उतारकर एक ओर रखे ऊँघ रहा था, किसी शैतान पड़ोसी द्वारा उसका वह कोट तार से खींच लिया गया और पूरी तरह से जला दिया गया। यह वह अवसर था जब मुझे गणेश जी ने पलायन करने की सलाह दी। इस प्रकार मैंने कानपुर के साथ ही पत्रकारिता की अपनी दुनिया को भी अलविदा कह दिया ताकि न केवल पुलिस की निगाह से बचा जा सके बल्कि देश में क्रान्तिकारी आन्दोलन का प्रचार-प्रसार भी कर सकें। लगभग एक वर्ष तक मैं पुलिस से छिपने के लिए एक स्थान से दूसरे स्थान पर घूमता रहा क्योंकि पुलिस ने मुझे जिन्दा या मुर्दा पकड़वाने के लिए एक अच्छी धनराशि इनाम के रूप में दिए जाने की घोषणा की थी।

जब काकोरी का मुकदमा 1927 में समाप्त हो गया तो मेरे कन्धों पर दल के पुनर्गठन का कार्य आ गया। मेरे मन में सम्पूर्ण भारत में एक साथ ही दल के सहयोग से संघर्ष करने का एक विचार कौंधा।

मेरी इस योजना को सरदार भगतसिंह एवं चन्द्रशेखर आज़ाद की अनुमति प्राप्त हुई। मैंने उत्तर भारतीय प्रान्तों, जैसे कि बिहार, राजस्थान, पंजाब तथा बम्बई का दौरा किया। केवल बंगाल को छोड़कर अन्य सभी प्रान्त एक संस्था 'हिन्दुस्तान सोशलिस्ट रिपब्लिकन एसोसिएशन' के झंडे तले संगठित हो गए। इसी अवसर पर क्रान्तिकारियों ने फिरोजशाह कोटला दिल्ली में 8 व 9 सितम्बर, 1928 को समाजवादी अवधारणा को आत्मसात् किया तथा पूर्वघोषित संस्था के नाम के साथ 'समाजवादी' शब्द जोड़ा गया। इस विषय में कामरेड रामचन्द्र जिन्होंने कि भगतसिंह, भगवतीचरण, सुखदेव एवं प्रिंसिपल छबीलदास के साथ 'नौजवान भारत

सभा' (एक क्रान्तिकारी संगठन) का पंजाब में गठन किया था, ने कहा था कि "विजय कुमार सिन्हा उन दृढ़-निश्चयी व्यक्तियों में से एक थे जिन्होंने कि 'हिन्दुस्तान सोशलिस्ट रिपब्लिकन एसोसिएशन' की स्थापना की। जितेन्द्रनाथ सान्याल ने भी अपनी पुस्तक 'भगतसिंह' में लिखा है, "वास्तव में सुखदेव व विजय कुमार सिन्हा दल के दो बौद्धिक व्यक्ति कहे जा सकते हैं। विजय को प्रेरणास्पद पम्फलेट लिखने में दक्षता प्राप्त थी।"

...यह भी निश्चय किया गया कि क्रान्तिकारी गतिविधियों को खुले रूप से एक जन आन्दोलन के रूप में प्रारम्भ किया जाए तथा इसी उद्देश्य से 'नौजवान भारत सभा' का पंजाब में गठन किया गया था।

मेरे भूमिगत जीवन की कुछ घटनाएँ अत्यन्त मनोरंजक हैं। आगरा में चूँकि दल के पास सदैव धन का अभाव रहता था। एक समय निरन्तर तीन दिन एवं तीन रात तक खाने के लिए एक कप चाय के अतिरिक्त और कुछ नहीं था। जाड़े की तीव्र ठिठुरन की रातों में आगरे में हमारे पास मात्र दो या तीन कम्बल थे जिन्हें कि 8 या 9 व्यक्तियों को नंगी जमीन पर ओढ़कर सोना होता था। हमारा राशन का खर्च मात्र दो आना था और मैं अपना एक समय का भोजन इसलिए त्याग देता था ताकि उस पैसे को बचाकर अपना सिनेमा जाने का शौक पूरा कर सकें। एक बार आगरे में मुझे ऐसा अनुभव हुआ कि कोई सी.आई.डी. मुझे पहचानने की कोशिश कर रहा है तो उसे बेवकूफ बनाने के लिए मुझे एक सिगरेट जीवन में पहली बार पीनी पड़ी और उसके पश्चात मुझे अत्यन्त सिरदर्द हुआ।

छज्जे पर बैठकर गुनगुनाना तब मेरी कमजोरी थी। आगरे में अनेक अवसरों पर इसके लिए मुझे पड़ोसियों द्वारा भला-बुरा कहा गया। मुझे आज भी इन चीजों के लिए हँसी आती है।

मेरे आगरा प्रवासकाल की एक और मनोरंजक घटना है। हमने कुछ समय के लिए आगरे में नूरी दरवाजे पर ज्वाला प्रसाद का मकान किराए पर लिया। हमारा पड़ोसी बेनीप्रसाद जो कि एक दूधिया था, जिसे कि हम लोग हलवाई कहते थे, हमें दूध दिया करता था और यद्यपि वह हमें निरन्तर उसको दिए जानेवाले दूध के भुगतान में विलम्ब होने के सम्बन्ध में स्मरण कराता रहता था। फिर भी उसने हमें कभी दूध देना बन्द नहीं किया। जब पुलिस हमारी शिनाख्त करने के लिए उसे हमारे पास लाई तो उसने अत्यन्त भावुक होकर मेरे हाथों को पकड़ लिया। जब 1965 में मैं अपनी पत्नी के साथ आगरा गया और उससे मिलने पहुँचा तो वह एक पक्के मकान में रह रहा था और उसकी आर्थिक स्थिति ठीक प्रतीत हो रही थी। जब मैंने उसे बताया कि मैं उसका पड़ोसी था और उन दिनों की याद दिलाई तो उसने मुझे सीने से लगा लिया और कुछ समय तक सिसकता रहा।

ग्वालियर प्रवास में हम लोग मकान के छज्जे पर चाँदनी रात में बैठकर बहुत

देर तक तमाम बातें किया करते थे। अगले दिन प्रातः शीघ्र ही हमें वहाँ से पलायन करना पड़ता था जब हमें सन्देह होता था कि पुलिस हमारी निगरानी कर रही है।

जहाँ एक ओर क्रान्तिकारियों को बिना किसी तर्क अथवा छानबीन के आतंकवादी वर्णित किया गया, वहीं उनके मानवीय गुणों की सर्वथा उपेक्षा की गई। उदाहरण के लिए भगतसिंह क्रान्तिकारियों की सामान्य श्रृंखला से नितान्त अलग एक व्यक्तित्व था। वह सम्पूर्ण रूप से बम एवं पिस्तौल सम्प्रदाय के व्यक्ति नहीं थे। वह साइमन कमीशन के विरोध के दौरान लाला लाजपतराय की मृत्यु से अत्यन्त आहत एवं व्यथित उन्होंने स्कॉट के स्थान पर, जोकि लाला लाजपतराय की मृत्यु का उत्तरदायी था, त्रुटिवश पुलिस अधिकारी सांडर्स का वध कर दिया। लाला लाजपतराय का अपने देश के प्रति अगाध प्रेम के अतिरिक्त और कोई अपराध नहीं था जिसके लिए पहले उन्हें बर्मा की मांडले जेल में कैद रखा गया था। मुझे उस दिन की याद आती है जब सांडर्स का वध हुआ था...मैं उसमें शामिल था और हमें यह सब लालाजी की हत्या का बदला लेने के लिए करना पड़ा। उस सारी रात हम बातचीत करते रहे। भगतसिंह का सबसे उज्ज्वल पक्ष उस समय सामने आया। उन्होंने कहा, "वह (सांडर्स) एक आकर्षक नवयुवक था।"

जिन दिनों पुलिस की गिरफ्तारी से बचने के लिए मैं इधर-उधर घूम रहा था, उन्हीं दिनों एक महान घटना घटित हुई। सरदार भगतसिंह ने असेम्बली में बम फेंक दिया। इस साहसपूर्ण कृत्य की प्रत्यक्षदर्शी कमलादेवी चटोपाध्याय, जोकि अनधिकृत रूप से दर्शक दीर्घा में उपस्थित थीं, ने बताया था—"ज्यों ही मैं बैठी, मेरी दृष्टि ठीक दर्शकदीर्घा के विपरीत दिशा में उपस्थित एक आकर्षक नवयुवक पर केन्द्रित हो गई जोकि ऐसा प्रतीत हुआ कि वह असेम्बली की कार्यवाही के प्रति उदासीन था किन्तु अत्यन्त व्यग्रता से इधर-उधर देख रहा था, मानो कुछ घटित होने की प्रतीक्षा में था और वही हुआ। एक धमाका हुआ और धुँए के गुबार में एक क्षण के लिए सब कुछ अदृश्य हो गया। इसके पश्चात सफेद पम्फलेट चारों ओर उड़ रहे थे। मेरे लिए यह घटना पूर्णतया एक रहस्य थी। ज्यों ही मैंने गैलरी से बाहर आने का प्रयास किया, मैंने अनुभव किया कि सारे मार्ग सुरक्षाकर्मियों द्वारा जोकि प्रत्येक गैलरी से बाहर जानेवाले व्यक्ति से प्रवेश पास दिखाकर ही बाहर निकलने दे रहे थे, ने अवरुद्ध कर दिए थे। मैं भय से अन्दर तक काँप गई क्योंकि मैंने स्वीकार किया कि मेरे पास पास नहीं था। मुझे एक ओर खड़ा होकर प्रतीक्षा करने के लिए कहा गया ताकि दूसरे लोग बाहर जा सकें। सौभाग्य से मैंने डॉ. जयकर के ड्राइवर से बाहर मेरी प्रतीक्षा करने को कहा था ताकि मैं उनकी कार से वापस जा सकूँ। उसने डॉ. जयकर को मेरी दुर्दशा के विषय में सूचित किया और उन्होंने एक शपथपत्र जैसा लिखित पत्र देते हुए कि माननीय सदस्य मुझसे परिचित थे तथा मेरे अच्छे चरित्र एवं व्यवहार की गारंटी हेतु कटिबद्ध थे, मुझे वहाँ से राहत दिलवाई। जब

मैं डॉ. जयकर के साथ वापस कार से लौट रही थी, तभी मैंने जाना कि क्या घटित हुआ था और मैंने इस घटना के सन्दर्भ में अपने मन में उपजे तत्कालीन भय के कारण तथा भगतसिंह के इस शानदार सनसनीखेज तथा साहसपूर्ण कृत्य के समक्ष अत्यन्त बौना अनुभव किया।

यह वही नवयुवक था जिसने बम फेंका था। मैं अचानक ठगी-सी रह गई जब मेरी उँगलियों में एक कागज जैसा अनुभव किया। मैंने उसे उठा लिया क्योंकि वह मेरी गोद से उछला था और जिसे मैंने अवचेतन रूप से अपने हैंडबैग में रख लिया था। "बहरों को सुनाने के लिए ऊँची आवाज की आवश्यकता होती है"—इस पम्फलेट में एक फ्रांसीसी क्रान्तिकारी शहीद वेलियंट को उद्धृत करते हुए लिखा गया था। इस पम्फलेट में केन्द्रीय असेम्बली की विडम्बना, एक खोखला विपक्ष, एक छद्मपूर्ण विश्वास तथा एक मंच जोकि कानून के नाम पर आम जनता को गुलाम बनाने के लिए दमनकारी तौर-तरीके अपनाने में निरन्तर संलग्न था, की ओर स्पष्ट संकेत था। भारत की विवश जनता की दुर्दशा का ऐसा शानदार एवं प्रतिबन्धित प्रदर्शन इससे पूर्व मेरी स्मृति में कभी नहीं हुआ था।

भगतसिंह ने अपने इस साहसपूर्ण कृत्य के उपरान्त अपने को स्वयं गिरफ्तार करा दिया।

भगतसिंह को केवल एक महान देशभक्त मात्र समझना भूल होगी क्योंकि वह हमारे राष्ट्रीय संघर्ष में एक नवीन युग, जिसने हमारे राजनीतिक आन्दोलन, नवीन आदर्शों तथा विचारों को समावेश किया, आदर्श प्रतिनिधि के रूप में महानतर थे। उनका शानदार क्रान्तिकारी जीवन संघर्षरत भारतीय जनता की उद्भावना का प्रतीक था। इसका सर्वश्रेष्ठ प्रमाण यह है कि सरदार भगतसिंह द्वारा राष्ट्र को दिया गया 'इन्कलाब जिन्दाबाद' का यह नारा जनता ने किस आश्चर्यजनक शीघ्रता के साथ स्वीकार कर लिया। देश में प्रथम बार उन्होंने ही इस नारे का उद्घोष किया था। तब तक 'वन्देमातरम्' ही जिसका सन् 1905 के बंग-भंग के क्रान्तिकारी आन्दोलन के समय जन्म हुआ था, हमारा प्रिय राष्ट्रीय नारा था। भगतसिंह के इस नए नारे ने जनता का ध्यान आकृष्ट कर लिया क्योंकि इसमें बिना समझौता किए लड़ते रहने के दृढ़ संकल्प तथा दरिद्रता एवं कष्ट को सदैव के लिए दूर करनेवाली एक नवीन सामाजिक व्यवस्था की स्थापना की आशा अधिक समुचित रूप से व्यक्त होती थी...

जब लाहौर षड्यन्त्र का मुकदमा प्रारम्भ हुआ तो मुझे फरार घोषित कर दिया गया। उस समय मैं अपने साथी कमलनाथ तिवारी, जो कलकत्ता एवं बिहार में थे, के साथ रह रहा था।

मुझे याद है कि पंजाब के एक शौकत उस्मानी क्रान्तिकारियों के लिए सहयोग माँगने हेतु रूस गए थे और वह 1928 में भारत वापस लौटने से पूर्व स्टालिन से मिले। उन्हें इस महान रूसी नेता द्वारा भगतसिंह और मुझसे सम्पर्क करके मास्को

जाने का सुझाव दिया गया। शौकत उस्मानी जोकि अपने कुछ अन्य सहयोगियों के साथ तीसरी कम्युनिस्ट इंटरनेशनल की छठवीं विश्व कांग्रेस में सम्मिलित होने के लिए गुप्त रूप से मास्को जा रहे थे, ने मुझसे कानपुर में अन्य साथियों के साथ चलने का अनुरोध किया ताकि क्रान्तिकारी दल के प्रतिनिधि अपने कार्यक्रम के लिए सोवियत रूस से सहायता प्राप्त कर सकें। मैंने भगतसिंह से विचार-विमर्श किया और उन्होंने अन्ततः अनुभव किया कि वह उपयुक्त समय नहीं था और उन्हें क्रान्तिकारी कार्यकलाप में अपनी साख स्थापित कर लेने के उपरान्त ही मास्को जाना चाहिए। सम्भवतः भगतसिंह के मस्तिष्क में असेम्बली में बम फेंकने का विचार रहा हो। इसी अन्तराल में शौकत उस्मानी भी मेरठ षड्यन्त्र केस में गिरफ्तार कर लिए गए।

लाहौर षड्यन्त्र केस चलने पर अपने पलायन के उन दिनों में पं. नेहरू से मैं यह बतलाने के लिए मिला कि किस प्रकार क्रान्तिकारी कार्यकलाप भारत के स्वतन्त्रता आन्दोलन में सहायक हो सकते हैं। पं. नेहरू ने बरेली के निकट बुधौली के एक ठाकुर पृथ्वीराज सिंह (तत्कालीन डिप्टी कलेक्टर एवं जमींदार) के यहाँ ठहरने का मेरा प्रबन्ध किया। मुझे डिप्टी कलेक्टर के बच्चों को ट्यूशन पढ़ाने की अपेक्षा थी। मुझे बच्चों से विशेष लगाव था। अपने इस प्रवास का अपेक्षाकृत उन बच्चों के जिन्हें कि ट्यूशन पढ़ना था, ज्यादा आनन्द लिया। तब भी वे बच्चे मुझे अपना खेल-मित्र मानते थे और मेरे साथ को ज्यादा पसन्द करते थे। ऐसे ही एक दिन बच्चे सिनेमा जाना चाहते थे और उन्होंने स्वाभाविक रूप से मेरे साथ चलने का दबाव डाला। हम क्राउन थिएट्रिकल कम्पनी की बालकनी में वी.आई.पी. दीर्घा में बैठे। 1929 की अगस्त की 10 तारीख थी। जमींदार परिवार सामान्यतः उसी दीर्घा में बैठता था। गुप्तचर पुलिस ने वहाँ मुझे पहचान लिया जबकि मैं अपना वेश पूर्णतया बदले हुए था और ज्यों ही मध्यान्तर के दौरान मैं साफ्ट ड्रिंक लेने के लिए बाहर आया, मुझे ई.जे. स्पीक सब-इंस्पेक्टर पुलिस जिला खुफिया विभाग, बरेली द्वारा चारों ओर से घेर कर गिरफ्तार कर लिया गया। संयोगवश चन्द्रशेखर आज़ाद की मेरे बारे में की गई भविष्यवाणी उस दिन सच साबित हुई। वे कहा करते थे कि "विजय और भगतसिंह सिनेमा हॉल से गिरफ्तार किए जाएँगे..."

14 अक्टूबर, 1929 को जब न्यायालय ने महत्त्वपूर्ण गवाहियों पर ध्यान देने से मना कर दिया, तब मैंने तर्क प्रस्तुत करते हुए कहा था, "अभियोजन के विद्वान अधिवक्ता ने कानून को उद्धृत करते हुए बचाव पक्ष को अपने गवाहों को प्रस्तुत किए जाने से मना कर दिया गया है। मेरा विचार है कि अभियोजन पक्ष को यह देखना चाहिए कि हमें अपने बचाव के लिए समस्त सुविधाएँ मिलें जबकि अभियोजन पक्ष के अब तक के समस्त कार्यकलाप इस प्रकार रहे हैं कि हम उन समस्त सुविधाओं से वंचित रह सकें, जिनसे विशुद्ध न्याय प्राप्त होता है। हम अपना बचाव इसलिए नहीं कर रहे हैं कि हमें इस न्यायालय से न्याय की आशा है बल्कि

इस माध्यम से सरकार का आम जनता के सामने पर्दाफाश करना चाहते हैं।"

भगतसिंह ने 15 अक्टूबर को मुकदमे के स्थानान्तरण की अर्जी दी जिसमें उसने लिखा था, 'मजिस्ट्रेट चापलूसी की हद तक पुलिस एवं अभियोजन पक्षों के लिए उपयोगी सिद्ध हो रहा था। उसने अभियुक्तों को, जोकि सुदूर प्रान्तों से थे, अपने उन मित्रों से मिलने तक की अनुमति नहीं प्रदान की जोकि अपने साथ उनके बचाव के लिए पावर ऑफ अटार्नी लेकर पहुँचे थे। मजिस्ट्रेट ने तर्क दिया कि वह अपने स्वयं के कोर्ट में ही शक्तिविहीन है और अभियुक्तों के प्रत्येक आवेदन को पुलिस अधिकारियों, क्राउन कौंसिल या जेल अधिकारियों को अग्रसारित कर देता है। मजिस्ट्रेट को सार्वजनिक रूप से यह घोषणा भी करनी पड़ी कि उच्च न्यायालय का आदेश (रूलिंग) कोई आदेश (रूलिंग) नहीं है। ऐसे मजिस्ट्रेट को 18 नवयुवकों के जीवन से खिलवाड़ करने की अनुमति नहीं दी जानी चाहिए। यदि सम्भव हो, तो उनकी न्यायिक शक्तियों के प्रयोग पर और अधिक प्रतिबन्ध लगा दिए जाने चाहिए। यदि वे हमें फाँसी देना चाहते हैं तो ऐसे मजिस्ट्रेट को क्यों अधिक अधिकार प्रदान किए जाएँ जो कि अनेक अवसरों पर यह घोषित कर चुका है कि वह मात्र एक लिपिक है। बिना किसी शुद्ध अभियोजन प्रणाली के हम आज ही फाँसी पर लटकने के लिए तैयार हैं। अभियोजन पक्ष को सीधे-सीधे यह कहना चाहिए कि वे न्यायपूर्ण ढंग से अभियोजन की कार्यवाही नहीं करना चाहते हैं।"

21 अक्टूबर, 1929 को जब मुखबिर जयगोपाल अदालत में गवाही देने आया, हम सब लोगों ने 'शर्म-शर्म' के नारे लगाए। उसके ऊपर हमारे सबसे कम उम्र के साथी प्रेमदत्त ने चप्पल भी फेंककर मारी। इस घटना से एक दिन पहले पं. मोतीलाल नेहरू, रफी अहमद किदवई और मोहनलाल सक्सेना ने राय साहब पंडित श्रीकृष्ण, स्पेशल मजिस्ट्रेट की अदालत का दौरा किया।

22 अक्टूबर के दिन अदालत में हमारी हथकड़ियाँ निकाले जाने की बात थी लेकिन एक हाथ की हथकड़ी खोली गई। लंच के बाद पुनः दोनों हाथों में हथकड़ियाँ पहनाई जाने लगीं। भगतसिंह ने इसका विरोध किया। इसके बाद आठ तगड़े पठान बुला लिए गए जिन्होंने हमें बूटों से मारना शुरू कर दिया। एक यूरोपियन अधिकारी मि. राबर्ट ने भगतसिंह की ओर संकेत करते हुए कहा कि यही वह आदमी है, इसे और मारो।

इसके बाद भगतसिंह को जमीन पर लट्ठों की भाँति गिराकर घसीटा गया और फिर बेंचों पर फेंक दिया गया। यह ठीक न्यायालय परिसर में उपस्थित अनेक व्यक्तियों की आँखों के सामने घटित हुआ। मजिस्ट्रेट भी इस घटना को देख रहा था कि यह उसके अधिकार क्षेत्र के बाहर है, जोकि उस समय वह न्यायाधीश की कुर्सी पर नहीं बैठा हुआ था। शिव वर्मा और अजय कुमार घोष बेहोश हो गए। भगतसिंह ने तब आवाज उठाई और कोर्ट को बताया—"मैं आपको इस पर बधाई

देना चाहता हूँ कि शिव वर्मा बेहोश पड़े हुए हैं और यदि वह मर जाते हैं तो इसके उत्तरदायी आप होंगे।"

25 तारीख को हमने न्यायालय में एक वाद दायर करते हुए कहा कि लिखित रूप से पुलिस अधिकारियों और सिपाहियों के विरुद्ध एक शिकायती पत्र दिया गया है और यह प्रार्थना की गई है कि उनके विरुद्ध कार्यवाही की जाए, क्योंकि अनेक अभियुक्तों के शारीरिक चोटें आई हैं और जेल अधिकारियों ने उनके अनुरोध के बावजूद उनका चिकित्सीय परीक्षण नहीं कराया है। अतः यह अनुरोध किया जाता है कि अभियुक्तों को उनके सम्बन्धियों के द्वारा लाए गए प्राइवेट डॉक्टरों से इलाज कराने की अनुमति प्रदान की जाए।

भगतसिंह ने एक आवेदनपत्र दिया कि वह एक विधिक परामर्शदाता चाहते हैं जो कि ट्रिब्यूनल की कार्रवाई का अवलोकन करते हुए उन्हें प्रतिपक्ष से बहस करने हेतु समुचित सलाह दे सके। उन्होंने यह भी कहा कि वह विधिक परामर्शदाता गवाहों से बहस नहीं करेगा, न ही न्यायालय को सम्बोधित करेगा और इसके लिए वह श्री दुलीचन्द को चाहते हैं। मि. नोड ने इस पर कोई आपत्ति नहीं की।

मुकदमे के फैसले में मुझे षड्यन्त्र का दोषी, विस्फोटक पदार्थ रखने का अपराधी तथा मि. स्कॉट को मारने की गुप्त योजना बनाने का जिम्मेदार पाया गया। मुझे जीवन भर के लिए काला पानी की सजा सुनाई गई। भगतसिंह, राजगुरु और सुखदेव फाँसी की सजा से दंडित किए गए।

उस रात्रि हम अपने सम्बन्धियों के लिए अपने विचारों को संजो रहे थे और पत्र लिख रहे थे। अगली सुबह हमने उत्साहपूर्वक बॉलीवाल खेला। अजय घोष और मैं बचपन के दोस्त थे। पड़ोसी और साथ ही पढ़े थे। अजय को अभियोग से छुटकारे के लिए घोषित किया गया था। एक सफाई कर्मचारी शान्तिपूर्वक सरदार भगतसिंह का सन्देश लाया जो भगतसिंह के अन्तिम सन्देश के रूप में जाना गया...

23 मार्च, 1931 को भगतसिंह अपने मित्र सुखदेव और राजगुरु के साथ लाहौर की जेल में फाँसी पर चढ़ गए। इस प्रकार हमारे रणबाँकुरे, जब वह यौवन के दहलीज पर थे, हमसे विदा हो गए। जिस स्थान पर उन्होंने अपना जीवन-कुसुम समर्पित किया, वहाँ कोई भी समाधि, मन्दिर नहीं है परन्तु हमें इस बात पर पश्चाताप नहीं करना चाहिए कि आज तक भी उस स्थान पर प्रस्तर का कोई राष्ट्रीय स्मारक न बनाया जा सका।

सरदार भगतसिंह व्यक्तिगत जीवन में बड़े ही मृदुल स्वभावी थे। उनमें एक कलाकार की प्रतिभा एवं विलक्षणता थी। उनकी गहरी बौद्धिक क्षमता तथा अत्यधिक भावुक प्रकृति के सम्मिश्रण ने उन्हें सर्वश्रेष्ठ भारतीय क्रान्तिकारियों में स्थान प्रदान किया है।

जहाँ तक आत्मोत्सर्ग की भावना का सम्बन्ध है उनमें वह प्रभूत मात्रा में

विद्यमान थी। क्रान्तिकारी आन्दोलन के लिए वह सदैव मृत्यु का आलिंगन करने को तैयार रहते थे। जिस समय वह असेम्बली में बम फेंकने जा रहे थे, कुछ लोगों ने यह सुझाव रखा कि बम फेंककर उन्हें भाग जाना चाहिए परन्तु उन्होंने दृढ़ता के साथ इस सुझाव का विरोध किया। उन्होंने इस बात पर जोर दिया कि उन्हें गिरफ्तार होना चाहिए तथा उन्हें दंड मिलना चाहिए जिससे वह अपने समाजवादी विचारों को अधिक प्रभावपूर्ण ढंग से जनता में प्रचलित कर सकें।

सांडर्स-वध के समय दल के लोग यह नहीं चाहते थे कि सरदार उसमें भाग लें परन्तु यह खतरा उठाने के लिए वह इतने तत्पर थे कि अन्त तक उन्हें इस कार्य से विरत न किया जा सका।

भगतसिंह को भूलना सम्भव नहीं है

काशीराम

1927 के मार्च का महीना था। परीक्षा आरम्भ हो चुकी थी। दोपहर के समय मैं अपने कमरे के सामने अपनी कोर्स की पुस्तक पढ़ने में तल्लीन था। पढ़ते-पढ़ते थक जाने पर देखा कि एक सिख युवक गुमटी में बैठा कोई किताब पढ़ रहा है और उसके पास कुछ और भी वैसी ही किताबें रखी हुई हैं। उत्सुकता से मैं उस युवक की ओर बढ़ा। युवक ने एक बार मेरी ओर बड़े ध्यान से देखा और तुरन्त ही पुस्तकों को एक बड़े अखबार के कागज से ढँक दिया। मेरी उत्सुकता और भी बढ़ गई। जल्दी से पुस्तकों को ढँक देने पर भी मैंने देख लिया था कि वे 'बन्दी जीवन' की प्रतियाँ हैं। मैंने जरा रौब दिखाते हुए कहा, "आप इन्हें छिपा रहे हैं। यह 'बन्दी जीवन' है। तुम चाहो तो मैं तुम्हें ला दे सकता हूँ।"

मैं फिर पढ़ने का अभिनय करने लगा परन्तु मेरा मन पढ़ने में नहीं लग रहा था। वह भी शायद इस बात को समझ गया। मैं कनखियों से देख रहा था कि वह सिर झुकाए मेरी ओर देख रहा है। मेरे हृदयगत भावों को जानने का प्रयत्न कर रहा है। बड़े साहस से उसने पूछा, "क्या आपने यह किताब पढ़ी है?" मैंने कहा, "अरे, ऐसी और बहुत-सी पुस्तकें पढ़ी हैं।"

उसने मुझसे पूछा, "क्या तुम्हें यह किताब पसन्द आई?"

मैंने कहा, "हाँ।"

उसने फिर सवाल किया, "क्या तुम भी ऐसा जीवन पसन्द करोगे?"

"हर एक युवक का कर्त्तव्य है कि वह अपने देश की आजादी के लिए मर मिटे। अच्छा, यह तो बताओ तुम 'बन्दी जीवन' बेचते हो और बातें बनाते हो या कुछ करते भी हो।"

मैंने उत्तर दिया,

"इस विषय पर फिर बातें करूँगा।" उसने कहा, "मुझे दूसरे काम से कहीं जाना है।" यह कहकर उसने किताब सँभाली और चला गया।

दूसरे दिन सन्ध्या के समय मैं पढ़ाई खत्म करके टहलने जा रहा था। देखा,

वही युवक सड़क के एक किनारे मेरे इन्तजार में खड़ा है। नजदीक पहुँचकर उसने कहा, "ठहरो।"

मैं रुक गया। मेरे साथी आगे बढ़ गए। उसने पूछा, "क्या तुम मुझ पर विश्वास करते हो?"

मैंने प्रश्न किया, "क्या तुम मुझ पर विश्वास करते हो?"

उसने कहा, "हाँ।" और यह कहकर मेरे गले में बाँहें डाल दीं।

मैं इस मोहब्बत के लिए तैयार नहीं था। 'जान न पहचान खाला जी सलाम।'

फिर भी मैंने उसको दूर हटाने का विशेष प्रयत्न नहीं किया। मैंने फिर पूछा, "तुम कैसे क्रान्तिकारी हो जोकि बिना सोचे-विचारे एक-दो मिनट इधर-उधर की बातचीत से तुम मुझ पर विश्वास करने लग गए।"

उसने कहा, "मैंने बिना सोचे-विचारे विश्वास किया, यह तुम्हें कैसे मालूम। मैं तुम्हारी बावत पहले से ही कुछ जानता हूँ। अच्छा, तुम बताओ तुम्हें मुझ पर विश्वास है?"

मैंने कहा, "हाँ।"

अब उसकी बारी थी। उसने पूछा, "तुम्हें मुझ जैसे एक अजनबी पर एकाएक कैसे विश्वास हो गया?"

"तुम्हारे चेहरे को देखकर। तुम्हें देखने के बाद अविश्वास करने योग्य कोई कारण नहीं मालूम होता।"

यह कहकर हम लोग एक-दूसरे के जीवन और मृत्यु के साथी बन गए। दो-एक बात इधर-उधर की और हुई और फिर वह कहीं किसी जरूरी काम से चला गया।

वह सिख युवक हमारे घर पर अक्सर आया करता था और मेरे एक साथी आर. डी. एम.ए. के विद्यार्थी के पास ठहरा करता था। रात को घर आने पर उससे इस सिख युवक के बारे में पूछा। रामदेव सन्तोषजनक उत्तर न दे सके। कहा कि यहीं 'अर्जुन' अखबार में काम करता है। देशभक्त है, पढ़ा-लिखा है। मेरे पास आने-जाने लगा और कोई खास बात मैं नहीं जानता।

मैंने नाम पूछा तो रामदेव जी ने उसका नाम बलवन्त सिंह जैसा ही कुछ नाम बताया।

यह भगतसिंह से मेरा प्रथम परिचय था...

भगतसिंह उस दिन से प्रायः नित्य ही मेरे यहाँ आया करते। आने का समय कोई निश्चित नहीं था। जब काम से छुट्टी पाई, आ गए। उन दिनों भगतसिंह जटाधारी थे। उनके अनेक चित्र अब तक देखने को मिले पर जिस वेश और भाव से मैंने उन्हें देखा था, उसका एक भी चित्र प्राप्त नहीं है। हो भी कैसे सकता है! वे मेरे साथी भगतसिंह थे और फोटो के भगतसिंह हमारे पूज्य तथा आदरणीय, भारत के

पूज्य भगतसिंह हैं।

भिन्न पुरुषों का अनुभव भिन्न हो सकता है, परन्तु मैंने तो भगतसिंह को भीतर और बाहर एक-सा पाया। उनकी अहमियत, उनकी श्रेष्ठता, उनका नाम इसलिए नहीं है कि वे बम बनाना जानते थे या नहीं। उनका व्यक्तित्व उनकी महानता थी उनकी योग्यता में, उनके क्रान्तिकारी विचारों में, उनकी दृढ़ता में।

असेम्बली बम केस के समय दिल्ली की अदालत में दिए गए उनके बयान ने लोगों को बताया कि 'भगतसिंह' खाली बमबाज नहीं थे। 'फिलासफी ऑफ द बम्ब' में बताया गया था कि हम क्रान्तिकारी निरे लंठ भावुक नहीं हैं। 'बुद्धि' नाम की वस्तु भी हमारे पास है। एक उद्देश्य, एक ध्येय भी हमारे पास है। हम एक निशाने को सामने रखकर उसके पाने के लिए ही जान जोखिम में डालकर—सर पर कफन बाँधे फिरते हैं।

सरदार भगतसिंह की जीवनी अनेक लेखकों द्वारा लिखी जा चुकी है। उनकी वंशावली, जन्म-स्थान, जन्म-तिथि आदि के सम्बन्ध में धुरंधर विद्वानों ने बड़े खोजपूर्ण लेख लिखे हैं। पाठकगण उन सब बातों से भली-भाँति परिचित हैं। भगतसिंह ने क्या-क्या अद्भुत कार्य किए, यह सब बातें भी पाठक पढ़ चुके होंगे। हम उन सबको यहाँ दोहराकर पाठकों का धैर्य नहीं खोना चाहते। मैंने भगतसिंह को किस रूप में देखा, यही थोड़े में यहाँ लिखूँगा।

सरदार भगतसिंह के साथ मैंने कन्धे-से-कन्धा मिलाकर काम किया है, ऐसा तो मैं नहीं कह सकता। हाँ, हम लोग साथी व मित्र अवश्य रहे हैं। इसके दो कारण हो सकते हैं—

एक दिन दोपहर को भगतसिंह बहुत जल्दी में आए। मुझसे पूछा, "क्या मैं क्रान्तिकारी पार्टी का कुछ काम करने को तैयार हूँ?"

मैंने उत्तर दिया, "मैं तो पहले से ही काम कर रहा हूँ। हमारी पार्टी अपना काम कर रही है। इस प्रश्न से तुम्हारा क्या तात्पर्य है, सो बताओ?"

मेरी बात अनसुनी करते हुए उसने कहा, "यह तो मैं भी जानता हूँ और इसीलिए तुमसे परिचय करते हुए मुझे आशंका नहीं हुई"

दिल में खयाल आया, बड़े चालाक हैं हजरत! पहले रोज तो कहते थे तुम्हारे चेहरे के भाव से ही तुम्हारे गम्भीर होने का अन्दाजा लगा लिया है। खैर, उस दिन भगतसिंह ने पूछा, "अगर तुमसे अभी कहीं जाने को कहा जाए तो क्या तुम जाने को तैयार हो, बोलो?" उत्तर दिया, "नहीं, इस समय नहीं। परीक्षा के बाद।"

"वाह, परीक्षा में क्या रखा है? फाँसी के तख्ते पर चढ़नेवालों को परीक्षा की परवाह शोभा नहीं देती। छोड़ो इस झगड़े को और मेरे साथ चलो।"

मैं (गम्भीरता से)—"देखो भाई, मैंने एक काम हाथ में लिया है। परीक्षा पास किए बिना यदि मरूँगा तो भी मुझे शान्ति नहीं मिलेगी। मैं परीक्षा पास किए बिना

कहीं नहीं जाऊँगा और न कुछ करूँगा।''

उसने बहुत समझाया, पर मैं न माना। वह निराश होकर चला गया। बाद में मालूम हुआ कि उस दिन वह बहुत जोश में था।

उस दिन रोशनआरा गार्डन में वाइसराय महोदय क्रिकेट का मैच देखने पधारे थे। भगत उन्हीं को शूट करने गया था। भगतसिंह वाइसराय के बहुत निकट थे। यदि भगतसिंह को जबरदस्ती वहाँ से न हटाया जाता तो भारत के इतिहास का पृष्ठ दूसरे ही शब्दों में लिखा गया होता।

इस घटना के कई दिन बाद भगतसिंह फिर मिले। मैंने इन्हें कुछ अपने साथियों का पता देकर कानपुर भेज दिया था। वहाँ से लौटने पर भगतसिंह बोले, ''एक घर में से एक व्यक्ति ही आ सकेगा। बाद में जोखिम के काम में अग्रसर होने से मुझे हमेशा रोका। फिर भी हम अच्छे मित्र और साथी आखिर तक रहे।

पार्टी के कामों में पड़ जाने के कारण भगतसिंह का सौम्य स्वभाव बदल गया हो, ऐसी बात नहीं थी। पार्टी के काम में चाहे वह कितना ही रूखा तथा कठोर क्यों न रहा हो, परन्तु वैसे वह बहुत प्रेमी जीव था। सदा मस्त रहता था। हँसना और हँसाना उसका काम था। मुहर्रमी सूरत से उसको नफरत थी। दिन भर काम करने के बाद थक जाने पर चाँदनी रात में किसी दरिया में नाव चलाने में उसे विशेष आनन्द आता था। उसकी ताजमहल तथा कानपुर में गंगा की सैर उसके साथियों को भूली नहीं होगी।

मेहनती और लगन का पक्का भी वह पहले नम्बर का था। गाँवों में पार्टी संगठन का कार्यभार उन्हें दिया गया। अलीगढ़ जिले में एक गाँव में मास्टरी कर ली। रोज पाँच-दस मील, कभी-कभी दस मील धूप और लू में खाने-पीने की चिन्ता किए बिना घूमते फिरे व कभी उदासी नजदीक नहीं आई।

पढ़ने का शौक भी कुछ कम नहीं था। चलते-चलते या जब भी जहाँ जैसे समय मिल जाता, जेब से किताब निकालकर पढ़ने लगता—यह उनका स्वभाव कभी न गया।

क्रान्तिकारी पार्टी में आ जाने का अर्थ हृदयहीनता नहीं है। हृदयहीन पुरुष कभी भी सच्चे अर्थ में क्रान्तिकारी नहीं हो सकता। उसका प्रेम एक व्यक्ति में केन्द्रित न होकर मनुष्य मात्र के लिए हो जाता है।

भगतसिंह से एक बार जो निकट से मिला है, उसको जिसने निकट से जाना है, उसके लिए भगतसिंह को भूल जाना सम्भव नहीं। यदि चेहरा मनुष्य के हृदय का प्रतिबिम्ब है, यदि इस बात की कोई सच्चाई देखना चाहता हो तो भगतसिंह इसके जीते-जागते उदाहरण थे। उनके साथियों को ही नहीं, वरन् उनके दुश्मनों को भी—पुलिस, जेल कर्मचारी तथा जज को भी भगतसिंह की मुस्कान नहीं भूल सकती। उस मुस्कान में सहज सरलता थी। उनके चेहरे को देखने मात्र से उनके

अन्दर दृढ़ता का पता लग सकता था। कुछ बातें ऐसी होती हैं कि हम महसूस करते हैं, परन्तु उनका तर्क द्वारा समाधान नहीं कर सकते। भाषा द्वारा उन भावों को व्यक्त करना और भी कठिन हो जाता है।

हम एक व्यक्ति को देखते हैं और प्रथम दर्शन से ही हम अपने को उसकी ओर खिंचता हुआ पाते हैं अथवा उसके प्रति घृणा का भाव अनुभव करते हैं। एक आदमी के सहयोग में आते-आते हम समझने लगते हैं कि वह चालाक है तथा धूर्त भी, जबकि दूसरे सरल व नेक।

इन सब बातों का तार्किक उत्तर हमारे पास कुछ नहीं है।

एक जमाने में मैं यमुना तट पर रहता था। जयदेव कपूर और उनके साथी देहली में अड्डा जमाए थे। कपूर भाई से प्रायः रोज ही मिलना हो जाता था। गप्प-शप्प और कुछ काम की बातें। मेरा काम तो थोड़े से ही दायरे में सीमित था। पार्टी मीटिंग और उसमें लिये गए निश्चय। फिर आखिर में असेम्बली में बम फेंकने की बात।

डेढ़ महीने बहुत व्यस्त रहा। पार्टी मेम्बरों का आना-जाना। अनेक प्रकार के इन्तजाम। इसी में व्यस्त था। 8 अप्रैल, 1929 को बम फेंका गया। भगतसिंह और बटुकेश्वर दत्त गिरफ्तार हुए। शेष साथियों को बाहर कुशलतापूर्वक भेजने की व्यवस्था। इसी में 3-4 दिन लग गए। अप्रैल की 12 तारीख को इन झंझटों से छुट्टी मिली। पन्द्रह तारीख से सालाना परीक्षा।

जयदेव कपूर, शिव वर्मा और डॉ. गयाप्रसाद ने सहारनपुर में डेरा डाला हुआ था। बम बनाने की फैक्टरी खोली हुई थी। परीक्षा समाप्त होते ही इन लोगों से मिलने सहारनपुर जा पहुँचा। तीनों ही घर पर थे।

बम बनाने जा रहे थे। कुछ भर गए थे। बाकी खाली खोल के ढेर लगे थे। पिकरिक एसिड में मेरी उँगलियाँ सबकी सब पीली पड़ गईं। जोश और उत्सुकता में आगे आनेवाले खतरे की कोई चिन्ता नहीं रही। डॉ. गयाप्रसाद किसी कार्यवश कानपुर चले गए। उस मकान पर पुलिस की निगाह पड़ चुकी थी। बात यह थी कि ऊपर से तो था यह दवाखाना पर मरीज एक भी न आता था। न दवाखाना खुलता था और न मरीजों को दवा ही मिलती थी। असेम्बली में बम फेंका जा चुका था। पुलिस क्रान्तिकारी युवकों की तलाश में थी।

बमकांड के बाद इस मकान में बाहर से आकर तीन नौजवान ठहरे हैं, बस इतना शक पुलिस के लिए काफी था। गरमी के दिन थे। मैं ऊपर छत पर ही सोता था। रोज ही रात में पूर्व की ओर एक मकान की छत पर से टार्च की रोशनी अपने मकान पर देखता था और एक रोज दिन में ही छत पर जाने पर दो-तीन लाल पगड़ीधारी पुलिस के जवानों को इस मकान की छत पर निगरानी करते देखा। इस बात की सूचना अपने साथियों को देता रहा और उनसे कहा भी कि इस मकान

पर पुलिस को शक है। निगरानी होती है अतः इसे तुरन्त छोड़ देना चाहिए। लेकिन गयाप्रसाद के इन्तजार में वे सब वहीं टिके रहे।

और अगले दिन ही दोपहर में एक पुलिस के दरोगा मकान देखने के बहाने मालिक मकान के साथ मकान में घुस आए। अपने साथियों में से एक शायद कपूर बाबू अन्दर के कमरे में घरवाती बनकर बैठ चुके थे। जिस कमरे में बम और बम बनाने का मसाला रखा था उसमें हम उस समय लंगोटा लगाए नंगधड़ंग कुछ काम में जुटे थे। हाथ पीले, पसीने में तर। चट से तहमद पहन दरोगा जी को मकान दिखाने लगे। शस्त्रागार की ओर जब दरोगा जी का कदम बढ़ा तो 'जनाना है' कहकर उनसे पिंड छुड़ाया। दरोगा जी थे सीधे और हँसमुख अथवा उस समय उन्होंने यही उचित समझा। जो देखना था वह देख चुके थे। मकान देखकर वे वापस चले गए। हम लोगों की जान में जान आई।

हम उसी दिन रात की गाड़ी से हरदोई चले गए और अपने साथियों से उसी समय मकान खाली कर दूसरी किसी जगह रात बिताने का आग्रह किया।

हरदोई अगले दिन 10-11 बजे पहुँचे। थके थे। खा-पीकर सो गए। शाम को उठे तो एक महाशय हाथ में अखबार लिए हमारा इन्तजार करते मिले। शिव और कपूर सहारनपुर में पकड़े गए, यह खबर सुनाई। मेरे पैरों तले से जमीन खिसक गई। तीसरे दिन खबर मिली कि डॉ. गयाप्रसाद कानुपर से लौटे तो सीधे उसी मकान में पहुँचे। वहाँ पुलिस उनका स्वागत करने को तैयार थी। दरवाजा खोलकर जैसे ही अन्दर घुसे, एक पुलिस के जवान के बगलगीर हुए जिसने डॉक्टर को कसकर पकड़ लिया। अभी अँधेरा ही था। डॉक्टर को कुछ दिखा नहीं। आँखें कमजोर थीं। प्रेम में अपने साथियों से मिलने के लिए उतावले। बोले, ''बहुत हो चुका जगदीश (मेरा नाम) अब छोड़ो भी।'' वे चिल्लाते रहे और पुलिस की गिरफ्त तेज होने लगी। कुछ देर बाद भाई की समझ में आया कि जगदीश से नहीं, पुलिसवालों से आप बगलगीर हुए हैं। बस फिर क्या था, आप हँस पड़े—लो यारो, अब तो यह रुपया और पिस्तौल तुम्हारे ही काम आएगा। कपूर और शिव वर्मा कहाँ हैं?

'कोतवाली में'—जवाब मिला। 'तो जल्दी हमें भी वहीं ले चलो'। पूछा गया, यह जगदीश कौन है? कहा, 'तुम्हारे सुनने में गलती हुई। मैं हरीश को पुकार रहा था।' हरीश जयदेव का उपनाम था। गयाप्रसाद ने पैसे की कमी के कारण अखबार में चार पैसे खर्च करना ठीक नहीं समझा नहीं तो पहले ही खबर मिल जाती। वे कानपुर से सीधे सहारनपुर की कोतवाली में जा टिके।

जयदेव और शिव वर्मा के पकड़ जाने से बहुत दुख हुआ। चाची, जयदेव की माँ तड़प उठीं। घर में रोना-धोना। चाची का कहना था, इसरार था कि मैं जयदेव से मिलने सहारनपुर जाऊँ। कुछ कहते बन नहीं पड़ रहा था। मेरे हाथ पीले थे और दरोगा जी को मकान दिखा चुका था।

लेकिन चाची का आग्रह। मजबूर था। हिम्मत की और कपूर के एक चचेरे भाई रामकिशोर कपूर वकील को साथ लेकर अगले दिन सुबह ही सहारनपुर पहुँचा गया। हम लोग पहले कचहरी पहुँचे। पूछताछ करने पर मालूम हुआ कि इन लोगों से मिलना बन्द है। अगर पुलिस कप्तान श्री जोशी जी मेहरबानी करें तो उनकी आज्ञा पर मिलना हो सकता है। अब दूसरी दिक्कत मेरे सामने आई। रामकिशोर तो भाई थे। मुझे भाई बनाकर मिलाने से वकील साहब ने साफ इनकार कर दिया। यह वाजिब ही था। ऐसा करने में खतरा था–

एहसान नाखुदा का उठाए मेरी बला,
किश्ती खुदा पर छोड़ दूँ लँगड़ को तोड़ दूँ।

अब मैं खाली पार्टी का पोस्टबाक्स न रहकर सक्रिय मेम्बर हो चुका था। मित्र अपने मित्र से मिलना चाहता है, यही दरखास्त लिखकर हम लोग श्री जोशी के बंगले पर जा पहुँचे। दरखास्त कप्तान साहब के पास पहुँचा दी गई।

हम लोगों को दो घंटा बाहर बैठकर इन्तजार करना पड़ा। इस बीच में शायद कप्तान साहब ने कोतवाली और जिलाधीश से सलाह-मशविरा किया हो। जब हमें अन्दर बुलाया गया तो बाहर की गरमी से तपते शरीर को ख़स की टट्टी और बिजली के पंखे से आती ठंडी हवा से बहुत राहत मिली। नमस्ते हुई। कुर्सियों पर बैठे। ठंडे पानी के गिलास से स्वागत हुआ। धन्यवाद के बाद बातचीत शुरू हुई।

कप्तान–"आप,...?"

"रामकिशोर, जयदेव का भाई।"

"और आप?"

"मैं काशीराम कपूर का मित्र। हरदोई का ही रहनेवाला हूँ।"

थोड़ी देर कप्तान एकटक मेरी ओर देखते रहे। बोले, "बड़ी हिम्मत की। दोस्त बनकर मिलने आए। पकड़े जाने का भय नहीं हुआ।"

"मित्र भय से नहीं घबराता। आप मिलने की आज्ञा दें।"

कुछ देर चुप्पी।

रामकिशोर से फिर बातों का सिलसिला चला। मैंने चुप रहने में ही कुशल समझी। हाथ पिकरिक एसिड से पीले थे।

कप्तान साहब ने घूम-फिरकर पुलिस की चाल, राजनीति और बम पार्टी पर बातें शुरू कीं।

उसी दम चतुर वकील ने नाजुक स्थिति को भाँपा और चट से कप्तान साहब को टोक दिया–"We have not come here to discuss Politics with you." (हम लोग यहाँ पर राजनीति पर बहस करने आपके पास नहीं आए हैं।) कप्तान साहब चुप। बन्दियों से मिलने की आज्ञा मिल गई। फोन पर कोतवाली को सूचना दी गई।

हम उठ खड़े हुए। कप्तान साहब ने मेरी ओर हाथ बढ़ाकर कहा–"I

congratulate you on your courage—you can meet your friend." हाथ मिलाया। पीली उँगलियाँ? थोड़ी-सी शंका, हिम्मत, बस बेड़ा पार। हम लोग बाहर आ कोतवाली की ओर चल पड़े।

इन सब झँझटों में आज्ञा मिलते-मिलते दिन के बारह बज चुके थे। भूख अलग सता रही थी। पहले बाजार में कुछ खा-पीकर बन्दियों के लिए फल खरीदे और चल दिए कोतवाली की ओर।

शहर में इन गिरफ्तारियों से आतंक फैला हुआ था। डर के मारे हम लोगों से बात करने में लोग कतराते थे।

क्रान्तिकारी पार्टी में मैं बहुत नीचे स्तर पर काम करता था। बहुत से भाग्यवान, कर्मठ वीरों की श्रेणी में मैं नहीं था। नीचे की सतह पर रहने के कारण छिटपुट कामों में जीवन बहुत व्यस्त रहता था। जन-साधारण और मान्य क्रान्तिकारी नेताओं के दिमाग में उसका कोई भी मूल्य नहीं बैठेगा। उन लोगों के दिमाग में मैं था एक छुटभैया–किसी भी महत्त्वपूर्ण कार्य के अयोग्य–मेरा मूल्यांकन हो सकता है, केवल एक चपरासी के रूप में।

फिर भी इस अवस्था में रहते हुए मुझे अनेक लोगों से मिलने का, निकट से जानने और समझने का अवसर अवश्य मिला। पार्टी के ह्रास और उत्थान, इसकी कार्यशैली, मानसिक अवस्था समझने का, विश्लेषण करने का प्रचुर अवसर मिला।

और इसी कारण कालिया (कैलाशपति), वीरभद्र तिवारी और अवस्थी कानपुर इन सभी लोगों के सम्बन्ध में बहुत पहले ही हमने आजाद को सावधान कर दिया था।

भाई (आज़ाद) ने मेरी बात नहीं मानी। उल्टे उनकी झिड़की ही सहनी पड़ी। यह समय का फेर था।

दूसरी ओर सबसे महत्त्वपूर्ण बात मेरे लिए भगतसिंह और आज़ाद के साथ स्वच्छन्द सम्पर्क, घनिष्ठ सम्बन्ध होने के कारण मुझे मिला इनका अटूट स्नेह और विश्वास।

इस 'एक्शन' के बाद कुछ दिनों घटनाक्रम बहुत तेजी से घूमा जिसको क्रमबद्ध करना मेरे लिए सम्भव नहीं।

दिन में दिल्ली। रात में ट्रेन का सफर। दिन में लाहौर और फिर रात में ट्रेन और दिल्ली। यही व्यस्तता थी मेरी।

दिल्ली में रहते कॉलेज जाना और शेष समय पार्टी का काम भी करना।

भगतसिंह का सन्देश मिला–"आकर मिलो।"

सवाल सामने आया–मिला कैसे जाए? नामजद पार्टी का सदस्य हो चुका था। किसी समय भी पुलिस के हाथों पड़ सकता था। मन शंकित रहता।

उधर पंजाब पुलिस किसी 'काशीराम' जिसका यह पार्टी का नाम था, ढूँढ़ रही थी। यह व्यक्ति पंजाब पुलिस की आँखों में चढ़ चुका था। देहली कॉलेज में इस सम्बन्ध में जाँच-पड़ताल भी हो चुकी थी। पुलिस उलझन में थी। मेरा असली नाम काशीराम था, पार्टी का नहीं। पर बात तो डर की थी ही। किसी दिन भी पोल खुल सकती थी।

मैं हरदोई पहुँचा और जयदेव कपूर के माता-पिता को साथ लेकर लाहौर जा पहुँचा। लाजपतराय के मकान में ही अड्डा लगाया। वहाँ अनेक सुविधाएँ प्राप्त थीं।

जयदेव से मिलने की दरखास्त दी गई। मैं जयदेव का सगा भाई था। नाम काशीराम। हरदोई निवास। चाल चल गई। बोर्स्टल जेल में कपूर और शिव वर्मा (वर्मा बन्धु के नाम से विख्यात उस समय) से मिले। मन प्रसन्न हो गया।

विदाई के समय फाटक पर ही भगतसिंह से भी मिलना हो गया। बोला, "यार मिलने को, देखने को बहुत मन कर रहा था, इसलिए बुला लिया था" और वह पुलिस के पहरे में सेंट्रल जेल चला गया। यह सब पहले से ही सुनिश्चित कर लिया गया था।

फाटक के बाहर चलते-चलते एक जेल के जमादार ने एक पर्चा मेरी मुट्ठी में लगा दिया। पर्चा भगतसिंह का था। कुछ काम करने का मामला था और खूब सतर्क रहने की हिदायत। 'दिल्ली एक्शन' की रिपोर्ट उन्हें मिल चुकी थी।

भगतसिंह की हिदायत के अनुसार उनके इच्छानुसार दो-तीन दिन रुकना पड़ा। पर्चों का आदान-प्रदान होता रहा और दिन में दूर से ही बोर्स्टल जेल के फाटक पर देखा-सुनी।

हम लोग रोज ही कपूर से मिलने जेल में जाते रहे।

तीसरे-चौथे दिन दिल्ली से सन्देशा मिला—"तुरन्त लौटो।"

चाची को हरदोई पहुँचाकर मैं दिल्ली पहुँच गया। सकुशल लौट आने पर भाई आश्वस्त हुए।

अब रास्ता साफ हो गया था।

शिव वर्मा की आँखों में तकलीफ थी। वे नित्य ही दो सिपाहियों के पहरे में ताँगे पर सवार होकर अस्पताल भेजे जाते थे। इनको छुड़ाने की बात चली। इस कार्य का भार मेरे ऊपर डाला गया। देहली से इस विषय में उपयुक्त व्यक्तियों से बातचीत भी हुई। मुझे सुविधा यह थी कि मैं बिना टोक-रोक बोर्स्टल जेल में बन्दियों से मिल लेता था।

शिव वर्मा से इस सम्बन्ध में एक दफा भी बातचीत नहीं हुई।

एक दिन भाई (आज़ाद) लाहौर में ही थे। बच्चन (वैशम्पायन) मुझे बुलाने आए और हम दोनों उसी रात फ्रंटियर मेल से लाहौर रवाना हो गए। देहली स्टेशन पर पहुँचकर हमने इंटर के दो टिकट लाहौर तक के लिए। हम 10 को लाहौर पहुँचे।

वैशम्पायन, भाई से मिलने चला गया। मैं आगे के इन्तजार में।

दिन में जेल में कपूर से मिलने पहुँचा। वहाँ से मिल-मिलाकर जब फाटक से बाहर निकला तो सन्देशवाहक मेरे इन्तजार में खड़ा था।

साथी ने बताया कि आज़ाद मुझसे बहुत नाराज हैं। "जाओ बच्चू, दिल्ली पहुँचने पर तुम्हारा कचूमर न निकाला जाए तो कहना।"

फिर काम की बात हुई। शिव से बातचीत करके सब बात पक्की करने का आदेश मिला। अगले दिन फिर जेल पहुँचा। शिव वर्मा अस्पताल जा चुके थे। मिलना न हो सका।

एक और अड़ंगा लगा इस कार्य में। जेल में बन्द कुछ साथी इस स्कीम के विरुद्ध मिले। उनका अनुरोध था कि शिव को छुड़ाने की स्कीम पूरी न की जाए और एक ने तो मुझसे व्यक्तिगत प्रार्थना की, बहुत इसरार किया कि मैं इस मामले में हरगिज न पड़ूँ और इस स्कीम को कामयाब न होने दूँ।

मैं क्या करूँ, क्या न करूँ? भाई को क्या जवाब दूँ? वहाँ सब तैयारी पूरी हो चुकी थी। शिव से बातचीत करने की देर थी।

आपस की यह ईर्ष्या—भगवान ही रक्षक है! मैं हताश जेल से लौटा। भाई को कहला भेजा कि शिव से मिलना नहीं हो सका। अपने कार्य में बहुत अड़चन है। पहले भगतसिंह को छुड़ाने का प्रबन्ध करना चाहिए, ऐसी अन्दर के सब साथियों की राय है। भाई मुझसे मिलकर पूरी बात जानना चाहते थे परन्तु मामले की नजाकत देखते हुए मैं भाई से बिना मिले ही, भरे दिल से उसी रात दिल्ली लौट आया।

दिल्ली आने के बाद मेरा मनोवैज्ञानिक मन ऊहापोह—असमंजस में पड़ गया। क्या होगा अब। पढ़ाई भी घपले में पड़ी। अपने आध्यात्मिक मित्र की अवहेलना करके यह क्रान्ति की राह अपनाई। उसमें भी यह सड़ाँध।

भगतसिंह को फाँसी पर चढ़ने के लिए भी पार्टी के अन्दर की इसी गन्दगी ने मजबूर किया और जब यह गन्दगी अपनी चरम सीमा पर पहुँच गई तो भाई आजाद का दिल टूटा। पार्टी का विघटन हुआ और अन्त में "मैं जीते जी पुलिस के हाथ न आऊँगा" का रास्ता अपनाने पर आज़ाद मजबूर हुए और इलाहाबाद में अंग्रेज पुलिस अधिकारी नॉट बाबर डी.आई.जी. से खुले मैदान मुकाबला करता, पुलिस के सैकड़ों जवानों से घिरा, उनकी गोलियों की बौछार का मुकाबला करते हुए वह अकेला क्रान्ति-योद्धा वीरगति को प्राप्त हुआ।

बात वास्तव में ऐसी समझ में आती है। एक तो हमारी पार्टी में नवयुवक भावुकता से प्रेरित होकर ही आकर्षित हुए थे। बम-पिस्तौल की चमक उसका आकर्षण, उच्छृंखल युवकों का स्वभाव, यही सब मिला-जुला कच्चा मसाला हमारे विशाल संगठन को जोड़े था।

दूसरे तमाम दिन खाली इधर-से-उधर घूमना और कहीं बैठकर गप्प लगाना।

तीसरे यह कि पार्टी अत्यन्त गुप्त संगठन होने के कारण इसमें गुटबन्दी के लिए काफी स्थान था और पार्टी का यही सबसे बड़ा कोढ़ था। जिसको देखो एक-दो चेले मूड़ लिये और उनकी खिचड़ी अलग पकने लगी।

अधिकांश सदस्य सच्चे, ईमानदार और लगन के साथ काम करनेवाले होते हुए भी इन छोटी-छोटी गुटबन्दियों के शिकार हो जाते थे।

सच पूछो तो वह जमाना घोर अन्धकार का था। दासता में जकड़ा यहाँ का मानव त्राहि-त्राहि कर उठा। क्रान्तिकारी उन शहीदों की टोली थी, जो सर पर कफन बाँधे आजादी की अलख जगाए घूमती थी। न तो उसे राजपाट की आकांक्षा थी और न ऐशो-इशरत सूझता था। बस, अपने देश पर मर मिटने की तमन्ना अब हमारे दिल में है—यह मन्त्र उसके जमाने का मूलमन्त्र था।

भाई और भगतसिंह का सहज स्नेह और उनकी आत्म-ज्योति से ही मुझे प्रेरणा मिली और अपने अन्दर आए कुतर्क और मतभेद को दूर फेंक लंगर को तोड़ यह जीवन-किश्ती खुदा के हवाले कर दी।

भगतसिंह के नेतृत्व में क्रान्ति-युग ने पलटा खाया। एक करवट ली और बम-पिस्तौल के साथ-साथ बौद्धिक परिवर्तन भी हुआ। हमारा ध्येय देश में समाजवादी शासन की स्थापना की ओर हुआ। डकैती गौण और हद दर्जे की मजबूरी की अवस्था में ही साधन रह गया। हम लोगों का इसमें कोई आकर्षण नहीं रह गया।

राजनीतिक चेतना का प्रारम्भ हुआ और गुलाम देश का अपमान करने का बदला लेने की पहल की खुद भगतसिंह ने सांडर्स-वध से। क्रान्ति-जीवन में ऐसी उथल-पुथल की अवस्था में कुछ कमियों का होना स्वाभाविक ही था। रूस की क्रान्ति हमें उत्साहित करती थी। उससे हम बेहद प्रभावित थे।

जो भी हो।

भगतसिंह के छुड़ाने की स्थिति में लाहौर जाने का और वहाँ रहने का अवसर मिला। पर हमें कामयाबी नहीं मिली उसमें।

भगतसिंह को फाँसी दी जानेवाली थी। साथियों के अन्दर इस खबर से काफी क्षोभ था। भगतसिंह की फाँसी का बदला इन अंग्रेजों से कैसे लिया जाए, इस विषय पर काफी विचार होता रहा। भगतसिंह की फाँसी की चर्चा के साथ-साथ साथियों के अन्दर उत्तेजना भी बढ़ती जा रही थी। कुछ-न-कुछ कर गुजरने की भावना काम कर रही थी।

साथियों ने तय किया कि कानपुर में अंग्रेजों की दुकानें लूट ली जाएँ। White way Laidow तथा अन्य अंग्रेजों की दुकानों से पिस्तौल, बन्दूक आदि उस दिन दुकान तोड़कर निकाल लाना होगा। अंग्रेज अफसरों पर प्रहार की बात भी कुछ

साथियों के दिमाग में काम कर रही थी। कानपुर से इस प्रकार अंग्रेजों के विरुद्ध विद्रोह का झंडा फिर से उठाने का, 1857 की पुनरावृत्ति करने का निश्चय साथियों ने किया था। साथियों की चहल-पहल अथवा किसी और कारण से पुलिस को इस विद्रोह की सुनगुन लग गई थी। अतः पुलिस ने अपना जाल रचा।

कानपुर में साम्प्रदायिक दंगा करा दिया गया।

क्या सोचा था, क्या हो गया! बगावत अंग्रेजों के खिलाफ होने के स्थान पर अपने देशवासियों के खून से कानपुर की सड़कें लाल हो उठीं।

भगतसिंह, राजगुरु और सुखदेव तो फाँसियों पर लटककर शहीदों की टोली में जा मिले थे।

भगतसिंह के अधूरे 'इन्कलाब' की राह आज भी देश देख रहा है...

कुछ यादें भगतसिंह की

राजेन्द्रपाल सिंह वारियर

मेरे रिश्ते के एक भाई चौधरी विजयपाल सिंह मेरठ कॉलेज से लॉ (विधि) क्लास में पढ़ रहे थे। नवम्बर और दिसम्बर में जब असहयोग आन्दोलन शुरू हुआ तो चौधरी विजयपाल सिंह जी इसमें कूद पड़े। उन्हीं के पास मैंने भी हजारों लड़कों के साथ असहयोग आन्दोलन में शिरकत कर ली। उस समय मैं-नवीं क्लास में पढ़ रहा था। मगर मेरे घरवाले मुझे मेरठ से अपने गाँव नूरपुर ले गए और जब तक आन्दोलन चला, मुझे गाँव में ही रखा। चौरी-चौरा के मामले पर-महात्मा गांधीजी ने आन्दोलन रोक दिया और फिर इंडियन नेशनल कांग्रेस के अन्दर एक जोरदार उछाल आया जिसके कारण कांग्रेस दो भागों में बँट गई। एक दल था नो-चेंजर्स (अपरिवर्तनवादी) का और दूसरा प्रो-चेंजर्स (परिवर्तनवादी) का। नो-चेंजर्स तो अपने चर्खे कातते रहे या खद्दर बुनते रहे परन्तु प्रो-चेंजर्स ने अपने स्कूल और कॉलेजों में जाना शुरू कर दिया। वकीलों ने अपनी वकालत शुरू कर दी। टीचर्स ने पढ़ना शुरू कर दिया। लड़कों ने अपनी पढ़ाइयाँ शुरू कर दीं। नेशनल कॉलेज और दीगर संस्थाएँ खोल दी गईं। प्रो-चेंजर्स ने सेंट्रल असेम्बली और सूबाई कौंसिल में जाना शुरू कर दिया। चौधरी विजयपाल सिंह 1924 के चुनाव में खड़े हुए और कौंसिल की सीट भारी बहुमत से जीत गए। उन्होंने अपनी लॉ (विधि) क्लास फिर से शुरू कर दी। यह सब कुछ देखकर मैंने भी अपनी पढ़ाई दोबारा शुरू कर दी। 1924-25 में मैंने मैट्रिक पास किया तथा 1926 में मेरठ कॉलेज में पहुँच गया। जब चौधरी विजयपाल सिंह सूबाई कौंसिल के मेम्बर थे, तब लखनऊ में काकोरी का षड्यन्त्र केस (9-8-1925) भी शुरू हो गया था। चौधरी साहब क्रान्तिकारियों से बड़ी हमदर्दी और दिलचस्पी रखते थे। कौंसिल से बाहर निकलकर वह करीब-करीब हर एक दिन मुकदमे को सुनने जाते थे क्योंकि मुकदमा कौंसिल के बगल में ही चल रहा था। वह इस केस से बहुत प्रभावित थे तथा सभी अभियुक्तों की बड़ी प्रशंसा किया करते थे।

मैं गाँव का रहनेवाला! खूब घी-दूध खाने वाला! बड़ा हृष्ट-पुष्ट, सुन्दर नौजवान

था। मैं कॉलेज के हर एक स्पोर्ट्स में भाग लेता था। इसलिए मुझे उस जिमनेजियम अखाड़े का कप्तान बना दिया गया जो मेरठ कॉलेज हॉस्टल के बीच में था और इस समय भी वैसा ही है। स्पोर्ट्स के मैनेजर एक प्रोफेसर थे, वह मुझसे बहुत ही खुश थे। इस अखाड़े में हर एक दिन पन्द्रह से बीस लड़के आकर किसी-न-किसी प्रकार के उपकरण पर कसरत करते थे। शाम को मेरठ कॉलेज में लॉ क्लासेज हुआ करती थीं। मेरे भाई साहब भी अपनी लॉ क्लास खत्म करने के बाद कॉलेज हॉस्टल के जिमनेजियम में आ जाते थे। आखिर में जब हम पाँच-छह लड़के रह जाते थे तब वह काकोरी केस के मुल्जिमान की हौसला अफ़ज़ाई, बहादुरी, वीरता, उनके राष्ट्रगानों और जयकारे लगाने की बातें बताया करते थे। हम उनकी बातों से बहुत प्रभावित होते थे और जब वे कौंसिल सेशन से लौटकर आते थे, तब हम उनको मजबूर करते थे कि वह हमको काकोरी केस के क्रान्तिकारियों की कुछ और बातें भी बताएँ।

हम चार विद्यार्थियों ने यह फैसला किया कि देश को आजाद करने का सबसे बढ़िया तरीका वही है जिसको क्रान्तिकारियों ने अपनाया है। हमने निर्णय लिया कि हम लोगों को भी क्रान्तिकारी पार्टी में शामिल हो जाना चाहिए, परन्तु यह किस प्रकार हो। निश्चय हुआ कि मैं अपने भाई चौधरी साहब से इस सिलसिले में बातचीत करूँ। भाई साहब के कहने को तो मेरी हिम्मत पड़ी नहीं। तब मैंने सोचा कि भाभी जी से कहा जाए कि वह इस मामले में मेरी थोड़ी-सी मदद कर दें। मेरी भाभी (चौधरी विजयपाल सिंह की पत्नी) सत्यवती स्नातिका जालंधर कन्या महाविद्यालय में पढ़ी थीं और वहाँ से उन्होंने बी.ए. किया था। इसी से वे स्नातिका (ग्रेजुएट) कहलाती थीं। जालन्धर में उनके साथ कॉलेज में सुशीला दीदी (जो शीला के नाम से मशहूर थीं) और शहीद भगवतीचरण बोहरा की धर्मपत्नी दुर्गा देवी बोहरा (भाभी) भी थीं। सुशीला दीदी मेरी भाभी सत्यवती स्नातिका की सगी बुआ-जाद बहन भी थीं और भगवतीचरण बोहरा ने दीदी को अपनी मुँहबोली बहन भी बना लिया था। दीदी उनको हर साल राखी बाँधती थीं। भगवतीचरण बोहरा सक्रिय तौर पर क्रान्तिकारी पार्टी में थे और वह अपनी धर्मपत्नी दुर्गा को भी क्रान्तिकारी पार्टी में काम करने को प्रोत्साहित करते थे। इसलिए उन्होंने दुर्गा को कन्या महाविद्यालय, जालन्धर में भर्ती कराया था कि वह सक्रिय होकर पार्टी के काम करें। जब दुर्गा भाभी पार्टी में काम करने लगीं तो सुशीला दीदी भी पार्टी में शामिल हो गईं क्योंकि कन्या महाविद्यालय में दुर्गा भाभी और सुशीला दीदी की दोस्ती अटूट हो गई थी। जब मैंने सत्यवती भाभी से कहा कि वह भाई साहब से इस सिलसिले में बात करें तब भाभी ने ताना मारा कि क्या केवल आपके भाई साहब ही क्रान्तिकारियों को जानते हैं। मेरी तो बहन सुशीला दीदी क्रान्तिकारी पार्टी में सक्रिय काम करती हैं। जिस दिन वह मेरे पास आएँगी, मैं आपको दीदी से मिलवा दूँगी। इत्तफ़ाक़ की बात

थी कि सुशीला दीदी एक सुन्दर एवं तन्दुरुस्त नौजवान को साथ में लेकर भाभी सत्यवती के पास आ गईं। भाभी जी ने अपना नौकर भेजकर मुझे कॉलेज के हॉस्टल से अपने घर बुला दिया और फिर मुझे दीदी से वाकिफ करा दिया। दीदी ने जिस नौजवान से मेरी मुलाकात कराई, उसका नाम भगतसिंह था। इसके बाद भगतसिंह मुझे कॉलेज के मैदान में ले गए। जहाँ मेरी और भगतसिंह की खुलकर बातचीत हुई।

पहले यानी मेरे जमाने में कॉलेज इतना बड़ा नहीं था जैसा कि अब है। पहले कॉलेज में चार हॉस्टल थे। एक मुस्लिम हॉस्टल और तीन हिन्दू हॉस्टल। कॉलेज और हॉस्टल के बीच और आस-पास खेलने के बड़े-बड़े मैदान थे। बड़े मैदान में बैठकर हम दोनों ने आपस में बातचीत की थी। दो घंटे का समय तो जरूर लगा परन्तु भगतसिंह ने मुझे पार्टी की सारी बातें समझा दीं। भगतसिंह ने बताया कि पार्टी में नाम बदलकर रखा जाता है। कोई भी दूसरा आदमी असली नाम को नहीं जान पाता है। पार्टी का सारा काम, उसका संगठन सब गुप्त रहता है। पार्टी में अनुशासन बहुत सख्त होता है। जो आदमी किसी दूसरे आदमी को किसी खास जगह और खास टाइम पर बुलाता है तब उसको सही समय पर जरूर पहुँचना होता है, वरना अनुशासन भंग होता है और ठीक काम न करनेवाला कड़ी सजा पाने का हकदार बन जाता है। पार्टी के लिए धन इकट्ठा करना पहला फर्ज होता है। दूसरा यह कि किसी जान-पहचान की वजह से छोटे फायर आर्म्स और उसके कारतूस इकट्ठा करना जरूरी होता है। एक-दूसरे को अपना कोई भी भेद नहीं देना होता है। हर काम को खुफिया रखा जाता है ताकि अगर कोई आदमी कमजोरी दिखाकर सरकार से मिल जाता है तो वह ज्यादा नुकसान न पहुँचा सके। अपनी-अपनी बातें एक-दूसरे को नहीं बताना, हर बात को पोशीदा रखना इत्यादि। आखिर में मुझसे पूछने लगे, ''क्या मैं भी कुछ रुपए का इन्तजाम कर सकता हूँ। हालाँकि हम लोग दीदी की वजह से कुछ रुपए मेरठ से इकट्ठा करने के लिए आए हैं। सुना है कि चौधरी विजयपाल सिंह मेरठ के बड़े प्रसिद्ध आदमी माने जाते हैं।'' इसमें कोई शक नहीं कि चौधरी साहब अपने काम से, नेकनामी से, तन्दुरुस्ती से और अपनी देशभक्ति से मेरठ में काफी प्रसिद्ध थे। उनका सम्पर्क अच्छे नामी-गिरामी सेठों-साहूकारों से था और उनका मेरठ में बड़ा मान था। कई डॉक्टर लोग उनकी बड़ी इज्जत करते थे, फिर उनकी धर्मपत्नी भी आर्य समाज की बड़ी अच्छी वक्ता थीं और बड़ा जोशीला भाषण करती थीं। इसलिए दोनों पति-पत्नी काफी प्रसिद्ध थे। उनकी वजह से मेरी भी जानकारी और आना-जाना उनके कुछ दोस्तों के साथ हो गया था और कुछ उनके साथी लोग यह भी जान गए थे कि मैं क्रान्तिकारी दल का सदस्य हूँ और इसमें काम करता हूँ।

मेरठ में एक डॉक्टर गोपाल सिंह थे जो चौधरी साहब के गहरे दोस्तों में थे

और उनके प्रशंसक थे। उनसे मेरा भी परिचय हो गया था और वह यह भी जानते थे कि मैं क्रान्तिकारी दल में काम करता हूँ। उस मन्दे जमाने में भी उनकी प्रैक्टिस तीन-चार हजार रुपए महीने की थी। वह बहुत बड़े सर्जन थे। बहुत अच्छा ऑपरेशन करते थे और दानी भी बहुत थे। मैंने भगतसिंह से रुपया देने की बात कर ली और मैं सीधा डॉक्टर गोपाल सिंह के घर पहुँचा और उनसे साफ कह दिया कि एक क्रान्तिकारी मेरठ आया हुआ है। उसको कुछ मोटी रकम की फिलहाल जरूरत है। आप इस समय जितना दान देश की खातिर हो सकता है, कर दीजिए। डॉक्टर साहब ने एकदम मुझे एक हजार रुपया थमा दिया। मैंने वह रुपया ले जाकर भगतसिंह को दे दिया। वह एक हजार रुपया पाकर बहुत खुश हुए और कहा कि यदि जरूरत पड़ी तो फिर यहाँ आऊँगा और मुझसे कहा कि उनके आने तक मैं कुछ और रुपयों का इन्तजाम कर लूँ। यह कहकर दीदी को साथ लेकर वह कहीं चले गए।

मैं इस विचार में मशगूल था कि श्री भगतसिंह किसी दिन भी मेरठ आ धमकेंगे, इसलिए कुछ और रुपयों का इन्तजाम भी होना चाहिए। मैंने भाई साहब से साफ कह दिया कि क्रान्तिकारी पार्टी को इस समय रुपयों की खास जरूरत है। अतः आप कुछ रुपयों का इन्तजाम करा दीजिए। उन्होंने एक खत लिखकर मुझे दे दिया और कहा कि मैं अमुक-अमुक आदमियों के पास जाऊँ और यह खत उनको दिखाऊँ। मैंने ऐसा ही किया और तीन आदमियों ने मुझे सौ-सौ रुपए दे दिए। इस तरह तीन सौ रुपए मेरे पास हो गए।

कुछ रुपए मैंने अपने साथियों से बटोरा ओर पाँच सौ रुपए मेरे पास इकट्ठा हो गया। वह (भगतसिंह) भूमिगत तो रह ही रहे थे, परन्तु मेरठ आना-जाना उन्होंने बन्द नहीं किया। उनको एक अच्छा जरिया रुपयों को हासिल करने का मिल गया। दूसरी बार वह फिर मेरठ आए और कहा कि कुछ रुपया इकट्ठा हुआ है या नहीं? मैंने कहा कि पाँच सौ रुपए मेरे पास हैं, आप इनको ले जाइए। वह उनको लेकर चले गए और मुझसे कह गए कि मैं आऊँ या न आऊँ परन्तु दीदी तो अपनी बहन के यहाँ आती ही रहेंगी और उनके साथ कोई-न-कोई तो आता ही रहेगा और आपका सम्बन्ध पार्टी से बना रहेगा।

भगतसिंह को मेरे हॉस्टल का नाम और कमरे का नम्बर मालूम था। शायद भगतसिंह ने चन्द्रशेखर आज़ाद को बता दिया था कि दीदी सुशीला की एक बहन मेरठ में हैं। उनका एक देवर मेरठ कॉलेज में पढ़ता है। उनके रिश्ते के भाई चौधरी विजयपाल सिंह मेरठ में बड़े मशहूर व्यक्ति हैं। यदि आपको रुपयों की कोई जरूरत पड़े तो सीधे मेरठ कॉलेज हॉस्टल में फलाँ ब्लाक में उनसे मिलना और रुपया हासिल कर लेना। इसी को ध्यान में रखकर चन्द्रशेखर जी एक शाम को मेरे पास आ पहुँचे और मुझसे कहा कि मेरे साथ मैदान में चलो, मुझे आपसे कुछ

विशेष बातें करनी हैं। मैं मैदान में ले जाने को समझ गया कि इसी तरह भगतसिंह मुझे कॉलेज के मैदान में ले गए थे और गुप्त पार्टी का यह नियम भी था कि अगर कहीं पुलिस से वारदात हो जाए तो खुलकर वारदात हो, खूब गोलियाँ चलें। इसलिए मैदान या खुली जगह पर क्रान्तिकारी लोग अपने साथियों से बातचीत किया करते थे और ऐसा ही फौजी बाजू के कमांडर-इन-चीफ चन्द्रशेखर आज़ाद ने कहा। मैं तुरन्त उनके साथ मैदान में पहुँच गया। उन्होंने मुझसे कहा कि दीदी के साथ कोई क्रान्तिकारी आया था और मुझसे मिला था। मैंने 'हाँ' में जवाब दिया। उन्होंने कहा कि वह आदमी असेम्बली में बम विस्फोट करनेवाला है और मुकदमे में उसको आजीवन कारवास जरूर होना है परन्तु सजा होने के बाद उसको दिल्ली जेल में नहीं रखा जाएगा और उसको पंजाब की सेंट्रल जेल में भेजा जाएगा। जेल से उसको ले जाते समय हम बलपूर्वक छुड़ा लेना चाहते हैं। ऐसा करने के लिए एक मोटर कार की जरूरत पड़ेगी और वह पार्टी की होनी चाहिए। उसको खरीदने के लिए हमको कुछ रुपए की जरूरत है। आप चौबीस घंटे के अन्दर मुझे पाँच सौ रुपए लाकर दो। मैंने उनसे विदा ली और अपनी साइकिल उठाई। उस पर सवार होकर मैं पचास मील का फासला तय करके गाँव करठल पहुँचा जहाँ भाई साहब के एक दोस्त सेठ रामगोपाल रहते थे। यह भाई साहब के बड़े गहरे मित्र थे और भाई की ही तरह देशभक्त थे। भाई साहब के साथ असहयोग आन्दोलन में जेल भी गए थे। गाँव में वह जमींदारी और लेन-देन का काम किया करते थे। मैं रात के नौ बजे उनके मकान पर पहुँच गया। मेरी सेठ रामगोपाल जी से दुआ-सलाम हुई। मैंने उनसे कहा कि यदि आप मेरा काम इसी वक्त कर दें तो मैं अभी रात को ही मेरठ वापस लौट जाना चाहूँगा। सेठ जी ने कहा कि काम की बात तो होगी पर मैं आपको रात में नहीं जाने दूँगा। मैं सेठ जी के कहने पर वहीं रात को रुक गया और सेठ जी से मैंने अपनी सारी बात कह सुनाई। सेठ जी ने कहा कि मैं खाना खाकर सो जाऊँ, सुबह को वह देखेंगे कि क्या हो सकता है। मैं सो गया क्योंकि थका था। सुबह को सेठजी ने ही मुझे जगाया और मेरी साइकिल अपने हाथों में लेकर मेरे साथ गाँव से बाहर आ गए और मेरे हाथों में दो सोने के कड़े थमा दिए और कहा कि आज ऐसा कम्बख्त दिन था कि मेरे घर नकद एक भी रुपया नहीं था। उन्होंने मुझसे कहा कि मैं इन दोनों कड़ों को मेरठ के सर्राफा बाजार में बेच दूँ और अपना काम पूरा कर लूँ। मैं बिना किसी हिला-हुज्जत के दोनों कड़े अपनी जेब में डालकर साइकिल पर सवार होकर मेरठ पहुँच गया। मेरठ में अपने एक जानकार को मैंने अपने साथ लिया और उसको लेकर सर्राफा बाजार गया। मैंने दूसरे साथी की हाजिरी में दोनों सोने के कड़ों को बेच डाला। दोनों सोने के कड़े छह सौ रुपए में बिके। वह रुपया मैंने चन्द्रशेखर के हाथों में दे दिया और बता दिया कि आपने तो पाँच सौ रुपए

माँगे थे, मैं आपको छह सौ रुपए दे रहा हूँ।

बाद में सेठ रामगोपाल जी ने अपना मेरठ का मकान हम क्रान्तिकारियों के हवाले कर दिया जिसमें वह स्वयं और उनके बच्चे रहते थे। कुछ लोग आज भी मौजूद हैं जो सेठ जी के मकान में रह चुके हैं। श्री सुरेन्द्रनाथ पांडे (कानपुर) जो मुझे समय-समय पर मजबूर करते रहते हैं कि सेठ जी की एक मूर्ति गाँव में लगवानी चाहिए क्योंकि सेठ जी का देहान्त हो चुका है परन्तु अभी तक उसका इन्तजाम नहीं कर पाए हैं। दूसरे आदमी भवानी सहाय हैं जो आजकल जयपुर में रहते हैं। तीसरे आदमी भवानी सिंह गढ़वाली हैं जो आजकल लेंसडाउन में रहते हैं। चौथे आदमी काशीराम जो पांडिचेरी में रहते थे, अब उनका स्वर्गवास हो गया है। पाँचवाँ आदमी मेरा साथी और क्लासफेलो रनबीर सिंह जी गहलौत जो मर चुका है और छठा मैं खुद। मुझे, गहलौत और सभी को जो किसी-न-किसी साजिश केस के लोग थे, उनके पकड़वाने के लिए अंग्रेजी सरकार ने काफी बड़ा इनाम रखा था परन्तु सेठ जी पूरे देशभक्त न डरनेवाले व्यक्ति थे।

छह सौ रुपए लेकर चन्द्रशेखर जी बहुत खुश हुए और चलते वक्त मुझसे कह गए कि और रुपए की जरूरत होगी तथा मैं पाँच सौ रुपए और इकट्ठा कर अपने पास रखूँ। एक हफ्ते बाद उन्होंने फिर मेरे पास आने को कहा और ठीक एक हफ्ता बाद वह फिर मेरे पास आ धमके। अबकी बार फिर मैं डॉ. गोपाल सिंह के पास गया और उनसे साफ-साफ कह दिया कि पहले जो रुपए मैं उनसे ले गया था उसकी बदौलत असेम्बली में बम विस्फोट किए गए और लाल पर्चे बाँटे गए और अब उनको बलपूर्वक छुड़ाना है। फिलहाल पाँच सौ रुपए आप मुझे दे दीजिए। डॉक्टर साहब मेरी बात सुनकर बहुत खुश हुए और तत्काल मुझे पाँच सौ रुपए दे दिए। मैंने उन रुपयों को चन्द्रशेखर आज़ाद को दिया। वह बड़े खुश हुए और मुझसे कहने लगे कि मैं किस प्रकार पार्टी को अधिक-से-अधिक रुपए दे सकता हूँ। मैंने जवाब में कहा कि यदि मुझे हापुड़ में कांग्रेस में काम करने की इजाजत मिल जाए तो मैं काफी रुपया पार्टी को दिला दूँगा क्योंकि हापुड़ में बड़े-बड़े व्यापारी लोग रहते हैं और वह सब कांग्रेस की मदद करते हैं। मैं अपने बर्ताव से, काम-धाम से उनमें घुल-मिल जाऊँगा और इसी प्रकार मैं उनसे काफी रुपए लेने की कोशिश करूँगा। उन्होंने मुझे जवाब दिया कि तुम हापुड़ जाकर कांग्रेस में काम कर सकते हो। इजाजत मिलने पर मैं अपने एक साथी के साथ हापुड़ चला गया।

मेरठ आया तो चन्द्रशेखर जी से मुलाकात हुई। उन्होंने पूरी दास्तान सुनाई। वे बोले कि उन्होंने भगतसिंह को जेल से छुड़ा लेने के लिए बहुत कोशिश की। मैं पाँच बार मोटरकार लेकर जेल के दरवाजे पर पहुँचा हूँ, पर एक बार भी पुलिसवालों ने मुझे वह मौका नहीं दिया। वह लोग भगतसिंह को अपने घेरे में रखे हुए थे और जरा भी हटे नहीं। मैं उन सिपाहियों को बम से जमीन पर गिरा देता और भगतसिंह

को मोटर में बिठाकर भगा ले जाता। जेल पर मौका नहीं लगा क्योंकि कुछ पुलिस के सिपाही भगतसिंह से पहले ही बस से उतरकर उनको अपने घेरे में ले लेते थे और चन्द्रशेखर जी को कोई मौका नहीं मिल पाता था कि वह बम सिपाहियों के दरमियान फेंक दें क्योंकि डर था कि कहीं भगतसिंह जी ही जख्मी न हो जाएँ। इन प्रयासों को छोड़कर चन्द्रशेखर जी ने एक स्कीम यह भी बनाई कि जेल की दीवारों को तोड़कर भगतसिंह जी को छुड़ाया जाए। इसके लिए आज़ाद ने एक बंगला बहावलपुर रोड़ पर किराए पर लिया और अपने साथ इन सभी नौजवानों को रखा जिनमें दुर्गा भाभी और उनके पति भगवतीचरण बोहरा, सुशीला दीदी, यशपाल और यशपाल का नजदीकी दोस्त इन्द्रपाल, मास्टर छैलबिहारीलाल श्रीवास्तव तथा एक-दो और भी लोग रहे। इनमें भगवतीचरण बोहरा और यशपाल बम बनाने में माहिर थे। इसलिए इन दोनों का वहाँ होना जरूरी था। बहावलपुर रोड का बंगला किराए पर इन्द्रपाल ने ले लिया था किसी बनावटी काम से और उसका ही इसमें सब सामान था—दरियाँ, बिस्तर, सोफे इत्यादि। भगवतीचरण बोहरा पहले जेल की दीवार तोड़ने से पूर्व बम का परीक्षण करना चाहते थे। इसलिए वह कुछ को जिनमें यशपाल और मास्टर छैलबिहारी मौजूद थे, रावी के किनारे घने जंगलों में एक बम को आजमाने के लिए ले गए।

भगवतीचरण ने भूल से एक बम निकाला और यह कहते-कहते कि हटो, मैं बम फेंक रहा हूँ। बम उनके हाथ में ही फट गया और वे शहीद हो गए।

एक बार दुर्गा भाभी और सुशीला दीदी मेरी भाभी सत्यवती के घर आई हुई थीं और मैं भी इत्तफाक से घर पहुँच गया। यह तीनों औरतें उस समय रो रही थीं। मुझे देखकर उन्होंने रोना बन्द कर दिया तथा आँसू पोंछ लिए और मुझसे बातें करने लगीं। मैंने पूछा, आप क्यों रो रही थीं? जवाब मिला—इसलिए कि आप यशपाल के साथ काम करते हैं। मैंने पूछा यशपाल ने क्या किया है कि उसके साथ काम न किया जाए। जवाब मिला कि उसने भगवतीचरण को अपनी पिस्तौल की गोली से मार दिया था। मैंने पूछा कि क्या सबूत है इस बात का कि यशपाल ने भगवतीचरण जी को अपनी गोली से मार दिया। जवाब मिला कि उस वक्त मास्टर छैलबिहारी उनके साथ थे। मैं एकदम वहाँ से हॉस्टल आया और मास्टर छैलबिहारी को कॉलेज के मैदान में ले गया और उनसे सारा मामला पूछकर उन्हें अपनी भाभी के घर ले गया ताकि उन सबका यह खयाल कि यशपाल ने भगवतीचरण जी को अपने पिस्तौल की गोली से मार डाला था, दूर हो जाए। परन्तु जब उनको लेकर वहाँ पहुँचा तब दोनों औरतें भाभी जी के मकान को छोड़कर किसी दूसरे शहर में चली गई थीं। मैंने छैलबिहारी को अपनी भाभी के सामने खड़ा कर दिया और उसने रावी तट की घटना का सारा विवरण भाभी को सुना दिया। जो कुछ छैलबिहारी ने मेरी भाभी को बताया, वही उन्होंने उन दोनों को समझा दिया।

रात को जब आज़ाद सो रहे थे तो अचानक एक के बाद एक दो बम अपने आप ही फट गए और बड़े जोर का धमाका हुआ जिससे पड़ोस के एक इंजीनियर अपने मकान के बाहर निकल आए। आज़ाद ने किसी एक को हुक्म दिया कि वह अपनी पिस्तौल की नोक पर उस इंजीनियर को उसके घर के अन्दर ले जाए और जब तक कोई इशारा उनको नहीं मिले तब तक वह उस इंजीनियर को उसके फोन पर हाथ न रखने दे। जब सब सामान निकालकर दूसरी जगह पहुँचा दिया गया तब इशारा पाकर वह नौजवान बाहर आया। बाद में पुलिस वहाँ आई तो उसे अखबारों के कुछ फटे कागज ही मिले।

अपने इस काम में फेल होने पर भी चन्द्रशेखर आज़ाद ने अपनी हिम्मत नहीं हारी और जो कुछ उनके पास रुपया बचा था उसके जरिए से बम तैयार करने की फैक्ट्री दिल्ली में चालू कराई। ऐसा वह इसलिए ही कर रहे थे कि किसी प्रकार भगतसिंह को जेल से बलपूर्वक छुड़ा लिया जाए। परन्तु जब एक पुराना क्रान्तिकारी ही गलत निकल गया तब आज़ाद ने भगतसिंह को जेल से बलपूर्वक छुड़ाने का अपना इरादा छोड़कर इस बात में लग गए कि किसी तरह भगतसिंह की फाँसी की सजा रद्द हो जाए। तब वह और साधन जुटाकर भगतसिंह को बलपूर्वक छुड़ा लेने की चेष्टा करेंगे। उस समय भगतसिंह के मुकदमे के फैसले में चार नौजवान श्री सुरेन्द्र पांडे कानपुर, अजयकुमार घोष, जितेन्द्रनाथ सान्याल और अन्य एक सबूत न होने की वजह से छोड़ दिए गए थे। सुरेन्द्र पांडे जब छूटकर कानपुर पहुँचे तब कानपुर की पब्लिक ने उनका बहुत शानदार जुलूस निकाला जिसको चन्द्रशेखर आज़ाद ने खुद देखा और उस जुलूस से आजाद बहुत प्रभावित हुए। उन्होंने पांडे को पोशीदा तौर पर बुलाया। उनसे कहा कि यदि वह भूमिगत होकर क्रान्तिकारी पार्टी का काम करें तो उनके माध्यम से पार्टी को बहुत लाभ हो सकता है। सुरेन्द्र नाथ पांडे ने उनसे हाँ कर ली और तभी से भूमिगत होकर वह क्रान्तिकारी पार्टी के काम में जुट गए। जब तक पार्टी कायम रही तब तक वह भूमिगत होकर क्रान्तिकारी पार्टी में काम करते रहे। अजय घोष जेल से कम्युनिस्ट बनकर निकले थे इसलिए उन्होंने कानपुर के मजदूरों में काम करना शुरू कर दिया परन्तु सरकार ने धारा 110 के अन्तर्गत पकड़कर उन्हें पुनः जेल भेज दिया। शीघ्र ही वह जमानत पर जेल से बाहर आ गए और भूमिगत होकर कम्युनिस्ट पार्टी का काम करने में जुट गए। जब तक कम्युनिस्ट पार्टी को कानूनी तौर पर मान्यता नहीं मिली तब तक अजय कुमार घोष भूमिगत रहे। अन्त में वह भारतीय कम्युनिस्ट पार्टी के जनरल सेक्रेटरी बने और मरने तक वह पार्टी के जनरल सेक्रेटरी ही बने रहे। दूसरे दो आदमी अपने घरों पर बैठ गए क्योंकि उनकी तन्दुरुस्ती काम करने की इजाजत नहीं देती थी।

मैं पहले ही कह चुका हूँ कि आखिर में चन्द्रशेखर इस बात पर मान गए कि

किसी प्रकार भगतसिंह की सजा फाँसी से बदलकर आजीवन कारावास रह जाए। तब वह भगतसिंह को बलपूर्वक जेल से छुड़ा लेंगे। उस वक्त भगतसिंह ने अपने कारनामों से, अपने बयानों से और अपनी हठधर्मी व अदालत के कुछ न कर पाने से पब्लिक में ऐसे पापुलर हो चुके थे कि भारत की क्रान्ति के लिए उसका जीवित रहना बहुत ही जरूरी था। आजाद इस बात को अच्छी तरह जानते थे। वह हर प्रकार से कोशिश कर रहे थे कि भगतसिंह को जेल से छुड़ा लाएँ और उन्हें किसी पोशीदा (गोपनीय) जगह पर महफूज (सुरक्षित) रखकर वे लोग क्रान्ति का ढोल बजा दें। तब मालूम पड़ता था कि एक साल के अन्दर क्रान्ति हो जाएगी। इसलिए आज़ाद इस समय मुकदमा हो जाने पर तथा भगतसिंह को मौत की सजा मिल जाने पर इस नतीजे पर आ गए थे कि किसी प्रकार भगतसिंह की फाँसी की सजा बदलकर उम्र कैद हो जाए। इस मुद्दे को लेकर आज़ाद ने इलाहाबाद जाने का अपना इरादा बना लिया। साथ ही यह भी निश्चय किया कि पार्टी के कुछ फरार लोग जो आपस में एक-दूसरे की बुराई करते हैं, पार्टी इन बातों से कमजोर होती है इसलिए कुछ फरार लोगों को भारत के बाहर भेज दिया जाए जहाँ उनको अच्छी पनाह मिले और वह लोग तैयार होकर बाहर से आएँ और भारत की क्रान्ति को आगे बढ़ाएँ। इसलिए उन्होंने कुछ लोगों को, जो फरार थे, इलाहाबाद पहुँचने के आदेश दिए और कहा कि वह खुद जल्दी इलाहाबाद पहुँच रहे हैं।

इस निश्चय के बाद उनसे मेरी मुलाकात मेरठ में हुई और मेरे साथ वह हापुड़ तक आए। मैंने हापुड़ से उनको कुछ रुपया भी दिलवाया और मुझसे यह कहकर वह हापुड़ से चले गए कि वह कुछ फरार आदमियों को रूस भेज रहे हैं। उनको बाहर भेजने के बाद वह वापस आकर पार्टी को नए सिरे से तैयार करके मुल्क में इन्कलाब जल्दी कराने की कोशिश में जुटेंगे।

इतना कहकर आज़ाद तो हापुड़ से चले गए। मैं बता देना चाहता हूँ कि कुछ मफरूरों को सोवियत रूस में ही क्यों जाने का सिलसिला बना, किसी और देश को जाने का क्यों नहीं बना। उसकी खास वजह थी कि भगवतीचरण बोहरा, धन्वन्तरि जी, यशपाल जी और स्वयं आज़ाद जो श्रमजीवी क्रान्ति के पक्षधर थे और कम्युनिज्म और रूसी क्रान्ति से प्रभावित थे। उसकी वजह यह थी कि भगतसिंह खुद श्रमजीवी क्रान्ति के पक्षधर थे और भगतसिंह ने उन सभी को बहुत प्रभावित कर रखा था। जब उनमें से कोई भी मेरठ आता था तब मुझसे कहा जाता था कि मैं किसी प्रकार मेरठ कम्युनिस्ट साजिश केस के मुलजिमों से अपना सम्पर्क बनाऊँ। उनसे सम्पर्क बनाने में मुझे कामयाबी मिली और वक्तन-फवक्तन उनका साहित्य टाइप हुआ। यह साहित्य अपनी पार्टी के आदमियों को देता रहा। मेरी जान-पहचान कम्युनिस्ट मुलजिमान से अच्छी हो गई थी और उसकी वजह थी मेरे भाई साहब चौधरी विजयपाल सिंह का एडवोकेट बन जाना और मेरठ कम्युनिस्ट केस के

मुलजिमान की डिफेंस कमेटी के एडवोकेट की हैसियत से डिफेंस कमेटी का मेम्बर बन जाना।

मेरे इसरार करने पर मेरे भाई चौधरी विजयपाल सिंह ने मुझे मुलजिमान को सर्व करने लंच सर्विसर का वालेंटियर बना दिया। मुझे रोज लंच पर जाने की इजाजत मिल गई और जल्द ही मैंने उन मुलजिमान से अपनी वाक्फियत हासिल कर ली। होते-होते यह बात भी तय हो गई कि हमारी क्रान्तिकारी पार्टी के कुछ आदमी रूस जानेवाले साथियों की पूरी-पूरी मदद करेंगे। उन्होंने यह भी बताया कि कुछ दिन तक हमारे साथियों को बम्बई में रहना होगा। इस दौरान इंग्लैंड की कम्युनिस्ट पार्टी से सम्पर्क कर लिया जाएगा क्योंकि उस समय मास्को से सीधे सम्बन्ध नहीं थे। इंग्लैंड की कम्युनिस्ट पार्टी के माध्यम से बातचीत हुआ करती थी। जब चन्द्रशेखर आज़ाद का इरादा कुछ मफरूर क्रान्तिकारियों को रूस भेज देने का हुआ तब यह बात मेरठ साजिश केस के मुलजिमान को बता दी गई थी। इलाहाबाद में कांग्रेस के हाईकमान महात्मा गांधी सहित उस समय इकट्ठा हो रहे थे और आज़ाद साहब महात्मा गांधी से प्रार्थना करना चाहते थे कि गांधी जी खुद वकालत करके भगतसिंह की फाँसी की सजा को उम्रकैद में बदलवाने की कृपा करें।

दूसरा मुद्दा यह कि कुछ मफरूरों को वह बम्बई भेज दें, जहाँ से वह लोग कुछ समय बाद रूस को चले जाएँ। रूस जानेवालों में विशेषकर यशपाल, सुरेन्द्रनाथ पांडे और भवानीसिंह गढ़वाली थे। यों तो और कई क्रान्तिकारी इलाहाबाद पहुँच चुके थे। दुर्गा भाभी, दीदी तो चन्द्रशेखर आज़ाद के संरक्षण में उनके साथ रह रही थीं। प्रोफेसर सम्पूर्ण सिंह और सुखदेव राज भी इलाहाबाद में थे। शायद चन्द्रशेखर आज़ाद का इरादा यह हो कि इलाहाबाद में भाभी और दीदी को छोड़कर और प्रोफेसर सम्पूर्ण सिंह तथा सुखदेव राज को पार्टी का काम करते रहने को कहकर वह भी बम्बई चले जाएँ।

आज़ाद की मुलाकात गांधी जी से और कांग्रेस के नेताओं से हुई। गांधी जी ने चन्द्रशेखर से साफ मना कर दिया कि वह वाइसराय से भगतसिंह के बारे में कोई बात करने के लिए तैयार नहीं है और दूसरे कांग्रेस नेताओं ने भी कहा कि जब गांधीजी तैयार नहीं हैं तो वह बिना गांधी जी के कुछ नहीं कर सकते थे। चन्द्रशेखर आज़ाद ने लौटकर अपने साथियों को बताया कि कोई भी कांग्रेस का नेता भगतसिंह के लिए अंग्रेजी सरकार से बात करने के लिए तैयार नहीं हुआ। उन्होंने अपने दो साथियों से कहा कि एक के बाद एक दोनों बारी-बारी से इलाहाबाद के अल्फ्रेड बाग में दूसरी सुबह को उनसे मिलें। दूसरी सुबह को आज़ाद अपने कहने के मुताबिक अल्फ्रेड बाग में पहुँच गए और उनके दो साथियों में से पहले सुखदेव राज उनके पास जाकर बातचीत कर रहे थे कि तभी अचानक बड़ी तादाद में पुलिस ने उनको घेर लिया। सन्मुख युद्ध में अत्यन्त वीरता से मुकाबला करते हुए आज़ाद शहीद हो

गए। उसके बाद 23 मार्च, 1931 की तारीख को लाहौर जेल में भगतसिंह, राजगुरु और सुखदेव भी फाँसी के फन्दों में झूलकर शहीद हो गए...

मैंने भी अपने शहीद चन्द्रशेखर के कदमों पर चलने की कोशिश की। जिस प्रकार चन्द्रशेख़र आज़ाद भगतसिंह को आखिर दम तक छुड़ा लेने की कोशिश में लगे रहे, उसी प्रकार मैंने भी दिल्ली साजिश केस के कुछ मुलजिमान को छुड़ाने की अपनी भरसक कोशिश की, परन्तु जिस प्रकार श्री आज़ाद भगतसिंह को जबरदस्ती छुड़वा लेने में कामयाब नहीं हुए, उसी प्रकार मैं भी नाकामयाब रहा।

भगतसिंह से मेरी मुलाकातें

सोहनसिंह जोश

मैंने 21 जनवरी, 1927 को पंजाबी मासिक 'कीर्ति' (मजदूर) का कार्यभार सँभाला। यह एक क्रान्तिकारी पत्रिका थी जो सनफ्रांसिस्को षड्यन्त्र केस के एक गदर क्रान्तिकारी भाई सन्तोख सिंह द्वारा भारत में पंजाब भाषा-भाषी जनता के बीच पूर्ण स्वतन्त्रता तथा समाजवाद के विचारों का प्रचार करने के लिए फरवरी 1926 में शुरू की गई थी। 1915 में गदर क्रान्ति के विफल होने के बाद गदर पार्टी के नेता मार्क्सवाद-लेनिनवाद की ओर मुड़ रहे थे और उन्होंने नई परिस्थितियों के तहत राष्ट्रीय स्वतन्त्रता संघर्ष को आगे ले जाने के लिए पंजाब के किसानों तथा अव्यवस्थित मजदूरों को संगठित करना चाहा।

'कीर्ति' केवल एक प्रचार पत्रिका ही नहीं थी, बल्कि एक लामबन्द करनेवाली पत्रिका व संगठनकर्त्ता भी थी। हम लोग इस पत्रिका के आसपास नौजवानों, मजदूरों तथा किसानों को संगठित कर रहे थे। कीर्ति के प्रबन्धकों ने नौजवानों का एक संगठन निर्मित करने का निश्चय किया और उस उद्देश्य के लिए मार्च 1928 में भागसिंह कनेडियन तथा सोहनसिंह जोश द्वारा हस्ताक्षरित इश्तहार निकाला और वे जलियाँवाला बाग में 11, 12 तथा 13 अप्रैल, 1928 को एक नौजवान सम्मेलन आयोजित करने की तैयारी कर रहे थे। पंजाब कांग्रेस भी उसी जगह पर उन तिथियों पर एक राजनीतिक सम्मेलन आयोजित कर रही थी। हम लोगों ने पंजाब के एक नौजवान संगठन की स्थापना के लिए सम्मेलन में शामिल होने के वास्ते नौजवानों को आमन्त्रित किया था। सम्मेलन का भारतीय भाषायी पत्रों तथा लाहौर से प्रकाशित होनेवाले दैनिक 'ट्रिब्यून' में व्यापक प्रचार हुआ था।

सम्मेलन के कुछ दिन पहले 6 या 7 अप्रैल को एक नौजवान, जो मुझसे भी छोटा था, अमृतसर रेलवे लाइन के चौराहे स्थित लकड़ी के पुल के निकट 'कीर्ति' कार्यालय में मुझसे मिलने आया। वह एक सुन्दर व रौबदार चेहरेवाला तथा बुद्धिमान नौजवान था जो मुझसे एक या दो इंच छोटा था। उसके अमृतसर आने का उद्देश्य नौजवान सम्मेलन के, जो हम लोग आयोजित करने जा रहे थे, राजनीतिक स्वरूप

तथा कार्यक्रम के बारे में पता लगाना था।

उसने मुझसे कहा कि उसका नाम भगतसिंह है और वह लाहौर में छात्रों को संगठित कर रहा है। उसने कहा कि वह और उसके मित्र हमारे सम्मेलन में शामिल होंगे और वे यह जानना चाहते हैं कि इसका क्या राजनीतिक कार्यक्रम है। मैंने उससे कहा कि सम्मेलन का आयोजन 'कीर्ति' के प्रबन्धकों द्वारा किया जा रहा है जिनकी राजनीतिक नीति मासिक पत्र में प्रतिपादित की गई है और कि हम वैज्ञानिक समाजवाद में विश्वास करते हैं और हम यह चाहेंगे कि सम्मेलन मार्क्सवादी विचारधारा पर आधारित एक समाजवादी कार्यक्रम स्वीकृत करे।

"आपका कार्यक्रम क्रान्तिकारी है।" उसने कहा, "हम लोग सम्मेलन में शामिल होंगे।"

मैंने जोर दिया, "अवश्य आएँ एवं सम्मेलन में शामिल हों।"

"पर एक बात—आप शायद यह नहीं जानते हैं कि लोग लाहौर में एक नौजवान संगठन चला रहे हैं जिसका नाम है नौजवान भारत सभा।"

मैंने जवाब दिया, "नहीं, मैं नहीं जानता। यहाँ कोई व्यक्ति इसके बारे में कुछ नहीं जानता है। इसके बारे में क्या हुआ?"

"कुछ खास कारणों से यह निष्क्रिय हो गया।"

"कौन से कारण?"

"सरकार ने कॉलेजों में हमारे प्रवेश पर प्रतिबन्ध लगा दिया और सी.आई.डी. ने हमारे संगठनकर्त्ताओं का पीछा करना शुरू कर दिया। छात्रों के साथ बातचीत करना एकदम असम्भव हो गया।"

मैंने कहा, "मैं समझता हूँ। सरकार हम लोगों को किसी भी प्रकार कोई राजनीतिक कार्य करने की इजाजत नहीं देना चाहती है।"

तब वह असली मुद्दे पर आया और मुझसे पूछा कि मैं 'नौजवान भारत सभा' के नाम के बारे में क्या सोचता हूँ।

मैंने जवाब दिया, "यह अच्छा नाम है लेकिन हम लोगों ने इस बात को प्रतिनिधियों पर छोड़ दिया है कि वे लोकतान्त्रिक ढंग से नाम का चयन करें।"

उसने कहा, "पर क्या आप इस नाम को अपना समर्थन नहीं देंगे?"

मैंने जवाब दिया, "मैं इस मसले पर भागसिंह कनेडियन तथा दूसरों से विचार-विमर्श करूँगा और मैं सोचता हूँ कि सम्भवतः हम इसका समर्थन करेंगे।"

भगतसिंह ने वायदा किया कि वह अपने लाहौर के साथियों के साथ सम्मेलन में शामिल होंगे। इस तरह हम लोगों की पहली मुलाकात इस ढंग से हुई।

सरकार की गुप्त रिपोर्टों से यह उद्घाटित होता है कि भगतसिंह द्वारा संस्थापित लाहौर नौजवान सभा की गतिविधियाँ मुख्यतः लाहौर कॉलेजों तक ही सीमित थीं। यह एक अर्ध गुप्त संगठन था जिसका क्रान्तिकारी उद्देश्यों के लिए छात्रों के बीच

से लोगों को इसमें शामिल करने का खुला व गुप्त कार्यक्रम था। ब्रिटिश गुप्तचरों ने इसकी वास्तविक राजनीतिक गतिविधियों को समझा। लाहौर के कॉलेज प्राचार्यों को विश्वविद्यालय के उपकुलपति तथा वित्त विभाग के सम्मानीय सदस्य द्वारा बुलाया गया और उसने सभा के 'वास्तविक उद्देश्यों' के बारे में उन्हें बताया। सभा को उनके कॉलेज व छात्रावास के हॉलों के इस्तेमाल से बहिष्कृत कर दिया गया। ब्रिटिश उपकुलपति ने आदेश जारी किया कि कॉलेज स्टाफ का कोई भी सदस्य सभा के लिए सामाजिक विषयों, नागरिक विषयों आदि पर भाषण नहीं देगा। इस आदेश से सभा की गतिविधियों को गहरा आघात लगा।

'लाहौर नौजवान सभा' ने मार्च 1926 से अप्रैल 1927 तक छात्रों के बीच उनमें राजनीतिक चेतना का संचार करने के लिए बड़ा ही अच्छा काम किया। पर लाहौर के बाहर कोई भी आदमी इसके अस्तित्व के बारे में अवगत नहीं था और इसके बाद "सभा की गतिविधियों का अन्त हो गया...इस अवधि के दौरान सभा ने कुछ भी नहीं किया।" ब्रिटिश सरकार की दृष्टि में "इसका खुला कार्यक्रम कम्युनिज्म तथा हिंसा के उग्र राजनीतिक सिद्धान्तों के गुप्त प्रचार के लिए एक आवरण मात्र था।"

हम लोगों ने केदारनाथ सहगल को नौजवान सम्मेलन का अध्यक्ष चुना क्योंकि गदर पार्टी के नेताओं से उनका सम्पर्क था तथा वे प्रथम लाहौर षड्यन्त्र केस (1915) के गदर देशभक्तों के साथ सहअभियुक्त थे। 'कीर्ति' ने एक नए रूप में गदर आन्दोलन को जारी रखा। यह पत्र मार्क्सवाद की ओर अभिमुख था। हम लोग उस समय यह नहीं जानते थे कि केदारनाथ सहगल भंग 'लाहौर नौजवान सभा' के भी सदस्य थे।

सम्मेलन का आयोजन निश्चित तिथि पर हुआ। भगतसिंह तथा उनके लाहौर के साथियों ने सम्मेलन में भाग लिया। अनेक हिन्दू, सिख तथा मुस्लिम शिक्षित नौजवानों ने इसमें भाग लिया। अध्यक्ष केदारनाथ सहगल ने पंजाबी नौजवानों की सेवाओं तथा बलिदानों की प्रशंसा की और इस बात पर दुख तथा आश्चर्य व्यक्त किया कि पंजाब को अभी भी भारत के 'अल्स्टर' की उपाधि दी जाती है। उन्होंने साम्प्रदायिक दंगों की, भारतीयों द्वारा भारतीयों की हत्या की निन्दा की जो ब्रिटिश एजेंटों तथा उत्तेजकों के भड़कावों पर शुरू किया जाता है और उन्होंने ब्रिटिश शासकों द्वारा कठपुतलों की साम्प्रदायिक चालबाजियों को ध्वस्त करने तथा मातृभूमि को मुक्त करने के लिए जनता को संगठित करने के लिए नौजवानों का आह्वान किया।

सम्मेलन में भाग लेनेवाले प्रतिनिधियों की आम राय यह थी कि नौजवानों को पूर्ण स्वतन्त्रता तथा समाजवाद का समर्थन करना चाहिए। लेकिन इस पर अधिक विचार-विमर्श नहीं हुआ। मुख्य विचार-विमर्श इस मसले पर हुआ कि क्या धार्मिक

साम्प्रदायिक संगठनों से सम्बन्धित नौजवानों को नौजवान संगठन का सदस्य होने की इजाजत दी जानी चाहिए या नहीं? इस सम्बन्ध में परस्पर विरोधी दो प्रवृत्तियाँ थीं।

इस रुझान का, कि धार्मिक-साम्प्रदायिक संगठनों से सम्बन्धित नौजवानों को नौजवान संगठन का सदस्य बनने की इजाजत दी जानी चाहिए, प्रतिनिधित्व दो नौजवान नेता कर रहे थे। उनमें एक थे सरदार गोपाल सिंह कौमी, जो चाहते थे कि अकाली नौजवानों को नए नौजवान संगठन में शामिल होना चाहिए और दूसरे थे मुंशी अहमद दीन, जो इस संगठन में अहरार नौजवान को शामिल करना चाहते थे। इसके विरोधी रुझान का प्रतिनिधित्व 'कीर्ति' प्रबन्धक ग्रुप तथा सरदार भगतसिंह का ग्रुप कर रहा था।

उस समय नौजवान उन धार्मिक-साम्प्रदायिक नेताओं के कड़े विरोधी थे जो हमारी आजादी के ब्रिटिश दुश्मनों के हाथों में खेल रहे थे और हमारे स्वतन्त्रता आन्दोलन के विकास के मार्ग में बाधाएँ व कठिनाइयाँ उत्पन्न कर रहे थे तथा साम्प्रदायिक दंगे भड़का रहे थे। उनमें से कुछ तो इतने उग्र विरोधी थे कि वे स्वयं धर्म के विरुद्ध ही बड़े बेतुके ढंग से बोलने लगे।

लम्बी बहस के बाद 'कीर्ति' ग्रुप तथा भगतसिंह ग्रुप ने गोपाल सिंह कौमी तथा मुंशी अहमद दीन द्वारा प्रस्तुत प्रस्तावों को पराजित करने के लिए आपस में हाथ मिलाया। नौजवानों का बहुमत धार्मिक-साम्प्रदायिक संगठनों से सम्बन्धित नौजवानों को शामिल किए जाने का विरोधी था। पर यह स्पष्ट कर दिया गया कि इसका यह मतलब नहीं कि किसी भी नौजवान को नए संगठन में शामिल होने के लिए अपने धर्म को छोड़ देना चाहिए। इसका केवल यह अर्थ है कि धर्म किसी भी व्यक्ति का निजी मामला है और साम्प्रदायिकता हमारी दुश्मन है तथा इसके खिलाफ लड़ा जाना चाहिए। इस व्याख्या के साथ सौहार्द्रपूर्ण ढंग से इस मसले का समाधान कर लिया गया।

सम्मेलन ने निश्चय किया कि नौजवानों का नया संगठन गैर-साम्प्रदायिक, लोकतान्त्रिक तथा धर्मनिरपेक्ष होगा। किसी भी उस व्यक्ति को, जिसकी साम्प्रदायिक प्रवृत्ति या झुकाव नहीं है, इसका सदस्य बनने की इजाजत दी जाएगी। नौजवान संगठन को उन सभी पथभ्रष्टता तथा विचलनों का कड़ा विरोध करना चाहिए जिससे हमारे आन्दोलन को नुकसान पहुँचता है और अवरोध उत्पन्न होता है। नौजवान आन्दोलन को हमारे देश के राजनीतिक क्षेत्र में एक बड़ी शक्ति बनकर आगे आना चाहिए।

सोहनसिंह जोश में प्रस्तावित किया कि इस संगठन का नाम नौजवान भारत सभा पंजाब होना चाहिए तथा इसका मुख्यालय अमृतसर में होना चाहिए—इसे सर्वसम्मति से स्वीकृत कर लिया गया क्योंकि इसके लिए ही आधारभूमि तैयार कर

ली गई थी। सम्मेलन ने साइमन कमीशन के प्रति दृष्टिकोण, राष्ट्रीय झंडा, ब्रिटिश वस्तुओं का बहिष्कार, अस्पृश्यता तथा धर्म आदि के बारे में 9 प्रस्ताव पारित किए।

नौजवानों के संगठन पर प्रस्ताव में कहा गया "सम्मेलन निश्चय करता है कि प्रान्त के नौजवानों को संगठित करने के लिए एक केन्द्रीय संगठन की स्थापना की जानी चाहिए तथा इसका नाम 'नौजवान भारत सभा' रखा जाना चाहिए एवं प्रान्त के गाँवों तथा जिलों में इसकी शाखाएँ संगठित की जानी चाहिए। इस कार्य को पूरा करने के लिए 10 सदस्यों की एक अस्थायी समिति गठित की जानी चाहिए, जो इसका संविधान तैयार करेगी तथा इसकी शाखाओं की स्थापना के लिए प्रचार कार्य करेगी और सभा की केन्द्रीय सभा की स्थापना करेगी।"

"समिति के सदस्य-सोहनसिंह जोश अध्यक्ष, लाला रामचन्दर, अब्दुल मजीद, मोहम्मद तुफैल, एहसान इलाही, शेख हिसामउद्दीन, छबीलदास, हरिसिंह चकवाहा, गोपाल कौमी, कपिल देव शर्मा।"

समिति द्वारा पारित सभा का उद्देश्य तथा लक्ष्य भारत में उग्रपन्थी पार्टियों के सहयोग से पूर्ण आजादी प्राप्त करना, मजदूरों तथा किसानों की सरकार की स्थापना करना, नौजवानों के दिमाग में आत्म-बलिदान तथा देशभक्ति की भावना का संचार करना तथा धार्मिक मसलों के सम्बन्ध में सहिष्णुता की भावना का प्रचार करना था।

'नौजवान भारत सभा' के 'पुनरुज्जीवन' का यह सारतत्व है। सरकारी रिपोर्ट में यह लक्षित किया गया है कि 'सभा के पुनरुज्जीवन' की जड़ अप्रैल 1928 के सम्मेलन में निहित थी और "सभा की नीति अब निश्चित रूप से अमृतसर स्थित 'कीर्ति' ग्रुप के साथ सहयोग से कार्य करने के लिए विस्तारित की गई और इस तरह क्रान्ति अथवा दूसरे तरीकों के जरिए शक्ति के अवक्रमण का एक कार्यक्रम शामिल किया गया।

साम्प्रदायिक-धार्मिक रुझानों पर हमारी विजय ने भगतसिंह ग्रुप तथा कीर्ति ग्रुप को निकट ला दिया। यह एक खुला संगठन था जिसका मुख्य कार्य मजदूरों तथा किसानों के बीच कार्य करना, आर्थिक माँगों पर उन्हें संगठित करना तथा अन्य संघर्षरत ताकतों के साथ एकता कायम करके आजादी के वास्ते संघर्ष करने की आवश्यकता को महसूस कराना था। सरकार ने लक्षित किया कि 'नौजवान भारत सभा' ने अमृतसर में अनेक यूनियनों, जैसे मैकेनिकल इंजीनियर्स यूनियन, रेलवे पोर्टर्स यूनियन तथा प्रेस वर्कर्स यूनियन पर कब्जा करने का प्रयास किया।

भगतसिंह के पिता किशन सिंह और उनके चाचा अजीत सिंह तथा स्वर्ण सिंह ब्रिटिश गुलामी के खिलाफ स्वातन्त्र्य योद्धा थे। वास्तव में उनका एक देशभक्त परिवार था। उनके अग्रजों ने स्वतन्त्रता संग्राम में अनेक मुसीबतें झेली थीं और वे अनेक सजाओं में जेल भेजे गए। उनके चाचा अजीत सिंह कृषि आन्दोलन के एक

बड़े नेता थे और उन्होंने 1906-07 में कालोनाइजेशन अधिनियम के विरुद्ध संघर्ष में बड़ी भूमिका अदा की जिसने उपनिवेशकों को वृक्ष काटने से एवं सेना में सेवा के लिए दी गई भूमि का अपनी इच्छा के अनुरूप निपटारा करने से रोक दिया। इसके बाद ब्रिटिश सरकार ने पानी का शुल्क तथा भूराजस्व बढ़ा दिया। पहले से ही सूखा और फसल की बरबादी की वजह से किसानों की स्थिति दयनीय थी और इसके साथ ही सरकार की नीति भी उन्हें गरीब रखने की थी। इन क़दमों ने उन्हें बहुत ही प्रभावित किया और इसने ऊँट की पीठ में अन्तिम प्रहार करने जैसा काम किया। सरदार अजीत सिंह, लाला लाजपतराय और कवि बाँकेलाल व दूसरों ने उसकी शिकायतों को दूर करने के लिए एक प्रभावशाली नेतृत्व प्रदान किया और किसान समुदाय ब्रिटिश सरकार के विरुद्ध उठ खड़े हुए।

यह पंजाब में एक बड़े पैमाने पर पहला कृषि आन्दोलन था जिसने सरकार को आघात दिया और उसमें घबराहट पैदा कर दी। सरकार ने अजीत सिंह तथा लाला लाजपतराय को बर्मा के मांडले जेल भेज दिया। रावलपिंडी तथा लाहौर (अब पाकिस्तान में) व दूसरी जगहों में संघर्ष शुरू हो गया जिनमें हिन्दू-सिख तथा मुस्लिम किसानों ने संयुक्त रूप से हिस्सा लिया। सरकार को अपने कदम पीछे लौटाने को मजबूर होना पड़ा।

सरदार अजीत सिंह की ब्रिटिश विरोधी कार्रवाइयाँ तथा बलिदानों ने भगतसिंह को काफी प्रेरित किया। भगतसिंह की आँखों में उनके चाचा एक महान विद्रोही थे जिन्होंने बाहर से आजादी की लड़ाई लड़ने के लिए देश को छोड़ दिया। उन्होंने उनके साहस, आत्म-बलिदान तथा स्वतन्त्रता के लिए समर्पण की अतीव सराहना की और उन्हें काफी सम्मान व प्रशंसा की दृष्टि से देखा। उन्होंने अजीत सिंह के बारे में मुझसे अनेक बार बातचीत की तथा इस बात को स्वीकार किया कि बचपन से ही उन पर उनकी देशभक्ति का काफी प्रभाव पड़ा।

लेकिन, मृत्यु की भी उपेक्षा करनेवाला अदम्य साहस, निर्भीकता तथा ब्रिटिश राज के खिलाफ घोर घृणा के प्रतीक गदर पार्टी के करतार सिंह सराबा हमारे समय के सभी नौजवानों के आदर्श थे। भगतसिंह ने अविस्मरणीय शब्दों में उनकी प्रशंसा करते हुए उन पर एक लेख लिखा।

करतार सिंह सराबा के बारे में भगतसिंह की प्रेरणाप्रद वार्त्ता ने सभी श्रोताओं को जाग्रत कर दिया। नौजवानों के साथ बातचीत का यह उनका सामान्य विषय था। अजय घोष भी उनसे सराबा के बारे में सुन चुके थे। अजय घोष ने बाद में लिखा, "करतार सिंह एक ऐसे व्यक्ति थे जिनकी दुश्मन भी प्रशंसा करते थे। एक निर्भीक योद्धा तथा एक महान संगठनकर्त्ता। मैं वास्तव में उनकी पूजा करता था तथा मुझे उस वीर नायक के बारे में प्रेरणाप्रद बातचीत से बड़ी प्रसन्नता होती थी। मैं भगतसिंह को पसन्द करने लगा।"

नौजवानों को 1920 की कांग्रेस राजनीति अच्छी नहीं लगी। कांग्रेस एक उदार संगठन था जिसमें ब्रिटिश शासकों के बारे में सभी तरह के भ्रम, उसके कानून व व्यवस्था के दिखावों तथा संविधानवाद के सम्बन्ध में सभी तरह के विभ्रम मौजूद थे। इसलिए नौजवानों ने कांग्रेस राजनीति की उपेक्षा की और ब्रिटिश साम्राज्यवादियों पर कड़ा प्रहार करना चाहा। वे क्रान्ति के बारे में सक्रियता से विचार कर रहे थे तथा एक क्रान्तिकारी विद्रोह करना चाहते थे।

'नौजवान भारत सभा' के कार्यकलाप के कुछ महीनों के बाद इस संगठन में मुख्यतः दो प्रवृत्तियाँ उभरकर सामने आईं। एक प्रवृत्ति का नेतृत्व भगतसिंह तथा उनके साथी कर रहे थे। यह एक अल्पमत प्रवृत्ति थी, जैसा कि उनके साथ मेरी बातचीत के बाद यह बात बिलकुल स्पष्ट हो गई थी। भगतसिंह सोए हुए छात्रों तथा नौजवानों को राजनीतिक रूप से जगाने के लिए, जो मातृभूमि के प्रति अपने कर्त्तव्य को भूल गए थे, बमों तथा पिस्तौल के इस्तेमाल के जरिए जल्द ही कुछ करना चाहते थे—''एक ऐसी चमत्कारिक चीज जो उन्हें बिलकुल जाग्रत कर देगी तथा भारत की आत्महन्ता ब्रिटिश दासता के बारे में सोचने के लिए विवश करेगी तथा अपना भविष्य सँवारने के सभी विचारों का परित्याग करके आगे आने एवं स्वतन्त्रता के ध्येय के लिए बलिदान करने को प्रेरित करेगी। वह तब तक प्रतीक्षा नहीं कर सके जब तक कि मजदूरों एवं किसानों को सुसंगठित किया जाए और जब तक कि क्रान्तिकारी स्थिति परिपक्व हो जाए और क्रान्ति प्रारम्भ करने के लिए आह्वान किया जाए। उन्होंने जोर देकर कहा, ''हमारा युवा गर्म खून लम्बे समय तक प्रतीक्षा नहीं कर सकता।''

अपनी थीसिस के समर्थन में उनकी दलील की मुख्य लाइन यह थी कि ''हजारों इश्तहारों की अपेक्षा एक कार्य कुछ ही दिनों में अधिक प्रचार करता है...एक कार्य दूसरे कार्यों को सम्मुख लाता है, विरोधी विद्रोह में शामिल होते हैं, सरकार गुटों में विभाजित हो जाती है, निष्ठुरता संघर्ष को तीक्ष्ण कर देती है, रियायतों में विलम्ब हो जाता है, क्रान्ति शुरू हो जाती है।'' कभी-कभी तो वह इस तरह बढ़ा-चढ़ाकर कहते थे कि विद्रोह में एक आदमी टार्च या डायनामाइट के साथ विश्व को आदेश देने में समर्थ है।

इसमें कोई सन्देह नहीं है कि ये शब्द अपरिपक्व नौजवानों तथा बच्चे मस्तिष्क को बहुत अपील करते थे। मैं स्वयं कच्चा तथा अपरिपक्व था। मैं उस समय मार्क्सवाद के बारे में बहुत अधिक नहीं जानता था कि आतंकवाद और मार्क्सवाद में अन्तर किया जा सके एवं मजदूरों व किसानों के संगठन पर जोर दिया जा सके जो वास्तविक भारत का प्रतिनिधित्व करते थे और जिनकी मुक्ति के लिए हम लोग अपना जीवन देने को तैयार थे। यही वजह थी कि मैं एक भी ऐसा लेख नहीं लिख सका जिसमें हम अपने को आतंकवादी दृष्टिकोण से अलग कर सकें। ऐसी बात

दो कारणों से थी। प्रथमतः, मार्क्सवादी साहित्य अनुपलब्ध थे और स्वयं नौसिखिया एवं अत्यधिक उत्साही था और यह मार्क्सवाद के बहुत कम ज्ञान के कारण था। दूसरा, सशस्त्र संघर्ष की गदर पार्टी की विचारधारा तथा गदर वीरों के अभूतपूर्व बलिदानों का मेरे विचारों पर बड़ा ही प्रभाव था।

पर इस कमजोरी तथा अपरिपक्वता के बावजूद कीर्ति ग्रुप 'नौजवान भारत सभा' आन्दोलन में बहुमत मार्क्सवादी प्रवृत्ति का प्रतिनिधित्व करता था और इसने किसानों तथा मजदूरों को संगठित करने, उनके कृषिगत व आर्थिक माँगों के लिए संघर्ष करने तथा स्वतन्त्रता संघर्ष में उनकी राजनीतिक भूमिका के प्रति उन्हें जागरूक करने पर जोर दिया और इस बात पर जोर दिया कि आजादी जीतने की समस्या उनकी भी समस्या है, क्योंकि वे ब्रिटिश शासन में सबसे अधिक उत्पीड़ित तथा नृशंसतापूर्वक शोषित वर्ग हैं और इसलिए उन्हें अवश्य ही संगठित होना चाहिए एवं लोकप्रिय क्रान्ति के लिए तैयार होना चाहिए।

हम लोगों ने अनेक बार इन समस्याओं पर विचार-विमर्श किया। कीर्ति ग्रुप अपनी स्थिति पर दृढ़ रहा तथा 'नौजवान भारत सभा' ने 'कीर्ति किसान पार्टी' के जरिए अपनी लाइन को निष्पादित करना जारी रखा और किसानों व मजदूरों को उनकी आर्थिक माँगों के आसपास संगठित करने का कार्य जारी रखा। भगतसिंह तथा उनके ग्रुप ने व्यवहार में अपनी लाइन को कार्यरूप देना शुरू किया और यह साबित किया कि व्यवहार में वे वही करते हैं जिसमें उनका विश्वास है। मुझे लाहौर में उनके सभा स्थल में ले जाया गया। वह मकान जो सुजज्जित था तथा क्रोपाटकिन व बाकुनिन के चित्रों से दीवारें अच्छी तरह सजी थीं, शायद भगवतीचरण वोहरा का था। यह इस बात का संकेत है कि मैंने उनके विश्वास को जीत लिया था।

उर्दू 'कीर्ति' का प्रथम अंक अप्रैल 1928 में अमृतसर से निकला। वह पंजाबी कीर्ति के साथ ही निकला जिसका उद्देश्य बड़े पैमाने पर पाठकों की सेवा करना था। मैं उसका प्रधान सम्पादक तथा फीरोजदीन मंसूर, जिन्हें पेशावर षड्यन्त्र केस में सजा दी गई थी, सहायक सम्पादक थे। हमने उर्दू 'कीर्ति' में काम करने के लिए भगतसिंह से सम्पर्क किया। उस समय वह अपने पिता से उन्हीं समस्याओं से जूझ रहे थे जिनसे अधिकांश वे नौजवान जूझ रहे थे जो ब्रिटिश शासन के खिलाफ आजादी के लिए संघर्ष करने का साहस करते थे। उनके पिता यह नहीं चाहते थे कि वह किसी गुप्त सोसाइटी में काम करें। पर भगतसिंह ने उत्तर प्रदेश तथा बंगाल में काम करनेवाली गुप्त सोसाइटियों से सम्पर्क स्थापित किया। पंजाब में उनका ग्रुप जिसमें सुखदेव, एहसान इलाही, भगवतीचरण तथा धन्वन्तरि व दूसरे थे, काफी सुसंगठित व मजबूत था। उनके पिता को इसके बारे में जानकारी मिल गई और उनसे कहा कि वह गुप्त कार्यकलापों से अलग हो जाएँ तथा उन्होंने उन पर इस बात के लिए भी प्रभाव डालना चाहा कि वे भारतीय राष्ट्रीय कांग्रेस में कार्य करें।

चूँकि भगतसिंह को दृढ़ विश्वास था इसलिए वह नहीं झुके और कुछ समय के लिए उन्होंने घर छोड़ दिया। सर्वप्रथम वह दिल्ली गए एवं फिर वहाँ से कानपुर, जहाँ वह महान देशभक्त गणेश शंकर विद्यार्थी के सम्पर्क में आए और कुछ समय के लिए उनके दैनिक 'प्रताप' में कार्य किया। वह 'कीर्ति' में काम करने के लिए सहमत हो गए और उन्होंने करीब तीन महीने तक काम भी किया एवं उसके बाद वहाँ से चले गए।

मुझे याद है कि 'कीर्ति' के प्रबन्धकों ने स्टाफ में काम करने के लिए उन्हें जो कुछ दिया उसके अतिरिक्त उन्हें एक बार 800 रुपए और दूसरी बार 300 रुपए दिए ताकि वह अपनी इच्छानुसार खर्च कर सकें।

बातचीत के क्रम में मुझे मालूम हुआ कि भगतसिंह को किसी धर्म में विश्वास नहीं है। वह एक अनीश्वरवादी थे। कुछ आर्यसमाजियों ने उनकी शहादत के बाद यह दावा किया कि वह एक आर्यसमाजी थे। कुछ सिखों ने दावा किया वह एक सिख थे। पर वास्तव में वह कुछ भी नहीं थे। उन्होंने कहा कि "मैं एक साधारण आदमी हूँ, इसके सिवा कुछ भी नहीं।" वह धार्मिक-साम्प्रदायिक नेताओं से घृणा करते थे जो अपने स्वार्थ के लिए धर्म का इस्तेमाल करते थे और बड़ी ही निर्लज्जतापूर्वक ब्रिटिश अधिकारियों की सेवा में इसे रखते थे। वह साम्प्रदायिक दंगों से बड़े दुखी थे जिसने ब्रिटिश जालिम शासकों को भारत को लम्बे समय तक गुलाम बनाए रखने में सहायता पहुँचाई।

भगतसिंह तथा उनके साथी राष्ट्रीय क्रान्तिकारी थे जिन्होंने ब्रिटिश शासकों को भगाना तथा आज़ादी एवं भारत में समाजवाद की स्थापना करना चाहा। ब्रिटिश साम्राज्यवादियों, भारत की आजादी के दुश्मनों ने भारतीय जनता की आँखों में उन्हें बदनाम करने के लिए उन्हें 'आतंकवादी' या 'अराजकतावादी' की संज्ञा दी। वे न तो आतंकवादी और अराजकतावादी ही थे जैसा कि ये शब्द यूरोप में प्रचलित हैं, पर उन्होंने उनके कुछ राजनीतिक विचारों को ग्रहण किया। वे भारत को मुक्त करने के ध्येय के प्रति सबसे अधिक आत्म-बलिदानी, सबसे अधिक ईमानदार तथा निस्वार्थ रूप से समर्पित थे। वे रक्तचूसक ब्रिटिश साम्राज्यवादियों तथा उनके मित्रों द्वारा भारतीय जनता तथा मजदूर वर्ग के शोषण से घृणा करते थे तथा मेहनतकश जनता को समुचित स्थान व आज़ादी दिलाने के वास्ते किसी भी प्रकार का बलिदान करने को तैयार थे और बलिदान करना चाहते थे।

वे हिंसात्मक या अहिंसात्मक, शान्तिपूर्ण या अशान्तिपूर्ण तरीके से ब्रिटिश गुलामी को समाप्त करने के लिए किसी भी संघर्ष से बचना नहीं चाहते थे क्योंकि उनके लिए वे सभी तरीके उचित थे, बशर्ते कि वे आजादी के ध्येय के लिए सहायक हों, पर वे व्यक्तिगत या ग्रुप कार्रवाई को प्राथमिकता देते थे और वे इस बात में विश्वास करते थे कि ब्रिटिश आतंक का देशभक्तिपूर्ण प्रत्यातंक से सामना किया

जाए। ब्रिटिश शासकों द्वारा प्रेस की आजादी, बोलने की स्वतन्त्रता तथा संगठन को लगातार कुचले जाने से वे कार्रवाई करने को विवश हुए। मजदूर वर्ग तथा उसकी पार्टी ने अभी तक पिछड़े पंजाब में कोई आकार ग्रहण नहीं किया जो मार्क्सवादी विचारधारा से उन्हें प्रभावित कर सके। वे अधीर देशभक्त थे जो प्रतीक्षा करने, देखने तथा धीरे चलने की किसी भी नीति से घृणा करते थे। वे शक्तिहीन करनेवाले ब्रिटिश शासन के तहत भारतीय जनता के लगातार अपमान, अनैतिक रूप से दबाव डाले जाने तथा उसके अमानवीयकरण को सहन नहीं कर सके और वे चाहते थे कि जितना जल्द हो सके, इससे मुक्ति पाई जाए तथा ब्रिटिश निरंकुशता को समाप्त करने में सक्रिय हाथ बढ़ाया जाए। इस मुद्दे पर भगतसिंह के साथी तथा सह अभियुक्त अजय घोष ने, जो बाद में भारतीय कम्युनिस्ट पार्टी के एक बड़े नेता हुए, कहा–"बहरहाल, सबसे अधिक महत्त्वपूर्ण सवाल, यह सवाल कि किस तरीके से आजादी तथा समाजवाद के लिए लड़ाई लड़ी जाए, कुछ व्यक्तियों या ग्रुपों द्वारा सशस्त्र कार्रवाई की जाए, यह हम लोगों का आवश्यक कर्त्तव्य था। हम लोगों का अभिमत था कि यदि भय विद्यमान हो तो कुछ भी संवैधानिक भ्रमों को तोड़ नहीं सकता है, कुछ भी देश को भय की गिरफ्त से मुक्त नहीं कर सकता है। जब चुने हुए स्थानों तथा उचित अवसरों पर सरकार के सबसे अधिक घृणित अधिकारियों के खिलाफ हम लोगों द्वारा किए गए प्रहार से स्थिर शान्ति भंग की गई और जन आन्दोलन शुरू किया गया तो हम लोग अपने को आन्दोलन के साथ जोड़ेंगे, इसके सशस्त्र दस्ते के रूप में कार्य करेंगे तथा इसे एक समाजवादी दिशा देंगे।"

1928 तथा 1929 के वर्षों में भारतीय नौजवानों में एक बड़ा राजनीतिक जागरण हुआ। 'नौजवान भारत सभा' का अस्तित्व में आना तथा इसका व्यापक कार्यकलाप इसका प्रमाण था। छात्र यूनियन बनाई जाने लगी। रूसी क्रान्ति का प्रभाव काफी व्यापक था और यह हमारे देश में तेजी से नौजवानों को प्रभावित कर रही थी तथा रूसी क्रान्ति के सृष्टा तथा नेता लेनिन का नाम भारतीय समाचार-पत्रों द्वारा प्रचारित किया जा रहा था, यद्यपि यह विकृत करके किया जा रहा था पर भारत में बुद्धिजीवी नौजवानों के दिमाग में लेनिन क्रान्ति के एक मूर्त रूप बन गए थे।

अजय घोष ने भारतीय राष्ट्रीय कांग्रेस के नेतृत्व के प्रति राजनीतिक दृष्टिकोण के सम्बन्ध में बुद्धिमान नौजवानों की मानसिक दशा के बारे में सही ही कहा था–"हम लोगों ने वर्तमान राष्ट्रीय नेतृत्व तथा इसके संविधानवाद के प्रति अपना विश्वास खो दिया है, अन्दर से छेदने के नारे से घृणा उत्पन्न हो गई है।" अकाली आन्दोलन द्वारा इसका लक्ष्य प्राप्त करने के बाद कोई राजनीतिक आन्दोलन नहीं रह गया था। 'नौजवान भारत सभा' एक मात्र संगठन था जो पंजाब में खुला, निर्भीक तथा अथक आन्दोलनात्मक कार्य कर रहा था। भारत में कम्युनिस्ट ग्रुप मजदूर व किसान पार्टी और ट्रेड यूनियनों, 'नौजवान भारत सभा' या 'नौजवान लीग'

के जरिए कार्य कर रहा था और राष्ट्रीय क्रान्तिकारी युवाओं की बंगाल, पंजाब, उत्तर प्रदेश व बिहार आदि में गुप्त सोसाइटी थीं और वह देश में राजनीतिक शान्ति को तोड़ने के वास्ते कुछ करने के लिए तैयार हो रही थीं।

उस समय का सर्वाधिक महत्त्वपूर्ण आन्दोलन था साइमन कमीशन का बहिष्कार। सर्वगोरा साइमन कमीशन के थोपे जाने से भारत भर में आन्दोलन शुरू हो गया और इसने कांग्रेस, कम्युनिस्ट, सोशलिस्ट तथा राष्ट्रीय क्रान्तिकारियों के साथ ही सभी जीवन्त ताकतों को एकताबद्ध कर दिया। जहाँ कहीं कमीशन सबूत इकट्ठा करने गया, "साइमन वापस जाओ" के नारे से उसका स्वागत किया। वे महान दिन थे जो प्रेरणाप्रद असहयोग आन्दोलन की याद दिलाते थे जिसे महात्मा गांधी ने वापस ले लिया और जिसके फलस्वरूप देश में पस्तहिम्मती, दुख तथा निराशा व्याप्त हो गई। इसकी वजह से कांग्रेस द्वारा प्रतिपादित शान्तिपूर्ण तरीके से संघर्ष में नौजवानों का विश्वास नहीं रह गया।

साइमन कमीशन 30 अक्टूबर, 1928 को लाहौर आया। कांग्रेस नौजवान भारत सभा, स्टूडेंट्स यूनियन ने इसका बहिष्कार करने के लिए सभाएँ आयोजित कीं। 'नौजवान भारत सभा' तथा 'हिन्दुस्तानी सेवा दल' की जिला शाखाओं को नेताओं ने सम्बोधित किया तथा उनसे प्रदर्शन में भाग लेने के लिए कहा गया।

29 अक्टूबर को, यानी एक दिन पहले लाहौर के वरिष्ठ पुलिस अधीक्षक स्कॉट ने आदेश जारी किया जिसमें "जनता को उस जुलूस में भाग लेने या उसे संगठित करने से मना किया गया जिसकी स्वीकृति वरिष्ठ पुलिस अधीक्षक द्वारा नहीं दी गई हो।" उसी दिन शाम को एक आम सभा हुई जिसमें इस आदेश की निन्दा की गई तथा जनता से इसका उल्लंघन करने की अपील की गई।

30 अक्टूबर को हजारों लोगों ने जुलूस में भाग लिया जिसका नेतृत्व लाला लाजपतराय तथा मदन मोहन मालवीय और दूसरे गैर कांग्रेसी नेताओं ने किया। वे सभी काला झंडा लिए थे जिनमें लिखा था—"साइमन वापस जाओ", "हम पूर्ण आजादी चाहते हैं", "एक परकीय सरकार अभिशाप है, जब तक यह रहेगी अभिशाप रहेगा" आदि। जुलूस शान्तिपूर्ण तथा व्यवस्थित था।

पर जब यह घेरे के पास पहुँचा, तब जानबूझकर बिना किसी वजह के पुलिस द्वारा लाला लाजपतराय तथा दूसरे नेताओं पर हमला किया गया। लालाजी अग्रिम पंक्ति में थे और उन पर जबरदस्त लाठी का प्रहार हुआ। 17 नवम्बर को लालाजी की मृत्यु हो गई। दो डॉक्टरों ने समाचार-पत्रों को यह वक्तव्य जारी किया—"30 अक्टूबर को प्रहार से उन्हें जो गहरा जख्म हुआ उससे उनकी मृत्यु हुई।" पूरा देश शोकाकुल हो गया। 29 नवम्बर को पूरे देश में लाजपतराय दिवस मनाया गया।

एक पुलिस अधिकारी सांडर्स भी घटनास्थल पर मौजूद था और उसने लाठी चार्ज में हिस्सा लिया। यह बात सभी लोगों की जुबान पर थी कि पुलिस ने लाला

लाजपत राय की हत्या कर दी। पर सबसे अधिक घृणित पुलिस अधिकारी था स्कॉट, जो वरिष्ठ पुलिस अधीक्षक था। वह लाहौर किला में राजनीतिक संदिग्ध व्यक्तियों को सताया करता था, अकथनीय यन्त्रणा दिया करता था तथा नौजवानों के गुप्त कार्यकलापों के बारे में सूचना एकत्रित करने के लिए हर दर्जे का तरीका अपनाया करता था। लाला लाजपत राय की मृत्यु से स्कॉट के खिलाफ घृणा और तेज हो गई। भगतसिंह ग्रुप उनके सम्बन्ध में कुछ करने की योजना बनाने लगा।

'नौजवान भारत सभा' ने 16 दिसम्बर, 1928 को काकोरी केस शहीद दिवस आयोजित करने के लिए एक प्रस्ताव पारित किया और अपनी शाखाओं को सभाएँ करने और यह बताने के लिए आदेश दिया कि क्यों उन्हें फाँसी दी गई। इस सम्बन्ध में हम लोगों ने एक पोस्टर भी जारी किया। उस दिन जलियाँवाला बाग में आयोजित सभा में मैं मुख्य वक्ता था। पंजाबी में मेरे द्वारा दिए गए भाषण को सी.आई.डी. ने सुरक्षित रखा। वह चार पृष्ठों में उर्दू लिपि में है। मैंने कहा था :

"...काकोरी के लोगों ने भारत को स्वतन्त्र करने के ध्येय के वास्ते पैसा इकट्ठा करने के लिए डकैती की। उनमें से चार को फाँसी दे दी गई, जो इस कारवाई के नेता थे और कुछ को आजीवन कैद की सजा दी गई। जब हमने इस सभा को प्रचारित करने के लिए एक पोस्टर प्रकाशित किया तो कुछ मित्रों ने कहा, "आप भी उसी रास्ते पर जा रहे हैं।" मैं आपको स्पष्ट करना चाहता हूँ कि हमारी 'नौजवान भारत सभा' आतंकवाद में विश्वास नहीं करती है। हमारा यह विश्वास है कि व्यक्तिगत आतंकवाद विश्व में कहीं भी सफल नहीं हुआ है। आतंकवादी तरीके से कुछ व्यक्तियों को मारना सम्भव हो सकता है, पर दूसरे तानाशाहों द्वारा इसकी जगह दूसरा तरीका लाया जा सकता है। इस तरीके से हम व्यवस्था में परिवर्तन नहीं ला सकते हैं और न हम अन्याय व उत्पीड़न को ही दूर कर सकते हैं। यही वजह है कि हम 'जन नागरिक अवज्ञा' या 'जन कर नहीं' अभियान चलाना चाहते हैं। यही कारण है कि हम संगठन पर जोर देते हैं।"

आगे हमने जोर दिया कि "जब तक जनता हमारे साथ नहीं है उनके बीच वर्ग चेतना नहीं उत्पन्न की जाएगी, तब तक हम आजादी हासिल नहीं कर सकते हैं। बम्बई में एक लाख पचास हजार मिल मजदूरों ने हड़ताल की जिन्होंने अपनी माँगें स्वीकार करने के लिए मिल मालिकों को मजबूर कर दिया। संगठन से हमारा यही तात्पर्य है।"

सरकारी रिपोर्ट में यह कहा गया है कि सोहनसिंह जोश ने काकोरी दिवस पर काकोरी शहीदों की प्रशंसा करते हुए तथा उनके तरीके की ओर ध्यान आकृष्ट करते हुए, पर साथ ही सावधानीपूर्वक राजनीतिक स्वतन्त्रता के एक तरीके के रूप में आतंकवाद से अपने को तथा अपनी पार्टी को अलग करते हुए आपत्तिजनक भाषण दिया।

मैंने 'नौजवान भारत सभा' में भगतसिंह तथा उनके साथियों की आतंकवादी प्रवृत्तियों से इस तरह विलगाव किया। ऊपर उल्लिखित सरकारी रिपोर्ट में इन शब्दों का यही अर्थ था कि "सभा के पुनर्जीवन" की जड़ अप्रैल 1928 के सम्मेलन में ही थी और कि "सभा की नीति को अब निश्चित रूप से अमृतसर स्थित कीर्ति ग्रुप के साथ मिलकर कार्य करने तक विस्तारित किया गया।"

लाहौर तथा दूसरी जगहों में भी इकाइयों ने काकोरी शहीद दिवस मनाया परन्तु वक्ताओं ने अपने को आतंकवादी प्रवृत्ति से अलग नहीं किया। पर सरकारी अधिकारी इस विलगाव में कोई फर्क नहीं समझते थे और न ही उनके लिए इसका कोई अर्थ था क्योंकि वे आतंकवाद को शैतान तथा कम्युनिज्म को गहरा समुद्र समझते थे।

दूसरे दिन, यानी 17 दिसम्बर को दोपहर के करीब कुछ क्रान्तिकारियों ने एक पुलिस अधिकारी की हत्या कर दी जब वह पुलिस मुख्यालय से बाहर आ रहा था। शाम को अमृतसर में सभी जगह अफवाहों का बाजार गर्म था। कुछ लोगों ने कहा कि जिसे मारा गया वह वरिष्ठ पुलिस अधीक्षक स्कॉट था, तो कुछ ने कहा कि वह सांडर्स था। पुलिस अधिकारी के अतिरिक्त एक भारतीय भी मारा गया क्योंकि उसने चेतावनी पर अमल नहीं किया और उनका पीछा करने की कोशिश की।

अजय घोष ने लिखा, "हमारी पार्टी ने एक गहरा आघात लगाने का निश्चय किया। नवम्बर (?) 1928 में सहायक पुलिस अधीक्षक सांडर्स की जिसने जुलूस पर लाठीचार्ज का नेतृत्व किया, लाहौर में पुलिस मुख्यालय के सामने गोली मारकर हत्या कर दी। यह समय पर तथा बड़े साहस के साथ की गई कार्रवाई थी जिससे जनता को काफी हर्ष हुआ। पहला प्रहार जिसके जरिए हमने देश को आन्दोलित करने की आशा की थी, किया गया।

उसी रात (17 दिसम्बर) 11 बजे के कुछ ही देर बाद किसी व्यक्ति ने इस्लामाबाद में बड़ा घर स्थित मेरे दरवाजे को खटखटाया। मैं अपने घर में अकेला था। मेरा परिवार मेरे गाँव चेतनपुर (अमृतसर) गया हुआ था। मैंने दरवाजा खोला तो मेरे आश्चर्य का ठिकाना नहीं रहा। मैंने बाहर भगतसिंह तथा सुखदेव को खड़े पाया। मैंने उनका स्वागत किया, पर कहा कि मेरे घर पर आना जोखिम से भरा है क्योंकि पुलिस कभी भी छापा डाला सकती है। पर भगतसिंह ने कहा, "चिन्ता मत करें, हमने सारी व्यवस्था कर ली है।" वे भीतर आए और कहा, "हम भूखे हैं, हमें खाने के लिए कुछ दें।" मैं उन्हें दो चपाती, कुछ सब्जी तथा एक गिलास दूध ही दे सका। मैंने उनसे कहा कि हम ताजा भोजन तैयार कर सकते हैं पर उन्होंने कहा कि इसकी जरूरत नहीं है। हम बात करेंगे और सोएँगे।

भगतसिंह एक फ्लैट हैट तथा इंग्लिश सूट पहने थे। वे उन कपड़ों में एकदम पहचाने नहीं जाते थे। सुखदेव इंग्लिश सूट तथा हैट पहने थे। भगतसिंह ने अपना

हैट हटाया और निकट के एक टेबल पर उसे रखा। उन्होंने अपना पिस्तौल कोट के ऊपर खूँटी में टाँग दिया। इसके बाद अल्प भोजन समाप्त करके उन्होंने मुझसे पहला सवाल किया, "सांडर्स की हत्या की आम रूप में क्या प्रतिक्रिया है?" अब मैंने समझा कि सांडर्स की हत्या की गई।

"नौजवान प्रसन्न हैं।" मैंने जवाब दिया, "पर वे अधिक प्रसन्न होते यदि स्कॉट मारा जाता।"

उन्होंने कहा, "हम लोग तो उसी (स्कॉट) की हत्या करने के लिए वहाँ गए थे, पर वह दूसरा शैतान सामने आ गया और इतनी बड़ी तैयारी में इतना कष्ट उठाने के बाद हम खाली हाथ नहीं लौट सकते थे" और फिर उन्होंने आगे कहा, "जो कुछ हो, कुछ शुरुआत तो हो गई।"

मैंने कहा, "गांधी जी के अनुयायियों में इस हत्या के बारे में दूसरी राय भी है।"

उन्होंने कहा, "हम इसे पहले से ही जानते हैं। इस कार्रवाई के बारे में निर्णय करने के पहले हमने विचार-विमर्श किया था।" इसके बाद उन्होंने तिरस्कारपूर्वक कहा, "गांधी ने चौरी-चौरा घटना के बाद असहयोग आन्दोलन (1921-22) को वापस करके देश की पीठ में छुरा भोंक दिया। अभी भी लोग निराशा तथा पस्तहिम्मती के बादल के नीचे हैं जिसे उन्होंने देश में फैला दिया है।"

उन्होंने आगे कहा, "लेकिन इसे जाने दें। क्या आप जानते हैं कि ब्रिटिश शासकों पर सांडर्स की हत्या का क्या प्रभाव पड़ा है?"

"मैं नहीं जानता। उसके बारे में जानना अभी जल्दबाजी होगी।"

उन्होंने कहा, "उन लोगों के बीच इससे काफी बेचैनी है। उनमें से कुछ ने अपनी पत्नी तथा बच्चों को इंग्लैंड भेज दिया है। वे अत्यन्त भयभीत हैं।"

मैंने अपनी राय दी, "पर यह घबराहट अस्थायी है। यह जल्द ही समाप्त हो जाएगी।"

"इस कार्रवाई के बारे में आपका क्या विचार है?"

"आप मेरे विचार के बारे में जानते हैं। हम लोगों ने अनेक बार इस मसले के बारे में बातचीत की है। हमारी नौजवान सभा के कार्यकर्त्ता गिरफ्तार किए जाएँगे। दमन का दौर-दौरा शुरू होगा और हमारे आन्दोलन को बड़ा नुकसान होगा, इससे बाधा पड़ेगी।"

उन्होंने कहा, "मैं इससे सहमत नहीं हूँ। इस कार्रवाई से जनता जागृत होगी और आन्दोलन को बल मिलेगा।"

इस पूरी बातचीत के दौरान सुखदेव एक शब्द भी नहीं बोले। वह मुझसे पहली बार मिले थे।

इसके बाद उन्होंने मुझसे पूछा कि मैं सम्मेलन के लिए कलकत्ता कब जा रहा

हूँ?" मैंने जवाब दिया, "कल।"

"आप अपने रास्ते जाएँ और हम अपने।"

इस तरह हमारी बातचीत का अन्त हुआ...

घर में केवल दो ही चारपाई थीं। सुखदेव एक पर तथा भगतसिंह और मैं दूसरी चारपाई पर सोए। वे जाने के लिए तैयार होने के वास्ते सुबह चार बजे से कुछ पहले जागे। टेबुल पर टी-स्प्रैडिंग लिखित पुस्तक 'लिबर्टी एंड द ग्रेट लाइबेर्टेरियरन्स' (स्वतन्त्रता और इच्छा स्वातन्त्र्यवादी) रखी थी। यह पूँजीवादी क्रान्तिकारियों की एक उद्धरण पुस्तक थी जिसने मुझे कम्युनिस्ट आन्दोलन की ओर आने में बड़ी मदद की। लाहौर किला में अकाली नेताओं के षड्यन्त्र केस के सिलसिले में चलाए गए मुकदमे के दौरान मुझे यह पुस्तक मिली। इस पर सेंसर की मुहर लगी थी तथा सब-इंस्पेक्टर दरयाओं सिंह के हस्ताक्षर थे और मेरा नाम लिखा था। मैं इस पुस्तक को नहीं देना चाहता था पर उन्होंने पढ़ने के बाद इसे लौटाने का वादा किया।

हम लोगों ने एक-दूसरे का आलिंगन किया और फिर अलग हुए। उन्होंने इस बात का कोई संकेत नहीं दिया कि वे कहाँ जा रहे हैं।

मैंने मंगलवार, 18 दिसम्बर को अखिल भारतीय मजदूर व किसान सम्मेलन की अध्यक्षता के लिए कलकत्ता, जहाँ यह होनेवाला था, प्रस्थान किया। भाग सिंह, फिरोजदीन (मास्को से आए हुए) और तीन दूसरे मेरे साथ थे। जैसी कि आशा थी, 19 दिसम्बर को लाहौर में नौजवान भारत सभा से सम्बन्धित नौजवानों की बड़े पैमाने पर गिरफ्तारी हुई। भारत सरकार ने पंजाब सरकार से पूछताछ की कि वह सांडर्स के हत्यारों के बारे में क्या कर रही है। पंजाब सरकार ने जवाब दिया कि वह 'बड़ी ताकत से' जाँच कर रही है। हत्या की 'उचित आशंका, हत्या के उकसावे तथा आपराधिक साजिश' के लिए 16 व्यक्तियों की गिरफ्तारियाँ हुईं। तीन और व्यक्ति मेहता आनन्द किशोर, सोहन सिंह जोश (नं. 18), अध्यक्ष 'नौजवान भारत सभा' तथा रामचन्द्र की गिरफ्तारी के आदेश जारी किए गए।

गिरफ्तार लोगों में महत्त्वपूर्ण थे—धन्वन्तरि, वीरेन्द्र, अहमद दीन, केदारनाथ सहगल, मीर, मोहम्मद अफजल, सन्तराम पंढा, मीर अब्दुल मजीद (लाहौर), हरिराम सेठी (रावलपिंडी), केशव बन्धु (कश्मीर) और राज किशोर सिंह (उ.प्र.) आदि।

चूँकि मैंने पंजाब की सीमा को पार कर लिया इसलिए पंजाब सरकार ने भारत सरकार को तार दिया कि वह मुझे गिरफ्तार कर ले। भारत सरकार ने तार द्वारा बंगाल सरकार को मुझे गिरफ्तार करने के लिए सूचित किया जिसमें कहा गया, "चूँकि सोहन सिंह जोश...मजदूर व किसान सम्मेलन की अध्यक्षता करनेवाले हैं, इसलिए उनकी गिरफ्तारी बंगाल सरकार के अनुरोध पर सम्मेलन तक के लिए स्थगित कर दी गई है।"

20 दिसम्बर को हम लोग सुबह 8 बजे कलकत्ता पहुँचे और एक नौका में नदी

को पार किया और 121 लोअर सर्कुलर रोड पहुँचे तथा वहाँ ठहरे। अखिल भारतीय मजदूर व किसान सम्मेलन 21 दिसम्बर को 2 बजे के बाद अल्बर्ट हॉल में शुरू हुआ। मैंने सम्मेलन में अपना लिखित भाषण पढ़ा और इसके बाद 6.30 बजे शाम को सम्मेलन स्थगित कर दिया। 22 को छुट्टी थी। रविवार, 23 दिसम्बर को सम्मेलन फिर शुरू हुआ तथा इसकी कार्रवाई प्रारम्भ हुई। 24 दिसम्बर को जब मैं सम्मेलन की अध्यक्षता कर रहा था, एक सन्देश आया कि कोई आदमी बाहर मुझसे मिलना चाहता है। मैंने बाहर जाने में अपनी असमर्थता जाहिर की क्योंकि मैं अध्यक्षता कर रहा था। पर सन्देशवाहक बड़ा हठी था कि मुझे उसके साथ जाना चाहिए और उससे मिलना चाहिए। मैंने दूसरे साथी से अध्यक्षता करने का अनुरोध किया तथा उस आदमी के साथ हॉल से बाहर गया।

कुछ दूर चलने के बाद मेरा गाइड और मैं एक हजामत सैलून में पहुँचे। मेरे आश्चर्य का ठिकाना नहीं रहा जब मैंने भगतसिंह को अपनी प्रतीक्षा करते हुए एक कुर्सी पर बैठा पाया। मैं तो हक्का-बक्का हो गया। जरा सोचें, जोश कलकत्ता के एक हजामत सैलून में दाढ़ी और सिख होने के सभी चिह्न के साथ प्रवेश करता है और सी.आई.डी. छाया की तरह उसके पीछे घूम रही है एवं भगतसिंह की हर ओर खोज हो रही है। वह न केवल शंकालु परिस्थितियों का ही निर्माण कर रहा था, बल्कि दुश्मन को वहाँ आने तथा हमें गिरफ्तार करने के लिए आमन्त्रित भी कर रहा था। मैंने इस मूर्खतापूर्ण कार्य के लिए उनकी भर्त्सना की। वह हँसे और सहज ढंग से निडर होकर जवाब दिया, "चिन्ता न करें, कुछ भी नहीं होने जा रहा है। हमने सारी व्यवस्था कर ली है।" उन्होंने कौन-सी व्यवस्था की थी, वह आज तक मैं नहीं जान सका।

इसके बाद सम्मेलन में दिलचस्पी दिखाते हुए उन्होंने इसकी कार्रवाई तथा इसमें भाग लेनेवाले प्रमुख नेताओं के बारे में तथा प्रान्तीय प्रतिनिधियों आदि के बारे में पूछा। इन सारी सूचनाओं की जानकारी के बाद उन्होंने कहा, "आप मजदूरों तथा किसानों को संगठित करने का काम करें और हम लोग ब्रिटिश शासकों को असंगठित करने का काम करेंगे। हम कार्य के इस विभाजन को पूरा करें।"

कलकत्ता-प्रवास में उन्होंने दूसरे विश्वस्त लोगों से भेंट की जिसके बारे में मुझे बाद में जानकारी मिली। बर्दमान में वह निरालम्ब स्वामी (पहले जतीन्द्रनाथ बनर्जी) से 1929 के प्रारम्भ में मिले।

करीब 20 मिनट के बाद उन्हें वहीं हजामत सैलून में छोड़कर मैं बाहर आया और सम्मेलन हॉल में लौटा। लोग हजामत बनाने के लिए आ रहे थे और जा रहे थे। यह राजनीतिक बातचीत के लिए समुचित जगह नहीं थी।

यह भगतसिंह से मेरी अन्तिम मुलाकात थी। इसके बाद हम लोगों ने एक-दूसरे को नहीं देखा। सम्मेलन के बाद तुरन्त मुझे गिरफ्तार नहीं किया गया। इस बीच

सरकार ने अपना इरादा बदल दिया और हम लोगों को पकड़ने के लिए एक महाजाल फैलाने का निश्चय किया।

भारत सरकार की ओर से डी. पेट्री तथा आर.ए. होर्टन ट्रेड यूनियन कार्यकर्त्ताओं, किसान नेताओं तथा कम्युनिस्टों के खिलाफ एक कम्युनिस्ट षड्यन्त्र केस तैयार कर रहे थे। "होर्टन और मैं कोर्ट में इसे ले जाने के लिए तैयार हैं और पूरी आशा है कि अपराध सिद्ध होगा।" (डी. पेट्री, 15 जनवरी, 1929)। "यह मेरी दृढ़ राय है कि 29 व्यक्तियों के खिलाफ एक सबल षड्यन्त्र केस का आधार तैयार करने के लिए पर्याप्त सबूत होंगे। (नामों की सूची दी गई है पर उसे अन्तिम रूप नहीं दिया गया है)" (आर.ए. होर्टन, 15 जनवरी, 1929)। टालमटोल के बाद, क्योंकि उसमें दो अंग्रेज भी शामिल थे, गृह सचिव ने षड्यन्त्र की मंजूरी दे दी। एक तीसरा अंग्रेज उसमें बाद में शामिल किया गया। सरकार का उद्देश्य था कि भारत में कम्युनिस्ट आन्दोलन को दबा दिया जाए।

मेरठ कम्युनिस्ट षड्यन्त्र केस में 32 कम्युनिस्टों, ट्रेड यूनियन तथा मजदूर व किसान पार्टी नेताओं के साथ, जो पंजाब, उ.प्र., बंगाल तथा बम्बई प्रेसीडेंसी के थे, मुझे 20 मार्च, 1929 को गिरफ्तार किया गया तथा मेरे सभी कागजात, पत्राचार, इश्तहार तथा पुस्तकें मेरे गाँव एवं अमृतसर से मेरठ तक मेरे कार्यालय व निवास स्थान से ले ली गई।

हमारी गिरफ्तारी के बाद मुझे मालूम हुआ कि भगतसिंह और उनका ग्रुप कुछ हिम्मतवाला काम करेगा। हमारी गिरफ्तारी ने जिसके पहले देश में जड़ता और शान्ति थी, मेरठ पर पूरे देश को ध्यान आकृष्ट किया। इस षड्यन्त्र केस में तीन अंग्रेजों को शामिल किए जाने से इसे विशेष प्रतिष्ठा प्राप्त हुई। दिल्ली के सभी दैनिक पत्रों ने मेरठ में अपना प्रतिनिधि भेजा जो समाचारों के लिए एक बड़ा केन्द्र हो गया था और यह अवश्य ही कहा जाना चाहिए कि समाचार पत्रों ने इस केस के सम्बन्ध में रिपोर्ट करने में साम्राज्यवाद विरोधी भूमिका निभाई।

9 अप्रैल, 1929 को पूरे विश्व को यह मालूम हुआ कि भगतसिंह तथा दत्त ने दिल्ली के सेंट्रल असेम्बली में बम फेंककर बहरों को सुनाने के लिए धमाका किया। बम फेंके जाने का उद्देश्य सरकारी बेंचों पर बैठे ब्रिटिश सदस्यों तथा विरोध पक्ष में बैठे सदस्यों को घायल करना या उनकी हत्या करना नहीं था बल्कि "हम लोगों के ऊपर नए दमनात्मक कदमों के थोपे जाने, जैसे सार्वजनिक सुरक्षा व व्यापार विवाद विधेयक तथा आगामी अधिवेशन के लिए प्रेस राजद्रोह विधेयक" आदि के खिलाफ चेतावनी देना और उनका प्रतिरोध करना था। भगतसिंह तथा दत्त ने "खुले क्षेत्र में काम करनेवाले मजदूर नेताओं की अन्धाधुन्ध गिरफ्तारी" के जरिए आतंक के दौर के खिलाफ अपनी आवाज उठाई। इसने सामान्य तौर से मेरठ षड्यन्त्र केस में की गई गिरफ्तारियों की ओर भी संकेत किया। 'इन्कलाब जिन्दाबाद' का नारा

लगाते हुए सेन्ट्रल असेम्बली हॉल में उन्होंने जो इश्तहार फेंके उसमें लाला लाजपतराय की निर्मम़ हत्या का भी उल्लेख किया।

इस साहसिक कार्रवाई ने मुझे पंजाबी 'कीर्ति' में भगतसिंह के उस लेख की याद दिलाई जिसमें उन्होंने निम्नलिखित रूप से फ्रेंच क्रान्तिकारी वेलां के बारे में लिखा :

"यूरोप में दमन, अत्याचार और उत्पीड़न सीमा को पार कर गया। अराजकतावादियों ने सरकारों तथा उनकी पुलिस से लोहा लेना व उनका सामना करना शुरू कर दिया है। एक दिन वेलां फ्रेंच असेम्बली (सरकारी बेंच) पर बम फेंक रहा था तो उसे नियन्त्रित करने के प्रयास में एक महिला ने उसके हाथ को मोड़ दिया इसलिए कुछ ही डिपुटी घायल हो सके और वह अधिक प्रभावित नहीं कर सका, पर तो भी उसने बेजोड़ वक्तव्य दिया—"बहरों को सुनाने के लिए तेज आवाज की जरूरत होती है और उसने आगे कहा कि उसके लिए वे चाहे जो भी सजा दें, वह भयभीत नहीं होगा। उसने ऐसी कार्रवाई का सहारा लिया, क्योंकि उन्होंने गरीबों का शोषण किया और उसका खून चूसा...उसे फाँसी दे दी गई।"

ऐसा प्रतीत होता है कि भगतसिंह ने वेलां की घटना से अपनी कार्रवाई के लिए आधार पाया।

भगतसिंह तथा उनके साथियों पर प्रसिद्ध लाहौर षड्यन्त्र केस में मुकदमा चलाया जा रहा था जबकि हम लोगों पर मेरठ में षड्यन्त्र केस के तहत मुकदमा चल रहा था। हमारा मुकदमा अभी चल ही रहा था कि हमें यह समाचार मालूम हुआ कि भारतीय राष्ट्रीय कांग्रेस के कराची अधिवेशन के ठीक पूर्व 23 मार्च, 1931 को 7.45 बजे शाम को भगतसिंह, सुखदेव तथा राजगुरु को फाँसी दे दी गई। यह आशा की गई कि महात्मा गांधी इरविन से उनके मृत्युदंड को कम करने के बारे में बातचीत करेंगे। पर उन्होंने गांधी-इरविन वार्त्ता के दौराऩ उन्हें बचाने के लिए एक शब्द भी नहीं कहा।

...मेरठ के बन्दियों ने इस दुखद समाचार को पढ़ा। 24 मार्च, 1931 को मैं उनकी ओर से अदालत में खड़ा हुआ और फाँसी की बड़ी निन्दा की। यद्यपि न्यायाधीश ने मेरे खिलाफ कार्रवाई की धमकी दी तथा मैंने निम्नलिखित आवेदन दिया :

"हम कायरतापूर्वक फाँसी की निष्ठुर छाया में अदालत में भाग ले रहे हैं। साथी भगतसिंह, राजगुरु तथा सुखदेव को फाँसी और कुछ नहीं, निर्दयतापूर्ण हत्या है—साम्राज्यवादी न्याय का घृणित नमूना और गोरी आतंकशाही की कायरतापूर्ण कार्रवाई। ये बहादुर लोग ब्रिटिश साम्राज्यवाद के बर्बर प्रभुत्व के शिकार हुए हैं, जिसके विरुद्ध उन्होंने विद्रोह करने का साहस किया।

"हम भारत में राष्ट्रीय क्रान्ति के ध्येय के लिए शहीद के रूप में उनका

सम्मान करते हैं।

"हम उनके साहस और बलिदान की प्रशंसा करते हैं।

"हम उनके साथियों, मित्रों तथा सम्बन्धियों के इस गहरे दुख में शामिल होते हैं।

"इसलिए हम आपसे कहते हैं कि इस संवेदना के तार को उनकी रक्षा समिति के पास, जिला अधिकारी के पास पारित करने के लिए भेज दें।

"तार, सरदार किशन सिंह, ब्राडलाघ हॉल, लाहौर।

"हम भगतसिंह, राजगुरु तथा सुखदेव को दी गई फाँसी पर गहरा दुख व्यक्त करते हैं तथा उनकी शहादत की प्रशंसा करते हैं—मेरठ के अभियुक्त।"

इस तरह एक महान साथी तथा एक महान मित्र ने अपने दो साथियों के साथ ब्रिटिश दासता से अपनी प्यारी मातृभूमि को मुक्त करने के संघर्ष में अपनी जिन्दगी अर्पित कर दी। अपने साहसपूर्ण तथा निर्भीक कार्यों के जरिए भगतसिंह, राजगुरु तथा सुखदेव ने अमरता तथा भारत के इतिहास के स्वर्णिम पृष्ठों में एक स्थायी स्थान ग्रहण कर लिया।

भगतसिंह तथा उनके साथियों ने जेल में मार्क्सवाद-लेनिनवाद का अध्ययन किया। वे सभी दृढ़ विश्वास के साथ कम्युनिस्ट हो गए और उनमें से अधिकांश जिन्हें फाँसी नहीं दी गई, जेल से बाहर आने के बाद कम्युनिस्ट पार्टी में शामिल हो गए। उनमें अजय घोष तथा धन्वन्तरि प्रमुख थे।

वह धूमकेतु की तरह आया और चला गया

अजय घोष

सन् 1929-30 का लाहौर षड्यन्त्र केस एक अनौखी घटना थी। जिस दिन केन्द्रीय असेम्बली में बम फटा उस दिन से लगभग भगतसिंह, राजगुरु और सुखदेव की फाँसी के दिन तक सारी जनता की आँखें उस ओर लगी रहीं। सभी जानना चाहते थे कि मौत से न डरनेवाले इन वीरों के क्या सिद्धान्त हैं और किस चीज के लिए ये लड़ रहे हैं। किसी और घटना ने जनता में इतनी दिलचस्पी नहीं दिखाई। भगतसिंह और उनके साथियों के बारे में बड़े-बड़े गीत लिखे गए, कविताएँ लिखी गईं—उनकी कथा वीर-गाथा बन गई। बच्चे-बच्चे की जबान पर उनका नाम चढ़ गया।

यह कौन लोग थे जो एकाएक इतने लोकप्रिय बन गए? उनका उद्‌देश्य क्या था? वे इतनी सहानुभूति और प्रशंसा के पात्र कैसे बन गए? इन प्रश्नों का उत्तर मैं निम्न पृष्ठों में देने की चेष्टा करूँगा।

जहाँ तक मेरा खयाल है, सन् 23 में मेरी भगतसिंह से पहली भेंट हुई थी। उनकी अवस्था मेरे बराबर ही होगी--मेरी अवस्था 15 साल की थी। कानपुर में बटुकेश्वर दत्त ने उनसे मेरा परिचय कराया था। कद लम्बा और बदन इकहरा, पहनावा ढीला-ढाला और कुछ बेतुका। बहुत सीधा स्वभाव—वे गँवारू युवक से मालूम होते थे, जिसमें चुस्ती और आत्मविश्वास की कमी हो। मैंने सोचा है कि कोई देहाती लड़का! उनके चले जाने पर मैंने बटुकेश्वर दत्त से यही कहा।

कुछ दिनों बाद उनसे मेरी मुलाकात हुई। लम्बी बातचीत हुई। नई उम्र, उन दिनों हम लोग क्रान्ति के सपने देखा करते थे। समझते थे कि बस क्रान्ति तो होने को ही है—देर कुछ वर्षों की ही है। शायद समझते थे, बस क्रान्ति दो-चार वर्षों के अन्दर आ ही रही है। मगर भगतसिंह की राय कुछ और थी। उनके शब्द तो ठीक-ठीक याद नहीं है, पर इतना याद पड़ता है कि वे कहा करते थे कि देश की अनपढ़ और सीधी-सादी और नासमझ जनता को जगाना बहुत मुश्किल है। उनकी ऐसी बातें सुनकर उनके बारे में मेरा पहला खयाल और दृढ़ हो गया।

पहले भी क्रान्ति की जो कोशिशें हुई थीं, उनकी चर्चा हम लोग अक्सर किया करते थे। पहले लाहौर षड्यन्त्र केस के शहीदों और खासतौर से सरदार करतार सिंह का जिक्र करते-करते भगतसिंह का चेहरा चमक उठता था। हम लोगों में से किसी ने करतार सिंह को नहीं देखा, उन्हें जब फाँसी दी गई थी, उस समय हम लोग गोद खेलते बच्चे थे परन्तु यह हमें मालूम था कि वे बाबा सोहनसिंह भकना, बाबा रूर सिंह और पृथ्वीसिंह आज़ाद (आज इन्हें सब सरदार पृथ्वीसिंह के नाम से जानते हैं) के साथी थे और 18 वर्ष की अवस्था में ही क्रान्तिकारी गदर पार्टी के नेता बन गए थे। करतार सिंह एक निर्भय योद्धा और श्रेष्ठ संगठनकर्त्ता थे—शत्रु भी उनकी प्रशंसा करते थे। मैं तो उनकी पूजा ही करता था। भगतसिंह के मुँह से उनकी कहानियाँ सुनकर मुझे बड़ा आनन्द मिलता था। मेरे हृदय में भगतसिंह के लिए भी जगह हो गई और कानपुर से जाने के पहले वे मेरे घनिष्ठ मित्र बन गए—जबकि उनके दृष्टिकोण का, जो मुझे उस समय निराशावादी मालूम होता था, मैं बराबर मजाक बनाता।

1925 में काकोरी केस की धरपकड़ शुरू हुई। हम लोगों के ऊपर वज्रपात हुआ। कुछ सप्ताहों के अन्दर हमारे नेता जेलों में पहुँच गए। गिरफ्तारियों और तलाशियों का ताँता जारी रहा। बहुत से लोग सन्देह में पकड़े गए और हवालात में उनको गहरी यन्त्रणाएँ दी गईं। गिरफ्तारियों का जो असर हुआ, उसे देखकर मेरा दिल टूट गया। वे व्यक्ति जो हमसे सहानुभूति प्रकट करते नहीं थकते थे, हमारी छाया से भागने लगे। वे नवयुवक जो लम्बी-लम्बी बातें करते थे, हमारी व्यायामशाला को, जिसका हमने कानपुर में शारीरिक व्यायाम सिखाने और अपनी पार्टी में नए लोगों को लाने के उद्देश्य से स्थापित किया था—छोड़कर भाग चले। सारे प्रान्त में आतंक छा गया।

1926 में मैं यूनिवर्सिटी में पढ़ने के लिए इलाहाबाद गया। काकोरी की गिरफ्तारियों से बच गए लोगों को लेकर हमने पार्टी को फिर से संगठित करने की कोशिश की। कार्य कठिन था। हमें ऐसा लगने लगा, मानो क्रान्ति दूर, बहुत दूर की चीज हो गई है।

वह असहयोग के बाद का जमाना था। असहयोग आन्दोलन की असफलता देखकर बहुत से युवकों ने आतंकवाद का रास्ता पकड़ा था। उधर कांग्रेस गरम और नरम दो दलों में बँट गई थी। स्वराज्य पार्टी नरम दल को गांधी जी का आशीर्वाद प्राप्त था। इसलिए देश में उसी का बोलबाला था। धारा सभाओं के बाहर राजनीतिक काम बहुत कम होता था। आम सभाएँ बहुत कम होने लगी थीं और लोग भी सभाओं में बहुत कम जाते थे। सारे देश में शान्ति छाई हुई थी—श्मशान की शान्ति!

इस स्थिति को कैसे खत्म किया जाए, इसके बारे में अक्सर हमारे साथी

तरह-तरह के कार्यक्रमों पर विचार कर रहे थे। देश में समाजवादी साहित्य आने लगा था। सोवियत रूस में नवम्बर-क्रान्ति की विजय और समाजवादी शासन की स्थापना हमारी आँखों के सामने थी। इसके अलावा सोवियत रूस ने साम्राज्यवाद के खिलाफ चीन और तुर्की को भी जो मदद दी थी, उसने हमें और अधिक प्रभावित किया था। हम उस समाजवादी राज तथा उसके बुनियादी सिद्धान्तों और विचारों के बारे में ज्यादा जानने के लिए उत्सुक हो उठे।

उसी समय हमारे देश में एक घटना और घटी लेकिन उसका महत्त्व हम लोग उस समय पूरी तौर पर नहीं समझ पा रहे थे। जबकि सारा देश निराशा के अन्धकार में डूबा हुआ था, गिरणी कामगार यूनियन (मजदूर सभा) के नेतृत्व में बम्बई के मजदूर, कलकत्ता तथा कानपुर के मजदूर अपनी लड़ाइयाँ लड़ रहे थे। इस नए ढंग की लड़ाई ने सारे देश का ध्यान खींचा था।

हमारा खयाल था कि आतंकवाद अर्थात् जनता के दुश्मनों के खिलाफ सशस्त्र कार्रवाई के द्वारा ही जनता को जगाया जा सकता है, पर अकेले आतंकवाद से हम स्वतन्त्रता हासिल नहीं कर सकते हैं, यह भी हमें साफ दिखाई देता था। सवाल यह था कि जब आतंकवादी कार्यों से जनता में आन्दोलन की लहर उठेगी तो उसको क्या रूप दिया जाएगा और जब ब्रिटिश हुकूमत उठ जाएगी तब हम कैसी सरकार बनाएँगे?

इस बीच भगतसिंह पंजाब में जोर-शोर से काम कर रहे थे। उन्होंने और उनके साथियों ने 'नौजवान भारत सभा' की नींव डाली थी, जिसका उद्देश्य समाजवादी विचारों का प्रचार करना और नौजवानों को सशस्त्र क्रान्ति की आवश्यकता समझाना था। नौजवान सभा से ही आतंकवादी दल के लिए अच्छे-अच्छे नौजवानों को भी चुन लेना था। आगे चलकर यह सभा बहुत लोकप्रिय हुई। पंजाब के नौजवानों के अन्दर उग्र विचारों को फैलाने में इसका सबसे बड़ा हाथ था।

भगतसिंह कुछ समय तक सरदार सोहनसिंह 'जोश' के सम्पादन में निकलने वाले समाजवादी पत्र 'कीर्ति' के सम्पादन विभाग में भी काम करते रहे।

सन् 28 में एक दिन मैं आश्चर्यचकित रह गया, जब एक नवयुवक ने मेरे कमरे में प्रवेश किया और अभिवादन किया। वह नवयुवक भगतसिंह था लेकिन अब यह वह भगतसिंह नहीं था जिससे दो वर्ष पहले मेरी मुलाकात हुई थी। लम्बा और सुडौल, होशियार और चतुर चमकती हुई आँखें—पहले से वह एकदम भिन्न आदमी मालूम पड़ता था। थोड़ी ही देर बात करने के बाद मुझको मालूम हो गया कि भगतसिंह की बुद्धि में कितना विकास हुआ है।

काकोरी षड्यन्त्र केस के बाद भगतसिंह और चन्द्रशेखर आज़ाद यही दो नेता बच गए थे और हमारी पार्टी की बागडोर इन्हीं के हाथों में थी। पार्टी का कार्यक्रम और संगठन नए सिरे से किया गया था, जिसको भगतसिंह ने मुझे समझाया।

हमारे दल का नाम 'हिन्दुस्तान सोशलिस्ट रिपब्लिकन एसोसिएशन' हो गया था। उसका उद्देश्य हिन्दुस्तान में समाजवादी राज्य स्थापित करना था। पार्टी की एक केन्द्रीय कमेटी तथा प्रान्तीय और जिला कमेटियाँ भी बनाई गई थीं। प्रत्येक निर्णय इन कमेटियों के द्वारा किया जाता था और बहुमत की बात हर एक को माननी पड़ती थी।

मगर स्वतन्त्रता और समाजवाद को प्राप्त करने के लिए हमारा रास्ता पहले ही वाला था अर्थात् व्यक्तियों और छोटे-छोटे दलों द्वारा सशस्त्र कार्रवाइयाँ। हमारा विश्वास था कि देश में फैले हुए विधानवाद को इसी तरह खत्म किया जा सकता हैं, इसी प्रकार देश को भय के पंजे से छुटकारा दिलाया जा सकता है। हम लोग सोचते थे कि खास-खास जगहों पर कुछ बदमाश अफसरों पर हम लोग वार करेंगे। इससे जनता की पस्ती खत्म हो जाएगी और देश में एक नई जाग्रति फैल जाएगी। इस प्रकार जो जन आन्दोलन शुरू होगा उसकी बागडोर हमारा सशस्त्र दल सँभालेगा और उसको समाजवाद के रास्ते पर ले जाएगा।

भगतसिंह के व्यक्तित्व में एक नया तेज पैदा हो गया था जिससे हर एक मिलनेवाले पर बड़ा असर पड़ता था। उनकी बुद्धि की तेजी के सभी कायल हो जाते थे। भगतसिंह के बोलने में वक्ता के गुण नहीं थे लेकिन उनमें इतनी सादगी और स्पष्टता थी कि सुननेवाले पर असर होना जरूरी था।

उस दिन हम लोग रात भर बातें करते रहे। अँधेरे आसमान में जब सबेरे की लाली फैल गई तो हम लोग टहलने के लिए निकले। हमें ऐसा लगा, मानो हमारी पार्टी के इतिहास में एक नया दिन शुरू हो गया हो। अपना लक्ष्य और उसको प्राप्त करने का रास्ता साफ दिखाई पड़ने लगा।

उन दिनों हम लोग समाजवाद का यही मतलब समझते थे। उस वक्त के राष्ट्रीय नेताओं पर से हमारा विश्वास उठ गया था, उनके विधानवाद से हम ऊब गए थे और हमारा खयाल था कि हम अपने उदाहरण से नए किस्म के नेता तैयार करेंगे। समाजवाद हमारे लिए एक आदर्श था, एक ऐसा आदर्श कि जिसके आधार पर शासन-सत्ता अपने हाथ में लेने के बाद एक नए समाज का निर्माण किया जाएगा।

सन् 1928 में साइमन कमीशन के आने पर देश भर में हड़तालें हुईं, प्रदर्शन हुए, बम्बई के मजदूरों ने विरोध में एक दिन की आम हड़ताल की। जहाँ-जहाँ भी कमीशन गया, वहाँ-वहाँ असंख्य जनसमूह ने "साइमन लौट जाओ" का नारा लगाया। ऐसे दृश्य असहयोग आन्दोलन के बाद से देखने को नहीं मिले थे।

लाहौर में जब साइमन कमीशन पहुँचा तो पुलिस ने प्रदर्शनकारियों पर लाठियाँ चलाईं। लाला लाजपतराय को गहरी चोट लगी और कुछ हफ्तों के बाद उनकी मृत्यु हो गई। सारे देश में शोक छा गया।

शोक के साथ-साथ लोगों में क्रोध और घृणा का भाव था, जिसमें कुछ पस्त-हिम्मती की पुट थी। दिनदहाड़े हजारों लोगों की आँखों के सामने देश के एक बूढ़े और आदरणीय नेता को मौत के घाट उतार दिया गया। लोगों ने सोचा, दुष्टों को इसकी सजा अवश्य देनी चाहिए।

हमारी पार्टी ने बदला लेने का निश्चय किया। नवम्बर 1928 में लाठीचार्ज करनेवाले असिस्टेंट पुलिस सुपरिटेंडेंट सांडर्स को लाहौर कोतवाली के सामने गोली मार दी गई। लोग इस घटना से उछल पड़े।

यह हमारा पहला वार था—ऐसे ही और हमलों से हम सारे देश को झकझोर कर जगा देना चाहते थे।

राष्ट्रीय आन्दोलन में फिर तेजी आ गई। 1929 के दिसम्बर में कलकत्ता में कांग्रेस का अधिवेशन हुआ जिसमें यह निश्चय हुआ कि यदि एक वर्ष में ब्रिटेन औपनिवेशिक स्वराज नहीं दे तो पूर्ण स्वतन्त्रता की घोषणा कर दी जाए। वर्षों से देश पर छाए हुए निराशा के काले बादल धीरे-धीरे हटने लगे। हर जगह युवक संघ बनने लगे और बम्बई में दूसरी बड़ी हड़ताल शुरू हुई।

हमें ऐसा लगा कि अब आगे एक बड़ी लड़ाई आ रही है। देश में ऐसी आग लग रही थी जैसी कि 1921-22 में लगी थी। हम उस लड़ाई में हिस्सा लेने के लिए तेजी से तैयारियाँ करने लगे—शस्त्र और रुपए जमा किए जा रहे थे, हथियार चलाने की शिक्षा शुरू कर दी गई थी। बम बनाना सिखाने के लिए जतिनदास को कलकत्ता से बुलाया गया।

अप्रैल 1929 में बड़े-बड़े अक्षरों में समाचार छपे कि सारे कम्युनिस्ट और मजदूर नेता गिरफ्तार कर लिए गए हैं। पूरनचन्द्र जोशी भी, जो उस समय इलाहाबाद यूनिवर्सिटी विद्यार्थी और युवक संघ के नेता थे, गिरफ्तार कर लिए गए। उनकी गिरफ्तारी पर विद्यार्थियों ने बहुत बड़ा प्रदर्शन किया।

भगतसिंह और हमारे अन्य साथियों की कम्युनिस्ट नेताओं से पहले भेंट हो चुकी थी। हम लोग उनसे सहानुभूति रखते थे। हम लोगों ने सोचा था कि कम्युनिस्ट पार्टी से सम्बन्ध स्थापित करें। योजना यह थी कि कम्युनिस्ट जनता का संगठन करेंगे और जन आन्दोलन चलाएँगे और हमारी पार्टी हथियारबन्द दस्ते का काम करेगी किन्तु जब हमें मालूम हुआ कि कम्युनिस्ट हथियारबन्द कार्रवाई को हानिकारक समझते हैं, तब हमने अपना विचार बदल दिया। यद्यपि हम लोग कम्युनिस्टों की गिनती क्रान्तिकारियों में नहीं करते थे क्योंकि क्रान्ति का मतलब हम लोग हथियारबन्द लड़ाई समझते थे। तब भी कम्युनिस्टों की कई बातें हम लोगों से मिलती-जुलती थीं। साम्राज्यवाद के प्रति उनकी घृणा, विधानसभा का विरोध, खुले विद्रोह की बात तथा समाजवाद के लिए उनका प्रयत्न, यह सभी हमें

अच्छा लगता था।

इसलिए कम्युनिस्टों की देशव्यापी गिरफ्तारियों को हम लोगों ने क्रान्तिकारी आन्दोलन पर वार समझा। कम्युनिस्ट भी साम्राज्यशाही के दुश्मन थे। उनके ऊपर चोट हमारे ऊपर चोट थी। साम्राज्यशाही एक तरफ लोगों की विधानवादी मनोवृत्ति को पुष्ट करना चाहती थी और दूसरी ओर जनता पर दमनचक्र चला रही थी। हम लोगों ने उनकी नीति का विरोध करने का निश्चय कर लिया।

कुछ दिनों के बाद केन्द्रीय असेम्बली में मजदूर-हित विरोधी ट्रेड्स-डिस्प्यूट बिल पास हुआ। इसके बाद ही असेम्बली भवन में सरकारी मेम्बरों की सीटों के पास बम फटा। भगतसिंह और दत्त घटनास्थल पर ही पकड़े गए।

एक ओजस्वी वक्तव्य में, जिससे भगतसिंह की कलम का जोर प्रगट होता था, उन्होंने अपनी जिम्मेदारी को स्वीकार किया और यह भी बताया कि उन्होंने ऐसा क्यों किया है। दोनों आदमियों को कालेपानी की सजा मिली।

उसके बाद ही अचानक हमारी लाहौर की बम फैक्टरी का भेद खुल गया और सुखदेव, किशोरीलाल और अन्य साथी गिरफ्तार कर लिए गए। जयगोपाल ने पुलिस के सामने पार्टी का सारा भेद खोल दिया। हंसराज वोहरा भी मुखबिर बन गया। फिर तो चारों तरफ धरपकड़ होने लगी। और कई आदमी सरकारी गवाह बन गए। कुछ ही सप्ताह में बिहार, युक्त प्रान्त और पंजाब के सक्रिय कार्यकर्त्ताओं और नेताओं को पुलिस ने पकड़ लिया तथा अन्य साथी गुप्त हो गए। मैं भी अन्तर्ध्यान होना चाहता था कि गिरफ्तार हो गया।

हम लोगों की सारी तैयारी धूल में मिल गई। सारी उम्मीदों पर पानी फिर गया। सबसे अधिक निराशाजनक बात यह थी कि पुलिस के अत्याचारों को न सहने के कारण सात आदमी, जिसमें से दो हमारी केन्द्रीय कमेटी के सदस्य थे, मुखबिर हो गए।

जुलाई 1929 में हम तेरह आदमियों को अदालत में पेश किया गया। वहाँ फिर भगतसिंह और दत्त से हमारी मुलाकात हुई। यह भगतसिंह अब पुराने भगतसिंह नहीं थे, जिनका शारीरिक गठन और ताकत हमारी पार्टी में कहावत बन गई थी—उनका शरीर जर्जर हो चुका था। स्ट्रेचर के ऊपर रखकर वे अदालत में लाए गए। महीनों तक उन्हें और दत्त को पुलिस ने घोर यातनाएँ दी थीं और उस समय वे सभी राजनीतिक बन्दियों के साथ मानुषिक व्यवहार की माँग करने के लिए भूख हड़ताल कर रहे थे। उनकी हालत देखकर हम लोगों की आँखें भर आईं।

भगतसिंह और दत्त को आजन्म कारावास की सजा हो चुकी थी, पर अब इस नए मुकदमे में, जो 1929 का लाहौर षड्यन्त्र केस कहलाया, वे फिर घसीटे गए।

तीन दिन तक हमने अदालत की कार्रवाई में दिलचस्पी नहीं ली। हम लोगों

ने तीन दिन तक मुकदमे के प्रति अपना रुख तय करने के लिए मीटिंग की।

भगतसिंह बहुत कमजोर थे इसलिए वे आराम से कुर्सी पर पड़े रहते थे, फिर भी उन्होंने उस बहस में खास हिस्सा लिया।

पहली बात जिस पर उन्होंने जोर दिया वह यह थी कि हम लोग अपने दिमाग से यह बात निकाल दें कि अब कुछ नहीं हो सकता है। मुकदमे के जरिए भी अपना आन्दोलन आगे बढ़ाया जा सकता है। कोशिश यह जरूर की जाए कि जितने लोग बच सकें उनको बचाया जाए, पर सफाई इस तरह से पेश की जाए जिससे ब्रिटिश सरकार के न्याय का पर्दाफाश हो और जनता समझे कि क्रान्तिकारियों का लक्ष्य क्या था। अदालत में सिर्फ बयान ही न दिया जाए बल्कि जेल में और अदालत के कमरे में हम लोग ऐसे प्रदर्शन करें जिससे लोग समझें कि सरकार कितनी नाचीज है और पुलिस और अदालत उसके स्वाँग हैं। इस प्रकार हम लोग हवालात में रहकर भी जनता में वह जाग्रति पैदा कर सकते हैं जो बाहर अपने कामों के जरिए हम लोग करना चाहते थे।

इन बातों से हम लोगों की हिम्मत फिर बँधी और हम लोगों ने भगतसिंह के प्रस्ताव के अनुसार काम करना तय किया। पहला काम सबने यह किया कि हम भगतसिंह और दत्त द्वारा प्रारम्भ की गई भूख हड़ताल में शामिल हो गए। हमारी प्रमुख माँग थी कि सब राजनीतिक बन्दियों को एक ही क्लास में रखा जाए, सबको अच्छा खाना मिले, अखबार तथा अन्य पढ़ने की सामग्री और लिखने की सुविधा दी जाए।

यह भूख हड़ताल 63 दिनों तक चली और जतीन्द्रनाथ दास को शहीद बनाकर खत्म हुई। देश का कोना-कोना हिल गया।

प्रारम्भ में जेल अधिकारियों ने सोचा था कि हड़ताल चलेगी नहीं। दो बन्दियों ने कुछ दिनों बाद हड़ताल तोड़ दी तो उनका खयाल और भी पक्का हो गया। खुद हम लोग मन में डर रहे थे कि भूख हड़ताल हम लोगों से चल सकेगी या नहीं। मैं सोचा करता था कि ज्यादा दिनों तक भूख की मार शायद न सह सकूँगा। इसके पहले हम लोगों ने बड़ी-बड़ी कठिनइयाँ झेली थीं, पुलिस के साथ भिड़न्त होने से हम नहीं डरते थे। पर बहुत दिनों, हफ्तों और महीनों तक भूखे रहने की कल्पना से भयभीत हो जाते थे।

दस दिनों तक कोई खास बात नहीं हुई। भूख बढ़ती जाती थी और साथ-साथ शारीरिक कमजोरी भी बढ़ती जाती थी। कुछ लोगों को एक सप्ताह बाद चारपाई पकड़ लेनी पड़ी। मुकदमा चल रहा था और अदालत के कमरे में बैठने में बड़ी तकलीफ होती थी। पर, शुरू में जो डर मालूम हुआ था, वह अब मिट चुका था। भूख हड़ताल करना अब कोई कठिन कार्य नहीं मालूम होता था।

लेकिन असली लड़ाई तो आगे आनेवाली थी। दस दिनों के बाद हम लोगों

को जबरदस्ती खाना खिलाना शुरू किया गया। उस समय हम सब लोग अलग कोठरियों में बन्द थे। कुछ तगड़े नम्बरदारों के साथ डॉक्टर प्रत्येक कोठरी में जाता था और फिर भूखहड़ताली को चटाई पर पटककर, एक रबर की नली जबरदस्ती नाक में डाल दी जाती थी। इस नली के द्वारा जबरदस्ती दूध अन्दर डाला जाता था।

हम लोगों ने लाख हाथ-पैर पटके पर बेकार। हम लोगों के गले के नीचे दूध उतरना जारी रहा। हम लोगों ने समझा कि हमारी हार हो गई।

तेरहवें रोज रात को मुझे खबर मिली कि जतिनदास की हालत खराब है और उन्हें अस्पताल ले जाया गया है। कुछ ही घंटे पहले जतिनदास भले चंगे थे, फिर एकाएक उनको हो क्या गया? बाद में उस व्यक्ति ने, जो समाचार लाया था—वह जेल का एक अधिकारी था—डरते हुए मुझे बताया कि जबरदस्ती दूध पिलाते समय कोई 'गड़बड़ी' हो गई है और दास बेहोश पड़े हैं।

इस खबर से हम लोगों में मातम छा गया। हम लोगों में बहुत से लोगों की और स्वयं मेरी भी गिरफ्तारी से पहले कभी जतिनदास से भेंट नहीं हुई थी। पर, जेल में थोड़े ही दिनों में, सब लोग उन्हें चाहने लगे थे। उनका स्वभाव सरल था, पर वे एक नम्बर के मजाकिया थे और तरह-तरह के चुटकुले और कहानियाँ सुनाकर हम लोगों को हँसाया करते थे।

मैंने जेलर को बुलाया और लड़-झगड़कर जेल अस्पताल में पहुँच गया।

दास चारपाई पर बेहोश पड़े थे। डॉक्टर चारों ओर खड़े थे। रात कटने की कोई उम्मीद न थी। पर हालत सँभल गई लेकिन निमोनिया ने उनको बेतरह कमजोर कर दिया। दवा या पथ्य खाने से दास ने इनकार कर दिया। कमजोरी इतनी थी जबरदस्ती कुछ खिलाना असम्भव था।

इसके बाद से भूख हड़ताल दूने जोश से चलने लगी। दास के बाद शिव वर्मा बीमार पड़े और उसके बाद औरों की बारी आई। शीघ्र ही सारा अस्पताल भर गया। अदालत की कार्रवाई स्थगित कर दी गई।

इसके बाद, कौन पहले मरेगा, इसकी हम लोगों में होड़ शुरू हो गई।

हम लोग डॉक्टरों को छकाने के लिए तरह-तरह के उपाय निकालने लगे। किशोरी ने लाल मिर्च खाकर गरम पानी पी लिया, जिससे उनके गले में घाव हो गया। अब जबरदस्ती गले में नली नहीं डाली जा सकती थी क्योंकि नली डालते ही बड़े जोर से खाँसी शुरू हो जाती थी और फिर नली को न निकालने पर दम घुट जाने का खतरा था। मैं जबरदस्ती दूध पिलाए जाने के बाद एकाध मक्खी निगल जाता था जिससे सारा खाना बाहर निकल आता था। यह उपाय जब डॉक्टरों को मालूम हो गया तो उन्होंने पहरा कड़ा कर दिया।

हमें हराने के लिए जेल के अधिकारियों ने घड़ों में पानी के स्थान पर दूध भर

दिया। यह सबसे बड़ा जुल्म था। एक दिन के बाद प्यास बरदाश्त से बाहर होने लगी। हम लोग तरसते हुए घड़े के पास जाते थे, पर दूध देखकर लौट पड़ते थे। मालूम होने लगा कि हम लोग पागल हो जाएँगे। जिस आदमी ने इस उपाय का अविष्कार किया था, यदि वह आदमी उस समय मेरे सामने आ जाता तो मैं उसका गला घोंट देता।

बाहर संतरी बैठा-बैठा हमारी हर एक गतिविधि को देख रहा था।

मुझको अब प्यास बरदाश्त नहीं हो रही थी। मेरा तालू सूख रहा था और जीभ ऐंठी जा रही थी। मैंने संतरी को बुलाया और थोड़ा पानी माँगा। संतरी बोला, "पानी देने का हुक्म नहीं है।"

मैं पागल हो गया और घड़े को उठाकर दरवाजे पर दे मारा। घड़ा चकनाचूर हो गया। दूध जमीन पर बहने लगा और संतरी का कपड़ा उससे तर हो गया। उसको लगा कि मेरा दिमाग खराब हो गया है और उसका चेहरा फक हो गया और सचमुच मेरा हवाश गुम हो गया था।

ठीक यही घटना किशोरी तथा अन्य साथियों के साथ हुई। उन सबों ने इसी प्रकार घड़े को दरवाजे पर दे मारा।

आखिर जेलर ने हमारी बात मान ली। हमारी कोठरियों में पानी लाया गया। मैंने पानी पिया और खूब पिया। नतीजा यह हुआ कि मैं बीमार पड़ गया और पानी की एक-एक बूँद कै के साथ निकल गई।

इसी बीच में, दूसरी जेलों में राजनीतिक बन्दियों ने सहानुभूति में भूख हड़तालें शुरू कर दीं। देश में हमारी माँगों का समर्थन करने के लिए एक जबरदस्त आन्दोलन उठ खड़ा हुआ। हर स्थान पर आम सभाएँ और प्रदर्शन होने लगे।

कुछ दिनों के बाद मेरठ षड्यन्त्र केस के राजबन्दियों ने भी भूख हड़ताल शुरू कर दी। समुद्र पार तक यह खबरें फैल गईं। इंग्लैंड में भी हलचल पैदा हो गई। भारतीय जेलों की हालत पर सारे संसार का ध्यान गया।

भूख हड़ताल के बीच में कई बार भगतसिंह हम लोगों से सलाह करने के बहाने मिले और सब हालत जानते-समझते रहे। उनकी हालत स्वयं खराब थी फिर भी वे दास और उन्हें प्रसन्न रखते थे। उनके आने से हम लोगों में नया उत्साह पैदा हो जाता था और उनके आगमन का हम लोग हमेशा उत्सुक होकर इन्तजार किया करते थे।

आखिरकार जब जतिनदास मौत के नजदीक पहुँच गए और शिव तथा अन्य साथियों की हालत नाजुक हो गई, तब सरकार झुकी। जेल के नियमों में संशोधन करने के लिए एक कमेटी नियुक्त की गई जिसमें गैरसरकारी बहुमत था। कमेटी के लोग हमसे जेल में मिले और हमें विश्वास दिलाया कि हमारी ज्यादातर माँगें पूरी कर दी जाएँगी। उसी आश्वासन पर हमने हड़ताल तोड़ दी।

पर जतिनदास का बचना असम्भव था। न वे बात कर सकते थे और न कुछ सुन सकते थे। जिस साथी की बदौलत हम लोगों को जीत हासिल हुई, वही हमारे बीच से उठा जा रहा था।

हम सब लोग उसकी चरपाई को घेरे हुए थे। मौत की घड़ी करीब थी। मेरा गला रुँध जाता था। आखिर जतिन चल बसे। कठोर दिलवाले जेल अधिकारियों की आँखें भी छलछला गईं।

बाहर लाखों आदमी लाश लेने के लिए खड़े थे। लाश जब जेल के फाटक से बाहर निकाली गई तो लाहौर के सुपरिंटेंडेंट पुलिस हैमिल्टन हार्डिंग ने भी अपना टोप उतारकर उस वीर के सामने सिर झुकाया। वह वीर था जिसे ब्रिटिश साम्राज्य की शक्ति भी न झुका सकी।

जिन आश्वासनों पर हमने भूख हड़ताल तोड़ी थी उनको सरकार ने पूरा नहीं किया। इसके कारण बाद में हमें दो-चार और भूख हड़ताल करनी पड़ीं। इसके बाद जब नए नियम बन गए तो उनका ऐसा अर्थ लगाया जाने लगा कि बहुत से राजनीतिक बन्दियों की हालत पहले ही जैसी रही।

लेकिन देश की जनता का ध्यान जेलों की बुरी अवस्था की ओर खींचा जा चुका था और सरकार के झूठे प्रचार का पर्दाफाश हो चुका था।

भूख हड़ताल में एक घटना का हमारे ऊपर बड़ा असर हुआ। वह यह थी कि 1915-16 के लाहौर षड्यन्त्र केस के वीर गदर पार्टी के संस्थापक बाबा सोहन सिंह भकना ने भी, जो उस समय लाहौर सेंट्रल जेल में थे, भूख हड़ताल शुरू कर दी। अंडमान और अन्य जेलों में वे चौदह साल काट चुके थे और अब उनकी रिहाई का समय आ गया था। हमें सुपरिंटेंडेंट ने बतलाया कि यदि उन्होंने भूख हड़ताल जारी रखी, तो उन्हें जो छूट मिलनेवाली है, वह नहीं मिलेगी। इसके अलावा बाबा जी बहुत बूढ़े थे और उनका स्वास्थ्य भी अच्छा नहीं था। चौदह साल जेल में रहने से उनका शरीर टूट गया था। और भूख हड़ताल करने से उनकी जान को खतरा था।

भगतसिंह बाबा जी से मिले और भूख हड़ताल तोड़ देने के लिए उनसे बहुत आग्रह किया पर सब व्यर्थ हुआ। अपनी और बाबा जी की बातचीत को हम लोगों को बताते हुए भगतसिंह की आँखों में आँसू आ गए थे। जब तक हमारी भूख हड़ताल जारी रही, तब तक बाबा जी ने अपनी भूख हड़ताल जारी रखी। बाबा जी को जो छूट मिलनेवाली थी, वह कम कर दी गई। इसका नतीजा यह हुआ कि उन्हें एक साल और जेल में रहना पड़ा।

आतंकवादी दादाओं का अवगुण भगतसिंह में एक भी न था। हम लोगों में कई बार मतभेद पैदा हुए, कई मीटिंगें बड़ी तूफानी रहीं और कई बार भगतसिंह को ऐसे

फैसलों पर अमल करना पड़ा जिनसे कि वह सहमत न थे। उनके स्फूर्तिशील एवं संकल्पी व्यक्तित्व में चन्द्रशेखर आज़ाद की तरह की शान्ति और धैर्यशीलता न थी, इसलिए कभी किसी साथी को कर्त्तव्य विचलित होते देखकर वे उस पर उबल पड़ते, डाँट-फटकार देते थे।

अगर उनकी बात किसी को बुरी लगती तो नरमी और साफदिली में वह फौरन माफी माँग लेते थे जिससे शिकायत की गुंजाइश ही नहीं रहती थी। उनका स्वभाव बड़ा प्रेमपूर्ण था। बीमार साथियों की वे बड़ी फिक्र करते थे। बनावटीपन उन्हें छू तक नहीं गया था। बात साफ कहते थे। इसीलिए उनसे जो आदमी एक बार मिल लेता था वह उन्हें प्राणों से भी अधिक प्यार करने लगता था।

पढ़ने का उन्हें चाव था। जेल में ज्यादातर समाजवादी साहित्य पढ़ा करते थे। शायद हम सबमें, सबसे पहले वे ही समाजवादी विचारों की ओर खिंचे थे। पुराने आतंकवादियों की तरह वे धर्मपरायण न थे, बल्कि कट्टर अनीश्वरवादी थे। यह कहना कि वे मार्क्सवादी हो गए थे, शायद अत्युक्ति होगी। लेकिन समाजवादी साहित्य को पढ़ने से, हम लोगों की आपसी बहसों से और देश की दूसरी घटनाओं से (उन्हीं दिनों शोलापुर विद्रोह हुआ था और पेशावर में चन्द्रसिंह गढ़वाली के नेतृत्व में गढ़वाली सिपाहियों ने निहत्थी जनता पर गोली चलाने से इनकार कर दिया था।) वह अधिकाधिक इस बात पर जोर देने लगे थे कि सशस्त्र विप्लवियों को जन आन्दोलन का एक अंग बनकर कार्य करना चाहिए।

सोवियत यूनियन के प्रति हमारे हृदय में जो प्रेम था, वह अध्ययन से और भी अधिक गहरा हो गया। 1930 में नवम्बर क्रान्ति की वर्षगाँठ के अवसर पर हम लोगों ने सोवियत संघ को एक सन्देश भेजा।

अपनी कार्रवाई के द्वारा अपने विचारों का अधिक-से-अधिक प्रचार करने की जो नीति हमने शुरू में अपनाई थी, उस पर हमने मुकदमे भर अमल करने की कोशिश की। हमारी नीति की सफलता को तथा हमारे मुकदमे में भारी प्रचार को देखकर सरकार के क्रोध का ठिकाना न था। हमारी रीढ़ तोड़ने के लिए उन्होंने हर मौका ढूँढ़ा। हम भी उनके अपमानजनक हुक्मों को न मानने और उनकी अदालत और उनकी पुलिस के सामने न झुकने का प्रण कर चुके थे। पुलिस से भिड़न्त भी हुई और लम्बे-लम्बे काल के लिए मुकदमे की कार्रवाई स्थगित रही।

इनसे सरकार का और अधिक पर्दाफाश होता था, हमारा प्रचार और अधिक होता था तथा हमारे लिए जनता की सहानुभूति और अधिक बढ़ती थी।

नौ महीने का मुकदमा चलने के बाद, जबकि बहुत थोड़े से सरकारी गवाहों की ही गवाही हो पाई थी, कार्रवाई एकाएक स्थगित कर दी गई और यह बहाना करके कि शान्ति और सुरक्षा के भंग होने का खतरा पैदा हो गया है, वाइसराय ने हमारे मुकदमे के लिए एक विशेष आर्डिनेंस बनाया, जिसका नाम था "लाहौर षड्यन्त्र

केस आर्डिनेंस 1930।'' ऐसा आर्डिनेंस भी कभी न सुना गया होगा। इसके अनुसार हमारा मुकदमा एक विशेष न्यायालय के सामने होता था, जो आवश्यकता समझने पर हमारी उपस्थिति को भी वर्जित कर सकता था। वकील, गवाह और अभियुक्त किसी की भी वहाँ आवश्यकता न थी। यह न्यायालय मौत की सजा तक, कोई भी सजा दे सकता था और इसकी विशेष बात यह थी कि इसके निर्णय के बाद कहीं कोई अपील नहीं हो सकती थी। किसी भी सभ्य कहलानेवाली सरकार ने इस प्रकार के नियम न बनाए होंगे।

सरकार चाहती थी कि अपने मुकदमे को हम किसी भी प्रकार से अपने क्रान्तिकारी विचारों के प्रचार का साधन न बना सकें। इसके अलावा एक दूसरी चीज ने भी उन्हें परेशानी में डाल दिया था। वह यह थी कि असिस्टेंट सुपरिंटेंडेंट सांडर्स की हत्या के समय जो पुलिस अधिकारी मि. फार्न मौजूद थे, वह भगतसिंह को नहीं पहचान सके थे। मुकदमे में जनता ने जो उत्साह उत्पन्न कर दिया था, उसकी वजह से उनके कुछ महत्त्वपूर्ण गवाह विमुख हो गए थे, कुछ और गवाह बदलनेवाले थे और मुखबिरों में से भी दो व्यक्ति अपने बयानों को बदल चुके थे।

अगर हमको साधारण कानूनी सुविधाएँ दी गई होतीं और साधारण कानूनी ढंग से मुकदमा चलाया गया होता तो पूरे मुकदमे के निष्फल हो जाने का पूरा खतरा था।

विशेष न्यायालय में एक पखवारे ही मुकदमा चला होगा कि जिस लड़ाई की हम उम्मीद करते थे वह लड़ाई आ गई। न्यायालय के मुखिया ने हुक्म दिया कि कोर्ट में दाखिल होने के समय नारे लगाने के कारण हम सबको हथकड़ियाँ पहनाई जाएँ। जब हमने यह बताया कि इस बात पर न तो मजिस्ट्रेट की अदालत में और न हाईकोर्ट में ही कभी कोई आपत्ति उठाई गई, तब पुलिस को बल प्रयोग करने की आज्ञा दी गई।

तभी से बहुत से वकीलों और दर्शकों की उपस्थिति में दर्जनों पुलिसवाले लाठी और डंडे लेकर हम पर टूट पड़े। वे शायद इस आशा की बाट जोह रहे थे। हमने घूँसों से उनका मुकाबला किया, पर विपक्ष भारी था। हमारे सिरों पर, सीनों पर, भुजाओं पर और करीब-करीब सभी जगह पर प्रहारों की वर्षा की गई। जमीन पर पटककर हमें लातें मारी गईं और डंडों से पीटा गया। अदालत से हम लोगों को बलपूर्वक हटाया गया। चोटें आईं, खून से हम लथपथ हो गए। चोटें इतनी गम्भीर थीं कि हममें से कुछ साथी तो कुछ दिन तक हिलडुल भी न सके।

हमने माँग की कि इस हुक्म को वापस लिया जाए और भविष्य में ऐसा फिर न किया जाए। यह माँग पूरी होनेवाली न थी। उस न्यायालय के एकमात्र भारतीय सदस्य जस्टिस आगा हैदर तो इस दृश्य से इतने अधिक विचलित हुए कि उन्होंने

एक वक्तव्य प्रकाशित कराया और बताया कि हथकड़ियों और बल के प्रयोग का हुक्म देने में उनका हाथ बिलकुल न था। कुछ दिनों बाद ट्रिब्यूनल के उस विशेष न्यायालय का 'पुनर्निर्माण' हुआ। इस पुनर्निर्माण न्यायालय में उनका नाम नदारद था।

और इस प्रकार 'मुकदमा' आगे चला, बिना अभियुक्तों के, बिना विपक्षी वकीलों के, बिना गवाहों के; और एक ऐसी अदालत के सामने जिसकी न्याय-बुद्धि उसे गैरकानूनी मारपीट करने की आज्ञा देने में असमर्थ थी और शायद जो सजा देने के मामले की कोई स्वतन्त्र राय देता। ऐसे न्यायालय से कैसा निर्णय होगा, यह तो पहले ही समझ में आ गया था।

पाँच महीने के स्वाँग के बाद, अक्टूबर 1930 को फैसला सुनाया गया। भगतसिंह, राजगुरु और सुखदेव को फाँसी, सात साथियों को कारावास तथा बाकी को लम्बी-लम्बी कैद की सजाएँ सुनाई गईं। मैं उनमें से था जिन्हें रिहा कर दिया गया था क्योंकि मेरे खिलाफ सिर्फ दो मुखबिरों के ही सबूत थे, तीसरा मुखबिर अपने बयान से बदल गया था।

जेल से बाहर निकलकर सड़क पर अकेले खड़े-खड़े मैंने ऐसा अनुभव किया, जैसे कि मैं अपने साथियों के बीच से भाग आया हूँ।

देश के लिए भगतसिंह शब्द का क्या अर्थ था, यह मुझे बाहर आकर मालूम हुआ। जहाँ कहीं भी कोई मीटिंग, हुई वहाँ 'भगतसिंह जिन्दाबाद' के नारों से आसमान गूँठ उठा। 'वन्देमातरम्' के नारे के स्थान पर 'इन्कलाब जिन्दाबाद' का वह नारा राष्ट्रीय आन्दोलन का नारा बन गया, जिसको कि सबसे पहले भगतसिंह ने उठाया था। करोड़ों जबानों पर उनका नाम था और हर जवान के हृदय में उनकी तस्वीर थी। उनके साथ अपने दीर्घकालीन सम्बन्धों को स्मरण करने पर मेरा सीना फूल उठता था।

भगतसिंह और उनके साथियों को छुड़ाने की उम्मीद अभी भी बाकी थी। सभी को यह आशा थी कि कांग्रेस और सरकार के बीच होनेवाले समझौते में लाहौर केस के बन्दियों को रिहा कराने या कम-से-कम उनकी फाँसी की सजा को मंसूख कराने की शर्त अवश्य होगी। पर, यह आशा व्यर्थ निकली। हम लोग हिंसा के दोषी थे, अतएव कांग्रेस नेता हमारी रिहाई को 'चाहते हुए भी' गांधी-इरविन समझौते में उसे एक शर्त नहीं बना सकते थे।

अप्रैल 1931 में कांग्रेस के कराची अधिवेशन के थोड़े पहले उन लोगों को फाँसी दे दी गई। भगतसिंह की अवस्था उस समय मुश्किल से 24 वर्ष की रही होगी।

उस समय मैं कराची जा रहा था। यह समाचार सुनकर लोग बच्चों की तरह रोए। भगतसिंह आदि को फाँसी की कल्पना से ही मैं स्तम्भित रह गया।

भगतसिंह धूमकेतु की तरह राजनीतिक आकाश पर चमके और जाते-जाते करोड़ों आँखों का तारा बन गए। मौत के सामने भी निर्भीक, साम्राज्यवादी शासन को चकनाचूर करने के लिए अटल और उसके खंडहर पर स्वतन्त्र जन-राज्य की स्थापना करने के लिए दृढ़ प्रतिज्ञ भगतसिंह, नवीन भारत की आकांक्षाओं और भावनाओं के प्रतीक बन गए।

यादों के जुगनू

योगेशचन्द्र चटर्जी

सन् 1923 में उत्तर प्रदेश के दौरे के समय मैं जब कानपुर में रहता था, स्वतन्त्रता सेनानियों तथा क्रान्तिकारी दल के लोगों से सम्पर्क स्थापित करने में ही मेरा अधिकांश समय बीतता था। मुझे 'अनुशीलन समिति' ने वहाँ भेजा था। ऐंग्लो बंगाली स्कूल के अध्यापक सुरेश भट्टाचार्य के 'पटकापुर मेस' में मैं ठहरा हुआ था। उस समय मैंने अपना एक फर्जी नाम रख लिया था। कुछ दिनों के बाद उस मेस में एक ऐसे नवयुवक का आगमन हुआ, जो बाद में बहुत ही प्रख्यात हो गया।

पहले इसकी पृष्ठ भूमि बता दूँ। इतिहासज्ञ जयचन्द्र विद्यालंकार लाहौर के कौमी महाविद्यालय में प्रोफेसर थे। वे हमारे पंजाब की गुप्त पार्टी के प्रमुख भी थे। विद्यार्थी जीवन में भगतसिंह जयचन्द्र जी के बहुत निकट सम्पर्क में आए। हम यह जानते थे कि भगतसिंह के चाचा सरदार अजीत सिंह प्रसिद्ध क्रान्तिकारी थे और सरदार किशन सिंह उनके पिता थे।

जयचन्द्र जी ने भगतसिंह को अपने दल में भरती करने में देर नहीं की। इससे कुछ उलझन पैदा हो गई क्योंकि भगतसिंह के परिवार वाले विशेषतः उनके पितामह तुरन्त उनकी शादी कर देने पर तुले हुए थे। भगतसिंह इसके बिलकुल विरूद्ध थे क्योंकि अपना सारा जीवन क्रान्तिकारी कार्यों में लगा देने की उनकी प्रबल आकांक्षा थी।

पारिवारिक उलझन में पड़कर भगतसिंह जयचन्द्र जी के पास सलाह लेने गए किन्तु उनकी भी समझ में कुछ नहीं आया कि वे क्या सलाह दें। इन्हीं दिनों जबकि भगतसिंह जयचन्द्र जी के उत्तर की प्रतीक्षा कर रहे थे और अपने जीवन का भावी पथ निश्चित करने का प्रयत्न कर रहे थे, लाहौर में शचीन्द्रनाथ सान्याल का आना हुआ। जयचन्द्र जी ने उनसे इस उत्साही युवक विद्यार्थी की चर्चा चलाई। इस पर श्री सान्याल ने भगतसिंह से मिलने की इच्छा प्रकट की।

मिलने पर सान्याल बाबू ने भगतसिंह से दो प्रश्न किए—"क्या तुम अपनी मातृभूमि को स्वतन्त्र कराने के लिए अपना सारा जीवन समर्पित कर सकते हो?"

और क्या इस ध्येय की पूर्ति के लिए अपने परिवार तथा सम्बन्धियों को छोड़ने के लिए तैयार हो?"

भगतसिंह ने दोनों प्रश्नों के उत्तर 'हाँ' में दिए और उसी समय उनके जीवन का रुख बदल गया। सान्याल बाबू ने मेरे नाम एक पत्र देकर भगतसिंह को कानपुर भेज दिया।

दिन के पहर भगतसिंह 'पटकापुर मेस' में मेरे पास पहुँचे। कानपुर में उनके नए जीवन का यह आरम्भ ही था। वैसे उनकी भरपूर दाढ़ी थी, किन्तु वे निरे सत्रह वर्ष के नौजवान थे। 'मेस' में रहने के कारण शुरू में उनका सम्पर्क केवल 'मेस' के सदस्यों के साथ ही हुआ। किन्तु अपना अधिकांश समय वे मेरे साथ बिताते थे।

वे एक प्रतिभाशाली तथा जिज्ञासु युवक थे और देश की बातों में उनकी रुचि थी। हम घंटों देश के सामान्य राजनीतिक जीवन पर बातें किया करते थे। हमारी चर्चा का विषय यह भी होता था कि देश की परिस्थिति में किस प्रकार की क्रान्ति सबसे अधिक अनुकूल पड़ेगी और अन्य देशों में विशेषतः रूस में क्रान्ति के विभिन्न पहलू क्या हैं।

उस समय सारा संसार रूस को क्रान्ति की महान प्रयोगशाला मानता था और मानता था कि आगामी विश्वक्रान्ति के अनन्तर स्थापित होने वाली नूतन व्यवस्था की वहाँ जाँच हो रही है।

भगतसिंह जानना चाहते थे कि साम्यवादियों का ध्येय क्या है। उनकी जिज्ञासा अदम्य थी। वे अन्धभक्त भी नहीं थे। उनका युवा मस्तिष्क किसी नए विचार को समझने या उसका मूल्यांकन करने के लिए सदैव सतर्क रहता था।

बाद में कुछ दिनों में घटी चन्द घटनाओं का यहाँ वर्णन कर देना रुचिकर होगा। कानपुर में नई सड़क पर स्थित वैद्य जी का आयुर्वेदिक दवाखाना हमारा अड्डा था। वहाँ गर्मी के दिनों में रोज तीसरे पहर हम लोग मिला करते थे। एक बार हम सब यानी भगतसिंह, देशबन्धु वैद्य जी और मैं उन्नाव गए और वहाँ बाग में जाकर खूब आम खाये। फिर वापस कानपुर के लिए चल पड़े।

स्टेशन पर मैं टिकट लेने के लिए चल पड़ा, किन्तु मेरे मित्रों की इच्छा थी कि आज बिना टिकट सफर का आनन्द लिया जाये। गाड़ी आयी। हम चारों एक डिब्बे में चढ़ गए। संयोग की बात, टिकट चेकर भी उसी डिब्बे में सवार हुआ। उसने टिकट माँगे। हमने कहा—"नहीं हैं।" वह जुर्माने सहित पैसा माँगने लगा। हमारे पास उतने पैसे थे नहीं, इसलिए हमने वादा किया कि कानपुर स्टेशन पर दे देंगे। कानपुर स्टेशन पर वैद्य जी का एक भतीजा पार्सल घर में क्लर्क था। हमने सोचा कि उसी से लेकर दे देंगे।

गाड़ी जब कानपुर पहुँची तो भगतसिंह ने मुझे एक ओर ले जाकर कहा—"मेरे पास एक दस रुपये का नोट है। आप चाहें तो ले सकते हैं।" मैंने उनसे नोट ले

लिया और टिकट के पैसे चुका दिए।

'पटकापुर मेस' में भगतसिंह के आते ही हम लोग सावधान हो गए थे, क्योंकि बंगाली मेस में एक सिक्ख युवक का रहना पुलिस के लिए शक का विषय बन सकता था। हमारी आय का कोई साधन नहीं था, इसलिए हमारी आर्थिक स्थिति बहुत तंग थी। भगतसिंह के आ जाने से स्थिति और भी विकट हो गई।

इसी समय किसी काम से जयचन्द्र जी का कानपुर आना हुआ। वे विद्यार्थी जी से मिले और उन्हें हमारी समस्या बताई। विद्यार्थी जी ने बड़ी प्रसन्नता से कहा कि वे भगतसिंह को अपने 'प्रताप' के कार्यालय में रख लेंगे, जहाँ भगतसिंह पत्रकारिता सीख सकेंगे।

भगतसिंह 'प्रताप' कार्यालय में रहकर पत्रकारिता सीखने लगे। विद्यार्थी जी छात्रवृत्ति के तौर पर दस रुपये मासिक दिया करते थे। इस प्रकार भगतसिंह के रहने की तथा खर्चे की समस्या सुलझ गई। हम सबको बड़ी राहत मिली।

बाद में भगतसिंह अलीगढ़ चले गए। मैंने ही उन्हें वहाँ के नेशनल स्कूल का हेडमास्टर बना कर भेजा था। जाते समय मैंने उनसे कहा था—"अपनी प्रतिभा और सबल चरित्र के कारण हमारे सभी परिचितों में तुम्हारी बड़ी इज्जत है। कहीं भी जाओ, अपना सिर ऊँचा रखो।"

एक प्रकार से यह हमारी अन्तिम विदाई थी, क्योंकि उसके बाद मैंने उन्हें केवल एक ही बार और देखा। काकोरी षड्यन्त्र केस में हमारे मुकदमे की सुनवाई के समय वे अदालत में आए थे। वह मुकदमा लखनऊ में एक विशेष न्यायाधीश की अदालत में 4 जनवरी 1926 को शुरू हुआ था। जब मुकदमा निचली अदालत में था, तब भगतसिंह लखनऊ आए थे और यह मेरे लिए एक आश्चर्य की बात थी। हम लोग काकोरी केस के आसामी थे।

एक दिन सुबह जब कैसर बाग की रोशनउद्दौला अदालत की ओर जाती हुई हमारी बसें हेवट रोड से कंटोनमेंट रोड को मुड़ीं तो मैंने एक नुक्कड़ पर भगतसिंह को खड़े देखा। हम लोग जब अदालत के भीतर कटघरे में बैठ गए, तब देखा कि अन्य दर्शकों के साथ भगतसिंह भी अदालत में आए। उस समय उन्होंने जोधपुरी पतलून और जरीदार पगड़ी पहन रखी थी। वे सारे दिन मौन बैठे रहे। हाँ, उनके मुख पर बराबर सहज मुस्कान खेलती रही। अदालत में बहुत से पुलिस अधिकारी और सी.आई.डी. अफसर थे, किन्तु उस रूपवान और चुस्त-दुरुस्त सिक्ख युवक को कोई ताड़ न सका।

हमारी बसें जब हमें अदालत से लेकर चलीं, तब मैंने देखा कि भगतसिंह अदालत के सामने वाले उद्यान में खड़े हैं। उन्हें देखने का मेरा वह अन्तिम अवसर था। मेरे लिए भारत के उस शानदार नौजवान शेर की वह अन्तिम झाँकी थी।

काकोरी केस के बाद मुझे आगरा सेंट्रल जेल भेज दिया गया। वहाँ मुझे अपने

मित्र विजयकुमार सिंह के पत्र मिला करते थे, जिनमें वे प्रायः बलवन्त सिंह के विषय में लिखा करते थे। कानपुर में यह नाम मैंने ही भगतसिंह को दिया था।

सन् 1928 के अन्त में मैं आगरा जेल से लखनऊ जेल भेजा जाने वाला था। इसकी सूचना मैंने अपने बाहर के मित्रों को दे दी। उन्होंने मुझे छुड़ाने की योजना बनाई। कानपुर से पश्चिम 5 मील की दूरी पर, जहाँ ट्रेन को कुछ मिनटों तक रुकना था, कार्रवाई की जगह निश्चित की गई। छुड़ाने की इस योजना में भाग लेने वाले थे भगतसिंह, चन्द्रशेखर आज़ाद, बटुकेश्वर दत्त, राजगुरु तथा अन्य चार साथी।

योजना यह थी कि सिपाहियों के चंगुल से मुझे मुक्त कराने के बाद वे सब मुझे ट्रेन द्वारा आगरा ले जाएँगे। किन्तु कानपुर स्टेशन पर आज़ाद की जेब कट गई और टिकट लेने में देर हो गई। यह देर बड़ी घातक सिद्ध हुई। इसके पहले कि कुछ किया जाता, लखनऊ वाली ट्रेन में मुझे बैठा दिया गया। योजना विफल हो गई। बाद में मुझे पता चला कि भगतसिंह इस पर बहुत रोए थे।

उसके बाद भगतसिंह से मेरा किसी प्रकार का सम्पर्क नहीं हो सका। जेल में एक दिन सुना कि 23 मार्च 1931 को लाहौर जेल में भगतसिंह को फाँसी दे दी गई।

इतना समय बीत जाने पर भी उस शहीद की स्मृतियाँ मेरे दिमाग में बिलकुल ताजी हैं। वे क्रान्तिकारी क्यों बने थे। इस प्रश्न का सही उत्तर शायद निम्नलिखित पंक्तियाँ दे सकती हैं। ये भगतसिंह और बटुकेश्वर दत्त के उस सम्मिलित वक्तव्य का अंश हैं जो उन्होंने 1929 में अपने मुकदमे की सुनवाई के समय दिया था : "जनता की प्रभुसत्ता ही कार्यकर्त्ताओं का अन्तिम लक्ष्य है और इस आस्था तथा ऐसे आदर्शों की खातिर हम अपने ऊपर होने वाले हर अत्याचार का स्वागत करेंगे। क्रान्ति की पावन वेदी पर जलाने के लिए हम अपनी जवानी की सुगन्धित धूप लाए हैं। बस, इसी में हमें सन्तोष है।"

भगतसिंह के साथ-साथ

पं. किशोरीलाल

मेरे पिताजी आजादी के कट्टर हिमायती थे। वह हमें विभिन्न जलसों के किस्से सुनाकर प्रेरित करते रहते थे। मेरा जन्म क्वेटा में हुआ था, जहाँ अंग्रेज विरोधी आन्दोलन बहुत तेज था। राजनीति में सबसे पहले मैं 1921 में आया जब विद्यार्थी था। तब बोर्स्टल जेल में दो दिन की सजा भी इस सत्याग्रह के दौरान मुझे मिली थी...

उसके बाद ही क्रान्तिकारी आन्दोलन की ओर मेरा झुकाव हुआ। उन दिनों एक नौजवान बोर्डिंग में ठहरा था। उसने कई साथियों को डाके के लिए उकसाया। मेरे एक भाई सत्यपाल सिद्धान्तालंकार, जो अरसे से क्रान्तिकारी दल के सम्बद्ध थे, उसे देखकर एक दिन कहने लगे कि उसे मत आने दो। पुलिस का आदमी लगता है। बाद में उनकी बात सच निकली। मेरी गतिविधियाँ देखकर एक दिन भाई ने कह ही डाला—"तुम्हें कुछ काम करना है तो निर्णय कर लो। देश का काम बड़ा काम है। यों तुम्हें कोई मुफ्त में सजा करा देगा। बोलो—क्या कहते हो तुम?"

मेरे 'हाँ' कहने पर वह अगले दिन भगतसिंह और सुखदेव को मेरे कमरे पर ले आया। बातचीत के बाद भगतसिंह मेरी ओर मुखातिब होकर बोला, "ये लड़का छोटी आयु का है। सेहत भी अच्छी नहीं मालूम होती... ।"

मुझे उसकी बात जँची नहीं। लगा जैसे किसी परीक्षक ने बिना पढ़े ही मेरे लिखे पर खारिज का निशान लगा दिया हो। मैं हारा नहीं। मैंने भगतसिंह और सुखदेव से कहा कि "आप लोग कौमी आजादी की बिल्डिंग बना रहे हैं। इसमें पूरी ईंट भी लगेगी, आधी ईंट भी लगेगी, ईंट का टुकड़ा भी लगेगा। तो क्या मैं कहीं भी काम नहीं आऊँगा?"

उसके बाद भगतसिंह चुप हो गया। वह बार-बार मेरे चेहरे को देख रहा था। गोया; तराजू पर कोई वस्तु तौल रहा हो।

कई क्षण कमरे में सन्नाटा चक्कर काटता रहा। तब सुखदेव को मैंने कहते सुना—"ये काफी है।"

और उसी दिन से मैं उनके साथ शामिल हो गया। पहले मुझे छोटे-छोटे काम सौंपे जाते थे। लोग हम पर हँसते थे कि देखो ये लड़के बर्तानवी साम्राज्यवादियों से टक्कर लेने चले हैं! वास्तव में लोग उस समय ब्रिटिश साम्राज्यवादियों की ताकत से आतंकित थे जबकि हमें जनता की ताकत पर विश्वास था। आगे चलकर हमारा ही विश्वास सच साबित हुआ।

चन्द्रशेखर आज़ाद के नेतृत्व में भगतसिंह, राजगुरु और कुछ और क्रान्तिकारी साथियों ने सांडर्स को मारा उस समय पुलिस समझती थी कि पंजाब में 'नौजवान भारत सभा' और स्टूडेंट यूनियन ही क्रान्तिकारी संस्थाएँ हैं और कोई संस्था है ऐसा उन्हें ज्ञात न था। इसलिए सांडर्स-वध वाली रात इनके तीन-चार सौ कार्यकर्त्ता पकड़े गए। सभी छात्रावासों की तलाशी हुई। गैरहाजिर विद्यार्थियों की सूची तैयार की गई।

दुर्गा भाभी का भगतसिंह को बाहर निकालना एक सत्य है जिसे झुठलाया नहीं जा सकता। सुखदेव की माताजी सांडर्स वध के कितने दिन पूर्व आईं, यह मुझे मालूम नहीं और न ही मैंने यह जानने का प्रयास किया था। वे हमारे साथ एक माह तक रहीं। माताजी का पहला दर्शन मुझे गुलाबसिंह प्रेस के सामने एक पक्की इमारत में हुआ। उस समय लाला अचिन्तरामजी के मुनीम और उनकी कन्या भी वहीं थी। मैं ही उन्हें उस स्थान से शहर के अन्दर मच्छीहट्टा के मकान पर ले गया था।

घटना के पाँच-छह दिन पश्चात वह मुझे और चन्द्रशेखर जी को लेकर मथुरा की यात्रा पर गईं। स्टेशन पर ही चन्द्रशेखर अर्थात् पंडित जी हमसे जुदा हो गए। दो दिन तक हम मथुरा में रहे। दो दिन बाद पंडित जी ने आकर कहा कि सब ठीक है, आप लोग वापस जाइए। लाहौर से जाते समय और कोई साथी मेरे साथ नहीं था। भगतसिंह मुझसे दो दिन पहले लाहौर से निकले थे।

मेरी गिरफ्तारी लाहौर की बम फैक्ट्री पर हुई। फैक्ट्री पर छापा सुबह सात-आठ बजे के करीब पड़ा। पुलिस पार्टी के साथ ऑफीसर अहमदशाह के अलावा और कौन था, मुझे किसी का नाम याद नहीं और न ही बाकी जीवन में मुझे कोई मिला। कह नहीं सकता कि साथ में कोई मुखबिर भी था क्योंकि सब सफेद कपड़ों में थे। मकान मालिक ही उनको लाया था। वह साथ था। बात यों है, ये बहुत बड़ी बिल्डिंग आस्ट्रेलिया बिल्डिंग्स के नाम से बनी थी। उसमें चार-पाँच सौ फ्लैट थे। मालिक मकान आगे भी जब किसी को ये मकान दिखाने लाता, हमारे पास बैठता था। हमने उसे बैठने को कहा। अहमदशाह ने कहा—"फिर बैठेंगे।' पीठ फेरते हुए उसने कहा—"ये तो विद्यार्थी हैं।" ये मकान हमने भगवतीचरण के नाम पर ले रखा था। उसकी तलाश में वह यहाँ आए थे। पुलिस ने बाद में बताया कि सैयद ने गली में जाकर कहा कि जिस स्थान पर शक में आए, तलाशी ले लेनी चाहिए। अब वह फिर ऊपर आ गए। सैयद ने कहा कि अब कोई भाई हिले नहीं। हमें आपका सामान

देखना है। उसके पश्चात दो आदमियों ने पिस्तौल निकालकर हमें कवर कर लिया। यहाँ तक मुझे याद है। उनसे पूछकर सुखदेव ने अपना कोट पहन लिया। इधर-उधर देखने के पश्चात हमारी तलाशी हुई। सुखदेव ने अपने कोट में से एक खाली पिस्तौल उनके हवाले कर दिया और कुछ कागज मुँह में डालकर उनके पकड़ते-पकड़ते निगल गया। यहाँ तक मुझे याद है। उसकी हालत बहुत खराब हो गई थी। उसकी जेब से एक चाबी लेकर सूटकेस खोला जिसमें एक जिन्दा बम और बाकी खोल निकले। अब पुलिसवालों ने दो आदमी भेजे। बावरदी थानेदार आया। मकान घेरा गया। गलियाँ और सड़क बन्द कर दी गईं। बाहर भीड़ लग गई। यह सब तमाशा जानबूझकर किया गया। तलाशी बारह-एक बजे तक जारी रही। एक सिपाही ने, जो मेरे साथ मिले तक गया था, रिमार्क किया–''अन्धे के हाथ बटेर लग गया।''

यह घटना 14 अप्रैल, 1929 की है जब मैं रात की गाड़ी से बाहर से आया था। मैं मुल्तान से वापस आया और जयगोपाल फ्रंटियर से। हम तीनों रास्ते में ही मिले। सुखदेव हमें फैक्ट्री ले गया। तब असेम्बली बमकांड हो चुका था।

इसके बाद की कहानी थोड़ी लम्बी है। लाहौर षड्यन्त्र केस चला और उसमें मुझे आजीवन कारावास की सजा का उपहार मिला। मैंने इसी पर सन्तोष किया। सोचा, ''चलो एक सीन ड्राप हुआ, अब ड्रामे का दूसरा सीन जेल में शुरू होगा।''

जब बात चल ही पड़ी है तो उस समय की एक उल्लेखनीय घटना और बता दूँ–मेरे एक साथी महावीर सिंह थे। लाहौर षड्यन्त्र केस में सजा सुनने के बाद पुलिस सुपरिंटेंडेंट मार्गन मुझे और महावीर सिंह को मुबारकबाद देने आया। बोला–''बड़े सौभाग्यशाली हो तुम। मैंने फाँसी दिलाने का पूरा यत्न किया था लेकिन तुम बच गए, यह तुम्हारी खुशकिस्मती है।'' मैंने कहा–''खुशकिस्मती कैसी! मैं तो शहीद होने से वंचित रह गया... ।''

लाहौर का हमारा ग्रुप सोशलिस्ट विचारों का था। हमारे बीच भगतसिंह और सुखदेव को समाजवाद का ज्ञान था। उस दौर में मुझे मार्क्सवाद की पूरी जानकारी नहीं थी। बाद में जेल में सब पढ़ा, सीखा। हमारे सामने देश की स्वतन्त्रता के बाद भूख और रंग से रहित भारत का नक्शा था जो पूरा नहीं हुआ। हमने ब्रिटिश हुकूमत की बोर्स्टल जेल में भी अन्याय के खिलाफ एक आवाज उठाई थी भूख हड़ताल करके। अपना एक मासूम साथी जतीन्द्रनाथ दास होम दिया था उसमें। वह तिल-तिलकर 63 दिन तक जलता रहा और मेरी आँखों के सामने भभक कर शहीद हो गया। जतीन्द्र की कुर्बानी के बल पर हम छोटी उम्र में देश में बहुत बड़ी जागृति ले आए। भगतसिंह ने जेल के भीतर भी साम्राज्यवाद विरोधी संघर्ष में हम सबका नेतृत्व किया था।

जेल की ही घटना है–1930 की। सविनय अवज्ञा आन्दोलन बाहर चल रहा

था। सभी जेलें कांग्रेसजनों से भरी हुई थीं जिनमें अधिकांश नवयुवक थे। हम लोगों को उनसे दूर अलग रखा गया था क्योंकि जेल अधिकारी यह नहीं चाहते थे कि किसी प्रकार से भी उनके और हमारे बीच सम्पर्क स्थापित हो। इतना हमें मालूम हो जाता था कि उन लोगों को मारा जाता है और अन्य दुर्व्यवहार किए जाते हैं। हम उन्हें कैसे मदद कर सकते हैं, इस पर हम लोग अक्सर विचार किया करते थे लेकिन हम लोग मजबूर थे। हमारे वार्डन और चौकीदार इस तरह रखे गए थे कि बहुत दिनों के बाद हमें उन घटनाओं के बारे में मालूम हुआ। कोई कार्रवाई करने से पहले यह आवश्यक था कि हम उनके बारे में ताजे और सही-सही समाचार मिलते।

मैंने हार न मानी। युक्ति निकालकर मैंने एक ऐसे कांग्रेसजन के बारे में खबर प्राप्त कर ली जिसको उसी दिन मारा-पीटा और बेड़ियों में रखा गया था। हमने मीटिंग की। हम जानते थे कि सुपरिंटेंडेंट से बात करने से कुछ हल न निकलेगा क्योंकि वह स्वीकार नहीं करेगा कि ऐसी घटना हुई भी है। बात करने से अधिक कुछ करना चाहिए, सब कह रहे थे। सोच रहे थे।

मैंने योजना सुझाई कि दीवार फाँदकर हम लोग उस कोठरी के सामने पहुँच जाएँ जहाँ वह बन्दी था और वहाँ जोरों से नारे लगाए जिन्हें सुनकर सुपरिंटेंडेंट को आना पड़े। फिर हम लोग प्रमाण सहित अपनी बात उसके सामने रखें और माँग करें कि यह गैरकानूनी मारपीट तुरन्त बन्द की जाए। योजना दुस्साहसपूर्ण और खतरे से खाली न थी। फिर भी उस पर अमल करने की इच्छा हुई।

जो हमने सोचा था, वही हुआ। हमारी कार्रवाई से वार्डन और चौकीदार लोग चकित रह गए। वे उसके लिए तैयार न थे। अतएव वे हम लोगों को रोकने में समर्थ न हुए और हम लोग शीघ्र ही उस कांग्रेसजन की कोठरी के पास पहुँच गए।

खतरे की घंटियाँ बजने लगीं। चारों तरफ शोर हो गया कि बम केस के राजनीतिक बन्दियों ने विद्रोह कर दिया है। बहुत से वार्डनों के साथ जेलर फौरन घटनास्थल पर आ गया। डंडों की वर्षा शुरू हुई। हमने प्रतिरोध किया पर वे संख्या में बहुत थे और हथियारों से लैस थे। लड़ाई बुरी तरह हुई। अन्य साथियों के साथ मुझे काफी चोटें आईं। बाद में इस भय से कि कहीं राजनीतिक बन्दी विद्रोह न कर बैठें, जेलर ने लड़ाई खत्म कर दी। एक घंटे के बाद सुपरिंटेंडेंट हम लोगों से मिला और वादा कर गया कि वह मामले की जाँच करेगा और इस मारपीट के खिलाफ हुक्म निकालेगा। वादा अधिक दिन न चला, पर फिलहाल परिस्थिति कुछ अच्छी हो गई।

भगतसिंह, राजगुरु और सुखदेव 23 मार्च, 1931 को लाहौर जेल में फाँसी पर चढ़ा दिए गए। मुझे और दूसरे साथियों को लम्बे कारावास की सजा काटनी पड़ी।

मैं 1946 में जेल से छूटकर आया और तब से अपने शहीद साथियों भगतसिंह, महावीरसिंह, जतीन्द्रनाथ दास की तस्वीरों को सामने रखकर समाजवादी समाज के निर्माण के लिए दल के निर्देश पर पूरे समय ट्रेड यूनियन में काम कर रहा हूँ...।

जेल में मिले भगतसिंह

सोहनसिंह भकना

मुल्तान डिस्ट्रिक्ट जेल से मुझे फाँसीवालों के साथ फाँसीवाली कोठरी में बन्द कर दिया गया जहाँ से फाँसी घर सामने था और फाँसी लगनेवाला मेरी कोठरी से साफ दिखाई देता था। फाँसी घर के सामने बन्द करने का कारण यह था कि मैं फाँसी लगनेवालों को देखकर घबरा जाऊँ लेकिन हुआ इसके विपरीत। मेरे सामने दो आदमियों को फाँसी दी गई और वे पाँच मिनट में ही समाप्त हो गए। मेरा दिल और भी निडर हो गया।

अमेरिका में हिन्दुस्तान एसोसिएशन का मैं प्रधान बनाया गया था। उपप्रधान थे भाई केसर सिंह ठठगढ़, मुख्य सचिव लाला हरदयाल तथा कोषाधिकारी पंडित कांशीराम बनाए गए थे। कमेटी के 14 सदस्य भी थे। खुफिया काम के लिए तीन सदस्यों का एक खुफिया कमीशन बनाया गया जिसमें मैं, लाला हरदयाल और पंडित कांशीराम थे। एक मकान किराए पर लेकर दफ्तर खोला गया। जिसका नाम 'युगान्तर आश्रम' रखा गया। एक नवम्बर 1913 को 'गदर' अखबार का प्रथम पर्चा हैंड मशीन द्वारा करतारसिंह सराबा और रघुवीर दयाल (उ.प्र.) की सहायता से निकाला गया।

एक बार आयरलैंड का एक क्रान्तिकारी हमारा दफ्तर और छापाखाना देखने आया। जब उसने यह सुना कि हमारे साँझे भोजनालय का खर्च केवल दो डॉलर प्रतिदिन है जो उसके जैसे होश उड़ गए। हम केवल डबलरोटी खरीदते थे और सब्जी व प्याज हमें एक साथी के फार्म से मिल जाते थे। विस्तार से सुनकर वह कहने लगा, "इतना त्याग! अब हिन्दुस्तान की स्वतन्त्रता दूर नहीं।"

रामचन्द्र पेशावरी और मौलाना बरकतउल्ला भी गदर पार्टी के सदस्य थे।

कागाटामारू जहाज से जब हम आए तो बंगाल की खाड़ी में पहुँचते ही पंजाब की सी.आई.डी. और गोरे फौजी रस्से की सीढ़ियाँ जहाज के ऊपर फेंककर ऊपर चढ़ गए। सशस्त्र गोरे सिपाही जहाज पर जगह-जगह पहरे पर खड़े हो गए। जब जहाज कलकत्ते आकर लगा तो मुझे और मेरे दो साथियों को, जो कनाडा से आए

थे, पुलिस ने गिरफ्तार कर लिया और बन्द गाड़ी में बिठाकर सैनिक पहरे में कलकत्ते की कोतवाली में लाकर बन्द कर दिया। दो दिन के पश्चात पुलिस के पहरे में हम तीनों को लुधियाना ले आए क्योंकि लुधियाना जेलघर बाहर से आए क्रान्तिकारियों की जाँच के लिए स्थापित किया गया था। उन दोनों को तो पूछताछ करके छोड़ दिया और मुझे पुलिस पहरे में जिला जेल मुल्तान भेज दिया।

पंडित कांशीराम फिरोजपुर की पुलिस से टक्कर लेते हुए पकड़े गए थे और उन्हें फाँसी हो चुकी थी। पुलिस उनसे पार्टी के भेद उगलवाने में नाकाम हो चुकी थी। भाई सन्तोख सिंह भी हिन्दुस्तान में नहीं थे। अतः हिन्दुस्तान में अगर कोई कमीशन का सदस्य पकड़ा गया तो वह मैं ही था। इसलिए सी.आई.डी. का सारा ध्यान मुझ पर ही केन्द्रित था। मुझे बहुत लालच दिया कि इज्जत, रुपया, जमीन जो भी चाहो, मिल सकता है। बयान भी मामूली-सा देना पड़ेगा कि आपके साथ अमेरिका में गदर पार्टी का कौन-कौन सदस्य काम करता था और क्या आप गदर पार्टी के प्रधान थे। पर वे कामयाब नहीं हुए।

पहला लाहौर षड्यन्त्र केस अप्रैल 1915 को सेंट्रल जेल लाहौर में तीन जजों की स्पेशल अदालत के सामने प्रस्तुत हुआ। हममें से 24 को फाँसी की सजा सुनाई गई। इस सजा को हमने प्रसन्नचित होकर सुना। करतार सिंह और दूसरे साथियों ने ऊँची आवाज में जज को धन्यवाद कहा। जब कैदियों वाले कपड़े पहनाकर हम सबको फाँसीवाली कोठरियों में बन्द कर दिया गया तो जेल नियमों के अनुसार जेल सुपरिंटेंडेंट हमारे सभी के पास आया और कहा, "आप जानते हैं कि स्पेशल कोर्ट का निर्णय अन्तिम होता है। मगर आप बादशाह के समक्ष दया की अपील कर सकते हैं।" भाई परमानन्द और एक अन्य साथी के सिवाए किसी ने दया की अपील नहीं की। अपितु इस पेशकश को ठुकरा दिया। करतार सिंह ने इस पेशकश की हँसी उड़ाई और कहा, "मैं अपील करता हूँ कि हमें जल्द-से-जल्द फाँसी लगा दी जाए।"

किन्तु कानूनी त्रुटियों के आधार पर 17 आदमियों का मृत्युदंड तोड़ दिया गया। उम्र कैद, काले पानी और सम्पत्ति जब्ती की सजा कायम रखी। मैं उन 17 में से एक था।

आज भी मेरी आँखों के सामने 16 नवम्बर, 1915 का वह दिन आता है, जिस दिन मेरे सात साथियों (सरदार करतार सिंह सराबा, भाई बख्शीश सिंह, भाई सुरैन सिंह सुपुत्र बूड़ सिंह, भाई सुरैन सिंह सुपुत्र ईशर सिंह, भाई हरनाम सिंह, श्री विष्णुगणेश पिंग्ले और भाई जगतसिंह) ने हँसते-हँसते फाँसी के रस्से गलों में डाले।

मैं दूसरे उम्र कैदियों (कालेपानी वालों) के साथ दिसम्बर 1915 में अंडमान सेल्यूलर जेल में पहुँचा।

1928 की शीत ऋतु में मुझे और भाई केसर सिंह को लाहौर सेंट्रल जेल में भेज दिया गया।

...जब भगतसिंह और उनके साथियों पर मुकदमा चलाने के लिए उनको बोस्टल जेल से लाहौर सेंट्रल जेल ले जाया गया तो मैं तथा भाई केसर सिंह ठठगढ़ पहले ही उस जेल में आ चुके थे। किसी-न-किसी ढंग से हर तीसरे दिन हम (मैं और भगतसिंह) अवश्य मिलते थे और विचारों का खुला विचार-विनियम करते थे। एक दिन मैंने मजाक में भगतसिंह से पूछा, "तुम अभी जवान हो और शिक्षित भी। तुम्हारी मौज-मस्ती और आनन्द करने की उम्र है। तुम यहाँ कैसे फँस गए?"

भगतसिंह ने हँसकर उत्तर दिया, "यह दोष मेरा नहीं, आपका और आपके साथियों का है।"

मैंने कहा, "हमारा किस तरह है?"

भगतसिंह ने कहा, "अगर करतार सिंह और उनके साथी हँस-हँसकर फाँसियों पर न लटकते और आप सभी अंडमान जैसे कुम्भी नर्क में पड़कर साबित न निकलते तो शायद मैं यहाँ नहीं आता।"

भगतसिंह छह फुट लम्बा, बहुत खूबसूरत और अभी जवान था। वह निडर जरनल, फिलासफर और ऊँचे दर्जे की राजनीतिक सूझ रखनेवाला था। देशभक्ति के साथ-साथ दुनिया भर की पीड़ित जनता का दर्द उसके दिल में कूट-कूटकर भरा हुआ था। जब भी मैं भगतसिंह को मिलता तो मुझे यूँ लगता कि भगतसिंह करतार सिंह सराबा की ही दूसरी मूर्ति है क्योंकि उनके गुण, कर्म, अन्तःकरण एक जैसे थे। 'एक जोत दोए मूर्ति' वाला उदाहरण उन पर लगता था।

एक दिन मैंने पूछा, "सांडर्स को आपने किसलिए मारा था? क्या जो अखबारों में लिखा है कि आपने लाला लाजपतराय की मृत्यु का बदला लेने के लिए मारा था, ठीक है? क्या अगर सांडर्स लाला लाजपतराय को लाठी न मारता, और उनकी मृत्यु न होती तो क्या आपके दिल में सांडर्स को मारने का विचार पैदा ही न होता?"

भगतसिंह ने उत्तर दिया, "हमारी पार्टी का उद्देश्य केवल आतंक फैलाना ही नहीं है। हम तो अंग्रेजों की गुलामी से देश को स्वतन्त्र कराना चाहते हैं। जिस उद्देश्य से 1914-15 में गदर पार्टी के देशभक्तों ने देश की स्वतन्त्रता के लिए झंडा उठाया था, हमारी पार्टी का उद्देश्य भी यही है। अगर हमने सांडर्स को मारा और असेम्बली में बम फेंका तो इसी उद्देश्य की पूर्ति के लिए, ताकि इनको (अंग्रेजों को) पता चल जाए कि हिन्दुस्तान के लोग अब तुम्हारी गुलामी स्वीकार नहीं कर सकते।"

भगतसिंह और उनके साथियों ने राजनीतिक कैदियों के लिए एक स्पेशल क्लास बनाए जाने की माँग की, जिसमें धनी-निर्धन सभी से एक-सा व्यवहार हो और माँगें न माने जाने पर भूख हड़ताल कर दी। कुछ दिन तो मैं देखता रहा लेकिन जब हड़ताल लम्बी होती दिखाई दी तो मैं सहन न कर सका और जेल वालों को भूख हड़ताल का नोटिस दे दिया। जब भगतसिंह को पता लगा तो उसने कई सन्देश

भेजे, "बाबा जी, आप पहले बहुत कष्ट उठा चुके हो। अब भूख हड़ताल मत कीजिए।" मैंने प्यार से उत्तर दिया, "भगतसिंह, जब आप नौजवान दूसरों के कष्टों को दूर करने के लिए बलिदान दे रहे हैं तो मैं बूढ़ा, जो समाप्त होने पर है, बाहर बैठा किस तरह तमाशा देख सकता हूँ?"

अतः मैंने भी भूख हड़ताल कर दी और अन्त तक भूख हड़ताल में सम्मिलित रहा।

यह मेरी चौथी भूख हड़ताल थी।

सरकार ने गोपीचन्द भार्गव और दुनीचन्द अम्बालवी जैसों को बीच में पड़वाकर भूख हड़ताल को तोड़ने के लिए मना लिया। भगतसिंह सरकारी चाल में आ गया और हड़ताल फेल हो गई।

भगतसिंह ने बाद में मुझे बताया कि हड़ताल तुड़वाकर उसने गलती की है और जतिनदास की शहीदी व्यर्थ गई (क्योंकि सरकार ने उस वास्तविक माँग को नहीं माना था जिसके द्वारा सभी राजनीतिक कैदियों से एक जैसा व्यवहार किया जाता। अंग्रेजी सरकार ने राजनीतिक कैदियों के तीन दर्जे 'ए', 'बी' और 'सी' बना रखे थे जिससे गरीब कैदियों की दशा सोचनीय थी)। मेरे विचार में यह जीत नहीं हार थी।

इससे पहले मैंने इस जेल में एक छोटी-सी भूख हड़ताल की थी। भोजन के समय अराजनीतिक जाट-सिख कैदियों, दलित कैदियों को पंक्ति में नहीं बैठने देते थे। लगभग 15 दिन मैंने अकेले मरणव्रत रखा। मैं डटा रहा तो उनको समान अधिकार मिल गए।

जब मेरी 16 वर्ष की ऐतिहासिक कैद (अर्थात् उम्र कैद जो 20 वर्ष सुनाते थे और 14 वर्ष के बाद रिहा कर देते थे) बीत गई अर्थात् जितना समय एक उम्र कैदवाले को काटना होता है पूरा हो गया तथा मैंने अंग्रेजी सरकार की नीयत को भली प्रकार समझ लिया कि वह मुझे जेल में ही मारना चाहती है तो मैंने आखिरी भूख हड़ताल का नोटिस जेलवालों को दे दिया। मेरे विचार में यह अप्रैल 1930 की बात है। जब भूख हड़ताल को दो महीने हो गए तो मेरी दशा खराब हो गई। सरकार ने जेल से परिवर्तित करके मिओ अस्पताल लाहौर भेज दिया। भाई केसर सिंह भी चर्मरोग बढ़ जाने के कारण मेओ अस्पताल में ही थे। हम दोनों को एक ही कमरे में रखा गया। एक दिन जेल अधीक्षक मेरी रिहाई के कागज लेकर आ गया। जेल सुपरिंटेंडेंट ने कहा कि आपने थाने में जाकर कोई हाजिरी नहीं देनी है केवल गाँव के नम्बरदार को कह देना है कि मैं गाँव में उपस्थित हूँ। मैंने रिहाई की शर्तें ठुकरा दीं और कहा कि मुझे अपमानजनक रिहाई की कोई आवश्यकता नहीं है।

बाद में मेरी बिना शर्त रिहाई हुई। यह मेरी पाँचवीं भूख हड़ताल थी।

मेरी रिहाई के बाद भाई केसर सिंह की भी उसी शर्त पर (जो पहले मुझे दी

गई थीं) रिहाई आई लेकिन इस शेरदिल वीर ने भी शर्त वाली रिहाई ठुकरा दी। अगले तीन वर्ष तक भाई केसर सिंह और सरकार दोनों आपस में डटे रहे। अन्त में जब 20 वर्ष की कैद कट गई तो सरकार को हार माननी पड़ी और सरकार को बिना शर्त रिहाई करनी पड़ी। दुख है कि इस वीर की मृत्यु बड़ी दर्दनाक हुई जिसका आज तक भी पूरा पता नहीं लग सका कि कहाँ और किस प्रकार हुई।

...यह जानने योग्य है कि 1915 की गदर पार्टीवालों ने नौजवान भारत सभा में भी धन्वन्तरि आदि देशभक्तों के साथ काम किया। धन्वन्तरि कई स्थानों पर मेरे साथ भी रहे और मैं उनके जलसों में जाता रहा।

1914-15 के देशभक्तों का जनता में बहुत सम्मान था। जनता करतार सिंह सराबा और सरदार भगतसिंह के बलिदानों को नहीं भूली थी।

स्मृतियों की छाया में

जितेन्द्रनाथ सान्याल

इलाहाबाद में जब भगतसिंह ने मुझसे मुलाकात की और मुझसे राजनीतिक कदमों के बारे में विचार-विमर्श किया, तब मैंने इस बात पर जोर दिया कि बिना बम के हिंसात्मक कार्यक्रमों को सफलतापूर्वक संचालित नहीं किया जा सकता। मैंने यह भी बताया कि रिवाल्वर की गोली की अपेक्षाकृत बम द्वारा किया गया हिंसात्मक कार्य आदमियों का ध्यान अपनी ओर ज्यादा आकर्षित करता है। मैंने भगतसिंह को दिल्ली में लार्ड हार्डिंग पर किए गए उस बम आक्रमण का उदाहरण दिया जिसके फलस्वरूप इंग्लैंड विरोधी देशों के बीच भारतीय क्रान्तिकारियों की छवि उज्ज्वल हो गई थी। अतः जब भगतसिंह सहारनपुर वापस गए तब उन्होंने बम निर्माण के प्रश्न पर चर्चा की परन्तु बम निर्माण के रहस्य को सिर्फ बंगाल के क्रान्तिकारी ही जानते थे। इस रहस्य की जानकारी हिन्दुस्तान रिपब्लिकन एसोसिएशन के तीन सदस्यों के हाथ जिन परिस्थितियों में लगी, वे निम्न प्रकार से है–

जब सचिन सान्याल कलकत्ता में थे तब अनुशीलन समिति से सम्बन्धित बंगाल के क्रान्तिकारियों ने हिंसा का त्याग शपथपूर्वक कर दिया था परन्तु कुछ ऐसे दल भी थे जिन्होंने हिंसा का त्याग नहीं किया था। उनमें से 'नव उग्र दल' नामक दल था जिसके प्रमुख थे प्रोफेसर ज्योतिषचन्द्र घोष। यह दल हिंसा की अपनी पुरानी नीति पर चल रहा था। सचिन सान्याल के कहने पर ज्योतिषचन्द्र घोष का 'नव उग्र दल' सचिन के दल के दो-तीन सदस्यों को बम निर्माण की कला सिखाने के लिए सहमत हो गया। ये तीन सदस्य थे–जतिनदास, इन्द्रचन्द्र नारंग, जो प्रोफेसर जयचन्द्र विद्यालंकार के अनुज तथा जादवपुर तान्त्रिक संस्थान के विद्यार्थी थे और तीसरे सदस्य, जैसा कि इन्द्रचन्द्र जी ने बताया, शायद राजेन्द्रनाथ लाहिड़ी थे।

सन् 1924 में देवघर नामक स्थान में इस कार्य के लिए उपयुक्त स्थान का चुनाव किया गया। चन्द्रनगर निवासी हरीनारायण चन्द ने प्रशिक्षण दिया और एच.आर.ए. के तीन सदस्यों ने बम बनाने की कला पूर्णरूपेण सीख ली।

जब भगतसिंह मुझसे मिलने इलाहाबाद आए तब उन्होंने मुझसे इस मामले में

मदद माँगी। मैंने सलाह दी कि वे प्रोफेसर जयचन्द्र से मिलें ताकि उन्हें इन्द्रचन्द्र की सेवा का लाभ मिल सके। प्रोफेसर जयचन्द्र ने बताया कि बिहार के देवघर षड्यन्त्र कांड के कारण सजा भुगतने के बाद इन्द्र अभी-अभी जेल से छूटकर आए हैं। उन पर पुलिस की कड़ी निगरानी है। अतः बम बनाने का कार्य न पार्टी और न ही इन्द्र के हित में होगा, परन्तु इन्द्र ने भगतसिंह को सलाह दी कि वे जतिन दास से मिलें।

भगतसिंह की जतिनदास से पहली मुलाकात कलकत्ता में सन् 1928 के दिसम्बर माह में हुई। भगतसिंह के जोश और व्यक्तित्व से जतिनदास काफी प्रभावित हुए परन्तु जब भगतसिंह ने जतिनदास से बम बनाने की कला सीखने की इच्छा व्यक्त की, तब जतिन आनाकानी करने लगे। उन्होंने बताया कि वे बंगाल की जिस क्रान्तिकारी पार्टी के सदस्य हैं, वह पार्टी हिंसा के पक्ष में नहीं है। अतः पार्टी के अनुशासनप्रिय सैनिक होने के नाते वह बम निर्माण में भगतसिंह की मदद नहीं कर सकते परन्तु उन्होंने अन्तिम उत्तर के लिए समय माँगा।

इसके उपरान्त जतिनदास मुझसे मुलाकात तथा विचार-विनियम करने इलाहाबाद आए। मैंने उन्हें समझाया कि बंगाल के बाहर की स्थिति काफी भिन्न है तथा हिंसात्मक कार्य तथा उसके फलस्वरूप फाँसी से यू.पी. में क्रान्तिकारी कार्यों को मदद मिलेगी। इसके उपरान्त कुछ चुने हुए लोगों को बम बनाने की कला सिखाने के लिए जतिनदास तैयार हो गए। मेरे मकान में उस समय ललित मोहन मुखर्जी नामक एम.एस.सी. का एक छात्र भी उपस्थित था, जिसे भूपेन्द्रनाथ सान्याल ने पार्टी का सदस्य बनाया था। जतिनदास ने बम निर्माण के लिए आवश्यक सामान की पूरी सूची ललित मोहन मुखर्जी को दी जिसने उसमें से कई सामान अपने कॉलेज की प्रयोगशाला से प्राप्त किए।

शेष सामानों को कलकत्ता से खरीदकर लाना पड़ा। दुकानदार की सद्भावना के कारण शेष सामान और रसायन को प्राप्त करने में आसानी हुई। अधिकांश सामान को प्रसिद्ध दवाई विक्रेता बी.के. पाल एंड कम्पनी कलकत्ता से खरीदा गया। इसके पहले तीन वर्ष पूर्व जब देवघर में एच.आर.ए. का ट्रेनिंग केन्द्र शुरू किया गया था, उस समय भी इसी दुकान से कई सामान आए थे। उन्हें यह निश्चय ही शक था कि क्या हो रहा है परन्तु उन्होंने चुप्पी साध ली थी।

जतिनदास बम निर्माण की कला सिखाने के लिए सहमत हो गए हैं, इसकी खबर भगतसिंह तक पहुँचा दी गई। इस कार्य के लिए पार्टी ने एक मकान आगरे में किराए पर लिया जहाँ ललित मुखर्जी और जतिनदास को जाकर कुछ चुने हुए कार्यकर्त्ताओं को बम निर्माण की विधि सिखाना था। पर जिन चुनिन्दे लोगों को बम निर्माण की कला की शिक्षा देनी थी उनकी संख्या बढ़ने लगी। एक योजना थी कि जब वे बम बनाने की कला में पारंगत हो चुकेंगे, तब तीन और केन्द्र स्थापित किए

जाएँगे। पहला केन्द्र डॉ. गयाप्रसाद की देख-रेख में सहारनपुर में खोला जाएगा। दूसरा केन्द्र लाहौर में खुलेगा। तीसरा केन्द्र झाँसी में खुलनेवाला था जो चन्द्रशेखर आज़ाद का मुख्यालय था।

बम बनाने का कार्य सरलतापूर्वक चलता रहा और छह कम शक्ति के बम बनाए गए। इनमें से दो बम चन्द्रशेखर आज़ाद की माँग पर प्रयोग करने के लिए झाँसी भेजे गए। अब तक चन्द्रशेखर आज़ाद अपनी योग्यता और व्यक्तित्व के फलस्वरूप पार्टी के मुखिया हो गए थे। अन्य दो बमों को दिल्ली के असेम्बली हॉल के कार्य के लिए सुरक्षित रखा गया तथा एक-एक बम को सुखदेव और शिव वर्मा क्रमशः लाहौर और सहारनपुर स्थित कारखानों के लिए अपने साथ ले गए। सुखदेव ने लाहौर जाकर इन बमों के खोल लगाए।

यहाँ यह उल्लेखनीय है कि कांग्रेस से कलकत्ता अधिवेशन में विद्रोही गुट के नाम से एक नए गुट का निर्माण सतीशचन्द्र प्रकाश जी, सूर्यसेन (मास्टर दा) तथा अन्य के नेतृत्व में विकसित हुआ। इस गुट में बंगाल के विभिन्न क्रान्तिकारी दलों के लड़ाकू सदस्यों का समावेश था। उन्होंने एक निर्णय लिया कि शीघ्र ही क्रान्तिकारी कार्य किए जाएँ। उसी निर्णय के फलस्वरूप मछुवा बाजार षड्यन्त्र कांड, चटगाँव आयुध निर्मात्री पर छापा तथा यूरोपीय सरकारी कर्मचारी पर व्यक्तिगत रूप से किए गए हिंसात्मक कार्य हुए। इन सब कार्यों को बंगाल स्वयंसेवक दल ने किया।

इस समय इनका एक सदस्य जिनका नाम फणीन्द्रनाथ घोष था, गम्भीर रूप से बीमार पड़ गया। कुछ दिनों बाद पता चला कि वह 'माता की बीमारी' है। ऐसे मरीज की सेवा करना खतरनाक था। फिर भी इस खतरे की बिना परवाह किए भगतसिंह और उनके साथियों ने उसकी दिन-रात सेवा की। उनकी सेवाओं के कारण ही उस नवयुवक की जान बच गई। पर यह कहते हुए आश्चर्य होता है कि अपने गिरफ्तार होने के कुछ ही समय बाद वह सरकारी गवाह बन गया और उन्हीं दोस्तों को गुनाहगार साबित किया जिन्होंने उसकी भयंकर बीमारी के समय सेवा की थी।

कहानी को पूरा करने के लिए हम पाठकों को यह बता देना चाहते हैं कि कुछ समयोपरान्त फणीन्द्रनाथ घोष नामक उस नवयुवक को अपने मित्रों के साथ कायरतापूर्वक दगाबाजी करने की पूरी सजा मिली। बैकुंठ शुक्ल और चन्द्रिका ने दिन-दहाड़े छुरा भोंककर उसे मार डाला। बैकुंठ को कुछ दिनों बाद गया के केन्द्रीय कारागार में 14 मई, 1934 को फाँसी पर चढ़ा दिया गया था। चन्द्रिका को आजीवन कालेपानी की सजा मिली।

8 अप्रैल, 1929 को दिल्ली शहर ने एक ऐसा रंगारंग दृश्य देखा जो उसके भाग्य में कभी लिखा था। हिन्दुस्तान सोशलिस्ट रिपब्लिक आर्मी के दो प्रतिनिधि चोरी

छिपे असेम्बली हॉल में घुस गए और उन बेंचों की ओर उन्होंने बम फेंके जिन पर सरकारी कर्मचारी और सरकार के पक्षधर बैठे थे। भयंकर आवाज के साथ विस्फोट हुआ और पूरा हॉल घने धुएँ से भर गया। केन्द्रीय द्वार और महिला दीर्घा के बीच दो नवयुवक दीख रहे थे। निडर और शान्त, मानो भविष्य की कल्पना में गोते लगा रहे हों। वे थे दो ऐतिहासिक पुरुष--सरदार भगतसिंह और बटुकेश्वर दत्त।

भगतसिंह और दूसरे क्रान्तिकारी साथियों पर लाहौर षड्यन्त्र केस चलाया गया। इस कांड की सुनवाई का हम जितना अधिक परीक्षण करते हैं उतना ही अधिक भगतसिंह और उनके साथियों की सूक्ष्म नीति हमें प्रभावित करती है। लाहौर षड्यन्त्र कांड के लिए सरकार को बड़ी कीमत चुकानी पड़ी क्योंकि सरकार जिस बात से डरती थी उसी बात को सुनवाई के जरिए भगतसिंह और अन्य ने बहुत हद तक प्राप्त कर लिया।

भगतसिंह ने तीन सदस्यों की एक छोटी टोली बना ली जिसमें वे स्वयं, सुखदेव और विजय कुमार सिन्हा थे। इस दल ने यह विचार करना शुरू किया कि पार्टी के उद्देश्यों की पूर्ति के लिए मुकदमे की कार्रवाई का कितना अधिकतम उपयोग किया जा सकता है। उन्होंने तय किया कि सुनवाई इस प्रकार संचालित हो कि उससे उनके सिद्धान्तों, उद्देश्यों तथा तरीकों का प्रचार हो।

लाहौर षड्यन्त्र कांड का व्यापक प्रचार भारत में ही नहीं, विदेशों में भी हुआ। संसार के विभिन्न भागों से आर्थिक सहायता आने लगी। पोलैंड से एक महिला ने इस याचना के साथ धन भेजा कि उसे इस कांड की ब्यौरेवार सुनवाई भेजी जाए। जापान, कनाडा और सुदूर दक्षिण अमेरिका से भी सहायता प्राप्त हुई। देश के विभिन्न हिस्सों में 'भगतसिंह-दत्त दिवस' मनाए गए और दिग्दर्शिकाओं में उनके चित्र व्यापक स्तर पर छापे गए।

अदालत में विचाराधीन कैदियों से मिलने कई शीर्षस्थ नेता आए, जिनमें प्रमुख थे श्री सुभाषचन्द्र बोस, बाबा गुरुदत्त सिंह, श्री के एफ नरीमन, कालाकांकर नरेश, श्री रफी अहमद किदवई, श्री मोहन लाल सक्सेना और हमारे महान आदरणीय नेता स्वर्गीय पंडित मोतीलाल नेहरू। मोतीलाल जी दो बार उनसे मिलने गए। दूसरी बार तो उन्होंने अभियुक्तों के कठघरे में घुसकर लगभग एक घंटे का काल उनके साथ बिताया। आज हम यह रहस्योद्घाटन कर सकते हैं कि इन दोनों के मध्य हुए वार्त्तालाप में कानूनी सहायता की कोई चर्चा नहीं हुई थी। यद्यपि पंडित जी ने बम्बई के भूलाभाई देसाई को नियुक्त करने का प्रस्ताव किया था। पंडित जी ने भगतसिंह को हमारी मातृभूमि को स्वतन्त्र कराने की तीव्र गति से बढ़ती शक्ति और स्वतन्त्रता प्राप्ति में देर न होने के प्रति आश्वस्त किया। भगतसिंह ने पंडित जी से लाहौर कांड का पूर्णरूप उपयोग करने का आग्रह किया और क्रान्तिकारी दल द्वारा देश में और भी कई ठोस कार्य किए जाने का आश्वासन दिया। भगतसिंह के दिमाग में खुफिया

विभाग के अधीक्षक खान बहादुर अब्दुल अजीज की (जो तहलसिंह और बिशमोहन की गोलियों से बाल-बाल बच गया था) और वाइसराय की रेल को बिजली से नियन्त्रित बम द्वारा उड़ाने की (जो दो-तीन सेकेंड पहले विस्फोट हो जाने के कारण केवल आखिरी डिब्बे पर ही असरकारक रहा) बातें थीं।

इस सम्बन्ध में हम कुछ अलग और नए तथ्य रखना चाहेंगे। चन्द्र शेखर आज़ाद के सुझाव पर सांडर्स की हत्या करने के बाद भगतसिंह, पंडित मोतीलाल नेहरू से कुछ आर्थिक सहायता हेतु मिले। पं. मोतीलाल नेहरू ने शायद आवश्यक साख के अभाव में यह माँग अस्वीकार की थी किन्तु दूसरे ऐसे अवसर पर उन्होंने भगतसिंह को धन दिया था।

लाहौर षड्यन्त्र कांड का देश के युवा वर्ग पर पड़ता व्यापक प्रभाव महसूस कर सरकार चिन्तित हो गई और इसमें से उबरने का मार्ग ढूँढ़ने लगी। अन्ततोगत्वा उसने लाहौर षड्यन्त्र कांड अध्यादेश को अपना लक्ष्य बनाया।

7 अक्टूबर, 1930 सुबह विशेष न्यायाधिकरण की ओर से एक विशेष दूत जेल में आया। चूँकि अभियुक्तों ने न्यायाधिकरण का बहिष्कार किया था और वे कार्यवाहियों में उपस्थित नहीं हुए थे, अदालती फैसलों को इस सन्देशवाहक के द्वारा भेजा गया था। इनमें से तीन फैसले काले हाशियों के अन्दर लिखे गए थे। ये सुखदेव, शिवराम राजगुरु और भगतसिंह के आदेश थे।

फैसले की घोषणा का दिन अत्यन्त गोपनीय रखा गया था। तीन दिन पहले जैसे ही विदाई भोज आयोजित किया गया था जिसमें कई जेल अधिकारी शामिल हुए और विदाई भाषण दिए गए। तनाव और उत्कंठा भरे तीन दिन और व्यतीत हुए। कैदियों को पता चला कि जेल के इर्द-गिर्द एक विशेष सशस्त्र दस्ता नियुक्त किया गया है, शायद किसी आपात्कालीन स्थिति को निपटाने के हिसाब से। जैसे ही भगतसिंह और दूसरे साथियों के सजा-ए-मौत के फैसलों की घोषणा हुई, सारे शहर में दावानल की भाँति यह खबर फैल गई। तुरन्त दफा 144 लागू कर दी गई, पर फिर भी बिना किसी प्रयास और सूचना के शहर के दरवाजे के बाहर नगरपालिका मैदान में एक बड़ी सभा जुट गई। एकतरफा मुकदमे और भारी सजा के फैसलों के खिलाफ कड़ी आलोचना वाले भाषण दिए गए। प्रभावकारी समाचार पत्रों के विशेष संस्करण प्रकाशित हुए जिनमें लाहौर षड्यन्त्र कांड के सभी क्रान्तिकारी कैदियों के चित्र छापे गए। इन चित्रों का प्रकाशन पुलिस तथा जेल अधिकारियों के लिए धक्कादायक था क्योंकि वे समझ नहीं पाए कि ये चित्र किस प्रकार प्राप्त किए होंगे। दूसरे दिन 8 अक्टूबर, बुधवार को लाहौर तथा हिन्दुस्तान के अन्य बड़े शहरों में लोगों, विशेषतः युवा स्त्री-पुरुषों और विद्यार्थियों की उत्कंठा अपने चरम बिन्दु पर पहुँच गई। लाहौर में लाहौर छात्र संघ के नेतृत्व में पूर्ण हड़ताल और स्कूल-कॉलेजों का बहिष्कार आरम्भ हुआ। अधिकांश शिक्षा संस्थाएँ बन्द हो

गईं और जो नहीं की गईं उन पर धरना दिया गया। इस सम्बन्ध में सत्रह युवा महिलाएँ जिनमें एक 'माताजी' नाम से विख्यात भद्र महिला भी थीं और कई छात्र गिरफ्तार किए गए। दयानन्द आर्य महाविद्यालय लाहौर के एक प्राध्यापक और 80 छात्रों पर एक हवलदार और कई सिपाहियों द्वारा लाठी प्रहार किया गया। सरकारी महाविद्यालय के पास धरना दे रहे छात्रों और लोगों पर कई बार लाठी प्रहार किए गए। शाम को एक बड़ा जुलूस निकाला गया जो 'भगतसिंह जिन्दाबाद', 'सुखदेव जिन्दाबाद' और 'राजगुरु जिन्दाबाद' के नारे लगा रहा था। ब्राडलॉक हाल में छात्रों और युवकों की एक सभा में भगतसिंह और उनके साथियों के साहसपूर्ण त्याग की भूरि-भूरि प्रशंसा का प्रस्ताव पारित किया गया। उसी शाम कांग्रेस द्वारा मोरी गेट के बाहर नगरपालिका मैदान में एक सभा आयोजित की गई जिसमें बारह हजार लोग जमा हुए थे। इस सभा की अध्यक्षता स्व. लाला लाजपतराय की सुपुत्री श्रीमती पार्वती देवी द्वारा की गई।

बक्सा कैम्प में, जहाँ बंगाल के कई प्रमुख क्रान्तिकारी बन्दी थे, एक प्रस्ताव पारित हुआ जिसमें वाइसराय से भगतसिंह, राजगुरु और सुखदेव की फाँसी की सजा रद्द करने की उत्कट प्रार्थना करने और उसके विफल होने पर बदला लेने की बात थी। इस बैठक की अध्यक्षता सुरेन्द्र मोहन घोष ने की थी और उन्हीं के हस्ताक्षर से यह प्रस्ताव प्रेषित हुआ था। इसकी एक प्रति किरणशंकर राय तथा मोहन भट्टाचार्य द्वारा पं. मोतीलाल नेहरू तक इस प्रार्थना के साथ पहुँचाई गई थी कि यह गांधी जी तक पहुँचा दी जाए। यह अब सुविदित है कि इन तीनों शहीदों की फाँसी के तुरन्त पश्चात् ही मेदिनीपुर और टिप्पेरा के जिला न्यायाधीशों, मिस्टर लॉमैन की हत्याओं तथा ऐसे ही कुछ अन्य कार्यवाहियों के रूप में बदला चुकाया गया।

चटगाँव शस्त्रागार छापा कांड में विचाराधीन कैदियों ने भी इसी प्रकार की एक अपील महात्मा गांधी को भेजी थी जिसमें उनसे हस्तक्षेप करने और फाँसी को रद्द करवाने की प्रार्थना की गई थी। भारत भर के बड़े शहरों तथा पंजाब के जिला शहरों में खुद-ब-खुद हड़तालें आयोजित होती गईं। लाहौर के समान अमृतसर में भी बड़ा जोश था। पूरी तरह हड़ताल मनाई गई, यहाँ तक कि ताँगे और अन्य वाहन भी नहीं चले। दिल्ली, बम्बई, कानपुर, इलाहाबाद, बनारस, कलकत्ता और बहुत सारे शहरों में सरदार भगतसिंह और उनके साथियों के प्रति आम सभाओं में सम्मान व्यक्त किया गया।

बचाव समिति ने सिर्फ कानूनी पैरवी की ओर ही ध्यान नहीं दिया (यद्यपि कानूनी बचाव का विचार प्रायः नहीं के बराबर होने के कारण यह उनके कार्य का एक छोटा-सा भाग था) अपितु विचाराधीन कैदियों को, जो अत्यन्त पढ़ाकू थे, पुस्तकों की तथा अन्य आवश्यकताओं की पूर्ति करने, भारत के दूरदराज भागों से

उनसे मिलने आए सम्बन्धियों के रहने-खाने का इन्तजाम करने और जरूरतमन्द रिश्तेदारों को आर्थिक सहायता आदि पहुँचाने का कार्य भी किया।

भगतसिंह तथा अन्य लोगों का विचार था कि कांग्रेस सरकार के साथ कोई अपमानास्पद समझौता कर सकती है। अतः उनका विचार था कि सरकार उन्हें तथा उनके साथियों को ऐसे समय फाँसी पर चढ़ाए जब इन फाँसियों के परिणामस्वरूप क्रान्तिकारियों और दल की शक्ति बढ़े तथा कांग्रेस की कमजोरी का भंडाफोड़ हो।

23 मार्च, 1931 को दी गई फाँसी सरदार भगतसिंह की आन्तरिक इच्छा के इतने अनुरूप हुई कि हम उनकी इस युद्धनीति की जितनी प्रशंसा करें, उतनी थोड़ी है। ऐसी युद्धनीति जिसके द्वारा उन्होंने अपनी मृत्यु के मामले में भी सरकार की धारणाओं पर विजय प्राप्त की। इसके बाद हुई घटनाओं ने भी इन युवा क्रान्तिकारियों द्वारा लिए गए इस सही राजनीतिक निर्णय की पुष्टि ही की।

...5 फुट 10 इंच के हृष्ट-पुष्ट सरदार भगतसिंह सुन्दर नवयुवक थे। उनकी आवाज़ संगीतमय थी तथा वे आत्मविभोर होकर गा सकते थे। उनका हृदय सबके लिए संवेदना तथा प्रेम से परिपूर्ण था।

भगतसिंह ने कई विषयों का गहन अध्ययन किया था परन्तु समाजवाद उनका प्रिय विषय था। लाहौर के षड्यन्त्र केस के सम्बन्धित नवयुवकों का दल बुनियादी रूप से बुद्धिजीवी था परन्तु इस दल में भी भगतसिंह का स्थान सर्वोपरि था। उन्हें उपन्यास पढ़ने में रुचि थी परन्तु वे उन उपन्यासों में ज्यादा रुचि लेते थे जो राजनीतिक-आर्थिक स्वरूप के हों। कुलीन वर्ग के जीवन या प्यार या अन्य मानवीय संवेदनाओं को चित्रित करने तक सीमित रहनेवाले उपन्यासों में उनकी रुचि नहीं थी। जेल में उन्होंने चार्ल्स डिकेन्स की कृतियों का अध्ययन शुरू किया था तथा उन्हें वे उपन्यास काफी पसन्द आए। वे स्टेपनिकी लिखित एक अन्य कृति ''बर्थ ऑफ रशियन डेमोक्रेसी' को प्रारम्भिक रूसी क्रान्ति पर लिखी गई सबसे उत्तम कृति मानते थे। ऑस्कर वाइल्ड की 'वेअर द निहिलिस्ट' तथा डीन एरा की 'माय फाइट फार फ्रीडम' को भी वे रुचि के साथ पढ़ते थे।

जब से उन्होंने साम्यवादी साहित्य का अध्ययन शुरू किया, अपने जीवन को साम्यवादी सिद्धान्तों के अनुकूल ढालने लगे थे। क्रोपाटकिन लिखित 'मेमॉयर्स' से वे बहुत प्रभावित हुए परन्तु माइकल बुकानिन (गॉड एंड स्टेट के रचयिता) ने भगतसिंह के जीवन को वास्तव में बदल दिया। चूँकि भगवान सम्बन्धी विचार कम्युनिस्ट सिद्धान्तों के प्रतिकूल थे, अतः उन्होंने अपने दिमाग से इस विश्वास को खदेड़ दिया कि भगवान है। वास्तव में वे तहेदिल से नास्तिक थे। शायद उन्होंने भगवान सम्बन्धी विचारों पर विजय प्राप्त करने में सफलता हासिल कर ली थी।

जिन्होंने अपना जीवन फाँसी के तख्ते पर समाप्त किया, उनकी विस्तृत जन्म-पत्रिका भगतसिंह ने बनाई तथा उनके जीवन का सारांश वृत्तान्त देते हुए

प्रत्येक के लिए उपयुक्त वाक्य भी लिखे। ये आदर्श वाक्य उन्होंने अपनी याददाश्त के सहारे लिखे। इससे यह पता चलता है कि भगतसिंह ने कितना गहन अध्ययन किया था। वे आदर्श वाक्य भगतसिंह की उस आदत के साक्ष्य हैं जिनके कारण भगतसिंह महान और प्रेरक साहित्यिक अंशों को कंठस्थ कर लिया करते थे। सचिन सान्याल द्वारा लिखित और हिन्दुस्तान रिपब्लिकन एसोसिएशन द्वारा मुद्रित, प्रकाशित तथा भारत और ब्रह्मदेश में सन् 1925 में दूर-दूर तक वितरित किए गए 'द रिवोल्यूशनरी' के छोटे-छोटे अक्षरों में मुद्रित चार पृष्ठवाले प्रथम भाग के प्रथम अंक को सम्पूर्ण रूप से भगतसिंह ने कंठस्थ कर लिया था।

जेल में रहते हुए भगतसिंह ने 'भारत में क्रान्तिकारी आन्दोलन' के विस्तृत इतिहास को लिखकर समाप्त किया। यह एक महान और कष्टसाध्य काम था। यह आश्चर्य की बात है कि उन्होंने किस प्रकार प्रतिबन्धित और विरले साहित्य को जेल में प्राप्त किया। 'भारत के क्रान्तिकारी आन्दोलन' नामक यह किताब उनकी एक बड़ी कृति है। अगर यह प्रकाशित की गई तो यह पता चल जाएगा कि उनका अध्ययन इस क्षेत्र में कितना विस्तृत था। इस कार्य के लिए उन्होंने बंगाली का अध्ययन किया और बंगाली में उपलब्ध क्रान्तिकारी साहित्य का पूर्ण रूप से अपनी किताब के लिए उपयोग किया। दुर्भाग्यवश आज इस किताब की पांडुलिपि का कोई चिह्न नहीं है।

जेल की अपनी अँधेरी कोठरी से भी उन्होंने नवयुवक लीगर्स को 1929 के लाहौर अधिवेशन के लिए सन्देश भेजा। कुछ क्रान्तिकारी परचों के लिए भी लिखित सामग्री उन्होंने जेल से भेजी। फाँसी लगने के कुछ समय पूर्व उन्होंने 'यंग पोलिटिकल वर्कर्स' को एक वक्तव्य लिखकर भेजा। इस वक्तव्य को राष्ट्र के नाम प्रसारित उनका अन्तिम इच्छा-पत्र और वसीयतनामा मान सकते हैं।

समाजवादी के रूप में भगतसिंह के विचार सच्चे अन्तर्राष्ट्रीय थे। सभी क्रान्तिकारियों में एक अन्य विशेषता होती है, वह है क्षेत्रीयता की अनुपस्थिति। भगतसिंह में भी संकीर्ण क्षेत्रीयता का हल्का-सा रंग भी नहीं था। भगतसिंह अन्य क्रान्तिकारियों से इस दृष्टि में काफी आगे थे। वे प्रान्तीयता के स्तर से एक कदम आगे जाकर मानव के रूप में राष्ट्रीयता की सीमा से परे थे—भूगोल और भाषा के सीमाओं के परे। भारतीय क्रान्तिकारियों के लिए राष्ट्रीयता और राष्ट्रभक्ति सर्वोच्च आकर्षक सिद्धान्त थे और यह छोटी बात नहीं कि भगतसिंह ने राष्ट्रीयता की सीमा के परे जाकर अन्तर्राष्ट्रीयता के आदर्श को अपना लिया।

अपनी गिरफ्तारी के क्षण से लेकर 23 मार्च, 1931 की शाम में धुँधलके तक जब भगतसिंह ने जेल की अन्धकोठरी के बाहर पैर रख अपनी महान अन्तिम यात्रा की शुरुआत की, उनके जीवन में ऐसा एक भी क्षण न आया जब उनके मन में कोई दुखी विचार आया हो। जब रिश्तेदारों तथा यहाँ तक कि सरकारी अफसरों ने

भगतसिंह को क्षमायाचना के लिए आवेदन देने के लिए दबाव डाला। भगतसिंह ने न सिर्फ इस प्रकार का कोई काम करने से इनकार कर दिया वरन् सरकार को एक सम्मानजनक पत्र लिखकर यह बताया कि वह अपने देश की मुक्ति के लिए संघर्ष करता हुआ एक क्रान्तिकारी सैनिक है...

आधुनिक काल में आम आदमी की कल्पना को ऐसी किसी चीज ने इतना आकर्षित नहीं किया जितना कि भगतसिंह की रोमांचक गाथा ने किया। वे एक मिथक और मिथक के नायक बन चुके हैं।

पहली सलामी

आचार्य चतुरसेन

एक दिन मैं भोजन पर बैठा ही था कि बलवन्त सिंह ने झपटते हुए आकर कहा—"झटपट तैयार हो जाइए, मैं टैक्सी लाया हूँ।"

वही, लाल अँगारा मुँह, दूज के चन्द्रमा के समान पतली और बाँकी मूँछें, मूँछों के नीचे वैसी ही बाँकी मुस्कराहट, सिर पर अंग्रेजी हैट, टर्न कार्लर की शर्ट और निकर, छोटी और तेज आँखें।

मैंने हँसकर कहा—"एकदम अर्जेंट आर्डर?"

जी हाँ, परन्तु समय नहीं है। आप जल्दी कीजिए और माताजी? उसने मेरी पत्नी की ओर देखकर कुछ होंठों ही होंठों में कहा परन्तु कहाँ? मैंने प्रश्न किया।

असेम्बली में। मैंने कल कहा था न कि वहाँ आज खास दिन है, स्पीकर पटेल इस्तीफा देंगे। स्वराज्य पार्टी वाकआउट करेगी और भी न जाने क्या कुछ हो जाए। उसके स्वर में तेजी थी, आँखें न जाने क्या सन्देश दे रही थीं और उसके पैर जैसे तपते तवे पर थे।

मैंने कहा—"आज आना नहीं हो सकेगा बलवन्त, मुझे एक बहुत ही जरूरी काम है। फिर कभी।"

फिर कभी नहीं, आज ही। उसने झुँझलाकर कहा। फिर पत्नी की ओर देखकर कहा—"आप बहुत देर लगाएँगी, जरा जल्द कीजिए, दस बज ही रहे हैं, पहुँचने में दस-पन्द्रह मिनट लग जाएँगे।"

पत्नी ने मेरी ओर देखा। गाहे-बगाहे यह युवक बलवन्त मेरे पास आ जाता है। विचित्र आदमी है। कभी बच्चों की तरह बेसिर पैर की बातें करता है, कभी खूब गम्भीर हो जाता है और कभी गुस्से में आता है तो छोटे-बड़े किसी को नहीं बख्शता। मैं उसे प्यार करता हूँ। चाहता हूँ, जब आए, उसे दुलार करूँ, कुछ खिलाऊँ-पिलाऊँ। पर बहुत कम ऐसा कर पाता हूँ। एक तो वह कब आएगा और कब चल खड़ा होगा, इसका ठीक-ठिकाना ही नहीं, दूसरे शिष्टाचार की भी उसे कोई परवाह नहीं और खाने-पहनने का तो कभी शौक ही नहीं। मुँहफट कि कभी-कभी मुझे फटकार बैठता

है लेकिन मुझसे बातें ऐसे करता है, जैसे सगे पिता से। 'बाबूजी' कहकर सम्बोधन करता है–गुस्से में भी और खुश रहने पर भी। कभी-कभी जब तक चाय-पानी मँगाऊँ, बात करते-करते भाग खड़ा होता है। बिलकुल सनकी। पर आज कमीज, निकर नई है। हैट छज्जेदार बड़ी बाँकी है। कमीज के खुले गले से पुष्ट गर्दन खूब भली लग रही है। लाल सुर्ख स्वस्थ चेहरे पर खूब लाल पतले होंठ दिख रहे हैं। अभी उम्र ही क्या है! शायद चौबीस को पार कर रहा हो। अपना अता-पता कभी बताता नहीं। अर्जुन अखबार के सम्पादकीय विभाग में अनुवादक है। मेरे पास सिर्फ दो कारणों से आता है या तो फटकारने के लिए या रुपया माँगने के लिए। दोनों ही मामलों में संकोच और झिझक से रहित। एकदम दो टूक। फटकारता है मुझे कायर कहकर। रुपए माँगता है, तो कहता है, कुछ रुपए दीजिए बाबूजी!

मैं हुज्जत नहीं करता। होते हैं तो दे देता हूँ, नहीं तो पत्नी के पास भेज देता हूँ। पत्नी उसे कभी छूछे हाथ नहीं लौटातीं। रुपया हाथ में न हो, तो भी नहीं। कहीं से बन्दोबस्त कर देती हैं। हम लोग उससे यह नहीं पूछते–"रुपया करोगे क्या?" रुपया वह कभी वापस देता भी नहीं। वापस करने की चर्चा कभी करता भी नहीं।

उसने गुस्से में कहा–"सारा वक्त आप यहीं बर्बाद कर देंगे, बाबूजी।"

मैंने कहा–"मगर पास कहाँ हैं?"

"ये हैं," उसने जेब से निकालकर दिखा दिए।

मैंने कहा–"देखूँ।"

"देख लीजिएगा रास्ते में, अब आप हाथ धोइए।"

"क्या खाना भी न खाऊँ?"

अब लौटकर खाइएगा। कुल एक घंटा ही तो लगेगा।

और मैंने हुज्जत नहीं की। उठ खड़ा हुआ। पत्नी बिना खाए तैयार हो गईं। चन्द्रसेन भी हमारे साथ था। हम लोग जब असेम्बली भवन में घुस रहे थे, तब दस बजकर पन्द्रह मिनट हो चुके थे।

असेम्बली भवन में आज बेशुमार भीड़ थी। दर्शक गैलरी में तिल धरने की जगह न थी। मुझे दर्शकों की गैलरी के द्वार पर छोड़कर बलवन्त न जाने कहाँ गायब हो गया था। पत्नी को लेडीज गैलरी में बैठाकर मैं अपने बैठने की जुगत सोच रहा था। बैठने की जगह नहीं मिल रही थी। बहुत लोग मेरी भाँति खड़े इधर-उधर भटक रहे थे। मैं बीच-बीच में लोगों के कन्धों पर से उचककर वक्ता के भाषण का एकाध शब्द सुन लेता था। उस दिन 'पब्लिक सेफ्टी बिल' पर बहस हो रही थी। बहस खूब गर्मागर्म थी। पर मुझे कुछ आनन्द नहीं आ रहा था, आराम से बैठने का डौल ही नहीं लग रहा था। मैं भीड़ से उचककर आगे देखने लगा। मोतीलाल नेहरू अपने स्थान से उठकर किसी दूसरे सदस्य के पास जाकर उसके कान में फुसफुसा रहे थे।

उधर ही मेरा ध्यान था। एक हल्का-सा धक्का खाकर पीछे देखा—रानी मंडी खड़ी थीं। मैं मुँह खोलकर उनसे कुछ कहना ही चाह रहा था कि एक दुबले-पतले-साँवले युवक पर हठात मेरी नजर पड़ गई। मैं सोचने लगा, इसे कहीं देखा है। उसने मेरी तरफ देखा। मुझे मालूम हुआ, मुझे देखकर उसके होंठ कुछ हिले, पर दूसरे ही क्षण वह आँखों से ओझल हो गया। थोड़ी देर सोचने के बाद याद आया, इस व्यक्ति ने भी चाँद के फाँसी अंक के लिए राजनीतिक फाँसी प्राप्त बन्दियों का बहुत-सा दुष्प्राप्य मसाला दिया था। यह भाग क्यों गया? बात क्यों न की? मैं तेजी से उसी ओर को लपका जिस ओर वह गया था—पर उसका पता नहीं चला।

मैं इधर-उधर नजर दौड़ा ही रहा था कि सहसा तीर की भाँति तेजी से चलता हुआ बलवन्त उधर से गुजरा। वह एक प्रकार से मुझे धक्का देता हुआ-सा निकल गया। मैंने उसे पुकारा और एक कदम उसके पीछे लपका परन्तु उसने इस पर ध्यान नहीं दिया। कुछ देर बाद देखा—थोड़े ही अन्तर पर वह उसी साँवले युवक से धीरे-धीरे कुछ बात कर रहा है। मैं तेजी से—कहना चाहिए दौड़कर उसके पास पहुँच गया परन्तु मुझे आता देख वे दोनों ही भिन्न दिशाओं की ओर जाकर एकदम भीड़ में गायब हो गए।

मैं इस अद्‌भुत मामले से चमत्कृत-सा खड़ा सोच ही रहा था कि घंटी बजी। सब लोग आगे बढ़कर कार्रवाई देखने लगे। बहस खत्म हो चली थी और सदस्यगण थिएटर के पात्रों की भाँति इधर-से-उधर वोट देने को उठ रहे थे। मैं भी और सब बात भूलकर यही देखने लगा।

मैं लेडीज गैलरी के निकट खड़ा था। स्पीकर पटेल ने गम्भीर स्वर में बिल और अपना निर्णय दिया और एक क्षण रुके। बगल के सज्जन बोले—"तो, स्पीकर अब इस्तीफा भी देंगे।" मेरा ध्यान स्पीकर की हिलती हुई दाढ़ी पर था। एकाएक भयानक धड़ाके से भवन हिल गया और कोई दो गज विद्युत प्रकाश ठीक उसी स्थान पर चमका, जहाँ सरकारी सदस्य बैठे थे। साथ ही ऊपर की खिड़कियों के काँच के टुकड़ों और धुएँ की एक बौछार हम पर बरस पड़ी।

क्षणभर के लिए मैं विमूढ़ हो गया। किसी ने कहा—"बम, बम!" परमाणु और काँच के टुकड़ों की वर्षा हमारे ऊपर हो रही थी। भवन धुएँ से भर गया था। चारों ओर भगदड़ मच गई थी। गोरे सार्जेंट सबसे पहले उड़नछू हो गए थे। लेडीज गैलरी में अंग्रेज स्त्रियाँ चीख रही थीं। एक बुढ़िया मेम अपने ही साये में उलझकर छाता हाथ में लिये औंधे मुँह गिर गई थी, शेष स्त्रियाँ उसे कुचलती हुई बदहवास भाग रही थीं।

अंग्रेज स्त्रियों को निरीह भारतीय स्त्रियों की भाँति रोते देखने का यह मेरा पहला ही अवसर था। विचित्र दृश्य था। मैंने पत्नी का हाथ पकड़ा और एक प्रकार से उन्हें घसीटता हुआ सीढ़ियों तक ले गया। मेरा खयाल था—यह बिल्डिंग ही ढह

रही है परन्तु कई क्षण बीतने पर भी बिल्डिंग ढही नहीं। जीने पर खड़ा हो गया। मैंने सोचा—जीवन में यह फिर कब देखने को मिलेगा। पत्नी और चन्द्रसेन को वहीं खड़े रहने का संकेत कर मैं भीतर को लपका। लोग भागे जा रहे थे और मैं भीतर जा रहा था। मैं सीधा घटनास्थल की ओर दौड़ा। तभी एक और धड़ाका हुआ। धुएँ और अन्धकार में कुछ भी नहीं दीख रहा था। इसी समय, जहाँ मैं था, वहाँ से चार-पाँच गज के फासले पर अचल खड़ा बलवन्त और उसका साथी दनादन गोलियाँ चला रहे थे। मेरे बदन का खून जम गया। मैंने चाहा कि मैं उन्हें पुकारूँ या उनके निकट पहुँच जाऊँ। इसी क्षण बलवन्त ने गरजकर कहा—''लाँग लिव रेवोल्यूशन!'' और बहुत से पर्चे निकालकर हवा में उछाल दिए। उसके साथी ने भी यही किया।

धुआँ कम हो रहा था। नीचे झाँककर देखा—सन्नाटा था। केवल दो व्यक्ति वहाँ बैठे थे। एक श्री केरार, सरकार के गृहमन्त्री और दूसरे पंडित मोतीलाल नेहरू। कुछ व्यक्ति जो श्री केरार के स्थान पर आक्रान्त हुए थे, पड़े कराह रहे थे। ऊपर दोनों युवक अचल खड़े थे। कुछ समय तक पुलिस को इन दोनों युवकों के पास जाने का साहस नहीं हुआ। अन्त में पुलिस की दुविधा समझ उन्होंने अपने-अपने रिवाल्वर फेंक दिए और अफसरों को पास आने का इशारा किया।

बरामदे में शस्त्रों की खड़क और भारी-भारी बूटों की धमक सुनाई दी। दोनों ही कंठों ने नारा बुलन्द दिया, ''लाँग लिव रेवोल्यूशन'' और इसी समय किसी ने चीखकर कहा—''पकड़ो इन्हें।''

गोरे सार्जेंट संगीनें ले-लेकर दौड़ते दिखाई दिए। मैंने भीड़ में घुसकर देखा, दोनों युवकों को दो-दो सार्जेंटों ने भुजपाश के पीछे कस रखा है। दोनों युवकों की छाती उभरी हुई थी और उनके होंठों पर हास्य की रेखाएँ भारतीय क्रान्ति के इतिहास का नया अध्याय लिख रही थीं। लोग भाँति-भाँति की बातें कर रहे थे। मैं अचल खड़ा उन दोनों युवकों को देख रहा था, जिनका असली भेद वर्षों के सम्पर्क में भी न जान पाया था। मैं वहाँ से हटकर पत्नी के पास आ खड़ा हुआ। जब दोनों पास से गुजरे—बलवन्त की आँखों ने एक चोर की नजर से हमारी ओर देखा। उनकी आँखें हँस रही थीं। पत्नी की आँखों में आँसू भर आए, जिन्हें उन चोर नजरों ने देख लिया। उन्होंने मुँह फेरा, सीना ताना और क्रान्ति-पथ का जैसे शिलान्यास करते हुए पुलिस के घेरे में आगे बढ़ गए। मुझे ऐसा प्रतीत हुआ, भूचाल आया है, विश्व जल रहा है, प्रलय भूगोल को निगलने की तैयारी में है।

देखते ही देखते असेम्बली भवन गोरी-काली पुलिस से भर गया। उसके सब द्वार बन्द कर दिए गए और एक प्रकार से भीतर के सभी लोग कैद हो गए। मैंने धीरे-धीरे भवन का चक्कर लगाया। चाह रहा था, कोई परिचित पुरुष मिल जाए तो बात करूँ, बाहर जाने की राह निकालूँ। पत्नी बहुत परेशान थीं। अब बलवन्त का क्या होगा? क्या कुछ ले-देकर मामला साफ नहीं किया जा सकता? यह इन्होंने

क्या किया? क्यों किया? बम होता क्या है? वह नहीं जानती थीं कि क्रान्तिकारी कैसे जीव होते हैं, उनके क्रियाकलाप की भावना और उद्देश्य क्या हैं। और यह तो मैं भी नहीं समझ पाया था वह युवक जो सदैव अस्थिर और अस्तव्यस्त मेरे पास आता रहा है, क्रान्तिकारी दल का अग्रदूत है। सच पूछा जाए तो क्रान्तिकारी मामलों पर मैंने कभी गहराई से विचार नहीं किया था, यद्यपि चाँद के फाँसी अंक में मैंने उसकी बहुत ऊहापोह की थी।

परन्तु अब मुझे यहाँ भारतीय क्रान्ति के सम्बन्ध में दो शब्द लिखना उचित प्रतीत होता है। ईस्वी सन् 1916 भारतीय क्रान्तिकारियों के नवयुग का प्रभात काल था। इसी वर्ष लार्ड चेम्सफोर्ड भारत के वाइसराय होकर आए थे और तब से 1921 तक उनका शासन काल रहा। उनके इस पंचवर्षीय शासन काल में बड़े-बड़े महत्त्वपूर्ण कार्य हुए। 'मांटेग्यू चेम्सफोर्ड रिफार्म्स बिल' पास हुआ, जिसके फलस्वरूप भारत की शासनप्रणाली में रद्दोबदल हुए। लेजिस्लेटिव कौंसिल के स्थान पर कौंसिल ऑफ स्टेट और लेजिस्लेटिव असेम्बली दो विभिन्न चेम्बर्स स्थापित हुए। प्रत्येक प्रान्त की व्यवस्थापिका सभाएँ बनीं और उनमें 70 प्रतिशत लोक-निर्वाचित सदस्य आसीन हुए। सर्वप्रथम भारतीय लार्ड सिन्हा बिहार-उड़ीसा के गवर्नर बनाए गए और इस प्रकार डायर की (द्वैत शासन) व्यवस्था स्थापित हुई परन्तु शीघ्र ही इस प्रणाली के दोषों को देखकर देश में असन्तोष उत्पन्न होने लगा, जिसके कारणों की जाँच के लिए 'साइमन कमीशन' की नियुक्ति हुई परन्तु इस कमीशन में एक भी लोक-निर्वाचित सदस्य न था। इसलिए भारत ने इस कमीशन का तीव्र बहिष्कार किया। लाहौर में जब यह कमीशन पहुँचा, तो वहाँ की जनता ने सिंह- विक्रम लाला लाजपतराय के नेतृत्व में कमीशन का काले झंडों से तिरस्कार किया। फलस्वरूप सरकार से संघर्ष हुआ और सिंह-विक्रम लाजपतराय पुलिस की लाठी की चोट से आहत होकर स्वर्गगत हुए परन्तु मरने से पहले वे कह गए कि मेरी छाती पर पड़ी हुई एक-एक चोट ब्रिटिश साम्राज्य के कफन की कील होगी।

सिंह-विक्रम लाला लाजपतराय की इस मृत्यु से देश-भर क्रोध से जल उठा और प्रतिहिंसा की एक ऐसी प्रबल भावना जाग्रत हो गई कि जिसने सरकार को चिन्तित कर दिया। देश का यौवन हुंकार करने लगा और उसने क्रान्तिकारी दल का गठन किया। 17 नवम्बर, 1928 को लाला लाजपतराय का देहान्त हुआ। उसके ठीक एक मास बाद सत्रह ही दिसम्बर को सन्ध्या के कोई पौने पाँच बजे, दिनदहाड़े लाहौर पुलिस अफसर सांडर्स को इन तरुण क्रान्तिकारियों ने गोली से ढेर कर दिया। यह उन लाठियों का पुरस्कार था जो देश-पूज्य लाजपतराय की छाती पर घातक रूप से पड़ी थीं।

पुलिस के दल के दल अपराधियों की खोज में देश भर में धूम मचाने लगे परन्तु अपराधियों का कोई सुराग भी न लगा। बहुत से अपराधियों को जेल और पुलिस

की यन्त्रणा अवश्य सहनी पड़ी। इसके चार मास बाद 8 अप्रैल को भारत को जगाने और अंग्रेजों के बहरे कानों में चेतना उत्पन्न करने के लिए असेम्बली में यह कांड हुआ।

सैकड़ों गोरे और काले पुलिस के कर्मचारी भारी-भारी कदमों से भवन को दहलाते हुए तेजी से इधर-उधर घूम रहे थे। मेरी ही भाँति और भी अनेक दर्शक वहाँ बन्द हो गए थे। एक मजिस्ट्रेट द्वार पर एक-एक की छानबीन करता जाता था। भीड़ बहुत थी और हम एक बार अपने उस प्रिय युवक को देखने को आतुर थे। सम्भवतः कोई सहायता पहुँचा सकें। भाँति-भाँति के लोग भाँति-भाँति की बातें कर रहे थे और यह तो हम समझ ही गए थे कि आधा पागल और जिद्दी-सा वह सुन्दर युवक एक जबरदस्त क्रान्तिकारी था। उसके प्रति स्नेह के स्थान पर श्रद्धा और आश्चर्य के भाव मेरे मन में भर रहे थे।

तीन घंटे व्यतीत हो गए। अब पुलिस कर्मचारियों के मुँह पर चिन्ता और घबराहट के चिह्न न थे। साहब लोगों का चाय पीने का समय हो गया था। बैरा लोग चाय, टोस्ट, अंडे ट्रे में सजाए तत्परता से इधर-उधर ले जा रहे थे। उन्हें देखकर पत्नी ने धीरे से कहा—ये हत्यारे क्या उन्हें भी कुछ खिलाएँगे-पिलाएँगे? मैं जवाब नहीं दे पाया था। मैंने सोचा—अब उन्हें खाना, पीना, सोना, हँसना कहाँ नसीब! कुछ पुलिस के अफसर तेजी से आते नजर आए। उनमें कुछ हँसकर बातें कर रहे थे। उनमें यूरोपियन भी थे। थानेदार लोग आपस में खड़े लोगों को संकेत से बगल में हटाते जाते थे। अकस्मात् हमने देखा—वे दोनों युवक हथकड़ियों में जकड़े हुए सामने चले आ रहे हैं। वही धज, वही ऐंठ की चाल, वही निर्भीक दृष्टि, वही तिरछी मुस्कराहट! मेरी जेब में एक सन्तरा पड़ा था, ज्यों ही वे मेरे पास से गुजरे—मैंने चाहा, यह सन्तरा, मैं उस प्यारे युवक को भेंट कर दूँ परन्तु मैं साहस न कर सका, वह चला गया। हमारी ओर उसने आँखें तिरछी करके भी नहीं देखा।

अब हमने बाहर जाने की सोची। मैं पत्नी को आगे करके द्वार पर आया, भीड़ अब भी बहुत थी। बारी आने पर मैंने अपना पास मजिस्ट्रेट के आगे बढ़ाया। खुदा की मार, उस पर मेरे नाम के आगे प्रोफेसर लिखा था। उन दिनों मैं खामखाह अपने को प्रोफेसर लिखा करता था। मजिस्ट्रेट ने पूछा—"आप कहाँ के प्रोफेसर हैं?"

"अब तो नहीं परन्तु कुछ वर्ष पहले लाहौर डी.ए.वी. कॉलेज में प्रोफेसर था।" डी.ए.वी. कॉलेज का नाम सुनते ही उसने आँखें फाड़-फाड़कर मेरी तरफ देखा। फिर कहा—"अच्छा, अच्छा, जरा ठहरिए, मैं आपसे कुछ प्रश्न करूँगा परन्तु श्रीमती जी जा सकती हैं।"

मैंने मुस्कराकर कहा—"खेद है, हम लोगों ने विवाह के समय सुख-दुख में साथ रहने का वचन दिया है। वे मुझे अकेला छोड़कर शायद न जा सकेंगी।"

मजिस्ट्रेट ने मुस्कराकर हमें देखा, हम लोग हटकर एक बगल में खड़े हो गए।

लेकिन चन्द्रसेन के पास में भयंकर बाधा आ खड़ी हुई। उसके नाम का पास तो बनवाया गया नहीं था। वह हमारे साथ-साथ जब असेम्बली भवन के द्वार पर पहुँचा तो हिन्दुस्तान टाइम्स के रिपोर्टर चमनलाल उसे दीख पड़े। उसने लपककर उनसे कहा कि एक पास दिलवाइए। चमनलाल के हाथ में ईसाई मित्र के नाम का पास था, जिसे वे देने के लिए ढूँढ़ रहे थे। पर वह मिल नहीं पा रहा था। असेम्बली की कार्रवाई शुरू होने का समय हो चुका था। उन्होंने अपने उस मित्र की आशा छोड़ दी और वह पास चन्द्रसेन को दे दिया। मजिस्ट्रेट ने जब नाम पूछा तो चन्द्रसेन ने अपना नाम सही बताया और यह भी कह दिया कि मैं शास्त्री जी का छोटा भाई हूँ। अब फर्जी नाम का पास बनवाने के अपराध में उसे सन्देहास्पद लोगों के घेरे में रखने की आज्ञा मजिस्ट्रेट ने गोरे सार्जेंट को दी। पत्नी इससे और घबरा गईं परन्तु मैंने उन्हें शान्ति और धैर्य रखने का संकेत किया। मैं चुपचाप चन्द्रसेन को बचाने का उपाय सोच रहा था।

थोड़ी देर बाद मजिस्ट्रेट मेरे पास आया, कुछ प्रश्न किए, पता लिखा और मुझे चले जाने की अनुमति दे दी। मैंने मजिस्ट्रेट से चन्द्रसेन के पास प्राप्ति की असली हकीकत बयान कर दी। चमनलाल पास ही घूम रहे थे। उन्हें बुलाकर अपनी बात का समर्थन भी करा दिया। मेरे और चमनलाल के कथन पर विश्वास करके चन्द्रसेन को छोड़ दिया। इस आधे घंटे के काल में पत्नी का चेहरा पीला पड़ गया था। चन्द्रसेन का हाथ पकड़कर ही उनकी साँस आई। असेम्बली भवन के बाहर भी आकर हम लोग गए नहीं। भवन का एक चक्कर लगाया। बहुत लोगों ने बहुत-सी बातें पूछीं परन्तु मैं स्वयं ही भारी-भारी जिज्ञासाओं से भरा हुआ था। अन्ततः मैं द्वार के सामने भीड़ के साथ आ खड़ा हुआ। लोग इस बात से बड़े निराश हो रहे थे कि बम से न कोई मरा, न भवन ही ढहकर ढेर हुआ। थोड़ी देर के बाद एक लारी आ खड़ी हुई। लारी खुली थी। उस पर आठ कांस्टेबल सशस्त्र चढ़ गए। उसके बाद दोनों अभियुक्त गोरे सार्जेंटों के पहरे में हथकड़ियों से जकड़कर बन्दी बनाकर लाए गए। दोनों लारी पर खड़े हो गए। साथ में आ रहे थे श्री चमनलाल-प्रेस रिपोर्टर। युवकों ने एक बार 'क्रान्ति चिरंजीवी हो' के नारे लगाए, लारी चल दी।

ठीक उसी समय 'प्यूपिल' दैनिक के कार्यालय से सदर दरवाजे पर एक पहलवान जैसे भारी-भरकम व्यक्ति ने, जो साधारण मजदूरों जैसे कपड़े पहने था, एक बड़ा-सा लिफाफा चपरासी को दे दिया। लिफाफा सम्पादक के नाम था। सम्पादक ने जब उसे खोला तो उसमें एक फोटो और अंग्रेजों में टाइप किए कुछ पेज उनके हाथों में फैल गए। सम्पादक के हाथ काँपने लगे। उनके संकेत से धड़धड़ाती मशीनें बन्द हो गईं। प्रेस के दरवाजे बन्द किए गए पर्चे कम्पोज होने लगे। यह चित्र और चरित्र प्रसिद्ध क्रान्तिकारी सरदार भगतसिंह का था, जिसने आज अंग्रेजी सरकार को इस प्रकार सलामी दी थी। रातोंरात पत्र छापकर प्रभात

से पहले ही उस तेजस्वी युवक का चरित्र और चित्र घर-घर में पहुँच गया। और भगतसिंह का नाम एक बार विश्व की राजनीति में गूँज उठा। उस दिन के साम्यवादी जवाहरलाल नेहरू, प्रजातन्त्री मोतीलाल और अहिंसावादी गांधी जी ने इस कृत्य की निन्दा की, परन्तु अभियुक्तों ने अत्यन्त नम्रतापूर्वक शान्त रहकर पुलिस के सामने अपराध की स्वीकृति दी और कुछ कहने से इनकार कर दिया। उन्होंने कहा–"हमें जो कुछ कहना है, अदालत में ही कहेंगे।"

बड़ी ही धूमधाम और गर्म वातावरण में एक ट्रिब्यूनल के सम्मुख यह केस चला। इसका नाम हुआ 'लाहौर षड्यन्त्र केस' यह केवल असेम्बली में बम कांड से ही सम्बन्धित नहीं था, सांडर्स हत्या, बम बनाना, राजद्रोह आदि के संगीन जुर्म भी साथ थे। इकत्तीस व्यक्तियों को इस अपराध का संगी-साथी बनाया गया था, पर पकड़े गए थे केवल चौबीस ही।

अदालत के सम्मुख भगतसिंह के नेतृत्व में अभियुक्तों ने निम्नलिखित बयान दिया–

"हम लोग संगीन मुजरिमों की हैसियत से यहाँ उपस्थित हैं। हम मनुष्य जीवन को पवित्र समझते हैं। हम न पागल हैं, न कलंकित हत्यारे। हम इतिहास के विद्यार्थी हैं और अपने देश की हालत को ठीक-ठीक देख रहे हैं। हम मक्कारी और पाखंड से घृणा करते हैं। हमारा यह व्यावहारिक प्रदर्शन एक ऐसी संस्था के विरुद्ध था जो प्रारम्भ से ही अयोग्य और शैतान है। यह तानाशाही और गैर जिम्मेदार संस्था दुनिया के सामने भारत को बेबस और अपमानित स्थिति में बनाए हुए हैं। यह सरकार जनता के प्रतिनिधियों की राष्ट्रीय माँगों को सदा ठुकराती रही, असेम्बली द्वारा स्वीकार प्रस्तावों को दमनकारी और निरंकुश ढंग से नवाबाना हिकारत के साथ कलम के एक शोशे से रद्द करती रही है। बावजूद इस तमाम शानो-शौकत और तड़क-भड़क के, जो करोड़ों मेहनतकशों के बल पर कायम रखी जाती है, यह शैतानी सरकार एक ढोल की पोल है। यह संस्था सब कुछ हड़प जानेवालों की गलाघोंटू ताकत का स्मारक और असहाय मेहनतकशों की गुलामी का चिह्न है। इसने देश के आदरणीय प्रतिनिधियों के सिर पर लात रखकर अमानुषिक बर्बर कानून बनाए हैं, जिससे देश के करोड़ों भूखे जन अपनी हालत से उबरने के उपायों से वंचित कर दिए गए हैं। हम अपनी आत्मा के क्रन्दन को नहीं दबा सकते। इसलिए हमने अंग्रेजों को सुख-स्वप्नों से जगाने के लिए असेम्बली फर्श पर बम फेंके हैं, जिससे हम अपनी हृदय को चीरनेवाली वेदना को प्रकट करें और बहरों के कान खोल दें और बेपरवाहों, अन्यमनस्कों को समय पर चेता दें। बाद में हमने जानबूझकर आत्मसमर्पण किया है और हम अपने कृत्यों का फल भोगने में प्रसन्न हैं।"

देश भर में इस मुकदमे की धूम मच गई। समाचार पत्र ही नहीं, छोटे-बड़े प्रत्येक

की जुबान पर इन तरुण क्रान्तिकारियों का नाम छा गया। पकड़-धकड़ और तलाशियों का तो कहना ही क्या? देश में सर्वत्र आशंका व्याप्त हो गई।

एक दिन भोर के तड़के ही पुलिस के दल-बल ने मेरा घर घेर लिया। दिल्ली और लाहौर के कोई दर्जन-भर पुलिस के उच्च अधिकारी और इससे तिगुने सशस्त्र सिपाही। इसके अतिरिक्त एक दर्जन घुड़सवार। सब गली-कूचों के नाके, रास्ते, मकान के द्वार पुलिस ने अपने कब्जे में ले लिए। पत्नी की घबराहट का ठिकाना न था। पर मुझे तो मुस्कराकर इन मेहमानों का स्वागत करना ही था। दल के नेता थे, लाहौर पुलिस के ठाठदार डिप्टी सुपरिंटेंडेंट खानबहादुर। उनके साथ मेरी शतरंजी चालें प्रारम्भ हुईं। प्रारम्भ में मैं समझ गया था कि पुलिस के मेधावी जनों ने चाँद के फाँसी अंक से इन क्रान्तिकारियों के सम्बन्ध की सम्भावना से ही यह धावा किया है। यद्यपि मुझे उक्त अंक के लिए बीसवीं शताब्दी के राजनीतिक हुतात्माओं के सम्पूर्ण चित्र और चरित्र ही उन लोगों से प्राप्त हुए थे परन्तु यह भी सत्य है कि मैं युवकों के सम्बन्ध में तथा उनके क्रान्तिकारी कार्यों के सम्बन्ध में बहुत कम जानता था। इन लोगों द्वारा जो मैटर मुझे मिला था, उसके मैंने खंड-खंड कर डाले थे। एक-एक चरित्र को पृथक करके उसके नीचे लेखक का कोई एक काल्पनिक नाम दे डाला था। इसके अतिरिक्त इस सम्बन्ध के कागज का एक पुर्जा भी मैंने अपने घर में शेष नहीं छोड़ा था। असेम्बली भवन से लौटते ही मैंने तत्परता से सबसे पहले यही कार्य किया था परन्तु मुझे यह मालूम नहीं था कि चाँद के मालिक ने इन्हें जो रुपए दिए थे, उसकी रसीदों के दस्तखत पुलिस को दिखा दिए थे। ठाठदार खानबहादुर ने बड़े तपाक से बातचीत शुरू की। बड़ी मिठास से बोले—"आपके आराम में खलल दिया, माफ कीजिए। मगर हम लोग भी अपने फर्ज से लाचार हैं। हम आपको ज्यादा तकलीफ नहीं देंगे। चन्द सेकेंडों की ही बात है। महज कुछ बातें आपसे जाननी हैं।"

मैंने स्थिर शान्त स्वर में कहा—कहिए।

खानबहादुर ने एक सब इंस्पेक्टर को पास आने का संकेत किया और उसने 'चाँद' का फाँसी अंक उनके सम्मुख रखा। उसके पन्ने उलटते हुए खानबहादुर बोले—इन मजामीन के लेखकों को तो आप जानते ही होंगे?

कुछ को जानता हूँ—मैंने संक्षेप में कहा।

उन्होंने एक-एक लेख का शीर्षक देखना शुरू किया। मैं संक्षिप्त उत्तर देता गया। अन्त में वह स्थल आया जहाँ म्याऊँ का ठौर था। बोले—"ये लेख किसके हैं?"

"भिन्न-भिन्न लोगों के।"

"लेखकों के नाम यही हैं, जो लेख के नीचे छपे हैं?"

"जी नहीं, वे सब फर्जी नाम हैं।"

खानबहादुर की आँखें चमकने लगीं। बोले—"फर्जी?"

"जी हाँ।"

"क्यों?"

"ऐसा हम अक्सर करते हैं, कुछ लेखक अपना नाम हाजिर करना नहीं चाहते, तो हम फर्जी नाम लिख देते हैं।"

"लेकिन यह तो गैरकानूनी है।"

"हो सकता है, कानून तो मैं जानता नहीं।"

"लेकिन यह कहने से आप कानूनी जिम्मेदारी से बरी नहीं हो सकते।"

"शायद।"

"खैर, तो आप इन मजामीन के असली लेखकों के नाम बताइए।"

"वह तो मैं नहीं जानता।"

"क्यों? क्या उन्होंने अपने नाम लिखे नहीं थे?"

"जी हाँ, लिखे थे। पर वे सब तो जला डाले गए।"

खानबहादुर की वाणी धीरे-धीरे सख्त होती जाती थी। बोले—जला भी डाले गए?

चूँकि मैं निकम्मा कबाड़ा अपने घर में नहीं रखता।

कुछ देर वे अपना होंठ चबाते रहे। फिर बोले—"आपको रेफरेंस के लिए उन्हें रखना जरूरी था।"

"इस बात पर मैंने विचार नहीं किया।"

"फिर भी आपको कुछ नाम याद होंगे?"

"जी नहीं, मुझे कोई नाम याद नहीं।"

"तो आप नाम नहीं बताएँगे?"

"जो बात मैं जानता ही नहीं, वह कैसी बताई जा सकती है?"

"तो जनाब सुनिए। हमें सरकारी हिदायतें हैं कि आप यदि पुलिस की मदद नहीं करते, तो आपको भी केस में मुलाजिम गर्दान लिया जाएगा।"

"सुनकर प्रसन्न हुआ। आपने किस तरीके से मुलजिम जुटाए हैं, समझ गया।"

"लेकिन हम अपनी तरफ से आप पर सख्ती करना नहीं चाहते। हम जानते हैं कि आप शरीफ आदमी हैं।"

"आपकी बड़ी कृपा है।"

"तो बताइए फिर।"

"नाम तो बताए नहीं जा सकते।"

खानबहादुर ने तिरछी नजर से मेरी ओर देखा, एक कुटिल मुस्कान उनके होंठों पर आई। फिर बोले—"हजरत कुछ-कुछ हमें मालूम भी है।"

"यह तो बहुत अच्छा है।"

"तो जनाब, आप हमारे साथ शतरंज की चाल मत चलिए, सीधी बात बताइए।"

"बात सीधी ही है, बाकी आप जैसा समझें।"

"तो इधर देखिए, यह क्या है।" उन्होंने इलाहाबाद के 'चाँद' कार्यालय के बहीखाते में एक रकम पर हुए दस्तखत मुझे दिखाए। फिर कहा–"अब कहिए, आप क्या अब भी इनकार करेंगे कि आप इस शख्स को नहीं जानते?"

मेरे बदन से पसीना छूट गया और मेरी आँखों में अँधेरा छा गया। हे राम, क्या सहगल जी ने पुलिस को यह प्रमाण दे दिया! मैंने उन्हें एक खत लिखा था जिसमें ऐसे सब कागज नष्ट करने का संकेत था। यह खत भी यदि पुलिस के हाथ में है तो बस अब लदे।

मैं चुपचाप सोचता रहा परन्तु शीघ्र ही मैंने अपने को संयत कर लिया।

"अब आप क्या सोच रहे हैं?"

"यही, कि ये दस्तखत किसके हो सकते हैं।"

"इस नाम के किसी आदमी को आप नहीं जानते?"

"जी नहीं। "

"अच्छी बात है, तो पहले तलाशी ली जाएगी, पीछे और बात।"

तलाशी शुरू हुई। प्रेस की, दवाखाने की, घर की और घर से सम्बन्धित सब कमरों की। दिन भर तलाशी होती रही। दोपहर हुई, शाम हुई। रात हो गई। सड़क पर घुड़सवार घूम रहे थे। ठठ-के-ठठ लोग जुड़े थे। हमारा खाना-पीना, चूल्हा जलाना उस दिन नहीं हुआ। तलाशी में एक पुर्जा भी मतलब का नहीं मिला। पर पुलिस मेरे से बहुत से जरूरी और अधूरे लेख उठाकर ले गई। उन दिनों मैं दो हजार पृष्ठों का एक सांस्कृतिक और राजनैतिक महान ग्रन्थ 'तब अब क्यों और फिर' लिख रहा था। उसका बहुत-सा मैटर 'बंगभंग' अंश उन दिनों मेरी मेज पर फैला था। भद्रसेन से उसे पढ़वा-पढ़वाकर खानबहादुर 'तब अब क्यों और फिर' की लगभग समूची पांडुलिपि उठाकर ले गए। बहुत थोड़ा अंश ही मैं उनसे बचा सका था। तलाशी लेने के बाद पुलिस मुझे कोतवाली ले चली, जहाँ बहुत-सी गीदड़ भभकियों के बाद रात के दस बजे मुझे घर आने की अनुमति दे दी गई। जान बची, लाखों पाए परन्तु शंका का भूत मन में बैठा रहा। पता नहीं यह खूनी जमात अब, कब किस बहाने से गला आ दबोचे! खानबहादुर की वह धमकी और उसकी वे खूनी आँखें रह-रहकर याद आ रही थीं। मेरा हृदय धड़क रहा था, पर हँस-हँसकर पत्नी का भय दूर कर रहा था।

जब एक दिन मैं अपने रोगियों में उलझ रहा था, पुलिस के एक छोटे-से दल ने फिर अपने शुभदर्शन दिए। ये लोग लाहौर से आए थे। इंस्पेक्टर ने शालीनता से कहा–"आप इत्मीनान से काम से फारिग हो लें, हमें जल्दी नहीं है।" यह वाक्य

सुनते ही मन में चोर बैठ गया। लो आए ससुरालवाले विदा कराने, अब तो डोला जाएगा—फिर जाएगा। झटपट काम निपटाकर, भीड़भाड़ को विदा करके, मैंने इंस्पेक्टर के निकट आकर कहा—''फरमाइए।''

इंस्पेक्टर भी शालीनता में कम न थे। शान से बोले—''माफ कीजिए, आपको एक तकलीफ करनी होगी। एक जमानत का बन्दोबस्त कर दीजिए।''

''कैसी जमानत?''

''सिर्फ पाँच सौ रुपए की। एक वारंट है, लाहौर कोर्ट का। आपको लाहौर चलना होगा। उन्होंने कागज उलट-पलटकर वारंट सामने ला धरा।''

''लेकिन वारंट है कैसा साहब?''

''जमानती है मजिस्ट्रेट के इजलास में हाजिर होने के लिए।''

मैं कुछ समझा, कुछ नहीं। दो पड़ोसियों को बुला जमानत की खानापूरी करा दी।

इंस्पेक्टर ने धीरे से कहा—''आज ही रात की गाड़ी से, समझते हैं न आप? गाड़ी साढ़े आठ बजे पर छूटती है।''

लेकिन...मैंने इंस्पेक्टर का मतलब समझना चाहा।

''जी, आज ही चलना पड़ेगा। आप शरीफ आदमी हैं, मुझे खास तौर पर हिदायत है कि आपको तकलीफ न दी जाए। आप वायदा कीजिए कि स्टेशन पर आप पहुँच जाएँगे या फिर अभी तशरीफ ले चलिए।''

उसका स्वर काफी रूखा हो गया। जमानत का मैं मतलब ही न समझा। मैंने कहा—''तो आप मुझे गिरफ्तार करते हैं?''

''इसकी क्या जरूरत है! मैंने जमानत ले ली है, आप स्टेशन पर पहुँच जाएँ। टिकट मैं खरीद लूँगा।''

झँझट करना बेसूद था। मैंने स्वीकार किया और उनके विदा होने पर मैंने दवाखाना बन्द किया। घर पहुँचा। भाई परमानन्द की अलविदा का नजारा नजरों में घूम गया, जब उन्हें उनके दवाखाने से उठाकर फाँसी के तख्ते तक और वहाँ से उठाकर काले पानी पहुँचाया गया था। मैंने तो वास्तव में ऐसा काम किया भी न था। पर मुझे ऐसा भास हो गया कि अब लौटकर आना नहीं होगा। उस दिन मैंने खूब स्नान किया, डटकर भोजन किया और पत्नी से हँस-हँसकर गप्पें लड़ाईं। चार बज गए। पत्नी ने कहा—''क्यों, कहीं दूसरी जगह जाना है?''

मैं हँसा तो वह हँसी मेरे ही कानों में खटकने लगी।

पत्नी ने कहा—''कहाँ?''

''तुम्हीं बताओ सोचकर।''

''वाह, मैं भला क्या बताऊँ?''

कुछ देर मैं हँसता रहा। फिर कहा—''एक बारात में जाना है, अमृतसर। ''

"किसकी बारात है?"

"क्या कहें, एक जबरदस्ती की बारात है। इनकार करते नहीं बना।"

"लेकिन पहले तो नहीं कहा"—एक शंका उनकी आँखों में छा गई।

"अभी सुबह ही तो घेरा उन्होंने।"

इस घोर असत्य और मन की चंचलता को नेत्रों द्वारा पत्नी न पढ़ ले, इसलिए मैं उछलकर उठ बैठा और हँसता हुआ तैयारी करने लगा।

परन्तु मन ने कहा—तैयारी कैसी रे? बिस्तर, कपड़े, टिफन और यह सब अलगम-बलगम कहाँ ले जाएगा? कौन जाने किस राह जाना है! सब छोड़ यहीं। उसी तरह चल जैसे मृत्यु के साथ एकाकी जाना होता है।

उस समय पत्नी मेरी आँखें देखतीं, तो सत्य फूट जाता परन्तु मैं टाल गया। उस दिन की हँसी ने जैसे सम्पूर्ण जीवन-शक्ति खर्च कर दी। मैं तैयार हुआ।

पत्नी ने कहा—"अभी से कहाँ चले?"

"ऑफिस में थोड़ा काम है।"

"शाम को तो खाकर जाओगे?"

"न, खाना तो उन्हीं के साथ होगा।"

"आओगे तो?"

"न आ सकूँगा, बहुत काम है।"

"लेकिन बिस्तर?"

"वहाँ बिस्तरों की क्या कमी, इतने संगी-साथी हैं।"

"वाह, ऐसा भी कहीं होता है, कपड़े...वह जल्दी से बैग में साबुन, तेल, सेविंग केस भरने लगी।"

मैंने तिनककर कहा—"यह सब मैं नहीं लादने का। रात भर रेल में, कल ब्याह और फिर रात भर रेल। सुबह खट से यहाँ। यह सब कहाँ लादूँगा? सभी यार-दोस्त ही हैं।"

वह कहती रही और मैं चल दिया। सीधा जैनेन्द्र कुमार के पास आया। सारा कच्चा चिट्ठा कह सुनाया। फिर कहा—"भई, परसों सुबह आए तो ठीक वरना और दिन प्रतीक्षा न करना, फिर सब हाल खोलकर घर कह देना तथा जैसे ठीक समझो करना। मैंने घर बारात में जाने का बहाना किया है।"

और मैं चला। स्टेशन पर इंस्पेक्टर मौजूद था। एक थर्ड क्लास का टिकट देकर कहा—"गाड़ी में अभी वक्त है।"

"परन्तु मैं थर्ड क्लास में सफर नहीं करूँगा।"

"लेकिन हमें तो यही किराया दिया गया है। आप अपने खर्चे से..."

मैंने लम्बे-लम्बे कदम बढ़ाए। टिकट को सेकेंड का कराया और जाकर बर्थ पर बदहवास पड़ा रहा। नेत्रों में फाँसी और कालेपानी के काल्पनिक चित्र बनने

बिगड़ने लगे।

लाहौर स्टेशन पुलिस की पगड़ियों से लाल हो रहा था। गाड़ी खड़ी होते ही उसे पुलिस ने घेर लिया परन्तु उन्होंने मुझे एक बन्द गाड़ी में बैठाया और सीधे किले ले चले। सुबह की सुनहरी धूप किले के विस्तृत मैदान में फैल रही थी। बिलकुल सन्नाटा था। दूर तक आदमी न दीख रहा था। जैसे हमारी यह मनहूस कार शून्य में धँसी जा रही थी। अन्ततः एक छोटे-से बरामदे में हम पहुँचे। खानबहादुर ने ही इस अतिथि का सत्कार किया। तत्परता से ठीक-ठीक इन्तजाम करने का आदेश दिया और तब एक सिपाही मुझे पेंच-पेंचीले रास्तों से ले चला। हम लोग एक बहुत विशाल दालान में पहुँचे, जहाँ फर्श पर अनगिनत चबूतरे बने थे जैसे बहुत-सी कब्रें क्रमशः बना दी गई हों और उनके नीचे सिसकती हुई जिन्दा लाशें दम तोड़ रही हों। एक चारपई मेरे सुपुर्द कर और सुराही पानी से भरी पास रखकर सिपाहीराम अन्तर्ध्यान हो गए। रह गया मैं अकेला, उस कब्रगाह में—भय, शंका और भूत-भविष्य के ताने-बाने बुनता हुआ। उस समय जैसे जन्म-जन्म की कायरता उमड़-घुमड़ मेरे रक्त की एक-एक बूँद में समा गई। घंटे पर घंटे बीते। दोपहर हुई और ढल चली। न आदमी न आदम जात। भूख, प्यास, नींद सब गायब, ढलते हुए सूरज की पीली छाया जहाँ-तहाँ उस मनहूस सूखे दालान में पड़ रही थी। मैं कभी चारपाई पर लेट जाता। कभी उठकर टहलने लगता, कभी उठकर गहरी चिन्ता में लग जाता। चैन न था, जैसे दहकते अँगारों में बैठा हूँ। मैं ऐसा अनुभव करने लगा था जैसे आज ही मुझे फाँसी पर चढ़ना होगा। पर मन कह रहा था, जो होना है झटपट हो जाए। यह प्रतीक्षा और सूनापन तो सहा नहीं जा रहा। चार बजे के बाद एक छोटा-सा दल मेरी ओर आता नजर पड़ा। दो गोरे सर्जेंट थे। दो पुलिस के सिपाही। उनके बीच हथकड़ी बेड़ी से जकड़ा हुआ एक कैदी था, साथ में एक मुसलमान पुलिस इंस्पेक्टर। इस बारात को देखते ही मन बैठ गया, जैसे शरीर में रक्त जाम हो गया हो। एक सिपाही कहीं से एक चारपाई खींच लाया। उस कैदी को बीच में बैठाकर पुलिसवाले बैठे। मैं देखते ही पहचान गया, विश्वासघाती हंसराज वोहरा है जो सरकारी गवाह हो गया था और जिसने दल का सारा कच्चा-चिट्ठा खोल दिया था, सबका भंडाफोड़ किया था। मैं घृणा और भय से उस घृणित व्यक्ति को घूर-घूरकर देखने लगा। न जाने कहाँ से साहस ने कहा—इस कमीने से तो मरनेवाले ही भले।

परन्तु उसने मेरी ओर आँख उठाकर भी नहीं देखा। उसका मुँह वस्त्र से ढँका था। वह सिर झुकाए बैठा था। मैंने देखा, उसकी आँखों से झर-झर आँसुओं की धार बह निकली। इंस्पेक्टर ने पूछा—"क्या इन्हें जानते हो?"

मैं साँस रोककर सुनने लगा। उसने सिर हिलाकर धीरे से कहा—नहीं।

उसका एक शब्द 'नहीं' जैसे मेरे प्राणों के मूल्य का था। पर मैं निश्चल बैठा

रहा। फिर प्रश्न हुआ—"इनका नाम कभी सुना है?"

"नहीं।"

"मशहूर साहित्यकार हैं, इनकी कोई पुस्तक पढ़ी है?"

"नहीं।"

उसने अपने आँसू पोंछ डाले और दृढ़ता से होंठ भींच लिए। मैंने मन में कहा—ओह, कायर भी साहसी होते हैं। इसकी एक ही 'हाँ' मेरे जीवन को समाप्त कर देने को काफी थी। यह निस्सन्देह मुझे जानता है। मेरे सामने एम.ए. का विद्यार्थी रहा है। इस पतित ने देश के अनेकों तरुणों को फाँसी तक ले जाने की कार्रवाई की है, पर मेरे लिए आज मुक्तिदूत बनकर आया है। पुलिसवालों ने और दो-चार प्रश्न किए और फिर वह मनहूस बारात जिधर से आई थी, उधर ही की ओर चली गई। मैंने अघाकर साँस ली। साहस लौट आया। दुनिया दीखने लगी। मैंने इधर-उधर नजर दौड़ाई। कोई पास न था। मैं टेढ़ी-मेढ़ी पगडंडियाँ पार कर उसी ऑफिस में पहुँचा। वहाँ चहल-पहल थी। मैं सीधा चिक उठाकर खानबहादुर के सामने खड़ा हुआ। खानबहादुर ने हाथ मिलाया, कुर्सी पर बैठने का संकेत किया। मैंने तपाक से कहा—"जनाब, मैं सुबह से बिना खाए-पिए बैठा हूँ। आपका इरादा क्या है?"

"मुझे बहुत अफसोस है। बस दो काम थे। आपकी शिनाख्त और आपसे मुलजिमों की शिनाख्त। एक काम खत्म हुआ, दूसरा अब कल होगा।"

"लेकिन, जनाब, मैं इधर ठहर नहीं सकता।"

मजबूरी है, तकलीफ करनी ही होगी। आज ही मजिस्ट्रेट बीमार पड़ गए हैं, कल तक रुकना पड़ेगा। इसके बाद उन्होंने पास खड़े एक सबइंस्पेक्टर से कहा—"एक फर्स्ट क्लास ताँगा लेकर आओ और शहर के बेहतरीन होटल में आपकी पसन्द के कमरे में आपको ठहरा दो तथा आपको हस्बजरूरत खाने-पीने का सब इन्ताम कर दो। खर्चा सरकारी होगा।"

"भाई वाह, यह तो तस्वीर का रुख ही पलट गया। मैं सबइंस्पेक्टर के साथ उस फर्स्ट क्लास के ताँगे में बैठकर चला।"

उसने पूछा—"आपका सामान?"

"मुझे क्या मालूम था कि आप मेरी यह खातिरदारी करेंगे, सामान मैं लाया नहीं।"

"कुछ परवाह नहीं। होटल में सब इन्तजाम हो जाएगा।" उसने राह के दर्शनीय स्थानों को बताना शुरू किया—यह शाही मस्जिद, यह रणजीत सिंह की छतरी, यह बुर्ज। हम लोग अनारकली की चहल-पहल में चले जा रहे थे। सुबह का वह मनहूस दिन मजेदार सन्ध्या में बदल गया था। फाँसी के तख्ते और जेल की स्मृतियाँ गायब हो चुकी थीं। सबइंस्पेक्टर ने एक-दो होटल दिखाए। पर वे मैंने नापसन्द कर दिए। मैंने कहा—"जनाब फर्स्ट क्लास होटल का हुक्म हुआ है।"

लेकिन सन् 1928 का लाहौर था। सबइंस्पेक्टर ने कहा—''साहब, लाहौर में तो ऐसे ही होटल हैं। जहाँ मर्जी हो ठहर सकते हैं।''

अन्ततः एक होटल का सबसे बड़ा कमरा मैंने पसन्द कर लिया। थानेदार ने होटल के मैनेजर को कह दिया—''साहब जो चीजें माँगें, दो, बिल ऑफिस से चुकता होगा।'' वे चले गए और मैंने चाय, टोस्ट, मक्खन, दो दर्जन आम, बर्फ और जाने क्या-क्या अलगम-शलगम का आर्डर दे डाला। चाय पीकर बैठा ही था कि इंस्पेक्टर ने आकर कहा—''तबियत हो तो सैर कर आइए। लोगों से मिल-मिला आइए, ताँगा हाजिर है। मैंने क्षण भर में सोचा।'' दिन भर की थकान अब उतर गई थी। मौसम अच्छा था। बालकनी में आकर देखा—नाके-नाके पर पुलिस का खास बन्दोबस्त है। दूर तक लाल पगड़ियाँ दीख रही हैं। मन ही मन मुस्कराया। मतलब मैं समझ चुका था। कमरे में आकर मैंने कहा—''जनाब, सोऊँगा। कोई खास दोस्त मेरा यहाँ नहीं, जिससे मिलने जाऊँ। आप भी तशरीफ ले जाएँ।'' थानेदार चले गए।

दूसरे दिन मैं दस बजे से पहले ही खा-पीकर तैयार हो गया। इंस्पेक्टर ठीक दस बजे आया। हम लोग फिर उसी मनहूस किले में पहुँचे। उसी विशाल बरामदे में एक मजिस्ट्रेट की मेज लगी थी। सामने कतार में कोई तीन सौ आदमी एक-सी पोशाक में। हथकड़ी-बेड़ी किसी को नहीं थी। उस कतार में मुस्करा-मुस्कराकर अपने साथी से बातें करते मैंने अपने प्रिय उस युवक को पहचान लिया।

शिनाख्त प्रारम्भ हुई और भी कुछ लोग आए थे। मेरी बारी आई, तो मुझसे पूछा गया—''क्या आप इन लोगों में से किसी को पहचानते हैं?''

मैंने एक बार बारी-बारी से सब पर नजर डाली, फिर लौटकर कहा—''जी नहीं, मैं किसी को नहीं पहचानता।''

खानबहादुर लपकते हुए मेरे पास आए। मैं समझ गया। उनकी सारी खातिरदारी बर्बाद जा रही थी। मैं भी कदम बढ़ाकर मजिस्ट्रेट की मेज के पास जा खड़ा हुआ। खानबहादुर ने कहा—''ठीक-ठीक देखिए।''

मैंने कहा—''आप इशारा तो कीजिए किसे देखूँ?''

मजिस्ट्रेट झल्ला उठा। बोला—''इशारा कैसा? आप किसे पहचानते हैं?''

''जी नहीं, मैं इनमें से किसी को नहीं पहचानता।''

मजिस्ट्रेट ने लिख लिया और कहा—''आप जा सकते हैं।''

''लेकिन मेरा खर्चा?'' मैंने मजिस्ट्रेट से कहा।

''बिल दीजिए।''

झटपट मैंने बिल बनाया—''जो सूझ पड़ा, वही। बहुत बढ़ा-चढ़ाकर, काफी रकम थी वह। मजिस्ट्रेट ने बिना देखे ही सही कर दी। मैं उसे हाथ में लिये ऑफिस की ओर बढ़ा। बिना झँझट उसके रुपए मिल गए। मैं अभी रुपए गिन रहा था कि

कुछ आदमियों को खूब जोर से कहकहे लगाते इधर ही आते देखा। वे सब क्रान्तिकारी कैदी थे, जो अब शिनाख्त खत्म होने के बाद हथकड़ी-बेड़ियों से जकड़ दिए गए थे। कुल बीस-बाइस थे और इससे दूने पुलिस के सिपाही और अफसर सबसे आगे खानबहादुर। लड़के हँसते, मखौल करते आ रहे थे।"

भगतसिंह ने मेरे पास आकर हँसते हुए नमस्ते कहा।

दूसरे युवक ने कहा—"वाह बाबूजी, कमाल किया आपने, हमें पहचाना तक नहीं।"

भगतसिंह ने ठहाका लगाया। कहा—"पहचानते कैसे? उन दिनों हम एक मुट्ठी चना-चबेना पर दिन काटते और चोरों की तरह लुकते-छिपते फिरते थे। अब तो खानबहादुर साहब हमें टोस्ट-मक्खन खिलाते हैं, पियर्स साबुन से नहलाते। रंग भी तो हमारा निखर आया है। साथी की पीठ पर धौल जमाते हुए कहा—"कितना मोटा हो गया तू यार!"

यह वीरों का दल मौत से दिल्लगी कर रहा था। मैं दंग था। आज इनमें नई उमंग थी, नई स्फूर्ति थी। मेरे कायर जीवन से तो ऐसा कार्य सम्भव ही न था। मैं तो कल के एक दिन में ही अधमरा हो गया था। वे चले गए और मैं सीधा तीर की तरह किले से बाहर निकला। अब खातिरदारी की जरूरत न थी। मेहमानदारी खत्म हो चुकी थी। लाहौर की भूमि पर मेरे तलवे झुलस रहे थे। नोटों का वह छोटा-सा पुलिन्दा जेब में रखा हुआ दिल में गुदगुदी कर रहा था। मैंने ताँगा पकड़ा और सीधे स्टेशन की राह ली। दिल्ली वाली गाड़ी रात को छूटती थी। अभी काफी दिन था। अमृतसर एक पैसेंजर जा रही थी। मैं झपटकर उसी में जा बैठा। दरबार साहब का एक चक्कर लगाया। इन वीर युवकों की मुक्ति की अरदास की। बाजार में घूमा, पूरी और हलुए से आत्मश्राद्ध किया। अमृतसर की बड़ियाँ, पापड़ और कुछ फल खरीदे और स्टेशन रवाना हुआ। फ्रंटियर मेल आ रहा था और जब मैं गाड़ी की आरामदेह गद्दी पर आँखें बन्द किए लेट गया तो सब कुछ स्वप्नवत् दीख पड़ा। अब विचारों में फाँसी और कालापानी के नजारे नहीं थे। थे वे ठहाके, जो ये मौत से खेलनेवाले मजनू लगाते हुए फाँसी के निकट जा रहे थे। पापड़ और बड़ियाँ पाकर पत्नी खुश हुईं। बारात की एकाध बात पूछी। कुछ दिन बाद उन पर असल भेद भी खुल गया। सुनकर कई दिन तक रोना-धोना मचाया। मुझसे कहा—"तुम विश्वासघाती हो, तुम झूठे हो।" वे लाल-लाल और फूली हुई आँखें, अब भी स्मरण कर लेता हूँ। तब उन्हें देखकर जैसे हँसा था, अब भी हँसी आ जाती है, पर आँखें अब गीली हो जाती हैं। ये बिछुड़े हुए साथी भी कैसा घाव कर जाते हैं!

मेरे भाई भगतसिंह

कुलतार सिंह

मैं 12-13 साल का रहा होऊँगा जब भगतसिंह को फाँसी हुई थी। उससे पहले उन पर मुकदमा चलता रहा तो जेल में भी जाते रहे अक्सर, अदालत में भी जाते रहे। उनकी भूख हड़ताल, जो अब ऐतिहासिक बन गई है और बाकी सारी चीजें देखते रहे...उसका दिमाग पर असर रहा। उसी दौर में लाहौर में कांग्रेस का अधिवेशन हुआ। वहाँ बतौर स्वयंसेवक रहा। उस वक्त मोतीलाल नेहरू जी, गांधी जी सम्पर्क में आए। सब लोग बहुत प्यार करते थे कि भगतसिंह का भाई है...तो सबसे निकट सम्पर्क में आने का मौका मिला।

ये सही है कि भगतसिंह जी पूरी तरह क्रान्ति के लिए जुटे रहते थे लेकिन सम्पर्क तो बना ही रहता था। भगतसिंह जी बहुत 'ह्यूमन' थे...महान् इनसान थे। हरेक के मुतल्लिक सोचना, मुझे भी चिट्ठी लिखते रहना। हालाँकि मैं छोटा था। बड़े भाईसाहब को भी चिट्ठी लिखना। जितने भी दोस्त व साथी थे उनको लिखना। बटुकेश्वर दत्त जी दूसरी जेल में थे तो उन्हें भी लिखना, उनकी बहन को भी लिखना। सबका खयाल रखना और उसे उसका ड्यू देना। हमारे परिवार में मुकदमे की वजह से हालात बहुत खराब थे लेकिन इसके बावजूद जब भी मिलता था तो कहते थे कि अच्छा लिबास पहनना। मुझे पगड़ी अच्छी बाँधनी नहीं आती थी तो जेल में ही अच्छे से पगड़ी बाँधना सिखाया। मैं पढ़ाई कर रहा था तो जेल से उन्होंने ट्यूशन का इन्तजाम किया कि फलाँ दोस्त से जाकर पढ़ो। तो जब मैं पास हो गया और जेल में जाकर बताया तो बोले—"ऐसे नहीं मानते, कुछ मिठाई-विठाई लेकर आओ तब सबको बताएँ"...तो फिर वो मिठाई लेकर गया तो उन्होंने सब साथियों को बताया। बोले—"अब पता लगा कि पास हो गए हो।"

फाँसी से बीस दिन पहले 3 मार्च, 1931 को जो पत्र उन्होंने मुझे लिखा था, वही पत्र मेरे जीवन की प्रेरणा और मार्गदर्शक बना रहा। उन्होंने लिखा था—

सेंट्रल जेल,
लाहौर
3 मार्च, 1931

अज़ीज़ कुलतार,

आज तुम्हारी आँखों में आँसू देखकर बहुत दुख हुआ। आज तुम्हारी बातों में बहुत दर्द था। तुम्हारे आँसू मुझसे सहन नहीं होते। बर्खुरदार हिम्मत से शिक्षा प्राप्त करना और सेहत का खयाल रखना। हौसला रखना और क्या कहूँ—

उसे फिक्र है हरदम नया तर्जे जफा क्या है,
हमें यह शौक है देखें सितम की इन्तहाँ क्या है।
दहर से क्यों खफा रहें, चर्ख का क्यों गिला करें,
सारा जहाँ अद् सही आओ मुकाबला करें॥
कोई दम का मेहमाँ हूँ ऐ अहले महफ़िल,
चिरागे सहर हूँ बुझा चाहता हूँ।
हवा में रहेगी मेरे खयाल की बिजली,
ये मुश्ते खाक है फानी रहे रहे न रहे॥
अच्छा रुखसत। खुश रहो अहले वतन,
हम तो सफर करते हैं।

हौसले से रहना।
नमस्ते।

तुम्हारा भाई,
—भगतसिंह

मैं (लाहौर में) 'मिलाप' अखबार के दफ्तर में बैठा हुआ था तो वहाँ पर जेल के पास ही एक कांग्रेस नेता रहते थे। उनका फोन आया कि जेल से बड़ी आवाजें आ रही हैं, बड़े जोर-जोर से नारे लग रहे हैं। ऐसा लगता है कि भगतसिंह को फाँसी दे दी गई है। पास ही में मोरी गेट का एक जलसा हो रहा था। पिताजी वहाँ थे, और लोग भी थे। मैंने उनके कान में जाकर बताया और भी कुछ लोग खबरें लेकर आ गए थे...तो जलसा जुलूस की शक्ल में जेल की तरफ चलने लगा। पिताजी ने लोगों को रोककर कहा कि आप सब शान्ति रखें। एक भगतसिंह की लाश लेने जा रहे हैं, मैं नहीं चाहता कि आप हजारों भगतसिंह की लाशों में बदल जाएँ। तो इस तरह उन्होंने सभी को शान्त किया। पिताजी रोए नहीं। हम लोग भी भावुक तो थे लेकिन ऐसा नहीं कि रोने-पीटने लगे हों।

सन् 1921-22 में गांधी जी का आन्दोलन चल रहा था। तब बच्चा था...घर

के वातावरण का ऐसा प्रभाव था कि मैं भी चार-पाँच साल की उम्र में ही लेक्चर देता था, नारे लगाता था—"गांधी केन्दा खद्दर पहनो" और खुद भी खद्दर पहनता था। लोग मुझे स्टूल पर खड़ा कर देते तो कभी कोई देशभक्ति का गीत गा देता... एक असर हर समय बना रहता था। उसके बाद गुरुद्वारा आन्दोलन शुरू हुआ तो मैं सात-आठ बरस का था। आन्दोलकारियों के जत्थे हमारे गाँव लायलपुर से होकर निकलते थे। अंग्रेजों की तरफ से हुक्म था कि जत्थे के लोगों को पानी न मिले, न खाना। तो भगतसिंह को लाहौर बुलाया गया। उन्होंने लोगों को इकट्ठा किया। जत्थे को तीन दिन रोककर खूब खातिरदारी की...तभी जोशीला भाषण देने पर पहली बार भगतसिंह की गिरफ्तारी के वारंट जारी हुए थे...

मैं 'बाल भारत सभा' में शामिल हो गया था। ये सभा इसलिए थी कि बच्चे भी स्वाधीनता आन्दोलन में आएँ। तो वे कैम्प लगाते थे, ट्रेनिंग देते थे कि पिकेटिंग करने जाओ, नारे लगाओ आदि।

हम लोग 'नौजवान भारत सभा' में शामिल थे। अंग्रेजों ने 'नौजवान भारत सभा' को गैरकानूनी करार दिया था तो हम 'सोशलिस्ट पार्टी' के नाम से कार्य करते रहे। जब 'कांग्रेस सोशलिस्ट पार्टी' का गठन हुआ तो जयप्रकाश नारायण के कहने पर पंजाब की सोशलिस्ट पार्टी के रूप में कार्य करने लगी। हम किसानों, मजदूरों में काम करते रहे। सोशलिस्ट विचारों का प्रचार करते रहे। हमारा दृढ़ विश्वास है कि भगतसिंह जी पहले क्रान्तिकारी थे जिन्होंने बड़े जोर-शोर से समाजवाद की पैरवी की थी। उनका कहना था कि खाली अंग्रेज हाकिम की जगह हिन्दुस्तानी हाकिम के आने को ही हम आजादी नहीं मानेंगे। जब तक देश में सच्चा समाजवाद नहीं आ जाता, तब तक हम उसे सच्ची आज़ादी नहीं मान सकते।

जब विश्वयुद्ध शुरू हुआ और अंग्रेजों ने युद्ध के लिए भरती करने की मुहिम चलाई तो हम लोगों ने इसका विरोध किया और आन्दोलन चलाने का फैसला किया। इस मामले में पंजाब सरकार बहुत 'सेंसिटिव' थी। वो नहीं चाहती थी कि भरती के खिलाफ एक भी आवाज उठे और उनका दमन बहुत भयंकर था। तीन सितम्बर सन् 1939 को जिस दिन जंग का ऐलान हुआ, उसी दिन एक कान्फ्रेंस हो रही थी तो उसमें भाग लेने पर बड़े भाई कुलबीर और मेरे खिलाफ वारंट निकले और हम दोनों जेल भेज दिए गए।

सन् 1936 से 1946 तक जेल में रहना पड़ा। जंग तो सन् 1945 में खत्म हो गई लेकिन हम लोगों को रिहा नहीं किया गया। चुनाव भी हो गए थे, कांग्रेस मिनिस्ट्री भी बन गई थी कई राज्यों में, लेकिन पंजाब में युनुस मिनिस्ट्री थी। उन्होंने नहीं रिहा किया। सर सिकन्दर हयात खाँ के मरने के बाद युनुस की पार्टी को कांग्रेस की जरूरत पड़ी, तब कांग्रेस ने नजरबन्दियों को रिहा करने की माँग रखी। तब कहीं जाकर हम रिहा हुए।

नजरबन्दी के दौरान जयप्रकाश बाबू, डाँगे जी, योगेन्द्र शुक्ल थे, राहुल सांकृत्यायन जी थे...जितने भी बड़े-बड़े क्रान्तिकारी थे सभी से सम्पर्क रहा। पहले तो हमारी भागादौड़ी की जिन्दगी थी लेकिन यहाँ कई साथी थे। बड़े भाई कुलबीर सिंह जी भी थे, टीकाराम सुखन, भाई हरनाम सिंह जी और एक पठान साथी थे। पढ़ने का खूब मौका मिला। इनडोर-आउटडोर गेम्स भी होते थे। कम्युनिस्ट व सोशलिस्ट नेताओं के साथ लम्बी-लम्बी बहसें होती थीं। डॉ. अहमद, डॉ. महमूद वगैरह भी थे, लेक्चर्स भी होते थे। उनके बड़ा फायदा मिलता था।

जयप्रकाश बाबू, जो बाद में वो बहुत बड़े नेता बने, पर शुरू-शुरू में उन्हें जेल जीवन का ज्यादा तजुरबा नहीं था। हम लोग देवली जेल में साथ-साथ रहते थे तो इन्होंने एक पत्र स्मगल किया। यानी एक पत्र जेल से बाहर भिजवाना था। तो इन्होंने लिखा और पत्नी प्रभावती जी मिलने आईं, मुलाकात करने तो उन्हें पकड़ा दिया। वो पत्र जेलर ने छीन लिया क्योंकि वो तो छानबीन करके ही जाने देते थे। बाद में वह पत्र भारत सरकार ने प्रकाशित किया। बड़ा मशहूर हुआ। हम लोगों ने भगतसिंह जी से बचपन से ही बहुत सारी बातें सीखी थीं, तो जयप्रकाश जी को सारी बातें बताईं। उनके बहुत क्लोज रहे। उनके साथ-साथ खाना खाते थे।

सन् 1946 में रिहा हुए तो दो बातें बड़ी जबरदस्त थीं हमारे लिए। एक तो बहन अमरकौर जेल में थीं। उन पर मुकदमा चल रहा था। सरदार अजीत सिंह जर्मनी की जेल में 'एलाइज' के कैदी के रूप में थे। यही सबसे बड़ी चिन्ता थी कि अजीत सिंह को भारत कैसे लाया जाए और अमरकौर को कैसे रिहा कराया जाए? सन् 1947 के मार्च में अजीत सिंह रिहा होकर भारत आए। संयोग से 15 अगस्त, 1947 को ही उनका डलहौजी में निधन हो गया। रात में उन्होंने सेंट्रल असेम्बली की कार्रवाई सुनी और कहा कि मेरी जिन्दगी का मिशन पूरा हो गया, मैं चलता हूँ। पार्टीशन से वे बहुत ही ज्यादा दुखी थे। उनका मानना था कि ये अंग्रेजों की गहरी चाल है और इसके भयंकर दुष्परिणाम होंगे। उन्हें इसका गहरा सदमा था। अंग्रेज अजीत सिंह को कहते थे कि तुम जिन्दा हिन्दुस्तान नहीं जा पाओगे और वो कहते थे कि जिन्दा जाऊँगा भी और आजादी भी देखूँगा। हमारे परिवार की हालत ये थी कि हम लोग लुधियाने में थे, माता-पिताजी वगैरह पाकिस्तान में थे। कई महीने लगे उन्हें भारत लाने में।

भगतसिंह की शहादत के बाद मेरे पिताजी को भी कई बार जेल में रखा गया।

भगतसिंह के प्रति महात्मा गांधी व कांग्रेस पार्टी की भूमिका बड़ी सन्देहास्पद रही है। भगतसिंह की फाँसी को रोकने का महात्मा गांधी ने कोई प्रयास नहीं किया। इस बात की पुष्टि लार्ड इरविन ने अपने संस्मरणों में की है। गांधी जी से भगतसिंह के लिए कांग्रेस की ओर से स्मारक बनाने का वायदा किया था, लेकिन बाद में कांग्रेस पार्टी ने इस प्रस्ताव पर कोई अमल नहीं किया। महात्मा गांधी जब लन्दन

गोलमेज सम्मेलन में जा रहे थे तो अंग्रेजों को खुश करने के लिए उन्होंने यह बयान दिया कि भगतसिंह ने जैसा राजनीतिक आन्दोलन किया, उससे गुंडागर्दी फैलती है और मैंने कराची कांग्रेस में उनकी फाँसी के प्रति हमदर्दी जताकर गलती की है।

भगतसिंह की शहादत के फौरन बाद कांग्रेस के नेताओं ने 1947 में तथाकथित आज़ादी प्राप्त कर देश को ऐसी नीतियाँ दीं कि कुछ ही वर्षों में लोग कांग्रेस शासन के उत्पीड़न से त्रस्त होने लगे। तब जाकर लोगों को भगतसिंह की कही बातों की सच्चाई का अहसास होना शुरू हुआ। अब तो यह बात स्पष्ट हो चुकी है कि सिर्फ भगतसिंह के विचारों को व्यवहार में लाकर ही देश में वास्तविक आजादी लाई जा सकती है, अन्यथा देश जुल्म, अन्याय और अत्याचार में फिर जकड़ा जा ही चुका है। इन स्थितियों में भगतसिंह की विचारधारा ही देश को सच्ची मुक्ति दिला सकती है।

शहीद भगतसिंह का नाम भारतीय इतिहास में जनमुक्ति संग्राम के मौलिक चिन्तक के रूप में पूरे विश्व में एक रोशन सितारे की तरह जगमगा रहा है...

उनके साथ बीते दिन

मथरादास थापर

लाहौर।

दिसम्बर 1927 का कोई दिन। प्रातः का समय। मैं डायमंड जुबली टेक्नीकल इंस्टीट्यूट की तरफ जा रहा था, धीरे-धीरे कुछ सोचता हुआ। तभी आवाज लगाता एक हॉकर वहाँ से गुजरा—'काकोरी केस में क्रान्तिकारियों को फाँसी।'

हॉकर आवाज लगाता दूर निकल गया लेकिन मेरे कदम वहीं ठहर गए। दिल धड़कने लगा। मन उदास हो गया और आँखें भीग आईं। मैंने सोचा कि अब किसी भी तरह पढ़ाई में मन नहीं लगेगा, देश पर मर मिटनेवाले काकोरी के कैदी बार-बार मस्तिष्क में उथल-पुथल मचाएँगे। आज मैं इंस्टीट्यूट नहीं जाऊँगा। दिन भर मौन रहकर शोक मनाऊँगा। मैंने तय किया और उल्टे पैरों लौट पड़ा।

जोरा-मोरी में मन और पावों में बोझ लिये धीरे-धीरे सीढ़ियाँ चढ़ते हुए ऊपर आ गया। बैठक का कमरा खुला हुआ था। जमीन पर दरी बिछी थी। भाईसाहब सुखदेव, भगतसिंह और भगवतीचरण बैठे थे। एक क्षण को रुका और देखता रहा।

भाई जी ने गर्दन उठाई और बोले, "मथरा, तू तो इंस्टीट्यूट गया था। काहे को लौट आया...?"

"सारा देश रो रहा है भाई जी। सब काम छोड़कर बैठे हैं, फिर मैं कैसे पढ़ाई करता।" मैंने भीगी हुई आवाज में कहा।

"तू छोड़ इन बातों को और अपना काम देख। हम ही बहुत हैं गम उठाने के लिए।" उन्होंने तुर्शी से कहा।

तब मैं समझा कि क्लास छोड़ आने से वे नाराज हैं और हमेशा की तरह उन्हें मेरी पढ़ाई की चिन्ता है। मैं कुछ नहीं बोला था। चुपचाप अपने कमरे में चादर ओढ़कर पड़ गया था। उस दिन अगर मैंने उनके इस कथन पर गौर किया होता कि गम उठाने के लिए हम ही बहुत हैं तो शायद बहुत कुछ समझ लिया होता।

दोपहर तक मैं बिस्तर में पड़ा रहा और करवटें बदलता रहा। तेज भूख लगने लगी, तब उठा और बाहर आया। देखा कि बैठक के कमरे में तीनों दोस्त उसी तरह

गुमसुम-से बैठे हैं और अखबार के टुकड़े आसपास बिखरे हैं।

"खाना खाने नहीं चलेंगे?" मैंने भाईजी से पूछा।

"नहीं, तू चला जा।" सुखदेव बोले थे।

"आप कहें तो नीचे वाले होटल से ला दूँ?"

"नहीं, बोल दिया न तू जा।" वह फिर तुर्शी से बोले।

मैंने सोचा, उनकी नाराजगी दूर नहीं हुई है। अतः चुपचाप सीढ़ियाँ उतरकर साइकिल उठाई और मोहनलाल रोड के कार्नर पर स्थित साथी रामकिशन के होटल पर आ गया। पर वहाँ आज रोज की तरह भीड़ नहीं थी। जितने लोग थे वे भी ऐसे ही बैठे थे। खाने की जगह चाय या पानी ही चल रहा था। काउंटर पर साथी रामकिशन भी मुँह लटकाए बैठे थे। उनकी आँखों में पीड़ा के बादल घिरे हुए थे। गम और खुशी में लोग किस तरह एकजुट हो जाते हैं यह उस दिन मैंने जाना। पं. रामप्रसाद बिस्मिल, अशफाकउल्ला और रोशनसिंह 19 दिसम्बर, 1927 को तथा राजेन्द्रनाथ लाहिड़ी 17 दिसम्बर, 1927 को फाँसी पर लटका दिए गए थे। यही गम था सबके भीतर और सभी एकजुट होकर उसे भोग रहे थे। वहाँ सुखदेव, भगतसिंह और भगवतीचरण और यहाँ साथी रामकिशन तथा जगह-जगह सब कोई। भूख बहुत तेज लगी थी, पर मैंने खाना नहीं खाया। साथी रामकिशन को भी छेड़ना उचित नहीं समझा। एक गिलास पानी पीकर उन्हें नमस्कार किया और साइकिल उठाकर चल दिया।

सुखदेव भाई, जो नेशनल कॉलेज के छात्र थे और शीशमहल होस्टल में सरदार झंडासिंह उर्फ जसवन्त सिंह के साथ रहा करते थे। मैं लायलपुर से कभी-कभी लाहौर आता तो भाईजी के साथ ही ठहरता और उनके साथ मैस में खाना खाया करता था।

उन दिनों छात्रों में मैजिक लैनटर्न की धूम मची हुई थी। यह एक तरह का प्रोजेक्टर था जिस पर स्लाइडें दिखाई जाती थीं। उन स्लाइडों की कथा कमेंट्री की तरह से भगवतीचरण साथ-साथ बोलते जाते थे। कभी-कभी यह कार्य भगतसिंह भी करते थे। वे स्लाइडें क्या थीं, अंग्रेजों के अत्याचारों का जीता-जागता नमूना थीं। किस तरह सत्याग्रहियों को घोड़ों की टापों से कुचला जा रहा था। बेतहाशा लाठी चार्ज की घटनाएँ, भीड़ में नीचे गिरते और कुचले जाते देश के लोग? घायलों को बेरहमी से घसीटती हुई पुलिस और अस्पताल ले जाए जाते अधमरे नौजवान। ऐसे भयानक और दिल हिला देनेवाले दृश्यों की कमेंट्री जब भगवती भाई बोलते तो देखनेवाले तड़प-तड़प उठते थे। डी.ए.वी. कॉलेज, गवर्नमेंट कॉलेज के छात्रों का समूह विचलित हो उठता। कमजोर दिल के छात्र रो पड़ते और जोश वाले नौजवान उत्तेजना में भरकर नारे लगाने लगते।

एक बार जब मैं लाहौर आकर सुखदेव के साथ ठहरा तब उन्होंने ब्रेडले हॉल

के ओपन ग्राउंड में ले जाकर मुझे यह कार्यक्रम दिखाया। मुझे लगा कि अंग्रेज सरकार कितनी बौखलाई हुई है। देश के अनेक नगरों, कस्बों और गाँवों की इन सच्ची घटनाओं ने मेरे मन को दुख के अथाह सागर में डुबो दिया।

उस दिन भगवतीचरण वोहरा से मैं पहली बार मिला था। आँखों पर चश्मा लगाए और कुर्ता-पाजामा पहने एक लम्बे और बलिष्ठ नौजवान मेरे सामने खड़े थे। उनके चेहरे से गम्भीरता और मासूमियत एक साथ बरस रही थी। कमेंट्री बोलते समय मैंने उन्हें सुना था। उनकी बोली में मिठास और भाषा में सरसता थी। उन्हें जब मालूम हुआ कि मैं सुखदेव का छोटा भाई हूँ तो उन्होंने आगे बढ़कर तपाक से मुझे गले लगाया था। मुझे याद है, उस दिन उन्होंने कहा था, "तुम पढ़ रहे हो तो खूब पढ़ो। आज़ादी के बाद देश को पढ़े-लिखे देशी लोगों की जरूरत होगी। सभी आजादी की लड़ाई में शामिल हो गए तो बाद में हम क्या करेंगे?"

भाईजी के दोस्तों के आगे मैं कभी नहीं बोलता था। मैं उनका बेहद सम्मान करता था, इसलिए भगवतीचरण की बात को भी चुपचाप सुन लिया। बोला कुछ नहीं। वही महान भगवतीचरण जब रावी के किनारे एक बम परीक्षण में 28 मई, 1930 को शहीद हो गए तो मैं बहुत रोया। बार-बार मेरे मस्तिष्क में वही एक वाक्य गूँजता—"सभी आजादी की लड़ाई में शामिल हो गए तो बाद में हम क्या करेंगे।" आजादी का भी इन्तजार नहीं कर पाए भगवती भाई। यह भी नहीं देख पाए कि जिससे उन्होंने खूब पढ़ने को कहा था, वह इंजीनियर बन गया है। सुना है कि उनका बेटा शची भी इंजीनियर बन गया है।

उन दिनों मैं लाहौर में ही रह रहा था। टेक्नीकल इंस्टीट्यूट में मेरा दाखिला कराने के बाद भाईसाहब ने होस्टल छोड़ दिया था और हम दोनों किराए के मकान में रहने लगे थे। भगवती भाई किसी भी समय हमारे यहाँ आ धमकते थे। भगतसिंह भैया की तो रोज ही बैठकी होती थी। ये तीनों साथी तिकड़ी करके मशहूर थे।

उस दिन लाहौर के सभी समाचार पत्रों में एक सनसनीखेज खबर छपी थी। कॉलेज की छात्राओं ने अपने होस्टल सुपरिंटेंडेंट को प्रार्थना पत्र लिखे थे कि लारेंस गार्डन से गुजरते समय मिलिट्री के अंग्रेज जवान उनसे अभद्र व्यवहार और छेड़छाड़ करते हैं और छात्राएँ उनसे बहुत तंग आ चुकी हैं। यह बड़ी लज्जा की बात है और इसे तुरन्त बन्द करवाया जाना चाहिए। मैंने भी यह समाचार पढ़ा था। मेरा मन बड़ा दुखी हो गया था।

मैंने सबेरे ही भाई सुखदेव जी से कहा था, "यह तो मिलिट्री रूल के खिलाफ है। बिना परमीशन के ये लोग पब्लिक प्लेस में कैसे घूमते रहते हैं?"

"वे अंग्रेज हैं। उन्हें इस बात का नशा है कि वे इस देश पर शासन कर रहे हैं।" वह व्यंग्य से हँसे थे।

"इनका नशा कब उतरेगा भाईजी?" मैं बोला था।

"तू अपना काम कर और देखता रह। तेरे से कितनी बार बोला कि इन बातों में मगज मत खपाया कर।" उन्होंने कहा था और साइकिल उठाकर कहीं चले गए थे।

उसी दिन शाम भगवती भाई और भगतसिंह भैया आए। मैं अपनी पढ़ाई के नोट्स तैयार कर रहा था।

"अरे मथरा, सुखदेव कहाँ गया?" भगतसिंह भैया ने पूछा।

"पता नहीं। सबेरे से गए हैं।" मैंने उत्तर दिया।

वे दोनों बैठक में चले गए और ऊँची आवाज में उस दिन के समाचार पर बहस करते रहे। भाईजी आए तो उनमें कुछ खुसर-पुसर होने लगी। थोड़ी देर बाद तीनों चले गए।

चौथे दिन के अखबार एक और सनसनीखेज समाचार से भरे थे। रात के समय कुछ अनजान नौजवानों ने मिलिट्री के उन अंग्रेज सिपाहियों को मार-मारकर अधमरा कर दिया जो युवतियों को छेड़ा करते थे। अंग्रेज सिपाही लारेंस गार्डन की झाड़ियों में बेहोश पड़े थे। पुलिस ने उन्हें म्यू अस्पताल में भरती कराया। डॉक्टरों ने रिपोर्ट में लिखा कि वे शराब के नशे में धुत थे। मिलिट्री के उच्चाधिकारी ने बड़ी कोशिश की कि डॉक्टरों की रिपोर्ट और पुलिस की कार्रवाई दबा दी जाए, पर ऐसा नहीं हो पाया।

मकान के नीचे हॉकर जोर-जोर से आवाज लगाकर अखबार बेच रहा था। भाई जी ने मुझे नीचे भेजकर अखबार मँगवाए और ऊँची आवाज में पढ़ने लगे। फिर जोरदार ठहाका लगाकार बोले, "देखा मथरा, तू कहता था कि उनका नशा कब उतरेगा। उतर गया न नशा। अब बोल?" मैं सिर्फ मुस्कराते हुए अपने कमरे में आ गया और उन अनजान नौजवानों की हिम्मत की दाद देने लगा।

रात फिर तिकड़ी जमी। तीनों साथी बहुत खुश थे और हँस रहे थे। आवाजें मेरे कमरे तक चली आती थीं। उनकी बातों के अंश सुनकर मैं हैरान था और सन्तुष्ट भी। उन तीनों और उनके साथी स्वामी देशराज ने ही रात के अँधेरे में अंग्रेज सिपाहियों को मारा था। मुझे यह भी सुनाई पड़ा कि चार दिन तक वे लारेंस गार्डन की झाड़ियों में छिपकर टोह लेते रहे थे। लाहौर के घरों और सड़कों पर यह चर्चा का विषय बन गया था। लोग उन अनजाने नवयुवकों की प्रशंसा कर रहे थे।

मैं अपनी पढ़ाई खत्म करके सेनेट्री डिपार्टमेंट में चला गया। उस समय मैं असिस्टेंट इंजीनियर की पोस्ट पर अंडर ट्रेनिंग था। उस दिन मुझे साठ रुपए वेतन और चार रुपए साइकिल एलाउंस मिला था। पहला वेतन था। मैं खुशी-खुशी घर लौटा और रुपए श्रद्धापूर्वक भाईजी को दे दिए। उन्होंने रुपए अपनी जेब में रख लिये और मुझे शाबाशी देकर जाने लगे। भगतसिंह भैया तब वहाँ मौजूद थे। उन्होंने कहा, "कुछ रुपए इसे भी दे दो। इसे भी तो जेब खर्च चाहिए। यार-दोस्तों के बीच

खर्चा हो ही जाता है।'' तब सुखदेव भाई ने चार रुपए दिए और चले गए। इसके बाद तो वह हमेशा मुझसे लेते रहे। मैं दूसरे शहरों में ट्रांसफर पर गया तो खुद आकर ले जाते या मनीआर्डर से मँगवा लेते। भाईसाहब की गिरफ्तारी के बाद ही मुझे पता लग पाया कि वह मेरी कमाई का रुपया अपने क्रान्तिकारी कार्यों पर खर्च कर देते थे।

सरदार किशनसिंह ने भगतसिंह भैया को बहुत समझा-बुझाकर लाहौर के पास वाले गाँव में एक डेयरी खुलवा दी। वे रेड़ी में दूध लादकर एक नौकर के साथ रोज लाहौर आया करते थे। भैया का इस व्यवसाय में तनिक भी मन नहीं था। वह आज़ाद तबियत के नौजवान थे। डेयरी के काम में बन्धन बहुत थे। बँधना उन्हें कभी पसन्द नहीं आया। उनके साथियों के बड़े मजे हो गए थे। खूब दूध और पेड़े की लस्सी पीना और बैठकर गप्पे हाँकना। आमदनी इस तरह खत्म हो जाती। सरदार किशनसिंह के कुछ पल्ले नहीं पड़ता।

वह रविवार का दिन था। मैं और भाईजी नहा-धोकर बाहर निकलने के लिए तैयार थे। तभी डेयरी का नौकर हाँफता हुआ आया और बोला कि घोड़ी के मुँह जोर होने से रेड़ी उलटकर टूट गई और भैया के काफी चोटें आई हैं। सुखदेव हड़बड़ाकर दौड़े। मैं भी पीछे चल दिया। अनारकली बाजार में सामने से सरदार किशनसिंह आते हुए दीख गए। भाईजी ने पूछा तो बोले कि बच गया है। हड्डी-पसली नहीं टूटी। पट्टी बँधवाकर चला गया। डेयरी का काम उसके बस का नहीं। किसी और काम में लगाऊँगा। इतना कहकर वह चले गए। रात को बँधी हुई पट्टियों में मैंने भगतसिंह को देखा। वह हँस रहे थे। भाईजी से उन्होंने कहा था, ''चलो अच्छा हुआ। जान छूट गई।'' और फिर जोर से ठहाका लगाकर हँस पड़े।

एक दिन थका-माँदा मैं घर आया। दरवाजा खुला पड़ा था। पहले मैंने सोचा कि भाईजी आ गए होंगे लेकिन उनकी साइकिल वहाँ नहीं थी। मैं घबरा गया कि आज तो कोई ताला तोड़कर अन्दर घुस बैठा। मैं चौकन्ना होकर धीरे-धीरे ऊपर गया। देखता क्या हूँ कि बैठक के कमरे में एक अजनबी युवक गहरी नींद में सो रहा था। साँवला रंग, चेचक के दाग और गठीला शरीर। उसकी नाक से जोरदार खर्राटे निकल रहे थे। मैंने पहले उसे कभी नहीं देखा था। मैं झुँझलाया कि पता नहीं भाईजी के ये मित्र कहाँ-कहाँ से आ जाते हैं और उन पर वह इतना भरोसा करते हैं कि सूने घर की चाबी तक दे देते हैं।

बहुत अरसे बाद जब चन्द्रशेखर आज़ाद शहीद हो गए, तो उनकी तस्वीरें अखबारों में छपीं। मैं चौंक पड़ा। अरे, ये तो वे ही नौजवान हैं जो हमारे घर की बैठक में सोए पड़े थे लेकिन मैं भ्रम में था। एक बार आदरणीय बन्धुवर शिव वर्मा जी मेरे यहाँ हापुड़ आए। तब मैंने उन्हें यह किस्सा सुनाया तो उन्होंने मेरी भूल

सुधारी कि वह युवक चन्द्रशेखर आज़ाद नहीं बल्कि कालीचरण थे।

15 अप्रैल, 1929 को सुखदेव की बम फैक्ट्री लाहौर में पकड़ी गई और वह गिरफ्तार कर लिये गए। इससे पहला झटका यह लगा कि मुझे अपनी सरकारी नौकरी से हाथ धोना पड़ा और मैं माताजी को लेकर लायलपुर चला आया। कोई बीस-पच्चीस रोज की भाग-दौड़ के बाद हमें हाईकोर्ट से भाईजी से मुलाकात की अनुमति मिली। इससे पूर्व मैं दुर्गा भाभी के घर गया। मैंने सोचा कि शायद वह कोई सन्देश पहुँचाना चाहें। मुझे पता चल चुका था कि वह क्रान्तिकारियों से सम्पर्क बनाए हुए हैं।

ग्वाल मंडी में भगवती भाई का घर था। मैं पहुँचा तो उनकी पत्नी एकदम चौंक पड़ीं। अचानक उनके मुँह से निकला, "अरे, सुखदेव तुम हवालात से कैसे भाग निकले?"

मैंने कहा, "मैं उनका छोटा भाई हूँ। रंग-रूप उनसे मिलता है।"

वह हँसने लगीं। मुझे प्यार से बैठाया और बातें करती रहीं। सचमुच वह स्नेह और ममता की मूर्ति थीं। वह महान देशभक्त भगवतीचरण वोहरा की पत्नी थीं और मेरे लिए पूजनीय।

यह मेरी प्रथम भेंट थी। उसके बाद उसी दिन श्याम को माताजी के साथ उनके यहाँ गया। फिर तो न जाने कितनी मुलाकातें हुईं। वहीं पर धन्वन्तरि, सुशीला दीदी और शकुन्तला जी को भी करीब से जानने का अवसर मिला।

शाम चार बजे का समय था। भगतसिंह भैया धड़धड़ाते हुए चले आए। भाई जी कोई किताब पढ़ रहे थे। उन्हें देखकर किताब रख दी और उठकर बैठ गए। भैया बोले, "सुखदेव, हमारी जिन्दगी कितने दिन की है, हमें धूम्रपान का अनुभव भी कर लेना चाहिए। लोग सड़कों पर सिगरेट पीते घूमते रहते हैं। हमें भी देखना चाहिए कि उन्हें इसमें कैसा मजा आता है।" भैया ने सिगरेट निकालकर सुखदेव की आँखों के आगे नचाई।

"बस यार, तुमको हमेशा ऊल-जलूल बातें सूझती हैं। यह भी कोई अजूबा है! बिना इसके अनुभव के आदमी मर तो नहीं जाता।"

भगतसिंह भैया की जिद के आगे उनकी एक नहीं चली। तब उन्होंने मेरे से दियासलाई मँगवाकर सिगरेट जलाई और शान से पीने लगे। दो-तीन कश के बाद बोले, "यार सुखदेव, इसका धुआँ तो आँखों में लगता है। लो, तुम भी तो पियो। देखें, तुम्हारा अनुभव क्या कहता है?" ना-नुकर के बाद उन्हें कश खींचना ही पड़ा लेकिन पहले ही कश में वह खाँसने लगे और सिगरेट खिड़की से बाहर उछाल दी। मैं चुपचाप देखता और मुस्कराता रहा था। खाँसी थमने के बाद भाईजी ने गर्दन उठाकर मेरी तरफ देखा और जोर की घुड़की लगाई, "खड़ा-खड़ा क्या देख रहा है, जाकर पढ़ाई कर।"

भगतसिंह भैया नए-नए तजुरबे और शरारतें करते रहते थे। एक दिन दौनों में पालक के पकौड़े ले आए। आते ही मुस्कराते हुए बोले, "लो, पकौड़ी खाओ। इधर आ रहा था सो साथ ले आया।" भगवती भाई भी वहाँ मौजूद थे। उन्होंने खाने से इनकार कर दिया और जाने के लिए उठ खड़े हुए। भगतसिंह भैया ने बहुत जिद की तो दो-तीन पकौड़ी मुँह में डाल लीं और चले गए।

मैं वहीं खड़ा था। भाईजी बोले, "मथरा, तू भी ले ले।" भगतसिंह भैया ने दौना झपट लिया, "नहीं, मैं इसे नहीं दूँगा। हमें कम पड़ जाएँगे। यह नीचे जाकर और ले आएगा।"

मैं झेंप गया और चला आया। कोर्स की किताब उठाकर पढ़ने लगा। थोड़ी ही देर में क्या सुनता हूँ कि बैठक के कमरे में उधम मच रहा है। बेतहाशा ठहाके। इतने ऊटपटाँग ढंग से हँसते हुए मैंने उन्हें कभी नहीं सुना था। जाकर देखा तो लोट-पोट हो रहे थे। मुझे देखकर भगतसिंह भैया चिल्लाए, "जा नीचे जाकर पाव भर पेड़े ले आ।" अजीब-सी हालत थी। मैं घबरा गया। दौड़ा-दौड़ा हलवाई की दुकान पर गया। सारी कैफियत बताकर पेड़ा माँगा तो हलवाई हँसने लगा, "भंग चढ़ गई लगती है। पेड़े से तो नशा और चढ़ेगा। उतार के लिए खटाई ले जाकर खिलाओ।" मैं सामने से पतासों और खटाई का पानी लेकर पहुँचा। वह मुझे डाँटने लगे कि पेड़े क्यों नहीं लाया, पर पतासे और पानी चट कर गए। फिर भी उनकी हालत नहीं सुधरी। मैं बेहद परेशान हो उठा। दोनों उल्टी-सीधी हरकतें कर रहे थे। कभी रोते थे, कभी हँसते थे। मैंने फिर जाकर हलवाई से कहा। वह दुकान छोड़कर उसी समय घर गया और पुड़िया में सफेद-सा पाउडर ले आया। उसकी हिदायत के मुताबिक मैंने खटाई के पानी में पाउडर घोलकर दिया और ले जाकर उन्हें पिलाया। कुछ देर बाद दोनों सो गए और खर्राटे लेने लगे। मैंने उन पर कम्बल डाल दिया और अपने कमरे में लौटकर पढ़ने बैठ गया।

भगतसिंह ने कलम और कंघी भेजी

वीरेन्द्र

जून 1928 में लाहौर में भगवतीचरण के मकान पर सुखदेव से मेरी पहली मुलाकात हुई थी। श्री सुखदेव अक्सर उनसे मिलने आया करते थे और मैं भी वहाँ जाया करता था। श्री भगवतीचरण पंजाब के विद्यार्थी आन्दोलन में दिलचस्पी लिया करते थे। वह स्वयं तो विद्यार्थी नहीं थे लेकिन उनका उस वक्त भी क्रान्तिकारी पार्टी से गहरा सम्बन्ध था और वह समझते थे कि विद्यार्थी आन्दोलन से सम्भव है उन्हें अपनी पार्टी के लिए कुछ नौजवान मिल जाएँ। इसलिए खुद स्टूडेंट न होते हुए भी वे स्टूडेंट आन्दोलन को प्रोत्साहन दिया करते थे।

इसी सिलसिले में मैं भी उनसे मिला करता था। एक दिन उन्हीं के मकान पर सुखदेव के साथ भी बातचीत हो गई। श्री भगवतीचरण ने मुझे सिर्फ सुखदेव का नाम ही बताया था, इससे अधिक कुछ नहीं।

इसके पश्चात भी एक-दो बार मुझे सुखदेव से मिलने का अवसर मिला लेकिन न ही मैंने उनसे पूछा कि वह क्या करते हैं और न ही उन्होंने मुझे इसके बारे में कुछ बताया। लेकिन उनकी बातें सुनकर मैं यह अनुमान अवश्य लगा सकता था कि यह व्यक्ति है तो देशभक्त परन्तु एक विचित्र प्रकार का इनसान मालूम होता है। वह बहुत कम बोलते थे। मैंने उसे कभी हँसते या मुस्कराते नहीं देखा था। उसकी तरफ देखने से यही प्रतीत होता था कि यह व्यक्ति बहुत गम्भीर है और किसी महान लक्ष्य को सामने रखकर चल रहा है। मैं भी उन दिनों लाहौर की ग्वाल मंडी में रहा करता था। भगवतीचरण का मकान मेरे घर से बहुत दूर नहीं था। सुखदेव कई बार भगवतीचरण के घर आते या जाते मेरे घर के सामने से गुजरा करते थे लेकिन उनसे बात करने का अवसर बहुत कम मिलता था। वास्तविकता तो यह है कि मुझे भी उनसे बात करने का साहस नहीं होता था।

एक बार मैंने उन्हें भगवतीचरण के घर से आते हुए देखा। उन्होंने अपने गले में फूलों के हार डाले हुए थे। मेरे लिए समझना कठिन हो गया कि ये हार उन्होंने क्यों डाले हैं। उसके बाद मैं उनसे नहीं मिल सका।

जिन दिनों लाहौर सेंट्रल जेल के बाहर केस चल रहा था, तब मैं कई बार वहाँ गया था। तब भी उन्हें देखकर ऐसा प्रतीत होता था कि सुखदेव हर वक्त किसी गहरी सोच में पड़े रहते हैं।

उनके विषय में मुझे कुछ और जानकारी उस समय प्राप्त हुई जब उन्हें फाँसी कीं सजा मिल चुकी थी और वे लाहौर सेंट्रल जेल की काल कोठरी में बन्द कर दिए गए थे। यह मेरा सौभाग्य था कि उनकी फाँसी से दो मास पहले मुझे भी 1918 के तीसरे रेगुलेशन के अधीन उसी जेल में बन्द कर दिया गया था। हम आपस में मिल नहीं सकते थे लेकिन एक मुसलमान नाई हमारे पास आया करता था और फाँसी की कोठरियों में बन्द कैदियों के पास भी जाया करता था। मैं अक्सर उससे भगतसिंह, सुखदेव और राजगुरु के बारे में पूछा करता था कि उनकी क्या हालत है और वे क्या अनुभव कर रहे हैं। वह बताता कि भगतसिंह और सुखदेव में जमीन आसमान का फर्क है। भगतसिंह बातें भी करता है, मजाक भी करता है परन्तु सुखदेव को उस समय भी यही चिन्ता रहती थी कि उसके देश का भविष्य क्या होगा।

उसके बाद आखिरी वह दिन भी आ गया जब इन तीनों को फाँसी पर चढ़ाया जाना था। मैं उसी जेल में था। इसलिए वहाँ जो कुछ हो रहा था, सब देख और सुन रहा था। पहले हमें यह बताया गया कि फाँसी 24 मार्च की प्रातः होगी। जिस बैरक में हम रहा करते थे, उसके सामने एक खुला मैदान था। न जाने क्यों दो दिन पहले वहाँ ढेर सारी लकड़ियाँ जमा कर दी गई थीं। हमने समझा कि फाँसी के बाद शायद उन्हें यहीं जलाया जाए। हम अपने आपको 24 मार्च को प्रातः के लिए तैयार कर रहे थे। मेरे साथ लाहौर के एक मुसलमान नौजवान कामरेड एहसान इलाही भी थे। 23 मार्च, 1931 की दोपहर 2 बजे होंगे। हम खाना खाकर आराम कर रहे थे कि वही नाई भागा-भागा आया और कहने लगा कि भगतसिंह ने बताया है कि फाँसी तो आज शाम को ही हो जाएगी। इस पर हमने उसे वापस भेजा कि जाकर इन तीनों की कोई यादगार चीज ले आए। एक घंटे के बाद वह वापस आया और भगतसिंह की एक कलम और कंघी दे दी। मैंने पूछा कि सुखदेव से कोई चीज क्यों नहीं लाया तो उसने बताया कि सुखदेव कहते हैं कि मुझे कोई याद करके क्या करेगा? इसके बाद नाई चला गया और हम अपनी कोठरी के बाहर घूमने लगे। उन दिनों जेल का चीफ वार्डन एक अवकाश प्राप्त फौजी था। उसका नाम चरत सिंह या चतर सिंह था। वह हर रोज शाम के सात बजे हमें अन्दर बन्द करने आया करता था। उस दिन वह चार बजे ही आ गया। हर जेल में यह कायदा होता है कि जब किसी कैदी को फाँसी दी जानी हो तो बाकी कैदियों को उस समय तक बन्द रखा जाता है जब तक फाँसी पर चढ़ाए गए कैदी की लाश जेल से बाहर नहीं चली जाती। जब चीफ वार्डन हमारे पास आया, तो हमने उससे पूछा कि वह 4 बजे ही

क्यों आ गया? वह कोई उत्तर नहीं दे सका। जब हमने अपना यह सवाल बार-बार दोहराया तो उसकी आँखों में आँसू आ गए और बोला कि फाँसी तो शाम को ही हो जाएगी। उसके बाद न हम उससे कोई बात कर सके और न वह ही हमसे कुछ कह सका। दिल इतना उदास था कि आपस में बात करने को भी जी नहीं चाहता था। शाम के कोई छह-साढ़े छह बजे के लगभग जेल के बाहर नारे सुनाई पड़ने लगे। उन दिनों लाहौर साजिश केस नम्बर 2 भी चल रहा था। उसके कैदी भी इसी जेल में बन्द थे। जिस बैरक में वे लोग थे वह फाँसी की कोठरी से बहुत दूर न थी। हमें बताया गया कि जैसे ही भगतसिंह, सुखदेव और राजगुरु फाँसीघर की ओर आने के लिए अपनी कोठरियों से बाहर निकले तो उन्होंने 'इन्कलाब जिन्दाबाद' के नारे लगाने शुरू कर दिए। उनके नारे सुनकर लाहौर साजिश केस नम्बर 2 के नौजवान भी नारे लगाने लगे। ये आवाजें हमारे कानों तक पहुँच रही थीं। घंटे-डेढ़ घंटे के बाद सारी जेल में खामोशी छा गई और हमें कुछ पता नहीं चला कि क्या हुआ।

दूसरे दिन प्रातः सात बजे वही चीफ वार्डन हमें खोलने के लिए आ गया। जब उसने हमें खोला और हम बाहर आए तो उससे पूछा कि रात को क्या हुआ था। मैंने उससे यह भी सवाल किया कि उन तीनों की उस समय हालत कैसी थी। वह पाँच-सात मिनट कुछ नहीं बोल सका और बच्चों की तरह रोता रहा। फिर उसने सारे हालात बताए कि तीनों ने किसी प्रकार की कमजोरी नहीं दिखाई। जब वे फाँसीघर की ओर चले तो भगतसिंह बीच में था। एक तरफ सुखदेव और दूसरी तरफ राजगुरु था। तीनों ने अपनी-अपनी बाहें एक-दूसरे की बाहों में डाल रखी थीं। भगतसिंह कुछ ज्यादा जोश में नारे लगा रहा था। सुखदेव खामोश था लेकिन उसके चेहरे पर किसी किस्म की कोई घबराहट या परेशानी नहीं थी। एक बार भी उनके पाँव नहीं लड़खड़ाए और छाती तानकर वे चलते गए। जब वे फाँसी के तख्ते पर खड़े हो गए तो भगतसिंह ने कहा कि वे नकाब खुद अपने मुँह पर डालेंगे। तीनों ने एक बार एक-दूसरे को देखा और फिर स्वयं ही अपने अपने चेहरों पर नकाब डाल लिये। दो मिनट बाद ही सब कुछ शून्य हो गया।

जब भगतसिंह ने सकीना के विवाह में अँगूठी दी

अर्जुन सिंह गड़गज

1926 की बात है। पुलिस भगतसिंह को ढूँढ़ रही थी। उन्हीं दिनों भगतसिंह अमृतसर के कोढ़ियों वाले कुएँ पर स्वर्गीय लाला पहाड़चन्द के मकान पर ठहरे हुए थे। लालाजी का परिवार अच्छा-खासा बड़ा था इसलिए भगतसिंह का अधिक समय तक छुपा रहना मुश्किल था। ऐसी स्थिति में भगतसिंह ने कुछ दिन किसी एकान्त में रहने की इच्छा प्रकट की।

भगतसिंह को जडियाल वाली नहर के पुल पर एक मुसलमान के घर ठहराया गया। यह मुसलमान नहरी विभाग का मजदूर था। भगतसिंह भी उसके घर मजदूर बनकर रहने लगा।

लाला पहाड़चन्द रात को घर लौटे तो उन्हें भगतसिंह दिखाई न दिया। वह विस्मित हुए कि कहीं उनकी लापरवाही के कारण देश का होनहार हीरा पुलिस के हाथ में न पड़ गया हो या उनके घर के किसी व्यक्ति की गलती से भगतसिंह का दिल यहाँ से उचाट न हो गया हो। उन्होंने उन सज्जन को भगतसिंह का पता बताने के लिए कहा जो लाला जी के पास भगतसिंह को छोड़ गया था। जब लाला जी ने यह सुना कि भगतसिंह ठीक-ठाक है तो उनकी जान में जान आई।

मजदूर इब्राहीम की एकमात्र लड़की थी सकीना, जो 19-20 साल की हो जाने के कारण विवाह योग्य थी। इब्राहीम को बारह रुपए महीना मिलते थे। उसे यह चिन्ता खाए जा रही थी कि वह अपनी जवान बेटी के हाथ पीले कैसे करे?

रमजान के दिन थे। इब्राहीम और उसके परिवार ने सुबह नमाज़ पढ़ी और खुदा से दुआ माँगी--"या अल्लाह! हमारा मुल्क जल्दी आजाद कर और कोई ऐसा जरिया निकाल कि लड़की जल्दी से अपने घर जा सके।"

भगतसिंह एक ओर खड़े हुए उनकी यह दुआ सुन रहे थे। उनका दिल तड़प उठा।

दिन निकलते ही इब्राहीम खेत को पानी देने चला गया। भगतसिंह भी पीछे-पीछे उसके पास जा पहुँचे। भगतसिंह ने इब्राहीम की दुआ का जिक्र करते हुए

सारी बात जानने की इच्छा प्रकट की। इब्राहीम झिझक गया। भगतसिंह ने कहा—"तुम मेरे भाई हो। झिझकने की जरूरत नहीं।"

इब्राहीम की आँखों में आँसू आ गए। उसने कहा—"लड़की की जिस घर में सगाई हुई है, वह मुझसे अच्छा खाते-पीते हैं। बारात में काफी आदमी लाना चाहते हैं। थोड़ा-बहुत गहना, कपड़ा भी चाहेंगे, पर हमारे घर में भाँग भुन रही है।"

उधर लाला पहाड़चन्द की रात मुश्किल से बीती। उनका ध्यान भगतसिंह में था। उन्होंने तड़के ही उस पुरुष को जाकर जगाया जिसकी मार्फत भगतसिंह उनके घर ठहरे थे। लालाजी ने भगतसिंह से मिलने की इच्छा प्रकट की। वह पुरुष भी कुछ घबरा-सा गया कि लालाजी इतनी सुबह आ धमके हैं। कहीं दाल में कुछ काला तो नहीं। हकीकत में उन दिनों बात-बात पर ऐसा सन्देह पैदा हो जाया करता था। अपनी पूरी तसल्ली करने के बाद वह पुरुष लाला जी को भगतसिंह के पास ले गया।

लालाजी ने आँखों में आँसू भरकर भगतसिंह को कहा—"मुझे अफसोस है कि मैं आपको अपने यहाँ अधिक न ठहरा सका।"

भगतसिंह ने प्रेम और आदर से कहा—"मुझे आपके पास कोई तकलीफ नहीं थी केवल एकान्त चाहता था।"

वापस लौटते समय लालाजी ने एक हीरे जड़ी अँगूठी भगतसिंह की उँगली में पहना दी। भगतसिंह ने मुस्कराकर कहा—इन हाथों में तो लोहे के कड़े और जंजीरें ही शोभा देंगी।...और यह कहते हुए अँगूठी इब्राहीम के हवाले कर दी और कहा—"मेरी बहन सकीना के विवाह पर मेरी ओर से यह भेंट अर्पण कर देना।"

भगतसिंह मार्फत छबीलदास

मनोरमा दीवान

जब भी प्रिंसिपल का नाम लिया जाता है, फौरन ही नेशनल कॉलेज, लाहौर, दैनिक वन्देमातरम्, शहीद भगतसिंह, इन्कलाब जिन्दाबाद, चिंगारियाँ और इन्कलाबी शरारे के विषय में ढेरों प्रश्न पूछे जाते हैं। सभी जानते हैं कि जब असहयोग आन्दोलन के दौरान नेशनल कॉलेज, लाहौर की स्थापना की गई थी तो लाला लाजपतराय द्वारा स्थापित 'सर्वेंट्स ऑफ दि पीपुल्स सोसायटी' के नौजवान क्रान्तिकारी आजीवन सदस्य छबीलदास वहाँ पर अंग्रेजी पढ़ाने लगे थे। वहाँ पर बहुत-से क्रान्तिकारी नौजवान उनके छात्र थे जो उन्हें गुरुजी कहते थे लेकिन सबसे चहेता छात्र था भगतसिंह। उर्दू दैनिक 'वन्देमातरम्' के सम्पादक छबीलदास नेशनल कॉलेज के प्रिंसिपल बनाए गए। उन्होंने भगतसिंह और दूसरे क्रान्तिकारियों के साथ मिलकर 'नौजवान भारत सभा' की स्थापना की और बहुत-सी पुस्तकें लिखीं जिनमें 'चिंगारियाँ', 'इन्कलाबी शरारे' और 'इन्कलाब जिन्दाबाद', 'हम स्वराज्य क्यूँ चाहते हैं', 'सोशलिज्म' मुख्य हैं।

यह मेरा सौभाग्य है कि मेरे पिता ने मुझे लाहौर में प्रसिद्ध ब्रेडला हॉल में चलनेवाले नेशनल कॉलेज के कमरे दिखाए थे, भगतसिंह के बारे में बहुत से संस्मरण सुनाए थे और वह स्थान भी दिखाए थे जहाँ स्वतन्त्रता आन्दोलन के दौरान बहुत-सी महत्त्वपूर्ण घटनाएँ घटी थीं। मैंने न जाने अपने बचपन में कितनी बार उस चौराहे को देखा जहाँ पर भगतसिंह ने अंग्रेज पुलिस अफसर सांडर्स को गोली मारी थी।

मुझे इस बात का हमेशा अफसोस रहेगा कि मैंने अपने पिता क्रान्तिकारी प्रिंसिपल छबीलदास से उस समय स्वतन्त्रता आन्दोलन में उनके सक्रिय योगदान के विषय में संस्मरणों को दोहराने के लिए कहा जब उनकी याददाश्त काफी धुँधली पड़ चुकी थी।

नेशनल कॉलेज, लाहौर में प्रिंसिपल छबीलदास और भगतसिंह का एक बहुत ही प्यारा अनोखा रिश्ता था। वह उनका छात्र था। लेकिन दोनों एक अच्छे मित्र की तरह भी थे क्योंकि दोनों की उमर में बहुत बड़ा अन्तर नहीं था।

हमारे पिताजी का कहना था कि भगतसिंह जहाँ एक बहुत जोशीला इन्कलाबी था वहाँ एक बहुत ही मेधावी विद्यार्थी भी था। उसका अध्यापक होने के नाते यह बात दावे से कही जा सकती है कि उसे पढ़ने का बेहद शौक था। वैसा ही शौक खुद प्रिंसिपल छबीलदास को भी था। जब किसी किताब का नाम भगतसिंह के सामने लिया गया उसने तुरन्त पढ़ने की इच्छा जाहिर की। भगतसिंह ने वैसे इतिहास की ढेरों किताबें पढ़ी होंगी लेकिन उसे सबसे ज्यादा 'क्राई फार जस्टिस' (न्याय की पुकार) कारलाईल की लिखी पुस्तक पसन्द थी। इस पुस्तक पर भगतसिंह ने लाल पेंसिल से बहुत-से निशान लगाए थे जिनसे पता चलता है कि उसकी भावनाएँ क्या हैं। उसके हृदय में नाइंसाफी के खिलाफ संघर्ष करने की भावना कूट-कूटकर भरी थी। यह पुस्तक लाजपतराय भवन में हमारे घर बरसों तक रही। हमारे पिताजी ने हमें इस पुस्तक को पढ़कर सुनाया। भारत के विभाजन के समय जब हमारे परिवार को लाहौर छोड़कर आना पड़ा तो यह पुस्तक भी वहाँ रह गई।

भगतसिंह को जब भी मौका मिलता वह लाजपतराय भवन ही में बनी द्वारकादास लाइब्रेरी में अपना समय पुस्तकों को पढ़ने में बिताता। 'क्राई फार जस्टिस' के अलावा भगतसिंह की प्रिय पुस्तकें थीं—डान ब्रीन लिखित और भगतसिंह अपने गुरुजी द्वारा लिखी गई किताबों में गहरी दिलचस्पी दिखाता था। जब 'नौजवान भारत सभा' का निर्माण हुआ और यह फैसला किया गया कि स्वतन्त्रता आन्दोलन को अधिक मजबूत और अर्थपूर्ण बनाने के लिए क्रान्तिकारी साहित्य लिखा जाए तो इसका इंचार्ज प्रिंसिपल छबीलदास को ही बनाया गया था। प्रिंसिपल साहब ने स्वयं बहुत-सी पुस्तकें लिखीं जिनमें 'इन्कलाब जिन्दाबाद', 'चिंगारियाँ', 'इन्कलाब शरारे', 'हम स्वराज्य क्यों चाहते हैं', 'भारत माता का दर्शन', 'नौजवानों से दो बातें' की बहुत चर्चा रही। इन सारी पुस्तकों को, जो उर्दू में लिखी गई थीं, भगतसिंह ने बहुत पसन्द किया और अपने सुझाव दिए। हर अध्यापक अपने शिष्य को किसी-न-किसी तरह की प्रेरणा जरूर देता है और यकीनन उन्होंने भी ऐसी प्रेरणा भगतसिंह को जरूर दी होगी लेकिन यह बात वह दावे से कहते थे कि भगतसिंह, राजगुरु, सुखदेव और भगवतीचरण तथा नेशनल कॉलेज के बहुत-से विद्यार्थियों ने उन्हें बहुत प्रभावित किया। प्रिंसिपल छबीलदास का मानना था कि भगतसिंह की प्रेरणा का बहुत बड़ा स्रोत स्वयं उनका अपना परिवार था। भगतसिंह जब भी हमारे पिताजी से बातचीत करते थे वह अपने चाचा जी अजीत सिंह की प्रशंसा करते थे और उन्हें ही अपना आदर्श मानते थे। भगतसिंह के चाचा सरदार अजीत सिंह के सम्बन्ध हमारे पिताजी के साथ भी बहुत अच्छे थे। भगतसिंह की अपने पिता सरदार किशन सिंह से अक्सर बहस हो जाती थी। अक्सर प्रिंसिपल साहब से भी भगतसिंह की 'नौजवान भारत सभा' के काम करने के ढंग और उसके सैद्धान्तिक रूप को लेकर बहस हो जाती थी। 'नौजवान भारत' सभा सैद्धान्तिक रूप

से दो भागों में विभाजित हो गई थी। एक ग्रुप आयरलैंड की क्रान्ति का समर्थक था और वह भी वही रास्ता अपनाना चाहता था। यह रास्ता था शस्त्रों को जमा करना और समय-समय पर बम के धमाके करना। दूसरा ग्रुप सोवियत समर्थक था, जो गाँव के किसानों तथा फैक्टरी मजदूरों तथा आम जनता में वर्ग चेतना उत्पन्न करना चाहता था।

भगतसिंह आयरिश ग्रुप में था क्योंकि उसके साथियों का यह विश्वास था कि बिना शस्त्रों और बमों के धमाकों के क्रान्ति नहीं लाई जा सकती और विदेशी गुलामी के बोझ से मुक्त नहीं हुआ जा सकता। हालाँकि प्रिंसिपल साहब गांधीजी की पूर्ण अहिंसा की नीति के पूरी तरह समर्थक नहीं थे लेकिन वह शस्त्रों के जमाव और बमों के धमाकों का समर्थन भी नहीं करते थे।

हमारे पिताजी ने बताया कि बाद में भगतसिंह और उनके साथियों ने 'हिन्दुस्तान सोशलिस्ट रिपब्लिकन आर्मी' के नाम से अलग संस्था बना ली। सुखदेव और भगवतीचरण भी इसके सदस्य थे। भगतसिंह ने अपने गुरुजी प्रिंसिपल छबीलदास से भी 'एच.एस.आर.ए.' में शामिल होने को कहा लेकिन उन्होंने भगतसिंह को बताया कि वह 'सर्वेंट्स ऑफ द पीपुल्स सोसायटी' के आजीवन सदस्य हैं इसलिए वह इसमें शामिल नहीं हो सकते। पर उन्होंने भगतसिंह को आश्वासन दिया कि ब्रिटिश साम्राज्यवाद के विरुद्ध वह अपने प्रोपैगेंडा को दुगना कर देंगे ताकि जनता में उसके विरुद्ध भावनाएँ तेज हों। भगतसिंह उनसे 'एच.एस. आर.ए.' की गतिविधियों की बातें नहीं करता था क्योंकि वह सभी गुप्त कार्रवाइयाँ थीं जो आर्मी के सदस्यों के बीच की बातें थीं।

प्रिंसिपल साहब ने बताया कि जब भी वह असहयोग आन्दोलन की प्रगति और गांधीजी के विषय में बातचीत करते तो भगतसिंह बहुत उत्तेजित होकर गांधीजी की आलोचना करता। गांधीजी के प्रति भगतसिंह का रवैया सुभाषचन्द्र बोस की तरह था। सुभाष ने गांधीजी से कहा था, "बापू आइए, हम वही भाषा सीखें जो अंग्रेज समझते हों। अहिंसा और जुल्म सहने की फिलासफी अंग्रेजों की समझ में नहीं आ सकती। उनका साम्राज्य ताकत के सहारे टिका हुआ है। हमारे पास भी अगर वैसे ही शस्त्र हों तो निस्सन्देह हमारी विजय होगी। अंग्रेज चार करोड़ हैं तो हम चालीस करोड़ हैं।" भगतसिंह का भी यही दृष्टिकोण था।

भगतसिंह के साथ प्रिंसिपल छबीलदास की अन्तिम भेंट 1929 के जनवरी के प्रथम सप्ताह में कलकत्ता में हुई। वह अप्रैल 1929 में गिरफ्तार कर लिया गया था। भगतसिंह ने अपने बाल कटवा दिए थे। वह कोट, पैंट और हैट पहनता था। कलकत्ता में कांग्रेस अधिवेशन हो रहा था, इसलिए प्रिंसिपल साहब उसमें भाग लेने गए थे। लेकिन भगतसिंह से उनकी मुलाकात अधिवेशन में नहीं, बल्कि एक दोस्त के घर हुई थी। उनका नाम सेठ छज्जूराम था। वह एक व्यापारी थे। उनके घर

पंजाब के बहुत-से लोग ठहरते थे। भगतसिंह वहीं ठहरा हुआ था। प्रिंसिपल छबीलदास पोर्टिको में खड़े थे। भगतसिंह तेजी से आया और सीढ़ियों के रास्ते ऊपर चला गया। उस समय उनकी बातचीत नहीं हुई। दोनों ने एक-दूसरे को देखा। उसने प्रिंसिपल साहब को नमस्ते की और गायब हो गया।

उसके बाद भगवतीचरण प्रिंसिपल साहब के पास आए और कहने लगे कि गुरुजी आपने भगतसिंह को देख लिया है लेकिन कृपया यह रहस्य किसी को न बताएँ। उनकी समझ में आ गया कि बात क्या थी। भगवतीचरण पढ़ाई में भगतसिंह से एक साल सीनियर था।

हमारे पिताजी ने बताया कि लाहौर में भगतसिंह, सुखदेव और भगवतीचरण उनके कमरे में आया करते थे। साथ ही में गुसलखाना था जिसमें वह नहाते थे। वह अपने कोट और दूसरे कपड़े गुसलखाने के बाहर ही टाँग देते थे। उन्होंने उनके कपड़ों की जेबों में पिस्तौलें रखी हुई देखी थीं।

'...नौजवान भारत सभा' की बहुत ही महत्त्वपूर्ण भूमिका भारत के स्वतन्त्रता आन्दोलन में रही है। यह संगठन उस समय के इन्कलाबी नौजवानों की विचारधारा का प्रतीक था। इसके निर्माण में प्रिंसिपल छबीलदास का सक्रिय योगदान था। 1924 में बनाई गई 'नौजवान भारत सभा' का बीज तो क्रान्तिकारी भगतसिंह के दिमाग की पैदावार था। उसने इसके विषय में विचार-विमर्श प्रिंसिपल छबीलदास, कामरेड रामचन्द्र, भगवतीचरण और सुखदेव से किया। इस सभा से सम्बन्धित पहली बैठक नेशनल कॉलेज, लाहौर जो ब्रेडला हॉल में कार्य करता था, के एक कमरे में हुई थी। इसमें नेशनल कॉलेज के ग्रेजुएटों, अध्यापकों और विद्यार्थियों को आमन्त्रित किया गया था। कामरेड रामचन्द्र ने नेशनल कॉलेज से बी.ए. पास किया था। छबीलदास इस कॉलेज के प्रिंसिपल बनने से पहले यहाँ रजिस्ट्रार और प्रोफेसर का कार्य कर चुके थे। इस बैठक में प्रिंसिपल छबीलदास, कामरेड रामचन्द्र, भगवतीचरण, सुखदेव, गुरुदत्त, मास्टर परसराम, जयदेव, बाबूसिंह, गणपतराय, जसवन्त सिंह, सोमदेव और बनारसीदास तथा कुछ अन्य नौजवानों से हिस्सा लिया था। बैठक में मौजूद सभी लोगों का मानना था कि कांग्रेस पार्टी जिस रफ्तार से काम कर रही है और वह भारत के लिए डोमीनियन स्टेट्स से सन्तुष्ट है, उससे तो भारतवासियों को ब्रिटिश साम्राज्यवाद से कभी छुटकारा नहीं मिल सकता। इन नौजवानों का मानना था कि स्वतन्त्रता आन्दोलन का ध्येय पूर्ण स्वराज्य होना चाहिए और इसे पूरा करने के लिए नौजवान एक महत्त्वपूर्ण भूमिका अदा कर सकते हैं।

नए संगठन की प्रेरणा तो यूरोपियन इतिहास से मिली थी। स्वयं प्रिंसिपल छबीलदास ने केवल यूरोप का ही नहीं, बल्कि दुनिया के बहुत से देशों का इतिहास पढ़ा था। भगतसिंह ने ढेरों किताबें पढ़ी थीं। बैठक में उपस्थित सभी लोगों ने यह स्वीकार कर लिया कि इस संगठन का नाम 'यंग इंडिया एसोसिएशन' होना चाहिए।

तुरन्त इसके संविधान को तैयार करने के लिए प्रस्ताव रखे गए। एक महीने बाद ही दूसरी बैठक में एक बड़ा मुद्दा यह था कि 'पूर्ण स्वराज्य' की प्राप्ति के लिए कौन-से रास्ते अपनाए जाने चाहिए? सभी का मत था कि हर तरह के रास्तों को अपनाना ही उचित होगा। प्रिंसिपल छबीलदास का मानना था कि वह चाहे महात्मा गांधी की अहिंसा और सत्याग्रह की नीति को आजादी प्राप्त करने के लिए एकमात्र शस्त्र न समझते हों लेकिन वह हिंसा का समर्थन नहीं कर सकते। जबकि भगतसिंह, सुखदेव और दूसरे नौजवान बार-बार यही बात दोहराते थे कि बहरों को सुनाने के लिए भारी धमाकों का किया जाना अनिवार्य है। 'यंग इंडिया एसोसिएशन' की बहुत-सी बैठकें लाहौर के परी महल में हुई थीं।

यह निर्णय भी हो गया कि एसोसिएशन की सारी कार्रवाई हिन्दुस्तानी भाषा में ही की जाएगी। कामरेड रामचन्द्र के इस विचार का समर्थन अन्य कुछ सदस्यों ने भी किया कि 'यंग इंडिया एसोसिएशन' अंग्रेजी नाम की जगह संगठन का कोई भारतीय नाम होना चाहिए। उनका मानना था कि जब संगठन अपना काम हिन्दुस्तानी भाषा में करेगा तो उसका नाम अंग्रेजों में क्यों हो? लेकिन भगतसिंह का कहना था कि 'यंग इंडिया एसोसिएशन' अन्तर्राष्ट्रीय आन्दोलनों से जुड़ जाता है। अंग्रेजी और हिन्दुस्तानी नाम को लेकर बैठक में काफी गरमजोशी से बहस हुई। जो हिन्दुस्तानी नाम सुझाए गए थे--वह थे, 'तरुण भारत संघ', 'अंजुमन नौजवान-हिन्द' और 'नौजवान भारत सभा'। बाद में सर्वसम्मति से 'नौजवान भारत सभा' नाम को चुन लिया गया। भगतसिंह को इसका सेक्रेटरी चुना गया। भगतसिंह ने 'नौजवान भारत सभा' की स्टेशनरी डिजाइन की और छपवाई। संगठन का उद्देश्य--Motto 'SSS' भी छपवाया गया जिसका अर्थ था 'Service, Sacrifice, Suffering'। सेवा, कुर्बानी और संघर्ष। 'नौजवान भारत सभा' ने पंजाब के बहुत से शहरों में अपना काम शुरू कर दिया। 'नौजवान भारत सभा' में और बहुत से इन्कलाबी विचारधारा के नौजवान धन्वन्तरि, रामकिशन, अब्दुल मजीद भी शामिल हो गए। केदारनाथ सहगल ने भी सभा के एक अधिवेशन की सदारत की।

भाई परमानन्द भी नेशनल कॉलेज में इन्कलाबी छात्र भगतसिंह को बहुत चाहते थे। शायद यह बात कम लोग जानते हों कि जब भगतसिंह नेशनल कॉलेज में दाखिला लेने के लिए आए तो वह केवल हाईस्कूल पास थे। उन्होंने इंटर की परीक्षा पास नहीं की थी। उनका इंटरव्यू लेनेवालों में भाई परमानन्द और प्रिंसिपल छबीलदास दो मुख्य व्यक्ति थे। भगतसिंह से बहुत-से सवाल पूछे गए। उनके बौद्धिक ज्ञान ने इंटरव्यू लेनेवालों को बहुत प्रभावित किया। भगतसिंह किसी भी लिहाज से बी.ए. के विद्यार्थियों से कम नहीं था। उसकी जानकारी का खजाना बहुत ही विस्तृत था। भाई परमानन्द ने भगतसिंह से इतिहास से सम्बन्धित ढेरों सवाल पूछे। प्रिंसिपल छबीलदास ने ऐसे सवाल पूछे जिनका सम्बन्ध अर्थशास्त्र, सामाजिक

विज्ञान और साहित्य से था। एक नौजवान लड़का जो बुनियादी तौर पर गाँव ही का रहनेवाला था और वहीं के स्कूल में शिक्षा प्राप्त की थी, उसके पास जानकारी का इतना खजाना सचमुच अनोखी बात थी। इससे पता चलता था कि भगतसिंह अपना सारा समय पढ़ने में ही लगाता था। हमारे पिताजी हमें बताते थे कि नेशनल कॉलेज में इंटरव्यू के दौरान भाई परमानन्द तो अपने सारे सवाल हिन्दुस्तानी जबान में पूछ रहे थे लेकिन प्रिंसिपल छबीलदास ने भगतसिंह से सारी बातचीत अंग्रेजी में की। वह बहुत अच्छी अंग्रेजी जानता था।

भगतसिंह की योग्यता को देखते हुए उसे बी.ए. ऑनर्स में दाखिला दे दिया गया। भगतसिंह ने कभी भी योग्यता और ज्ञान के दृष्टिकोण से अपने अध्यापकों को निराश नहीं किया।

भाई परमानन्द से भगतसिंह का एक बात को लेकर हमेशा मतभेद रहता था। भाई परमानन्द नेशनल कॉलेज की हर कार्रवाई हिन्दुस्तानी जबान में करने के भारी समर्थक थे। लेकिन भगतसिंह इसके विपरीत अंग्रेजी भाषा के प्रयोग के पक्षधर थे। नेशनल कॉलेज की सारी पढ़ाई हिन्दी या हिन्दुस्तानी जबान में होती थी। छात्रों को अंग्रेजी बतौर एक विषय के पढ़ाई जाती थी क्योंकि उनकी पढ़ाई की सारी किताबें अंग्रेजी में ही मिलती थीं।

पंजाब पुलिस के गुप्त गजट में अन्य स्वतन्त्रता सेनानियों की गतिविधियों के साथ प्रिंसिपल छबीलदास की सरगर्मियों का भी पूरा ब्यौरा छपना शुरू हो गया। उनके एक मित्र ने किसी तरह इस बेहद गुप्त गजट की एक कॉपी हासिल कर ली और उन्हें दे दी। उसमें 'नौजवान भारत सभा' के सदस्यों के नाम और पूरे पते दर्ज थे। यह लिस्ट ए.बी.सी. के क्रम से बनी थी। गजट में साफ शब्दों में लिखा था कि इन लोगों की पूरी हरकतों पर चौबीस घंटे की रिपोर्ट केन्द्रीय सरकार तक पहुँचनी चाहिए। बीस व्यक्तियों में से तीन नाम ए.बी.सी. के क्रम में इस प्रकार थे—

1. अब्दुल मजीद, पंजाब।
2. भगतसिंह, पंजाब।
3. छबीलदास, पंजाब।

प्रिंसिपल छबीलदास का नाम नेशनल कॉलेज, लाहौर और भगतसिंह के साथ इस तरह से जुड़ गया है कि उनका नाम लेते ही स्वतन्त्रता आन्दोलन के इतिहास से परिचित पूछते हैं कि "भगतसिंह के गुरु, क्रान्तिकारी नेशनल कॉलेज के प्रिंसिपल।" कई लोगों ने स्वयं उनके बच्चों से उनसे कई बार पूछा कि वे भगतसिंह के साथ अपने सम्बन्धों की व्याख्या कैसे करेंगे? इसके उत्तर में उन्होंने हमेशा यही कहा कि उन्हें स्वयं समझ में नहीं आता कि क्रान्तिकारी शहीद भगतसिंह के साथ उनका क्या रिश्ता था? वह उनका सबसे चहेता छात्र था, उनका मित्र था, सहयोगी

था या पथ-प्रदर्शक? भगतसिंह के विषय में बात करते हुए वे बहुत भावुक हो जाते थे।

भगतसिंह नेशनल कॉलेज में उनका विद्यार्थी था लेकिन दोनों में उम्र का ज्यादा फर्क नहीं था। वह एक ऐसा छात्र था जिसे पढ़ाने में हर अध्यापक को खुशी होती थी क्योंकि उसकी जानकारी और अधिक जानने की जिज्ञासा बहुत ज्यादा थी। वह यूरोपियन इतिहास पर हर सम्भव पुस्तक पढ़ता। अंग्रेजी इतनी अच्छी लिखता कि स्वयं हमारे पिताजी को हैरत होती थी कि गाँव में पैदा हुआ, साधारण स्कूल में पढ़ा लड़का इतनी अच्छी अंग्रेजी कैसे जानता है? प्रिंसिपल साहब भगतसिंह के भाइयों कुलतार और कुलबीर, बहन अमरकौर और माता विद्यावती, जो हमारे घर लाहौर भी जाते थे और विभाजन के बाद जालन्धर भी नियमित रूप से आते रहे, को बताया करते थे कि नेशनल कॉलेज का माहौल क्या था? वहाँ की हवा में भी इन्कलाब की खुशबू आती थी। भगतसिंह के बारे में बातें सुनकर अमरकौर और बीवी विद्यावती रोने लगतीं। माँ विद्यावती अपने बेटे के बचपन के किस्से सुनातीं जिन्हें हम कई बार सुन चुके थे।

जब माता विद्यावती जालन्धर के सिविल अस्पताल में बीमार पड़ी थीं तो हमारे पिताजी अधिकतर वक्त उनके पास ही गुजारते थे। वह बोल नहीं सकती थीं तो बस खुली आँखों से ताकती रहतीं। पंजाब सरकार ने उन्हें 'पंजाब माता' का सम्मान दिया था। एक अम्बेसेडर कार उन्हें भेंट की गई थी, जिसमें वह कभी नहीं बैठीं। प्रिंसिपल साहब कहा करते थे कि भगतसिंह को तो किताबें पढ़ने की बीमारी थी। उसे 'बुक एल्कोहलिक' कहा जा सकता है। वह किसी किताब का नाम लेते और भगतसिंह उसे लाजपतराय भवन में स्थित द्वारकादास लाइब्रेरी से ढूँढ़ निकालता। अगर किताब वहाँ न होती तो उसे मँगवाने की फरमाइश करता। दूसरी लाइब्रेरी में उसे ढूँढ़ता था। प्रिंसिपल साहब कहा करते थे कि 'नौजवान भारत सभा' में भगतसिंह के साथ सहयोगी के रूप में काम करके उन्हें अहसास हुआ कि इस जोशीले नौजवान में जहाँ इन्कलाब की भावना कूट-कूटकर भरी है वहाँ वह उन जैसे व्यक्ति की प्रेरणा का स्रोत भी बन सकता है।

भगतसिंह ने जेल में अंग्रेजी अखबार 'ट्रिब्यून' देखते हुए लेनिन के जीवन पर लिखी गई पुस्तक की समीक्षा देखी। उसके मन में लालसा जगी कि वह दुनिया छोड़ने से पहले कम-से-कम लेनिन की जीवनी तो पढ़ ले। फाँसी लगने से एक दिन पहले भगतसिंह ने मेहता प्राणनाथ को एक सन्देश भेजा कि वह उनकी 'विल' रिकार्ड करने के बहाने उन्हें जेल में मिलने आएँ और अपने साथ यह किताब जरूर ले आएँ। मेहता प्राणनाथ ने फौरन यह किताब हासिल की और भगतसिंह को दी। जब भगतसिंह, सुखदेव, राजगुरु को फाँसी की सजा सुनाई गई थी तब प्रिंसिपल छबीलदास जेल में थे। उनके साथियों का कहना है कि हमेशा हँसते, मजाक करते

रहनेवाला इन्कलाबी प्रिंसिपल उस दिन बहुत उदास था। स्पष्ट है कि जेल में चर्चा का विषय इन तीनों इन्कलाबी नौजवानों को दी जानेवाली फाँसी की सजा ही थी।

प्रिंसिपल छबीलदास का कहना था, कि भगतसिंह, सुखदेव और राजगुरु की फाँसी की आज्ञा को लेकर कांग्रेस पार्टी और महात्मा गांधी ने जो रवैया अपनाया था वह उसे गलत और आपत्तिजनक समझते थे। फाँसी लगने से पहले सुखदेव ने जो पत्र महात्मा गांधी को लिखा था प्रिंसिपल छबीलदास हमेशा उसकी सराहना करते थे। उन्हें यह बात बेहद नागवार लगी थी कि महात्मा गांधी ने सुखदेव के पत्र का उत्तर उन्हें फाँसी लग जाने के बाद दिया। गांधी जी का कहना था कि यह पत्र, जो एक खुले पत्र के रूप में था, उन्हें भगतसिंह, सुखदेव और राजगुरु की फाँसी लग जाने के बाद मिला। गांधीजी ने अपने उत्तर में कहा कि यह कहना गलत है कि उन्होंने केवल भावनात्मक अपीलें ही क्रान्तिकारियों के नाम जारी की हैं। उन्होंने पूरे ग्यारह सूत्रों में अपनी दलीलें देते हुए इसी बात पर जोर दिया कि क्रान्तिकारियों द्वारा अपनाया गया रास्ता भारत के स्वतन्त्रता संघर्ष के अनुकूल नहीं है और वह अहिंसा के आन्दोलन को नुकसान पहुँचा रहा है।

...मेरे मन में यह विचार आ रहा है कि प्रिंसिपल छबीलदास जीवित होते तो भगतसिंह और उनके क्रान्तिकारी सहयोगियों के विषय में बनाई गई फिल्मों की गहरी आलोचना करते। उन्हें तो पहले ही इस बात का भारी दुख था कि आजादी मिल जाने के बाद भी अभी तक भारत के स्वतन्त्रता आन्दोलन पर कोई ऐसी फिल्म नहीं बनी है जो इस आन्दोलन को सही ढंग से पेश करती। 'लेजेंड ऑफ भगतसिंह' में भगतसिंह के नेशनल कॉलेज में पढ़ने, एक बहुत ही मेधावी छात्र होने, बहुत परिपक्व लेख लिखने, 'नौजवान भारत सभा' का संस्थापक सेक्रेटरी होने तथा क्रान्तिकारियों के कांग्रेस पार्टी और महात्मा गांधी के स्वतन्त्रता आन्दोलन से अलग दृष्टिकोण और उसके कारणों पर कोई रोशनी नहीं डाली गई। फिल्म को बॉक्स ऑफिस हिट बनाने के लिए भगतसिंह का जो रोमांटिक पहलू दिखाया गया है वह भी पूर्ण रूप से आपत्तिजनक है। प्रिंसिपल छबीलदास यह बात दावे से कहते थे कि भगतसिंह बहुत ही हँसमुख नौजवान था। उसका व्यक्तित्व भी बहुत आकर्षक और रौबीला था। वह पश्चिमी लिबास में बहुत ही सजीला दिखाई देता था। घंटों तक प्रिंसिपल छबीलदास और भगतसिंह रावी नदी में बोटिंग करते और अनेक विषयों पर बातचीत करते। हँसी-मजाक भी होता लेकिन रोमांस की बात न होती। अपने गुरु की हर बात की तारीफ करनेवाले भगतसिंह को उनके शादी करने का फैसला कतई पसन्द नहीं आया। भगतसिंह को विश्वास था कि शादी के बन्धन में फँसकर उसके क्रान्तिकारी गुरु अपनी क्रान्ति के जोश को खो देंगे।

आज़ादी मिलने के बाद के बरसों में प्रिंसिपल छबीलदास को हमेशा इस बात का अफसोस रहा कि भगतसिंह और उसके क्रान्तिकारी साथियों को वह स्थान और

सम्मान नहीं मिला जिसके वे अधिकारी थे। उन्हें यह बात आपत्तिजनक लगी कि पंजाब में सिख सम्प्रदाय के कुछ लोगों ने भगतसिंह को एक सिख क्रान्तिकारी के रूप में पेश करने की कोशिश की। उसे सरदार भगतसिंह बताया गया। शायद यह क्रान्तिकारी भगतसिंह का बहुत बड़ा अपमान था। भगतसिंह पंजाब के एक सिख परिवार में जरूर पैदा हुए थे लेकिन उन्होंने हमेशा एक भारतीय का दृष्टिकोण रखा। ठीक उसी तरह जिस तरह गदर पार्टी के पंजाबी सिख नेताओं ने स्वयं को सिख धर्म और पंजाब के साथ नहीं बाँधा। भगतसिंह के दूसरे क्रान्तिकारी सहयोगी और साथी भी इसी तरह से सोचते थे।

भगतसिंह के साथ प्रिंसिपल छबीलदास का सम्बन्ध तो उस वक्त शुरू हुआ जब वह असहयोग आन्दोलन के दौरान स्थापित नेशनल कॉलेज में बी.ए. की क्लास में दाखिला लेने आया था। नेशनल कॉलेज के अपने छात्र, 'नौजवान भारत सभा' के सहयोगी और स्वतन्त्रता आन्दोलन के नौजवान क्रान्तिकारी नेता के साथ उनका भावनात्मक रिश्ता 23 मार्च, 1931 को उसे फाँसी लग जाने के बाद और मजबूत हो गया। अपने जीवन की अन्तिम साँस तक वे भगतसिंह को स्वयं से अलग नहीं कर पाए।

भगतसिंह के साथ हमारे बाऊजी के जितने चित्र थे वे तो लाहौर में ही रह गए। हमारे परिवार को शरणार्थी बनकर लाहौर उस समय छोड़ना पड़ा जब भारत का विभाजन हुआ। हमारे पिताजी, जॉन कारलाईल की किताब 'न्याय की पुकार' (क्राई फार जस्टिस) को नहीं भुला पाए जिस पर भगतसिंह ने अपने हाथों से निशान लगाए थे। मैंने भी अपने बचपन में इस किताब को बहुत बार देखा था। भगतसिंह बहुत अच्छी कविताएँ लिखता था और इस बात का प्रोपेगेंडा ही नहीं किया गया कि ये कविताएँ अक्सर अंग्रेजी में हुआ करती थीं। प्रिंसिपल छबीलदास के मित्र और क्रान्तिकारी सहयोगी कामरेड रामचन्द्र ने अपनी किताब 'आइडियोलॉजी एंड बैटल क्राइस ऑफ इंडियन रिवोल्यूशनरीज' में 112 से 115 पृष्ठों पर क्रान्तिकारी भगतसिंह द्वारा लिखी अंग्रेजी की दो कविताएँ, जो उनके अपने हाथ से लिखी हुई हैं, प्रकाशित की हैं। हमारे पिताजी का कहना था कि भगतसिंह ने ऐसी बहुत-सी कविताएँ अंग्रेजी में लिखी थीं। वे यह भी बताते थे कि नेशनल कॉलेज में जिस ड्रामा सोसाइटी की स्थापना की गई थी उसके लिए कई नाटक और गाने भी स्वयं भगतसिंह ही लिखा करते थे। नाटकों में मुख्य पात्रों का अभिनय भी भगतसिंह ही किया करते थे।

नेशनल कॉलेज के सभी अध्यापकों का कहना था कि उन्होंने आज तक ऐसा मेधावी और सर्वगुणसम्पन्न छात्र नहीं देखा।

'नौजवान भारत सभा' ने क्रान्तिकारी प्रोपेगेंडा साहित्य तैयार करने के लिए जो कमेटी बनाई थी उसका सेक्रेटरी प्रिंसिपल छबीलदास को बनाया गया। चूँकि

प्रिंसिपल साहब एक बहुत ही अच्छे लेखक थे, इसलिए इस साहित्य को तैयार करने की जिम्मेदारी उनके कन्धों पर डाली गई। उन्होंने अनेक छोटी पुस्तिकाएँ लिखीं जिनका प्रकाशन आसानी से हो सकता था और आम लोग उसे आसानी से पढ़ और समझ सकते थे। प्रिंसिपल साहब का कहना था कि उन्होंने जितनी भी छोटी पुस्तिकाएँ लिखीं उसके लिए उन्हें दूसरे साथियों के अलावा भगतसिंह का बहुत सहयोग मिला। हजारों की संख्या में कई भाषाओं में छपनेवाली इन पुस्तिकाओं का वितरण पंजाब, उत्तर प्रदेश और कश्मीर में हुआ, जहाँ उर्दू भाषा पढ़ी जाती थी। गृह मन्त्रालय की फाइल नम्बर 130, 1930 में 'नौजवान भारत सभा' की ट्रैक्ट सोसाइटी का खासतौर पर जिक्र था जिसे क्रान्तिकारी साहित्य तैयार करने के लिए कहा गया था। फाइल में लिखा था कि 'नौजवान भारत सभा' की ट्रैक्ट सोसाइटी ने तीन आपत्तिजनक पुस्तिकाएँ छापीं जिनमें बोलशेविक और साम्यवादी विचारधाराएँ दिखाई देती हैं, वे हैं 'राष्ट्रों की सम्पत्ति' लेखक हरदयाल, 'भारत और अगला युद्ध' लेखक सजीनीस स्मेडली और 'भारत माता का दर्शन'।

सोढ़ी पिंडीदास हमारे परिवार के बहुत करीब थे और हमारे माता-पिता के साथ उनके बहुत ही मैत्रीपूर्ण सम्बन्ध थे। वह 'नौजवान भारत सभा' में बहुत सक्रिय रहे थे। जब उन्हें पता चला कि लाहौर किले में स्वतन्त्रता सेनानियों के साथ बहुत अपमानजनक सलूक किया जाता है तो उनका खून गुस्से में खौलने लगा। उन्होंने पुलिस सुपरिंटेंडेंट अहमद सईद की ग्वालमंडी लाहौर के पुलिस स्टेशन में पकड़कर बहुत पिटाई की और कहा कि अगर उनके पुलिस इंस्पेक्टरों ने दोबारा स्वतन्त्रता सेनानियों के साथ ऐसी हरकत की तो वे उन्हें जान से मार देंगे। पुलिस सुपरिंटेंडेंट ने बाकायदा माफी माँगी। सोढ़ी पिंडीदास 'भगतसिंह अपील कमेटी' के भी सक्रिय सदस्य थे। वे कई बार गिरफ्तार हुए और जेल गए। कुछ वर्षों के लिए वे कम्युनिस्ट पार्टी की तरफ भी आकर्षित हुए लेकिन उन्हें पार्टी की नीतियों के साथ पूर्ण रूप से सन्तोष नहीं था।

प्रिंसिपल छबीलदास स्वतन्त्रता आन्दोलन के विषय में अपने संस्मरण सुनाते हुए भगतसिंह के जिन सहयोगियों की बात करते थे उनमें बार-बार धन्वन्तरि का नाम भी आता था। वे 'नौजवान भारत सभा' के बहुत ही सक्रिय कार्यकर्त्ता थे। उन्होंने दयानन्द आयुर्वेदिक कॉलेज, लाहौर से वैद्य कविराज की डिग्री प्राप्त की थी। वह वैद्य वाचस्पति की परीक्षा में भी सफल रहे थे, लेकिन उन्होंने एक वैद्य के रूप में प्रैक्टिस करने की बजाय राजनीतिक क्षेत्र में सक्रियता से काम करने को चुना। वह भगतसिंह के निकटतम साथी बने। उनका प्रिंसिपल छबीलदास से भी गहरा सम्पर्क रहा। लाहौर में लाला लाजपतराय भवन में हमारे घर में धन्वन्तरि का काफी आना-जाना लगा रहता था। वे 'नौजवान भारत सभा' के जनरल सेक्रेटरी भी रहे थे और उन्होंने 'हिन्दुस्तान सोशलिस्ट रिपब्लिक एसोसिएशन' में भी भाग लेना

आरम्भ किया था। वह सशस्त्र क्रान्ति में विश्वास रखते थे। इसी बात को लेकर हमारे पिताजी की भगतसिंह, भगवतीचरण और धन्वन्तरि जैसे लोगों से बहस हुआ करती थी। जब क्रान्तिकारियों को षड्यन्त्र केस में फँसाया गया और गिरफ्तार किया गया तो उन्हें बचाने के लिए पैसा जमा किया गया। यह काम करने के लिए धन्वन्तरि सबसे आगे थे।

धन्वन्तरि ने एक ग्रुप बनाया था जिसका उद्देश्य पंजाब के डी.आई.जी., सी. आई.डी. खानबहादुर अब्दुल अजीज को मियाँमीर लाहौर में कनाल बैंक पर शूट करना था। सरकार ने धन्वन्तरि को पकड़ने के लिए पाँच हजार रुपए का ईनाम घोषित किया। नवम्बर 1930 में वे चाँदनी चौक दिल्ली में गिरफ्तार किए गए और उन्हें दस साल कड़ी कैद की सजा सुनाई गई, जो बाद में घटाकर सात साल कर दी गई। 1933 में उन्हें अंडमान भेज दिया गया। उन्होंने भूख हड़ताल शुरू कर दी जिसका मकसद राजनीतिक कैदियों को अंडमान जैसे दूर के इलाकों में भेजे जाने का विरोध करना था। यह भूख हड़ताल पूरे दो महीने तक चली और उसकी अखबारों में बहुत चर्चा हुई। 1937 में उन्हें अंडमान से वापस लाया गया और 1939 में रिहा किया गया। वे लाहौर कांग्रेस कमेटी के प्रेसीडेंट चुने गए लेकिन उन्हें फिर 1940 में गिरफ्तार कर लिया गया और फिर उनकी रिहाई 1946 में हुई। इन छह वर्षों में उनकी विचारधारा बदल चुकी थी। वह कम्युनिस्ट पार्टी के सदस्य बन चुके थे। 1947 में वह कश्मीर में नेशनल कान्फ्रेंस के समर्थक बन गए। उनकी मृत्यु 1953 में हुई, जब वह केवल पचास वर्ष ही के थे।

...मुझे अपनी माँ द्वारा लिखे गए जेल के पत्रों से पता चला था कि उन्हें यह जानकर बेहद परेशानी हुई थी कि मैंने जेल में किसी कैदी को फाँसी लगते देखा था। मैंने फाँसी की कोठरियों की इंचार्ज भाँगावाली से दोस्ती कर ली थी और जिद करके फाँसी का नजारा आँखों से देखा था। उसके बाद मैं बहुत दिनों तक सो नहीं पाई थी। बीवी जी को चिन्ता हुई कि कहीं इस खौफनाक घटना का मेरे दिमाग पर गहरा असर न पड़ जाए। हमारे पिताजी का यह मानना था कि जब हम स्वतन्त्रता सेनानियों के बच्चे हर समय जेलों और फाँसियों की बातें सुनते हैं तो अगर मनोरमा ने किसी को फाँसी लगते देखा है तो वह उसके जीवन का ऐसा महत्त्वपूर्ण अनुभव है जिसे वह कभी भी नहीं भुला पाएगी। जब हमारे पिताजी जेल से आए तो उन्होंने हमारे जेल के अनुभवों में बहुत गहरी दिलचस्पी दिखाई। मैंने भी बहुत उत्साह से यह बताया कि मैं किस तरह जेल की कैदियों और कर्मचारियों को स्वतन्त्रता आन्दोलन के विषय में और राजनीतिक जलसों के विषय में बताती थी। उन्हें भगतसिंह की कहानियाँ सुनाती थी...

जब मैं जेल में अपनी माँ के साथ रहने गई थी तो मेरी उम्र सात साल से कुछ ही अधिक थी।

हमारे पिताजी ने हमें शाहपुर जेल का अनुभव सुनाया। अक्टूबर-नवम्बर के महीनों में बहुत-से त्योहार दशहरा-दीवाली और ईद आए। इस मौके पर जेल में खास खाना हलवा, खीर और मीठी सेवियाँ और जरदा पकाया गया। शाम को हँसी-मजाक और गपशप की महफिल लगी। दीवाली मनानेवाली कमेटी ने हर नजरबन्द के सामने यह प्रस्ताव रखा कि वह अपनी पसन्द का कोई-न-कोई आईटम तैयार करें और सुनाएँ। किसी ने कोई कहानी, किसी ने चुटकुले और किसी मै गपशप के स्क्रिप्ट तैयार करने का वायदा किया। प्रिंसिपल साहब के मित्रों ने प्रस्ताव रखा कि वह कोई अलग आईटम पेश करें--वह अपनी लिखी कविता सुनाएँ। उन्होंने एक फड़कती हुई नज़्म तैयार की और अपने भाषण में कहा–"दोस्तो और साथियो, आप जानते होंगे कि मैं लाहौर के कौमी कॉलेज में पढ़ाया करता था और शहीदे-आज़म भगतसिंह, सुखदेव और भगवतीचरण जैसे क्रान्तिकारी मेरे शिष्य थे परन्तु अब मैंने यह पेशा सदा के लिए त्याग दिया है क्योंकि आजकल मेरी पसन्द के विद्यार्थी कहीं नहीं मिलते। जिन दोस्तों ने मेरे भाषण सुने हैं उनकी वाकफियत के लिए मैं बता देना चाहता हूँ कि मैंने राजनीति से सदा के लिए विदाई ले ली है क्योंकि राजनीति अब गिद्धों, मगरमच्छों और भेड़ियों का पेशा बन गया है। अब मैंने एक नया पेशा पकड़ा है और वह है शायरी–अर्थात् कविताएँ लिखना और उन्हें जनता के सामने पढ़ना क्योंकि इस पेशे में न तो हींग लगती है और न फिटकरी और रंग भी चोखा आता है..."

स्वभाव के आईने में

वीरेन्द्र सिन्धु

किसी के व्यक्तित्व को सही-सही परखने के लिए स्वभाव भी एक महत्त्वपूर्ण साधन है। एक आदमी परिस्थितियों के प्रभाव से या आवेश में आकर कोई अद्भुत काम कर सकता है पर इस काम को हम उसका व्यक्तित्व नहीं कह सकते। मैं एक ऐसे आदमी को जानती हूँ जो बेहद कंजूस था। एक बार उसका इकलौता बेटा बीमार पड़ा पर उसने डॉक्टर को नहीं बुलाया। धर्मार्थ औषधालयों से लाकर वह उसे दवा पिलाता रहा, पर एक बार उसने प्रतिक्रिया का शिकार होकर एक मन्दिर बनवाने में कई हजार रुपए खर्च कर दिए। बात साफ है कि यह मन्दिर उसके व्यक्तित्व को दानी नहीं बना सकता क्योंकि उसका स्वभाव तो कंजूसी ही है।

भगतसिंह के साहसी क्रान्तिकारी व्यक्तित्व को एक तरफ रखकर हम उनके व्यक्तित्व को स्वभाव के शीशे में देखें तो वे एक सरल, सजीव, मसखरे, सहृदय, सन्तुलित और उदार मानव थे। स्वभाव को परखने के लिए प्रतिदिन के जीवन को परखना ही सबसे अच्छा तरीका है क्योंकि वह बनावटीपन से बचा हुआ, अपने मूल रूप में हमारे सामने होता है।

पैतृक संस्कार, गम्भीर अध्ययन और निरन्तर चिन्तन ने उन्हें सुलझे हुए विचारों का राजकुमार बना दिया था। उनकी निर्णय-शक्ति बहुत शानदार थी। वे बात की तह तक पहली नजर में ही पहुँच जाते थे। आनेवाली परिस्थितियों को इतने विस्तार से आँक लेते थे कि उठनेवाले प्रश्नों का समाधान पहले से ही उनके पास रहता था। इसके होते हुए भी वे जिद्दी या कट्टर नहीं थे। किसी भी बात पर वे किसी के साथ भी बातचीत करने को, अपना दृष्टिकोण समझाने को और दूसरों का समझने को सदा तैयार रहते थे। उनकी बात ही उनकी दृष्टि में सही हो, पर बहुमत से उसके विरुद्ध निर्णय हो जाए, तो बहुमत के उस निर्णय को वे अपने ही निर्णय की तरह अमल में लाते थे। उसकी सफलता के लिए भरपूर प्रयत्न करते थे। इसके बाद वह सफल हो जाएँ, तो अपनी भूल मान लेते थे। उनके इस स्वभाव ने उन्हें आतंकवादी गुप्तदल में भी प्रजातान्त्रिक वातावरण बनाने में असाधारण सफलता दी थी।

सफलता का बाहरी रूप यह था कि दल का हर आदमी अपने को समान महत्त्वपूर्ण समझते हुए भी उनके प्रति आदरपूर्ण व्यवहार रखता था। वे दूसरों की भावना को दबाकर ऊपर उठने में विश्वास नहीं रखते थे, दूसरों में सद्‌भाव जगाकर प्रभाव जमा लेते थे। इसीलिए उनका प्रभाव कृत्रिम नहीं, सहज था, हार्दिक था।

निश्चयों के प्रति उनमें ऐसी ही अटलता थी, जैसी धार्मिक दृष्टि के मनुष्यों में धर्म के प्रति होती थी। जो निश्चय हो गया, उसमें न वे ढील करते थे, न ढील सहते थे। कोई ढील करे, तो उन्हें गुस्सा आ जाता था। बहुत कुछ कहते-सुनते थे। इस स्थिति में भी यह ध्यान रखते थे कि किसी के आत्माभिमान को ठेस न लगे, किसी के हृदय को दुख न पहुँचे। यदि उन्हें यह महसूस होता कि उनकी बात से किसी को चोट लगी है, तो वे हँसी-खुशी का वातावरण बनाकर उसे प्रसन्न करने की कोशिश करते थे। इससे काम न चले, तो गले में हाथ डालकर माफी माँग लेते थे और यह मानते हुए भी कि मेरी ही बात ठीक थी, उसे खुश करना अपनी जिम्मेदारी समझते थे। इसका परिणाम यह होता था कि गुस्से में जिसे वे डाँटते थे, बाद में वह उनका पहले से अधिक आदर करने लगता था। उनके स्वभाव में सच्चाई और सद्‌भावना का बहुत सलौना संगम था। यह संगम इतना गहरा था कि जो भी उनसे मिलता था, उनका हो जाता था, उन्हें प्यार करने लगता था। मोटे तौर पर वे अंग्रेजों के दुश्मन थे, पर सांडर्स-वध और असेम्बली बम कांड के सिलसिले में फाँसी का हुक्म होने के बाद भी बहुत से अंग्रेज स्त्री-पुरुष उनकी काल कोठरी में उनसे मिलने आते थे। भगतसिंह उनसे दिल खोलकर मिलते थे, प्यार से बातें करते थे, खूब हँसते थे और उन्हें हँसाते थे। आनेवाले अंग्रेज उनसे बातें करते समय भूल जाते थे कि वे अपनी जाति के शत्रु से मिल रहे हैं। उन्हें लगता था, वे अपने किसी मित्र से मिल रहे हैं। उनके द्वारा किए गए मजाक इतने शिष्ट और मन को भानेवाले होते थे कि उनसे मिलनेवाले हर व्यक्ति की यह इच्छा होती थी कि भगतसिंह उनसे मजाक करें।

जेल के जो अफसर उनकी देख-रेख करते थे, उन्हें जेलों का अंग्रेज इंस्पेक्टर जनरल हुक्म देता था कि वे भगतसिंह को जरा भी लिफ्ट न दें, महत्त्व न दें, रियासत न दें। आरम्भ में वे उनसे तने-तने से रहते थे, पर भगतसिंह के स्वभाव की गम्भीरता और सरलता उन्हें पहले सम्पर्क में ही ढीला, सहानुभूतिशील और सहायक बना देती थी। वे खतरा उठाकर भी उन्हें सुविधाएँ देते थे, उनका आदर करते थे, उन्हें अपना आदरणीय मित्र मानने लगते थे। लाहौर जेल के बड़े जेलर खानबहादुर मोहम्मद अकबर कहा करते थे कि उन्होंने अपने पूरे जीवन में भगतसिंह जैसा श्रेष्ठ मनुष्य नहीं देखा। अंग्रेज अफसरों की पत्नियाँ भी उन्हें देखने आती थीं। इसका साफ अर्थ यही है कि अंग्रेज अफसर भी घर जाकर उनकी विशिष्टता स्वीकार करते थे। उनके स्वभाव में शालीनता इतने ऊँचे दर्जे की थी, उनका बात करने का ढंग इतना सन्तुलित था कि उनसे नाराज होकर या उनके बारे में बुरी छाप लेकर कोई जा ही

नहीं सकता था।

उदासी के वे दुश्मन थे, उदासी उनके पास फटक ही न पाती थी। उनके सामने अच्छी या बुरी जैसी भी परिस्थितियाँ आईं, उन्हें अपने अनुकूल बना लिया। वे मजाक की बात पर तो मजाक करते ही थे, पर वैसी बात न हो, तो भी वैसा वातावरण तैयार कर देते थे और फिर उसी वातावरण में डूब जाते थे और दूसरों को डुबा देते थे।

उनकी बातचीत के प्रभावशाली होने का एक और भी कारण था। वे स्वयं बहुत अच्छे अभिनेता थे। अनेक नाटकों में उन्होंने सफल भूमिकाएँ निभाई थीं। उनका प्रसिद्ध पगड़ीवाला चित्र नेशनल कॉलेज, लाहौर के ड्रामा क्लब के मैम्बरों के ग्रुप फोटो में से लिया गया है। 'भारत दुर्दशा' नाटक में तो उन्होंने अभिनय से दर्शकों को मुग्ध ही कर लिया था। स्वर के उतार-चढ़ाव और साधारण अंग-विन्यास में भी उनकी नाटकीयता झलकती थी। इन सबसे बातचीत का प्रभाव बहुत बढ़ जाता था। पर उनके प्रभाव का सबसे गहरा रहस्य था उनकी हार्दिकता। वे जो महसूस करते थे, वही कहते थे। इसीलिए उनकी बात उनके दिल की गहराइयों से उठती थी और दूसरे के दिल की गहराइयों में उतर जाती थी।

साहस उनके स्वभाव का अभिन्न साथी था। जब से गाँव के स्कूल में पढ़ते थे, तब भी यदि लड़कों को आपस में लड़ता देखते, तो फौरन बीच-बचाव करके लड़ाई समाप्त करा देते। उनके बढ़ने के साथ-साथ उनका यह साहस भी बढ़ता गया। 1925 में वे दिल्ली के 'वीर अर्जुन' के सम्पादन विभाग में काम करते थे और श्री दीनानाथ सिद्धान्तालंकार के साथ एक चौबारे में रहते थे। उन्हीं के शब्दों में, "वे मितभाषी और बड़े अध्ययनशील थे। खाली समय में और रात को प्रायः राजनीतिक, ऐतिहासिक, सामाजिक और आर्थिक पुस्तकें पढ़ते थे। सिनेमा, खेल-तमाशा देखने का शौक नहीं था। विवाद कभी नहीं करते थे। समाचार तैयार करने में चुस्त थे। जीवन अत्यन्त सादा और संयमपूर्ण था। निजी आवश्यकताएँ बहुत साधारण थीं। साम्प्रदायिक दंगे के दिनों उनमें मैंने अद्भुत स्फूर्ति देखी। वे चाँदनी चौक की दोनों पटरियों पर आमने-सामने, मरने-मारने की उद्यत भीड़ को समझाने-बुझाने निर्भयतापूर्वक चले जाते थे।" मैं उन्हें रोकता, तो कहते—"देशवासियों की सेवा में अगर मेरी जान भी चली जाए, तब भी चिन्ता की कोई बात नहीं। दंगे के दिनों में मैं कई बार कार्यालय जाने का साहस नहीं कर सका, पर वे पूरी निश्चिन्तता और निर्भयता के साथ चले जाते थे और अपने साथ मेरा काम भी कर आते थे।"

श्री दीनानाथ सिद्धान्तालंकार के ही शब्दों में, "रात में वे अक्सर चौबारे की छत पर अकेले बैठे रोते रहते थे। बहुत दिन मैं इसे इनकी घरेलू परिस्थिति का फल समझता रहा। एक दिन रात में कोई बारह बजे मेरी आँख खुली, तो वे सिसकियाँ भर-भरकर रो रहे थे। मैंने उन्हें धीरज बँधाया। तब रोने का कारण पूछा, तो बहुत

देर तक चुप रहने के बाद बोले—"मातृभूमि की इस दुर्दशा को देखकर मेरा दिल छलनी हो रहा है। एक ओर विदेशियों के अत्याचार हैं दूसरी ओर भाई-भाई का गला काटने को तैयार है। इस हालत में मातृभूमि के बन्धन कैसे कटेंगे?"

जो आदमी एकान्त में इस तरह घंटों रोता था, वही दिन भर हँसी के गुब्बारे उड़ाता था। सुना है, स्वाति नक्षत्र में आकाश से गिरी बूँद साँप में मारक विष और सीप में मूल्यवान मोती को जन्म देती है। शायद राष्ट्र का दर्द ही था, जो उनकी आँखों में आँसू बनकर बह पड़ता था और होंठों पर हँसी बनकर बिखर जाता था।

गरीबी का अनुभव भगतसिंह को पुराना था और गरीबों के साथ उनकी हमदर्दी जन्मजात थी। उनके खेतों में जो (मजदूर) काम करते थे, वे उनमें इस तरह घुल-मिल जाते थे, जैसे वे उनमें से ही एक हों। उनके लिए सबसे बोझिल घड़ी वह होती थी जब वे मजदूर खाना खाते थे। वे उठकर उनका खाना देखते थे, उसके रूखेपन से दुखी होते थे और उसे अपने खाने से चिकना और स्वादिष्ट भोजन बनाने की कोशिश करते थे। मंगलसिंह नामक एक मजदूर पर धीरे-धीरे तीन हजार रुपए ऋण हो गया था। इसमें से ज्यादा हिस्सा उसने शादियों में लिया था। भगतसिंह ने वह सब रुपया माफ कर दिया और उससे कहा—"आइन्दा कर्जा लेकर शान दिखाने की कोशिश मत करना।" यही आदमी सबकुछ होते हुए भी अब स्वयं घोर अभावों का जीवन जी रहा था, फिर भी कितना प्रसन्न था!

भगतसिंह के जीवन को हम जिस पहलू से देखें, जिस कोने से भी परखें, वह परख की हर कसौटी पर कुन्दन की तरह सिद्ध होते हैं। इसलिए तो डॉक्टर सत्यपाल के शब्द हैं, "मुझे कांग्रेस और 'नौजवान भारत सभा' में प्रण के पक्के और अटल विश्वासी भगतसिंह के साथ काम करने का मौका मिला है। अपने लम्बे सार्वजनिक जीवन में मुझे उन जैसा उपयोगी, जोशीला, चतुर, साहसी और समझदार युवक शायद ही मिला हो। इश्तहार चिपकाने हों तो वे तैयार, दरियाँ बिछानी हों तो वे तैयार, भाषण करवाना हो तो आग बरसा दें। मतलब यह है कि प्रत्येक कार्य वे योग्यता और लगन से करते थे। जनता पर उनके असीम प्रभाव का कारण यह था कि वे स्वार्थ, ईर्ष्या या लोभ से सदा दूर रहते थे। उनके चरित्र में इतने गुण थे कि मैंने उनमें शालीन पुत्र, प्रिय साथी और आदरणीय नेता को एक साथ पाया।"

उनका काम करने का अपना ही तरीका था। एक बार वे दीवारों पर इश्तहार चिपकाते फिर रहे थे। दीवार से लगाकर साइकिल खड़ी करते, सँभलकर उस पर चढ़ते और तब ऊँचाई पर इश्तहार चिपकाते। उनके छोटे भाई कुलतार सिंह भी साथ थे। उन्होंने पूछा, "नीचे काफी जगह है, फिर आप ऊपर क्यों चढ़ते हैं?" उत्तर मिला, "इसलिए कि एक भी इश्तहार जाया न जाए और उसका पूरा फायदा मिले। नीचे लगे इश्तेहारों को अक्सर बच्चे फाड़ देते हैं।"

उनकी सतर्कता बहुत गहरी थी। दूसरों का ध्यान वे पूरा-पूरा रखते थे। साथियों

के प्रति उनकी भावना इतनी गहरी थी कि छोटी-से-छोटी बात में भी साथी का पूरा ध्यान उन्हें रहता था। सेंट्रल जेल, लाहौर से 3 जून, 1930 को उन्होंने अपने घर के पते पर श्री जयदेव गुप्ता को यह मार्मिक पत्र लिखा था—

सेंट्रल जेल, लाहौर
3-6-30

मेरे प्यारे श्री जयदेव,

कृपा कर मेरा हार्दिक धन्यवाद स्वीकार कीजिए, कपड़े के उन जूतों और सफेद पॉलिश की शीशी के लिए जो आपने भेजे हैं। आपके शब्दों में, (जैसे कि श्री कुलबीर ने कहा) मैं आपको कुछ और चीजें लाने को यह पत्र लिख रहा हूँ। मुझे विश्वास है कि आप इसे महसूस नहीं करेंगे। कृपया देख लें कि क्या आप श्री बी. के. दत्त के लिए कपड़े का एक और जूता भेजने की व्यवस्था कर सकते हैं? (साइज नम्बर सात) लेकिन दुकानदार से वापसी की शर्त पर लेना, यदि उनके पैर में फिट न आए। यह बात मैंने अपने लिए लिखते समय ही लिखी होती पर श्री दत्त उस दिन सरल भाव (इजी मूड) में नहीं थे। लेकिन मेरे लिए इसे अकेले पहनना बहुत मुश्किल है। इसलिए मैं आशा करता हूँ कि अगली मुलाकात के समय तक एक और जूता यहाँ होगा।

साथ ही कृपया एक टूबैल शर्ट (कमीज) जिसका साइज छाती 34 हो और कमर 29, भेज दें। उस पर शेक्सपीरियन कालर हो और आधी आस्तीन हो। यह भी श्री दत्त के लिए चाहिए। क्या आप यह सोचेंगे कि हम जेल में भी अपने रहन-सहन के खर्चीले ढंग पर रोक नहीं लगा सके? अन्ततः यह आवश्यकताएँ हैं, विलासिताएँ नहीं। नहाने और व्यायाम करने के लिए किसी मुलायम कपड़े के बने दो लंगोट भी भेज दें और कपड़े धोने के साबुन की कुछ टिकियाएँ भी। साथ ही कुछ बादाम और स्वान इंक की एक शीशी भी।

सरदार जी के बारे में क्या खबर है? क्या वे लुधियाना से वापस आ गए हैं? इन दिनों कचहरी बन्द रहेगी और मुकदमा आगे नहीं बढ़ेगा। यदि वे नहीं आए, तो उन्हें लाने के लिए किसी को भेज दें। जो हो, उनके और मेरे मुकदमे का अन्त करीब ही है। कह नहीं सकता कि हमें एक-दूसरे को मिलने का अवसर मिलेगा या नहीं, इसलिए उन्हें तुरन्त बुला लें, ताकि वे इस सप्ताह में मुझसे दो बार मिल सकें। यदि वे जल्दी ही नहीं आ रहे हैं, तो कृपा कर कुलबीर और बहन जी को मुझसे मुलाकात के लिए कल या परसों भेज दें। मेरे मित्रों को मेरी याद दिलाना। क्या आप फारसी का एक 'कायदा' उर्दू अनुवाद सहित भेजने की व्यवस्था कर सकेंगे? चार आने की सूजी भी भेज दें।

तुम्हारा
भगतसिंह

इस एक पोस्टकार्ड में कितने चित्र हैं, उनके व्यक्तित्व के! मानवीयता तो है ही, जो साथियों के साथ उन्हें एकात्म करती है, पर स्वभाव की सरसता और व्यक्तित्व की रंगीनी, जिसे मैं सजीवता कहना पसन्द करूँगी, वह भी है, पर इन सबसे बढ़कर भी यह बात है कि वे हर बात की गहराई में बहुत दूर तक जाते थे। आश्चर्य होता है कि जो आदमी स्वयं दौड़कर मौत के द्वार पर जा बैठा है, वह फारसी का कायदा (पहली पुस्तक) भी मँगा रहा है और चार आने की सूजी भी। यह तो सच है कि अपने स्वभाव की विशेषताओं से वे व्यक्तित्व की विभिन्न और विविध धाराओं के जीवित संग्रहालय थे।

इसी की पूर्ति करता है एक दूसरा संस्मरण। भगतसिंह और उनके साथियों को फाँसी का हुक्म होने पर बचाव कमेटी की अपील पर बहुत-सा धन एकत्र हुआ। भगतसिंह ने कमेटी की सेक्रेटरी कु. लज्जावती जी को लिखा कि–"फाँसी लगनेवालों की चिन्ता छोड़कर वह रुपया उन लोगों के नाम जमा कर दिया जाए, जिन्हें उमर-कैद की सजा हुई है।" दुनिया से जानेवाला एक इनसान उनकी सुख-सुविधा की चिन्ता कर रहा था, जिन्हें दुनिया में जीना है, तभी तो वह मरकर भी अमर हो गया और जीवन की कला का हमेशा-हमेशा के लिए एक महान पाठ बन गया।

उनके जीवन का चाव था, जीवन का चार्म था, शौक थे। वे चाँदनी रातों में छत के एकान्त में ऐसे तल्लीन हो जाते थे कि समय की सुध-बुध ही न रहती थी। चाँद से जाने क्या बात करते थे, घंटों उसे देखते रहते थे और जाने क्या सोचते रहते थे? गाने का तो उन्हें बेपनाह शौक था। खुद भी गाते थे और गाना सुनते भी दिल लगा कर थे।

क्रान्तिकारी दल में अपने गाने के लिए भी भगतसिंह प्रसिद्ध थे। यह गाना उनका एक शौक ही न था, मैंने बहुत बार सोचा है और मुझे लगा है कि संगीत के द्वारा वे अपने से अपना साक्षात्कार करते थे। असेम्बली बम कांड में भगतसिंह को आजीवन कारावास का दंड सुनाया जा चुका था। श्री आसफ अली एक वकील के रूप में दिल्ली जेल की काल कोठरी में उनसे मिलने जा रहे थे। श्रीमती अरुणा आसफ अली भी उनके साथ थीं। जब वे कालकोठरी के पास पहुँचे, तो उन्हें गाने की आवाज सुनाई पड़ी। अरुणा जी ने कहा, "कितना सुरीला कंठ और मधुर स्वर है। कोई बहुत प्रसन्नता में गा रहा है।" वे दोनों आगे बढ़े, तो वह गायक और कोई नहीं, स्वयं भगतसिंह थे जो अपने गाने पर, अपनी ही बेड़ियों से ताल दे रहे थे। कितना दिव्य था वह दृश्य!

सिनेमा देखने का खूब शौक था उन्हें। यदि हाथ में कोई जिम्मेदारी का काम न हो और जब सिनेमा न जा सकते हों, तब जहाँ हों, वहीं महफिल जम जाती थी और अट्टाहासों, संवादों, सूक्तियों, शेरों और ग़ज़लों से भरी बातचीत की फिल्म चल

पड़ती थी। ऐसी ही एक फिल्म का रेखाचित्र प्रस्तुत करते हैं श्री भगवानदास माहौर–

"आगरे के एक मकान में आज़ाद, भगतसिंह, सुखदेव, राजगुरु, बटुकेश्वर दत्त, शिव वर्मा, विजय कुमार सिन्हा, जयदेव कपूर, डॉ. गयाप्रसाद, वैशम्पायन, सदाशिव आदि दल के सक्रिय सदस्य बैठे हैं। विनोद चल रहा है। विनोद का विषय है कि कौन कैसे पकड़ा जाएगा और पकड़े जाने पर कौन क्या करेगा?

"ये हज़रत (राजगुरु) तो सोते ही पकड़े जाएँगे। हद हो गई, जनाब चलते-चलते भी सोते जाते हैं। इनकी आँख पुलिस लॉकअप में खुलेगी और तब ये पहरेवालों से पूछेंगे मैं सचमुच पकड़ा गया हूँ या स्वप्न देख रहा हूँ।"

"मोहन (बटुकेश्वर दत्त) चाँदनी रात में पार्क में चाँद देखते हुए पकड़े जाएँगे। पकड़े जाने पर पुलिसवालों से आप कहेंगे–कोई बात नहीं, मगर चाँद है कितना सुन्दर।"

"बच्चू (विजय कुमार सिन्हा) और रणजीत (भगतसिंह) किसी सिनेमा हॉल में पकड़े जाएँगे और तब पुलिस से कहेंगे–जी हाँ, पकड़ लिया तो क्या गजब हो गया। अब खेल तो पूरा देख लेने दो।"

"और पंडितजी (चन्द्रशेखर आज़ाद) बुन्देलखंड की किसी पहाड़ी में शिकार खेलते हुए किसी मित्र बने सरकार-परस्त के विश्वासघात से घायल होकर बेहोशी की अवस्था में पकड़े जाएँगे।" आज़ाद ने झिड़की की हँसी हँसी। भगतसिंह ने विनोद करते हुए कहा–"पंडितजी, आपके लिए दो रस्सों की जरूरत पड़ेगी। एक आपके गले के लिए और दूसरा इस भारी भरकम पेट के लिए।" आज़ाद तुरन्त हँसकर बोले–"देख फाँसी का शौक मुझे नहीं है। वह तुझे मुबारक हो। रस्सा-फरसा तुम्हारे गले के लिए है। जब तक यह बमतुल बुखारा (पिस्तौल) मेरे पास है, किसने माँ का दूध पिया है जो मुझे जीवित पकड़ ले जाए!"

सोचती हूँ मृत्यु के ज्वालामुखी के द्वार पर खेलनेवाले भगतसिंह और उनके साथी कितने सजीव थे? जीवन के प्रति ये किस सन्त से कम निर्लिप्त थे?

रसगुल्ला उन्हें बेहद प्रिय था। लाहौर षड्यन्त्र के मुकदमे के दिनों की बात है–9 अप्रैल, 1930 को जतीन्द्र सान्याल ने अदालत में दरख्वास्त की कि रसगुल्लों का एक पार्सल बंगाल से आया है, पर जेल अधिकारियों ने हमें यह कहकर उसे नहीं लेने दिया कि यह लेने लायक चीज नहीं है।

रसगुल्ले का नाम सुनते ही भगतसिंह का रोम-रोम खिल उठा। वे न्यायाधीश की ओर मुखातिब हुए और बोले, "द रसगुल्लाज आर लाइंग आउट साइड, विल यू टेक द ट्रबल ऑफ एक्जामिनिंग दैम? इट एज ए ब्यूटीफुल सीन। यू मे जस्ट लुक ऐट दैम। रसगुल्लाज आर मोर इम्पोर्टेंट फार अस दैन दीज विटनसेस।" यानी रसगुल्ले बाहर पड़े हैं। क्या आप उनका निरीक्षण करने का कष्ट उठाएँगे? यह एक

सुन्दर दृश्य है। आप उन्हें जरा देखें तो। इन गवाहियों की अपेक्षा रसगुल्ले हमारे लिए अधिक महत्त्वपूर्ण है। रसगुल्लों की बात और भगतसिंह का बात कहने का अभिनयपूर्ण सरस ढंग! सब इतने जोर से हँसे कि फाँसी और कैद का भय सकुचाकर अपने में सिमट गया।

मुकदमे के दिनों का ही एक और संस्मरण प्रस्तुत करते हैं श्री सत्यदेव विधालंकार—"अदालत की छुट्टी के समय मुलाकात के लिए सबको एक ही कमरे में बेंचों या जमीन पर बिठाया जाता था, जिससे एक-दूसरे से मिलने का अवसर बिना कठिनाई के मिल जाता था। एक दिन एक पुलिस इंस्पेक्टर ने मुझे भगतसिंह से बातचीत करने से रोका, तो वह बड़े ही लहजे में बोल उठे कि 'अरे भाई, कल तो फाँसी पर लटका दोगे और आज दो बात भी नहीं करने देते।' वह इंस्पेक्टर शरमाकर रह गया। अपने मुकदमे के लम्बे दौर में कभी एक बार भी सरदार उदास नहीं देखे गए और वह इतने प्रसन्नचित्त रहते थे कि किसी दूसरे को भी उदास न होने देते थे। मुकदमे की कार्रवाई में जब-तब पुलिस, पुलिस के गवाहों, पुलिस के अधिकारियों और मजिस्ट्रेट पर भी चुटकियाँ भरते रहते थे। कभी-कभी तो उनके व्यंग्य भरे विनोद पर सारी अदालत हँसी से गूँज उठती थी। अपनी जिन्दादिली से अदालत के वातावरण को वह जिन्दा बनाए रखते थे।"

उदासी नामक कोई चीज उनके जीवन में थी ही नहीं। कैसी भी परिस्थितियाँ क्यों न हों, वे सदा-सदा प्रसन्नचित्त ही रहते थे।

भगतसिंह पहली फरारी के बाद कानपुर से आए तो उनकी बहन (बीवी अमर कौर) महीनों के बाद उन्हें देखकर रोने लगीं। उन्होंने परिवार के सब लोगों को जल्दी आओ कहकर बुलाया और बोले, "देखो, अमरो मेरे आने की खुशी में रो रही है।" सुनकर सब हँस पड़े तो रोती हुई अमरो भी खिलखिलाकर हँस पड़ी।

उन दिनों डेरी का काम चल रहा था। एक दिन बेबेजी ने कहा, "भगत, तू जाने कहाँ फिरता रहता है, घर नहीं रहता। नौकर दूध पी जाते हैं।" चुटकी बजा-बजाकर वे नाचते हुए गाने लगे, "बंड दे गरीबाँ नूँ, बेबे, बंड दे गरीबाँ नूँ, इह घर कम नहीं औणा।" बेबेजी ने बड़ी चिन्ता भरी मुद्रा में बात आरम्भ की थी। पर भगतसिंह के इस अभिनय को देखकर वे खिलखिला पड़ीं।

दादी श्रीमती जयकौर ने जन्म के समय उन्हें भागोंवाला कहा था। वे भगतसिंह को इसी सम्बोधन से पुकारती रहीं। मुकदमे के दिनों उन्हें हथकड़ी पहने देखकर दादी ने दुख से कहा, "हाय भागोंवाले ये गहने पहने हुए हैं!" वे ताल के साथ हथकड़ियाँ बजाते हुए हँसकर बोले, "ये सरकार के पहनाए हुए बहुत कीमती गहने हैं, हरेक को यह कहाँ मिलते हैं!"

वे दुख के अँधेरे को दूर करने के लिए हँसी की रोशनी तो फेंकते ही थे, दूसरों के हृदय को जीतने के लिए यह उनका जादुई अस्त्र भी था। श्री भगवानदास माहौर

के शब्द हैं—"अब मैं उनकी सोशलिस्ट फिलासफी की तीखे ढंग से कही गई बातों के विरोध में उनको भारतीय दर्शन या वेदान्त की दुहाई देकर संस्कृत के श्लोक सुनाने लगता था, तब वे मेरे सामने हाथ जोड़कर 'जय हनुमान ज्ञान गुण सागर' का पाठ करते हुए कुछ ऐसी मार्मिकता से हँसते थे कि उनके तर्क से नहीं, मैं उनकी उस सद्भावना और हार्दिक अपनेपन से सराबोर हँसी से अपने-आपको परास्त हुआ ही नहीं, वशीभूत और मन्त्रमुग्ध हुआ-सा अनुभव करने लगता था।"

भगतसिंह के स्वभाव की एक अनुकरणीय बात यह थी कि उसके निर्णय पूर्वाग्रहों से मुक्त और समग्रता की दृष्टि से युक्त होते थे। मुकदमे के दिनों में एक बार कुमारी लज्जावती ने उनसे पूछा, "लाला लाजपतराय की नीति से आप सहमत नहीं थे, उसे नरम कहकर आलोचना किया करते थे। फिर उनके ही अपमान का बदला लेने के लिए आप पार्टी के योग्यतम नेताओं के जीवन और एक तरह से पार्टी के अस्तित्व को ही खतरे में क्यों डाल दिया?"

उनका उत्तर था, "उनसे मतभेद तो जरूर था, पर थे तो वे हमारे बापू ही।" इसके बाद उन्होंने अपने ओजस्वी स्वर में जो कुछ कहा था, उसका सार था—"जवान बेटों की मौजूदगी में बूढ़े बाप पर दुश्मन प्रहार करे, उसकी चोट से बाप मर जाए, तब भी बेटों का खून न उबले और वे बाप की मौत का बदला लेने का निश्चय न करें तो उन बेटों के लिए लानत के सिवा और कोई क्या कह सकता है?" सोचती हूँ कि उनके क्रान्तिकारी नेतृत्व का सर्वश्रेष्ठ प्रदर्शन यदि असेम्बली बम कांड और उसके बाद की घटनाएँ हैं तो उनके मानवीय व्यक्तित्व का सर्वश्रेष्ठ प्रदर्शन सांडर्स-वध की इस भूमिका में है।

भावुक होकर भी वे कितने आदर्शवादी थे, इसका पता वीर क्रान्तिकारिणी सुशीला दीदी की छोटी बहन श्रीमती शान्ता बलदेव के इस संस्मरण से चलता है। सांडर्स-वध के बाद भगतसिंह कलकत्ता में सुशीला दीदी के पास ठहरे हुए थे, तभी की बात है—"एक दिन पार्क स्ट्रीट के अन्त में मुझे एक मकान दिखाया और पूछा—अगर अकेली आओगी, तो यह मकान भूल तो न जाओगी? मैंने दृढ़ता से कहा—कभी नहीं। दो दिन बाद डॉक्टरों जैसा एक बैग मुझे दे दिया गया और समझाया कि सावधान, इसे खोलना नहीं। वहाँ जाओ, मधु दादा कहकर पूछना। इसे उन्हीं के हाथ में देना और किसी के नहीं। मैं सुबह सात बजे के लगभग सेंट्रल एवेन्यू से चली। मेडिकल कॉलेज का अहाता पार किया। कॉलेज स्ट्रीट से बस पकड़ी। बस पार्क स्ट्रीट की ओर भागने लगी परन्तु जहाँ बस स्टॉप होता, कंडक्टर ऊँची आवाज देता—बाँध के। ड्राइवर पूरे धक्के के साथ ठहरा देता। मैं मनाती, अब और कोई बस स्टॉप न आए तो अच्छा परन्तु यह कैसे होता? वह बस अपना एक-एक स्टॉप पार करती पार्क स्ट्रीट पहुँची। मैं वहाँ उतरी और अपनी ड्यूटी पूरी कर लौट आई। आती बार मुझे रह-रहकर सिहरन हो उठती। अपनी कल्पना से

सोचती, अगर कोई बम बस के धक्के से बैग के अन्दर फट जाता तो क्या होता? फिर कल्पना करती—मेरी बोटी-बोटी उड़ जाती, बस का बित्ता-बित्ता हो जाता व जाने कितने अभागे मुसाफिर बिना मौत मरते। चारों ओर खून-मांस के लोथड़े सड़क पर बिखरे होते और घिर जाते असंख्य दर्शक।

"घर आने के बाद भगतसिंह खाना खाने ही वाले थे। बहन जी टमाटर और मूली का सलाद बनाकर रख रही थीं। मैंने गिला के तरीके से कहा—'भैया, आप लोगों ने क्या सोचकर मुझे यह काम सुपुर्द किया था? कभी-कभी आप लोगों को खबर मिलती है कि अमुक साथी सरकारी गवाह बन गया। अगर कोई बम फट जाता, तो शायद मैं भी सरकारी गवाह बन जाती।'

"बहन जी, जो अभी पास ही खड़ी थीं, तमक पड़ीं पूरे जोर से। मेरे सिर पर हाथ मारकर बोलीं—'जानती हो शान्ता, तब मेरा ही तमंचा तुम्हारा यह सिर उड़ाता।' मैं भौचक्की-सी रह गई और वहाँ से हटकर बाहर टहलने लगी। भाई भगतसिंह ने खाना तो खाया परन्तु कुछ सोचता रहा। कुछ देर बाद मुझे उनके ये शब्द सुनाई पड़े—'दीदी, शान्ता आपसे छोटी है, क्या इसीलिए उसकी बात की कोई कीमत नहीं। आपने उसकी बात सुनी भर जरूर है परन्तु समझी नहीं। जो व्यक्ति हमारी पार्टी का नहीं है, केवल सहानुभूति भर रखता है, उससे समय पर जैसे-तैसे काम निकालने की हठधर्मी करना ही हमें जोखिम में डालने का कारण बन जाता है। पार्टी का आदमी ही ऐसा काम करे तो इस पार्टी के लिए अधिक कल्याण है। इसे तो मैंने बहुत गम्भीरता से समझा है और जहाँ तक मेरा बस चलेगा, इसे दृढ़ता से पालन करूँगा।' दीदी पर उनकी बात का असर पड़ा और रात में उन्होंने आँखों में आँसू भरकर मुझसे बात की।"

सोचती हूँ भगतसिंह को जिन तत्वों ने लोकप्रिय बनाया, उनमें उनके स्वभाव की ये विशेषताएँ प्रमुख थीं। उनके साथी श्री विजय कुमार सिन्हा के शब्दों में—"सरदार भगतसिंह का जीवन ऐसी घटनाओं से भरा पड़ा है जिनसे उनकी नैतिक ऊँचाई प्रकट होती है। वह एक स्वाभाविक योग्यता थी जो क्रान्ति के रूप में परिवर्तित हो गई। स्वभाव की दृष्टि से वे एक कलाकार थे।"

उनकी इस कला का प्रदर्शन अपने चरमोत्कर्ष (क्लाइमेक्स) पर पहुँचा 4 अक्टूबर, 1930 को, जब सन्त रणधीर सिंह उनकी कालकोठरी में उनसे मिले। सन्त जी अपनी सजा पूरी कर जेल से छूट रहे थे। उनके अनुरोध पर जेल सुपरिंटेंडेंट ने भगतसिंह से मिलने की उन्हें इजाजत दे दी। सन्त जी बड़ी उम्र के आदमी थे। भगतसिंह बहुत आदर के साथ उनसे मिले। पहले इधर-उधर की बातें हुईं; तब सन्त जी अपनी बात पर आए। सन्त जी स्वयं एक धर्मात्मा आदमी थे। ईश्वर-भक्ति ही उनके जीवन का बल था। उन्होंने सुना था कि भगतसिंह नास्तिक हो गए हैं। वे इस बात से दुखी थे और चाहते थे कि भगतसिंह को इन घड़ियों में आस्तिक बनाने

का श्रेय उन्हें प्राप्त हो। भगतसिंह की दृढ़ता के बारे में उन्होंने सुन रखा था, इसलिए सीधे ईश्वर की बात न कहकर उन्होंने आत्मा की अमरता पर बातचीत आरम्भ की—"आत्मा अमर है भगतसिंह। शरीर मर जाता है, वह नहीं मरती। देह के मिट्टी में मिलने पर आत्मा फिर जन्म लेती है और इस तरह बार-बार दुनिया में आती है। तुम यह समझ लो कि मरने के बाद भी तुम खत्म नहीं होगे।"

सन्त जी की बात सुनकर भगतसिंह ने ऐसा प्रदर्शित किया कि जैसे वे उनके धार्मिक विचारों से एकदम प्रभावित हो गए हों। उन्होंने सन्त जी से कहा कि मेरे मन का एक बहुत बड़ा अँधेरा आज दूर हो गया। मैं अब तक यह सोचता था कि फाँसी लगने के बाद मैं खत्म हो जाऊँगा। इस बात से मेरा मन बहुत दुखी रहता था, पर अब आपकी बातों से मेरा मन खुशी से भर गया है कि मैं खत्म नहीं हूँगा।

इसके बाद तो वह नाटक आरम्भ हुआ कि आनन्द ही आ गया। सन्त जी एक के बाद एक धर्म का उपदेश करते गए और भगतसिंह हाथ जोड़कर उसे मानते चले गए। नास्तिकता काफूर हो गई और आस्तिकता जम गई। ईश्वर को भगतसिंह के हृदय में सर्वोच्च स्थान प्राप्त हुआ और भगतसिंह पूरे रैदास भगत बन गए। ऐसा मालूम होने लगा कि स्वामी विवेकानन्द पर महात्मा रामकृष्ण का जैसा प्रभाव पड़ा था, सन्त रणवीर सिंह का भगतसिंह पर उससे भी ज्यादा प्रभाव पड़ा है और उनका एकदम कायाकल्प हो गया है। भगतसिंह के लिए यह सब एक मजाक था जिसमें एक भोले बुजुर्ग का मन रखने की शिष्टता भी समाई हुई थी; पर सन्त जी के लिए तो यह एक 'बैंक बैलेंस' हो गया। उसे उन्होंने जेल से बाहर जाकर बड़ी मौज के साथ खर्च किया। यही नहीं कि अपनी सामर्थ्य का खूब बखान किया, बल्कि उसे छपवा-छपवाकर भी खूब बाँटा।

धर्मभीरू, भोले, अशिक्षित और अबोध लोगों ने तो इसे सन्त जी का चमत्कार माना ही, पर यह देखकर मुझे बहुत दया आती है कि बहुत से विद्वान लोग भी भगतसिंह के मजाकिया स्वभाव को न पहचानकर इसे धर्म की पताका के रूप में फहराते फिरते हैं।

...बातें और भी सौ हैं, पर लगता है कि उनके स्वभाव की सब विशेषताएँ उनकी माता के इन शब्दों में समा गई हैं—"उनका स्वभाव ऐसा था कि इंसान तो इंसान उन्हें तो जानवर भी बेहद प्यार करते थे। मैं भैंस का दूध निकालकर आ जाती, तो बहुत बार ऐसा होता कि अपने आनन्द के मूड में वे भैंस के पास जाकर कहते—'मौसी दूध दे दे और थन पकड़कर बैठ जाते।' मैं देखकर भौंचक रह जाती कि दूध निकाल लेने पर भी भैंस और दूध उतार देती और वे बच्चों की तरह उसके थन मुँह में लेकर चूसने लगते।"

...और अन्त में

जितेन्द्र नाथ सान्याल

जब हाईकोर्ट में दी हुई दोनों दरख्वास्तें नामंजूर हो गईं, तब लाहौर के सेंट्रल जेल में फाँसी देने का प्रबन्ध किया जाने लगा। साधारणतया फाँसी प्रातःकाल दी जाया करती है, पर सरदार को रात में ही खत्म कर डालने का निश्चय कर लिया गया था। चार से छह बजे तक जेल का यह हाल था कि जेल के जो वार्डन बाहर थे, वे बाहर ही रह गए और अफसर भीतर थे, वे भीतर ही। जेल के सभी दरवाजे बन्द कर दिए गए। एक कमरे में जेल सुपरिंटेंडेंट, एक मजिस्ट्रेट और पुलिस सुपरिंटेंडेंट बैठे हुए थे। जेल के बाहर और भीतर जबरदस्त पहरे का प्रबन्ध था। 7 बजकर 35 मिनट पर (23 मार्च, 1931) तीनों देशभक्त भगतसिंह, राजगुरु और सुखदेव कोठरियों से निकाले गए। उनकी आँखों पर टोपी पहनाई गई और फाँसी के तख्ते पर वे खड़े कर दिए गए। मालूम हुआ है कि ठीक इसी समय 'डाउन-डाउन विद यूनियन जैक' (ब्रिटिश झंडे का क्षय हो) के नारे लगाए गए, जो आधे मिनट तक लगते रहे। फिर आवाजें एकाएक बन्द हो गईं। उसके बाद तीनों लाशें स्ट्रेचर पर रखी गईं और दीवार के एक छेद से बाहर कर दी गईं। फाँसी लग चुकी थी, पर जो अफसर जेल के भीतर थे, वे बाहर नहीं हुए। कहा जाता है कि भय के कारण उनका भोजन भी वहीं भेजा गया। फाँसी के समय सेंट्रल जेल के सभी कैदी बैरकों में बन्द कर दिए गए थे। दूसरी रिपोर्ट थी, कि पहले ठीक सात बजे सरदार भगतसिंह के गले में फाँसी का फन्दा डाला गया। सरदार साहब ने बड़े ऊँचे स्वर में अपने दोनों साथियों से विदा ली। जवाब में उन्होंने 'भगतसिंह जिन्दाबाद' का नारा लगाया। इस तरह उनका नारा लगाना था कि सेंट्रल जेल के राजनीतिक तथा साधारण कैदियों को सिग्नल मिल गया। यद्यपि सभी कैदी अपनी-अपनी बैरकों में उस वक्त बन्द किए जा चुके थे, तो भी उन्होंने जोर-जोर से 'भगतसिंह जिन्दाबाद' के गगनभेदी नारे लगाए। उनके नारे जेल के बाहर भी सुने जा सकते थे। सरदार के बाद श्रीयुत राजगुरु को और अन्त में श्रीयुत सुखदेव को फाँसी दी गई। शहीदों की भस्म भी नहीं दी गई। 24 मार्च

को प्रातः काल नगर के विभिन्न मुहल्लों में जिला मजिस्ट्रेट के हस्ताक्षर से निम्नलिखित पोस्टर चिपके हुए पाए गए–

"सर्वसाधारण को सूचित किया जाता है कि कल शाम को भगतसिंह, सुखदेव और राजगुरु को फाँसी दे दी गई और इसके बाद जेल के बाहर लाश ले जाकर सतलुज के किनारे भस्म कर दी गई और राख नदी में बहा दी गई।"

लाश के टुकड़े

कहा जाता है कि श्रीमती पार्वती देवी और भगतसिंह की बहन को श्मशान के पास एक टूटे हुए पुल के नीचे लाश के अधजले टुकड़े मिले थे जिन्हें लारी द्वारा लाहौर लाया गया। तब प्रायः एक लाख व्यक्तियों का जुलूस, जिसमें सभी नंगे सिर एवं नंगे पाँव थे, सरदार भगतसिंह तथा उनके साथियों के फूल लेकर निकला, जो सभी प्रमुख सड़कों पर घूमा। महिलाएँ गले में काला कपड़ा लपेटे हुए थीं। जुलूस ठीक वहीं जाकर समाप्त हुआ, जहाँ लालाजी की अन्त्येष्टि हुई थी। लोगों के चलने से इतनी धूल आकाश में उड़ रही थी कि दूर तक देखा नहीं जा सकता था तथा जहाँ तक दृष्टि जाती थी, नरमुंड ही नरमुंड दिखाई देता था। जब सारा जन समुदाय रावी तट पर बैठ गया तो डॉ. पुरुषोत्तम शर्मा ने सरदार भगतसिंह की मृत्यु पर महात्मा जी के वक्तव्य को हिन्दी में पढ़कर सुनाया। सरदार भगतसिंह के पिता सरदार किशनसिंह ने बताया कि किस तरह और कब सरदार तथा उनके साथियों का अन्तिम संस्कार किया गया। शव के भस्मावशेष की चर्चा करते समय वे कई बार फूट-फूटकर रो पड़े थे जिससे समस्त जन समुदाय, खासकर महिलाएँ भी उसी तरह फूट-फूटकर रोने लगी थीं। सर्वत्र घोर उदासी छाई हुई थी।

पंजाब सरकार की विज्ञप्ति

"पत्रों और अन्यान्य साधनों द्वारा भगतसिंह, सुखदेव व राजगुरु के अन्तिम संस्कार के विषय में भाँति-भाँति की झूठी अफवाहें फैल रही हैं, इसलिए सच्चे हालात प्रकाशित करना आवश्यक है। 23 मार्च को साढ़े आठ बजे रात को लाहौर सेंट्रल जेल से एक लारी में लादकर तीनों लाशें निकाली गईं। इनके साथ दो लारियाँ ईंधन आदि की थीं उनमें पुलिस के प्रहरी भी सवार थे। सतलुज के तट पर केसरेहिन्द पुल के पास से ये लारियाँ पहुँचीं। गंडसिंहवाला के पास एक आचार्य और एक ग्रन्थी भी आ मौजूद हुए। पौने बारह बजे रात को चितारोहण हुआ और 4 बजे तक आग इतनी बुझ चुकी थी कि भस्म हटाई जा सके। दोनों शास्त्रज्ञों से परामर्श लेकर मंगलवार को सुबह 4 बजे भस्म एकत्रित करके एक लारी में रखी गई। वह लारी

लाहौर के फीरोजपुर-बृज के समीप पहुँची और सबेरे पौने 6 बजे सतलुज की निम्न धारा में भस्म बहा दी गई। शव बिलकुल जल चुके थे और उनका कोई अंग न छूटने पाया था। उक्त आचार्य एवं ग्रन्थी ने सभी आवश्यक धार्मिक संस्कार किए थे। यह बयान बिलकुल गलत है कि जलाने से पहले लाशों को टूक-टूक कर दिया गया था। यह भी सच नहीं है कि भारतीय अथवा गोरी पल्टन लाशों के साथ गई थीं। 24 तारीख की दोपहर को अन्त्येष्टि के सम्बन्ध में डिप्टी कमिश्नर ने जो विज्ञप्ति निकाली थी, वह उक्त कार्यक्रम को जानते हुए प्रकाशित की गई थी। जेल विधान के अनुसार बन्दियों के शव उनके सम्बन्धियों को इसलिए नहीं दिए गए कि अन्तिम संस्कार के अवसर पर प्रदर्शन होंगे और जनशान्ति भंग होने की आशंका उत्पन्न हो जाएगी''

नेताओं से समाचार किस तरह सुना

23 मार्च को साढ़े नौ बजे रात की गाड़ी से कराची कांग्रेस में शामिल होने के लिए जब दिल्ली स्टेशन पर नेता लोग पहुँच चुके थे, तब सबके चेहरों पर उदासी छाई हुई थी। कारण टेलीफोन से यह मालूम हो गया था कि लाहौर में 7 बजे सरदार भगतसिंह, श्रीयुत सुखदेव और श्रीयुत राजगुरु को फाँसी दे दी गई। पं. जवाहरलाल नेहरू, मालवीय जी और महात्मा जी की आँखों में आँसू थे। पं. जवाहरलाल नेहरू ट्रेन चलते हुए रोते-रोते, गिरते-गिरते बचे, जो कठिनाई से सँभाले गए।

श्रीयुत सेन गुप्त की राय

कराची में श्रीयुत सेन गुप्त ने कहा है कि ''तमाम राष्ट्र की पुकार की ओर ध्यान न देकर पुरानी सिविलियन मनोवृत्ति का परिचय दिया गया है। इस समय नौकरशाही ने जो नया बाण चलाया है, उससे हमें सावधान रहना चाहिए। एकता में अनेकता उत्पन्न न होनी चाहिए और न शत्रु की यही अभिलाषापूर्ण होनी चाहिए कि महात्मा गांधी के अविच्छिन्न नेतृत्व में आघात पहुँचे। शहीदों की आत्मा को शान्ति प्राप्त हो और भारत और भी अधिक शीघ्रता से अहिंसात्मक साधनों से स्वतन्त्रता प्राप्त करे।''

असेम्बली में शोक-प्रकाश

24 मार्च को दिल्ली में प्रश्नकाल के समाप्त होते ही श्री रंगाचारियर ने असेम्बली में निम्नलिखित घोषणा की, ''हार्दिक शोक और घोर क्रोध के साथ मैं यह बयान

देने के लिए खड़ा हुआ हूँ। गत 7 अक्टूबर को एक स्पेशल ट्रिब्यूनल ने भगतसिंह और उनके दो साथियों को जो प्राणदंड दिया था, कल रात को वह कार्यरूप में परिणत कर दिया गया। हम सरकार की इस हरकत पर शोक और रोष प्रकट करते हैं। इस मुकदमे के हालात सबको मालूम हैं। उन कारणों को दुहराना अनावश्यक है, जिनसे प्रेरित होकर अभियुक्तों की पीठ पीछे आर्डिनेंस द्वारा विशेष प्रबन्ध करके यह मामला चला था और इस कार्रवाई का यह परिषद सर्वदा विरोध करती रही है। जनसाधारण के बहुमत का विश्वास है कि कम-से-कम भगतसिंह का तो इस अपराध से कोई सम्बन्ध न था जिसके कारण उन्हें फाँसी पर टाँग दिया गया है। इस विषय में लोकमत का प्रदर्शन विभिन्न रूप से सरकार के आगे किया जा चुका है। जनता को पूर्ण विश्वास था और अहोरात्रि उसकी यही प्रार्थना थी कि सरकार उस सबल लोकमत का ख्याल करे जिसे भारत की उस महान आत्मा ने प्रकट कर दिया था। सरकार ने जनमत को ठुकरा दिया है और हमारे विचार में ऐसा कार्य किया है जिसका भयंकर परिणाम होगा। जनमत की इस उपेक्षा से सरकार ने स्वयं अपने और देश के लिए भी भीषण आपत्ति का आह्वान किया और कर रही है। न्याय के साथ दया भी दिखाई जाती तो सरकार का सम्मान बढ़ जाता। पर दुख है कि सरकार नेक सलाह पर कोई विचार नहीं करती। इस समय जिस शान्त वातावरण की आवश्यकता थी, वह दूर हो गया है। हम इससे हार्दिक क्रोध और शोक प्रकट करते हैं। असेम्बली की आज की कार्रवाई में हम कोई भी भाग न लेंगे।''

श्रीयुत रंगाचारियर के बयान के बाद सरदार भगतसिंह और उनके संगियों के प्राणदंड के प्रतिवादस्वरूप नेशनलिस्ट पार्टी के सब मेम्बर परिषद भवन से उठकर चले आए। इस बयान का जवाब देने के लिए सर जेम्स क्रेरर खड़े तो हुए, पर वाग्बाणों से जर्जर हो गए। उन्होंने सरकार की ओर से कहा कि ''आप लोगों को कोई शिकायत तो नहीं होनी चाहिए क्योंकि सरकार यह बात कभी नहीं मान सकती कि इस मामले में बन्दियों के साथ पूरा न्याय नहीं हुआ। सरकार का निश्चित मत है कि प्रतिवादी पक्ष को अपने पक्ष में सभी प्रमाण देने का पूरा मौका दिया गया ब्रिटिश साम्राज्य के सबसे बड़े न्यायालय द्वारा विचार किया जा चुका है। जिस कारण यह मामला चला, उससे भारत में हलचल मच गई थी, उसे कोई मेम्बर अस्वीकार नहीं कर सकता। सरकार ने मामलों के सभी अंगों पर भली-भाँति विचार कर, दंडाज्ञा को न्यायपूर्ण ही पाया। सरकार यदि इस मामले में दया-प्रदर्शन कर सकती तो उसे सन्तोष होता। परन्तु सब बातों को ध्यान में रखते हुए दया-प्रदर्शन करने पर सरकार भारत के प्रति अपना कर्त्तव्य पालन करने से वंचित हो जाती। कानून की रक्षा के लिए आवश्यक था कि दंडाज्ञा कार्य रूप में परिणत कर दिखाई जाए।''

मेम्बर यह कहकर उठकर बाहर चले गए कि "हम यह उपदेश सुनने नहीं आए।" श्री एस.सी. मिश्र, श्री डी.के. लाहिड़ी और मि. सादिक हुसैन तीनों इंडिपेंडेंट मेम्बर भी उठकर चले गए।

सर अब्दुर्रहीम ने कहा कि विरोधी दल की अनुपस्थिति में इस वर्ष के सबसे महत्त्वपूर्ण प्रस्ताव फाइनेंस बिल पर विचार स्थगित रखा जाए क्योंकि सरकार को अभी मनमानी करने का मौका मिल गया है। सरकार की ओर से इसका विरोध करते हुए बिल का फैसला करने पर जोर दिया गया। अध्यक्ष ने कहा कि ऐसे महत्त्वपूर्ण विषय को किसी दल विशेष की इच्छा पर मैं छोड़ना नहीं चाहता। इसलिए दूसरे मामलों का निपटारा होने के बाद कल शाम तक फाइनेंस बिल का निर्णय कर लिया जाएगा। अतएव पोस्टल बिल पर वाद-विवाद होने के उपरान्त बैठक दूसरे दिन के लिए स्थगित कर दी गई।

अधिकारी अपने असली रूप में

निम्नलिखित तार लाहौर स्थित 'फ्री प्रेस' की विशेष संवाददाता ने समाचार पत्रों में प्रकाशित होने के लिए 23 मार्च को भेजा था, जो केवल 'सेंसर' ही नहीं किया गया, बल्कि कहा जाता है कि तार एकदम अधिकारियों द्वारा रोक लिया गया था। सरदार भगतसिंह आदि की फाँसी की सजा रुकवाने के लिए नेताओं ने जो-जो प्रयत्न किए थे, इस तार से सारी बातों पर अच्छा प्रकाश पड़ता है। पाठकों की जानकारी के लिए तार की नकल नीचे उद्धृत की जा रही है :

"ऐसा प्रतीत होता है, कि महात्मा गांधी ने सरदार भगतसिंह आदि की फाँसी की सजा रद्द कराने के लिए कोई उपाय उठा नहीं रखा। वाइसराय से बार-बार इस सम्बन्ध में जोर दिया गया। महात्माजी का अन्तिम प्रयास 23 मार्च की सुबह किया गया था जबकि वे महामना पं. मदनमोहन मालवीय तथा अन्य कई कांग्रेस के नेताओं सहित लार्ड इर्विन से मिलने गए थे। सुना है महात्मा गांधी से वाइसराय ने अन्त में कहा था कि फाँसी की सजाओं को वे कालेपानी में तो नहीं बदल सकते, पर अधिक-से-अधिक 3 या 4 अप्रैल तक फाँसी को रोक सकते हैं। ताकि कांग्रेस का अधिवेशन सकुशल समाप्त हो जाए। कहा जाता है, महात्मा जी ने एक सप्ताह के हेर-फेर में कोई लाभ नहीं देखा और अन्त में उन्हें यही कहना पड़ा कि यदि वे फाँसी देना चाहते हैं तो निश्चित तिथि को कांग्रेस के अधिवेशन के पूर्व ही इन नौजवानों को फाँसी पर लटकाया जा सकता है, ताकि देश को भी इस बात का पता चल जाए कि देश कहाँ तक पहुँच पाया है। यदि पहले ही फाँसी लगा दी गई तो कांग्रेस को परिस्थिति का अन्दाजा लगाने में भी सुविधा हो सकती है।

कहा जाता है कि वाइसराय की इस मुलाकात के पूर्व ही महात्मा गांधी ने अपने सामने ही एक वक्तव्य (Manifesto) तैयार कराके श्री आसफ अली के हाथ इसलिए लाहौर भेजा था, ताकि वे इस पर स्वर्गीय सरदार भगतसिंह आदि के हस्ताक्षर करा लाएँ, जिससे उनकी फाँसी के सम्बन्ध में लिखा-पढ़ी करने में सुविधा हो सके। महात्माजी ने इन नौजवानों के लिए एक सन्देश भी भेजा था लेकिन श्री आसफ अली को इन स्वर्गीय नौजवानों से मिलने तक नहीं दिया गया।

लाहौर में 3 दिन ठहरने के पश्चात् उन्हें पंजाब गवर्नमेंट के होम मेम्बर का एक पत्र इस आशय का मिला कि जो वक्तव्य वे सरदार भगतसिंह आदि को दिखाने अथवा हस्ताक्षर कराने के उद्‌देश्य से अपने साथ लाए हैं, उसकी एक नकल यदि वे उन्हें भेजें तो उनसे भेंट कराने के प्रस्ताव पर विचार किया जा सकता है। श्री आसफ अली ने ऐसा करने से साफ इनकार कर दिया और इस प्रकार आपकी अन्तिम मुलाकात स्वर्गीय सरदार भगतसिंह आदि से न हो सकी।

'फ्री प्रेस' को विश्वस्त सूत्रों से इस बात का पता चला है कि यद्यपि लार्ड इर्विन सरदार भगतसिंह आदि को फाँसी देने के पक्ष में स्वयं नहीं थे किन्तु पंजाब गवर्नमेंट के लगभग सभी अंग्रेज अफसरों ने लार्ड इर्विन को इस बात की धमकी दी थी कि यदि उन्होंने फाँसी की इस सजा को रद्‌द कर दिया तो वे एक साथ अपने पदों से इस्तीफा दे देंगे।

50 हजार स्त्री-पुरुष का रोमांचकारी करुण-क्रन्दन

23 मार्च, 1931 की सन्ध्या के साढ़े सात बजे लाहौर सेंट्रल जेल में सरदार भगतसिंह, राजगुरु और सुखदेव फाँसी पर लटका दिए गए। सेंट्रल जेल के भीतर कैदियों द्वारा लगभग 7 बजे बड़ी देर तक 'इन्कलाब जिन्दाबाद' के नारे लगते रहे, जिससे आसपास के लोगों को इस बात का पता लग गया कि सरदार भगतसिंह आदि फाँसी पर लटकाए जा रहे हैं।

स्व. भगतसिंह के पिता सरदार किशनसिंह ने तार द्वारा अधिकारियों से इस बात की प्रार्थना की थी कि भगतसिंह और उनके साथियों के मृतक शरीर अन्त्येष्टि क्रिया के लिए उन्हें दे दिए जाएँ परन्तु मृतक शरीर तक उन्हें नहीं दिए गए और आधी रात को सतलुज नदी के किनारे जला दिए गए।

सच्चा शाही-मातम

जेल के पदाधिकारियों ने उस दिन सरदार भगतसिंह, राजगुरु और सुखदेव के माता-पिता तथा भाइयों और बहनों के अतिरिक्त अन्य सम्बन्धियों को उनसे

मुलाकात करने की आज्ञा नहीं दी। इस आज्ञा के विरोध में सरदार भगतसिंह के पिता सरदार किशन सिंह ने वाइसराय गवर्नर और होम मेम्बर को तार भेजा था परन्तु उस सम्बन्ध में कोई कार्रवाई होने से पहले ही तीनों उसी दिन फाँसी पर लटका दिए गए।

भगतसिंह और उनके साथियों की फाँसी से लाहौर में बड़ी सनसनी फैल गई थी। अंग्रेजों और कुछ मुसलमानों की दुकानों को छोड़कर फाँसी के विरोध में 24 मार्च को पूरी हड़ताल रही। शहर के कोने-कोने में लोग नंगे सिर एकत्रित हो रहे थे। आकस्मिक घटना के भय से फौज बिलकुल तैयार रखी गई थी और शहर भर में सशस्त्र पुलिस का पहरा था। आकाश में वायुयान भी इसी उद्देश्य से उड़ रहे थे। 'नौजवान भारत सभा' ने एक विराट सभा में फाँसी के विरोध में एक प्रस्ताव पास किया और भगतसिंह, राजगुरु तथा सुखदेव का स्मृतिचिह्न स्थापित करने का निश्चय किया तथा उसके लिए रुपए देने की अपील भी की गई। सबेरे इस सभा के अतिरिक्त काले झंडों सहित एक विराट जुलूस निकाला गया और मिंटो पार्क में लगभग 50,000 स्त्री-पुरुष की एक सभा हुई। सबके चेहरे पर उदासी छाई हुई थी। जब सभा में सरदार भगतसिंह के पिता किशनसिंह रोते-चिल्लाते हुए उपस्थित हुए, तब सभा में उपस्थित स्त्री-पुरुषों के धैर्य का बाँध टूट गया और वे फूट-फूटकर रोने लगे। जब सभी बच्चों की तरह रो रहे थे, तब सभा में से एक बच्चे ने उठकर कहा कि भगतसिंह मरे नहीं हैं, वे जिन्दा हैं।

दिन में 2 बजे नील-गुम्बद से एक मौन जुलूस प्रारम्भ हुआ और 6 बजे शाम को मोरी गेट के बाहर समाप्त हुआ। शहर कांग्रेस दफ्तर और पंजाब सेवा दल के झंडे आधे अन्तर पर लहरा रहे थे।

अन्तिम उद्गार

फाँसी के कुछ दिन पहले सरदार भगतसिंह और उनके साथियों ने दया-प्रार्थना के लिए इनकार करते हुए पंजाब गवर्नर को लिखा था, "अन्त में हम केवल यह कहना चाहते हैं कि आपकी अदालत के फैसले के अनुसार हम पर सम्राट के विरुद्ध युद्ध करने का अभियोग लगाया गया है और इस प्रकार हम युद्ध के शाही कैदी हैं। अतएव हमें फाँसी पर न लटकाकर गोली से उड़ाया जाना चाहिए। इसका निर्णय अब आपके ऊपर है कि जो कुछ अदालत ने निर्णय किया है, उसके अनुसार आप कार्य करेंगे या नहीं। हमारी आपसे विनम्र प्रार्थना है और हमें पूर्ण आशा है कि आप कृपा कर फौजी महकमे को आज्ञा देकर हमारे प्राणदंड के लिए एक फौज पल्टन के कुछ जवान बुलवा लेंगे।"

फाँसी का लोकमत

महात्मा गांधी

"भगतसिंह अमर शहीद हो गए हैं। उनकी मृत्यु से आज लाखों व्यक्ति दुखी है। मैं इन नवयुवक देशभक्तों की लगन की भूरि-भूरि प्रशंसा करता हूँ परन्तु मैं देश के नवयुवकों को इस बात की चेतावनी देता हूँ कि वे उनके पथ का अवलम्बन न करें। हमें भरसक उनके अभूतपूर्व त्याग, अदम्य उत्साह और विकट साहस का अनुकरण करना चाहिए परन्तु उन गुणों का उपयोग उनकी तरह न करना चाहिए। देश की स्वतन्त्रता हिंसा और हत्याओं से प्राप्त नहीं होगी, गवर्नमेंट के सम्बन्ध में मैं केवल इतना ही कहना चाहता हूँ कि उसने विप्लवियों की सहानुभूति प्राप्त करने का यह स्वर्ण अवसर खो दिया है। सन्धि की शर्तों के अनुसार उसका यह कर्त्तव्य था कि उनकी फाँसी की सजा वह कुछ समय के लिए स्थगित कर देती। अपने इस कार्य से उसने सन्धि पर बड़ा आघात किया है और इस बात का परिचय दिया है कि उसमें अभी भी जनता के मनोभावों को कुचलने की शक्ति है। पशुबल के इस प्रदर्शन से यह स्पष्ट हो जाता है कि बड़ी-बड़ी घोषणाएँ और सहानुभूतिसूचक सन्देश देने के उपरान्त भी वह अपनी शक्ति और शासनाधिकार से जरा भी हाथ खींचना नहीं चाहती। परन्तु गवर्नमेंट की इस दुर्नीति से कांग्रेस को अपने उद्देश्य और अपने निश्चय से तिल मात्र भी न डिगना चाहिए। आवेश में आकर हमें पथभ्रष्ट न होना चाहिए। हमें यह समझकर सन्तोष कर लेना चाहिए कि फाँसी की सजाएँ रद्द करना सन्धि के प्रस्तावों में निहित न था। गवर्नमेंट पर हम गुंडापन का दोष आरोपित कर सकते हैं परन्तु हमें उस पर सन्धि भंग करने का दोष न मढ़ना चाहिए। मेरी व्यक्तिगत राय से भगतसिंह और उनके साथियों की फाँसी से हमारी शक्ति बढ़ गई है। हमें आवेश में आकर इस अवसर को व्यर्थ न खोना चाहिए। इस फाँसी के विरोध में देश भर में हड़तालें होना बिलकुल स्वाभाविक है। इन देशभक्तों की फाँसी के विरोध में मौन जुलूस निकालने से अधिक उनका सम्मान नहीं हो सकता। इस अवसर पर हमें देश पर और अधिक आहुति देने के लिए तैयार होना चाहिए।"

सरदार पटेल

"अंग्रेजी कानून इस बात पर अभिमान से झूमता था कि वह गवाही में जिरह के द्वारा प्रमाणित किए बिना किसी अभियुक्त को सजा नहीं देता परन्तु उसी कानून ने ऐसी गवाही के विश्वास पर, जो घटना के बहुत देर बाद प्राप्त हुई थी और जिसमें जिरह का नाम न था—भारत के एक श्रेष्ठ युवक की हत्या कर डाली। किसी व्यक्ति

को ढीठता और उच्छृंखलता के अपराध में सजा दी जा सकती है परन्तु उसे फाँसी पर लटका देना कहाँ का न्याय है?"

पं. मदनमोहन मालवीय

पं. मदनमोहन मालवीय ने कराची को प्रस्थान करने से पहले मुलाकात में कहा, "इस फाँसी से मुझे इतना दुख हुआ कि मेरे मुँह से शब्द नहीं निकलते।"

पं. जवाहरलाल नेहरू

24 तारीख को नई दिल्ली में राष्ट्रपति* पं. जवाहरलाल नेहरू ने अपने वक्तव्य में कहा, "मैंने इन देशभक्तों के अन्तिम दिनों में अपनी जबान पर लगाम लगा रखी थी क्योंकि मुझे सन्देह था कि मेरे जबान खोलते ही कहीं फाँसी की सजा रद्द होने में बाधा न पहुँचे। यद्यपि मेरा हृदय बिलकुल पक गया था और खून अन्दर से उबाल खा रहा था परन्तु तिस पर भी मैं मौन था परन्तु अब फैसला हो गया। हम देश भर के लोग मिलकर भी भारत के ऐसे युवक की रक्षा न कर सके, जो हमारा प्यारा रत्न था और जिसका अदम्य उत्साह, त्याग और विकट साहस भारत के युवकों को उत्साहित करता था। भारत आज अपने प्यारे बच्चों को फाँसी से छुड़ाने में असमर्थ है। इस फाँसी के विरोध में देश भर में हड़तालें होंगी और जुलूस निकलेंगे। हमारी इस परतन्त्रता और असहायता के कारण देश के कोने-कोने में शोक का अन्धकार छा जाएगा। परन्तु उनके ऊपर हमें अभिमान भी होगा और जब इंग्लैंड हमसे सन्धि का प्रस्ताव करेगा, उस समय उसके और हमारे बीच में भगतसिंह का मृत शरीर उस समय तक रहेगा, जब तक हम उसे विस्मृत न कर दें।"

मौलाना जफरअली

"अभागे भारत ने अपने इतिहास में ऐसा असहायता का कभी अनुभव नहीं किया था, जैसी असहायता का अनुभव उसने 23 तारीख को भगतसिंह को फाँसी के अवसर पर किया है।"

श्री आसफ अली

"मैं दिल्ली से लाहौर, पंजाब गवर्नमेंट से आज्ञा लेकर भगतसिंह से इस आशा से मिलने आया था कि मैं क्रान्तिकारी दल के नाम उनसे एक पत्र प्राप्त करूँ, जिसमें

* कांग्रेस के तत्कालीन अध्यक्ष को 'राष्ट्रपति' कहा जाता था।

वे उन्हें इस बात का आदेश दें कि जब तक महात्मा गांधी के अहिंसात्मक आन्दोलन से भारत के लिए स्वतन्त्रता प्राप्त करने की आशा है, तब तक के लिए वह अपने हिंसात्मक कार्य स्थगित कर दें। मैंने उनसे मुलाकात करने के लिए हर एक उपाय से काम लिया परन्तु चारों ओर से दरवाजा बन्द पाया। मैंने पदाधिकारियों को यह स्पष्ट रूप से समझा दिया था कि भगतसिंह से मिलने का उद्देश्य केवल अहिंसात्मक आन्दोलन के लिए सहायता प्राप्त करना है और उन्हें यह विश्वास भी दिलाया था कि उस मुलाकात से मुझे बहुत सफलता मिलने की आशा है परन्तु मेरी अनुनय-विनय का मुझे जो उत्तर मिला, उसमें अधिकार मद निहित था। यदि मुझे भगतसिंह से मुलाकात करने का अवसर दिया जाता तो मुझे विश्वास है कि क्रान्तिकारी दल से महात्मा गांधी के मार्ग का अनुकरण कराने में बहुत सहायता मिलती। ऐसे मामले में जिसका सम्बन्ध लाखों भारतवासियों से है, भगतसिंह जैसा देशभक्त उन लोगों को, जिनका यह विश्वास है कि राजनीतिक दोषों को पूरा करने के लिए राज्यक्रान्ति की आवश्यकता है--उपदेश देने में किंचित संकोच न करता।"

कुछ समाचार-पत्रों का असन्तोष

भगतसिंह और उनके साथियों को फाँसी पर लटकाने में जल्दबाजी कर गवर्नमेंट ने समस्त देश के मनोभावों को कुचलने का प्रयत्न किया है। उसने ऐसे अवसर पर जो भयंकर भूल की है, उसका सन्धि पर प्रभाव पड़े बिना नहीं रह सकता।

—'हिन्दू' (अंग्रेजी)

राजनीतिक दृष्टि से इससे अधिक शैतानी कार्य की योजना नहीं की जा सकती।

—'स्वराज्य' (अंग्रेजी)

गवर्नमेंट ने विप्लववादियों की सहानुभूति प्राप्त करने का स्वर्ण अवसर हाथ से खो दिया है।

--'स्वदेश मित्रम्' (अंग्रेजी)

भगतसिंह और उनके साथियों की फाँसी से देश के शिक्षित युवकों में भयंकर असन्तोष फैलने की सम्भावना है। उनके प्राणों की भिक्षा के लिए गवर्नमेंट के पास हजारों प्रार्थना पत्र भेजे गए, सैकड़ों सभाएँ हुईं परन्तु अन्त में उनका परिणाम कुछ भी न निकला। यद्यपि जनता ने इस वीर और अमर देशभक्तों को, जिन्हें कानून ने अन्तिम दंड दिया था, जुलूस निकालकर और अन्य प्रकार से बचाने का प्रयत्न किया था परन्तु उनकी कानूनी कार्रवाई में इतनी भूलें थीं कि यदि गवर्नमेंट चाहती तो उन्हें कानून के आधार पर ही मुक्त कर सकती थी। इसमें सन्देह नहीं कि

गवर्नमेंट ने कराची कांग्रेस के अवसर पर उन्हें फाँसी पर लटकाकर महात्मा गांधी के मार्ग में काँटे बिखरा दिए हैं।

—**'लीडर'** (अंग्रेजी)

सरदार भगतसिंह, राजगुरु और सुखदेव की फाँसी की सजा रद्द न कर, गवर्नमेंट ने जैसी भयंकर भूल की है, उसकी तुलना कई वर्षों की किसी भयावह घटना से नहीं की जा सकती। इस देश के इतिहास में इतनी सनसनी किसी मामले से नहीं फैली, जितनी इस मामले से। और न कभी किसी मामले से फाँसी की सजा रद्द करने के लिए देश ने इतनी अनुनय-विनय की है।

—**'ट्रिब्यून'** (अंग्रेजी)

सरदार भगतसिंह को फाँसी हो गई और सरकार समझती है कि शायद इन देशभक्तों को फाँसी देकर उसने विप्लववाद का नाश कर दिया है, पर उसे मालूम होना चाहिए कि इस एक ही घटना से उसकी कठिनाइयाँ हजार गुना बढ़ गईं और इससे केवल यही भय नहीं है कि विप्लव की आग और भी भड़केगी, वरन यह भी सम्भव है कि इस घटना से महात्मा गांधी का प्रभाव भी एकदम कम हो जाए, जिसने देश को खूनखराबे से अब तक बचा रखा है।

—**'रियासत'** (उर्दू)

सरदार भगतसिंह आदि को फाँसी देकर सरकार ने केवल अपने ही मार्ग में कठिनता का सामान पैदा नहीं कर लिया है बल्कि कांग्रेस को भी मुश्किल में डाल दिया है।

—**'अवध अखबार'** (उर्दू)

हम यह तो नहीं कह सकते कि सरकार ने यह काम बुद्धिमानी का किया है या मूर्खता का, क्योंकि यह तो समय ही बताएगा परन्तु यह अनुमान करना कठिन नहीं कि इससे देश में बेचैनी बढ़ेगी और महात्मा गांधी जैसे बुद्धिमान और प्रभावशाली नेताओं का स्थान नवयुवक छीन लेंगे।

—**'शेर खालसा'** (उर्दू)

...जहाँ तक देश में शान्ति की प्रतिष्ठा और भारत तथा इंग्लैंड के सम्बन्ध को कायम रखने का प्रश्न है, हमारी राय में इस फाँसी से उसको असह्य चोट लगती है। लार्ड इरविन और मि. मैकडानल्ड ने एक अधिक बार दोनों देशों में अच्छा सम्बन्ध करने की अपील की थी, जिसके उत्तर में महात्मा जी ने अपना सत्याग्रह बन्द कर दिया और सरकार को मौका दिया...परन्तु शोक है कि इन्हीं लार्ड इरविन और मि. मैकडानल्ड के शासनकाल में सरदार भगतसिंह आदि को फाँसी के तख्ते पर लटकाकर देश की शान्ति के पर्दे पर बिजलियाँ गिराने की चेष्टा की गई है।

—**'वतन'** (उर्दू)

...शासन-तन्त्र ने एक ऐसा कदम बढ़ाया जिसका परिणाम किसी देश में अच्छा नहीं हो सकता। शासन-तन्त्र के संचालकों को सोचना चाहिए कि जिस भगतसिंह, राजगुरु तथा सुखदेव के लिए पेशावर से मुम्बई और कश्मीर से कन्याकुमारी तक के लोग मेमोरियल भेज रहे हैं, आखिर कोई बात है, जिसकी वजह से देश उन्हें जीवित रखना चाहता है। अफसोस है कि नौकरशाही ने शासन को सर्वप्रिय बनाने का एक नायाब मौका सदा के लिए खो दिया।

—**'मिलाप'** (उर्दू)

समस्त भारत के एक स्वर से प्रार्थना करने पर भी आखिर भगतसिंह फाँसी पर लटका ही दिया गया और नौकरशाही ने अपनी अदूरदर्शिता से हिंसावादी दल को अहिंसावादी राजनीतिज्ञों के विरुद्ध आन्दोलन करने तथा सर्वसाधारण को उत्तेजित करने का मौका दे ही दिया।

—**'रोजाना खिलाफत'** (उर्दू)

सरदार भगतसिंह को फाँसी देने में यदि सरकार कानून से मजबूर थी तो क्या यह गैरकानूनी तौर पर फाँसी देने के लिए भी मजबूर थी? जिस न्याय की नींव पर ब्रिटिश सरकार का दावा है कि उसका महल खड़ा है, क्या वह यही है?

—**'अर्जुन'** (हिन्दी)

सरकार की जिद से यह बात सिद्ध होती है कि उदारता के ढोल पीटने पर भी सरकार अपने हाथ की शक्ति कम नहीं करना चाहती।

—**'नवीन भारत'** (हिन्दी)

सरकार हलकों में इंग्लैंड और भारत के सम्मानपूर्ण समझौते के शत्रु तो बहुत से हैं परन्तु जिस व्यक्ति ने वाइसराय को इस आखिरी मौके पर इन नौजवानों को फाँसी पर लटकाने की सलाह दी है, वह सचमुच दोनों देशों का कट्टर दुश्मन भी है और अत्यन्त मूर्ख भी।

—**'पंजाब केसरी'** (हिन्दी)

समस्त राष्ट्र के आवेदन-निवेदन से भी भारत सरकार विचलित नहीं हुई। भगतसिंह, राजगुरु और सुखदेव को फाँसी पर लटककर प्राण दे देना पड़ा। ये जीवनांजलि देकर मृत्यु का स्वागत करने को प्रस्तुत थे। इन्होंने क्षमा की प्रत्याशा नहीं की थी—प्रार्थना भी नहीं की थी, इनका अन्तिम पत्र इस बात का प्रमाण है। तब भी इनकी मृत्यु के कारण सारे देश पर विषाद की काली छाया पड़ गई है। यह शोक की स्तब्धता नहीं, क्षोभ का गाम्भीर्य है।...सरकार के मनोभावों में परिवर्तन हुआ है—ऐसा विश्वास न होता तो समस्त देश इस तरह क्षमा-प्रार्थना और प्रत्याशा न करता। विप्लवी और विप्लवी के सन्देह में गिरफ्तार व्यक्तियों को उत्पीड़ित न करके अगर दया द्वारा उन्हें हिंसा के पथ से लौटा लाने की नीति का अवलम्बन

किया जाता तो तोप व बन्दूक के बल से बलवान ब्रिटिश सरकार को कोई दुर्बल समझकर उपहास नहीं करता।

—'आनन्द बाजार पत्रिका' (बँगला)

मि. होर्स जी. एलेक्जेंडर

लाहौर षड्यन्त्र केस में सरदार भगतसिंह, राजगुरु और सुखदेव को दी गई फाँसियों के सम्बन्ध में विलायत के 'मैंचेस्टर गार्जियन' में लिखते हुए मि. होर्स जी. एलेक्जेंडर ने लिखा था :

"ठीक ऐसे समय जबकि लोग यह उम्मीद करने लग गए थे कि महात्मा गांधी अपनी समझौता नीति में, नवयुवक दल के प्रबल विरोध करने पर भी, कांग्रेस में विजयी होंगे, भगतसिंह और उनके साथी फाँसी पर लटका दिए गए। अगर लोगों को यह निश्चय हो गया होता कि कैप्टेन सांडर्स के असन्दिग्ध हत्याकारी ये ही व्यक्ति हैं, तो इनकी फाँसी के सम्बन्ध में, एक बार विरोध करके मौन होकर बैठे रहते लेकिन इस मामले में जैसी कार्रवाई की गई है, उसे देखते हुए कोई मौन नहीं बैठ सकता बल्कि इसका तीव्र प्रतिरोध आवश्यक था।

इस मामले की मुख्य बातें भारतवर्ष के लोगों पर बहुत अच्छी तरह प्रकट हैं कि किस तरह साइमन कमीशन लाहौर आया, किस प्रकार उसके विरुद्ध सुप्रसिद्ध राष्ट्रीय नेता लाला लाजपतराय के नेतृत्व में एक विराट प्रदर्शन हुआ, जिस प्रकार कैप्टेन सांडर्स द्वारा, जैसा कि लोग कहते हैं, लालाजी पर वार किया गया और कुछ ही दिनों बाद उनकी मृत्यु हुई। लालाजी की मृत्यु के कारण के विषय में डॉक्टरों में यद्यपि मतभेद था लेकिन अधिकांश भारतीयों का यह दृढ़ विश्वास है कि कैप्टन सांडर्स के आक्रमण के आघात से ही उनकी मृत्यु हुई। इस मृत्यु के एक मास बाद, अनुमान है कि प्रतिशोध की भावनाओं से प्रेरित होकर कैप्टन सांडर्स की हत्या कर डाली गई। हत्याकारी लापता रहे। बहुत समय बाद भगतसिंह, जिन्हें असेम्बली बम कांड के मामले में सजा दी जा चुकी थी और जिन्होंने स्वयं ही अपने को हिंसक क्रान्तिकारी स्वीकार किया था। अपने कुछ साथियों के साथ इस हत्या के लिए दोषी ठहराए गए। इस मामले के दौरान कोर्ट में जो गवाहियाँ गुजरीं, वे बहुत ही अपर्याप्त थीं। भगतसिंह एक अत्यन्त साहसी, निर्भीक और स्पष्टवादी युवक था। अपनी मातृभूमि के कल्याण के लिए वह किसी भी क्षण जीवनोत्सर्ग कर सकता था। उसने स्वयं ही कहा था कि इस हत्याकांड से मेरा कोई सम्बन्ध नहीं है लेकिन वह और उसके साथी अपराधी ठहराए गए और फैसले में उन्हें मृत्युदंड दिया गया। सारी अपीलें और सजा कम करने की प्रार्थनाएँ रद्द कर दी गईं और ठीक ऐसे समय जबकि गांधीजी कांग्रेस को इस बात का विश्वास दिलाने जा रहे थे कि

सरकार ने अपना हृदय-परिवर्तन कर लिया है, वे नवयुवक फाँसी पर चढ़ा दिए गए। हम इस मनोवृत्ति को किस बात का परिचायक समझें? मेरा पहला खयाल यही हुआ कि इरविन-गांधी समझौते के कुछ शत्रु अधिकारी इस समझौते को किसी भी तरह भंग करने पर तुले हुए हैं, इसलिए इन फाँसियों के देने में इतनी जल्दी की गई है। ठीक ऐसे समय जबकि लार्ड इरविन ने पुलिस जाँच की माँग के सम्बन्ध में अपने मातहतों का समर्थन किया था, कुछ लोग, मालूम होता है, उन्हें गिरा देने के लिए ही तैयार थे। इसीलिए उन्होंने उपर्युक्त को फाँसी दे देने में इतनी जल्दी की लेकिन सम्भव है, यह बात न हो। हो सकता है कि भारत सरकार के कुछ विभागों को अपने दमन की घातक नीति पर ही पूरा विश्वास हो। ये महाशय पूर्वी देशों के निवासियों की मनोवृत्ति को समझाने का दावा करते हैं और कहते हैं कि पूर्वी मनोवृत्ति तो केवल पशुबल का आदर करना जानती है, उस पर और किसी बात का प्रभाव नहीं पड़ता। शायद उनका खयाल है कि कांग्रेस इन फाँसियों से दब जाएगी परन्तु मेरा विश्वास है कि पूर्व और पश्चिम के बीच विशाक्त और अप्रिय सम्बन्ध पैदा करने के लिए सबसे अधिक उत्तरदायी यही नीति है।

यही अवसर है कि इंग्लैंड के निवासी चेत जाएँ और समझ लें कि वास्तव में पूर्वी और पश्चिमी मनोवृत्ति में कोई मौलिक अन्तर नहीं है। पूर्वी या पश्चिमी दोनों ही, चाहे थोड़े समय के लिए बल प्रयोग से भले ही दब जाएँ लेकिन याद रहे कि अवसर पाकर दबी हुई वस्तु अपने दूने वेग से उमड़ती है। मेरे और भी मित्रों को ऐसा ही अनुभव है कि हिन्दुस्तानियों में अगर कोई विशेषता है, तो वह यही है कि वे अल्प-से-अल्प उदारता, प्रेम और विश्वास से सहज ही वशीभूत हो जाते हैं। उनके ये लक्षण कमजोरी के चिह्न कदापि नहीं हैं। वे थोड़े से विश्वास और सहानुभूति के आधार पर भी बड़ी शीघ्रता के साथ स्थायी मैत्री स्थापित कर लेते हैं। मेरा विश्वास है कि हिन्दुस्तान के लोग अब भी दोस्ती चाहनेवाले इंग्लैंड का साथ दे सकते हैं लेकिन बात यह है कि बार-बार अमृतसर कांड की पुनरावृत्ति करने से दोनों देशों की मैत्री मुश्किल होती जा रही है। उन लोगों को, जो वास्तव में पूर्व और पश्चिम में प्रेम स्थापित करना चाहते हैं, चाहिए कि भारतीयों के प्रति उदारता और सहृदयता का व्यवहार करें और अपने पुराने कृत्यों के लिए प्रायश्चित कर डालें।''

सिखों में असन्तोष

यद्यपि गवर्नमेंट की विज्ञप्ति का कहना है कि सरदार भगतसिंह आदि की अन्त्येष्टि क्रिया धर्मानुसार और विधिपूर्वक सम्पन्न हुई थी किन्तु पंजाब की जनता को जो

प्रमाण अब तक अन्यथा प्राप्त हो सके हैं, उनके बल पर वह इस आश्वासन पर विश्वास करने को तैयार नहीं है। गवर्नमेंट का कहना है कि दाह-कर्म के पश्चात फूलादि सतलुज में डाल दिए गए थे किन्तु यह भी सत्य प्रतीत होता है कि अधजले (झाँसे हुए) कुछ लाश के टुकड़े उसी स्थान से पाए गए हैं, जहाँ इन नवयुवकों की अत्येष्टि क्रिया की गई थी और लाहौर में इन्हीं टुकड़ों के शव का जुलूस निकाला गया था, जिसके पीछे एक लाख व्यक्तियों की भीड़ थी। इस सम्बन्ध में पंजाब के सुप्रसिद्ध सिख नेता ज्ञानी शेरसिंह जी ने, जो सिखों के धार्मिक नेता भी हैं, प्रेस के लिए एक वक्तव्य 27 मार्च सन् 1931 को अमृतसर में दिया था जिसका सारांश यह है :

"मैंने सरकार द्वारा प्रकाशित उस विज्ञप्ति को पढ़ा है, जिसमें यह कहा गया है कि सरदार भगतसिंह के शव की अन्त्येष्टि क्रिया सिख-धर्मानुसार की गई है। गवर्नमेंट की यह विज्ञप्ति सत्य से परे है, परन्तु यदि इसे सत्य भी मान लिया जाए तो यह तो स्पष्ट है कि अत्येष्टि क्रिया सिखों के धर्मानुसार नहीं हुई थी। किसी 'ग्रन्थी' को बिना ऐसे चार अन्य सिखों के, जोकि सिख धर्म को कड़ाई से माननेवाले हों, अन्त्येष्टि क्रिया करने का कोई अधिकार नहीं है।

अन्त्येष्टि क्रिया के साधारण नियम ये हैं कि श्मशान की ओर प्रस्थान करने से पूर्व शव को दही और दूध से स्नान कराया जाता है। अर्थी चार सिखों के कन्धों पर होनी चाहिए। इस बात का भी ध्यान रखना चाहिए कि मृतक के शरीर पर पाँचों 'कक्का' (सिखों के धार्मिक चिह्न) मौजूद हैं या नहीं। 'रागियों' की एक संगीत-मंडली होनी चाहिए। इन रागियों को इस समय गुरुतेगबहादुर की बानी के 'शब्द' गाना चाहिए जो इसी अवसर पर गाए जाते हैं। यदि शव किसी 'शहीद' का हो, तो विशेष 'शब्द' गाए जाने चाहिए, जैसे कि "जिस मरने से जग डरे, मेरे मन आनन्द', (अर्थात् जिस मृत्यु से संसार भयभीत होता है, उससे मुझे आनन्द प्राप्त होता है) इसके अतिरिक्त और भी अनेक ऐसी बातें हैं, जिनकी उपेक्षा न होनी चाहिए।

स्वयं गवर्नमेंट के वक्तव्य को पढ़ने से ऐसा प्रतीत होता है कि इस मामले में इस प्रकार की कोई बात भी नहीं की गई थी। इस विज्ञप्ति का केवल इतना ही कहना है कि अन्तिम संस्कार एक ऐसे 'ग्रन्थी' द्वारा सम्पन्न कराया गया, जिसका नाम और पता तक नहीं बतलाया गया।

इस प्रकार के अधूरे वक्तव्य से सिख जनता कदापि सन्तुष्ट नहीं हो सकती और वह उन सारी बातों का गवर्नमेंट से प्रमाण चाहती है, जिनका उल्लेख सरकारी वक्तव्य में किया गया है और वह इस मामले में गवर्नमेंट से कैफियत तलब करना चाहती है। गवर्नमेंट को सारी बातें स्पष्ट रूप से प्रकाशित करनी चाहिए।"

लाशें कैसे जलाई गईं

सरदार भगतसिंह आदि के शवदाह के विषय में जाँच करने के लिए कांग्रेस की ओर से जो कमेटी नियुक्त की गई थी, उसने लाला लाजपतराय हाल में 12 अप्रैल से बयान लेना शुरू कर दिया है। 12 अप्रैल को बयान शुरू होने से पहले डॉक्टर सत्यपाल ने बताया कि हमने पंजाब सरकार के चीफ सेक्रेटरी से इस जाँच में सहायता देने का अनुरोध किया था, पर वहाँ से जवाब मिला कि सरकार इस मामले की जाँच कर चुकी है और उसका नतीजा भी प्रकाशित कर दिया गया है, इसलिए अब वह और किसी जाँच में सहायता देना नहीं चाहती। इसके बाद फीरोजपुर कांग्रेस कमेटी के मन्त्री श्री पृथ्वीचन्द वकील, मि. शफ़ाअतुल्ला, श्रीमती पार्वती देवी और श्रीमती सोंधी की गवाहियाँ हुईं।

श्री पृथ्वीचन्द वकील का बयान

श्री पृथ्वीचन्द ने अपने बयान में कहा कि 24 मार्च को सबेरे 8 बजे मुझे मालूम हुआ कि सरदार भगतसिंह आदि की लाशें सतलुज के किनारे, पुराने पुल के पास जलाई गई हैं। मैंने पृथ्वीराम और जगन्नाथ को इस समाचार की सच्चाई की जाँच करने को कहा। उन्होंने सवा नौ बजे वापस आकर कहा कि खबर ठीक है। उन्होंने यह भी कहा कि उस जगह से मिट्टी के तेल की बू आ रही है और जमीन अभी तक गरम है। सवा दस बजे के करीब एक सिख ठेकेदार ने भी आकर कहा कि रात ही को वहाँ लाशें दफना दी गईं और जमीन से अभी तक मिट्टी के तेल की बू आ रही है।

थोड़ी ही देर बाद मुझे मालूम हुआ कि सरदार भगतसिंह और उनके साथियों के रिश्तेदार मौके पर आए हैं। कुछ मित्रों के साथ मैं भी वहाँ पहुँचा। मैंने देखा कि लाशें जहाँ दफनाई गई थीं, वहाँ से मिट्टी के तेल की गन्ध आ रही थी। कुछ अधजले कोयले के टुकड़े भी वहाँ पर पड़े हुए थे। मैंने मेहरचन्द फोटोग्राफर को बुलाकर उस स्थान का फोटो खिंचवा लिया। एक आदमी ने, जिसका नाम कृपाराम है, मुझे एक अधजला मांस का टुकड़ा दिखाया। वह अठन्नी के बराबर था और आधा इंच के करीब मोटा था। उसने कहा कि चीटियाँ उस टुकड़े को घसीटकर ले जा रही थीं। वहाँ मुझे यह भी मालूम हुआ कि वहाँ एक कटी हुई हड्डी मिली थी, जिसे भगतसिंह के घरवाले ले गए।

छुट्टी के दिन हम लोग फिर उस स्थान पर गए। खाँ शफ़ाअतुल्ला ने चिता-स्थान के करीब 30 कदम के फासले पर एक जगह दिखाई, जहाँ दाह-क्रिया के दूसरे दिन उसने खून देखा था। हम लोगों को वहाँ कुछ कंकड़ मिले, जिन पर

खून लगा हुआ था। वे कंकड़ फिरोजपुर में मेरे पास रखे हुए हैं। पचास-साठ कदम के फासले पर एक झोपड़ी थी जिसमें झोपड़ीवाले के सिवा एक और आदमी था। झोपड़ीवाले को कुछ मालूम न था किन्तु उस दूसरे आदमी ने कहा कि दाह-स्थल के पास एक जगह उसने खून गिरा हुआ देखा था। रेलवे फाटक पर उस समय मौजूद एक आदमी से पूछने पर उसे मालूम हुआ कि रात को 4-5 लारियाँ वहाँ आई थीं, जिनमें अधिकतर अंग्रेज थे। एक पर डेढ़-दो मन लकड़ी और मिट्टी के तेल के कनस्तर भी थे।

रायजादा हंसराज के प्रश्न करने पर गवाह ने कहा कि जहाँ दाह-क्रिया की गई थी, वहाँ तीन अर्थियाँ अलग-अलग रखकर नहीं जलाई जा सकती थीं। अगर ऐसा किया जाता, तो पासवाली झाड़ियों तक आग का असर जरूर पहुँचता और एक झाड़ी तो जल ही जाती।

मौलवी शफ़ाअतुल्ला का बयान

मौलवी शफ़ाअतुल्ला ने कहा कि मैं एक सभा में भाषण दे रहा था कि कृपाराम ने मुझे मांस का टुकड़ा और दूसरे कई लोगों ने हड्डियाँ दिखाईं। मैंने उपस्थित लोगों को वे चीजें दिखा दीं। 25 तारीख को सबेरे मैं उस स्थान पर गया, जहाँ लाशें जलाई गई थीं। वह जगह रस्सी से घेर दी गई थी, जिससे लोग जूते पहनकर उस पर न जाएँ। उस घेरे के अन्दर 3-4 फुट ऐसी जगह थी, जहाँ से किरोसिन तेल की बू आ रही थी। कुरेदने से वहाँ हड्डी के छोटे-छोटे टुकड़े निकलते थे, मेरे सामने वह जगह खोदी गई। उसमें से हड्डी के टुकड़े और अधजले कोयले निकले। उनसे मिट्टी के तेल की बू आ रही थी। वहाँ से कोई दो सौ गज के फासले पर एक जगह खून लगे हुए कंकड़ पड़े थे। मेरे साथियों ने उन्हें चुन लिया।

हमें मालूम हुआ कि पुलिसवाले कसूर से ग्रन्थी और आचार्य लाए थे। वहाँ जाकर तलाश करने पर हमें जगन्नाथ आचार्य मिल गया पर ग्रन्थी नहीं मिला। उसने साथ चलकर वह जगह दिखाई जहाँ लाश जलाई गई थी। उसने कहा कि तीनों लाशें एक-एक बालिश्त के फासले पर रखी गई थीं। वह इसके अधिक कुछ नहीं बतला सका। कसूर में खोज करने पर मालूम हुआ कि डिप्टी पुलिस सुपरिंटेंडेंट शिवदर्शन सिंह ने 23 मार्च की शाम को, एक दुकान से 4 टिन मिट्टी का तेल खरीदा था। डॉक्टर सत्यपाल की जिरह में गवाह ने कहा कि जाँच करते समय कोई ऐसा आदमी मुझे नहीं मिला, जिसने लाशों को काटते हुए देखा हो।

श्रीमती पार्वती देवी का बयान

श्रीमती जी ने कहा कि 24 मार्च को मैं सरदार भगतसिंह की बहन और दूसरी कई स्त्रियों के साथ सतलुज के किनारे उस स्थान पर गई, जहाँ भगतसिंह आदि की लाशें जलाई गई थीं। मुझे वह जगह मालूम न थी। मैं लोगों से पूछताछ कर ही रही थी कि इतने में मेरा पाँव एक ऐसी जगह जा पड़ा, जहाँ की जमीन गरम थी। वहाँ से मिट्टी के तेल की सख्त बू आ रही थी। मैंने उस स्थान को कुरेदा तो कई छोटे-छोटे मांस के टुकड़े मिले। एक टुकड़ा अब भी मेरे पास है। श्रीमती सोंधी ने भी श्रीमती पार्वती देवी के बयान का समर्थन किया।

फिरोजपुर में जाँच कमेटी

15 अप्रैल को, जाँच कमेटी फिरोजपुर पहुँची। वहाँ जाते समय सदस्यगण दाह-स्थान देखने के लिए भी गए। आज वह स्थान नहीं पहचाना जाता था। बालू से स्थान बराबर कर दिया गया था और स्वयंसेवकों द्वारा बनाया हुआ घेरा भी तोड़ डाला गया था। दो खुफिया पुलिस के आदमी थोड़ी दूर से उस स्थान की निगरानी कर रहे थे। सड़क के दूसरी ओर करीब एक फर्लांग की दूरी पर तीन खेमे गड़े हुए थे, जिसमें एक दर्जन से अधिक पुलिस के सिपाही बैठे थे। जमीन के बराबर किए जाने के सम्बन्ध में पूछने पर सी.आई.डी. वालों ने अपनी अनभिज्ञता जतलाई।

फिरोजपुर में गवाहियाँ लेने पर, फोटोग्राफर लाला मेहरचन्द, जिन्होंने दाह-स्थान का फोटो लिया था और कृपाराम नामक एक दुकानदार ने पिछले बयानों का समर्थन किया। कृपाराम ने कमेटी के सामने एक बोतल पेश की, जिसमें चिता-स्थान पर पाया गया मांस का एक टुकड़ा रखा गया था। टुकड़े का वजन एक छटाँक के लगभग था।

हरवंशलाल नामक एक मोटर ड्राइवर ने कहा कि कृपाराम ने उसके सामने मांस का टुकड़ा चिता-स्थान पर पाया था। गवाह ने उससे एक छोटा-सा टुकड़ा तावीज बनाने के लिए लिया।

'नौजवान भारत सभा' के अध्यक्ष महाशय अमरनाथ ने कहा कि उन्हें उस स्थान पर कुछ जली हुई हड्डियाँ मिलीं। गवाह ने हड्डियों को कमेटी के सामने पेश भी किया।

पं. चिरौंजीलाल ने भी मांस का एक टुकड़ा कमेटी के सामने पेश किया।

फिरोजपुर के लाला मुकुन्दलाल एडवोकेट ने कहा कि दाह-स्थान 4 वर्गफीट से ज्यादा न होगा। इतने संकीर्ण स्थान में तीन लाशें अलग-अलग नहीं जलाई जा सकती थीं। उन्होंने कहा कि जान पड़ता है कि लाशों के जलने में काफी लकड़ी

का व्यवहार नहीं किया गया था और हिन्दू या सिख किसी की भी लाश किरोसिन के तेल से जलाना धर्म के विरुद्ध है। मौलवी मुहम्मद हुसैन, दीवान दुर्गाप्रसाद, बाबा चरणसिंह आदि वकीलों ने भी, जिन्होंने इस विषय की पूरी जाँच की थी, उक्त बयानों का समर्थन किया। डॉ. सत्यपाल के प्रश्न का उत्तर देते हुए मौलवी मुहम्मद हुसैन ने कहा कि लाशों के काटे जाने की बात उन्होंने सुनी है किन्तु इस विषय का कोई प्रत्यक्ष प्रमाण उनके पास नहीं है।

ग्रन्थी ने क्या किया?

सरदार लाभ सिंह ने कसूर में कमेटी के सामने अपना बयान देते हुए कहा कि नत्था सिंह ग्रन्थी ने उससे कहा था कि 23 मार्च की रात को वह बड़ी मुश्किल में पड़ा था। ग्रन्थी ने गवाह को बतलाया कि 23 मार्च की शाम को 7 बजे के लगभग एक पुलिस का आदमी उसके पास आया और पुलिस के डिप्टी सुपरिंटेंडेंट सुदर्शन सिंह के पास चलने को कहा। पुलिस के सिपाही ने कहा कि 'अखंड पाठ' के लिए ग्रन्थी की आवश्यकता है। वहाँ पहुँचने पर ग्रन्थी से कहा गया कि गंडासिंघवाला में पाठ की जरूरत है। इसके बाद आचार्य जगन्नाथ के साथ ग्रन्थी गंडासिंघवाला लाया गया। उन लोगों के साथ किरोसिन तेल के 3 कनस्तर भी लाए गए। पुलिस के कुछ अफसर और कुछ कांस्टेबिल भी उनके साथ थे। गंडासिंघवाला स्टेशन पहुँचने पर उन्हें एक लारी मिली।

लाहौर से भी लारियाँ आईं

इसके बाद लाहौर की ओर से भी 4 लारियाँ आईं। एक लारी से पुलिस के डिप्टी सुपरिंटेंडेंट अमर सिंह उतरे और वे ग्रन्थी की लारी में जा बैठे। उनकी आज्ञानुसार लारी पुराने पुल के पास लाई गई। अन्य लारियाँ भी वहीं आकर खड़ी हुईं। अमर सिंह ने ग्रन्थी और आचार्य से कहा कि उनके साथ एक सिख और दो हिन्दुओं की लाशें हैं, जिन्हें वे जलाना चाहते हैं। ग्रन्थी और आचार्य को उन मृतकों के नाम नहीं बताए गए किन्तु तो भी ग्रन्थी को सन्देह हुआ कि ये लाशें, भगतसिंह, राजगुरु और सुखदेव की हैं। जब टार्च की सहायता से उसने लाशों को देखा तो मालूम हुआ कि मृतकों के मुँह और नाक से खून बह रहा है। एक पुलिस कांस्टेबल ने लाशों की पोशाक को फाड़ डाला और स्नान कराकर कपड़े में उन्हें लपेटा और एक ही चिता पर तीनों लाशों को रख दिया। लाश के ऊपर और नीचे लकड़ियाँ रखी हुई थीं। चिता पर मिट्टी का तेल डाल दिया गया। तब ग्रन्थी और आचार्य से अन्तिम संस्कार करने के लिए कहा गया। उन्होंने मिट्टी के तेल की सहायता से आग लगा

दी। इसके बाद उनसे लारी में चले जाने के लिए कहा गया। लारी में आकर वे करीब ढाई घंटे तक पुलिसवालों की इन्तजारी में बैठे रहे। इतनी देर के बाद चिता पर पानी डाल दिया गया और कुदाली से भस्म, हड्डी आदि वस्तुओं को इकट्ठा कर कम्बली में बाँधा गया और नदी में छोड़ दिया गया। इसके बाद ग्रन्थी और आचार्य कसूर लाए गए। वे साढ़े पाँच बजे सुबह कसूर पहुँचे।

सिखों का अन्तिम संस्कार

गवाह ने आगे कहा कि वह सरदार अमर सिंह और लाला मणिराम के साथ साढ़े ग्यारह बजे दाह-स्थान देखने गया था। चिता-स्थान किरोसिन तेल से भीगा हुआ था। वहाँ चीड़ की लकड़ियों के कोयले पड़े हुए थे जिससे पता चला कि लाशों के जलाने में चीड़ की लकड़ी का ही व्यवहार किया गया है।

अन्य प्रश्नों का उत्तर देते हुए गवाह ने कहा कि सिख धर्म के अनुसार अन्तिम संस्कार के लिए एक घंटे की आवश्यकता है। संस्कार खत्म हो जाने के बाद चिता में आग लगाई जाती है। गवाह ने कहा कि उसकी राय में मृतकों का अन्तिम संस्कार उचित रीति से नहीं किया गया क्योंकि न तो ग्रन्थी को उसके लिए समय ही दिया गया और न वह अन्तिम संस्कार के लिए तैयार ही होकर आया था। इसके अतिरिक्त 'कढ़ाह प्रसाद' भी, जो इस संस्कार के लिए अत्यावश्यक है, तैयार नहीं कराया गया था। ग्रन्थी ने गवाह से कहा था कि उससे कोई संस्कार नहीं कराया गया था।

सिख-धर्मानुसार लाश को रात में जलाना मना है। इससे पहले ऐसी कोई घटना नहीं हुई थी, कम-से-कम गवाह ऐसी कोई घटना के विषय में नहीं जानता है।

डॉ. सत्यपाल के एक प्रश्न का उत्तर देते हुए गवाह ने कहा कि किसी सिख की लाश को मृतक के किसी सम्बन्धी या पुरोहित को छोड़कर और कोई नहीं छू सकता। उसकी लाश को हर एक मनुष्य नहीं छू सकता है। ग्रन्थी ने उससे कहा था कि वे पुलिस कांस्टेबल, जिन्होंने मृतकों को स्नान कराया, भिन्न धर्मावलम्बी थे। ग्रन्थी ने यह भी कहा कि अन्तिम संस्कार के सम्बन्ध में उससे कोई बात नहीं पूछी गई थी।

लाला मणिराम जैन ने अपना बयान देते समय डॉ. सत्यपाल के पूछने पर कहा कि तीन लाशों को अच्छी तरह जलाने के लिए 50 मन लकड़ी की आवश्यकता है। हिन्दू धर्म के अनुसार भी मृतक शरीर को उसके सम्बन्धी और पुरोहित के सिवा दूसरा कोई नहीं छू सकता और रात के समय लाश नहीं जलाई जा सकती। लाश जलाने के चौथे दिन भस्म इकट्ठा किया जाता है और वह हरिद्वार भेजा जाता है।

मिट्टी के तेल के सम्बन्ध में

कसूर की म्युनिसिपल कमेटी के वाइस प्रेसीडेंट डॉ. बोधराज ने कहा कि वे 'ट्रिब्यून' के स्थानीय संवाददाता हैं। उन्होंने सरकारी और गैरसरकारी दोनों जरिए से जाँच की है। आचार्य और ग्रन्थी के पास भी वे पता लगाने के लिए गए थे। ग्रन्थी ने यह स्वीकार किया है कि लाशों के जलाने में मिट्टी का तेल काम में लाया गया है। गवाह ने तेल के ठेकेदार से भी इस बात की जाँच की थी। उसने यह बात स्वीकार की थी कि पुलिसवाले उसके यहाँ से 4 टिन मिट्टी का तेल ले गए थे, किन्तु 24 तारीख को तेल लौटा दिया गया। इसके बाद सरदार नत्था सिंह कमेटी के सामने पेश किए गए।

सभापति ने सूचित किया कि उन्हें पता चला है कि पुलिस ने ग्रन्थी को बुला भेजा है। उन्होंने ग्रन्थी से पूछा कि वह अपना बयान देने के लिए तैयार है या नहीं? ग्रन्थी अपने मित्रों से इस सम्बन्ध में सलाह करने के लिए बाहर चला गया और कुछ मिनटों के पश्चात लौटकर उसने कमेटी से कहा कि वह अपना बयान देने के लिए तैयार नहीं है।

सभापति ने पूछा–"अपना बयान देने में आपको किसी बात का डर है?"

ग्रन्थी–"मैं इस समय कुछ नहीं कह सकता। मुझे इस पर सोच-विचार करने के लिए 15 मिनट का समय दीजिए।"

गवाह को समय दिया गया। उसने फिर बाहर जाकर अपने मित्रों से सलाह ली किन्तु एक घंटा बीत जाने पर भी वह नहीं लौटा।

कमेटी का कार्य दूसरे दिन के लिए स्थगित कर दिया गया।

भगतसिंह, राजगुरु और सुखदेव की शहादत पर प्रतिक्रियाएँ

भगतसिंह की शहादत पर गर्व है

ऐसा कोई व्यक्ति नहीं है, जिसे भगतसिंह की फाँसी पर दुख न हुआ हो। प्रत्येक व्यक्ति ने उन्हें फाँसी दिये जाने के कारण सरकार की आलोचना की है। अलावे इसके हम यह देखते हैं कि बहुत सारे लोग, जिन्हें हम देशभक्त और राष्ट्रीय नायक के तौर पर जानते हैं, श्रीमान गांधी की आलोचना कर रहे हैं कि उन्होंने यह सब घटित क्यों होने दिया?

जबकि एक स्थल पर यह सब हो रहा है, तो देखते हैं, दूसरे स्थानों पर यही लोग क्या कर रहे हैं। वे लोग वायसराय लॉर्ड इरविन को बधाई दे रहे हैं। वे श्रीमान गांधी की प्रशंसा कर रहे हैं, क्योंकि उन्होंने लार्ड के साथ एक समझौता किया है। वे लोग न केवल इस बात से सन्तुष्ट है कि यह समझौता भगतसिंह को फाँसी पर न चढ़ाए जाने की शर्त शामिल किए बिना हो गया, बल्कि वे इस समझौते को एक अहम जीत मानते हैं और मानते हैं कि इस जीत पर खुशी मनायी जानी चाहिए। इसके अतिरिक्त श्रीमान गांधी जी कहते हैं कि लॉर्ड इरविन एक महात्मा हैं। लॉर्ड इरविन श्वेत लोगों के मध्य श्रीमान गांधी जी को दिव्यता से युक्त एक महान व्यक्ति बताते हैं।

वे लोग जो गांधी को महान नेता मानते रहे हैं, वे ही अब 'गांधी मुर्दाबाद', 'कांग्रेस मुर्दाबाद' चिल्ला रहे हैं। गांधी जहाँ कहीं जाते हैं, उन्हें काले झंडे दिखाए जाते हैं और लोग उस सभा में व्यवधान डालते हैं, जिसे गांधी सम्बोधित करनेवाले होते हैं। ये सारी बातें अब सामान्य हो गई हैं। जब हम ये सारी चीजें देखते हैं, तो यह कहना कठिन है कि यह लोगों का स्वयं का मत है या किसी राजनैतिक मामले से जुड़े सिद्धान्तों का अनुसरण, यद्यपि इस बात में भी सन्देह है कि यह किसी सिद्धान्त का अनुसरण है।

खैर...जनता की स्थिति जो भी हो, जब गांधी ने नमक सत्याग्रह आरम्भ किया था, तो हमने इस बात की विस्तारपूर्वक चर्चा की थी कि यह सत्याग्रह लोगों के किसी काम का नहीं है, बल्कि यह देश की प्रगति एवं पीड़ित लोगों की आजादी

को बाधित ही करेगा। गांधी ने भी स्पष्ट और खुले तौर पर यह स्वीकार किया है कि इस आंदोलन को शुरू करने का उद्देश्य भगतसिंह जैसे लोगों के द्वारा किए गए कार्यों को निरस्त करना एवं अप्रभावी बनाना है।

इन चीजों के अलावा हमारे पड़ोस के वास्तविक समाजवादी स्पष्ट स्वर में कहते रहे हैं, श्रीमान गांधी ने गरीबों के साथ विश्वासघात किया है। वह यह चीजें समाजवादी सिद्धांतों को मिटाने के लिए करते हैं। गांधी मुर्दाबाद! लेकिन हमारे राष्ट्रीय नायकों और देशभक्तों ने कभी इन प्रतिक्रियाओं पर ध्यान नहीं दिया। वे कभी किसी चीज का नफा-नुकसान नहीं सोचते। ठीक उन लोगों की तरह जो दीया हाथ में लिये हुए कुएँ में गिर जाते हैं, चुनौतियों को स्वीकारते हुए पत्थरों से टकराते हैं, वे जेल गए और 'विजयी' होकर लौटे। उन्होंने जेल जाने के साथ जुड़े 'गौरव' को स्वीकार किया। कांग्रेस मुर्दाबाद! हमें ये समझ में नहीं आता कि ऐसे व्यवहार से उन्हें क्या हानि-लाभ होगा।

जहाँ तक हमारी बात है, तो हम जो सच कहना चाहते हैं वो ये है कि, 'इस देश में मूर्ख और जाहिल लोग भरे पड़े हैं, ये लोग किसी काम का नफा-नुकसान नहीं सोचते हैं, वे स्वार्थी भाव से केवल अपने सम्मान के बारे में सोचते हैं। अगर भगतसिंह जिन्दा रहे होते, तो उन्हें हर क्षण ऐसे लोगों की हरकतें देखकर कष्ट होता। इससे तो यही अच्छा है कि भगतसिंह ने मरकर 'शान्ति' पा ली। मुझे दुख है कि मुझे ऐसा दुर्लभ सौभाग्य नहीं मिला। सवाल यह है कि किसी व्यक्ति ने अपना फर्ज निभाया या नहीं? सवाल ये नहीं है कि उसके कामों का फल निकला या नहीं। हालाँकि हम ये मानते हैं कि हमें देश और काल को ध्यान में रखते हुए अपना कर्तव्य निभाना चाहिए। हम यह बात मानते हैं कि समय, स्थान और सामान्य रुझान ने निश्चय ही भगतसिंह द्वारा अनुमोदित सिद्धान्तों को व्यवहार में बदलने के तरीकों को चुनने में थोड़ी-सी गलती कर दी, पर हम यह कभी नहीं मानेंगे कि उनके सिद्धान्तों में कोई कमी थी। केवल इस बात से ही विश्व में शान्ति फैलेगी।

यदि भगतसिंह को यह दृढ़ विश्वास था कि उनके सारे सिद्धान्त सही थे और उन्होंने जो रास्ते प्रयोग किये, वो न्यायसंगत थे, तो उन्हें यही करना चाहिए था, जो उन्होंने किया। यदि उन्होंने ऐसा नहीं किया होता, तो हम उन्हें ईमानदार नहीं कह सकते थे। इसलिए हम आज यह कहते हैं कि वह एक सच्चे व्यक्ति थे। हमारा दृढ़ मत है कि आज भारत को केवल भगतसिंह के सिद्धान्तों की आवश्यकता है।

जहाँ तक हम जानते हैं, भगतसिंह के सिद्धान्तों ने समाजवाद एवं साम्यवाद का प्रतिनिधित्व किया। इस दृष्टिकोण के साक्ष्य स्वरूप हम वो पंक्तियाँ देख सकते हैं, जो भगतसिंह ने पंजाब सूबे के गवर्नर को लिखी थीं : 'हमारा संघर्ष तब तक

चलता रहेगा जब तक कम्युनिस्ट पार्टी सत्ता में नहीं आती और लोग गैर-बराबरी के बिना रहते हैं। केवल हमें मार कर इसका अन्त नहीं किया जा सकता है। यह संघर्ष खुले और प्रच्छन्न तौर पर चलता रहेगा।'

हम यह सोचते हैं कि भगतसिंह का ईश्वर और दैवीय व्यवस्था में विश्वास नहीं था, किन्तु वह आत्मविश्वास से भरे व्यक्ति थे। इस तरह के विचार (ईश्वर सम्बन्धी) रखना किसी भी कानून के अन्तर्गत अपराध नहीं है। यदि ऐसा मानना अपराध हो, तो भी किसी को भी भयभीत होने की आवश्यकता नहीं है, क्योंकि हमारा यह दृढ़ मत है कि इस तरह के सिद्धान्त (भगतसिंह द्वारा अनुमोदित) से न तो कोई हानि होगी, न ही वे किसी भी हानि का कारण बनेंगे। यदि संयोग से कोई क्षति होती भी है, तो यह गैर-इरादतन होगी। हम यह प्रयास करते हैं कि किसी व्यक्ति, समुदाय, देश के निवासियों के विरुद्ध कोई द्वेष फैलाए बिना अपने सिद्धान्तों को पूरे हृदय से कार्यों में परिणत करें। हम किसी को क्षति पहुँचाए बिना अपना कार्य करते हैं, पर हम अपने उद्देश्यों के लिए भीषणतम कष्टों को सहने के लिए भी तैयार हैं। इसलिए हमें किसी वस्तु से भयभीत होने या चिन्ता करने की जरूरत नहीं है। वह दर्शन जो हमारे अस्पृश्यता उन्मूलन के प्रयासों के पीछे है, वही दर्शन गरीबी हटाने के यत्नों का आधार भी है। अस्पृश्यता हटाने के लिए हमें ऊँची और नीची जातियों की अवधारणा को मिटाना होगा। इसी तरह गरीबी हटाने के लिए हमें पूंजीपति और मजदूर की अवधारणा को मिटाना होगा। समाजवाद और साम्यवाद और कुछ नहीं, बल्कि इन अवधारणाओं और व्यवस्थाओं से मुक्ति पाना है। यही वह विचार है, जिसके लिए भगतसिंह खड़े हुए। यही कारण है कि जो लोग इन विचारों को न्यायसंगत एवं सही मानते हैं, वे गांधी मुर्दाबाद, कांग्रेस मुर्दाबाद के नारे लगाते हैं। आश्चर्य यह है कि जो लोग इन सिद्धान्तों की वकालत करते हैं, वे गांधी जिन्दाबाद, कांग्रेस जिन्दाबाद करते रहते हैं।

जिस दिन गांधी ने यह कहा कि भगवान उनका मार्गदर्शन करता है, संसार को चलाने के लिए वर्णाश्रम अवस्था एक श्रेष्ठ व्यवस्था है और जो कुछ होता है भगवान की इच्छा से होता है, उसी दिन हम इस निर्णय पर पहुँच गये थे कि गांधीवाद और ब्राह्मणवाद में कोई फर्क नहीं है। हमने यह भी निष्कर्ष निकाला था कि इस देश का भला तब तक नहीं हो सकता जब तक कांग्रेस पार्टी जो इन दर्शन और सिद्धान्तों पर चलती है, समाप्त न हो जाए। किन्तु अब यह तथ्य कम-से-कम कुछ लोग मानने लगे हैं, उनके पास इतना ज्ञान और साहस आ गया है कि वे गांधीवाद के पतन के लिए प्रयास कर सकें। यह हमारे उद्देश्य की महान सफलता है। यदि भगतसिंह को फाँसी न दी गई होती, तो इतने लोकप्रिय ढंग से इस विजय के आधार न होते। बल्कि हम तो यह बात कहने का भी जोखिम उठाते हैं कि यदि भगतसिंह को फाँसी न हुई होती, तो गांधीवाद को

और जमीन मिली होती। भगतसिंह बीमार पड़कर नहीं मरे, जैसा आमतौर पर लोगों के साथ होता है। उन्होंने न केवल भारत, बल्कि पूरे विश्व को वास्तविक समानता और शान्ति का मार्ग दिखाने के महान उद्देश्य के लिए अपने प्राण उत्सर्ग किए। भगतसिंह एक ऐसी ऊँचाई पर पहुँचे गए हैं, जहाँ सामान्यतः कोई नहीं पहुँच पाया। हमें उनकी शहादत पर हृदय की गहराई से गर्व है। साथ-ही-साथ हम सरकार में बैठे लोगों से यह प्रार्थना करते हैं कि वे हर सूबे में चार भगतसिंह जैसे सच्चे आदमी ढूँढ़ें और फाँसी पर चढ़ा दें।

(यह प्रतिक्रिया पेरियार ई वी रामास्वामी ने अपने तमिल साप्ताहिक कुडई आरसु में 29 मार्च 1931 को व्यक्त की थी।)

लेबर सरकार ने तीन भारतीय विद्रोहियों को फाँसी दी

लन्दन, 24 मार्च : भारत की आजादी के योद्धा, लाहौर जेल के तीन कैदियों, भगतसिंह, राजगुरु और सुखदेव को ब्रिटिश लेबर सरकार ने ब्रिटिश साम्राज्यवाद के हित में फाँसी पर चढ़ा दिया। मैकडोनाल्ड के नेतृत्व में ब्रिटिश लेबर सरकार द्वारा अब तक की यह सबसे बड़ी खूँरेजी घटना है।

भारतीय राष्ट्रीय कांग्रेस का बृहस्पतिवार से कराची सेशन शुरू हो रहा है। फाँसी के खिलाफ आक्रोश से गांधी-इरविन समझौते के खिलाफ जनविरोध पैदा हो रहा है। विधानमंडल के पंजाब के सदस्य फाँसी देने के कारण सरकार के खिलाफ स्थगन और निन्दा प्रस्ताव ला रहे हैं। लन्दन का प्रेस कराची कांग्रेस को गांधी की (नैतिक) सत्ता की सबसे बड़ी परीक्षा बताकर गांधी की सफलता में सन्देह व्यक्त कर रहा है।

लेबर सरकार के आदेश पर जान-बूझकर षड्यंत्र में फँसाए गए तीन भारतीय क्रान्तिकारियों की फाँसी से स्पष्ट है कि भारत में ब्रिटिश साम्राज्यवाद को बचाने के लिए मैकडोनाल्ड शासन कहाँ तक जा सकता है। मैकडोनाल्ड सरकार, जो सोवियत यूनियन में उन क्रान्तिकारी बोलशेविकों के मुकदमे पर कटु आँसू बहा-बहाकर रो रही है, जिनके साथ सोवियत यूनियन के मजदूरों और किसानों के खिलाफ युद्ध का षड्यंत्र रचने के बावजूद शानदार सलूक किया गया है, भारतीय क्रान्तिकारियों को जानबूझ कर क्रूरतम यातनाएँ दे रही है।

फाँसी दिए गए तीन भारतीय क्रान्तिकारियों को पिछले अप्रैल में बम फोड़ने और लेफ्टिनेंट सांडर्स की हत्या के आरोप में गिरफ्तार किया गया था, जिसने हजारों भारतीयों को पीटा था और अनेक कार्यकर्ताओं को मार डाला था।

गिरफ्तार सैनिकों के खिलाफ लेबर सरकार ने अपनी नफरत और क्रोध

निकाला। सभी कैदियों को ब्रिटिश साम्राज्यवादियों और लेबर प्रशासकों द्वारा विशेष तरीके ईजाद कर पीटा गया और यातनाएँ दी गयीं। आरोपियों में से एक जतिन दास थे। फाँसी दिए जाने से पहले ही जिनका देहान्त हो गया, उनको 63 दिनों तक यातनाएँ दी गईं। वह यातनाओं के कारण अन्धे व अपंग हो गए। उनका रक्त परिचालन, सिवाय हृदय के क्षेत्र में, रुक गया था। देहान्त के समय उनका वजन मात्र 19 पाउंड रह गया था। उनकी अन्तिम यात्रा में 'इन्कलाब जिन्दाबाद' व 'साम्राज्यवाद का नाश हो' के नारों व झंडों के साथ पचास हजार लोग शामिल हुए थे।

अन्य सभी कैदियों को भी यातनाएँ दी गईं व बार-बार पीटा गया। उन्हें ब्रिटिश लेबर सरकार के 'सभ्य बतानेवालों' ने हथकड़ियाँ पहनाईं व चाबुकों से धुना। एक भारतीय अखबार ने यातनाओं का निम्नानुसार बयान किया है :

प्रत्येक कैदी पर कम-से-कम 20 या 25 पुलिसकर्मियों द्वारा हमला किया गया, हमले का तरीका बेहद अमानवीय था। अपनाए गए तरीकों में एक में गुदा में उँगलियाँ घुसाना और गोपनीय अंगों पर ठोकर लगाना था। यह हमला एक घंटे तक जारी रहा, जिसके बाद पाँच कैदियों को बुखार चढ़ गया, अन्य सभी के शरीर के विभिन्न हिस्सों में सख्त पीड़ा हो रही थी। महावीर सिंह और राजगुरु बेहोश होकर वहीं गिर गए। बेतों का खुला प्रयोग किया गया और कैदियों पर इनके निशान देखे जा सकते हैं।

अब उन्हें फाँसी दी जा चुकी है। ब्रिटिश साम्राज्यवाद के समाजवादी नेता क्रान्ति के बढ़ते ज्वर को रोकने के लिए किसी भी हद तक जा सकते हैं। न तो वे और न उनका पूँजीवादी यन्त्र गांधी, न ही (भारतीयों) की जा रही तमाम हत्याएँ और (उन्हें) दी जा रही तमाम यातनाएँ विशाल भारतीय मजदूर और किसान जन-समूहों के बढ़ते संघर्षों को रोक पाने में सफल हो सकेंगी।

(डेली वर्कर, न्यूयॉर्क में 23 मार्च 1931 को प्रकाशित)

●●●

मौत का परवाना

3648/ Bhagat Singh death

565-W
4-4-31
Ghee Dand...

WARRANT OF EXECUTION ON SENTENCE OF DEATH.

~~Section 381 of the Criminal Procedure Code.~~
Sections 8 and 11 of Ordinance No: III of 1930.

In the Court of the LAHORE CONSPIRACY CASE TRIBUNAL, Lahore, constituted under Ordinance No: III of 1930.

TO THE SUPERINTENDENT OF THE CENTRAL JAIL AT LAHORE.

WHEREAS Bhagat Singh, son of Kishen Singh, resident of Khawasrian, Lahore, one of the prisoners in the Lahore Conspiracy Case, having been found guilty by us of offences under section 121 and section 302 of the Indian Penal Code and also under section 4(b) of the Explosive Substances Act read with section 6 of that Act and with section 120-B of the Indian Penal Code at a trial commencing from the 5th: May, 1930, and ending with the 7th October, 1930, is hereby sentenced to death.

This is to authorise and require you, the said Superintendent, to carry the said sentence into execution by causing the said BHAGAT SINGH to be hanged by the neck until he be dead at Lahore on the 27th: day of October, 1930, and to return this warrant to the High Court with an endorsement certifying that the sentence has been executed.

Given under our hands and the seal of the Court, this 7th day of October, 1930.

PRESIDENT OF THE TRIBUNAL.

MEMBER OF THE TRIBUNAL. MEMBER OF THE TRIBUNAL.

I hereby certify that the sentence of death passed on Bhagat Singh has been duly executed, and that the said Bhagat Singh was accordingly hanged by the neck till he was dead, at Lahore C. Jail on Monday the 23rd day of March 1931; that the body remained suspended for a full hour, and was not taken down until life was ascertained by a medical officer to be extinct; and that no accident, error or other misadventure occurred.

[signature]
DS

[signature] I.M.S.
Superintendent of the Jail at

हस्तलिपि में भगतसिंह का एक पत्र

इस संस्था के प्रत्येक शुभचिन्तक और दूरदर्शी पाठक-पाठिकाओं से आशा की जाती है कि यथाशक्ति 'भविष्य' तथा 'चाँद' (हिन्दी अथवा उर्दू-संस्करण) का प्रचार कर, वे संस्था को और भी अधिक सेवा करने का अवसर प्रदान करेंगे!!

पाठकों को सदैव स्मरण ... चाहिए कि इस संस्था के ... विभाग द्वारा जो भी पुस्तकें ... होती हैं, वे एकमात्र भारतीय ... एवं व्यक्तिगत मङ्गल-कामना ... में रख कर प्रकाशित की जाती

वर्ष १, खण्ड १ || इलाहाबाद—६ अक्टूबर, १६३० || संख्या २, पूर्ण सं...

'भविष्य' पर भयङ्कर वज्राघात

पहले ही अङ्क की २१,८०० कॉपियाँ डाकख़ाने में रोक ली ग...

दूसरे अङ्क का ख़ुदा हाफ़िज़ !!!

लाहौर षड्यन्त्र केस का फ़ैसला

भगतसिंह, राजगुरु और सुखदेव को फाँसी

सात को कालापानी और दो को सख़्त क़ैद

लाहौर, ७ अक्टूबर

लाहौर षड्यन्त्र केस का फ़ैसला स्पेशल ट्रिब्यूनल ने, जो इसी कार्य के लिए वायसराय ने ऑर्डिनेन्स द्वारा नियुक्त किया था, सुना दिया। तीन व्यक्तियों को फाँसी, सात को कालापानी और दो को क्रमशः सात और पाँच साल की सख़्त क़ैद का दण्ड दिया गया है। अभियुक्तों के नाम और सज़ा इस प्रकार हैं :—

फाँसी

(१) भगतसिंह।
(२) राजगुरु उर्फ़ एम० एम०।
(३) सुखदेव।

कालापानी

(४) किशोरीलाल।
(५) महावीरसिंह।
(६) बी० के० सिन्हा।
(७) शिव वर्मा
(८) गयाप्रसाद सिंह।
(९) जयदेव
(१०) कँवलनाथ तिवारी

सख़्त क़ैद

(११) कुन्दनलाल—सात वर्ष
(१२) प्रेमदत्त—पाँच वर्ष

देशराज, अजयकुमार घोष और सन्याल—तीन अभियुक्त सबूत की कमी से छोड़ दिए गए।

मालूम हुआ है कि स्पेशल ट्रिब्यूनल के जजों ने यह फ़ैसला एकमत से किया है। इस केस के फ़ैसले के लिए कई बार भिन्न-भिन्न तारीख़ें नियत की गई थीं, और अन्त में ८ अक्टूबर की ख़बर मिली थी। पर ट्रिब्यूनल के जजों ने ७ तारीख़ को अचानक बोरस्टल जेल पहुँच कर यह फ़ैसला सुना दिया। इस कारण न तो कोई प्रेस-रिपोर्टर उस समय वहाँ पहुँच सका, न अभियुक्तों के इष्ट-मित्र और दूसरे लोग। फ़ैसले के समय पुलिस का विशेष रूप से प्रबन्ध किया गया था।

लाहौर षड्यन्त्र केस के फ़ैसले की ख़बर इलाहाबाद में कल ७ वीं अक्टूबर की रात को बिजली की तरह फैल गई। आज दिन में तमाम शहर में ज़बर्दस्त हड़ताल मनाई गई। शहर के सभी मुख्य बाज़ार पूर्णतया बन्द रहे। स्थानीय यूनीवर्सिटी के छात्रों ने पूरी हड़ताल रक्खी।

एप्रूवरों पर मुक़दमा

महसूदत्त और रामसरन दास पर, जो इस केस में अभियुक्त थे और जिन्होंने आरम्भ में एप्रूवर बन कर बाद को अपने बयान वापस ले लिए थे, नए सिरे से मुक़दमा चलने वाला है।

भागे हुए अभियुक्त गिरफ़्तार

सरनदास, किशनगोपाल और आत्माराम, जो इस केस में अभियुक्त बतलाए जाते थे और जो अभी तक नहीं पकड़े जा सके थे, ६ अक्टूबर को कलकत्ते के एक मकान की तलाशी होते समय गिरफ़्तार कर लिए गए हैं।

'भविष्य' पर भीषण ग्रह...

'भविष्य' निकलने भी न पाया कि ... उस पर कृपा हो गई। उसके पहले ... लगभग २२ हज़ार कॉपियाँ स्थानीय डाकख़ाने में रोक ली गई हैं और पुलिस उनको उठा ले गई ... इस सम्बन्ध में सभी सरकारी अधिकारियों से ... पर कोई सन्तोषजनक उत्तर न मिला। इस ... आपत्ति ने हमारी स्थिति को डाँवाडोल कर दि... जब तक कोई निश्चयात्मक उत्तर गवर्नमेण्ट ... प्राप्त न हो तब तक हम इस सम्बन्ध में कुछ ... में असमर्थ हैं।

२री अक्टूबर को दोपहर के समय ... डाकख़ाने गए थे। क्योंकि पोस्टल टिकट देर ... और इस कारण अख़बार भी डाकख़ाने देर से भेज ... सहगल जी वहाँ इस बात का पता लगाने गए जल्दी भेजा जाता है या नहीं। वहाँ उन्होंने ... लोगों को 'भविष्य' खोल कर पढ़ते देखा, जो सी० आई० डी० के आदमी थे। रात को ८ ... सब अख़बारों को, जिन पर डाकख़ाने की ... चुकी थी, कई मोटर लारियों में भर कर ... ले गई। इस सम्बन्ध में जब सहगल जी ... द्वारा ज़िला मैजिस्ट्रेट से बातें कीं तो उन्होंने ... यह काम उनकी आज्ञा से नहीं हुआ है, वरन् ... 'भविष्य' पर एतराज़ था और डाकख़ाने वा... रोका है। हमें यह भी पता चला है कि स्थानीय ... नैनीताल में बड़े अधिकारियों से सलाह-मशवरा ... है कि 'भविष्य' के सम्बन्ध में क्या कार्रवाई ...

* *

—७ अक्टूबर को, काकोरी डकैती केस ... श्री० रामप्रसाद बिस्मिल की बहिन श्रीमती ... क्रिमिनल प्रोसीजर-कोड की १०८ धारा के ... साल की सादी क़ैद की सज़ा हो गई। राज... भाषण देने के अभियोग में उन्हें अमृतसर ... ने भी दण्ड दिया है।

लाहौर-षड्यन्त्र में तीन को फाँसी

The Tribune.

BHAGAT SINGH, RAJGURU AND SUKHDEV EXECUTED

NO "LAST INTERVIEW" WITH RELATIONS

Shouts Emerge From Jail

DEAD BODIES SECRETLY DISPOSED OF

Removed to Distant Place.

Thick Veil of Secrecy

Optical Instruments

भगतसिंह की फाँसी के बाद 'द ट्रिब्यून' का मुखपृष्ठ

क्रान्ति के दो दीवाने : भगतसिंह और बटुकेश्वर दत्त
(असेम्बली बम कांड से पहले के चित्र)

माँ विद्यावती : 'पंजाब माता' के रूप में

भगतसिंह के जूते व घड़ी जिन्हें जयदेव कपूर को सौंपा था

भगतसिंह : नेशनल कॉलेज लाहौर के दिनों में

दशहरा बम केस में गिरफ्तारी